अपराधशास्त्र एवं दण्डशास्त्र तथा सामाजिक विघटन

रामनाथ शर्मा
राजेन्द्र कुमार शर्मा

ATLANTIC
PUBLISHERS & DISTRIBUTORS

प्रकाशक :

एटलांटिक पब्लिशर्स एण्ड डिस्ट्रीब्यूटर्स

बी-2, विशाल एन्क्लेव, राजौरी गार्डन के सामने, नई दिल्ली-110 027

दूरभाष : 25413460, 25429987, 25466842

विक्रय केन्द्र :

7/22, अन्सारी रोड, दरियागंज, नई दिल्ली-110 002

दूरभाष : 23273880, 23275880, 23280451

फैक्स सं॰ : 91-11-23285873

e-mail : info@atlanticbooks.com

web site : www.atlanticbooks.com

मुद्रक : नाईस प्रिंटिंग प्रेस, दिल्ली

प्राक्कथन

यह पुस्तक उत्तरी भारत के सभी राज्यों, बिहार, उड़ीसा, उत्तर प्रदेश, मध्य प्रदेश, राजस्थान, हरियाणा, दिल्ली, हिमाचल प्रदेश आदि में बी० ए० तथा एम० ए० (समाजशास्त्र) विषय में अपराधशास्त्र एवं दण्डशास्त्र तथा सामाजिक विघटन शीर्षक प्रश्न-पत्रों के निम्नलिखित शीर्षक पाठ्यक्रमों का पूर्णतया विवेचन करती है:—

1. Social Pathology
2. Applied Sociology
3. Social Welfare
4. Social Problems
5. Criminology
6. Penology
7. Social Disorganisation in India
8. Social Problems in India

इस पुस्तक में विषय सामग्री प्रतिष्ठित विद्वानों की पुस्तकों से एकत्रित की गई है। नवीनतम आंकड़े भारत सरकार द्वारा प्रकाशित Economic Survey 1994-95 तथा दैनिक एवं पाक्षिक समाचार-पत्रों से एकत्रित किये गये हैं।

इस पुस्तक में विषय का विवेचन विश्लेषणात्मक प्रणाली से किया गया है। जिसमें बस कहीं केन्द्रीय शीर्षक, साइड शीर्षक तथा लगातार शीर्षकों को काले टाइप में दिया गया है ताकि विषय को समझने और दोहराने में आसानी हो। मूल्यांकन में सन्तुलित एवं समग्र दृष्टिकोण अपनाया गया है।

इस पुस्तक में प्रत्येक अध्याय के अन्त में अभ्यास के लिये प्रश्न शीर्षक में विभिन्न विश्वविद्यालयों की परीक्षाओं में यथार्थ में पूछे गए प्रश्न दिये गए हैं। ताकि पाठक परीक्षा की तैयारी कर सकें।

इस प्रकार लेखकों ने अपने लम्बे अनुभव के आधार पर इस पुस्तक को विद्यार्थियों के लिये आदर्श पाठ्य पुस्तक के रूप में प्रस्तुत करने का प्रयास किया है। पाठकों से पुस्तक को बेहतर बनाने के लिये मिले सुझावों को आगामी संस्करणों में अवश्य सम्मिलित किया जायेगा।

अर्चना
238-सिविल लाइन्स
मेरठ (उ० प्र०)

डॉ० रामनाथ शर्मा
डॉ० राजेन्द्र कुमार शर्मा

विषय-सूची

1

सामाजिक संगठन
(Social Organisation)

कई इकाइयों के समग्र अथवा इकाइयों के एकत्रित समूह–रूप (Group-Form) को संगठन (Organisation) कहते हैं। किसी भी संगठन में शक्ति और स्थायित्व होता है। समाज और उसकी व्यवस्था (System) के सन्दर्भ में संगठन का विशेष महत्व माना गया है। संगठन के बिना किसी भी समाज (Society) की कल्पना भी नहीं की जा सकती क्योंकि मूल रूप से मनुष्यों का संगठित रूप (Organised form of the man) ही समाज है। मनुष्यों के समाज की कल्पना उसके संगठन के आधार पर ही की जाती है, समाज के संगठन की कल्पना, उसमें रहने वाले, बसने वाले व्यक्तियों के संगठित, नियन्त्रित व्यवहारों, प्रतिक्रियाओं, आवश्यकताओं और सम्बन्धों के आधार पर की जाती है। इस प्रकार समाज और संगठन के संदर्भ में निम्नलिखित दो मुख्य बातों का विश्लेषण किया जाता है।

(i) समाज के व्यक्तियों का व्यवहार, उनकी क्रियायें, आवश्यकतायें, मनोदशायें तथा सम्बन्ध आदि।

(ii) समाज में मनुष्यों से संलग्न उनकी उपरोक्त प्रकार्यवादी दशाओं का नियन्त्रित (Controlled) होना।

सामाजिक संस्थाओं का महत्व

मनुष्य का व्यवहार, उसका आचरण, आवश्यकताओं के अनुरूप कोई कार्य करना, सम्बन्धों को बनाना आदि उसकी स्वभाविक क्रियायें हैं। संगठन के लिये उपरोक्त प्रकार्यात्मक गुणों पर अंकुश होना आवश्यक है। इस नियन्त्रण (Control) के अभाव में समाज की व्यवस्था अशांतिपूर्ण और विघटित हो जायेगी।

मनुष्य अपनी आवश्यकताओं के अनुरूप समाज में तरह–तरह की संस्थाओं (Institutions) का निर्माण करता है। संस्थायें मनुष्य की समयानुसार आवश्यकताओं को नियन्त्रित, उचित और मर्यादित करने का आधार होती हैं। समाज में परिवार (Family), विवाह (Marriage) आदि ऐसी संस्थायें हैं जिनके सहारे जन्म के बाद व्यक्ति प्रारम्भिक शिक्षाएँ ग्रहण करता है, और आगे चलकर अपनी शारीरिक

आवश्यकताओं की पूर्ति करके अर्थ, धर्म, काम और मोक्ष के मार्ग को अपनाता है। इन संस्थाओं के अपने नियम हैं, जिनका पालन करके ही व्यक्ति समाज में मर्यादित ढंग से अपनी आवश्यकताओं की पूर्ति कर सकता है। मनमाने ढंग से कुछ भी कर सकने की स्थिति में रहने वाला व्यक्ति और ऐसे व्यक्तियों का समाज कभी भी संगठित और व्यवस्थित नहीं रह सकता।

इस प्रकार अपने आचरणों और व्यवहारों को उच्छृङ्खलता से बचाने के लिये मनुष्य स्वयं संस्थाओं और समुदायों का सहारा लेता है। उसका यही प्रयत्न समाज को संगठित बनाये रखने की दिशा में ले जाता है। इसी के अभाव में समाज बहुत सी अव्यवस्थाओं का शिकार होता है, विघटनकारी समस्याओं का जन्म होता है और समाज की शान्ति, व्यवस्था तथा उसका अस्तित्व तक खतरे में पड़ जाता है।

इस प्रकार समाज के व्यक्तियों की नियन्त्रित, मर्यादित प्रक्रियावादी चेष्टाओं, और कल्याणकारी व्यवहारों तथा आचरणों के द्वारा बनी समाज की संतुलित अवस्था को सामाजिक संगठन (Social Organisation) कहते हैं।

सामाजिक संगठन की परिभाषा

सामाजिक संगठन की उपर्युक्त विवेचना से इसकी अवधारणा स्पष्ट हो जाती है। समाजशास्त्र के विभिन्न विद्वानों ने अपने विचारों और अवधारणाओं के आधार पर सामाजिक संगठन को निम्नलिखित शब्दों में परिभाषित किया है–

1. फेयरचाइल्ड–"सामाजिक संगठन का तात्पर्य, समाज के उन समूहों के संगठन से है जिनमें विशेषकर आयु, लिंग, नातेदारी, व्यवसाय, निवास, सम्पत्ति, विशेषाधिकार, सत्ता और पदों की विभिन्नताओं पर आधारित समूहों को सम्मिलित किया जाता है।"[1]

2. इलियट और मैरिल–"सामाजिक संगठन वह दशा या स्थिति है, जब एक समाज में विभिन्न संस्थायें अपने पूर्व निश्चित एवं मान्य उद्देश्यों के अनुसार कार्य कर रही होती हैं।"[2]

3. ऑगबर्न और निमकॉफ–"संगठन विभिन्न अंगों का सक्रिय प्रयास है, जो भिन्न-भिन्न कार्यों का सम्पादन करता है। संगठन किसी कार्य को करने तथा करवाने की प्रभावपूर्ण सामूहिक युक्ति है।"[3]

---

1. "The Organization of a Society into sub-groups including, in particular, those based on difference in age, sex, kinship, occupation, residence, property, privilege authority and status." —Fairchild.
2. "Social Organization is a state of being, a condition in which the various institutions in a society are functioning in accordance with their recognised or implied purposes." —Elliot & Merrill.
3. "An Organization is an articulation of different parts which perform various functions. It is an active group device for getting something done." —Ogburn & Nimkoff

4. जोन्स—"सामाजिक संगठन वह व्यवस्था है जिसके द्वारा समाज के विभिन्न भाग आपस में और सम्पूर्ण समाज से अर्थ पूर्णरूप से सम्बन्धित रहते हैं।"[1]

5. पार्क और बर्गेस—"समाज संगठित आदतों, मनोभावों और सामाजिक प्रवृत्तियों अथवा संक्षेप में मतैक्यता का ही योग है।"[2]

उपर्युक्त विभिन्न परिभाषाओं में, अलग-अलग रूपों में, समाज के सदस्यों के नियन्त्रित आचरण और मर्यादित व्यवहारों पर ही ध्यान क्रेन्द्रित किया गया है जिसका आधार समाज में मनुष्य के बनाये हुये उसके नियमों तथा संस्थाओं के रूप में अभिव्यक्त होता है।

जोन्स ने अपनी संक्षिप्त और स्पष्ट परिभाषा में सामाजिक संगठन को वैज्ञानिकता से विश्लेषित किया है। इसके अनुसार समाज में विभिन्न भाग (Units) होते हैं जो समाज से 'अर्थ पूर्ण रूप' में सम्बन्धित रहते हैं। अर्थात् समाज की विभिन्न इकाइयों का जुड़े रहना ही आवश्यक नहीं है वरन् 'अर्थ पूर्ण रूप' (Meaningful way) में उनका संगठन होना चाहिये। इकाइयों का यही अर्थपूर्ण रूप ही समाज के व्यक्तियों के व्यवहारों को नियन्त्रण करता है और समाज का कल्याण करता है, जो समाज की व्यवस्था और संगठन का परिचायक है।

इलियट और मैरिल ने भी समाज की विभिन्न संस्थाओं का कल्याणकारी रूप से व्यक्ति के लिये कार्य करना, समाज के संगठन का आधार बताया है। समाज में संस्थाओं का अपने-अपने क्षेत्रों में उचित रूप में कार्य करना ही सामाजिक संगठन है।

सामाजिक संगठन की प्रकृति

सामाजिक संगठन के सन्दर्भ में उपरोक्त व्याख्या और परिभाषाओं से स्पष्ट है कि समाज में इकाइयाँ (Units) होती हैं। इन इकाइयों का समाज में अपना अलग-अलग क्षेत्र, महत्व तथा कार्य होता है। समाज की इन्हीं इकाइयों के प्रक्रियावादी प्रवृत्तियों के आधार पर समाज संगठित होता है। इस कार्य में व्यक्ति उसका माध्यम और आधार होता है।

सामाजिक संगठन की प्रकृति (Nature) में निम्नलिखित विशेषतायें होती हैं—

1. समान आवश्यकताओं के उद्देश्य (Aims for the Same Needs)—यद्यपि समाज में मनुष्यों की भरमार रहती है तथा वे अलग-अलग प्रकृति और विपरीत बुद्धि वाले होते हैं, परन्तु इन लोगों की एकता (Unity) को जीवित रखने के लिये इनकी मूल आवश्यकताएँ प्राय: सभी व्यक्तियों में समान रूप से होती हैं। इस प्रकार मनुष्यों के उद्देश्य और आवश्यकताओं में समानता आ जाती है। समाज की संस्थाओं का

---

1. "Social Organization is the system by which the parts of the society are related to each other and to the whole society in a meaningful way." —Jones.
2. Society is . . . a complex of organised habits, sentiments and social attitudes in short consensus." —Park & Burgess.

काम मनुष्यों की आवश्यकताओं को पूरा करना है। अलग-अलग रूप से आवश्यकता पूर्ण करने में वह व्यवस्था नहीं पैदा कर सकती। अत: इस कार्य का प्रकार्यात्मक होना आवश्यक है।

2. निश्चित स्थितियाँ (Fixed Status)—समाज के संगठन का मूलाधार उसकी इकाइयों (Units) में होता है। जिनसे समाज में व्यक्तियों की स्थितियाँ (Status) निर्धारित होती हैं, और वे अपने निर्धारित कार्यों के द्वारा मनुष्यों की आवश्यकताओं को पूरा करती हैं। इस प्रकार समाज में मनुष्य की भी एक निर्धारित स्थिति और कार्य निश्चित हो जाता है।

3. सहयोगी अभिवृत्ति (Co-operative Attitude)—समाज मनुष्यों से बनता है, जिनकी अपनी आवश्यकतायें होती हैं। यह सम्भव नहीं होता कि कोई भी व्यक्ति स्वयं में इतना सबल और समर्थ हो कि उसे अपनी सम्पूर्ण आवश्यकताओं की पूर्ति के लिये समाज में किसी भी व्यक्ति का सहारा न लेना पड़े। मनुष्य की इस सहयोगी प्रकृति में सामाजिक संगठन की विशेष प्रकृति निहित है। समाज में सुख दुख में एक दूसरे का हाथ बँटाना, एक दूसरे की सहायता करना, यही सामाजिक संगठन का आधार है।

4. सामाजिक प्रथाओं का नियंत्रण (Control of the Social Customs)—मनुष्य समाज में अपनी आवश्यकताओं और स्थितियों की पूर्णता के लिये कुछ ऐसे नियम, रिवाज या परम्परायें बनाते हैं जिनके निश्चित 'आदेश' होते हैं। अपने व्यवहारों और आचरणों को परम्पराओं और नियमों के आधीन रख कर व्यक्ति उनके आदेशों का पालन करता है तथा इस प्रकार अपने-आपको उच्छृंखल होने से बचाता है। सामाजिक संगठन की इस प्रवृत्ति से व्यक्ति प्रथाओं और परम्पराओं के इस माध्यम से भी समाज में व्यवस्था बनाये रखकर अपनी आवश्यकताओं की पूर्ति करता है।

5. सम्बन्धों की व्यवस्था (System of Relations)—सामाजिक संगठन में सम्बन्धों की व्यवस्था उसका एक महत्वपूर्ण तत्व है। जिस प्रकार परिवार, माता-पिता, भाई-बहनों तथा अन्य बड़े-बूढ़ों के रिश्ते-नातों की मर्यादा निबाह कर संगठित रहता है, उसी प्रकार सम्बन्धों का प्रभाव समाज पर भी पड़ता है। समाज का संगठन (Organization) सम्बन्धों की एकता का प्रतीक है।

6. अस्तित्व की रक्षा का प्रयास (Efforts for Existence)—सामाजिक संगठन की प्रवृत्ति निरंतर इस बात की चेष्टा करती रहती है कि भविष्य में भी यह संगठन समाप्त नहीं होने पाये। समाज में नये जन्मों की प्रेरणा विवाह के माध्यम से, सदस्यों को मिलती है। सामाजिक गुणों के प्राथमिक रूपों को सिखाने की आवश्यकता परिवार को जन्म देती है। इस प्रकार सामाजिक संगठन का स्वरूप प्राय: कभी नहीं बिगड़ने पाता।

सामाजिक संगठन के मूल तत्व

उपरोक्त विवेचना को ध्यान में रखते हुये, सामाजिक संगठन के मूल तत्व निम्नलिखित कहे जा सकते हैं।

1. सामाजिक संरचना और उनकी भूमिकाएँ (Social Structure and their Activities)—सामाजिक संगठन की अवधारणा से सामाजिक संरचना और समाज में उसका स्थान सामने आ जाता है। जिस तरह समाज का 'समग्र' इकाइयों (Units) में विभक्त होकर, अपनी अलग-अलग भूमिकायें (Roles) करता है, और एक दूसरे से सम्बन्धित रहता है, ठीक उसी प्रकार समाज में उसके सदस्यों की भी अपनी-अपनी स्थिति (Status) होती है, और वे अपनी उन्हीं निर्धारित स्थितियों के अनुसार भूमिकायें करते हैं। समाज के किसी भी व्यक्ति को दो प्रकार की स्थितियाँ (Statuses) प्राप्त होती हैं—

(i) **प्रदत्त स्थिति** (Ascribed Status)—यह व्यक्ति की वह स्थिति (Status) है जिसे वह स्वाभाविक रूप से अपने आप पा जाता है, जैसे परिवार में जन्म लेकर पुत्र, पिता बनना, पति बनना, भाई-बहन आदि के रिश्तों से सम्बन्धित होना और उन्हीं प्राप्त सम्बन्धों के आधार पर परिवार में अपनी स्थिति के अनुसार कार्य करना। व्यक्ति की इस स्थिति को समाज की प्रदत्त स्थिति (Ascribed Status) कहते हैं।

(ii) **अर्जित स्थिति** (Achieved Status)—समाज में व्यक्ति की दूसरी वह स्थिति होती है जिसे वह स्वयं अपने प्रयासों, अपने ज्ञान, अपनी क्षमता, अपनी योग्यता के आधार पर प्राप्त करता है जैसे पढ़-लिख कर कोई बड़ा अफसर बनना, लेखक, कवि अथवा वकील बनना, इंजीनियर, डाक्टर आदि की स्थिति (Status) प्राप्त करना इत्यादि। इस प्रकार व्यक्ति अपने प्रयासों और अपनी योग्यताओं के माध्यम से समाज में जो स्थान पाता है उसे अर्जित स्थिति कहते हैं।

सामाजिक संरचना के संगठन में उपरोक्त दोनों विधियों से प्राप्त स्थितियों में होते हुये भी व्यक्ति की प्रवृत्ति प्रकार्यात्मक (Functional) होती हैं। इस प्रकार समाज में अव्यवस्था नहीं फैलने पाती और उसका संगठन बना रहता है।

(2) सामाजिक प्रक्रियायें और संगठन (Social Processes and Organisation)—सामाजिक संगठन के सन्दर्भ में सामाजिक प्रक्रिया को एक आवश्यक तत्व के रूप में अध्ययन किया जाता है क्योंकि समाज का संगठन और उसकी प्रक्रियायें, दो अलग-अलग परन्तु सम्बन्धित स्थितियाँ हैं। समाज में सदैव परिवर्तन होते रहते हैं। जो स्थिति कल थी वह सम्भव है आने वाले 'कल' में न रहे। समाज की इन्हीं प्रक्रियाओं के माध्यम से सामाजिक परिवर्तन का ज्ञान होता है। अतः समाज के संगठन में प्रक्रियाओं की संगठनात्मक स्थिति होती है। सामाजिक प्राक्रियाओं के दो प्रमुख पहलू होते हैं—

(i) **संगठनात्मक प्रक्रियायें** (Associative Processes)— इनके आधार पर समाज का संगठन और उसकी व्यवस्था बनी रहती है। इन प्रक्रियाओं में व्यवस्थापन

(Accommodation) सात्मीकरण (Assimilation), सहयोग (Co-operation) आदि सम्मिलित हैं।

(ii) **विघटनात्मक प्रक्रियायें** (Dissociative Processes)—इन प्रक्रियाओं के समाज में पैदा होने से समाज की व्यवस्था टूटने लगती है। और उसके संगठन को खतरा हो जाता है। समाज की विघटनात्मक प्रक्रियाओं में संघर्ष (Conflict), प्रतियोगिता (Competition) आदि सम्मिलित हैं।

सामाजिक संगठन के प्रकार

जिस प्रकार समाज में व्यक्ति की दो प्रकार की मुख्य स्थितियाँ प्रदत्त और अर्जित होती हैं उसी प्रकार समाज के संगठन के भी स्थूल रूप दो प्रकार बनाये जा सकते हैं—

1. समाज का वह संगठन जो स्वाभाविक रूप से समाज को प्राप्त होता है, जिसके लिए प्रयत्न नहीं करना पड़ता, जैसे परिवार आदि।

2. समाज के वे संगठन हैं जिन्हें व्यक्ति अपनी सामुदायिक भावना से प्रेरित होकर अपनी इच्छापूर्ति अथवा उद्देश्य पूर्ति के लिए बनाता है, जैसे कोई संघ, यूनियन, क्लब आदि।

सामाजिक संगठन की आधुनिक प्रवृत्तियाँ—सामाजिक व्यवस्था में नियंत्रण और परिवर्तन की स्थिति स्वाभाविक है। समय-समय पर समाज की रीतियाँ, प्रथायें, परम्परायें अपने रूपों को बदलती रही हैं। समाज गतिशील (Dynamic) होता है। मनुष्य की प्रवृत्तियाँ, उसका ज्ञान, उसकी आधुनिकता, क्रमशः उसकी रुचियों, अभिवृत्तियों, आवश्यकताओं और आदर्शों तथा मानदण्डों में परिवर्तन लाती रहती हैं। इस प्रकार समाज के संगठन का स्वरूप भी परिवर्तित होता रहता है।

आधुनिक समाज के संगठन की परिवर्तित स्थिति को निम्नलिखित रूपों में व्यक्त किया जा सकता है—

1. **'स्व' का साक्षात्कार** (Realization of Self)—आधुनिक समाज की प्रगति में मनुष्य को तर्क, ज्ञान और अनुभव के आधार पर 'स्व' (Self) की अनुभूति हुई है। इस कारण वह अपने आप को समर्थ और सबल समझने की स्थिति में आता जा रहा है, जो व्यक्तिवाद (Individualism) को प्रेरित करता है।

2. **श्रम-विभाजन का महत्व** (Importance of Division of Labour)—आधुनिक समाज का संगठन, बहुत कुछ 'श्रम-विभाजन' के महत्व से प्रभावित है। आज का युग इतना जटिल हो चुका है कि सीधे और सरल जीवन की कल्पना भी नहीं की जा सकती। समय कम है, साधन अनेक हैं, पूर्ति अधिक करनी होती है। इसलिए श्रम-विभाजन का महत्व क्रमशः बढ़ने लगा है। इस प्रकार समाज का संगठन श्रम-विभाजन से प्रभावित है।

3. सम्बन्धों का पतन (Decline of Relations)—सामाजिक संगठन के प्राथमिक सभी रूपों में सम्बन्धों, रिश्ते-नातों (Kinship) का बहुत बड़ा हाथ होता था। आधुनिक युग की भौतिकता और यांत्रिकता ने व्यक्ति के मन से सम्बन्धों की कोमलता और महत्व को हटाकर भौतिकता और सुखों की अवधारणा को भर दिया है। माता-पिता, भाई-बहनों के सम्बन्धों के बीच, अब उतना आदर-सम्मान नहीं रह गया है। संयुक्त परिवार एकांकी परिवारों में बदल रहे हैं। इस प्रकार सामाजिक संगठन की इस प्रवृत्ति में समाज का ढाँचा बदल रहा है।

4. भौतिकवाद (Materialism)—सामाजिक संगठन की आधुनिक प्रवृत्तियों में भौतिकवाद का विशेष स्थान है। इसने सम्पूर्ण समाज की व्यवस्था को एक प्रकार से उलट डाला है। मनुष्य धर्म, विश्वास, आस्था और सम्बन्धों की दुनिया से दूर होकर, यन्त्र और आधुनिक प्राप्तियों के सुख में फँसा है। सामाजिक जीवन से रीति-रिवाजों, परम्पराओं, प्रथाओं और धार्मिक नियमों के प्रतिबंध टूटते जा रहे हैं। जीवनदर्शन की गम्भीर समस्याओं पर ध्यान देने के बदले वर्तमान सुखों की समस्याओं पर अधिक ध्यान दिया जाने लगा है।

5. यथार्थ का विज्ञान (Science of Reality)—आधुनिक समाज व्यवस्था में मनुष्य का विवेक निरंतर वैज्ञानिक और भौतिकवादी होता जा रहा है। उसके जीवन में भावनाओं की कोमलता का स्थान नहीं के बराबर रहने लगा है। जीवन के हर पक्ष को व्यक्ति वैज्ञानिक दृष्टिकोण से देखता है। सम्बन्धों के प्रत्येक क्षेत्र में वह यथार्थ ढूँढता है।

इस प्रकार आज का सामाजिक संगठन सम्पूर्ण रूप से व्यावहारिक (Practical) होने लगा है। दूसरे शब्दों में इसे प्राविधिक (Technical) भी कह सकते हैं। तर्क और विज्ञान के आधार पर मनुष्य का विवेक उसे आध्यात्मिकता से अलग हटाता जा रहा है। आस्था और विश्वास की परिधि से हटकर व्यक्ति घोर भौतिकवादी नीतियों का समर्थक बनता जा रहा है। इस प्रकार आज का सामाजिक संगठन यथार्थ और विज्ञान से प्रभावित है।

अभ्यास के लिए प्रश्न

1. सामाजिक संगठन की परिभाषा दीजिये तथा उनकी प्रकृति और तत्वों की विवेचना कीजिये।
2. सामाजिक संगठन के रूपों को लिखिये तथा आधुनिक सामाजिक संगठन की प्रवृत्तियों का उल्लेख कीजिये।

2

सामाजिक विघटन
(Social Disorganisation)

सामाजिक विघटन क्या है?

समाज, सामाजिक सम्बन्धों की व्यवस्था है। संगठित समाज में ये सामाजिक सम्बन्ध संगठित रहते हैं। विघटित समाज में ये सामाजिक सम्बन्ध अस्त-व्यस्त रहते हैं। सामाजिक सम्बन्धों की अव्यवस्था की यह प्रक्रिया ही सामाजिक विघटन है। सामाजिक संगठन में आदतें, संस्थायें, समितियाँ आदि शामिल हैं। सामाजिक विघटन से ये सब अव्यवस्थित हो जाती हैं। प्रत्येक समाज में हर एक व्यक्ति की एक निश्चित स्थिति और उससे लगे हुये विशेष कार्य होते हैं। जब समाज का प्रत्येक व्यक्ति अपनी-अपनी सामाजिक स्थिति के अनुरूप कार्य अच्छी तरह करता जाता है तब वह समाज संगठित रहता है। इनके अव्यवस्थित होने से सामाजिक विघटन शुरू हो जाता है। इस प्रकार सामाजिक विघटन की दशा में व्यक्ति अपने कर्त्तव्य भूल जाते हैं, सामाजिक नियमों का नियन्त्रण कम होने लगता है, समाज के विभिन्न अंगों का संतुलन ढीला पड़ने लगता है, सामाजिक आदर्श गिरने लगते हैं और सम्पूर्ण सामाजिक ढाँचा अस्त-व्यस्त होने लगता है।

सामाजिक विघटन की परिभाषायें

सामाजिक विघटन की निम्नलिखित परिभाषाओं से भी उसका अर्थ स्पष्ट होगा–

(1) इलियट और मैरिल का मत–"सामाजिक विघटन वह प्रक्रिया है जिससे एक समूह के सदस्यों के बीच सामाजिक सम्बन्ध टूटते अथवा नष्ट हो जाते हैं।"[1] सामाजिक का अर्थ है समाज का अर्थात् सामाजिक सम्बन्धों का और विघटन का अर्थ है टूटना या विश्रृंखलित होना। इस प्रकार सामाजिक विघटन का शाब्दिक अर्थ भी समूह के सदस्यों के सामाजिक सम्बन्धों का टूटना या नष्ट होना है।

---

1. "Social disorganisation is the process by which the relationship between the members of group are broken or dissolved" —Elliott & Merrill, *Social Disorganisation,* Harper and Bros., New York Third Fdition, (1950), p 29.

एक प्रक्रिया के रूप में सामाजिक विघटन

सामाजिक विघटन के उपरोक्त वर्णन से कभी-कभी यह समझ लिया जाता है कि वह केवल एक आस्था या दशा मात्र है, परन्तु वास्तव में सामाजिक विघटन एक प्रक्रिया है। सामाजिक संगठन और सामाजिक विघटन दोनों सापेक्ष शब्द हैं। वास्तव में न तो कोई समाज पूरी तरह से संगठित ही हो सकता है और न पूरी तरह से विघटित ही हो सकता है। पूर्ण संगठन एक आदर्श है, जिसको पूरी तरह पाना कठिन है, परन्तु जिसकी ओर अधिकाधिक प्रगति करना प्रत्येक समाज का लक्ष्य है। विघटन के कुछ न कुछ तत्व सभी समाजों में रहते हैं। जब ये तत्व अधिक बढ़ जाते हैं तब वह अन्य समाजों की तुलना में स्पष्ट रूप से विघटित दिखाई देने लगता है। यह विघटन कभी स्थायी नहीं रहता, क्योंकि समाज गतिशील है और उसके साथ-साथ सामाजिक ढाँचा भी परिवर्तित होता रहता है और यह आवश्यक नहीं है कि किसी विशेष ढाँचे का टूटना सदैव हानिकारक ही हो। कभी-कभी तो यह आगे बनने वाले नये सामाजिक ढाँचे की भूमिका के रूप में होता है। अतः समाजशास्त्री सामाजिक विघटन को कोई व्याधि (Malady) न मानकर एक प्राकृतिक प्रक्रिया (Natural Process) मानते हैं। सामाजिक विघटन सामाजिक ढाँचे को अस्थायी रूप से तोड़ देता है या छिन्न-भिन्न कर देता है, ताकि उसके स्थान पर नया ढाँचा बनाया जाये। मूल्यों के अनुसार नये सामाजिक नियम बनाये जाते हैं और समाज का नया ढाँचा बनता है। यह नवीन ढाँचा कालान्तर में रूढ़ और कठोर हो जाता है तथा बदलते हुए सामाजिक मूल्यों के अनुकूल नहीं रहता। तब फिर यह ढाँचा टूटता है। सामाजिक विघटन से लाभ भी होता है, परन्तु यह लाभ तभी हो सकता है जब पुराने भवन के ढ़हने पर समय की माँग को समझकर शीघ्रातिशीघ्र नवीन भवन निर्माण किया जाये। वास्तव में सामाजिक विघटन समाज में रोगों की उपस्थिति का चिन्ह है। इन चिन्हों का यह महत्व है कि इनसे रोग का पता चलता है और इस बात का अवसर मिलता है कि इससे पहले कि कोई रोग शरीर को खा ले, उस कमी को पूरा किया जाये जिससे यह रोग उत्पन्न हो रहा है। इस प्रकार रोग को देखकर डॉक्टर रोग को बुरा-भला नहीं कहता क्योंकि उससे तो शरीर की खराबी निकल रही है, परन्तु इसका अर्थ यह भी नहीं है कि रोगी होना अच्छा है। रोग इस बात का संकेत है कि कहीं गड़बड़ी है। रोगी व्यक्ति और डॉक्टर को चाहिये कि इस संकेत को समझ कर उस गड़बड़ी को दूर करें। यदि ऐसा किया गया तो रोग भी लाभकारी सिद्ध होता है। यदि ऐसा नहीं किया गया तो वही रोग शरीर को खा लेगा। यही बात समाज के रोग सामाजिक विघटन के बारे में सत्य है। समाजशास्त्री उसका स्वागत करता है, परन्तु उसको निकाल फेंकने के भी उपाय करता है।

(2) फेरिस का मत–''सामाजिक विघटन मानवीय सम्बन्धों के यन्त्रों और प्रतीकों में गड़बड़ है।''[1] संगठित समाज में सामाजिक सम्बन्धों के कुछ यन्त्र और

1. "Social Disorganisation is a disturbance in the patterns and mechanisms of human relations."
—E. L. Faris,
Social Disorganisation, The Ronald Press Co., New York (1948).

प्रतिमान होते हैं। इनका अव्यवस्थित होना ही विघटन है।

(3) थॉमस और जनेनिकी का मत—"सामाजिक विघटन समूह के सदस्य व्यक्तियों पर से व्यवहार के वर्तमान सामाजिक नियमों के प्रभाव का घटना है।"[1] संगठित समाज में सदस्य भी समाज के नियन्त्रण में रहते हैं और उसके नियमों का पालन करते हैं। जब समाज का यह नियन्त्रण घटने लगता है और सामाजिक नियमों का प्रभाव कम होने लगता है तब सामाजिक विघटन हो जाता है।

सामाजिक संगठन और सामाजिक विघटन

इस प्रकार सामाजिक विघटन सामाजिक संगठन की विपरीत प्रक्रिया है। संगठित समाज में सभी सदस्यों में स्थितियों और कार्यों के सम्बन्ध में मतैक्य पाया जाता है जैसे प्राचीन हिन्दू समाज में वर्ण-व्यवस्था के अनुसार ब्राह्मण, क्षत्रिय, शूद्र और वैश्य चारों वर्णों का कार्य और स्थितियाँ निश्चित थीं और सभी उनको मानते थे। परन्तु हिन्दू समाज का विघटन होने से यह मतैक्य टूटता जा रहा है और वर्ण व्यवस्था का पालन करने वाले बहुत ही कम दिखाई पड़ते हैं। संगठित समाज में समाज के विभिन्न अंग संतुलित रहते हैं। जिससे सभी को आनन्द मिलता है। असंगठित या विघटित समाज में यह व्यवस्था बिगड़ जाती है और चारों ओर असंतोष दिखाई पड़ता है। सामाजिक संगठन की तुलना में सामाजिक विघटन का अर्थ समझाते हुए क्वीन, बोडेनहैफर और हार्पर ने लिखा है, "यदि सामाजिक संगठन ऐसे सम्बन्धों का विकास है जिनको व्यक्ति और समूह परस्पर संतोषजनक पाते हैं तो विघटन का अर्थ उनका ऐसे सम्बन्धों द्वारा हटाये जाना है जो असंतोष, अतृप्त इच्छायें झुँझलाहट और दुःख लाते हैं।"[2]

सामाजिक विघटन के लक्षण

परन्तु सामाजिक विघटन के स्वरूप को उसके लक्षणों को जाने बिना नहीं समझा जा सकता। लक्षणों को देखकर रोग का निदान किया जाता है और लक्षणों से ही रोग का पता चलता है। सामाजिक विघटन के मुख्य लक्षण निम्नलिखित हैं—

(1) रूढ़ियों और संस्थाओं का संघर्ष (Conflict of Mores and Institutions)—प्रत्येक समाज में कुछ रूढ़ियाँ और संस्थायों होती है। जिनके आधार पर सदस्यों का जीवन व्यवस्थित रूप से चलता है। कालान्तर में ये रूढ़ियाँ और

1. " Social Disorganisation is a decrease of the influence of existing social rules of behaviour upon individual members of the group."
—Thomas William and Znaniecki, *Polish Peasant in Europe and America,* Richard G. Badger, Boston, Vol. IV (1958), p.2.

2. "If social organisation means the development of relationships which persons and groups find mutually satisfactory, then disorganisation means their replacement by relationships which bring disappointments, thwarted wishes, irritation and unhappiness," —Queen, Bodenhafer and Harper, *Social Organisation and Social Disorganisation,* Thomas, Y. Crowell Company, New York (1953), p 53.

संस्थायें पुरानी पड़ जाती हैं और समाज के सदस्यों की आवश्यकताओं को पूरा नहीं करती। आदर्शों और विचारों के अन्तर से नई-नई संस्थायें और नये-नये नियम बनते हैं। इस प्रकार समाज अनेक दलों में बँट जाता है। कुछ लोग कुछ रूढ़ियों और संस्थाओं को बनाये रखना चाहते हैं। अन्य लोग उनका नामोनिशान मिटा देना चाहते हैं। कुछ अन्य प्राचीन तथा नवीन दोनों में समन्वय करना चाहते हैं। इस प्रकार प्राचीन रूढ़ियों और नवीन सामाजिक नियमों में तथा प्राचीन और नवीन संस्थाओं में संघर्ष उत्पन्न हो जाता है। इस संघर्ष से समाज का एकमत्य नष्ट हो जाता है। एकमत्य नष्ट हो जाने से संगठन टूट जाता है और सामाजिक विघटन प्रारम्भ हो जाता है। सामाजिक विघटन का यह लक्षण आधुनिक भारतीय समाज में देखा जाता है। आधुनिक भारतीय समाज में एक ओर जाति प्रथा के जबरदस्त पोषक दिखाई पड़ते हैं तो दूसरी ओर, उनके घोर विरोधी नजर आते हैं। इसी प्रकार तलाक, स्त्री शिक्षा, संयुक्त परिवार, पारिवारिक नियन्त्रण, विवाह का आधार और अस्पृश्यता, स्त्रियों का कार्य-क्षेत्र, विधवा विवाह आदि समाज की अनेक समस्याओं और सामाजिक नियमों को लेकर भारी मतभेद दिखाई पड़ता है। एक ओर जातिवाद का बोलबाला है तो दूसरी ओर, जाति हटाओ का आन्दोलन। इस खींचातानी में समाज की एकता छिन्न-भिन्न हो गई है और सामाजिक विघटन स्पष्ट दिखाई पड़ रहा है।

(2) एक समूह से दूसरे को कार्यों का हस्तान्तरण (Transfer of Functions from One Group to Another)—संगठित समाज में प्रत्येक समूह के कार्य निश्चित होते हैं, परन्तु समाज सदैव गतिशील रहता है, अतः विभिन्न समूहों के कार्य बहुत दिनों तक एक से नहीं रह सकते। कालान्तर में एक समूह से दूसरे को कार्यों का हस्तान्तरण होता है। इससे विभिन्न समूहों के कार्य स्पष्ट रूप से निश्चित नहीं रह पाते और उनमें अव्यवस्था फैल जाती है। इस अव्यवस्था से सामाजिक विघटन होने लगता है। आधुनिक भारतीय समाज में सामाजिक विघटन का यह लक्षण देखा जा सकता है। प्राचीन सामाजिक व्यवस्था में परिवार, राज्य, जाति आदि विभिन्न समूहों के कार्य निश्चित थे। कालान्तर में परिवार के अनेक कार्य राज्य ने ले लिये। इसी प्रकार जाति के अनेक कार्य वर्ग समूहों ने ले लिये। राज्य के कार्य पहले से बहुत अधिक बढ़ गये। विवाह के आदर्श में परिवर्तन हो जाने से उसके कार्यों में भी परिवर्तन हो गया। इन सब कारणों से आधुनिक भारतीय समाज में सामाजिक विघटन की प्रक्रिया दिखाई पड़ती है।

(3) निजी वैयक्तीकरण (Personal Individuation)—संगठित राज्य में वैयक्तीकरण के कार्यों का निर्णय सामाजिक संगठन के आधार पर होता है। व्यक्ति के जीवन की प्रत्येक बात समाज के विचार से निर्धारित होती है। प्राचीन भारत में विवाह, परिवार, व्यवसाय आदि सामाजिक दृष्टिकोण से कुछ निश्चित प्रतिमानों के आधार पर होते थे, परन्तु व्यक्तिवाद के आधुनिक युग में जीवन के सभी महत्वपूर्ण प्रश्नों पर प्रत्येक व्यक्ति अपने निजी दृष्टिकोण से विचार करता है। उसका व्यक्तित्व समाज के एक अंग के रूप में न होकर निजी होता है। यह प्रत्येक बात में अपने स्वतन्त्र निर्णय से काम लेना चाहता है और उसमें समाज की कोई परवाह नहीं करना

चाहता। इस प्रकार आधुनिक युवक-युवतियाँ, विवाह, परिवार, व्यवसाय घूमने-फिरने, तौर-तरीके, नैतिक आचार, यौन सम्बन्ध आदि सभी महत्वपूर्ण विषयों पर समाज की परवाह न करते हुए अपने निजी व्यक्तित्व के झुकावों, रूचियों और हितों के दृष्टिकोण से निर्णय लेना चाहते हैं। इससे इन सब बातों में भारी अव्यवस्था फैल गई है। इससे समाज का संगठन बिखर गया है और भयंकर रूप में सामाजिक विघटन प्रारम्भ हो गया है। इस निजी वैयक्तीकरण का कारण सामाजिक मूल्यों का परिवर्तन और विविधता है। आधुनिक समाज में सामाजिक मूल्यों में भारी अव्यवस्था (Chaos) दिखाई पड़ती है। सन्देहवाद (Scepticism) और उपेक्षावाद बढ़ रहा है। प्रत्येक बात के पक्ष-विपक्ष में इतने तर्क सुनाई पड़ते हैं कि सभी कुछ अनिश्चित सा मालूम पड़ता है।

(4) सामाजिक ढाँचे में परिवर्तन (Change in the Social Structure)—सामाजिक ढाँचे में परिवर्तन समाज के सदस्यों की स्थितियों और कार्यों में परिवर्तन है। संगठित समाज में प्रत्येक व्यक्ति की स्थिति और कार्य बँटे होते हैं और सभी उसके अनुरूप कार्य करते जाते हैं। इससे समाज संगठित रहता है, परन्तु कालान्तर में सामाजिक मूल्यों तथा विचारों के परिवर्तन के साथ-साथ इन स्थितियों और कार्यों में परिवर्तन होने लगता है। इस परिवर्तन से समाज के सदस्यों की स्थिति और कार्य निश्चित नहीं रहते और वे मनमानी करने लगते हैं। इससे सामाजिक विघटन आरम्भ हो जाता है। भारतवर्ष का उदाहरण लीजिए। हिन्दू समाज में परिवारों और जाति समूहों का विघटन स्पष्ट दिखाई पड़ता है। आज हिन्दू समाज में स्थितियों की दशा में भारी परिवर्तन हो गया है और धीरे-धीरे उनकी सामाजिक, आर्थिक तथा राजनैतिक स्थिति पुरुषों के समान होती जा रही है। दूसरी ओर, पुरुषों की स्थिति अभी पहले जैसी है। इससे परिवार में स्त्री-पुरुष के सम्बन्धों में तनाव दिखाई पड़ता है। स्थिति के परिवर्तन से स्त्री के कार्य भी बदल गये हैं। इनसे समन्वय करने के लिए पुरुषों की स्थिति और कार्य भी उसी के अनुरूप बदलने चाहियें। अभी तो शिक्षित और उदार नवयुवक तक इस परिवर्तन के लिए तैयार नहीं दिखाई पड़ते। इससे पारिवारिक विघटन बढ़ता जा रहा है। इसी प्रकार जाति व्यवस्था में सरकारी तथा गैर सरकारी सुधारों से निम्न जातियों तथा अस्पृश्यों पर सारी अनर्हतायें (Disabilities) उठा ली गई हैं और उनकी सामाजिक स्थिति अन्य जातियों के समकक्ष लाने का भरकम प्रयास किया जा रहा है, परन्तु उच्च जातियाँ अभी तक परिवर्तन के लिए तैयार नहीं हैं। इससे जाति व्यवस्था में जबर्दस्त विघटन बढ़ रहा है। स्थितियों और कार्यों के इस परिवर्तन से सामाजिक विघटन बढ़ रहा है। फैरिस ने लिखा है, "सामाजिक विघटन व्यक्तियों के कार्य के सम्बन्धों का इस अंश तक टूट जाना है कि उससे समूह के स्वीकृत कार्यों के करने में बाधा पड़ती है।"[1]

---

1. "Social Disorganisation is the disruption of the natural relations of persons to a degree that interferes with the performance of the accepted tasks of the group."
—Faris, Robert E., L., *Social Disorganisation*, The Ronald Press Company, New York, (1948), p.19.

फैरिस ने सामाजिक विघटन के निम्नलिखित लक्षण (Symptoms) बतलाये हैं—

(1) दिखावा (Formalism)

(2) पवित्र हितों का ह्रास (The Decline of Sacred Elements)।

(3) हितों और रूचियों में वैयक्तिकता (Individuality of Interests and Tastes)।

(4) निजी स्वतन्त्रता और व्यक्तिगत अधिकारों पर बल (Emphasis on Personal Freedom and Individual Rights)।

(5) सुखवादी व्यवहार (Hedonistic Behaviour)।

(6) जनसंख्या की विविधता (Population Heterogeneity)।

(7) परस्पर अविश्वास (Mutual Distrust)।

(8) अशान्ति का तत्व (Unrest Phenomena)।

इस प्रकार सामाजिक विघटन का अर्थ व्यक्तियों के परस्पर सम्बन्धों का, उनकी स्थितियों तथा कार्यों का, सामाजिक मूल्यों का, रूढ़ियों और संस्थाओं का सामाजिक एकमत्य खत्म हो जाना है।

सामाजिक संगठन और विघटन का अन्तर आगे दी हुई तालिका से और भी स्पष्ट हो जायेगा।

सामाजिक संगठन और विघटन में अन्तर

सामाजिक संगठन	सामाजिक विघटन
1. एकमत्य	1. मतों की अनेकता।
2. जनसंख्या की एकरसता।	2. जनसंख्या की विविधता।
3. परस्पर विश्वास।	3. परस्पर अविश्वास।
4. हितों और रूचियों में सामाजिकता और समानता।	4. हितों और रूचियों में वैयक्तिकता और विचित्रता।
5. समझदारी का व्यवहार।	5. सुखवादी व्यवहार।
6. कर्तव्य पर बल।	6. अधिकारों पर बल।
7. पवित्र तत्वों की सुरक्षा।	7. पवित्र तत्वों का ह्रास।
8. खरापन।	8. दिखावा।
9. शान्ति और सुख।	9. अशान्ति और दुःख।
10. स्थितियों और कार्यों में समन्वय।	10. स्थितियों और कार्यों में विरोध।
11. स्थितियों और कार्यों की स्पष्टता।	11. स्थितियों और कार्यों की अस्पष्टता।
12. रूढ़ियों का समन्वय।	12. रूढ़ियों का संघर्ष।

सामाजिक संगठन	सामाजिक विघटन
13. संस्थाओं का समन्वय।	13. संस्थाओं का संघर्ष।
14. सम्बन्धों के यन्त्रों और प्रतीकों में व्यवस्था।	14. यन्त्रों और प्रतीकों में गड़बड़ी।
15. दृढ़ सामाजिक नियन्त्रण।	15. सामाजिक नियन्त्रण का अभाव।
16. सामाजिक नियमों का सम्मान।	16. सामाजिक नियमों की उपेक्षा।
17. व्यक्ति और समाज में समन्वय।	17. व्यक्ति और समाज में विरोध।
18. समाज के विभिन्न अंगों में समन्वय।	18. समाज के विभिन्न अंगों में विरोध।

सामाजिक विघटन के कारण

सामाजिक विघटन एक जटिल प्रक्रिया है। उसका कोई एक कारण मानना भूल है। उसका कोई भी सार्वभौम कारण नहीं हो सकता। देश काल के अनुसार उसके कारण भी बदले रहते हैं परन्तु फिर भी सामाजिक विघटन के कुछ कारण अवश्य गिनाये जा सकते हैं। ये मुख्य कारण निम्नलिखित हैं—

(1) सामाजिक परिवर्तन (Social Change)—इलियट और मैरिल के अनुसार सामाजिक संगठन गतिशील है। उसके विभिन्न तत्व, विधियाँ, रूढ़ियाँ, संस्थायें, समितियाँ आदि बराबर बदलती रहती हैं। इस प्रकार पुरानी रूढ़ियों और नई विधियों में पुरानी संस्थाओं और नवीन संस्थाओं में कशमकश शुरू होती है जिससे समाज का एकमत्य समाप्त हो जाता है।

(2) सांस्कृतिक विलम्बना (Cultural Lag)—सांस्कृतिक विलम्बना भी सामाजिक विघटन का एक कारण है। संस्कृति के सब तत्वों में एक सा परिवर्तन नहीं होता। भौतिक तत्व में तो शीघ्रता से परिवर्तन हो जाता है, परन्तु अभौतिक तत्व बहुत धीरे-धीरे बदलता है और उसका परिवर्तन भौतिक संस्कृति के परिवर्तन से पीछे रह जाता है। विश्वास तथा विचार बड़ी कठिनता से बदलते हैं, परन्तु भौतिक उपकरणों को अपनाने में अधिक समय नहीं लगता। भारतवर्ष में ही देखिये। अंग्रेजों के प्रभाव से बहुत से लोग कोट-पैन्ट पहनना, फर्नीचर का प्रयोग, चाय पीना और जूते पहनकर खाना खाना आदि तो सीख गये, परन्तु उनके गुणों में से एक भी नहीं सीखा। तथ्य यह है कि भौतिक आविष्कारों के उपयोग सरलता से समझ में आ जाते हैं, परन्तु दूसरों के विचारों को समझने में कठिनता होती है। आज के समय में सफर में रेल, कार, साइकिल आदि का प्रयोग संसार के लगभग सभी बड़े नगरों में दिखाई पड़ेगा, इसी प्रकार पैन्ट, कोट, सिगरेट, चाय आदि का चलन सभी जगह एक सा दिखाई पड़ेगा, परन्तु विचारों, धारणाओं तथा संस्थाओं में सभी जगह भारी अन्तर होगा। परिवर्तन में संस्कृति के एक तत्व के दूसरे तत्व से पीछे रह जाने को ही

सांस्कृतिक विलम्बना कहते हैं। इससे समाज में अव्यवस्था फैल जाती है और सामाजिक विघटन होने लगता है।

(3) युद्ध (War)—युद्ध सामाजिक विघटन का एक कारण है क्योंकि उससे समाज की व्यवस्था बिगड़ जाती है। समाज के युवा लोग लड़ाई में काम आते हैं। हजारों युवती स्त्रियाँ विधवा हो जाती हैं, सैनिकों को अपने परिवारों से दूर शिविरों में जीवन व्यतीत करना पड़ता है। इस सबसे यौन-सम्बन्ध ढीले पड़ जाते हैं और उनमें अव्यवस्था फैल जाती है। स्त्री पुरुष के अनुपात में परिवर्तन होने से भी यौन-सम्बन्धों पर प्रभाव पड़ता है। युद्ध से सामाजिक मूल्यों को भी चोट पहुँचती है। मनुष्य के जीवन का मूल्य घट जाता है। हत्यायें और लूट-मार तथा व्यभिचार बढ़ने लगता है।

(4) संकट (Crisis)—संकट सामाजिक विघटन का एक प्रमुख कारण है। संकट की परिभाषा करते हुये थॉमस ने लिखा है "संकट ऐसी कोई भी घटना है जो कि एक संघर्ष की परिस्थिति पर ध्यान केन्द्रित करके सुचारु रूप से बनने वाली आदतों में बाधा डालती है।" ये संकट दो प्रकार के होते हैं। इन दोनों से ही सामाजिक विघटन होता है। ये प्रकार निम्नलिखित हैं—

(अ) आकस्मिक (Precipitate)—आकस्मिक संकट वह है जो इतना एकदम आ जाय कि कुछ भी सूझ न पड़े उदाहरणार्थ किसी महान नेता की मृत्यु, कोई भयंकर दुर्घटना, अकाल, दैवी प्रकोप आदि। इन आकस्मिक संकटों में लाखों-करोड़ों व्यक्तियों की स्थिति और कार्य में यकायक परिवर्तन हो जाता है। नई परिस्थितियाँ उपस्थित हो जाती हैं जिनके लिए सर्वथा नई व्यवस्थाओं की आवश्यकता होती है। ऐसे संकट को झेलने के लिए कोई न कोई युक्ति तुरन्त निकालनी पड़ती है। भारतवर्ष में महात्मा गाँधी की हत्या और बंगाल का अकाल ऐसे ही आकस्मिक संकट थे।

(ब) संचयी संकट (Cumulative Crisis)—संचयी संकट जैसा कि उसके नाम से प्रकट है, एकदम नहीं आता, बल्कि धीरे-धीरे लगातार होने वाली घटनाओं के फलस्वरूप क्रमशः पनपता और विकसित होता रहता है। भारतवर्ष का विभाजन इसी प्रकार का संचयी संकट था। हिन्दुओं और मुसलमानों की परम्परागत घृणा और द्वेष धीरे-धीरे बढ़ते गये और छुटपुट दंगे होते गये। आग भड़कती गई और अन्त में देश का विभाजन हुआ तथा जनता के निष्क्रमण में दोनों ओर भयंकर साम्प्रदायिक दंगे हुए और दोनों ओर के समाजों में ऐसी अव्यवस्था फैली जो अब तक काबू में नहीं आ पाई है और जिससे दोनों समाजों में भयंकर रूप से सामाजिक विघटन हुआ।

(5) सामाजिक मूल्यों में परिवर्तन (Change in Social Values)—सामाजिक मूल्यों से सामाजिक संगठन दृढ़ रहता है। उन पर आघात आने से संगठन बिखर जाता है और विघटन की प्रक्रिया आरम्भ हो जाती है। इस प्रकार सामाजिक संगठन और विघटन दोनों सामाजिक मूल्यों पर आधारित हैं। इलियट तथा मैरिल ने लिखा है कि

"सामाजिक मूल्यों के परिवर्तन के बिना न तो सामाजिक संगठन और न सामाजिक विघटन ही रहेगा।"[1] सामाजिक मूल्यों के परिवर्तन से नवीन सामाजिक संस्थाओं और समितियों की आवश्यकता होती है। इसका पुरानी समितियों और संस्थाओं से संघर्ष होता है। इससे समाज में अव्यवस्था फैलती है। सामाजिक मूल्यों में परिवर्तन के साथ समाज के सदस्यों की स्थिति और कार्य भी बदल जाते हैं। इनके अनुकूल होने में समय लगता है। इस प्रकार विघटन फैलता है। वर्तमान भारतीय समाज में मूल्यों में जबर्दस्त परिवर्तन हुआ है जिससे विभिन्न लिंगों, विभिन्न वर्गों और विभिन्न जातियों के लोगों के कार्य और स्थिति में भारी परिर्वतन हुआ है। इससे नये और पुराने मूल्यों को लेकर संघर्ष खड़ा हो गया है। इससे सामाजिक विघटन की क्रिया तीव्र गति से काम करती दिखाई पड़ती है।

(6) सामाजिक रूख (Social Attitudes)—सामाजिक मूल्यों में परिवर्तन से सामाजिक रूख भी बदल जाते हैं। इस परिवर्तन से प्रभावित व्यक्ति समाज में एक विशेष प्रकार का परिवर्तन करना चाहते हैं, परन्तु दूसरी ओर पुरानी परम्पराओं, प्रवृत्तियों और रूढ़ियों से ग्रस्त व्यक्ति इस परिवर्तन का विरोध करते हैं। इस कशमकश से सामाजिक विघटन होता है।

सामाजिक विघटन के उपरोक्त कारणों में से युद्ध और संकट को छोड़कर लगभग सभी कारण काम कर रहे हैं। संकट तो कभी भी आ सकता है। युद्ध को दूर रखने का भरसक प्रयास किया जा रहा है। स्त्रियों की दशा में सुधार, स्त्री शिक्षा, अस्पृश्यता उन्मूलन, पाश्चात्य संस्कृति का प्रभाव, स्त्रियों की आर्थिक, राजनीतिक तथा सामाजिक समानता और स्वतन्त्रता तथा साम्यवाद और समाजवाद जैसी नवीन विचारधाराओं के प्रभाव से समाज में तेजी से परिर्वतन हो रहा है। नये युवक-युवतियों पर से परिवार का नियन्त्रण उठ रहा है और यौन सम्बन्ध ढीले पड़ रहे हैं। परिवारों का विघटन हो रहा है, संयुक्त परिवार टूट रहे हैं और परिवार छोटे-छोटे होते जा रहे हैं। विवाह के आधार, उद्देश्य और स्थायित्व में भारी परिवर्तन हो गया है। इन सब सामाजिक परिर्वतनों से विघटन की प्रक्रिया को प्रोत्साहन मिला है। सामाजिक परिवर्तन के साथ सामाजिक मूल्यों में भारी परिवर्तन दिखलाई पड़ता है। व्यक्तिवादी, बुद्धिवादी, भौतिकवादी एवं भोगवादी विचारधारायें पनप रही हैं। स्वतन्त्रता और समानता की माँग बढ़ रही है। इसी प्रकार सांस्कृतिक विलम्बना से भी विघटन बढ़ रहा है। पाश्चात्य संस्कृति के सम्पर्क में आकर भारतवासियों ने उनकी भौतिक संस्कृति, यातायात और सन्देशवहन के साधन, दैनिक आवश्यकताओं की वस्तुयें, मशीनें, यन्त्र, वैज्ञानिक आविष्कार, कपड़े, घर सजाने के सामान आदि तो अपना लिए हैं, परन्तु विचारों और विश्वासों पर बहुत कम प्रभाव हुआ है। जो कुछ प्रभाव हुआ भी वह भी राष्ट्रीय आन्दोलनों के कारण बहुत कम हो गया। इस प्रकार भौतिक संस्कृति में जितना अधिक परिवर्तन हुआ है उतना अभौतिक संस्कृति में नहीं हुआ।

---

1. "Without social values neither social organisation nor social disorganisation would exist."
—Elliott and Merrill

इससे सांस्कृतिक विलम्बना बढ़ी और परिणामस्वरूप सामाजिक मतैक्य कम हुआ। सामाजिक मतैक्य कम होना विघटन का चिन्ह है। इस कारण सामाजिक परिवर्तन, सांस्कृतिक विलम्बना, सामाजिक मूल्यों में परिवर्तन आदि कारण आजकल भारत में सामाजिक विघटन उत्पन्न कर रहे हैं। ये ही कारण संसार के अन्य देशों में भी सामाजिक विघटन के लिए उत्तरदायी होते हैं।

सामाजिक विघटन के सिद्धान्त

मावरर के अनुसार, "सामाजिक विघटन, सामाजिक परिवर्तन तथा सामाजिक परिर्वतन की प्राकृतिक दशा में सामान्य परिणाम है। सामाजिक परिवर्तन के सम्बन्ध में सामाजिक विघटन का यह दोहरा कार्य सामाजिक विघटन के अध्ययन के प्रति विभिन्न दृष्टिकोणों के समझने से और भी स्पष्ट हो जाता है।"[1] इस प्रकार सामाजिक विघटन को समझने के लिए उसके उद्गम सिद्धान्तों को समझना आवश्यक है, इस सम्बन्ध में मावरर ने पाँच सिद्धन्तों की गणना की है। ये पाँच सिद्धान्त आजकल सभी समाजशास्त्री नहीं मानते, परन्तु इनका विवेचन बड़ा लाभदायक सिद्ध हुआ है। ये सिद्धान्त निम्नलिखित हैं–

1. सामाजिक समस्या सिद्धान्त (The Social Problem Approach)
2. मनोजैवकीय सिद्धान्त (The Biopsychological Approach)
3. भौगोलिक सिद्धान्त (The Geographical Approach)
4. सांस्कृतिक सिद्धान्त (The Cultural Approach)
5. माइक्रोस्कोपिक-मैक्रोस्कोपिक सिद्धान्त अथवा एकीकरण सिद्धान्त (The Microscopic-Macroscopic theory)

(1) सामाजिक समस्या सिद्धान्त–मावरर के अनुसार "सामाजिक समस्या दृष्टिकोण के मूल में यह धारणा थी कि समाज उन्नति कर सके और यदि वह कर सके तो उसे उन्नति करनी चाहिए, इसके लिए मानव प्रगति को रोकने अथवा उसमें विलंयन करने वाले विषमायोजनों पर आक्रमण करना चाहिए।"[2] इस प्रकार सामाजिक समस्या सिद्धान्त के अनुसार सामाजिक प्रगति के लिए समाज से विषमायोजनों का उन्मूलन आवश्यक है क्योंकि इनसे समाज की प्रगति में बाधा पड़ती है और प्रगति बहुत देर से सम्भव हो पाती है। इस प्रकार सामाजिक विषमायोजन सामाजिक प्रगति में रोड़े के समान हैं। सामाजिक समस्यायें व्यक्ति और

---

1. "Social disorganization is the normal consequence of social change as well as the natural condition of social change. This dual role of social disorganization in relation to social change becomes more clear with an understanding of the various approaches which have been made to the study of social disorganization"
—Mowrer
2. "Basic to the social problem approach was the assumption that society could and should progress if it would but attack the maladjustments which were impending of delaying human advancement."
—Mowrer

समाज के विषमायोजन से उत्पन्न होती हैं। यह विषमायोजन किसी भी क्षेत्र में हो सकता है चाहे वह सामाजिक हो या आर्थिक, राजनीतिक हो अथवा मनोवैज्ञानिक। सामाजिक समस्याओं को समझने के लिए उनका वैज्ञानिक विवेचन करना आवश्यक है। इस प्रकार की सामाजिक समस्यायें वृद्धावस्था, बेकारी, तलाक इत्यादि हैं। वृद्धावस्था में अनेक प्रकार के विषमायोजन उपस्थित हो जाते हैं। बेकार व्यक्ति दूसरों पर निर्भर रहता है और उसे भूखों मरना पड़ता है। इसी प्रकार विघटन से समाज की सुरक्षा का खतरा उत्पन्न होता है।

सामाजिक समस्या सिद्धान्त मानव और सुखवादी आन्दोलन का एक महत्वपूर्ण आधार प्रस्तुत करता है और सामाजिक विघटन की वैज्ञानिक विवेचना का प्रयास करता है। इस सिद्धान्त में सामाजिक समस्याओं को सुलझाने के लिए सामूहिक प्रयास पर अधिक जोर दिया गया है। इसके अनुसार समाज में विषमायोजन प्राकृतिक मूल प्रवृत्तियों पर आधारित कार्यों का परिणाम है।

(2) **मनोजैविकीय सिद्धान्त**–सामाजिक विघटन के मनोजैविकीय सिद्धान्त के अनुसार विघटन के कारण मनोवैज्ञानिक और जैविकीय हैं। इस प्रकार यह सिद्धान्त मनोविज्ञान और जीवशास्त्र पर आधारित है। इसके प्रतिपादक गोबिनो के अनुसार प्रत्येक समाज के नाश के मूल में मुख्य कारण प्रजातियों (Races) का मिश्रण है क्योंकि सब प्रजातियों में समान योग्यता नहीं होती। सफेद, पीली और काली तीन मुख्य प्रजातियों में सफेद प्रजाति सबसे अधिक शक्तिशाली और प्रभावपूर्ण है। जब इस प्रजाति ने अन्य प्रजातियों को हरा कर उनसे सन्तान उत्पन्न की तो उनकी सभ्यता का नाश होने लगा। इन विचारकों के मतानुसार केवल विभिन्न प्रजातियों में ही नहीं बल्कि एक ही प्रजाति में व्यक्तियों में जैविकीय अन्तर होता है। किसी भी समाज में मन्द बुद्धि लोगों को सन्तान उत्पन्न करने से रोकना चाहिए। इसका उपाय निर्वीर्यीकरण है। इस विचारधारा के समर्थकों ने अपने मत को पुष्ट करने के लिए ज्यूक्स, कालीकाक और एडवर्ड परिवारों के अध्ययन का उदाहरण दिया। इन परिवारों के अध्ययन से उन्होंने यह सिद्ध करने की चेष्टा की कि हीन और उच्च व्यक्तियों से उच्च स्तर की सन्तान उत्पन्न होती हैं।

परन्तु बाद में अनेक विचारकों ने इन परिवारों के अध्ययनों के परिणामों की भारी आलोचना की थी। ये अध्ययन वैज्ञानिक नहीं थे। अतः इन पर आधारित सिद्धान्त वैज्ञानिक नहीं कहे जा सकते हैं।

(3) **भौगोलिक सिद्धान्त**–भौगोलिक सिद्धान्त के अनुसार विघटन के मुख्य कारण भौगोलिक दशायें हैं। भूमि की रचना, जलवायु, तापक्रम, पानी, ऋतुयें, वर्षा, भूचाल, खनिज, पदार्थ तथा गुरुत्वाकर्षण आदि अनेक भौगालिक दशाओं का मनुष्य के व्यक्तित्व के निर्माण में महत्वपूर्ण हाथ है। भौगोलिक दशायें ही अपराध, अशिक्षा, तलाक और मानसिक रोग का कारण होती हैं। भौगोलिक सिद्धान्त के समर्थकों में हटिंगटन का नाम सबसे अधिक प्रसिद्ध है।

सामाजिक विघटन के भौगोलिक सिद्धान्त में सबसे बड़ा दोष यह है कि उसमें भौगालिक दशाओं को ही सामाजिक व्याधियों का एक मात्र कारण मान लिया गया है। आधुनिक समाजों पर कहीं भी भौगोलिक दशाओं का इतना अधिक प्रभाव नहीं दिखलाई पड़ता है।

(4) **सामाजिक सिद्धान्त**-सामाजिक विघटन के सांस्कृतिक सिद्धान्त के समर्थकों ने सामाजिक समस्याओं को सांस्कृतिक प्रक्रिया के परिणाम के रूप में लिखा है। जब कभी किसी समाज की संस्कृति के विभिन्न तत्वों में कुछ तत्व आगे बढ़ जाते हैं और दूसरे पीछे रह जाते हैं तो इससे सांस्कृतिक विलम्बना उत्पन्न होती है। सामान्य रूप से यह सांस्कृतिक विलम्बना सभी समाजों में कुछ न कुछ अंशों में देखी जा सकती हैं। यह सांस्कृतिक विलम्बना भी सामाजिक विषमायोजन का मुख्य कारण है। प्रसिद्ध समाजशास्त्री आगबर्न और निमकॉफ ने इस मत का समर्थन किया है। आगबर्न और निमकॉफ के अनुसार प्रत्येक संस्कृति में अभौतिक संस्कृति की अपेक्षा भौतिक संस्कृति में तेजी से परिवर्तन होता हैं। भौतिक संस्कृति में तरह-तरह के औजार, मशीनें, बर्तन आदि बाहरी चीजें आती हैं। अभौतिक संस्कृति में रूढ़ियां, परम्परायें, लोकरीतियाँ, विश्वास, विधियाँ, दर्शन, विज्ञान और कला इत्यादि सम्मिलित हैं। भौतिक संस्कृति के क्षेत्र में नये-नये आविष्कारों तथा अन्य संस्कृतियों के प्रभाव से तीव्र परिवर्तन होता रहता है जिससे अभौतिक संस्कृति के क्षेत्र में परिवर्तन आवश्यक होता है। परन्तु इस क्षेत्र में परिवर्तन उतनी तेजी से नहीं हो पाता जैसा कि भौतिक संस्कृति में होता है। अतः तरह-तरह की सामाजिक समस्यायें उपस्थित हो जाती हैं।

थॉमस और जनेनिकी ने अपनी प्रसिद्ध पुस्तक The Polish Peasant में सांस्कृतिक संघर्ष का सिद्धान्त उपस्थित किया। इसके अनुसार जब दो या अधिक संस्कृतियाँ एक दूसरे के निकट सम्पर्क में आती हैं तो उनमें असमानता के कारण संघर्ष उत्पन्न होता है। उदाहरण के लिए अमेरिका की संस्कृति और पोलैण्ड की संस्कृति में संघर्ष दिखलाई पड़ता है। भारत में प्राचीन काल से ही अनेक संस्कृतियों का मिलन और संघर्ष होता रहता है। एक ही समाज में भी पुरानी पीढ़ी और नई पीढ़ी के व्यक्तियों में सांस्कृतिक अन्तर होने के कारण संघर्ष उत्पन्न होता है। सांस्कृतिक संघर्ष सिद्धान्त के अनुसार इस संघर्ष से सामाजिक विघटन उत्पन्न होता है।

फ्रैंक ने सामाजिक विघटन का मनोसांस्कृतिक (Psychocultural) सिद्धान्त उपस्थित किया है। इसके अनुसार सामाजिक समस्याओं की व्याख्या सांस्कृतिक के साथ-साथ मनोवैज्ञानिक दृष्टि से भी की जानी चाहिए, क्योंकि मनोवैज्ञानिक दशा का सांस्कृतिक दशा से बड़ा निकट सम्बन्ध है।

सामाजिक विघटन के सांस्कृतिक सिद्धान्त के उपरोक्त सभी रूपों में एक मुख्य दोष यह है कि इनमें सामाजिक विघटन के आर्थिक कार्यों को समुचित स्थान नहीं दिया गया है जबकि सामाजिक समस्याओं में उनका बड़ा महत्व है।

(5) एकीकरण सिद्धान्त—प्रसिद्ध समाजवादी चार्ल्स कूले ने सामाजिक जीवन को एक सावयव (Organic) प्रक्रिया माना है जिसमें व्यक्ति और समाज में परस्पर अन्तक्रिया होती रहती है। व्यक्ति और समाज परस्पर पूरक हैं और एक ही व्यवस्था के दो अंग हैं। सामाजिक संस्थायें मनुष्यों की आवश्यकताओं की पूर्ति के लिए रहती हैं, परन्तु साथ ही इन पर नियन्त्रण भी करती हैं। जब ये संस्थायें आवश्यकताओं की पूर्ति नहीं कर पातीं तो उनका नियन्त्रण उठने लगता है और सामाजिक विघटन की स्थिति उपस्थित होती है। इस प्रकार सामाजिक विघटन और व्यक्तिगत विघटन दोनों एक दूसरे पर निर्भर हैं। समाज और व्यक्ति में से किसी को भी एक दूसरे से अलग नहीं किया जा सकता है। कूले के शब्दों में "एक अकेला व्यक्ति अनुभव से अज्ञात एक अमूर्तकरण है और इसी प्रकार व्यक्ति से अलग माना जाने वाला समाज भी। वास्तविक चीज मानव जीवन है जो कि या तो हमारे व्यक्तिगत पक्ष अथवा सामाजिक पक्ष अर्थात् सामान्य पक्ष में लिया जा सकता है परन्तु जो वास्तव में सदैव व्यक्तिगत और सामान्य है। दूसरे शब्दों में, समाज और व्यक्ति पृथक् तत्वों को नहीं दिखलाते बल्कि एक ही वस्तु के सरल, समष्टिगत और विभाजक पक्ष हैं। उनका आपस का यह सम्बन्ध एक पूर्ण समूह और उस समूह के सदस्यों, जैसे एक सेना और सिपाहियों, कक्षा और विद्यार्थियों तथा इसी प्रकार के अन्य उदाहरणों से समझा जा सकता है।" वास्तव में कूले के अनुसार न तो व्यक्तिगत विघटन सामाजिक विघटन का कारण है और न सामाजिक विघटन ही व्यक्तिगत विघटन का कारण है, क्योंकि ये दोनों परस्पर पूरक हैं और एक दूसरे के साथ बँधे हुए हैं। जब इनमें से एक होता है तो दूसरा भी होता है। ये दोनों एक ही प्रक्रिया के दो अंग हैं। इस प्रकार कूले का यह सिद्धान्त सावयव सिद्धान्त अथवा माइक्रोस्कोपिक-मैक्रोस्कोपिक सिद्धान्त भी कहा जा सकता है। इसमें व्यक्ति को समाज रूपी विभु के एक अणु के समान माना गया है यद्यपि विभु और अणु दोनों में ही एक से लक्षण पाये जाते हैं। यह सिद्धान्त व्यक्तिगत और समाजगत दृष्टिकोणों का एकीकरण करता है।

सामाजिक विघटन की प्रक्रिया को समझने के लिए एकीकरण का सिद्धान्त बड़ा महत्वपूर्ण है, क्योंकि इसमें हम विघटन की प्रक्रिया को एक अविच्छिन्न एवं पूर्ण के रूप से देखते हैं। परन्तु कुछ समाजशात्रियों ने कूले के सिद्धान्त पर आक्षेप किये हैं। उनके अनुसार कूले ने सामाजिक विघटन की धारणा को अत्यधिक सीमित कर दिया है, क्योंकि वह सामाजिक नियन्त्रणों के भंग होने को ही सामाजिक विघटन मान बैठा है। सच तो यह है कि सामाजिक विघटन किसी एक कारक के कारण नहीं माना जा सकता चाहे वह कारक कितना भी महत्वपूर्ण क्यों न हो। इस प्रकार सामाजिक विघटन को किसी एक कारक पर आधारित मानने वाले सिद्धान्त में विशिष्ट मिथ्या विचार पाया जाता है। यह आक्षेप अन्य सिद्धान्तों के समान कूले के सिद्धान्त पर भी लागू होता है।

सामाजिक विघटन के विभिन्न सिद्धान्तों के उपरोक्त विवेचन से यह स्पष्ट है कि उसकी व्याख्या करने के लिए कोई एक विशेष सिद्धान्त पर्याप्त नहीं है। सामाजिक विघटन एक जटिल प्रक्रिया है। उसमें सामुदायिक, पारिवारिक और वैयक्तिक, राज्य का और अन्तर्राष्ट्रीय विघटन सम्मिलत है। वह सामाजिक नियमों (Norms), मूल्यों (Values), अभिवृतियों (Attitudes) आदि के परिवर्तन से होता है। वह एक सतत् प्रक्रिया है। इसलिये उसकी व्याख्या करने में उसकी प्रक्रिया के सभी अंगों पर गत्यात्मक (Dynamic) दृष्टि रखनी होगी।

सामाजिक विघटन में व्यक्ति का उत्तरदायित्व

सामाजिक विघटन का उत्तरदायित्व व्यक्ति पर भी है। व्यक्तिगत विघटन और सामाजिक विघटन का परस्पर बड़ा घनिष्ठ सम्बन्ध है। जिस समाज में व्यक्ति विघटित होंगे वह समाज कभी भी संगठित नहीं रह सकता क्योंकि आखिरकार समाज व्यक्तियों के परस्पर सम्बन्धों का तानाबाना ही तो है। व्यक्ति के विघटन से अन्य लोगों से उसके सम्बन्ध विघटित हो जायेंगे और उतनें अंशों तक समाज का भी विघटन होगा। सामाजिक संगठन के लिए व्यक्तियों में एकमत्य होना आवश्यक है। व्यक्तियों में परस्पर विरोध उत्पन्न होने से सामाजिक विघटन आरम्भ होता है। समाज में प्रत्येक व्यक्ति की एक विशेष स्थिति होती है और उसके अनुरूप कुछ कार्य होते हैं। यदि व्यक्ति इस स्थिति और उसके अनुरूप कार्यों को स्वीकार करने को तत्पर नहीं है तो समाजिक विघटन एक अवश्यम्भावी परिणाम है। व्यक्ति पर समाज के इस नियन्त्रण के रहने से ही समाज का संगठन सुदृढ़ रहता है। यदि व्यक्ति समाज के इस नियन्त्रण के विरुद्ध विद्रोह करे और समाज के नियमों को न माने तो सामाजिक विघटन निश्चित है।

सामाजिक विघटन का एक लक्षण निजी वैयक्तिकरण (Personal Individuation) है। संगठित समाज में सामाजिक संगठन के आधार पर ही व्यक्ति के कार्यों का निर्णय होता है। समाज ही व्यक्ति के जीवन की प्रत्येक बात निर्धारित करता है। यदि व्यक्ति समाज के इस नियन्त्रण को न माने और जीवन के सभी महत्वपूर्ण प्रश्नों पर निजी रूप में दृष्टिकोण से विचार करे तो उसका व्यक्तित्व समाज का एक अंग न होकर निजी रूप में विकसित होता है। व्यक्ति प्रत्येक बात में अपने स्वतन्त्र निर्णय से काम लेना चाहता है। उसमें वह समाज की कोई परवाह नहीं करना चाहता। विवाह, परिवार, व्यवसाय, घूमने-फिरने, तौर-तरीके, नैतिक आचार अपने यौन सम्बन्ध आदि सभी बातों में व्यक्ति समाज की कोई परवाह न करते हुये अपने व्यक्तिगत सुझावों, रुचियों और हितों के दृष्टिकोण से विचार करना चाहता है। इससे व्यक्ति के सामाजिक मूल्यों और आचरण में भारी अन्तर दिखाई पड़ता है और समाज का एकमत्य नष्ट हो जाता है। सामाजिक विघटन इसका निश्चित परिणाम है। सामाजिक संगठन व्यक्तियों के परस्पर सम्बन्धों की, उनकी स्थितियों तथा कार्यों की और सामाजिक मूल्यों की व्यवस्था है। इन सबके विशृंखलित होने का परिणाम

सामाजिक विघटन है। इस प्रकार व्यक्ति सामाजिक विघटन के लिए उतने ही अंशों में उत्तरदायी है जहाँ तक उसका आचरण समाज विरोधी है और जहाँ तक उसके आचरण का अन्य व्यक्तियों पर प्रभाव पड़ता है।

परिवार पर सामाजिक विघटन का प्रभाव

सामाजिक विघटन से पारिवारिक विघटन बढ़ता है जिससे परिवार में निम्नलिखित प्रभाव देखे जा सकते हैं-

(1) **पारिवारिक एकता में कमी**—सामाजिक विघटन से परिवारों के सदस्यों में उद्देश्यों, महत्वाकांक्षाओं, विचारों तथा आदर्शों की एकता समाप्त होती जाती है। स्त्री-पुरुष, लड़के-लड़कियाँ सभी के अपने-अपने आदर्श होते हैं, अपनी योजनायें, होती हैं, अपने प्रोग्राम होते हैं और अपने विचार होते हैं, जिनमें वे दूसरों का हस्तक्षेप बिल्कुल पसन्द नहीं करते। इस प्रकार साथ रहते, साथ खाते-पीते हुए भी उनका एक दूसरे से कोई मतलब नहीं रहता। घर मानों एक होटल बन जाता है जिसमें परिवार के सदस्य केवल खाने और आराम करने को ही एकत्रित होते हैं। जहाँ पति-पत्नी दोनों नौकरी या व्यवसाय आदि करते हैं वहाँ उनमें भी बहुधा यही अन्तर देखने को मिलता है। इस मनोवृति से परिवार विश्रृंखलित हो जाता है।

(2) **पारिवारिक नियन्त्रण में कमी**—सामाजिक विघटन से परिवार के सदस्यों पर से परिवार का नियन्त्रण बराबर उठता जाता है। कोई किसी की बात सुनना नहीं चाहता। युवक-युवतियों को बड़े बूढ़ों की बात बड़ी ही कड़वी लगती है। वे किसी बात में उनका नियन्त्रण नहीं मानना चाहते। नौकरी लगते ही या विवाह होते ही वे परिवार से अलग हो जाना चाहते हैं। इस तरह परिवार का विघटन स्पष्ट दिखाई पड़ता है।

(3) **कलह**—सामाजिक विघटन से परिवारों में कलह बढ़ता जाता है क्योंकि न तो परिवार का सदस्यों पर कोई नियन्त्रण रह जाता है और न सदस्यों में एकता की भावना रह जाती है। इससे परिवारों का तेजी से विघटन होता है। मारपीट, मुकदमेबाजी अधिक देखने में आते हैं। एक दूसरे का विश्वास उठता जाता है। एक ही घर में कई-कई चूल्हे जलते हैं।

(4) **वैवाहिक बन्धन में शिथिलता**—परिवार का आधार विवाह का बन्धन है। विवाह के बन्धनों के ढीले पड़ने से परिवार के बन्धन भी ढीले पड़ते हैं। सामाजिक विघटन से विवाह एक धार्मिक संस्कार न रहकर एक सामाजिक समझौता मात्र रह जाता है जिसको जी ऊब जाने पर या किसी प्रकार का मनमुटाव होने पर सहज ही तोड़ा जा सकता है। इस कारण तलाकों की संख्या बराबर बढ़ती जाती है।

(5) **माता-पिता और बच्चों में संघर्ष**—सामाजिक विघटन से माता-पिता और बच्चों के सम्बन्धों में विघटन दिखाई पड़ता है। युवक-युवतियों पर से परिवार

के बड़े-बूढ़ों का नियन्त्रण बराबर उठता जाता है। अब वे अपने उठने-बैठने, मिलने-जुलने और शादी-विवाह में माता-पिता की आज्ञा नहीं मानना चाहते। इस प्रकार उनमें मनमुटाव बढ़ता जाता है जिससे परिवार का विघटन बढ़ता है।

(6) सुरक्षा का अभाव—पति-पत्नी और माता-पिता व बच्चों के संघर्ष के कारण परिवार में मनोवैज्ञानिक सुरक्षा क्रमशः खत्म होती जाती है जिससे परस्पर विश्वास उठता जाता है और परिवार का संगठन छिन्न-भिन्न हो जाता है।

संक्षेप में, सामाजिक विघटन से पारिवारिक विघटन होता है, परिवार के सदस्यों का एकमत्य समाप्त हो जाता है और उनके आदर्शों, मूल्यों, रुचियों, विचारों तथा योजनाओं में भारी अन्तर आता है जिससे परस्पर सम्बन्ध छिन्न-भिन्न हो जाते हैं।

अभ्यास के लिये प्रश्न

1. सामाजिक परिवर्तन और सामाजिक विघटन का सम्बन्ध बतलाइये।
2. सामाजिक विघटन के विचार की पूर्णरूपेण विवेचना कीजिये।
3. सामाजिक विघटन के कुछ मुख्य सिद्धान्त संक्षेप में बतलाइये।
4. सामाजिक विघटन के मुख्य लक्षण बतलाइये।
5. सामाजिक विघटन की अवधारणा की व्याख्या कीजिये। वैयक्तिक विघटन सामाजिक विघटन का कारण है अथवा परिणाम?
6. सामाजिक विघटन क्या है? सामाजिक विघटन के मुख्य कारणों की विवेचना कीजिये।
7. सामाजिक विघटन की अवधारणा की व्याख्या कीजिये। वैयक्तिक तथा सामाजिक विघटन का अन्तर स्पष्ट कीजिये।
8. भारत में आधुनिक सामाजिक, सांस्कृतिक विघटन के प्रमुख रूपों की विवेचना कीजिये।
9. सामाजिक विघटन और सामाजिक परिवर्तन के पारस्परिक सम्बन्ध की विवेचना कीजिये।
10. भारत में सामाजिक विघटन की कुछ प्रमुख समस्याओं की विवेचना कीजिये।
11. सामाजिक मूल्यों और सामाजिक विघटन के पारस्परिक सम्बन्धों की विवेचना कीजिये।
12. सामाजिक विघटन क्या है? व्यक्तिगत विघटन से इसका अन्तर बताइये।

3

भारत में सामाजिक विघटन
(Social Disorganisation in India)

सामाजिक विघटन के क्षेत्र

सामाजिक विघटन से तात्पर्य सामाजिक सम्बन्धों के विघटन से है जिसके कारण समाज के व्यक्ति अपनी-अपनी स्थितियों के अनुसार कार्य नहीं करते। इससे सामाजिक संस्थाओं, प्रथाओं, रूढ़ियों, समितियों आदि में अव्यवस्था फैल जाती है। इस प्रकार सामाजिक विघटन में वैवाहिक विघटन, पारिवारिक विघटन, ग्रामीण समुदाय में विघटन, नगरीय समुदाय में विघटन इत्यादि विभिन्न संस्थाओं और समुदायों में विघटन सम्मिलित है। भारतवर्ष में सामाजिक विघटन का इन सब विभिन्न क्षेत्रों में अध्ययन किया जा सकता है।

(1) **सामुदायिक जीवन में विघटन**—भारतवर्ष में हिन्दू समाज विभिन्न जातियों में बँटा हुआ है। मुस्लिम समाज में भी ऊँची-नीची जातियाँ पाई जाती हैं। ईसाइयों में जातियाँ नहीं होती, परन्तु उनमें भी जो लोग हिन्दू अथवा मुस्लिम समाज से धर्म परिवर्तन करके आये हैं उनमें और यूरोपियनों में भेद-भाव पाया जाता है। इस समस्त भेद-भाव का परिणाम दलबन्दियों और विभिन्न प्रकार के वर्गवाद के रूप में दिखाई पड़ता है। जातिवाद के कारण हिन्दू समाज हजारों वर्गों में बँट गया है और सामुदायिक भावना समाप्त हो गयी है। अपनी ही जाति में विवाह करने की प्रथा के कारण जातिवाद जड़ जमाकर बैठा है। जातिवाद का सबसे भयंकर दुष्परिणाम चुनावों में देखा जाता है जिसमें लोग अपनी ही जाति के व्यक्ति को वोट देते हैं भले ही वह सर्वथा अयोग्य हो। सामुदायिक जीवन में विघटन का एक बहुत बड़ा उदाहरण अस्पृश्यता की प्रथा है। यद्यपि भारतवर्ष में महात्मा गांधी के जीवन काल से ही अस्पृश्यता निवारण के लिए भारी प्रयास किया गया है किन्तु आज भी हरिजनों को नाना प्रकार के अत्याचार सहन करने पड़ते हैं।

(2) **ग्रामीण समुदाय में विघटन**—भारतवर्ष गांवों का देश है। देश की 82 प्रतिशत जनता ग्रमीण समुदाय में सम्मिलित है। अस्तु, ग्रामीण समुदाय में विघटन फैलने से समस्त समाज में विघटन फैलता है। वर्तमान काल में ग्रामीण समुदाय में संगठित सामुदायिक जीवन समाप्त हो चुका है। गाँव में गुटबन्दी, मारपीट, व्यभिचार,

गर्भपात, मुकदमेबाजी, चोरी और डकैती की संख्या बढ़ती जा रही है। सामुदायिक भावना का स्थान स्वार्थ, भौतिकता, वैयक्तिकता और बेईमानी ने ले लिया है। ग्रामीण समुदायों के व्यापक विघटन के कारण भूमि से किसानों के सम्बन्ध में परिवर्तन, नयी न्याय व्यवस्था और पंचायत के अधिकारों का अपहरण है। नागरीकरण, औद्योगीकरण और नवीन अर्थव्यवस्था ने आर्थिक क्षेत्र में विघटन फैलाया है। भौतिकवाद, व्यक्तिवाद, पाश्चात्य शिक्षा और अशिक्षा ने सामाजिक जीवन को छिन्न-भिन्न कर दिया है। इस प्रकार देश में ग्रामीण समुदाय विघटित हो गये हैं।

(3) **नगरीय विघटन**—जब ग्रामीण समुदायों में ही विघटन फैला हुआ है तो नगरीय समाजों की तो बात ही क्या है? नगरों में किसी प्रकार का सामुदायिक जीवन दिखाई नहीं पड़ता। जाति, वर्ग, धर्म आदि विभिन्न आधारों पर लोगों में इतने अधिक मतभेद दिखाई पड़ते हैं कि उनमें किसी प्रकार के सहयोग और भाई चारे की आशा नहीं की जा सकती। अपराध किशोरापराध, और दुर्व्यसन बराबर बढ़ रहे है। सब कहीं भ्रष्टाचार, संघर्ष और प्रतिस्पर्धा का बोलबाला है। संयुक्त परिवार विघटित हो चुके हैं। नैतिक मूल्यों में भारी परिवर्तन हुआ है। गंदी बस्तियाँ बढ़ती जाती है जिनमें स्वास्थ्य तो गिरता ही है साथ ही नैतिक चरित्र भी गिरता है और अपराधी प्रवृत्तियाँ बढ़ती हैं। बड़े-बड़े नगरों में मकानों की भरी कमी है। जहाँ-जहाँ पर जनसंख्या में पुरुषों की अधिकता है वहाँ वेश्यावृत्ति और व्यभिचार बढ़े हुए हैं। नगरों में व्यापारिक मनोरंजन की धूम है। प्रेम विवाहों की संख्या बढ़ने के साथ-साथ तलाकों की संख्या भी बढ़ रही है। स्त्रियों के सभी क्षेत्रों में आगे बढ़ने से अनुचित यौन सम्बन्धों और तलाकों की संख्या बढ़ रही है। पारिवारिक नियन्त्रण उठता जा रहा है। सामुदायिक नियन्त्रण तो जैसे रह ही नहीं गया है। मौहल्ले पड़ोस की कोई परवाह नहीं करता। सामुदायिक भावना जैसी कोई भावना नहीं रह गयी है। इस प्रकार नगरीय समाजों में व्यापक विघटन दिखलाई पड़ता है।

(4) **सामाजिक संस्थाओं में विघटन**—भारतवर्ष में सामाजिक विघटन के उदाहरण परिवार और विवाह की सामाजिक संस्थाओं के विघटन में देखे जा सकते हैं।

(अ) **पारिवारिक विघटन**—भारतवर्ष में विशेषतया नगरों में परिवार के कार्य बदलते जा रहे हैं। सदस्यों पर पारिवारिक नियन्त्रण कम हो गया है। वैवाहिक और यौन सम्बन्ध ढीले हो गये हैं। स्त्री-पुरुषों के सम्बन्धों में परिवर्तन हो गया है। घर से बाहर काम करने वाली स्त्रियों की संस्थायें अलग हैं। पारिवारिक अनुशासन में शिथिलता आ जाने से पारिवारिक संघर्ष और कलह बढ़ रहा है। पढ़े-लिखे पति-पत्नी में सामंजस्य की समस्या अलग दिखाई पड़ती है। नगरीय जीवन में व्यक्तित्व के दोष बढ़ने के कारण भी पारिवारिक विघटन बढ़ा है। नगर निवासियों के जीवन दर्शन में भारी अन्तर दिखलाई पड़ता है जिससे परिवार के व्यक्तियों के सम्बन्ध व्यवस्थित नहीं रहते। आर्थिक तनावों, स्नेह और यौन सम्बन्धी तनावों, विरोधी स्वभाव, माता-पिता और सन्तान में संघर्ष, पत्नी की आर्थिक **स्वतन्त्रता**

अथवा उसकी पति पर अत्यधिक निर्भरता, व्यावसायिक तनाव, मूल्यों में परिवर्तन, भौतिकवादी और व्यक्तिवादी विचारधारा से पारिवारिक विघटन फैल रहा है।

(ब) वैवाहिक विघटन—वैवाहिक विघटन के कारण पति-पत्नी में कलह और संघर्ष बढ़ने और उसके परिणाम तलाक में देखे जा सकते हैं। भारतवर्ष में तलाक की सुविधा मिल जाने के बावजूद भी अभी तलाक के मामले बहुत कम संख्या में देखे जाते हैं। किन्तु प्रेम विवाहों की संख्या बढ़ने के साथ-साथ तलाक की संख्या भी निश्चय ही बढ़ेगी। वैवाहिक विघटन का एक कारण अत्यधिक बड़ी आयु तक लड़के-लड़कियों का विवाह न होना है जिससे विवाह होने के बाद उनका वैवाहिक सम्बन्धों में सामंजस्य कठिन हो जाता है क्योंकि पुरानी आदतें आसानी से नहीं छूटतीं और नयी आदतें बनाने की उम्र निकल जाती है। स्त्रियों के घर से बाहर काम करने से भी वैवाहिक विघटन बढ़े हैं। वैवाहिक विघटन का सबसे अधिक महत्वपूर्ण कारण मूल्यों में परिवर्तन है। त्याग के स्थान पर भोग, समूहवाद के स्थान पर स्वार्थसिद्धि को ला बैठाने से वैवाहिक विघटन स्वाभाविक है। तलाक के आँकड़े वैवाहिक विघटन को पूरी तरह से चित्रित नहीं करते। वैवाहिक विघटन की मात्रा उससे कहीं अधिक होती है। अस्तु, भारत में केवल तलाक की संख्या कम होने से यह नहीं कहा जा सकता कि यहाँ पर वैवाहिक विघटन किसी भी प्रकार से कम है।

सामाजिक विघटन के कारण

उपरोक्त सामाजिक विघटन के निम्नलिखित कारण बतलाये जा सकते हैं-

(1) जातिवाद और अस्पृश्यता—जैसा कि पीछे बतलाया जा चुका है, जातिवाद और अस्पृश्यता ने हिन्दू समाज को छोटे-छोटे हजारों वर्गों में बाँट रखा है जिससे सामाजिक भावना छिन्न-भिन्न हो गयी है।

(2) सम्प्रदायवाद—भारतवर्ष में सैकड़ों वर्षों से रहते हुये भी देश के मुसलमान अभी अपने हिन्दू भाइयों से पूरी तरह घूल मिल नहीं सके हैं। इससे समय-समय पर देश में भिन्न-भिन्न स्थानों पर बराबर साम्प्रदायिक दंगे होते रहते हैं और साम्प्रदायिक तनाव तो लगभग सदैव ही बना रहता है। इससे इन दोनों सम्प्रदायों में सामाजिक सम्बन्ध संगठित नहीं हो पाते और इनमें विघटन बना रहता है।

(3) भाषावाद—आजकल भारतवर्ष में भाषा के नाम पर भी जबर्दस्त दलबन्दी दिखलाई पड़ती है। लोग दूसरी भाषा से केवल घृणा ही नहीं करते, बल्कि उसे बोलने वाले व्यक्तियों को विदेशी और शत्रु समझते हैं। भाषा के आधार पर राज्यों के विभाजन की माँग से भाषावाद और भी बढ़ा है। विभिन्न विश्वविद्यालयों में किसी अखिल भारतीय भाषा को अनिवार्य माध्यम न बनाने से भी भाषावाद बढ़ा है।

(4) **क्षेत्रवाद**—आजकल भारतवर्ष में उत्तर और दक्षिण, पूर्व और पश्चिम क्षेत्रों के भेद से क्षेत्रवाद दिखलाई पड़ रहा है। यह क्षेत्रवाद दक्षिण भारत में सबसे अधिक है। वे अपने क्षेत्र को उत्तर भारत से अलग समझते हैं और स्वतन्त्र देश बनाने की बात भी सोचते हैं। इसी क्षेत्रवाद से दक्षिण और उत्तर के सामाजिक सम्बन्ध विघटित हुये हैं।

(5) **समुचित और पर्याप्त शिक्षा का अभाव**—देश में व्यापक सामाजिक विघटन का एक मुख्य कारण समुचित और पर्याप्त शिक्षा का अभाव है। उच्च शिक्षा में चरित्र-निर्माण की ओर कोई ध्यान नहीं दिया जाता। विद्यार्थियों में राष्ट्रीय एकता की भावना उत्पन्न करने का कोई कार्यक्रम नहीं है। जातियों और सम्प्रदायों के द्वारा चलाई जाने वाली शिक्षा संस्थाएँ विशिष्ट जातियों और सम्प्रदायों के विद्यार्थियों और शिक्षकों को प्राथमिकता देकर सामाजिक विघटन बढ़ाती हैं। जहाँ शिक्षा में इस प्रकार के दोष सामाजिक विघटन के लिए उत्तरदायी हैं वहाँ पर्याप्त शिक्षा का अभाव भी सामाजिक विघटन फैलाता है। भारत में आज भी अनिवार्य और निःशुल्क शिक्षा का आदर्श बहुत दूर है। आज भी देश में करोड़ों लोग अशिक्षित है। ऐसी स्थिति में सामाजिक विघटन स्वाभाविक है।

(6) **धार्मिक भेदभाव**—भारतवर्ष में धर्म के नाम पर घृणा, बैर और हिंसा का प्रचार दिखलाई पड़ता है। धर्म की आड़ लेकर साम्प्रदायिक दंगे फैलाये जाते हैं और अपराधों तथा वेश्यावृति को बढ़ावा दिया जाता है। दक्षिण के मन्दिरों में देवदासी की प्रथा वेश्यावृति का उदाहरण है। अधिकतर धार्मिक पुजारी, पण्डे और मौलवी कट्टर और धर्मान्ध होते हैं तथा दूसरे धर्मों के अनुयायियों को अपने धर्म के अनुयायियों के समान नहीं समझते। इससे धर्म के कारण सामाजिक विघटन बढ़ता है।

(7) **विवाह सम्बन्धी कुरीतियाँ**—वैवाहिक विघटन का कारण विवाह सम्बन्धी कुरीतियाँ हैं जिनमें बाल-विवाह, विवाह में अत्यधिक दहेज की माँग, विधवा पुनर्विवाह को अच्छा न समझना इत्यादि मुख्य है। विवाह के अवसरों पर कन्या पक्ष को इतना अधिक व्यय करना पड़ता है कि उससे उनकी आर्थिक स्थिति खराब हो जाती है। दूसरी ओर कम खर्च होने पर वर पक्ष के सन्तुष्ट न हाने से कन्या का भावी जीवन दुःखमय हो जाता है। इस कुरीति पर रोक लगाये बिना वैवाहिक विघटन रोका नहीं जा सकता।

(8) **नगरीकरण**—देश में बढ़ता हुआ नगरीकरण सामाजिक विघटन का एक प्रमुख कारण है, क्योंकि नगरीकरण से मूल्यों में परिवर्तन होता है तथा अपराध, भिक्षावृत्ति, वेश्यावृत्ति, मद्यपान, व्यापारिक मनोरंजन आदि अनेक ऐसे कारक बढ़ते हैं जिनसे सामाजिक जीवन विघटित होता है। नगरों में बहुत बड़ी संख्या में लोगों के एकत्रित होने से जीवन की आवश्यक चीजों को जुटाना कठिन हो जाता है। इससे नगरीय समुदाय में सामाजिक जीवन विघटित होता है।

(9) औद्योगीकरण—भारत में औद्योगीकरण बढ़ने के साथ-साथ भी सामाजिक विघटन बढ़ा है। औद्योगीकरण से बड़े-बड़े औद्योगिक नगरों का निर्माण हुआ है और अन्य नगरों में बड़े-बड़े कारखाने बनाये गये हैं। औद्योगिक नगरों में गन्दी बस्तियाँ, व्यापारिक मनोरंजन, मकानों की कमी आदि से अपराध, दुराचार, मानसिक विकार और संघर्ष बढ़ते हैं। श्रमिकों के लाखों की संख्या में अपने परिवार से दूर नगरों में एकत्रित होने से मद्यपान और वेश्यावृत्ति तथा नशेबाजी और जुआ आदि व्यसन बढ़ते हैं। औद्योगिक संस्थानों में स्त्री और पुरुष सभी के काम करने से समाज में व्यभिचार फैलता है और परिवार की संस्था विघटित होती है। जो लोग औद्योगिक नगरों में पहुंच कर नौकरी नहीं पाते वे या तो भीख माँगते है या अपराध का सहारा लेते हैं। इस प्रकार औद्योगीकरण से उत्पन्न समस्याओं को समुचित रूप से न सुलझाने से औद्योगीकरण सामाजिक विघटन बढ़ाता है।

(10) अपराध और किशोरापराध—भारतवर्ष में अपराध और किशोरापराध की बढ़ती हुई दरें जहाँ एक ओर सामाजिक विघटन की सूचक हैं वहाँ दूसरी ओर उसको बढ़ाने के लिए भी उत्तरदायी हैं। अपराध और किशोरापराध केवल नगर में ही हों, ऐसी बात नहीं है, गाँवों में भी उनकी संख्या किसी भी प्रकार कम नहीं है। इससे पारिवारिक जीवन छिन्न-भिन्न होता है और सामाजिक सम्बन्ध बिगड़ते हैं। अपराध और किशोरापराध के बढ़ाने में सिनेमा, अनुचित शिक्षा, भोगवादी मूल्यों का प्रसार, फैशन इत्यादि अनेक कारक काम करते हैं।

(11) गरीबी और बेकारी—गरीबी और बेकारी को दूर किये बिना सामाजिक विघटन दूर नहीं किया जा सकता और भारतवर्ष में ये दोनों जुड़वाँ बहनें धरना देकर बैठी हुई है। देश की बढ़ती हुई आबादी से भी इन दोनों को सहारा मिला है। गरीबी और बेकारी दोनों से ही व्यक्ति का नैतिक पतन होता है और वह किसी भी प्रकार के उचित और अनुचित उपाय से अपनी आवश्यकतायें पूरी करने का प्रयास करता है, अच्छाई पर से उसकी आस्था डिग जाती है, उसका जीवन पर से विश्वास उठ जाता है। ऐसी स्थिति में सामाजिक सम्बन्ध संगठित नहीं रह सकते।

(12) बीमारियाँ और महामारियाँ—भारतवर्ष में आज भी समय-समय पर महामारियाँ फैलती रहती हैं और नाना प्रकार के रोगियों की एक बहुत बड़ी संख्या है। प्रत्येक धार्मिक स्थान पर हजारों की संख्या में कोढ़ी, भिखारी दिखलाई पड़ते हैं। देश में तपेदिक के लाखों रोगी हैं। इस प्रकार छूत की बीमारियाँ बराबर फैलती रहती हैं। बीमारी बढ़ने से पारिवारिक, वैवाहिक और सामाजिक विघटन होता है। यद्यपि आधुनिक काल में सरकार ने अनेक बीमारियों की रोकथाम के लिये काफी प्रयत्न किया है, परन्तु यह पर्याप्त नहीं कहा जा सकता।

(13) चीन और पाकिस्तान से युद्ध—युद्ध सामाजिक विघटन बढ़ाता है। भारतवर्ष में पिछले थोड़े से वर्षों में पहले चीन और फिर पाकिस्तान से युद्ध होने के कारण भारी सामाजिक विघटन फैला है। युद्ध में घायल हुए सैनिकों के परिवार संगठित नहीं रह पाते जब तक कि उसके लिए बहुत ही अच्छा प्रबन्ध न

किया जाये। युद्ध से बड़े-बड़े उद्योगों को भारी हानि पहुंचती है। युद्ध के कारण भारी संख्या में लोग एक स्थान से दूसरे स्थान को जाने के लिये मजबूर होते हैं। जनसंख्या के इस परिवर्तन से सामाजिक सम्बन्ध विघटित होते हैं। युद्ध के दिनों में और उसके बाद अपराधियों और किशोरापराधियों की संख्या बढ़ जाती है। भारत को चीन और पाकिस्तान से बराबर बना हुआ खतरा देश के विकास के लिये हानिकारक है।

भारत में फैले हुये व्यापक सामाजिक विघटन के उपरोक्त कारणों से यह स्पष्ट होता है कि यहाँ पर सामान्य सामाजिक विघटन के सभी कारक काम कर रहे हैं और सभी प्रकार का विघटन देखा जा सकता है। इस व्यापक विघटन को दूर करने के लिए सभी दिशाओं में सुधार किए जाने की आवश्यकता है। सबसे पहले तो लोक जीवन में फैले हुए व्यापक भ्रष्टाचार को दूर करना होगा। उसके बाद परिवार और विवाह की संस्थाओं में सुधार किये जा सकते हैं। उपयुक्त और पर्याप्त शिक्षा के प्रबन्ध से सामाजिक संगठन में बड़ी सहायता मिलेगी। सांस्कृतिक विलम्बना से जो विघटन बढ़ा है वह क्रमशः स्वयं ही ठीक हो जायेगा। धार्मिक क्षेत्रों में सरकार की ओर से व्यापक सुधार किये जाने की आवश्यकता है। नगरों के सुआयोजन का प्रबन्ध किया जाना चाहिये। औद्योगिक नगरों की समस्याओं को सुलझाना विशेष आवश्यक है। गरीबी और बेकारी, अपराध और किशोरापराध तथा रोग आदि की समस्याओं को सुलझाना होगा। तब कहीं व्यापक सामाजिक विघटन को दूर किया जा सकता है।

परिवर्तनशील सामाजिक संरचना का विश्लेषण

(1) **जाति व्यवस्था में परिवर्तन**-भारतवर्ष में सामाजिक संरचना में व्यापक परिवर्तन दिखलाई पड़ता है। हिन्दू समाज जाति व्यवस्था पर आधारित है, किन्तु वर्तमानकाल में जाति व्यवस्था का रूप बदल रहा है। इसमें दो प्रकार की प्रवृत्तियाँ दिखलाई पड़ती हैं। एक ओर तो जातीय संगठन अधिक संगठित बन रहे हैं और दूसरी ओर जातियाँ वर्गों का रूप लेती जा रही हैं। जनतन्त्रीय व्यवस्था ने जाति व्यवस्था को प्रोत्साहन दिया है, इसलिये निकट भविष्य में उसके दूर होने की आशा नहीं की जा सकती, किन्तु उपजातियों में परस्पर विवाह के प्रतिबन्ध बराबर टूटते जा रहे हैं। सहशिक्षा के बढ़ने से अन्तर्जातीय विवाहों की संख्या भी बढ़ रही है। अनेक लोग अपने नाम के साथ जातिसूचक नाम लगाना छोड़ते जा रहे हैं। खान-पान, उठने-बैठने, मिलने-जुलने आदि में जाति के आधार पर कोई भेदभाव नहीं किया जाता। इससे विभिन्न जातियों में भेदभाव कम होता जा रहा है यद्यपि इससे जाति व्यवस्था के उन्मूलन की आशा नहीं की जा सकती।

(2) **वर्गवाद में वृद्धि**—आधुनिक काल में भारतीय समाज में सामाजिक सम्मान जाति व्यवस्था पर आधारित न होकर वर्ग व्यवस्था पर आधारित दिखलाई पड़ता है। धनिक शुद्र का निर्धन ब्राह्मण से अधिक आदर होता है। जिन व्यक्तियों के पास धन और सत्ता है वे किसी भी जाति के हों, समाज में उनका सम्मान अधिक

होता है। इस प्रकार वैश्य जाति के लोगों की सत्ता बढ़ती गई है और ब्राह्मणों का सम्मान गिरता गया। इससे यह तो नहीं कहा जा सकता कि वर्ग व्यवस्था जाति व्यवस्था का स्थान ले लेगी, किन्तु यह निश्चित है कि वर्गवादी प्रवृत्तियों ने जातिवादी प्रवृत्तियों को पीछे छोड़ दिया है। देश में बढ़ते हुए मजदूर आन्दोलन ने वर्गवाद को और भी प्रोत्साहन दिया है। साम्यवादी विचारधारा बढ़ने से भी वर्गवाद बढ़ा है जिससे वर्ग संघर्ष बढ़ते जा रहे हैं।

(3) परिवार और विवाह संस्थाओं में परिवर्तन--भारतवर्ष में वर्तमान काल में विवाह और परिवार दोनों ही संस्थाओं में व्यापक परिवर्तन हुये हैं। संयुक्त परिवार विघटित होते जा रहे हैं और एकांकी परिवारों की संख्या बढ़ती जा रही है। ये एकांकी परिवार काफी संगठित हैं। परिवार में बालकों को केन्द्रीय स्थान दिया जाता है और उनकी शिक्षा-दीक्षा की ओर पहले से अधिक ध्यान दिया जाता है। विवाह होने के पश्चात् अधिकतर लड़के अपने परिवार को लेकर माता-पिता से अलग रहते हैं। शिक्षा बढ़ने के साथ-साथ परिवार के सदस्यों में स्वतन्त्रता बढ़ी है और पारिवारिक अनुशासन तथा नियन्त्रण घटा है। प्रेम विवाहों की संख्या बढ़ी है और विवाहों में दिखावे पर अत्यधिक व्यय करने की प्रथा घटती जा रही है। अब विवाह के अवसर पर उतने लोग एकत्रित नहीं होते जितने पहले होते थे और न विवाह के विधि-विधान उतने लम्बे समय तक चलते हैं जितने समय तक पहले चलते थे। विवाह में बाल-विवाह तो बहुत कम देखे जाते हैं। विवाह के अवसर पर वर कन्या की आयु बराबर बढ़ती जा रही है। इसका कारण लड़कियों में उच्च शिक्षा प्राप्त करना है। पढ़े-लिखे परिवारों में गर्भ निरोध के उपायों का सहारा लेकर सन्तान की संख्या सीमित करने का प्रयास किया जाता है। अनेक परिवारों में स्त्रियाँ भी जीविकोपार्जन हेतु घर से बाहर काम करने लगी हैं। आजन्म अविवाहित रहने वाले युवक-युवतियों की संख्या बढ़ती जा रही है। परिवार और विवाह की संस्थाओं में इस परिवर्तन से नैतिक मूल्यों में परिवर्तन हुआ। स्त्रियों की गतिशीलता बढ़ गई है जिससे उनके सामाजिक सम्बन्धों में परिवर्तन हुआ है।

(4) नगरीकरण से सामाजिक परिवर्तन—भारतवर्ष में बढ़ते हुए नगरीकरण के कारण भी व्यापक सामाजिक परिवर्तन देखा जा सकता है। नगरीकरण से मूल्यों में परिवर्तन हुआ तथा परिवार और विवाह की संस्था पर प्रभाव पड़ा है। नगरीय समाज में सामुदायिक भावना में कमी, सम्बन्धों में निर्वैयक्तिकता, समय का मूल्य बढ़ जाना, बीमारियों की संख्या और प्रकारों में वृद्धि, पारिवारिक नियन्त्रण का अभाव, नैतिकता का निम्न स्तर, स्त्री-पुरुषों की जनसंख्या में विषमता, अपराध और किशोरापराध की दरों में वृद्धि और सामाजिक विघटन आदि, सामाजिक परिवर्तन देखे जा सकते हैं।

(5) औद्योगीकरण से सामाजिक परिवर्तन—औद्योगीकरण बढ़ने से भी भारतीय समाज में व्यापक परिवर्तन हुए हैं। औद्योगीकरण से नगरीकरण बढ़ा है। अस्तु, उससे वे परिवर्तन हुये हैं जो पीछे नगरीकरण के प्रसंग में बतलाये गये हैं।

इसके अतिरिक्त औद्योगीकरण से जनसंख्या में पुरुषों की अधिकता, व्यापारिक मनोरंजन, निवास स्थान की कमी, गन्दी बस्तियों का विकास, नैतिक मूल्यों में परिवर्तन, संयुक्त परिवार का विघटन, भ्रष्टाचार, संघर्ष और प्रतिस्पर्धा आदि बढ़ते जा रहे हैं। औद्योगीकरण के परिणामस्वरूप जात-पाँत का भेदभाव कम होता जा रहा है। सामाजिक नियन्त्रण हटता जा रहा है। परिवार छोटे होते जा रहे हैं और पारिवारिक विघटन बढ़ता जा रहा है। प्रेम विवाहों की संख्या बढ़ी है और साथ ही तलाकों की संख्या बढ़ी है। स्त्री-पुरुषों के साथ-साथ काम करने से और स्वतन्त्रता, भोगवाद तथा फैशन के प्रभाव से स्त्री-पुरुष के सम्बन्धों में परिवर्तन हुआ है। नगरों में पुरुषों की संख्या बढ़ जाने से वेश्यावृत्ति को प्रोत्साहन मिला है। गन्दी बस्तियों के बढ़ने से अपराध और किशोरापराध बढ़े हैं।

नगरीकरण और औद्योगीकरण से पूँजीवाद बढ़ा है जिसके सामाजिक परिणाम ऊँचे जीवन-स्तर, आर्थिक प्रगति, अन्तर्राष्ट्रीय व्यापार में प्रगति, वर्ग संघर्ष का बढ़ना, आर्थिक असमानता का बढ़ना और सामाजिक विघटन की वृद्धि के रूप में दिखलाई पड़ते हैं।

(6) सांस्कृतिक विलम्बना से सामाजिक परिवर्तन—भारतवर्ष में सामाजिक परिवर्तन के मूल में एक बड़ा कारण सांस्कृतिक विलम्बना है। पिछले सौ वर्षों में भारतवर्ष की भौतिक संस्कृति में पश्चिम से बहुत कुछ लिया गया है और आज भारत के बड़े-बड़े नगर बाहरी तड़क-भड़क में किसी भी पश्चिमी नगर से कम नहीं हैं। परन्तु भौतिक संस्कृति में पश्चिम से इतना सब ग्रहण करके भी अभौतिक संस्कृति के क्षेत्र में बहुत कम परितर्वन हुआ है। उदाहरण के लिए भारतवर्ष में स्त्रियों को भी पुरुषों के समान शिक्षा पाने, वोट देने तथा सामाजिक, राजनीतिक और धार्मिक जीवन के सभी क्षेत्रों में समान रूप से भाग लेने का अधिकार है। परन्तु भावनाओं, विचारों और अनुभूतियों में भारतीय नारी आज भी पश्चिम की नारी की अपेक्षा प्राचीन भारतीय नारी के अधिक निकट है। इस प्रकार विभिन्न क्षेत्रों में सांस्कृतिक विलम्बना देखी जा सकती है।

(7) व्यापक सामाजिक परिवर्तन—भारतवर्ष में पाश्चात्य विज्ञान और प्रौद्योगिकी तथा सामाजिक नियोजन ने सामाजिक परिवर्तन में महत्वपूर्ण योगदान दिया है। इनके अलावा देश में प्रजातन्त्र की स्थापना से भारी परिवर्तन हुए हैं। जमींदारी उन्मूलन और औद्योगीकरण से सम्पत्ति का रूप बदल गया है। नगरों में मजदूर संघों की स्थापना से मजदूर वर्ग में सामाजिक परिवर्तन हुए हैं। ग्रामों में सामुदायिक योजनाओं ने सामुदायिक जीवन में परिवर्तन किया है। राजनीतिक संस्थाओं ने जनता के राजनीतिक विचारों में परिवर्तन किया है। नयी शिक्षा ने नयी पीढ़ी के मूल्यों में व्यापक परिवर्तन किया है। भारतवर्ष धर्म निरपेक्ष गणतन्त्र राज्य है। इससे भी सामाजिक संरचना में व्यापक परिवर्तन हुये हैं।

(8) पश्चिमीकरण से सामाजिक परिवर्तन—किन्तु अन्त में सबसे अधिक महत्वपूर्ण परिवर्तन पाश्चात्य सभ्यता के प्रभाव से दिखलाई पड़ता है।

पश्चिमीकरण (Westernization) के प्रभाव से जाति प्रथा और संयुक्त परिवार जैसी संस्थाओं में महत्वपूर्ण परिवर्तन हुये हैं। पश्चिमीकरण से मानवतावाद, समानतावाद और लौकिकवाद के मूल्य बढ़े हैं। इससे महामारियों को रोकने, अकालों से बचाव और शिक्षा के प्रसार की दिशा में महत्वपूर्ण कार्य किये गये हैं। पश्चिमीकरण के प्रभाव से हिन्दू धर्म की पुनः व्याख्या की गयी और सती प्रथा निषेध, बाल-विवाह पर रोक, विधवा पुनर्विवाह की अनुमति तथा अस्पृश्यता उन्मूलन जैसे महत्वपूर्ण सुधार हुए। पश्चिमीकरण ने एक ओर राष्ट्रीय आन्दोलन को जन्म दिया और दूसरी ओर साम्प्रदायिक, जातिवादी, क्षेत्रवादी, भाषावादी और प्राचीन परम्परावादी आन्दोलन उत्पन्न किये। पश्चिमीकरण से शिक्षा का व्यापक प्रसार हुआ, स्त्रियों की स्थिति में परिवर्तन हुआ, पर्दे का बहिष्कार हुआ और स्त्रियों ने पुरुषों के साथ समानता की माँग की। पश्चिमीकरण बढ़ने से औद्योगिक अर्थव्यवस्था की स्थापना हुई, विवाह के आधार और पद्धति में परिवर्तन हुआ, जीवन-साथी के चुनाव में स्वतन्त्रता बढ़ी, बाल-विवाह का बहिष्कार हुआ, अधिक आयु में विवाह होने लगे, विवाह का स्थायित्व बढ़ा, अन्तर्जातीय विवाह होने लगे और एक विवाह की प्रवृत्ति बढ़ी। पश्चिमीकरण से नयी पीढ़ी में उन्मुक्त भोग की प्रवृत्ति दिखलाई पड़ती है। परिवार की संस्था पर पश्चिमीकरण का प्रभाव संयुक्त परिवार के विघटन, परिवारों के छोटे होने और परिवार के अस्थायित्व में दिखलाई पड़ता है। पश्चिमीकरण से रीति-रिवाज, भाषा, साहित्य, कला और धर्म में भी व्यापक परिवर्तन हुए।

(9) लौकिकीकरण से सामाजिक परिवर्तन—आधुनिक भारत में परिवर्तन के मुख्य कारकों में नगरीकरण, औद्योगीकरण और पश्चिमीकरण के अलावा लौकिकीकरण (Secularization) भी महत्वपूर्ण हैं। लौकिकीकरण बढ़ने से धार्मिकता कम होती जाती है और विभेदीकरण की प्रक्रिया बढ़ती हैं विवेकशीलता और वैज्ञानिक दृष्टिकोण लौकिकीकरण के लक्षण हैं। भारतवर्ष में सामाजिक संरचना में लौकिकीकरण के कारण व्यापक परिवर्तन दिखलाई पड़ते हैं। जाति व्यवस्था में लौकिकीकरण के कारण शुद्धता और अशुद्धता की भावनायें समाप्त होती जा रही हैं। संस्कारों में भी परिवर्तन होता जा रहा है। उपनयन, विवाह और अन्त्येष्टि के अतिरिक्त अन्य संस्कार लगभग समाप्त होते जा रहे है। परिवार की संस्था में लौकिकीकरण के कारण धर्म का प्रभाव और शुद्धि, अशुद्धि का विचार कम हो गया है। पारिवारिक दिनचर्या में परिवर्तन होता जा रहा है। परिवार के अनेक कार्य अन्य समितियाँ लेती जा रही हैं। ग्रामीण समुदाय में लौकिकीकरण के प्रभाव से जात-पाँत का भेद-भाव घटा है और अन्तर्जातीय मेल-मिलाप बढ़ा है। धार्मिक उत्सव सामाजिक बन गये हैं और पैसे का सम्मान बढ़ गया है। भारतवर्ष में लौकिकीकरण के फैलने में मुख्य कारण आधुनिक शिक्षा, यातायात और संदेशवहन के साधनों का विकास, सामाजिक और धार्मिक सुधार आन्दोलन, वैज्ञानिक सुधार, राजनीतिक संगठनों द्वारा प्रचार, नगरीकरण, पाश्चात्य संस्कृति का प्रभाव, हिन्दू धार्मिक संगठन का अभाव, भारतीय संस्कृति का लौकिकीकरण, व्यवसायों को लौकिकीकरण और धार्मिक

संस्थाओं को राजनीतिक सहायता का अभाव है। इन सब कारणों से लौकिकीकरण बढ़ता जा रहा है जिससे व्यापक सामाजिक परिवर्तन हुये हैं।

भारत में परिवर्तनशील सामाजिक संरचना के उपरोक्त विश्लेषण से स्पष्ट है कि सामाजिक परिवर्तन की गति तीव्र है। इसमें परिवर्तन किस दिशा में जायेगा यह स्पष्ट करना कठिन है यद्यपि परिवर्तन के स्थूल प्रतिमान अवश्य दिखलाए जा सकते हैं। इस परिवर्तन में उपरोक्त सभी कारक महत्वपूर्ण योगदान दे रहे हैं।

भारत में वर्तमान विषमायोजन

वर्तमान काल में भारत में भिन्न-भिन्न क्षेत्रों में नाना प्रकार के विषमायोजन (Maladjustment) दिखलाई पड़ते हैं। जहाँ एक ओर सभ्यता के क्षेत्र में हमने पश्चिम से बहुत कुछ ग्रहण किया है वहाँ दूसरी ओर, विचारों और प्रवृत्तियों में अभी हम बहुत कुछ पहले ही जैसे हैं। जिस गति से औद्योगीकरण और नगरीकरण बढ़ा है उस गति से संस्थाओं, रीति-रिवाजों, आदतों और विचारों आदि में परिवर्तन नहीं हुए हैं। उदाहरण के लिए आधुनिक पाश्चात्य शिक्षा प्राप्त युवक भी विवाहों में दहेज लेने में किसी से पीछे नहीं हटते। एक ओर व्यक्तिवादिता और बुद्धिवादिता बढ़ी है तो दूसरी ओर, अनेक कुरीतियाँ और अन्धविश्वास अब भी उसी प्रकार से बने हुये हैं। भारतीय स्त्रियाँ शिक्षा और धनोपार्जन की दृष्टि से पश्चिम की स्त्रियों से किसी प्रकार कम नहीं हैं, किन्तु उनके विचार और प्रवृत्तियाँ पश्चिमी नारी से बहुत भिन्न हैं। राजनीति के क्षेत्र में जहाँ एक ओर, राष्ट्रीय एकता की भावना फैलाने का प्रयास किया जा रहा है वहाँ दूसरी ओर, क्षेत्रवादी प्रवृत्तियाँ भी बढ़ रही हैं। हिन्दू-मुसलमानों के सैकड़ों वर्षों से एक साथ रहने पर भी उनमें विषमायोजन दिखलाई पड़ता है। हिन्दू समाज में भी विभिन्न जातियों के सदस्यों, विशेषतया सवर्ण जाति के लोगों और अस्पृश्य जाति के व्यक्तियों में विषमायोजन देखा जा सकता है। जहाँ एक ओर देश में नये-नये कारखानों की संख्या बढ़ी है वहाँ दूसरी ओर, बेकारी भी बढ़ती जाती है। जहाँ एक ओर देश में भारी मात्रा में नयी-नयी चीजों का उत्पादन बढ़ रहा है वहाँ दूसरी ओर महँगाई भी बढ़ रही है। शिक्षा प्राप्त करने से विषमायोजन कम होने के स्थान पर और भी बढ़ जाता है, क्योंकि हमारी वर्तमान शिक्षा ऐसी नहीं है जो कि युवक-युवतियों को विभिन्न परिस्थितियों में समायोजन करने योग्य बनाये। यह आवश्यक नहीं है कि पढ़ी-लिखी लड़की बेपढ़ी लिखी लड़की से अच्छा ही घर चलायेगी और न यह देखा जाता है कि पढ़े-लिखे पुरुष बेपढ़े-लिखे पुरुषों से अधिक व्यवहार-कुशल होते हैं। शिक्षा संस्थानों में शिक्षकों और शिक्षार्थियों में विषमायोजन बढ़ रहा है। न विद्यार्थी गुरुओं का आदर करते हैं और न ही गुरु विद्यार्थियों के भविष्य की चिन्ता करते हैं। शिक्षा समाप्त होने के बाद सम्मुख उपस्थित होने वाली बेकारी की कल्पना से विद्यार्थी और भी सशंकित रहते हैं। राजनीतिज्ञ लोग अलग शिक्षा के क्षेत्र में अव्यवस्था फैलाये रहते हैं। परिवार में पुरानी पीढ़ी और नयी पीढ़ी के विचारों से भारी विषमता दिखलाई पड़ती है जिससे उनके सम्बन्धों में विषमायोजन बढ़ता है। इस प्रकार भारतवर्ष में परिवार, समुदाय,

पड़ौस, विद्यालय, समाज सब कहीं स्त्री-पुरुष, नेता-अनुगामी, विद्यार्थी-शिक्षक, माता-पिता और सन्तान, सभी के सम्बन्धों में विषमायोजन दिखलाई पड़ता है।

विषमायोजन की प्रकृति

भारत में व्यापक रूप से फैले हुए इस विषमायोजन की प्रकृति के विषय में निम्नलिखित बातें कही जा सकती हैं—

(1) **सामूहिक तनाव**—विषमायोजनों के मूल में सामूहिक तनाव काम कर रहे हैं। राजनीतिक विचारधारा, निवास-स्थान, शिक्षा, आर्थिक स्थिति, आयु, लिंग, नौकरी आदि के आधार पर बने हुए भिन्न-भिन्न समूहों में परस्पर भेदभाव और बहुधा बैर-भाव दिखलाई पड़ता है जिससे तनाव बढ़ते हैं और विषमायोजन उत्पन्न होते हैं।

(2) **निर्धनता के कारण तनाव**—विषमायोजनों में मनोवैज्ञानिक तनाव बहुत कुछ निर्धनता के कारण हैं। जिस समूह की आर्थिक आवश्यकतायें पूरी नहीं होतीं वही अन्य समूहों के विरुद्ध हो जाता है। मालिक-मजदूर, माता-पिता और सन्तान, पति-पत्नी में आर्थिक कारणों से तनाव बढ़ते हैं और विषमायोजन बढ़ते हैं।

(3) **मूल्यों में परिवर्तन**—परिवार, जाति, शिक्षा संस्थायें, धार्मिक संगठन और रीति-रिवाज आदि में मूल्यों के परिवर्तन के कारण भारी परिवर्तन हो रहे हैं। इससे पुराने मूल्यों को मानने वाले और नये मूल्यों के अनुगामी लोगों में विषमायोजन उत्पन्न होता है। पाश्चात्य शिक्षा के प्रभाव से नयी पीढ़ी के धार्मिक मूल्य पुरानी पीढ़ी के धार्मिक विचारों से बिलकुल भिन्न हो गये हैं। परिवार और विवाह के क्षेत्र में नये मूल्यों के कारण एक विवाह, प्रेम-विवाह, तलाक, संयुक्त परिवार का विरोध आदि बढ़ रहे हैं। आधुनिक पीढ़ी परिवार नियोजन पर जोर देती है। जबकि पिछली पीढ़ी बच्चों को ईश्वर की देन समझती थी। नैतिक विचारों में भी भारी परिवर्तन हुआ है। अनेक लोग तो, पुरुषों की तो बात ही क्या स्त्रियों के लिए भी मद्यपान, धूम्रपान, जुआ खेलना आदि अनैतिक नहीं मानते। नये-नये फैशनों से यौन सम्बन्धी नैतिकता की धारणाएँ बदल रही हैं। भौतिकवाद के फैलने से चाहे जिस प्रकार धनोपार्जन करना उचित माना जाता है और व्यापारिक प्रतियोगिता में हर उपाय से काम लिया जाता है। राजनीतिक क्षेत्र में 'जिसकी लाठी उसकी भैंस' के सिद्धान्त का प्रचार बढ़ रहा है। शिक्षा के क्षेत्र में शिक्षार्थी को शिक्षक से बहुत अधिक महत्व दिया जाता है। परिवार में बालकों को माता-पिता से अधिक महत्व दिया जाता है। लौकिकवाद और प्रजातन्त्रवाद के बढ़ने से जाति व्यवस्था का नियन्त्रण कम हुआ है, किन्तु दूसरी ओर, अनेक कारणों से वह दृढ़ भी हुई है। बाल-विवाह, विधवा-विवाह निषेध आदि कुरीतियाँ समाप्त होती जा रही हैं किन्तु दूसरी ओर, दहेज आदि कुछ कुरीतियाँ दूर होने की कोई सम्भावना नजर नहीं आती।

देश में फैले हुये इस सार्वभौम विषमायोजन की प्रकृति मूल रूप से मनोवैज्ञानिक है। व्यक्तियों के मनोवैज्ञानिक तनावों के कारण ही सामूहिक तनाव बढ़ते हैं मनोवैज्ञानिक तनावों के पीछे विभिन्न प्रकार की हताशायें, मानसिक संघर्ष और आज

के जीवन में बढ़ती हुई गति और प्रतिस्पर्धा के कारण उत्पन्न हुए संवेग हैं। नगरों में मानसिक संघर्ष अधिक दिखलाई पड़ते हैं जिससे व्यक्तिगत विघटन बढ़ता रहता है। अस्तु, विषमायोजनों की प्रकृति को समझने के लिये उनकी मनोवैज्ञानिक व्याख्या की जानी चाहिए।

विषमायोजन के कारण

भारत में व्यापक रूप से फैले हुए विषमायोजन के मुख्य कारण निम्नलिखित हैं–

(1) सामाजिक परिवर्तन–सामाजिक परिवर्तन से मनुष्यों के सम्बन्धों में परिवर्तन होते हैं। इस प्रकार के परिवर्तन परिवार और विवाह की संस्था, पड़ौस और समुदाय का जीवन आदि में दिखलाई पड़ते हैं। सामाजिक परिवर्तन से मनुष्यों के सम्बन्ध बदलते रहते हैं। कहीं उनमें संगठन बढ़ता है तो कहीं विघटन बढ़ता है।

(2) औद्योगीकरण–औद्योगीकरण से देश में बड़े-बड़े कारखाने स्थापित हुए जिनमें लाखों मजदूर काम करने लगे। बड़े पैमाने पर मशीनों का प्रयोग होने से पूँजीपतियों के पास विशाल धनराशि एकत्रित हो गयी जबकि मजदूर की भौतिक आवश्यकताएँ पूरी नहीं होतीं। मालिक और मजदूर की आर्थिक स्थिति के इतने भारी अन्तर से वर्गवाद फैलने लगा जिससे पूँजीपतियों और श्रमिकों के सम्बन्धों में विषमायोजन उत्पन्न हुआ। इस प्रकार आज देश में बड़े-बड़े मजदूर संगठन बने हुए हैं जो कि मालिकों से मजदूरों के अधिकारों के लिए लड़ते हैं। औद्योगीकरण से उत्पादन में मानवता का पुट समाप्त हो गया। मशीन के सामने मनुष्य का मूल्य घट गया। कारखानों में दिन भर काम करने के बाद भी अपनी आवश्यकताओं को पूरा न कर सकने के कारण, अशिक्षा और परिवार से दूर रहने के कारण औद्योगिक संस्थाओं के आस-पास मजदूरों में मद्यपान, वेश्यागमन, जुआ खेलना आदि दुर्व्यसन बढ़ने लगे। इन सबसे अपराध बढ़े और सामाजिक विषमायोजन उत्पन्न हुआ। कुटीर उद्योगों का नाश हो जाने से लाखों शिल्पी बेकार हो गये और उनके सामने जीविका की समस्या उत्पन्न हुई। मजदूर वर्ग में फैली हुई व्यापक उत्तेजना और असन्तोष का लाभ उठाकर राजनीतिक दलों ने उनमें वर्गवाद की आग भड़कानी शुरू की और अपने स्वार्थ को लेकर श्रमिकों और पूँजीपतियों में संघर्ष कराये। इसके फलस्वरूप बड़े-बड़े उद्योगों में आये दिन हड़तालें होती रहती हैं। जिनसे देश में करोड़ों रुपये का नुकसान होता है। वर्गवाद बढ़ने से श्रमिकों को कितनी भी सुविधायें देने के बावजूद भी वे मालिकों के विरुद्ध ही रहते हैं। दूसरी ओर, मालिक भी धन और शक्ति के नशे में मजदूर को आदमी नहीं समझते और उसे कल पुर्जा या पशु मान कर व्यवहार करते हैं। बड़े-बड़े कारखानों में स्त्री श्रमिकों का शोषण किया जाता है और उन्हें बाध्य होकर वेश्यावृत्ति में लगना पड़ता है। जिन उद्योगों में मध्यस्थों के द्वारा नौकरी मिलती है, उनमें मजदूर स्त्री-पुरुषों को पहले मध्यस्थों को खुश करना पड़ता है। इसमें पुरुषों का पैसा और स्त्रियों की इज्जत लुटती है। इस प्रकार औद्योगिक क्षेत्रों में भारी अव्यवस्था और विषमायोजन दिखलाई पड़ता है। इसका

एक बड़ा कारण यह भी है कि मिल मालिक किसी न किसी प्रकार से श्रम नियमों का उल्लंघन करने का रास्ता निकाल लेते हैं और सरकार इन नियमों का कठोरता से पालन नहीं करा पाती। उद्योगों के विकास में किसी भी प्रकार से व्यवस्था और नियोजन से काम नहीं लिया जाता। इससे भी समस्याएँ बढ़ जाती हैं।

(3) **नगरीकरण**–गाँवों की तुलना में नगरों में विषमायोजन अधिक दिखलाई पड़ते हैं। इसका एक मुख्य कारण नगर निवासियों के सम्बन्धों में निर्वैयक्तिकता है जिसके कारण वे दूसरों के प्रति व्यवहार में मानव सुलभ भावनाओं की परवाह नहीं करते। सिनेमा, फैशन आदि नगर के वातावरण को उत्तेजित रखते हैं जिसके कारण व्यक्तिगत और पारिवारिक विघटन बढ़ता है। भौतिकवाद के कारण धार्मिक और नैतिक नियन्त्रण घटते जा रहे हैं, स्वतन्त्रता और उन्मुक्त भोग की भावना से परिवारों का विघटन होता जा रहा है। स्त्री-पुरुषों दोनों के घर से बाहर काम करने से वैवाहिक सम्बन्ध विघटित हो रहे हैं। नगर की भीड़ भाड़ में नाना प्रकार के अपराध करके पुलिस से बच निकलना आसान होता है। नगरों का उत्तेजक वातावरण भी अपराधों को प्रोत्साहित करता है। नगरों में रहने वाले विभिन्न वर्गों में भारी आर्थिक अन्तर दिखलाई पड़ता है। एक ओर कुछ लोग गगनचुम्बी विशाल अट्टालिकाओं में रहते हैं तो दूसरी ओर, हजारों लोग कड़कड़ाती ठण्ड में भी सड़कों पर रात गुजार देने को मजबूर होते हैं। धनिकों के कुत्ते भी दूध, डबल रोटी खाते हैं जबकि गरीबों के बच्चों को बीमारी की हालत में भी दूध नहीं मिल पाता। इस भारी अन्तर से वर्गवाद और घृणा फैलती है। जिससे मनुष्यों के परस्पर सम्बन्धों में विषमायोजन उत्पन्न होता है। केवल आर्थिक दृष्टि से ही नहीं, बल्कि सामाजिक सम्मान, राजनीतिक सत्ता, शारीरिक सत्ता, सौन्दर्य, शिक्षा आदि अनेक कारकों से नगर के लोगों में भारी अन्तर दिखाई पड़ता है जिससे व्यक्ति-व्यक्ति में गहरी खाई बन जाती है। नगरों के जीवन की तेज दौड़ में पड़ौस, मौहल्ले और समुदाय के सम्बन्धों के जीवन को कोई महत्व नही दिया जाता। प्रत्येक व्यक्ति अपनी स्वार्थसिद्धि में लगा रहता है। अस्तु, सब ओर विषमायोजन दिखलाई पड़ता है।

(4) **राजनीतिक कारक**–भारतवर्ष में अनेक राजनीतिक कारकों ने भी विषमायोजन को बढ़ाया है। चुनावों में जीतकर सत्ता प्राप्त करने के लालच से प्रत्येक राजनीतिक दल अच्छे बुरे सभी उपायों से मत प्राप्त करने का प्रयास करता है। राजनीतिक नेता भ्रष्ट उपायों से करोड़ों रुपये एकत्रित करते हैं और उनके बल पर चुनाव जीत कर आगामी चुनाव लड़ने के लिये भ्रष्ट उपायों से धन एकत्रित करते हैं। राजनीतिक नेताओं का आश्रय पाकर नाना प्रकार के अपराध बढ़ते हैं, पूँजीपति और सरकारी कर्मचारी जनता का मनमाना शोषण करते हैं, कानूनों में मनमाना परिवर्तन करवा लिया जाता है और पकड़े जाने पर अपराधी रिश्वत देकर बच निकलता है। कुछ लोग तो वोट प्राप्त करने के लिए साम्प्रदायिक दंगे कराने से भी नहीं हिचकते। कुछ राजनीतिक दल विदेशों की सरकारों से आर्थिक सहायता प्राप्त करते हैं। सत्तारूढ़ दल के विरुद्ध अन्य दल सब प्रकार की अफवाहें और विद्रोह फैलाते हैं और इसमें देश के हानि-लाभ का कोई विचार नहीं करते। केवल वोट

प्राप्त करने के लिये अनेक सम्प्रदायों को अनुचित अधिकार दे दिये जाते हैं। और अनेक गलत कार्यवाहियों की भी आलोचना नहीं की जाती। जो सरकारी कर्मचारी सत्तारूढ़ दल के विरुद्ध पाया जाता है उसको हर प्रकार से परेशान किया जाता है। चुनाव के अवसर पर सत्तारूढ़ दल वोट प्राप्त करने के लिए सरकारी कर्मचारियों से हर प्रकार से सहायता लेने का प्रयास करता है। राजनीतिक दल आये दिन तरह-तरह की हड़तालें कराते रहते हैं जिनसे देश के धन का भारी अपव्यय होता है। इस प्रकार प्रजातन्त्र में भ्रष्टाचार का बोलबाला हो रहा है और राजनीतिक कारकों से हर प्रकार के विषमायोजन बढ़ रहे हैं।

(5) जातिवाद और अस्पृश्यता—भारत में हिन्दू समाज में विभिन्न समूहों में विषमायोजन का प्रमुख कारण जातिवाद और अस्पृश्यता की भावनायें हैं। चुनाव की प्रणाली ने जातिवाद को और भी प्रोत्साहन दिया है। अब लोग अपनी ही जाति के उम्मीदवार को वोट देते हैं और उम्मीदवार भी जाति के नाम पर वोट माँगता है तथा चुने जाने पर हर प्रकार से अपनी ही जाति को लाभ पहुँचाने की चेष्टा करता है, भले ही इससे राष्ट्र का अहित क्यों न होता हो। केवल राजनीतिक क्षेत्र में ही नहीं अपितु जातिवाद के कारण आर्थिक और शैक्षिक क्षेत्र में भी जाति के आधार पर चुनाव किये जाते हैं। विद्यालयों में शिक्षकों की नियुक्ति और विद्यार्थियों के दाखिले जाति के आधार पर किये जाते हैं। सरकारी नौकरियों में सत्ताधारी लोग अपनी ही जाति के व्यक्तियों को भरने की चेष्टा करते हैं। दूसरी ओर, अस्पृश्यता की भावना के कारण एक ओर सवर्ण हिन्दू हरिजन व्यक्तियों पर अमानुषिक अत्याचार करते हैं तो दूसरी ओर, राजनीतिक नेताओं के भड़काने से अस्पृश्य लोग अपने को हिन्दू समाज से अलग मानने लगे हैं। इस प्रकार दोनों ओर से हिन्दू समाज छिन्न-भिन्न हो रहा है। आधुनिक समाजशास्त्रियों ने ठीक ही कहा है कि जातिवाद और अस्पृश्यता को दूर किये बिना हिन्दू समाज से विषमायोजन दूर नहीं किया जा सकता।

(6) क्षेत्रवाद—आधुनिक काल में भारत के विभिन्न क्षेत्रों के व्यक्तियों में क्षेत्रवाद की भावना के कारण विषमायोजन दिखलाई पड़ते हैं। दक्षिण में कुछ लोगों ने एक पृथक् देश बनाने की माँग की है। भिन्न-भिन्न क्षेत्रों के लोग अपने स्वतन्त्र राज्य बनाना चाहते हैं। दक्षिण के लोग उत्तर के लोगों को विदेशी मानते हैं। दक्षिण में द्रविड़िस्तान की माँग की गयी तो पंजाब में पंजाबी सूबे की आवाज उठायी गयी। इसी प्रकार निहित स्वार्थों को लेकर भिन्न-भिन्न क्षेत्रों में राजनीतिक दल क्षेत्रवाद फैला रहे हैं। जिसके कारण देश के विभिन्न भागों में रहने वाले व्यक्तियों में विषमायोजन फैलता है।

(7) भाषावाद—भारतवर्ष में भिन्न-भिन्न क्षेत्रों में भिन्न-भिन्न भाषाएं बोली जाती हैं। इनमें से अनेक भाषाओं में अत्यन्त प्राचीन और समृद्ध साहित्य पाया जाता है। देश में अनेक भाषाएं होने से देश की एकता में कोई अन्तर नहीं आता, बल्कि इस विविधता से एकता की समृद्धि बढ़ती है। किन्तु राजनीतिक स्वार्थों को लेकर

कुछ लोग अपनी भाषा को ही राष्ट्र भाषा बनाना चाहते हैं और देश के अन्य व्यक्तियों पर उसको जबर्दस्ती थोपना चाहते हैं। अन्य लोगों को यह आशंका होती है कि जो भाषा अखिल भारतीय भाषा बन जायेगी उसे बोलने वाले क्षेत्र के लोगों को अधिक लाभ होगा, उन्हें अखिल भारतीय नौकरियों में अधिक स्थान मिलेंगे और देश के शासन में उनका अधिक लाभ होगा, इसलिये हिन्दी को अखिल भारतीय भाषा बनाने का विरोध किया गया है भले ही सब यह मानते हों कि राष्ट्र की एकता बनाये रखने के लिए क्षेत्रीय भाषाओं के अलावा एक अखिल भारतीय भाषा का भी होना आवश्यक है। भाषावाद की प्रवृत्ति कहीं-कहीं तो इतनी अधिक बढ़ गई कि भिन्न भाषा-भाषी लोगों के घर और दुकानें जला दी गयीं, भाषा के नाम पर भयंकर दंगे हुये और भिन्न भाषा-भाषी व्यक्तियों में भारी तनाव उत्पन्न हो गये। मूल रूप में भाषावाद साहित्यकारों ने नहीं बल्कि राजनीतिज्ञों ने उत्पन्न किया है।

(8) **साम्प्रदायिकता**—भारतवर्ष में अंग्रेजों ने अपने शासनकाल में हिन्दुओं और मुसलमानों को एक दूसरे के विरुद्ध भड़काया किन्तु अंग्रेजों के चले जाने के बाद भी राजनीतिक स्वार्थों के कारण यह झगड़ा चलता ही रहा। देश के नेताओं ने देश के विभाजन को इसलिए स्वीकार किया था कि इससे साम्प्रदायिकता के समाप्त होने की आशा थी किन्तु पाकिस्तान बन जाने के बावजूद भी भारत में रहने वाले मुस्लिम देश के पूरी तरह से नागरिक नहीं बन पाये, दूसरी ओर, हिन्दुओं में भी बहुत से लोगों ने राजनीतिक स्वार्थों के कारण साम्प्रदायिक भावनायें भड़काई। भारतवर्ष में मुस्लिम राजनीतिक दलों ने मुसलमानों के वोटों पर एकाधिकार रखने के लिए उन्हें सदैव हिन्दुओं के विरुद्ध भड़काया। इस प्रकार साम्प्रदायिकता की भावना बराबर बनी हुयी है जिसके कारण साम्प्रदायिक दंगे होते रहते हैं और विषमायोजन बना रहता है।

(9) **प्रान्तवाद**—इधर कुछ वर्षों से भारतवर्ष में प्रान्तवाद की भावना भी दिखलाई पड़ती है। जब कभी देश में कोई बड़ा उद्योग स्थापित करने की बात उठायी जाती है तो अनेक प्रान्तों के लोग यह चेष्टा करते है कि वह उद्योग उन्हीं के प्रान्त में लगाया जाये भले ही ऐसा करने में कोई हानि क्यों न हो। इस प्रकार प्रान्त को लाभ पहुँचाने के लिए तरह-तरह के दबाव डाले जाते हैं। नदियों के पानी को लेकर भी विभिन्न प्रान्तों में कलह होती रहती है। भौगोलिक सीमा, अनाज का बँटवारा तथा पंचवर्षीय योजनाओं में केन्द्र द्वारा आर्थिक सहायता आदि को लेकर विभिन्न प्रान्तों के राजनीतिक नेता झगड़ते रहते हैं। वास्तव में, भाषावाद और क्षेत्रवाद के समान प्रान्तवाद भी राजनीतिक दलों की देन है क्योंकि सामान्य जनता को उसमें इतनी रुचि नहीं होती। कुछ लोग अपना एक अलग प्रान्त बनाये जाने की माँग उपस्थित करते रहते हैं क्योंकि नया प्रान्त बन जाने से कुछ स्थानीय लोगों को सत्तारूढ़ होने का अवसर मिलेगा।

(10) **कानून और न्यायालय**—यूँ तो कानून से अव्यवस्था कम होनी चाहिये किन्तु भारतवर्ष में कानून और न्यायालयों ने विषमायोजन बढ़ाने में भी

सहायता दी है। बहुधा छोटे-छोटे मुकदमें भी लम्बे काल तक चलते हैं और जब तक फैसला होता है तब तक वादी-प्रतिवादी दोनों का दिवाला निकल लेता है। न्याय मँहगा है और देर में तथा कठिनाई से मिलता है। इससे बहुत से लोग अपनी उचित माँगों को लेकर भी न्यायालय में नहीं जाते और जो लोग जाते भी हैं उन्हें इतना अधिक लाभ नहीं होता जितनी कि परेशानी हो जाती है। दूसरी ओर, धनिक व्यक्ति अपने पैसे के बल पर वकीलों, अफसरों और न्यायाधीशों की जेबें भरकर मुकदमों के फैसले अपने पक्ष में करा लेते हैं। कानून और न्याय के क्षेत्र में इस व्यापक भ्रष्टाचार से जनता में घोर असन्तोष फैलता है और विषमायोजन बढ़ते हैं।

(11) विज्ञान का दुरुपयोग—देश में वैज्ञानिक प्रगति से व्यवस्था बढ़नी चाहिये किन्तु अनेक पहलुओं में वैज्ञानिक प्रगति से विषमायोजन बढ़े हैं। वैज्ञानिक प्रगति से औद्योगीकरण बढ़ा है और औद्योगीकरण से विषमायोजन बढ़े हैं। रेडियो समाचार पत्र, फिल्म आदि विज्ञान की देन हैं। जहाँ इन्होंने ज्ञान का विस्तार किया है वहाँ विभिन्न समूहों में परस्पर घृणा और बैरभाव भी फैलाया है। यातायात और सन्देशवहन के साधनों के विकास से एक ओर मेल-जोल बढ़ा है तो दूसरी ओर विषमायोजन भी बढ़े हैं। वास्तव में, यह कहना अनुचित होगा कि विज्ञान ने विषमायोजन बढ़ाया है। विज्ञान तो एक शक्ति है जिसका अच्छे बुरे किसी भी उद्देश्य में लाभ उठाया जा सकता है। खेद की बात है कि भारत में वैज्ञानिक साधनों का लाभ उठाकर स्वार्थी राजनीतिक नेताओं ने विभिन्न सामाजिक समूहों में परस्पर द्वेष और घृणा फैलायी है। इन्हीं वैज्ञानिक साधनों का लाभ उठाकर देश में एकता भी बढ़ायी जा सकती है।

(12) सन्देशवहन के साधन—भारतवर्ष में रेडियो, समाचार-पत्र और टेलीविजन आदि सन्देशवहन के साधनों से अनेक सन्देश आसानी से देश भर में फैल जाते हैं। इनका लाभ उठाकर देश में एकता बढ़ाई जा सकती है किन्तु इनके दुरुपयोग से विषमायोजन बढ़ते हैं, विशेषतया समाचार-पत्र झूठी और अनुत्तरदायी खबरें छापकर विभिन्न समूहों में तनाव बढ़ाते हैं। अनेक राजनीतिक दल समाचार-पत्र निकालते हैं और उनके माध्यम से अपनी विचारधारा का प्रसार करते हैं और अन्य राजनीतिक दलों के विरुद्ध द्वेष भड़काते हैं। रेडियो और टेलीविजन पर सत्तारूढ़ दल का अधिकार होता है और वह बहुधा उनके द्वारा अन्य दलों के विरुद्ध विचार फैलाता है। सामान्य रूप से भारतवर्ष में रेडियो किसी विशेष राजनीतिक दल की सम्पत्ति नहीं है। उस पर सभी दल के लोगों को अपने विचार प्रदर्शित करने का अवसर दिया जाता है। यह एक अच्छी बात है और इससे राष्ट्रीय एकता को बल मिलता है किन्तु राजनीतिक दलों के समाचार-पत्र बराबर विषमायोजन बढ़ा रहे हैं। कुछ समाचार-पत्रों ने राष्ट्रीय एकता बढ़ाने की दिशा में भी महत्वपूर्ण कार्य किया है।

(13) शिक्षा सम्बन्धी दोष—भारत में विषमायोजनों का एक बड़ा कारण हमारी दूषित शिक्षा प्रणाली है जिसके कारण सम्पूर्ण देश में आये दिन विद्यार्थियों द्वारा हिंसात्मक कार्यवाहियाँ होती रहती हैं। विद्यार्थियों में अनुशासनहीनता बढ़ती ही

जा रही है। शिक्षकों और शिक्षार्थियों के सम्बन्ध अच्छे नहीं रहे। इसका एक कारण राजनीतिक दल भी हैं जो कि निहित स्वार्थों को लेकर शिक्षा के क्षेत्र में अव्यवस्था फैलाया करते हैं। परन्तु दूसरी ओर, इसमें शिक्षा प्रणाली के अनेक दोषों का भी योगदान है। भारतवर्ष में शिक्षकों के वेतन मान एक से नहीं हैं, इससे उनमें भारी असन्तोष है। अनेक शिक्षकों को समय पर वेतन नहीं मिलता, अन्य अनेक की नौकरी हर समय प्रबन्ध समिति के सदस्यों के हाथ में रहती है। सम्पूर्ण देश में कोई आयोजित और संगठित शिक्षा प्रणाली नहीं है। न उपयुक्त पाठ्य पुस्तकें ही उपलब्ध हैं और न सम्पूर्ण देश में शिक्षा का कोई एक माध्यम ही है। शिक्षा प्राप्त करने के बाद नौकरी मिलने का कोई आयोजित प्रबन्ध नहीं है। इन सब कारणों से विद्यार्थियों और शिक्षकों तथा विद्यार्थियों और समाज के अन्य व्यक्तियों में विषमायोजन दिखलाई पड़ते हैं।

(14) **युद्ध**-युद्ध सब कहीं विषमायोजन का कारण होता है क्योंकि युद्ध के दिनों में सामाजिक और सरकारी नियन्त्रण कम हो जाता है तथा दूसरी ओर, अनेक परिवारों के कमाने वाले सदस्यों की मृत्यु हो जाने से उनकी व्यवस्था बिगड़ जाती है। भारतवर्ष में पहले चीन और फिर पाकिस्तान से युद्ध होने के कारण एक ओर देश को भयंकर आर्थिक हानि हुई और दूसरी ओर, अनेक नई समस्यायें उपस्थित हुई। जहाँ अनेक उद्योगों को भीषण क्षति पहुंची वहाँ दूसरी ओर, देश के करोड़ों अरबों रुपये शस्त्रास्त्र खरीदने में व्यय हो गये। युद्ध में हताहत सैनिकों के परिवारों के पालन-पोषण की भी समस्या उत्पन्न हुई। युद्ध के दिनों में सामाजिक नियन्त्रण कम हो जाने से अपराधों की दरें बढ़ी और सामाजिक विघटन बढ़ा। यह कहा जा सकता है कि देश अभी भी युद्धों से हुई भयंकर क्षति को पूरा नहीं कर पाया है।

(15) **देश विभाजन**-भारतवर्ष मे सामाजिक असामंजस्य की सबसे बड़ी घटना देश का विभाजन था। इससे पश्चिमी पंजाब में रहने वाले और पूर्वी बंगाल में रहने वाले लाखों हिन्दु नर-नारियों को अपना देश छोड़कर नये स्थानों पर बसने के लिए आना पड़ा। भारी संख्या में जनसंख्या के आवागमन से सरकार के सामने पुनर्वास की समस्या उत्पन्न हो गई। यद्यपि सरकार ने इस समस्या को बहुत अच्छी तरह सुलझाया और अपने पुरुषार्थ के कारण पंजाब और बंगाल से आये हुये लोग फिर से भारत में जमकर व्यवसाय करने लगे किन्तु इनके सम्पर्क से स्थानीय संस्कृति में भारी परिवर्तन हुआ। जहाँ एक ओर इनकी बहुत सी अच्छी बातें लोगों ने सीखीं वहाँ दूसरी ओर, व्यापार और रहन-सहन में नैतिक स्तर नीचे गिरा। सामाजिक और पारिवारिक विघटन बढ़ा तथा सामाजिक संस्थाओं और रीति-रिवाजों, वेशभूषा, भाषा आदि पर प्रभाव पड़ा।

(16) **विदेशों से निष्कासन**-पिछले कुछ वर्षों में अफ्रीका के अनेक देशों और इंगलैण्ड से भी बहुत से भारतीयों को देश वपिस लौटने पर मजबूर किया गया। बड़ी संख्या में लंका, बर्मा, इंगलैण्ड, कीनिया आदि देशों से भारतीयों के देश वापिस

लोटने से उनके पुनर्वास की समस्या उत्पन्न हुई। यह समस्या अभी भी पूरी तरह से हल नहीं हो सकी है। इससे विषमायोजन बढ़े हैं।

(17) **विदेशियों द्वारा षड्यन्त्र**-भारतवर्ष में चीनी और पाकिस्तानी एजेण्ट देश में बराबर अव्यवस्था फैलाते हैं। वे साम्प्रदायिकता की भावना उकसाते और तोड़-फोड़ करवाते हैं। अनेक स्थानों पर इनके भड़काने से सम्प्रदायिक दंगे भी हुए हैं। देश के सीमावर्ती राज्यों जैसे काश्मीर, असम, नागालैंड, राजस्थान, पंजाब आदि में इनकी गतिविधि अधिक देखी जाती है। साम्यवादियों के एजेण्ट देश में वर्गवाद भड़काते हैं और हिंसात्मक कार्यवाहियों को प्रोत्साहन देते हैं। इस प्रकार विदेशियों के एजेण्ट नाना प्रकार से षड्यन्त्र करके देश के विभिन्न समूहों में विषमायोजन फैलाते हैं।

(18) **सांस्कृतिक विलम्बना**-भारत मे विषमायोजन का एक अन्य महत्वपूर्ण कारण सांस्कृतिक विलम्बना है। अंग्रेजी शिक्षा के माध्यम से और विदेशों के सम्पर्क से देश पर विशेषतया पाश्चात्य संस्कृति का व्यापक प्रभाव पड़ा है। कुछ लोग इस प्रभाव के कारण पाश्चात्य संस्कृति के अनुगामी हो गये हैं तो अन्य लोग अभी भी भारतीय संस्कृति को बनाये हुए हैं। इन दोनों समूहों में विषमायोजन होना स्वाभाविक है। नई पीढ़ी के लोग पाश्चात्य संस्कृति से अधिक प्रभावित हैं। जबकि पुरानी पीढ़ी के लोग भारतीय संस्कृति के महत्व को समझते हैं। इस प्रकार दोनों पीढ़ियों में तनाव उत्पन्न हो गया है। परिवार और विवाह की संस्था में पाश्चात्य संस्कृति के मूल्यों के प्रवेश से पारिवारिक और वैवाहिक विघटन बढ़ा है। स्वतन्त्रता, भौतिकता, व्यक्तिवाद, लौकिकवाद आदि पाश्चात्य मूल्यों से समाज में भारी परिवर्तन हुआ है। विषमायोजन का प्रमुख कारण यह है कि जहाँ कुछ लोगों ने कुछ नये मूल्य अपना लिये हैं, अन्य लोग उनके सर्वथा विरुद्ध हैं। जहाँ किसी एक दिशा में पश्चिम का अनुकरण हुआ है, वहाँ दूसरी दिशा में हम उनसे बिल्कुल भिन्न हैं।

भारत में वर्तमान विषमायोजन के उपरोक्त कारणों के विवेचन से यह पता चलता है कि इसको किस प्रकार कम किया जा सकता है। इस सम्बन्ध में नेताओं को सोच विचार कर आयोजन में कठोर कदम उठाने पड़ेंगे। तब ही देश की स्थिति में सुधार किया जा सकता है।

अभ्यास के लिये प्रश्न

1. अन्तर स्पष्ट कीजिये-संगठन और विघटन।
2. सामाजिक विघटन के कारणों की विवेचना कीजिये।
3. भारत में सामाजिक विघटन के लिये उत्तरदायी विभिन्न कारकों की विवेचना कीजिये।
4. सामाजिक परिवर्तन और सामाजिक विघटन में क्या सम्बन्ध है? उदाहरण सहित समझाइये।

4

लोक जीवन में भ्रष्टाचार
(Corruption in Public Life)

भ्रष्टाचार की परिभाषा करते हुए इलियट और मैरिल ने लिखा है "भ्रष्टाचार कुछ प्रत्यक्ष अथवा अप्रत्यक्ष व्यक्तिगत लाभ प्राप्त करने में जान बूझकर असफल होना है।"[1] इस प्रकार भ्रष्टाचार में व्यक्ति अनुचित लाभ उठाने के लिए भ्रष्ट उपाय अपनाते हैं। भ्रष्टाचार कहने के लिए किसी कार्य में निम्नलिखित विशेषतायें होनी चाहियें-

(1) भ्रष्टाचार में विशिष्ट कर्त्तव्य का उल्लंघन किया जाता है।

(2) भ्रष्टाचार में कर्त्तव्य का उल्लंघन जान-बूझकर किया जाता है।

(3) भ्रष्टाचार में कर्त्तव्य का उल्लंघन प्रत्यक्ष या अप्रत्यक्ष रूप से कोई अनुचित लाभ प्राप्त करने के लिये किया जाता है।

इस प्रकार जहाँ कहीं भी रुपये-पैसे के लिये या पद प्राप्त करने के लिए या किसी की सम्पत्ति हड़पने के लिए अथवा किसी अन्य लाभ के लिए कोई व्यक्ति जान-बूझकर कर्त्तव्य का उल्लंघन करता है, वहाँ उसके कार्य को भ्रष्टाचार कहा जाता है। भ्रष्टाचार वही कर सकता है जिसके हाथ में किसी प्रकार की शक्ति हो क्योंकि वह शक्ति के अनुचित प्रयोग से अनुचित लाभ उठा सकता है। इसीलिये सरकारी कर्मचारियों में, विशेष रूप से उन लोगों में भ्रष्टाचार अधिक पाया जाता है जिनके हाथ में कुछ बनाने या बिगाड़ने की शक्ति होती है। यह कहना अनुचित नहीं होगा कि जिस कर्मचारी के हाथ में यह शक्ति जितनी अधिक होती है, उसके उतने ही अधिक भ्रष्टाचार की ओर जाने की सम्भावना हो जाती है। भ्रष्टाचारी व्यक्ति अपने व्यक्तिगत लाभ के लिए सरकार अथवा कानून की कोई परवाह नहीं करता। ठेकेदारों से धन लेकर ऐसी ऐसी इमारतें पास कर दी जाती हैं जो कि निर्माण किये जाने के कुछ ही वर्ष के अन्दर गिर जाती हैं। कभी कभी तो ऐसी ऐसी इमारतों के लिए धन स्वीकृत कर दिया जाता है जिनका निर्माण ही नहीं हुआ है। इस प्रकार देश का करोड़ों रुपया भ्रष्टाचारियों के कारण व्यर्थ हो जाता है और उनसे जनता

1. "Corruption is a wilful failure to perform a specified duty in order to receive some direct or indirect personal gain." —Elliott and Merill.

को कोई लाभ नहीं होता। इसलिये रॉक ने कहा है, "भ्रष्टाचार सामान्य नैतिकता पर विपरीत प्रभाव डालता है क्योंकि वह अविश्वास और आस्थाहीनता की अनुभूतियाँ बढ़ाता है और इस प्रकार सामाजिक विघटन की एक स्थिति निर्माण करता है जबकि सामाजिक समस्याओं पर अन्य प्रकार के अपराधों का प्रभाव अपेक्षाकृत कम होता है।"[1] इस प्रकार भ्रष्टाचारी व्यक्ति समाज के लिए अपराधी से भी अधिक हानिकारक सिद्ध होता है। इसका मुख्य कारण यह है कि जबकि अपराधी को समाज में गिरा हुआ माना जाता है, भ्रष्टाचारी व्यक्ति बहुधा बड़े-बड़े शक्तिशाली और सम्मानित पदों पर होते हैं। अनेक राजनीतिक नेता घोर भ्रष्टाचारी होते हैं। शिक्षा के क्षेत्र में अनेक बड़े-बड़े पदाधिकारी अपने छोटे-छोटे स्वार्थों को सिद्ध करने के लिए भयंकर भ्रष्टाचार फैलाते हैं। सरकारी कर्मचारी अपने थोड़े से लाभ के लिए सरकार और जनता की बड़ी हानि की भी परवाह नहीं करते। जबकि अपराधी को पुलिस का और समाज के विरोध का भय रहता है, भ्रष्टाचारियों को यह भी भय नहीं होता। इस प्रकार भ्रष्टाचार समाज के लिये अपराध से भी अधिक हानिकारक सिद्ध होता है। राजनीतिक क्षेत्र में भ्रष्टाचारी व्यक्ति ऐसे नियमों का निर्माण करता है जिनसे उसकी स्वार्थसिद्धि होती है। उद्योग और व्यापार में वह कानून का उल्लंघन करने से नहीं हिचकता क्योंकि वह अपने को कानून से ऊपर समझता है। समाज में उसकी प्रतिष्ठा बनी रहने के कारण उसे अपने कार्यों पर कभी पश्चाताप नहीं होता। कभी-कभी तो समाज में ऐसे लोगों का सम्मान अन्य लोगों से अधिक होता है जिन्होंने भ्रष्टाचार से धन एकत्रित किया है। आज बहुत से लोग किसी सरकारी नौकरी के महत्व का मूल्यांकन करने के लिए यह पूछते हैं कि उसमें ऊपर की आमदनी कितनी है और ऊपरी आमदनी कोई अनुचित बात नहीं समझी जाती। रिश्वत लेने वाले बहुत से लोग रिश्वत के पैसे को अपना जन्मसिद्ध अधिकार समझते हैं और उसमें किसी प्रकार की बुराई नहीं देखते। राजनीतिक नेता चुनावों में सफल होने के बाद चुनाव में खर्च किया हुआ पैसा भ्रष्टाचार के द्वारा शीघ्र से शीघ्र कमा लेने में कोई बुराई नहीं देखते।

भारत में भ्रष्टाचार के कारण

भ्रष्टाचार के विवेचन से उसके कारण स्पष्ट होते है। सामान्य रूप से भ्रष्टाचार के मुख्य कारण निम्नलिखित हैं-

(1) **धन का सम्मान**—भ्रष्टाचार का सबसे प्रमुख कारण समाज में बढ़ता हुआ धन का सम्मान है। रिश्तेदार, मित्र और परिवार वाले धनिक व्यक्ति का सम्मान करते हैं भले ही उसने धन भ्रष्टाचार से कमाया हो। इसीलिये सामाजिक सम्मान प्राप्त करने के लक्ष्य से अनेक लोग भ्रष्टाचार के द्वारा धन कमाने से नहीं हिचकते।

---

1. "It affects adversely general morality, in that it increases feelings of distrust, cynicism and is thus productive of a state of social disorganisation whereas the effect of other types of crime on social institutions is relatively small." —Roucek.

(2) **अपर्याप्त वेतन**—चौथी श्रेणी के सरकारी कर्मचारियों में भ्रष्टाचार का एक कारण अपर्याप्त वेतन है। वेतन कम होने के कारण वे भ्रष्ट उपायों से कमी को पूरा करने का प्रयास करते हैं। बहुधा यह देखा जाता है कि सरकारी दफ्तरों में बड़े-बड़े अफसरों तक चपरासियों के द्वारा ही पहुंच होती है। लगभग सभी बड़े अफसरों के चपरासी किसी न किसी प्रकार के भ्रष्टाचार के द्वारा समुचित लाभ उठाने की चेष्टा करते हैं। रेलवे, सप्लाई का दफ्तर तथा ऐसे ही अन्य सरकारी विभागों में दो-दो चार-चार रुपये की भी रिश्वत चलती है।

(3) **राजनीतिक संरचना**—राजनीतिक क्षेत्र में भ्रष्टाचार का उत्तरदायित्व हमारी राजनीतिक संरचना पर है जिसमें पार्टीबाजी को प्रोत्साहन दिया जाता है। जो व्यक्ति जिस दल के वोटों से चुना जाता है वह उसी को हर प्रकार से लाभ पहुँचाने की चेष्टा करता है। जाति भाइयों के वोटों से चुने जाने वाले लोग सब प्रकार के भ्रष्टाचार से उन्हें लाभ पहुचाने की चेष्टा करते हैं और हर तरह की नौकरियों में अपने ही भाइयों को भरने का प्रयास करते हैं। जब सरकारी विभागों में चपरासी से लेकर सैक्रेट्री तक भ्रष्टाचार में लगे हों तो ऐसी स्थिति में उसको दूर करना लगभग असम्भव ही है।

(4) **कठोर दण्ड का अभाव**—भ्रष्टाचार का एक बड़ा कारण यह है कि सरकारी विभागों में भ्रष्टाचार में पकड़े जाने पर कर्मचारी का तबादला मात्र कर दिया जाता है और उसे कठोर दण्ड नहीं दिया जाता। इससे बहुत से लोग खुल कर अनुचित उपायों से धन कमाने में लगे रहते हैं क्योंकि वे जानते हैं कि पकड़े जाने पर अधिक से अधिक तबादला मात्रा होगा। यदि भ्रष्टाचारी व्यक्ति को तुरन्त नौकरी से अलग करने के अतिरिक्त जेल और जुर्माने के कठोर दण्डों की व्यवस्था की जाये तो बहुत कम लोग भ्रष्टाचार में प्रवृत्त होने का साहस करेंगे। अस्तु, भ्रष्टाचार का एक बड़ा कारण उसके विरुद्ध कठोर कानूनों और दण्ड व्यवस्था का अभाव है।

(5) **कानून की अज्ञानता**—कुछ क्षेत्रों में कठोर कानून उपस्थित होने के बावजूद भी भ्रष्टाचार होता है क्योंकि शोषित व्यक्ति कानून को नहीं जानते। उदाहरण के लिए भारत में बेपढ़े-लिखे किसान सूदखोरों के द्वारा हर तरह से लूटे जाते हैं क्योंकि उन्हें कानून का पता नहीं है। कारखानों के मालिक श्रम कानून के बावजूद भी श्रमिकों को उनका हिस्सा नहीं देते क्योंकि श्रमिकों को श्रम कानून का ज्ञान नहीं है।

(6) **प्रजातन्त्र के दोष**—प्रजातन्त्र का सबसे बड़ा दोष यह है कि इनमें मतदान के आधार पर चुने हुए लोग शासन करते हैं भले ही उनमें शासन करने की योग्यता न हो। इसलिए प्रजातन्त्र में भ्रष्ट उपायों से मतदाताओं से वोट खरीद लिए जाते हैं और जब ऐसे लोग सरकार बनाते हैं तो स्वाभाविक है कि वे हर प्रकार का भ्रष्टाचार फैलाते हैं। सत्ता को बनाए रखने के लिए सब प्रकार के अनुचित उपायों का सहारा लिया जाता है, चुनाव का खर्चा एकत्रित करने के लिए हर प्रकार का

भ्रष्टाचार किया जाता है और एक बार सत्तारूढ़ होने के बाद अपने साथियों और दल को हर प्रकार से अनुचित लाभ देने की चेष्टा की जाती है।

(7) **विज्ञापनबाजी**—व्यापार के क्षेत्र में भ्रष्टाचार का एक कारण विज्ञापनबाजी की दौड़ है जिससे हर प्रकार के झूठे-सच्चे विज्ञापन देकर वस्तुओं को बेचने की चेष्टा की जाती है। अनेक लोग ऐसी कम्पनियाँ चलाते हैं जिनमें जमा किए हुए रुपये पर बहुत से आर्थिक लाभ के झूठे वायदे किये जाते हैं और जब भोले-भाले लोगों का बहुत सा रुपया जमा हो जाता है तो एक दिन वे रुपया लेकर भाग खड़े होते हैं या कम्पनी का दिवाला निकाल देते हैं।

(8) **व्यापारिक प्रतिस्पर्धा**—व्यापार के क्षेत्र में भ्रष्टाचार का एक बड़ा कारण व्यापारियों में गलाकाट प्रतिस्पर्धा है जिसके कारण वे भ्रष्ट उपायों से व्यापार को आगे बढ़ाने में नहीं हिचकिचाते। वे सरकारी करों से बचने के लिए अफसरों की मुट्ठियाँ गर्म रखते हैं और कानून की परवाह न करके माल को इधर से उधर ले जाते हैं। बोगस फर्में बनाकर सरकार से आर्थिक सहायता ली जाती है और लिया हुआ कर्ज कभी वपिस नहीं होता। बड़ी-बड़ी रिश्वतें देकर सरकारी ठेके लिए जाते हैं और निर्माण कार्यों की मजबूती की ओर कोई ध्यान नहीं दिया जाता। कई बार तो नीचे से ऊपर तक कर्मचारियों को रिश्वत देकर बिना निर्माण कार्य किए सर्टीफिकेट प्राप्त कर लिया जाता है। इस प्रकार व्यापार के क्षेत्र में सब कहीं भ्रष्टाचार दिखलाई पड़ता है।

(9) **व्यक्तिगत कारण**—अन्त में भ्रष्टाचार का सबसे बड़ा कारण चरित्र सम्बन्धी दोष है। दुष्चरित्र व्यक्ति को भ्रष्टाचार फैलाने में कोई संकोच नहीं होता। मनोवैज्ञानिक दृष्टि से साईकोपैथिक व्यक्तित्व वाले व्यक्ति अपने छोटे से छोटे लाभ के लिए बड़े से बड़ा भ्रष्टाचार करने के लिए बिल्कुल नहीं हिचकते। ऐसे ही लोगों के कारण भ्रष्टाचार बढ़ता है और उनकी देखा-देखी दूसरे लोग भी भ्रष्टाचार में प्रवृत्त होते हैं।

भ्रष्टाचार के क्षेत्र

भारत में लोक जीवन में भ्रष्टाचार व्यक्तिगत और सामाजिक जीवन के सभी क्षेत्रों में देखा जा सकता है। स्थूल रूप से इसको राजनीतिक, प्रशासकीय, आर्थिक, सामाजिक, धार्मिक और व्यक्तिगत क्षेत्रों में बाँटा जा सकता है।

(1) **राजनीतिक क्षेत्र में भ्रष्टाचार**-राजनीतिक क्षेत्र में सरकार बनाने से सम्बन्धित गतिविधियाँ आती हैं। भारत में जनतन्त्रीय सरकार है जिसमें जनता के मत से चुने हुए व्यक्ति सरकार बनाते हैं। अस्तु चुनाव में सफलता प्राप्त करने के लिए राजनीतिक दल सब प्रकार के भ्रष्ट उपायों को अपनाते हैं। मतदाताओं को रुपया बाँटा जाता है, शराब पिलाई जाती है और दावतें खिलाई जाती हैं जिससे बेपढ़े-लिखे और निर्धन व्यक्तियों के वोट मिल जाते हैं। जनतन्त्र में पढ़े-लिखे और बेपढ़े-लिखे, चरित्रवान् और चरित्रहीन व्यक्तियों की मतदान की शक्ति में कोई

अन्तर नहीं होता। इसलिये मतदान में भ्रष्ट उपायों के अपनाने को नहीं रोका जा सकता। अनेक राजनीतिक दल चुनाव लड़ने के लिए ऐसे ही उम्मीदवारों को खड़ा करते हैं जो चुनाव में पैसा खर्च कर सकते हैं भले ही उन्होंने यह पैसा भ्रष्ट उपायों से कमाया हो। बहुधा यह देखा जाता है कि लोग भ्रष्ट उपायों से पैसा कमाकर चुनाव में खड़े हो जाते हैं और जीत जाने पर भी भ्रष्टाचार फैलाते हैं क्योंकि उन्हें भ्रष्टाचार से ही सफलता मिली है। न केवल चुनाव जीतने के लिए बल्कि विरोधी उम्मीदवारों को हराने के लिए भी भ्रष्टाचार का सहारा लिया जाता है, उनको दुष्चरित्र साबित करने की चेष्टा की जाती है और उनके विरुद्ध हिंसात्मक कार्यवाहियाँ की जाती हैं। नेताओं के चुनाव में राजनीतिक दल नेताओं के चरित्र से अधिक उनकी संगठन शक्ति और निर्द्वन्द्विता को महत्त्व देते हैं। अनेक राजनीतिक नेता जो अत्यधिक भ्रष्टाचार के लिए बदनाम रहे हैं, बीसियों वर्षों तक अखिल भारतीय राजनीतिक नेता बने रहते हैं क्योंकि गुटबाजी के द्वारा उन्होंने ऐसी शक्ति एकत्रित कर रखी है कि उनके बिना पार्टी का काम नहीं चल सकता और उनके विरुद्ध बोलने की किसी में हिम्मत नहीं है। इन भ्रष्टाचारी नेताओं के उदाहरणों से नई पीढ़ी के लोगों में भी नैतिक स्तर गिरता है और वे भी भ्रष्ट उपायों से शक्ति प्राप्त करने के प्रयास में जुट जाते हैं। राजनीतिक दबाव से प्रशासन और न्याय के क्षेत्र में भी भ्रष्टाचार फैलता है। सभी सरकारी विभागों में राजनीतिक नेताओं के अनुचित हस्तक्षेप से भ्रष्टाचार बढ़ता है।

(2) **प्रशासकीय क्षेत्र में भ्रष्टाचार**—प्रशासन में विभिन्न सरकारी दफ्तर, पुलिस, न्यायालय तथा नगरपालिका आदि स्थानीय समितियाँ सम्मिलित हैं। प्रशासन के क्षेत्र में भ्रष्टाचार का विवरण इन सभी क्षेत्रों में अलग-अलग कर दिया जा सकता है—

(i) **सरकारी दफ्तरों में भ्रष्टाचार**-सरकारी दफ्तरों में, चाहे वे शिक्षा विभाग के दफ्तर हों या सप्लाई विभाग के दफ्तर, कर्मचारियों का तबादला कराने के लिए तथा अन्य किसी भी काम के लिए भ्रष्ट उपायों को अपनाये बिना काम नहीं चल सकता। जब कभी कोई चरित्रवान कर्मचारी इस भ्रष्टाचार के विरुद्ध आवाज उठाने की चेष्टा करता है तो उसके अधीन कर्मचारी और उसके अफसर दोनों ही उसके विरुद्ध हो जाते हैं उसे तरह-तरह से परेशान किया जाता है जिससे या तो वह नौकरी छोड़ जाता है या फिर अन्य लोगों का साथ देता है। अधिकतर सरकारी दफ्तरों में व्यापारियों से सरकारी कर्मचारियों के कमीशन बँधे हुए हैं जो कि सामान्य रूप से उन्हें मिलते रहते हैं। रेलवे के पार्सल घरों में लगभग सब कहीं व्यापारियों को बुकिंग क्लर्क को कुछ न कुछ देना पड़ता है नहीं तो उनका पार्सल समय से नहीं पहुंच सकता। कहीं-कहीं तो बैठने अथवा सोने के स्थान पर आरक्षण के लिए भी रिश्वत दिये बिना काम नहीं चलता आजकल सरकार की ओर से सरकारी कर्मचारियों को जो चिकित्सा की सहायता की व्यवस्था की गई है उससे भारी भ्रष्टाचार फैला है। कुछ कर्मचारी तो वर्ष में चिकित्सा का इतना बड़ा बिल उपस्थित

करते हैं जितना कि उनका सालाना वेतन भी नहीं होता। इसके लिए उन्हें डॉक्टरों को कुछ रुपये देकर दवाओं के बिल बनवा लेने होते है और कर्मचारियों को कमीशन देकर वे बिल पास करा लेने होते हैं। छुट्टियाँ लेने के लिए भी झूठे सर्टीफिकेट बनाये जाते हैं। सार्वजनिक निर्माण में ओवरसियरों और इन्जीनियरों को रिश्वत दिये बिना कोई भी निर्माण कार्य पास नहीं किया जा सकता और न किसी ठेकेदार का टैण्डर ही मन्जूर हो सकता है। देखा जाता है कि कुछ लोग अपने पद का लाभ उठाकर मनमाना भ्रष्टाचार किया करते हैं और जब कभी वे कानून की गिरफ्त में आ जाते हैं तो भ्रष्ट उपायों से ही आसानी से उससे निकल जाते हैं। ऐसे लोग कहा करते हैं कि हर आदमी की एक कीमत होती है, वह कीमत चुकाकर उससे चाहे जो काम लिया जा सकता है। इस विश्वास के आधार पर वे सैनेट्री इन्सपैक्टर से लेकर इन्कम टैक्स आफिसर तक सब कहीं पैसा फेंकते चले जाते हैं और उनके काम आसानी से होते चले जाते हैं। सरकारी दफ्तरों में इस व्यापक भ्रष्टाचार से देश में कोई भी सरकारी योजना सफल नहीं हो पाती और करोड़ों रुपयों की योजनायें बनाने के बावजूद भी स्थिति वहीं की वहीं रहती हैं।

(ii) पुलिस विभाग में भ्रष्टाचार-भारतवर्ष में जब कभी पुलिस विभाग के जाँच के लिए कमीशन बैठाये गये तो उन्होंने व्यापक भ्रष्टाचार की ओर संकेत किया परन्तु भ्रष्टाचार कभी भी कम नहीं हुआ। अभी कुछ वर्ष पहले लखनऊ में इलाहाबाद हाईकोई के एक अवकाश प्राप्त जज ने यह कहा था कि राज्य की पुलिस डाकुओं के साथ मिलकर डकैतियों को प्रोत्साहन देती है। वेश्यायें, डकैत, चोर, ठग और लुटेरे तथा नाना प्रकार के अपराध में लगे हुए व्यक्ति रिश्वत के सहारे साफ निकल जाते हैं। जहाँ कहीं अपराध के अड्डे हैं वहाँ पुलिस अधिकारियों के हिस्से बन्धे हुए हैं। ये हिस्से पहुंच जाने के बाद निश्चिन्त होकर जुआ घर, शराबखाने और वेश्यालय चलाये जाते हैं। कोई भी नियम भंग करने पर पुलिस को रुपया देकर छूट जाना आसान है। पुलिस का भ्रष्टाचार केवल अपराधियों तक ही सीमित हो, ऐसी बात नहीं है, कभी-कभी पुलिस अधिकारी निरपराध व्यक्तियों को उल्टे-सीधे इल्जाम लगाकर फांस लेते हैं और अपमान तथा जेल का भय दिखलाकर उनसे मनमाना धन वसूल करते हैं। व्यापारी लोग तो आये दिन पुलिस वालों की जेबें भरते ही रहते हैं किन्तु उनके अलावा लगभग सभी धनिक व्यक्ति किसी न किसी रूप में पुलिस वालों को खुश रखते हैं। पुलिस विभाग में गरीब रिक्शा वाले से लेकर धनिक करोड़पति तक सबसे रिश्वत ली जाती है। अनेक पुलिस अधिकारी स्वयं नियमित रूप से शराब पीते हैं और वेश्यालयों में जाते हैं। उनके आशीर्वाद से अपराध के ये अड्डे स्वतन्त्रतापूर्वक चलते रहते हैं।

(iii) न्यायालयों में भ्रष्टाचार-जिस देश में न्यायालयों में भी व्यापक भ्रष्टाचार फैला हुआ हो उसे जनतन्त्र की संज्ञा देना जनतन्त्र का अपमान करना है। आज भारतवर्ष में राजनीतिक और प्रशासनिक क्षेत्रों में ही नहीं बल्कि न्याय के क्षेत्र में भी व्यापक रूप से भ्रष्टाचार फैला हुआ है। रिश्वत देकर मुकदमे की तारीखें बढ़वा लेना तो बहुत ही मामूली बात है, पैसे के जोर से न्यायाधीशों के फैसले भी

बदलवाये जा सकते हैं। वकील जिरह करने से अधिक न्यायाधीशों की जेब गर्म करने की ओर ध्यान रखते हैं क्योंकि जेब गर्म होने के बाद विपक्षी दल का वकील चाहे कितनी भी बहस क्यों न करे फैसला जेब गर्म करने वाले के पक्ष में ही होता है। पेशेवर गवाही देने वाले अदालत के कर्मचारियों से मिले रहते हैं और इसलिए उनको बराबर चश्मदीद गवाह मान लिया जाता है भले ही ये मौके पर उपस्थित न रहे हों। फौजदारी अदालतों के अलावा दीवानी अदालतों में भी व्यापक रूप से रिश्वतखोरी चलती है। बड़े-बड़े मिल मालिक न्यायाधीशों को रिश्वत देकर अपनी मिलों में श्रम कानूनों का किसी भी प्रकार से पालन नहीं करते। विभिन्न त्यौहारों पर न्यायाधीशों के यहाँ डालियाँ भिजवाना तो लगभग रिवाज सा ही हो गया है। इसके अलावा समय-समय पर रुपया पहुंचाया जाता रहता है और फिर मनमानी करने में कोई रोक-टोक नहीं रहती। न्याय के क्षेत्र में भ्रष्टाचार इतना अधिक है कि भारत में वकील का पेशा ही झूठ बोलने का पेशा माना जाने लगा है। महात्मा गांधी ने इसीलिए इस पेशे की बड़ी निन्दा की थी।

(iv) **स्थानीय स्वायत्त शासन में भ्रष्टाचार**-भारतवर्ष में गाँवों में ग्राम पंचायतें अनेक प्रकार के प्रशासन सम्बन्धी कार्य करती हैं। नगरों में नगरपालिकायें सफाई, व्यापार, शिक्षा, निर्माण आदि से सम्बन्धित कार्यों की देखभाल करती हैं। स्वायत्त शासन की इन संस्थाओं में व्यापक भ्रष्टाचार फैला हुआ है जिसका एक मुख्य कारण यह है कि इन संस्थाओं में चुने जाने के लिए लोग हर प्रकार के भ्रष्ट उपाय अपनाते हैं और चुने जाने के बाद भ्रष्टाचार के द्वारा अपनी कुर्सी बनाये रखने का प्रयास करते हैं। पंचायतों और नगरपालिकाओं के चुनाव में रिश्वत तथा हिंसात्मक कार्यवाही से लेकर बुरे से बुरा भ्रष्ट उपाय अपनाने तक में कोई संकोच नहीं किया जाता। जनता के वोट को हर कीमत पर प्राप्त करने का प्रयास किया जाता है, थैलियों के मुँह खोल दिये जाते हैं, हर तरह के फायदे किये जाते हैं और अपने समर्थकों को हर उचित-अनुचित प्रकार से लाभ पहुंचाने की चेष्टा की जाती है। लाखों रुपये खर्च करके नगरपालिका के अध्यक्ष बनने के बाद फिर भ्रष्टाचार के द्वारा वे लाखों रुपये जनता की जेब से वसूल किये जाते हैं। स्वाभाविक है कि ऐसी स्थिति में नगरपालिकायें भ्रष्टाचार के अड्डे बन जाती हैं। नगरपालिका के विभिन्न विभागों के अध्यक्ष अपने-अपने क्षेत्रों में मनमानी करते हैं और हर प्रकार की नियुक्तियों से रिश्वतें लेते हैं। जनता भी यह जान जाती है कि पैसा खर्च करके हर-एक काम कराया जा सकता है, बिना नक्शा जमा किये मकान बना लिये जाते हैं और जाँच होने पर रिश्वत से काम निकाल लिया जाता है। नगर में नाना प्रकार के लाइसेन्स लेने के लिये तो नगरपालिका में रिश्वत दिए बिना काम चल ही नहीं सकता, कभी-कभी तो पानी और बिजली के कनेक्शन लेने के लिए भी रिश्वत देनी पड़ती है। गाँव में पंच चुने जाने के बाद लोग अपनी शक्ति का हर प्रकार से दुरुपयोग करके अपने दल वालों को लाभ पहुंचाने की चेष्टा करते हैं।

(3) **आर्थिक क्षेत्र में भ्रष्टाचार**-आर्थिक क्षेत्र में भ्रष्टाचार के उदाहरण स्टॉक एक्सचेंज में बेईमानी, व्यापार में रिश्वत, भ्रष्ट उपायों से ठेके लेना, झूठे प्रचार

और विज्ञापन, कम तोलना, सरकारी टैक्स न देना, फर्मों का दिवाला निकाल कर जनता का पैसा हड़प कर जाना इत्यादि हैं। बड़े-बड़े धनिक व्यापारी और करोड़पति मिल मालिक इनमें से अनेक उपायों का सहारा लेकर धन एकत्रित करते हैं। अमरीका के 70 बड़े व्यापारियों का अध्ययन करके सदरलैंड ने यह पता लगाया कि उनमें झूठे विज्ञापन, पेटेन्ट ट्रेड मार्क और कापी राइट के नियमों का उल्लंघन, युद्ध सम्बन्धी नियमों का उल्लंघन, श्रम-सम्बन्धी नियमों का उल्लंघन इत्यादि भ्रष्टाचार उपस्थित थे। भारतवर्ष में बड़े-बड़े पूँजीपतियों के धन की वृद्धि के इतिहास का अध्ययन करके भी इसी प्रकार के परिणाम निकाले जा सकते हैं। आज व्यापार में सब कहीं व्यापक फैली हुई मिलावट भ्रष्टाचार का एक उदाहरण है। अधिकतर खाद्य वस्तुओं में किसी न किसी प्रकार की मिलावट दिखलाई पड़ती है क्योंकि सरकारी कर्मचारियों को रिश्वत देकर व्यापारी साफ बच निकलते हैं। कठिनाई से मिलने वाली वस्तुयें ब्लेक मार्केट में सब कहीं आसानी से मिल जाती हैं। लगभग सभी प्रसिद्ध वस्तुओं की नकली प्रतिलिपियाँ बाजार में मिल सकती हैं। इनको रोकने का सरकार के पास कोई प्रबन्ध नहीं हैं। आर्थिक क्षेत्र में एक बड़ा भ्रष्टाचार बड़े-बड़े नगरों में मकानों और दुकानों को प्राप्त करने के सम्बन्ध में दिखलाई पड़ता है। बम्बई और कलकत्ता में बिना पगड़ी दिये मौके पर दुकान नहीं मिल सकती और न अच्छा मकान ही मिल सकता है। आय कर और बिक्री कर से बचने के लिए छोटे-बड़े सभी व्यापारी किसी न किसी प्रकार के भ्रष्ट उपाय का सहारा लेते हैं जिसमें असली और नकली खाते बनाये रखना, आय सम्बन्धी सूचनाओं को छिपाना तथा सरकारी कर्मचारियों को रिश्वत देकर मिलाये रखना आदि सम्मिलित हैं। जैसा कि पीछे बतलाया जा चुका है, आर्थिक क्षेत्र में भ्रष्टाचार का एक बड़ा कारण व्यापार में गलाकाट प्रतियोगिता है जिसके कारण लोग भ्रष्ट उपायों से भी व्यापार को आगे बढ़ाने में नहीं हिचकते। बर्नार्ड के शब्दों में, "प्रतियोगिता से उत्पन्न एक समस्या चरित्र और व्यक्तित्व पर उसका प्रभाव है... माल उत्पादन करने के स्थान पर लाभ पर अधिक ध्यान दिया जाता है और गला काटना, अनुचित उपाय अपनाना तथा विकृत कारीगरी सतत् आकर्षण हैं। व्यापारी अकसर शिकायतें करते हैं कि उन्हें प्रतियोगिता के दबाव के कारण बाध्य होकर कुछ कार्य करने पड़ते हैं। वे उन कार्यों के लिए अपनी भर्त्सना कराते हैं जिन को कि वे समझते हैं कि उन्हें करने पड़ते हैं। उनमें आत्म-घृणा और अपराध की भावना दिखलाई पड़ती है।"[1] इस प्रकार यह जानते हुए भी कि वे अनुचित उपाय अपना रहे हैं, व्यापारी लोग भ्रष्ट उपायों का सहारा लेते हैं, भले ही उन्हें ऐसा करते हुए आत्मग्लानि अनुभव होती हो।

---

1. "A problem posed by competition is its effects on character and personality ...profit rather than production of goods is sought and throat cutting, unfair practices and shoddy workmanship are constant temptations. Businessmen often complain that they have to do things they are forced to do under the pressure of competition. They scorn themselves for doing what they feel they have to do. They suffer self hatred and a sense of guilt."
—Bernard.

(4) **धार्मिक क्षेत्र में भ्रष्टाचार**-धार्मिक क्षेत्र में भ्रष्टाचार धर्म के नाम पर होने वाले अनैतिक कार्यों में और धार्मिक स्थानों पर दिखाई पड़ने वाले भ्रष्टाचार में देखा जा सकता है। लोग मन्दिर और धर्मशालायें धार्मिक भावनाओं से बनवाते हैं किन्तु इनकी देखभाल करने वाले पुजारी, पण्डे और महन्त इन स्थानों पर हर प्रकार के भ्रष्ट कार्य करते हैं। यहाँ पर हर तरह के नशे का सेवन किया जाता है, प्रसाद को बाजार में बेच दिया जाता है और इन स्थानों पर आने वाली महिलाओं से दुर्व्यवहार किया जाता है। धर्म के नाम पर जनता के द्वारा चढ़ाया गया पैसा अधर्म के कार्यों में लगाया जाता है। धार्मिक स्थानों पर भोले-भाले नर-नारियों को नाना प्रकार के झूठे सच्चे किस्से सुनाकर मनमाने ढंग से लूटा जाता है।

(5) **सामाजिक क्षेत्र में भ्रष्टाचार**-सामाजिक क्षेत्र में भ्रष्टाचार का अर्थ सामाजिक सम्बन्धों में भ्रष्ट क्रियाओं को बढ़ाना है। इसका एक उदाहरण यौन सम्बन्धी व्यभिचार है जिससे विवाह और परिवार की संस्थायें भ्रष्ट होती हैं। भारतवर्ष मे विधवा पुनर्विवाह का कानून पास होने से पहले विधवाओं में यौन भ्रष्टाचार बहुत अधिक फैला हुआ था। विधवा पुनर्विवाह को अब भी समाज में अधिक अच्छी नजर से नहीं देखा जाता है जिससे उनमें से बहुत सी आजन्म वैधव्य भोगने के लिए मजबूर होती है। इससे समाज में भ्रष्टचार बढ़ता है। आजकल यौन सम्बन्धों में व्यभिचार को यांत्रिक और रासायनिक परिवार नियोजन के साधनों से भी प्रोत्साहन मिला है। गर्भ निरोध के उपायों के प्रचार से विवाह से पूर्व और विवाह से बाद यौन व्यभिचार बढ़ रहे हैं। सामाजिक भ्रष्टाचार का एक अन्य रूप ऐसे विवाहों में दिखलाई पड़ता है जिसमें पैसे के बल पर अधिक आयु के पुरुष अल्पायु की बालिका से विवाह करते हैं। इस प्रकार के बेमेल विवाह भ्रष्टाचार फैलाते हैं। विवाह की संस्था में दहेज की प्रथा ने भ्रष्टाचार फैलाया है। दहेज की प्रथा के कारण अनेक विवाहित कन्याओं को जीवन भर ससुराल में नाना प्रकार की यातनायें भोगनी पड़ती है और अन्य अनेक कन्याओं का बड़ी आयु तक विवाह नहीं हो पाता। कन्या के विवाह हेतु धन एकत्रित करने के लिए बहुत से पिता भ्रष्ट उपायों का सहारा लेते हैं जिससे समाज में भ्रष्टाचार फैलता है। सामाजिक भ्रष्टाचार अनाथालयों, विधवा आश्रमों, गौशालाओं तथा ऐसी अन्य सार्वजनिक संस्थाओं में भी देखा जा सकता है जो बनाई तो समाज के लाभ के लिए गई हैं परन्तु जिनका लाभ उठाकर कुछ स्वार्थी और ढोंगी व्यक्ति अपना उल्लू सीधा करते हैं। आजकल शिक्षा सस्थाओं, विशेषतया लड़कियों के स्कूलों और कॉलिजों में व्यापक भ्रष्टाचार फैला हुआ है। पिछले वर्षों में संगीत और नृत्य की अनेक संस्थाओं में यौन भ्रष्टाचार के प्रणाम मिले हैं। कन्याओं के विद्यालयों में प्रबन्ध समिति के सदस्य अध्यापिकाओं पर अनुचित दबाव डालकर भ्रष्टाचार फैलाते हैं। शिक्षा के क्षेत्र में कम वेतन देकर अधिक वेतन की रसीद लिखवाना, विद्यार्थियों से अनुचित फीसें लेना, बनावटी खर्च दिखलाकर सरकार से सहायता वसूल करना इत्यादि भ्रष्टाचार फैले हुए हैं। कहीं-कहीं तो ऐसा भी देखा गया है कि विद्यालय में कोई भी इमारत और कोई भी शिक्षक न होने पर भी विद्यालय के नाम से वर्षों सरकार से सहायता वसूल की गयी

है। अधिकतर प्राइवेट विद्यालयों और कॉलिजों में प्रबन्ध समिति के सदस्य अपने ही रिश्तेदारों और जान-पहचान के लोगों को भरने का प्रयास करते हैं। केवल शिक्षकों की नियुक्ति मे ही नहीं, बल्कि विद्यार्थियों के दाखिले में भी पक्षपात और अनुचित उपायों से काम लिया जाता है। इससे शिक्षा के क्षेत्र में व्यापक भ्रष्टाचार दिखलाई पड़ता है।

(6) **व्यक्तिगत भ्रष्टाचार**-व्यक्तिगत भ्रष्टाचार से तात्पर्य व्यक्तिगत दुर्बलताओं के कारण भ्रष्टाचार से है जिससे यद्यपि अन्य लोगों को विशेष हानि नहीं होती परन्तु व्यक्ति का चरित्र विघटित होता है और उसके सामाजिक सम्बन्ध बिगड़ते हैं। मद्यपान, जुआ खेलना, वेश्यागमन, यौन दुराचार आदि व्यक्तिगत भ्रष्टाचार के कुछ उदाहरण हैं। इनसे व्यक्ति का पतन होता चला जाता है, पैसे की आवश्यकता बढ़ जाती है जिससे वह भ्रष्ट उपायों से धन एकत्रित करने को मजबूर होता है। इस प्रकार व्यक्तिगत भ्रष्टाचार अन्य प्रकार के भ्रष्टाचार फैलाता है।

भ्रष्टाचार निवारण के लिए सुझाव

भारत में फैले हुए भ्रष्टाचार के विभिन्न पहलुओं के विवेचन से स्पष्ट होता है कि भ्रष्टाचार का उन्मूलन किये बिना देश में किसी सुधार की आशा नहीं की जा सकती। इसके लिए मूल बात लोगों के नैतिक स्तर को ऊँचा करना है जिससे वे समाज में अपने उत्तरदायित्व को समझें और अनुचित उपायों का सहारा लेने से बचे रहें। फिर भी विभिन्न क्षेत्रों में भ्रष्टाचार को दूर करने के लिए कुछ विशिष्ट सुझाव दिये जा सकते हैं। इनमें महत्वपूर्ण सुझाव निम्नलिखित हैं–

(1) उचित शिक्षा का प्रचार–भ्रष्टाचार रोकने का सबसे अधिक महत्वपूर्ण उपाय उचित शिक्षा का व्यापक प्रसार है। यूँ तो यह नहीं कहा जा सकता कि शिक्षित व्यक्तियों में अशिक्षित व्यक्तियों की तुलना में भ्रष्टाचार किसी प्रकार से कम है बल्कि कहीं-कहीं तो शिक्षित व्यक्तियों में ही भ्रष्टाचार अधिक दिखलाई पड़ता है परन्तु यह अवश्य है कि शिक्षा से व्यक्ति भ्रष्टाचार की हानियों को समझ सकता है और उसके दूर करने के उपायों को भी जान जाता है भले ही वह जान-बूझकर भ्रष्टाचार में लगा रहे। शिक्षा से केवल उचित-अनुचित का ज्ञान ही नहीं होता बल्कि यदि शिक्षा समुचित रूप में दी गई है तो उससे व्यक्ति के नैतिक चरित्र का भी विकास होता है और जैसा कि पीछे बतलाया जा चुका है, भ्रष्टाचार रोकने का सबसे अधिक महत्वपूर्ण उपाय जनता के नैतिक स्तर को ऊँचा करना है। यदि उच्च नैतिक स्तर के व्यक्ति ही सरकारी नौकरियों में चुने जायें तो दफ्तरों में, पुलिस में और न्यायालयों में भ्रष्टाचार बहुत कम किया जा सकता है। शिक्षा के क्षेत्र में नैतिक शिक्षा पर विशेष जोर दिया जाना चाहिये। नैतिक शिक्षा में उपदेशों के स्थान पर व्यक्तिगत उदाहरणों पर विशेष जोर दिया जाना चाहिये। ऐसे उदाहरण तभी उपस्थित हो सकते हैं जबकि उच्च चरित्र के व्यक्तियों को अध्यापक के रूप में चुना जाये और समुचित वेतन से उनको सन्तुष्ट रखा जाये। इसमें शिक्षा के क्षेत्र

का भ्रष्टाचार देश में सब प्रकार से भ्रष्टाचार फैलता है। अस्तु, शिक्षा के क्षेत्र में अध्यापकों के वेतनमान में वृद्धि, उनकी सेवाओं को स्थायी बनाना, उनकी नियुक्ति में निष्पक्षता, उन पर सरकार और प्रबन्ध समिति के अनुचित दबाव को हटाना, शिक्षा पद्धति में सुधार, नैतिक शिक्षा और धार्मिक शिक्षा का आयोजन तथा हाई स्कूल तक की मुफ्त और अनिवार्य शिक्षा की व्यवस्था इत्यादि सुधार किए जाने चाहियें।

(2) **राजनीतिक दलों में नैतिक स्तर ऊँचा करना**—जनतन्त्र में भ्रष्टाचार का उन्मूलन बहुत कुछ राजनीतिक दलों पर निर्भर है क्योंकि इन राजनीतिक दलों से ही लोग चुने जाकर देश की सरकार बनाते हैं। यदि देश में राजनीतिक दलों में नैतिकता का स्तर ऊँचा किया जाये तो यह आशा की जा सकती है कि भ्रष्टाचार दूर किया जा सकेगा। राजनीतिक दलों का स्तर ऊँचा करने का तरीका अखिल भारतीय नेताओं, द्वारा उच्च नैतिक स्तर के उदाहरण उपस्थित करना है। ऐसा होने पर अन्य लोग भी उनका अनुगमन करते हैं। इसके लिए सबसे पहले सत्तारूढ़ राजनीतिक दल को उदाहरण उपस्थित करने चाहियें क्योंकि वही सबसे अधिक बलशाली होता है। जिस देश में सत्तारूढ़ दल ही भ्रष्ट होता है उसमें अन्य लोग भी सब प्रकार के भ्रष्ट उपायों से सत्ता प्राप्त करने का प्रयास करते हैं। वास्तव में राजनीतिक क्षेत्र में नैतिक स्तर ऊँचा करना केवल नेताओं पर ही नहीं बल्कि मतदाताओं पर भी निर्भर है। यदि मतदाता भ्रष्ट उपायों से प्रभावित होकर मत देना बन्द कर दें तो नैतिकता का स्तर ऊंचा हो सकता है। इसके लिए एक सुझाव यह दिया जा सकता है कि मतदान करने का अधिकार केवल एक विशिष्ट शिक्षा स्तर के व्यक्तियों को ही होना चाहिये क्योंकि इन लोगों को बहकाया नहीं जा सकेगा। चुनाव के दिनों में चुनाव पर पैसा खर्च करने, बड़ी-बड़ी दावतों का आयोजन करने, पूँजीपतियों द्वारा राजनीतिक दलों को आर्थिक सहायता देने तथा मतदान के स्थानों पर मतदाताओं को वाहनों में बैठाकर लाने पर रोक लगाई जानी चाहिए। इसके अतिरिक्त जो नियम बनायें जायें उनका कठोरता से पालन किया जाना चाहिये। और जो उम्मीदवार इन नियमों को भंग करते हुए पकड़े जायें उनका उम्मीदवार पत्र रद्द कर दिया जाना चाहिये। वास्तव में राजनीतिक क्षेत्र में यह सब सुधार सत्तारूढ़ दल पर निर्भर है क्योंकि वही इस सम्बन्ध में नियम बना सकता है, उन नियमों पर अमल करा सकता है, अमल करने के ऊँचे उदाहरण उपस्थित कर सकता है।

(3) **व्यापार और उद्योग के क्षेत्र में कानूनों को कठोरता से लागू करना**—व्यापार और उद्योग के क्षेत्र में सब कहीं लोग रिश्वत देकर कानून भंग करते हैं। कहीं मिलावट करने, काला बाजार करने या कर न देने की हालत में लोग पकड़े जाते हैं तो भी वे आसानी से छोड़ दिये जाते हैं। इस सम्बन्ध में बहुत दिनों से यह सुझाव दिया जाता रहा है कि आवश्यक वस्तुओं में मिलावट करने वालों और काला बाजार करने वालों को कठोर दण्ड दिया जाना चाहिये क्योंकि वे मनुष्यों के जीवन से खेलते हैं। यदि नकली दवायें बनाने और खाद्य पदार्थ में मिलावट करने वाले लोगों को आजन्म कारावास या इसी प्रकार कोई कठोर दण्ड दिया जाये तो निश्चित ही यह भ्रष्टाचार दूर हो सकता है। उद्योग के क्षेत्र में मिल मालिक और कारखानेदार

श्रम सम्बन्धी नियमों का इसलिए पालन नहीं करते क्योंकि वे किसी न किसी उपाय से कानून से बच निकलते हैं। इनके लिए एक ओर तो कानून में सुधार किये जाने चाहिए और दूसरी ओर, उनके उल्लंघन के अपराधियों को इतना कठोर दण्ड दिया जाना चाहिये कि किसी अन्य को वैसा करने की हिम्मत न पड़े। संक्षेप में, उद्योग और व्यापार के क्षेत्र में भ्रष्टाचार दूर करने का उपाय इनमें आवश्यक कानून बनाना और उन कानूनों को कठोरता से लागू करना है।

(4) सरकारी दफ्तरों में सुधार—भ्रष्टाचार के सबसे अधिक उदाहरण सरकारी दफ्तर उपस्थित करते हैं। जब जनता के लोगों को सरकरी दफ्तरों में कदम-कदम पर रिश्वत देनी पड़ती है तो उनका नैतिक स्तर बना रहना लगभग असम्भव ही है। सरकारी दफ्तरों में भ्रष्टाचार रोकने का तरीका इस सम्बन्ध में नियम बनाना और कर्मचारियों के आरचरण पर कठोर नजर रखना है। जो भी कर्मचारी भ्रष्टाचार में लगे हुए पाए जायें उनको तुरन्त नौकरी से अलग कर दिया जाना चाहिये। ऐसे उदाहरण उपस्थित होने पर अन्य लोग भ्रष्टाचार से बाज आयेंगे। नेताओं को स्वयं सरकारी दफ्तरों में जाकर भ्रष्टाचार की शिकायतों की जाँच करनी चाहिये और जाँच करने में जो भी लोग पकड़े जायें उन पर तुरन्त कार्यवाही की जानी चाहिये। इस प्रकार के उपायों से अनेक स्थानों पर भ्रष्टाचार दूर हो सका है। मध्यकाल में कुछ राजा लोग वेश बदलकर जनता में घूमते थे और भ्रष्टाचार के मामलों का पता लगाकर उन्हें दूर करने का प्रयास करते थे। आजकल नेतागण भी इसी प्रकार से भ्रष्टाचार का पता लगाकर उसे दूर कर सकते हैं। इस प्रकार से भ्रष्टाचार दूर करने के उदाहरण कुछ नेताओं ने उपस्थित भी किए हैं।

(5) पुलिस विभाग में सुधार—समय-समय पर भारतवर्ष में अनेक सरकारी और गैर-सरकारी नेताओं ने पुलिस विभाग में व्यापक भ्रष्टाचार की ओर संकेत किया है। कुछ वर्ष पूर्व जस्टिस मुल्ला ने उत्तर प्रदेश की पुलिस को उत्तर प्रदेश में सबसे अधिक संगठित अपराधी संस्था बतलाया था जिससे पुलिस अधिकारियों में बड़ी सनसनी फैली थी किन्तु इसमें सन्देह नहीं कि लगभग प्रत्येक नगर में पुलिस में कुछ न कुछ लोग गुण्डों, वेश्याओं, जुआरियों तथा शराब बेचने वालों आदि अपराधीवर्ग के व्यक्तियों से मिले रहते हैं जिससे भ्रष्टाचार बढ़ता है। पुलिस विभाग में सुधार से दो लाभ होंगे, एक तो स्वयं पुलिस कर्मचारियों में से भ्रष्टाचार दूर होगा और दूसरे, पुलिस के ईमानदार और सतर्क होने से जनता में भ्रष्टाचारी व्यक्ति अपनी हरकतों से बाज आयेंगे। पुलिस विभाग में भ्रष्टाचार रोकने के लिए सबसे अधिक आवश्यक यह है कि उच्च पदस्थ पुलिस कर्मचारी के विरुद्ध जनता की शिकायत आने पर उसकी जाँच की जानी चाहिये और यदि जाँच में पुलिस अधिकारी अपराधी सिद्ध हो तो उसे कठोर दण्ड दिया जाना चाहिए। सरकारी विभागों में जो यह रिवाज है कि किसी कर्मचारी के विरुद्ध कोई अभियोग सिद्ध हो जाने पर केवल उसका तबादला मात्र कर दिया जाता है, यह सर्वथा अनुचित है क्योंकि यह दण्ड बहुत कम है। पुलिस अधिकारियों को भ्रष्टाचार से रोकने के लिए इससे अधिक दण्ड दिया जाना चाहिये। भारतवर्ष में पुलिस विभाग में भ्रष्टाचार का एक कारण यह भी है

कि राजनीतिक नेता पुलिस अधिकारियों पर अनावश्यक रूप से दबाव डालकर उन्हें कुछ गलत कार्य करने पर मजबूर करते हैं, यह रिवाज दूर किया जाना चाहिये।

(6) न्यायालय में सुधार—भारतवर्ष में कदम-कदम पर न्यायालयों में जनता के लोगों को चूसा जाता है। केवल वकील ही नहीं, बल्कि चपरासी, पेशकार, बाबू लोग और न्यायाधीश तक रिश्वत लेते देखे जाते हैं। इसको दूर करने के लिए वेश बदलकर नेतागण रिश्वतखोरों का पता लगा सकते हैं और रंगे हाथों पकड़े जाने पर उन्हें कठोर दण्ड दिया जा सकता है। सच तो यह है कि न्यायालय में रिश्वत इतनी खुले आम चलती है कि उसको पकड़ने के लिए विशेष प्रयत्न करने की आवश्यकता नहीं होगी। केवल जरूरत इस बात की है कि इस दिशा में कठोर कदम उठाया जाये और अपराधियों को दण्ड दिया जाये।

(7) उद्योग और व्यापार के क्षेत्र में सुधार—उद्योग और व्यापार के क्षेत्र में भ्रष्टाचार दूर करने के लिए वस्तुओं में मिलावट करने, नकली वस्तुयें बनाने, आय कर और बिक्री कर छिपाने, जालसाजी और धोखेबाजी करने तथा काला बाजार करने और श्रमिकों को उचित वेतन न देने के विरुद्ध कठोर कानून बनाये जाने चाहियें। उपरोक्त भ्रष्टाचार में लगे हुए व्यक्तियों को कठोर दण्ड दिया जाना चाहिये। कुछ वर्ष पूर्व पाकिस्तान में एक नगर में काला बाजार करने वाले बड़े-बड़े धनिक व्यक्तियों के सिर मुंडाकर मुँह काला करके उन्हें गधे पर बैठाकर जुलूस में निकाला गया था। इस प्रकार की कठोर कार्यवाही होने पर लगभग प्रत्येक व्यापारी भ्रष्टाचार करने से डरेगा।

(8) समाज कल्याण संस्थाओं द्वारा सुधार—भारत में फैले हुए व्यापक भ्रष्टाचार को दूर करने का एक उपाय यह है कि नगर-नगर में समाज कल्याण संस्थाओं की स्थापना की जाए। इन संस्थाओं में नगर के सम्भ्रान्त व्यक्ति सम्मिलित हों और वे नगर में से हर प्रकार के भ्रष्टाचार को दूर करने का प्रयास करें। जनता की ओर से इस प्रकार के आन्दोलन होने से भ्रष्टाचार को दूर किया जा सकता है। भारत में इस प्रकार की कुछ संस्थायें इस समय भी मौजूद हैं, किन्तु होता यह है कि बहुधा उनके प्रबन्धक ऐसे व्यक्ति होते हैं जो स्वयं भ्रष्टाचार में लगे हुए होते हैं और केवल जनता के सामने अपनी सफाई देने के लिए इस प्रकार की संस्थायें खोल लेते हैं। अस्तु, समाज कल्याण संस्थाओं से तभी लाभ हो सकता है, जबकि उनमें नई पीढ़ी के ईमानदार और उत्साही नवयुवक सम्मिलित हों और एक नए प्रकार का समाज निर्माण करने के लिए जी जान से कार्य करें।

(9) दण्ड व्यवस्था में सुधार—अन्त में, जैसा कि पीछे बार-बार संकेत किया गया है, देश में लोक जीवन में फैले हुए व्यापक भ्रष्टाचार को दूर करने के लिए भारतीय दण्ड विधान में सुधार करने की आवश्यकता है। अनेक बार ऐसे कानून बना दिए जाते हैं जिनसे भ्रष्टाचार की सूचना देने वाले व्यक्ति को ही सूचना की प्रामाणिकता भी सिद्ध करनी पड़ती है और भ्रष्टाचारी व्यक्ति पर मुकदमा भी चलाना पड़ता है। तब कहीं उसकी सूचना पर अमल होता है यह सहज ही समझा

जा सकता है कि बहुत कम लोग इतना सब करने में समय और सामर्थ्य रखते हैं। अस्तु, होना यह चाहिये कि किसी भी व्यक्ति द्वारा भ्रष्टाचार की सूचना लाने पर सरकारी कर्मचारियों द्वारा अथवा नेताओं द्वारा तुरन्त उसकी जाँच की जानी चाहिये और यदि वह अभियुक्त अपराधी सिद्ध होता है तो उसे दण्ड दिया जाना चाहिये। भ्रष्टाचार के विरुद्ध आमतौर से जो दण्ड व्यवस्था बनाई गई है वह लोगों को भ्रष्टाचार से रोकने के लिए पर्याप्त नहीं है। उदाहरण के लिए सरकारी विभागों में किसी व्यक्ति का भ्रष्टाचार पकड़ा जाने पर उसका तबादला मात्र कर दिया जाता है। इसका परिणाम यह होता कि लोग भ्रष्टाचार से नहीं डरते, बल्कि खुलकर पैसा कमाते हैं, क्योंकि वे हिसाब लगा लेते हैं कि जब तक वे पकड़े जायेंगे तब तक उनके पास इतना धन एकत्रित हो जायेगा कि तबादले की तो क्या उन्हें नौकरी छूट जाने की भी परवाह नहीं होगी। ऐसे मामलों में भ्रष्टाचार पकड़ा जाने पर कर्मचारी को नौकरी से अलग करने के अतिरिक्त उससे भ्रष्टाचार द्वारा कमाया गया धन वसूल किया जाना चाहिए। बहुधा उच्च अधिकारियों पर भ्रष्टाचार का अभियोग लगाया जाने पर केवल जाँच कमेटी बैठा दी जाती है, जबकि उचित यह है कि उन पर खुली अदालतों में आरोप लगाये जायें और उनकी जाँच की जाए। इस प्रकार दण्ड व्यवस्था में व्यापक सुधार करने से भ्रष्टाचार दूर किया जा सकता है।

अभ्यास के लिए प्रश्न

1. सामाजिक जीवन में भ्रष्टाचार की समस्या का अवलोकन समस्त नैतिक मूल्यों तथा सामाजिक आर्थिक संरचना के सम्बन्ध में किया जाना चाहिए।
2. भारतीय लोक जीवन में प्रचलित भ्रष्टाचार के विविध रूपों का विश्लेषण कीजिए। इसके निराकरण के लिए सुझाव दीजिए।
3. भारत के लोक जीवन में व्याप्त भ्रष्टाचार का विश्लेषण कीजिए।
4. भारत के लोक जीवन में बढ़ते हुए भ्रष्टाचार के प्रमुख कारणों की विवेचना कीजिये।

5

कला, धर्म, मनोरंजन, नीति और शिष्टाचार में पतन

(Degeneration in Art, Religion, Recreation, Morals and Manners)

कला में पतन

आधुनिक नगरीय संस्कृति में कला के क्षेत्र में पतन दिखलाई पड़ा है जो कि सार्वभौम सांस्कृतिक पतन का एक अंग है। कला के क्षेत्र में इस पतन की ओर विभिन्न कला दार्शनिकों और इतिहास दार्शनिकों ने ध्यान दिलाया है। विश्व की संस्कृतियों के इतिहास में जब-जब किसी संस्कृति का पतन हुआ तो उसके लक्षण सबसे अधिक स्पष्ट रूप में कला में दिखलाई पड़े। आधुनिक काल में स्थूलता की ओर प्रवृत्ति है। उसमें भौतिक मूल्यों को अधिक महत्व दिया जाता है, आत्मा के स्थान पर शरीर का चित्रण किया जाता है और शरीर के चित्रण में भी आध्यात्मिक प्रवृत्तियों को प्रोत्साहन देने के स्थान पर निम्न प्रवृत्तियों को उत्तेजित करने की ओर अधिक ध्यान दिया जाता है। संस्कृति के अन्य क्षेत्रों के समान कला के क्षेत्र में भी व्यापारिक प्रवृत्ति का प्रवेश हो गया है। व्यापारिक प्रवृत्ति मानव संस्कृति के वर्तमान पतन में सबसे अधिक प्रभावशाली कारक है। व्यापारिक प्रवृत्ति के कारण आजकल नृत्य, गान चित्रकला, मूर्तिकला इत्यादि विभिन्न प्रकार की कलाओं में लगे हुए अधिकतर कलाकार ऐसी कलाकृतियों का सृजन करने की चेष्टा करते हैं जिनका अधिक से अधिक मूल्य वसूल किया जा सके। नृत्य और गान के क्षेत्र में तो कला के विक्रय की कसौटी से ही उच्च और निम्न की परीक्षा की जाती है। कला के पतन में आधुनिक चलचित्र उद्योग में जो गान, नृत्य, नाटक इत्यादि की कलायें बनती हैं, इनका एकमात्र उद्देश्य व्यावसायिक सफलता प्राप्त करना है जो कि निम्न प्रवृत्तियों को उत्तेजित करने से मिलती है। अस्तु, फिल्म उद्योग में कला का पतन अत्यधिक स्पष्ट रूप से दिखलाई पड़ता है। फिल्म के अतिरिक्त नाटक कम्पनियों, नृत्य और

गान की संस्थाओं तथा कला के अन्य केन्द्रों में भी संस्थापकों और अधिकारियों द्वारा व्यावसायिक दृष्टिकोण होने से सब कहीं कला में पतन दिखलाई पड़ता है। केवल कुछ इने-गिने कलाकार ही निजी रूप से उच्च स्तर की कलाकृतियों के निर्माण में लगे दिखलाई पड़ते हैं।

धर्म में पतन

ज्यों-ज्यों मनुष्य प्रकृति के सम्पर्क से दूर हटता गया और बड़े-बड़े नगर बसाकर जीवन की कृत्रिम परिस्थितियों में रहने लगा त्यों-त्यों मानव संस्कृतियों के अन्य पहलुओं के साथ धर्म में भी व्यापारिक प्रवृत्ति बढ़ने लगी। अनेक लोग अपने व्यक्तिगत स्वार्थों को सिद्ध करने के लिए धार्मिक मठ, मन्दिर, मस्जिद आदि बनाने लगे। राजनीतिक स्वार्थों को लेकर अनेक धर्मों में प्रचार समितियाँ बनायी जाती हैं। इनका उदाहरण भारतवर्ष में ईसाई मिशनरियों के कार्य हैं। धार्मिक स्थानों पर तो पुजारी-पण्डे, मुल्ला मौलवी धर्म को व्यापार ही बनाये हुए हैं। वे भोले-भाले धार्मिक नर-नारियों को नाना प्रकार से ठगते हैं और अपना मतलब सिद्ध करते हैं। इसके उदाहरण भारतवर्ष में देश में चारों ओर फैले हुए तीर्थ स्थानों में देखे जा सकते हैं। अनेक धार्मिक स्थान दुराचार के अड्डे हैं, अनेक धार्मिक समितियों के पास अपार धन है जो अधार्मिक कामों में खर्च किया जाता है।

धर्म में पतन धर्म की आत्मा के स्थान पर उसे संस्थागत स्वरूप पर अधिक जोर देने में दिखलाई पड़ता है। उसका एक अन्य रूप सब धर्मों की एकता के स्थान पर अपने-अपने धर्म को आगे बढ़ाने की प्रवृत्ति धर्मवाद के रूप में दिखलाई पड़ती है। वास्तव में जब कभी संस्कृति के विभिन्न अंगों में आत्मा के स्थान पर शरीर की पूजा होने लगती है तो सांस्कृतिक पतन होता है। विज्ञान के इस युग में आस्तिकता कम होती जा रही है और नास्तिकों की संख्या बढ़ रही है। अनेक लोग धर्म की कोई आवश्यकता अनुभव नहीं करते, अन्य अनेक धर्म के नाम पर होने वाले दुराचारों और भयंकर रक्तपात को देखकर धर्म से घृणा करते हैं। जो धार्मिक हैं भी उनमें से बहुत से केवल धर्म के बाहरी रूप से ही सन्तुष्ट रहते हैं।

मनोरंजन में पतन

मनोरंजन क्या है?

मानव जीवन में काम के साथ-साथ आराम और मनोरंजन की भी आवश्यकता होती है। मनुष्य एक से जीवन से ऊब जाता है, भले ही वह जीवन कितना ही व्यवस्थित और आरामदेह हो, वह परिवर्तन चाहता है। इस परिवर्तन से उसमें ताजगी आती है और मानसिक स्वास्थ्य प्राप्त होता है। जीवन में सबसे अधिक परिवर्तन मनोरंजन से आता है। परिवर्तन के अतिरिक्त मनोरंजन में मानसिक तनाव ढीले पड़ते हैं और क्रमशः दूर हो जाते हैं। मनोरंजन के समय मनुष्य को शारीरिक और मानसिक परिश्रम करना पड़े तो भी उसकी चेतना और स्फूर्ति घटने की जगह बढ़ती है।

इसीलिए दिन भर के परिश्रम से थके-माँदे लोग भी संध्या को खेल से तरोताजा हो जाते हैं। अस्तु, मनोरंजन का तात्पर्य आराम नहीं है बल्कि ऐसी क्रियाओं से है जिनमें व्यक्ति कुछ समय के लिए अपने को और संसार को भूल सकता है, परिवर्तन प्राप्त कर सकता है और जिसमें मनोरंजन के सिवाय उसका अन्य कोई उद्देश्य नहीं है। संक्षेप में मनोरंजन वे क्रियायें हैं जो जीवन की ऊब से छुटकारा देती हैं तथा शारीरिक, मानसिक और संवेगात्मक सन्तोष प्रदान करने के साथ-साथ व्यक्तित्व के विकास तथा एकता और सहयोग की भावना बढ़ाने में सहायता करती हैं। जहाँ मनोरंजन का उद्देश्य व्यक्तिगत सन्तोष प्राप्त करना है वहाँ इससे मनुष्य की समूह भावना को भी सन्तोष मिलता है क्योंकि अधिकतर मनोरंजन सामूहिक रूप से ही किये जाते हैं। अकेलेपन में व्यक्ति ऊब जाता है और तनावहीन स्थिति प्राप्त नहीं कर सकता। दूसरों की उपस्थिति होने पर वह अपने को भूल सकता है और उसमें हिल-मिलकर अपने मानसिक तनावों को ढीला कर सकता है। सामूहिक परिस्थिति में मनुष्य की सामाजिक भावना भी सन्तुष्ट होती है, उसकी प्रवृत्तियों को बाहर निकलने का अवसर मिलता है। इसी कारण मनोरंजन केवल जैवकीय प्रेरणाओं को ही नहीं बल्कि सामाजिक प्रेरणाओं को भी सन्तुष्ट करता है। सामाजिक प्रेरणाओं को सन्तुष्ट करने वाले मनोरंजनों में तरह-तरह के सामूहिक खेल, पिकनिक इत्यादि सम्मिलित हैं। कुल मिलाकर सभी प्रकार के मनोरंजन से व्यक्ति को सर्वांग सन्तोष और आनन्द मिलता है इसीलिए ब्रोशर ने लिखा है, "शारीरिक, मानसिक और अत्यधिक सन्तोष देने वाले अवकाश काल के अनुभव के रूप में मनोरंजन व्यक्ति के विशिष्ट प्रकार की क्रियाओं में भाग लेने से प्राप्त होता है।" इसीलिए बालक, युवा और वृद्ध, स्त्री और पुरुष, गाँव वाले और नगर निवासी, आदिम और सभ्य मनुष्य सभी लोग, सभी देशकाल में विभिन्न प्रकार की क्रियाओं के द्वारा मनोरंजन करते हैं। सामान्य रूप से वही मनोरंजन अधिक उपयुक्त होता है जो व्यक्ति की प्रवृत्तियों, आयु, और आवश्यकताओं के अनुरूप हो। इसलिए विभिन्न आयु, सामाजिक स्तर, शैक्षिक स्तर, लिंग आदि के अन्तर से मनोरंजन की क्रियाओं में अन्तर देखा जा सकता है।

मनोरंजन का महत्व

मनोरंजन की उपरोक्त व्याख्या से उसका महत्व स्पष्ट होता है। संक्षेप में उसके महत्व के विषय में निम्नलिखित बातें कही जा सकती हैं—

(1) **मानसिक तनावों को दूर करना**—दैनिक जीवन में ऊब, थकान तथा मानसिक संघर्ष आदि से मानसिक तनाव बढ़ते हैं जिनसे व्यक्ति के मस्तिष्क के अस्वस्थ होने की सम्भावना रहती है। मनोरंजन इन सामाजिक तनावों को ढीला करता और दूर करता है। इस प्रकार यह मानसिक स्वास्थ्य बनाये रखने के लिए अत्यन्त आवश्यक है।

(2) **शारीरिक स्वास्थ्य में विकास**—प्रत्येक मनुष्य को प्रत्येक आयु में किसी न किसी प्रकार के शारीरिक व्यायाम की आवश्यकता होती है। इसके अभाव

में उसका शरीर पुष्ट नहीं रह सकता और न उसका समुचित विकास ही हो सकता है। मनोरंजन में विभिन्न प्रकार के शारीरिक खेलों से शरीर शक्तिशाली बनता है और उसका समुचित विकास होता है। प्रौढ़ और वृद्ध आयु के व्यक्तियों के लिए चलना-फिरना सरल प्रकार का व्यायाम और मनोरंजन है। बच्चे दौड़ धूप के खेल खेलते हैं क्योंकि यह उनके शारीरिक विकास के लिए आवश्यक है।

(3) **चरित्र और व्यक्तित्व का विकास**—तरह-तरह के खेलों और सामूहिक कार्यक्रमों में व्यक्तित्व और चरित्र के गुणों के विकास का अवसर मिलता है क्योंकि इनमें दूसरे व्यक्तियों के प्रति विशिष्ट प्रकार का व्यवहार आवश्यक होता है। अस्तु, मनोरंजन से व्यक्तित्व और चरित्र का विकास होता है। उदाहरण के लिए खेलों में हार-जीत को महत्व न देकर अच्छी तरह खेल खेलने को महत्व दिया जाता है। इससे मनुष्य के व्यक्तित्व में इस आदत का विकास होता है कि वह सफलता असफलता पर विशेष ध्यान न देकर पूरे मनोयोग से कार्य में जुटा रहे।

(4) **सामूहिक गुणों का विकास**—चूँकि अधिकतर मनोरंजन सामूहिक रूप में आयोजित किये जाते हैं इसलिए उनमें सामूहिक भावना बढ़ती है। उनमें हम दूसरों के लिए त्याग करना सीखते हैं। टीम के खेलों में टीम स्प्रिट का विकास होता है और सहयोग तथा भाई-चारे की भावना बढ़ती है। मनोरंजन छोटे-बड़े, ऊँच-नीच आदि की भावना को दूर करता है। कहा गया है कि खेल के मैदान की दोस्ती सबसे अधिक घनिष्ठ होती है। स्पष्ट है कि मनोरंजन से सामूहिक गुणों का विकास होता है।

(5) **प्रजातन्त्रीय गुणों का विकास**—जनतन्त्र के स्थायित्व के लिये यह आवश्यक है कि लोगों में समानता, स्वतन्त्रता और भ्रातृत्व के विचार जागृत हों। मनोरंजन के कार्यक्रम इन धारणाओं को प्रोत्साहित करते हैं। स्वस्थ मनोरंजन के अभाव में तनाव बढ़ते हैं जिससे हिंसा बढ़ती है और जनतन्त्रीय समाज के विकास में बाधा पड़ती है। अस्तु, जनतन्त्र में जनता के लिये स्वस्थ मनोरंजन का प्रबन्ध करना आवश्यक है।

ग्रामीण और नगरीय मनोरंजन

गाँव और नगर की परिस्थितियाँ भिन्न-भिन्न होती है। उनमें रहने वाले व्यक्तियों की समस्याओं, तनावों और प्रवृत्तियों में भी अन्तर देखा जा सकता है। इन सब कारणों से ग्रामीण और नगरीय मनोरंजन के साधनों में अन्तर देखा जा सकता है। ग्रामीण मनोरंजन के साधन तरह-तरह के देहाती खेल जैसे-खो-खो, कबड्डी इत्यादि, सामूहिक गाना और नृत्य, कुश्ती, पशु चराना, शिकार, खेतों के काम करना इत्यादि हैं। ग्रामीण मनोरंजन जीवन की क्रियाओं से बहुत कम भिन्न होता है। वास्तव में गाँव वालों की खेती, शिकार, फल-फूल संग्रह आदि की क्रियायें ऐसी होती हैं जो प्राकृतिक परिवेश में होने के कारण मानसिक स्वास्थ्य पर बुरा प्रभाव नहीं डालतीं। इसलिए उन्हें दैनिक क्रियाओं से अलग मनोरंजन के कार्यक्रम बनाने की बहुत कम आवश्यकता होती है। मनोरंजन का सिद्धान्त यह है कि व्यक्ति का दैनिक

जीवन प्राकृतिक परिस्थितियों से जितना ही दूर होता जायेगा उसे उतने ही अधिक मनोरंजन की आवश्यकता पड़ेगी क्योंकि नगर में अधिकतर मनुष्यों के कार्य प्राकृतिक परिस्थितियों में नहीं होते इसलिये नगर निवासियों को गाँव वालों से अधिक मनोरंजन की आवश्यकता होती है। नगरीय जीवन अधिक जटिल होने के कारण नगरों में संवेगात्मक दमन और तनाव के अवसर अधिक आते हैं। उनमें दमन और तनावों के प्रकार भी अधिक होते हैं जिनको निकालने के लिए विशिष्ट प्रकार के मनोरंजन के कार्यक्रमों का आयोजन किया जाता है। इसके अतिरिक्त नगर में अनेक लोग व्यापारिक दृष्टि से दूसरों के मनोरंजन करने का कार्य करते हैं इसलिए नगर में बहुत तरह के व्यापारिक मनोरंजन उपलब्ध होते हैं जोकि गाँवों में नहीं होते। नगरों में व्यापारिक मनोरंजन बढ़ने का एक अन्य कारण यह भी है कि वहाँ पर लोगों के पास पैसा बहुत होता है और वे उसे मनोरंजन पर खर्च कर सकते हैं। इसके अतिरिक्त नगरों में सामाजिक नियन्त्रण और पारिवारिक नियन्त्रण कम होने के कारण अधिक व्यक्ति व्यापारिक मनोंरंजन की संस्थाओं में भाग ले सकते हैं। उपरोक्त विवचेन से स्पष्ट है कि नगर और ग्राम के मनोरंजन के साधनों में स्पष्ट अन्तर है। संक्षेप में ये अन्तर निम्नलिखित हैं–

(1) जबकि नगरीय मनोरंजन कृत्रिम परिवेश में किया जाता है, ग्रामीण मनोरंजन प्राकृतिक परिवेश में होता है।

(2) जबकि नगरीय मनोरंजन में अधिकतर परिवर्तन और मानसिक तनावहीनता पर जोर दिया जाता है, ग्रामीण मनोरंजन में शारीरिक प्रयास अधिक होता है।

(3) जबकि नगरीय मनोरंजन वर्ष में प्रत्येक दिन उपलब्ध होता है, ग्रामीण मनोरंजन विशेष मौसमों में अधिक होता है।

(4) जबकि नगरीय मनोरंजन में अधिकतर कुछ न कुछ पैसा खर्च करना पड़ता है। ग्रामीण मनोरंजन में अधिक पैसा खर्च नहीं किया जाता।

स्वस्थ मनोरंजन क्या है?

आधुनिक नगरीय संस्कृति में मनोरंजन की संस्थाओं की विवेचना करने से पूर्व यह देखना आवश्यक है कि स्वस्थ मनोरंजन किसे कहते हैं। संक्षेप में स्वस्थ मनोरंजन वह है जो मनोरंजन के पीछे बतलाये गये लक्ष्यों को प्राप्त करने में सहायक होता है, जिसमें निम्नलिखित मुख्य विशेषतायें हैं–

(1) **थकाने वाला नहीं**– मनोरंजन का उद्देश्य ताजगी प्राप्त करना होता है, थकान बढ़ाना नहीं इसलिए उसमें शरीर या मस्तिष्क पर कभी भी इतना जोर नहीं पड़ना चाहिये कि शारीरिक अथवा मानसिक थकान उत्पन्न हो।

(2) **सक्रिय कार्यक्रम**–यद्यपि कुछ निष्क्रिय मनोरंजन से भी मानसिक तनाव ढीले पड़ते हैं और मन बहल जाता है परन्तु साधारणतया सक्रिय कार्यक्रमों को ही स्वस्थ मनोरंजन माना जाता है। इसलिये गप्पबाजी को स्वस्थ मनोरंजन नहीं कहा जा सकता।

(3) **व्यक्तित्व और चरित्र का विकास करने वाला**– स्वस्थ मनोरंजन में ऐसे कार्यक्रम आते हैं जिनसे मनोवैज्ञानिक दमन और मानसिक तनावों का बहिष्कार और व्यक्तित्व तथा चरित्र का विकास होता है। चरित्र के पतन की ओर ले जाने वाले मनोरंजन अवस्थ मनोरंजन हैं। मनोरंजन के कार्यक्रम ऐसे होने चाहियें जिनसे सामाजिक गुणों का विकास हो और चरित्र का स्तर ऊँचा उठे।

(4) **मँहगा नहीं**–अत्याधिक खर्चीले मनोरंजन स्वस्थ मनोरंजन नहीं कहे जा सकते क्योंकि उनसे तनाव घटने के स्थान पर बढ़ता है। जो पैसा खर्च हो जाता है उससे बाद में खेद होता है या वह पैसा किसी जरूरी चीज को कम करके खर्च किया जाता है। उदाहरण के लिए नगरों में बहुत से निर्धन युवक बहुत सा पैसा जुए और सिनेमा में खर्च कर देते हैं जोकि मनोरंजन में पतन के प्रतीक हैं।

स्वस्थ मनोरंजन की क्रियायें

स्वस्थ मनोरंजन में निम्नलिखित तीन प्रकार के कार्यक्रमों को सम्मिलित किया जा सकता है-

(1) **शारीरिक कार्यक्रम**–विभिन्न प्रकार के खेल-कुद, नाच-गाने आदि शारीरिक कार्यक्रम स्वस्थ मनोरंजन है। इनसे शारीरिक शक्ति का विकास होता है और स्वास्थ्य बढ़ता है।

(2) **सांस्कृतिक कार्यक्रम**–सांस्कृतिक कार्यक्रमों द्वारा मनोरंजन के मानसिक उद्देश्यों की पूर्ति होती है। इनसे मानसिक तनाव दूर होते हैं और व्यक्तित्व तथा चरित्र का विकास होता है। इनसे सामूहिक भावना बढ़ती है और मनुष्य की बहुत सी प्रवृत्तियों का परिष्कार होता है। इस प्रकार के सांस्कृतिक कार्यक्रमों में गाना-बजाना, नाटक, प्रहसन, भजन, कीर्तन, पिकनिक, डिबेट, अंत्याक्षरी इत्यादि सम्मिलित किये जा सकते हैं। इनसे सृजनात्मक प्रवृति को प्रोत्साहन मिलता है।

(3) **सामाजिक कार्यक्रम**–सामाजिक कार्यक्रमों में तरह-तरह के खेल-कूद, प्रतियोगितायें, नाच-गाने, नाटक तथा सामूहिक सफाई, सामूहिक खेती इत्यादि विभिन्न कार्यक्रम सम्मिलित होते हैं। इनमें मिल-जुलकर कार्य करने का अवसर आने से सहकारिता की भावना का विकास होता है और सामूहिक तनाव दूर होते हैं। इनसे ऊँच-नीच की भावना दूर होती है और परस्पर मेल-जोल बढ़ता है।

समाज के स्त्री-पुरुषों के समुचित विकास के लिए जनतन्त्रीय देश में गाँव-गाँव और नगर-नगर में स्वस्थ मनोरंजन का प्रबन्ध किया जाना चाहिये। शिक्षा संस्थाओं के माध्यम से युवक-युवतियों के मनोरंजन का प्रबन्ध किया जा सकता है। इसके अतिरिक्त मौहल्लों में भी मनोरंजन समितियाँ बनायी जा सकती हैं। सरकार की ओर से राज्य, जिला, तहसील और नगर के स्तर पर मनोरंजन के विभिन्न कार्यक्रमों का आयोजन किया जा सकता है।

मनोरंजन में पतन–आजकल जीवन में सब ओर व्यापारिक दृष्टिकोण बढ़ता जा रहा है। इसलिये नगरों में बहुत से लोग दूसरों का मनोरंजन करने का

व्यवसाय करते हैं। यह व्यापारिक मनोरंजन है। व्यापारिक मनारंजन की परिभाषा एक ऐसी क्रिया के रूप में की गयी है जो कि विशेष रूप से सीमित, निष्क्रिय और अप्रत्यक्ष होती है जिससे बहुधा संवेग पर प्रभाव पड़ता है, जो सरकार द्वारा नियमित होती है और जिसकी संस्थायें बहुधा परिस्थितिजन्य तथा सामाजिक शक्तियों के प्रभाव के कारण नगर से बाहर की ओर होती है। व्यापारिक मनोरंजन की स्थापना करने वाले व्यक्तियों का उद्देश्य दूसरे लोगों से अधिक पैसा निकालना होता है। अस्तु, उसमें इस बात की ओर कोई ध्यान नहीं दिया जाता कि जनता के नैतिक चरित्र पर क्या प्रभाव पड़ेगा। अस्तु, मनोरंजन के लिये सिनेमा घर, नाच घर, रात्रि क्लब, जुए के अड्डे और वेश्यालयों का आयोजन किया जाता है जिनमें पैसा पानी की तरह बहता है। इनमें जाने वाले व्यक्तियों को इनकी ऐसी लत लग जाती है कि वे अपनी जीवन की आवश्यकताओं से पैसा खींचकर भी इन स्थानों में जाने से बाज नहीं आते और इस प्रकार वे बराबर नीचे गिरते जाते हैं, उनका व्यक्तित्व विघटित हो जाता है और चरित्र का पतन होता है। व्यापारिक मनोरंजन की संस्थाओं पर खर्च करने के हेतु पैसा जुटाने के लिये वे उचित अनुचित सभी प्रकार के उपायों से पैसा पैदा करने का प्रयास करते हैं। इस प्रकार व्यापारिक मनोरंजन की संस्थायें मनुष्यों में नैतिक पतन बढ़ाती हैं। इनसे व्यक्तिगत विघटन और फलस्वरूप वैवाहिक और पारिवारिक विघटन होता है। इनसे मनुष्यों के सम्बन्ध बिगड़ते हैं और सामाजिक विघटन बढ़ता है। व्यापारिक मनोरंजन की संस्थाओं में सबसे अधिक महत्वपूर्ण संस्था चलचित्र है। चलचित्र निर्माण में अधिकतर निर्माताओं का उद्देश्य दर्शकों के संवेगों को तरह-तरह से उत्तेजित करके उनसे पैसा वसूल करना होता है भले ही इससे दर्शकों का नैतिक पतन क्यों न होता हो। अनेक चलचित्रों में अपराधियों को नायक के रूप में दिखलाया जाता है जिससे अपराधी प्रवृत्तियाँ बढ़ती हैं। अनेक चलचित्रों में अवैध यौन सम्बन्धों का प्रदर्शन किया जाता है जिससे लड़के-लड़कियाँ इस प्रकार के सम्बन्धों में प्रवृत्त होते हैं। अनेक चलचित्र अपराधी कार्यों का सूक्ष्म वर्णन करते हैं जिससे लोग अपराध करना सीख जाते हैं। अनेक चलचित्र यौन प्रवृति, वर्गवाद, सामाजिक नियन्त्रण के प्रति विद्रोह आदि की प्रवृत्तियों को प्रोत्साहित करते हैं, इस प्रकार चलचित्र सामाजिक विघटन बढ़ाते हैं। वेश्यालय और जुए के अड्डे तो उन लोगों के द्वारा भी नैतिक पतन के स्थान माने जाते हैं जो कि वहाँ जाते रहते हैं। इनसे सामाजिक, पारिवारिक और वैवाहिक विघटन के अतिरिक्त व्यक्तित्व का पूर्णतया विघटन हो जाता है। नाच घर और रात्रि क्लब यौन प्रवृत्तियों को उभारते हैं जिनसे यौन अपराध बढ़ते हैं और व्यक्तिगत पारिवारिक तथा वैवाहिक विघटन होता है।

आधुनिक काल में लगभग प्रत्येक देश में प्रत्येक बड़े नगर में मनोरंजन में पतन के प्रतीक सिनेमाघर, नाचघर, रात्रि क्लब, वेश्यालय और जुए के अड्डे देखे जा सकते हैं। कुछ लोगों का यह कहना है कि व्यापारिक मनोरंजन के ये साधन अनेक प्रकार के तनावों को निकालने का अवसर देते हैं। यह बात किसी सीमा तक स्वस्थ चलचित्रों के बारे में तो कही जा सकती है किन्तु व्यापारिक मनोरंजन की

अन्य संस्थाओं में से किसी के बारे में भी नहीं कही जा सकती। यह ठीक है कि लोग अनेक व्यक्तिगत और सामाजिक कारणों से जुए के अड्डों और वेश्यालयों में जाते हैं किन्तु ये कारण कुछ भी हों इनसे इन स्थानों पर जाने का औचित्य सिद्ध नहीं होता। संसार के सभी देशों में सभी बड़े नगरों में मनोरंजन की इन संस्थाओं की उपस्थिति मानव संस्कृति में मनोरंजन के पतन का प्रमाण है। स्वस्थ मनोरंजन के अभाव में नगर निवासियों के चरित्र और व्यक्तित्व स्वस्थ नहीं रह सकते। दूसरी ओर मनोरंजन में पतन की प्रतीक इन संस्थाओं की उपस्थिति से नगर निवासियों में विघटन बढ़ता है। अस्तु, जनतन्त्रीय सरकार का यह कर्त्तव्य है कि वह इस ओर ध्यान देकर देश के प्रत्येक गाँव और नगर में स्वस्थ मनोरंजन का प्रबन्ध करे।

नैतिक नियमों में पतन

प्रत्येक देशकाल में प्रत्येक समाज में कुछ न कुछ नैतिक नियम प्रचलित होते हैं। नैतिक नियम किसी भी संस्कृति का अनिवार्य अंग हैं, किन्तु भिन्न-भिन्न संस्कृतियों में एक से नैतिक नियम प्रचलित नहीं होते। संस्कृति के उत्थान और पतन के साथ-साथ नैतिक मूल्यों में भी उत्थान और पतन दिखलाई पड़ता है। इसकी कसौटी मूल्यों का क्रम है। मूल्यों के क्रम में सबसे नीचे शारीरिक मूल्य, उनसे ऊपर मानसिक और आध्यात्मिक मूल्य होते हैं। जिन संस्कृतियाँ में नैतिक नियमों में आध्यात्मिक मूल्यों को महत्व दिया जाता है वे संस्कृतियाँ उत्थान की स्थिति में होती हैं। आधुनिक संस्कृति में नैतिक नियमों में सुखवादी, भोगवादी और स्थूल प्रवृत्तियाँ दिखलाई पड़ती हैं, साध्य और साधन का अन्तर नहीं किया जाता और अनेक साधनों को साध्य मान लिया गया है। उदाहरण के लिए धन जो कि सुख का साधन है, आधुनिक संस्कृति में स्वयं साध्य बन गया है और हर उचित अनुचित उपाय से धनोपार्जन का प्रयास किया जाता है। नैतिक नियमों की एक अन्य कसौटी उनकी व्यापकता है। दूसरे शब्दों में, जो नैतिक नियम जितने ही अधिक व्यापक होते हैं वे उतने ही अधिक ऊँचे माने जाते हैं। आधुनिक काल में न केवल प्रत्येक समाज अपने विशिष्ट स्वार्थ के अनुरूप नैतिक नियम बना लेता है बल्कि प्रत्येक व्यक्ति भी अपने विशिष्ट स्वार्थों के अनुसार नैतिक नियमों को तोड़ मरोड़ लेता है। विज्ञान के प्रभाव के कारण जीवन में जैवकीय प्रवृत्ति बढ़ रही है। डार्विन ने यह सिद्ध किया कि मनुष्य पशुओं का ही एक विकसित रूप है फ्रायड ने यह सिद्ध किया कि मनोवैज्ञानिक रूप में मनुष्य में पाशविक प्रवृत्तियाँ ही सबसे अधिक प्रबल हैं। अस्तु, आचार के क्षेत्र में अनेक लोग पशुवत् व्यवहार ही मानव सुलभ आचार मानते हैं। नैतिक नियमों में पतन का बड़ा कारण यह भी है कि उचित और अनुचित के विषय में आज इतने अधिक मत मतान्तर दिखलाई पड़ते हैं कि नयी पीढ़ी के लोग यह निश्चय नहीं कर सकते कि उन्हें क्या करना चाहिए। परिणाम यह होता है कि उन्हें अपनी विशिष्ट परिस्थितियों मे जो कुछ भी अच्छा लगता है वे उसी को उचित मान लेते हैं। आधुनिक संस्कृतियों में नैतिक पतन से कुछ लोगों में नीति निरपेक्ष जीवन बिताने की प्रवृति बढ़ रही है। इस प्रकार का एक आन्दोलन हिप्पी समाज

के रूप में दिखलाई पड़ता है जो सब प्रकार के नैतिक नियमों को कृत्रिम मानते हैं और स्त्री-पुरुष के सम्बन्ध में सब प्रकार की स्वच्छन्दता उचित ठहराते हैं। इसी प्रकार साम्यवादी भावना के प्रचार से भी परम्परागत नैतिक सिद्धान्तों को धक्का लगा है क्योंकिं साम्यवादी विचारधारा के अनुसार परम्परागत नीतिशास्त्र बुर्जुआ लोगों ने अपने हित की दृष्टि से बनाया है। नैतिक पतन का एक अन्य कारण यह है कि नयी पीढ़ी के सामने जो आदर्श उपस्थित किये जाते हैं वे इतने अधिक निम्न होते हैं कि उनको देखते हुए ऊँचे मूल्यों पर से विश्वास उठ जाता है भारतवर्ष में विद्यार्थी वर्ग में नैतिक पतन का यह एक बड़ा कारण है। नैतिक पतन के अन्य कारण कृत्रिम जीवन से छुटकारा पाने की इच्छा, नये-नये अनुभव प्राप्त करने की इच्छा, औरों से भिन्न दिखलाई पड़ने की इच्छा तथा नये-नये फैशन इत्यादि हैं। अभी पिछले दिनों समाचार पत्र में यह समाचार छपा कि दिल्ली नगर में अनेक महिला विद्यालयों में छात्राओं मे व्यापक रूप से नशे का प्रचार बढ़ता जा रहा है। यही बात अन्य स्थानों पर भी देखी जा सकती है। इससे व्यापक नैतिक पतन के लक्षण स्पष्ट दिखलाई पड़ते हैं।

शिष्टाचार में पतन

शिष्टाचार का उद्देश्य ऐसा व्यवहार करना है जिससे विभिन्न आयु और लिंग के व्यक्तियों में अच्छे सम्बन्ध बने रहें। उदाहरण के लिए बड़े-छोटों, स्त्री-पुरुषों के परस्पर व्यवहार के प्रत्येक समाज में कुछ निश्चित प्रतिमान होते हैं जिनके अनुसार व्यवहार शिष्ट माना जाता है और जिनका उल्लंघन करना अशिष्ट तथा अभद्र व्यवहार समझा जाता है। आधुनिक संस्कृति में शिष्टाचार में पतन दो रूपों में दिखलाई पड़ता है। एक ओर तो बहुत से लोग शिष्टाचार के नियमों को व्यर्थ का दिखावा मानते हैं और इसलिये उनका पालन नहीं करते तथा परिणामस्वरूप अशिष्ट व्यवहार करते हैं। दूसरी ओर, अनेक लोग जो बाहर से शिष्ट दिखलाई पड़ते हैं, शिष्ट भावना नहीं रखते और इसलिए यह भी शिष्टाचार में पतन माना जाना चाहिए।

शिष्टाचार में पतन के अनेक कारण है। इसका सबसे बड़ा कारण नैतिक मूल्यों की अव्यवस्था है जिससे छोटे-बड़े, अच्छे-बुरे का कोई भेदभाव नहीं रह गया है। कर्त्तव्य और अकर्त्तव्य की पहचान नहीं रह गयी है। शिष्टाचार में पतन का दूसरा प्रमुख कारण सब ओर फैला हुआ सामाजिक विघटन है जिसमें पारिवारिक और वैवाहिक विघटन भी सम्मिलित है। सामाजिक विघटन से सामाजिक नियन्त्रण टूटता है जिसके परिणामस्वरूप पारिवारिक नियन्त्रण उठ जाता है। नियन्त्रण उठ जाने से शिष्टाचार में पतन बढ़ता है।

शिष्टाचार में पतन का तीसरा कारण आधुनिक संस्कृति के प्रत्येक पहलू में बढ़ती हुई व्यापारिक प्रवृति है जिसके कारण शिष्टाचार का उद्देश्य किसी न किसी प्रकार से लाभ प्राप्त करना है। इसीलिये आधुनिक बाजारों में दुकानों पर विक्रेतागण

अत्यधिक शिष्ट दिखलाई पड़ते हैं। जहाँ जिसका मतलब होता है वहाँ वह अत्यधिक शिष्ट दिखलाई पड़ता है। किन्तु मतलब न होने पर शिष्टता दिखलाई नहीं पड़ती। नयी पीढ़ी में परस्पर व्यवहार के प्रतिमान परस्पर सम्बन्धों का खोखलापन दिखलाते हैं। नगरों की तुलना में गाँवों में शिष्टाचार का स्तर ऊँचा है क्योंकि वहाँ पर सामाजिक नियन्त्रण अधिक है और व्यापारिक प्रवृत्ति कम है।

कला, धर्म, मनोरंजन नैतिक नियम और शिष्टाचार में पतन के उपरोक्त विवरण से वर्तमान मानव समाज में फैला हुआ व्यापक सांस्कृतिक विघटन स्पष्ट दिखलाई पड़ता है। इसको दूर करने के लिए किसी एक दिशा में सुधार करने से कोई लाभ नहीं हो सकता। यह तो तभी सम्भव है जबकि मनुष्य का सांस्कृतिक स्तर ऊँचा उठाया जाए। सांस्कृतिक स्तर ऊँचा उठाने के लिए बाह्य शरीर के स्थान पर आत्मा की प्रतिष्ठा करनी पड़ेगी। यह तभी हो सकता है जबकि संस्कृति के विभिन्न पहलूओं में स्थूल से सूक्ष्म की ओर बढ़ने की प्रवृत्ति हो। इसके लिए सर्वांग विकास की परिस्थितियाँ आवश्यक हैं। कुछ विचारक मनुष्य का भविष्य अन्धकारमय मानते हैं और वर्तमान सांस्कृतिक पतन को मानव इतिहास में अन्तिम चरण ठहराते हैं। यह बात सही भी हो तो भी निराशावादी दृष्टिकोण मनुष्य के लिये सदैव घातक होने के कारण यह दृष्टिकोण ग्राह्य नहीं है। दूसरी ओर कुछ विचारों के अनुसार मनुष्य के आध्यात्मिक रूपान्तरण से मानव संस्कृति का उत्थान किया जा सकता है। किन्तु मनुष्य आध्यात्मिक रूपान्तरण के लिये कहाँ तक प्रस्तुत है यह एक विवादास्पद प्रश्न है। वर्तमान स्थिति को देखते हुये तुरन्त इसकी सम्भावना नहीं लगती। अस्तु, तब तक मानव संस्कृति के सर्वांग विकास का प्रयास किया जाना चाहिये। जिस पहलू में मनुष्य अत्यधिक पिछड़ा हुआ दिखाई पड़े उसी को आगे बढ़ाना चाहिये क्योंकि सांस्कृतिक पतन का एक बड़ा कारण एकांगी विकास है।

अभ्यास के लिए प्रश्न

1. आधुनिक भारतीय नगरों में मनोरंजन के उपलब्ध साधनों का विवचेन कीजिए और उन्हें अधिक उपयुक्त बनाने के लिए सुझाव दीजिए।
2. ग्रामीण मनोरंजन के साधनों पर संक्षिप्त टिप्पणी लिखिये।
3. सामाजिक विघटन से धार्मिक जीवन और संस्थाओं पर क्या प्रभाव पड़ता है? उदाहरण सहित समझाइये।
4. आधुनिक काल में नीति तथा कला में ह्रास की समस्या का विवचेन कीजिए।
5. सांस्कृतिक विघटन के मुख्य प्रकारों की संक्षिप्त विवेचना कीजिए।

6

वैयक्तिक विघटन
(Personal Disorganisation)

वैयक्तिक विघटन का अर्थ

व्यक्ति मनोदैहिक गुणों (Psychophysical Traits) का एक गत्यात्मक संगठन है। उसकी वैयक्तिकता उसके व्यक्तित्व से ही प्रकट होती है। व्यक्तित्व व्यक्ति के ढांचों, व्यवहार के रूपों, रुचियों, अभिवृत्तियों (Attitudes) सामर्थ्यों (Capacities) और योग्यताओं (Abilities) का एक लाक्षणिक संकलन (Characteristic Integration) है। यह व्यक्तित्व जब तक संगठित रहता है तब तक मनुष्य अपने सामाजिक परिवेश से अनुकूलित (Adjusted) रहता है। इस अनुकूलन के बिगड़ने और व्यक्ति के परस्पर विरोधी कार्यों में प्रवृत्त होने से वैयक्तिक विघटन (Personal Disorganisation) तक की स्थिति आ जाती है। वैयक्तिक विघटन सामाजिक विघटन से बढ़ता है और सामाजिक विघटन वैयक्तिक विघटन से बढ़ता है। इस प्रकार व्यक्तिगत विघटन की स्थिति में व्यक्ति के सामाजिक सम्बन्ध व्यवस्थित नहीं रहते, वह अपने कार्यों (Roles) को व्यवस्थित रूप से नहीं कर सकता और अपराध, मद्यपान, वेश्यागमन, आत्महत्या आदि की ओर प्रवृत्त होता है। उसके व्यक्तिगत मूल्यों और दृष्टिकोणों तथा समाज में मान्य मूल्यों और दृष्टिकोणों में भारी अन्तर हो जाता है। परन्तु संगठित और विघटित व्यक्तियों में कोई गहरी खाई नहीं है। उनमें एक निरन्तरता Continuity है। वास्तव में न तो कोई भी व्यक्ति पूरी तरह संगठित और न कोई भी पूरी तरह विघटित ही कहा जा सकता है। जैसा कि लिन्टन (Linton) ने कहा है, "हम सब किसी न किसी तरह समूह द्वारा स्थापित कार्य को यथार्थ रूप में पूरा करने में असफल होते हैं।"[1] अतः व्यक्तिगत विघटन एक गतिशील (Dynamic) और सापेक्ष (Relative) धारणा है।

वैयक्तिक विघटन की परिभाषा

वैयक्तिक विघटन की निम्नलिखित परिभाषाओं से उसका रूप और भी अधिक स्पष्ट होगा:-

---

1. "We all fail in one way or another to play exactly the role set up by the group."
—Linton.

1. **इलियट और मैरिल द्वारा परिभाषा**—"विघटित व्यक्ति दूसरों के साथ अपने कार्यों को भली-भाँति नहीं कर पाता और इसलिये सामाजिक विघटन के लिये प्रतिक्रिया करने लगता है।"[1] समाज में प्रत्येक व्यक्ति के अपने कुछ कार्य होते हैं और अन्य व्यक्तियों से उसके कुछ विशिष्ट सम्बन्ध होते हैं। इन कार्यों को वह जितनी अच्छी तरह से करेगा और ये सम्बन्ध जितने ही दृढ़ होंगे, व्यक्ति भी उतना ही संगठित दिखाई पड़ेगा। जैसा कि राल्फ क्रैमर ने लिखा है-"समाज के नाटक में व्यक्ति अभिनेता है और उनके सम्बन्ध उनको आपस में बाँधने वाले बन्धन हैं। प्रत्येक व्यक्ति केवल उतना ही मजबूत है जितने कि उसके सामाजिक सम्बन्ध दृढ़ हैं क्योंकि कोई भी आदमी स्वयं अपने तक ही नहीं रहता। इस प्रकार यद्यपि सामाजिक विघटन का मुख्य संकेत व्यक्तियों के बीच में सम्बन्धों की असफलता या विनाश से है, परन्तु अभिनेता स्वयं भी इस प्रक्रिया में फँस जाते हैं।"[2] इस प्रकार विघटित व्यक्ति एक ओर तो स्वयं विघटित रहता है और दूसरी ओर, सामाजिक विघटन उत्पन्न करता है।

(2) **मारवर द्वारा परिभाषा**—"व्यक्तिगत विघटन व्यक्ति के उस व्यवहार का प्रतिनिधित्व करता है जो कि सांस्कृतिक रूप में स्वीकृत नियमों से इतना भिन्न हो जाता है कि उससे सामाजिक अस्वीकृति उत्पन्न होती है।"[3] इस प्रकार वैयक्तिक विघटन के मुख्य लक्षण समाज विरोधी या समाज द्वारा अस्वीकृत व्यवहार है। भिक्षावृत्ति, वेश्यावृत्ति, मद्यपान, व्यभिचार, अपराध, किशोरापराध, आत्महत्या आदि वैयक्तिक विघटन दिखलाते हैं।

(3) **लैमर्ट द्वारा परिभाषा**—लैमर्ट के अनुसार व्यक्तिगत विघटन "एक दशा या प्रक्रिया है जिसमें कि व्यक्ति ने मुख्य भूमिका के चारों ओर अपने व्यवहार को स्थित नहीं किया है। कार्यों में उसके चुनाव में संघर्ष और गड़बड़ी है। ऐसा विघटन संक्रमणकालीन हो सकता है। अथवा सतत् हो सकता है।"[4] समाज में प्रत्येक व्यक्ति की कुछ विशेष भूमिकायें होती हैं जैसे एक ही व्यक्ति पिता, पति और

---

1. "The disorganised individual is unable to play his roles properly in relation to others and hence sets up reaction for social disorganization."
—Elliott and Merrill.
2. "The individuals are actors in the drama of society and their relationships are the ties that bind them together. Each person is only as strong as his social relationship, for no man lives unto himself alone. Hence although social disorganization properly refers only to the failure and dissolution of the relationship between individuals the actors themselves are involved in the processes." —Ralph Kramer
3. "All personal disorganization represents behaviour upon the part of the individual which deviates from culturally approved norm to such an extent as arouses social disapproval." —E.R. Mowrer.
4. "A condition or process in which the person has not stabilized his behaviour around major role. There is conflict and confusion over his choice or roles. Such disorganisation may be transitional or it may be continuous." —E.M. Lamert.

पुलिस अधिकारी हो सकता है। यदि व्यक्ति अपनी इन भूमिकाओं के अनुसार अपने व्यवहार को स्थिर कर लेता है तो वह संगठित रहता है, परन्तु यदि वह इन भूमिकाओं के अनुसार अपने आचरण को विशेष प्रकार से ढाल नहीं पाता तो उसके मन में सदैव संघर्ष बना रहता है। क्रमशः यह संघर्ष अनेक मानसिक दोष उत्पन्न करता है और व्यक्ति ऐसे असामाजिक कार्यों में लग जाता है जो उसका तो विघटन करते ही हैं, परन्तु समाज के लिये भी कम भंयकर नहीं होते।

(4) **जैनसेन द्वारा परिभाषा**—जैनसेन के अनुसार, "अभिवृत्तियों और व्यवहार में समूह द्वारा स्वीकृत नियमों और मानदण्डों से दूर जाना दोषपूर्ण अनुकूलन वाले व्यक्तियों में देखा जा सकता है।"[1] व्यक्तिगत विघटन एक त्रुटिपूर्ण अनुकूलन की अवस्था है। व्यक्तित्व परिस्थितियों से अनुकूलन का प्रतिमान है। जब तक यह अनुकूलन ठीक रहता है तब तक व्यक्तित्व संगठित रहता है। जब यह अनुकूलन बिगड़ जाता है अथवा त्रुटिपूर्ण हो जाता है तब व्यक्तित्व का विघटन आरम्भ हो जाता है। व्यक्तित्व के विघटन से वैयक्तिक विघटन के लक्षण दिखलाई पड़ने लगते हैं।

वैयक्तिक विघटन और सामाजिक ढाँचा

जैसा कि पहले बतलाया जा चुका है, वैयक्तिक विघटन और सामाजिक विघटन में परस्पर घनिष्ठ सम्बन्ध है। कूले ने ठीक ही लिखा है-"सामाजिक विघटन कारण और कार्य दोनों ही हैं, परन्तु वैयक्तिक विघटन के लिये भी वही कहा जा सकता है।"[2] वैयक्तिक विघटन सामाजिक विघटन उत्पन्न करता है परन्तु फिर वह उसका परिणाम भी है। सामाजिक विघटन से समाज में नियन्त्रण ढ़ीले पड़ते हैं। समितियों, संस्थाओं, समुदायों, रूढ़ियों, परम्पराओं तथा समूहों के नियन्त्रणों के ढीले पड़ जाने से व्यक्ति का आवरण अनियन्त्रित हो जाता है। उदाहरण के लिए यदि सामाजिक नियन्त्रण उठा लिए जायें तो उद्दाम यौन वासनाओं के वशीभूत होकर स्त्री-पुरुष पशुओं के समान व्यवहार करते दिखाई पड़ेंगे। जैसा कि फ्रायड ने अपनी पुस्तक 'Civilization and its Discontents' में विवेचन करके बतलाया है, मानव संस्कृति व्यक्ति पर समाज का नियन्त्रण बनाये रखने का एक तरीका है। सामाजिक नियन्त्रण उठ जाने पर व्यक्ति असंस्कृत हो जाते हैं परिवार, विवाह आदि संस्थाओं के विघटन से व्यक्तियों को आचरणं बिगड़ने लगता है। इस प्रकार व्यक्तिगत विघटन में और सामाजिक ढाँचे में बड़ा निकट सम्बन्ध है। यदि सामाजिक ढाँचा संगठित होगा तो व्यक्ति संगठित रहेंगे, यदि विघटित होगा तो व्यक्ति भी विघटित दिखाई पड़ेंगे। जैसे-जैसे सामाजिक ढांचा बदलता जाता है वैसे-वैसे व्यक्तियों की स्थितियाँ और कार्य भी बदलते हैं। लिन्टन के अनुसार, ''बहुधा व्यक्ति अपने को ऐसी

1. "Thus deviation from accetped norms and standards in attutides or behaviour may be seen in the maladjusted persons." —O. N. Jansen.
2. "Social disorganization is both cause and effect, but the same can be said for personal disorganization." —Cooley.

परिस्थितियों के सामने पाता है जिसमें कि वह अपने और दूसरे दोनों की स्थितियों और कार्यों के विषय में अनिश्चित होता है।[1] इस अनिश्चय से बहुधा लोग गलत काम कर बैठते हैं अथवा अपने कर्त्तव्यों का पालन नहीं करते हैं। वे अनुचित अधिकारों की माँग करने लगते हैं और अपने कर्त्तव्यों को भूल जाते हैं। उनकी समझ में नहीं आता कि क्या अच्छा है और क्या बुरा। ऐसी परिस्थिति में विघटन के लक्षण दिखाई पड़ते हैं।

वैयक्तिक विघटन और सामाजिक मूल्य

स्पष्ट है कि सामाजिक मूल्यों और वैयक्तिक संगठन में घनिष्ठ सम्बन्ध है। प्रत्येक समाज में प्रत्येक व्यक्ति के सम्मुख कुछ मूल्य रहते हैं जिनको प्राप्त करना उसके विभिन्न कार्यों का उद्देश्य है। उदाहरण के लिये अधिकांश व्यक्ति समाज में सम्मान प्राप्त करना चाहते हैं और इसलिए ऐसा व्यवहार करते हैं जिससे समाज में सम्मान मिले। यदि किसी समाज में भले आदमी का ही सम्मान होता है तो व्यक्तियों के सामने उनका उद्देश्य स्पष्ट होता है और वे भले बनने का प्रयास करते हैं। परन्तु यदि किसी समाज में धन होने पर बुरे व्यक्ति को भी सम्मान दिया जाये तो व्यक्ति की समझ में नहीं आता कि वह भला बनने का प्रयास करे या हर अच्छे-बुरे उपाय से धन एकत्रित करे। इस प्रकार मूल्यों का संघर्ष आरम्भ होता है जिससे लोग उचित-अनुचित में पहचान नहीं कर पाते। बहुधा वे ऐसे काम भी कर बैठते हैं जिनके लिए स्वयं उनके अपने अन्दर की अन्तरात्मा की आवाज धिक्कारती है। परिणाम यह होता है कि उनमें अपराधी भावना आ जाती है। उनका आत्मविश्वास डिग जाता है और वे पतन की राह में एक के बाद दूसरा कदम आगे बढ़ाते जाते हैं। मद्यपान, वेश्यागमन, अपराध किसी से भी आरम्भ होकर पतन के सब लक्षण एक-एक करके प्रगट होने लगते हैं।

वैयक्तिक विघटन की प्रक्रिया

उपरोक्त विश्लेषण से स्पष्ट है कि वैयक्तिक विघटन कोई स्थिर दशा नहीं है बल्कि एक सतत् प्रक्रिया है जिसमें कई अवस्थायें होती हैं। वैयक्तिक बिघटन की प्रक्रिया की विभिन्न अवस्थाओं में मुख्य निम्नलिखित हैं-

(1) **नम्र अस्वीकृति** (Mild Disapproval)—वैयक्तिक विघटन में सबसे पहली और प्रारम्भिक अवस्था (Phase) नम्र अस्वीकृति की अवस्था है। इस दशा में व्यक्ति ऐसे काम करता है जिनको समाज नम्र रूप से अस्वीकार करता है। इनसे उसकी कुछ बदनामी भी होती है, परन्तु उसका अधिक विरोध नहीं किया जाता।

---

1. "The individual finds himself frequently confronted by situations in which he is uncertain both of his status and roles and those of others." —Linton.

(2) **तीव्र अस्वीकृति** (Violent Disapproval)—यदि व्यक्ति के कुछ आचरण सामाजिक मूल्यों पर गम्भीर आघात करते है तो समाज उनका घोर विरोध करता है। उदाहरण के लिए भारतीय समाज में विवाह के पूर्व तथा विवाह के बाहर के शयौन सम्बन्धों का घोर विरोध किया जाता है और प्रकट हो जाने पर उनसे केवल बदनामी ही नहीं होती, बल्कि अपमान की नौबत भी आ जाती है। इसी प्रकार मद्यपान, यौन अपराध, वेश्यावृत्ति या वेश्यागमन आदि करने पर व्यक्ति को तीव्र अस्वीकृति का सामना करना पड़ता है।

(3) **आत्मगत सामाजिक अस्वीकृति** (Subjective Social Disapproval) — जैसा कि पहले कहा जा चुका है, व्यक्तिगत विघटन से अन्त में व्यक्ति का स्वयं अपना मानसिक सन्तुलन बिगड़ जाता है। समाज द्वारा तीव्र अस्वीकृति मिलने पर उसकी सामाजिक भावनाओं को भारी आघात पहुंचता है। मूल रूप में मनुष्य एक सामाजिक प्राणी है। समाज की स्वीकृति प्राप्त करना उसकी मौलिक प्रवृत्ति है। यह स्वीकृति न मिलने पर वह अवश्य क्षुब्ध होता है चाहे ऊपर से वह अपने को कितना भी तटस्थ दिखलाये। यदि वह समाज की स्वीकृति फिर से प्राप्त नहीं कर पाता तो वह आत्म-विश्वास खो बैठता है और प्रतिक्रियास्वरूप और भी समाज विरोधी कामों में लग जाता है। परन्तु इससे उसके अन्दर की सामाजिकता तथा समाज विरोधी भावना का संघर्ष और भी बढ़ जाता है । क्रमशः उसका व्यक्तित्व विघटित हो जाता है और जब वह इस संघर्ष को किसी भी प्रकार से सुलझा नहीं पाता तब आत्महत्या के द्वारा मानों उसकी जड़ ही काट डालता है।

वैयक्तिक विघटन का स्वरूप

वैयक्तिक विघटन में व्यक्ति का व्यक्तित्व संगठित नहीं रहता और वह अपनी चारों ओर की परिस्थितियों से अनुकूलन नहीं कर पाता। वैयक्तिक विघटन के शिकार व्यक्तियों में अनेक कवि, साहित्यकार, सन्त महात्मा आदि होते है और चोर, डकैत, शराबी, जुआरी आदि भी होते हैं। इन दोनों प्रकार के व्यक्तियों की सामाजिक स्थिति, महत्व और सामाजिक योगदान में जमीन आसमान का अन्तर होता है। तो क्या उनके वैयक्तिक विघटन में किसी प्रकार का अन्तर नहीं है? वास्तव में दोनों के वैयक्तिक विघटन में भारी अन्तर है और इसी से उनके सामाजिक मूल्य में इतना अन्तर हो जाता है। पहले प्रकार के व्यक्तियों का विघटन रचनात्मक (Creative) प्रकार का है। दूसरे प्रकार के व्यक्तियों का विघटन मानसिक रोगी (Pathological) प्रकार का है। रचनात्मक विघटन का शिकार व्यक्ति, कला, साहित्य और अनुभव के क्षेत्र में नई-नई रचनायें उपस्थित करके राष्ट्र की संस्कृति को समृद्ध बनाता है और इस प्रकार जनता का उपकार करता है। अतः उसके विघटन के बावजूद उसका बड़ा सम्मान होता है और कोई उसके विघटन की बुराई नहीं करता। दूसरी ओर रोगी प्रकार के विघटन का शिकार व्यक्ति पागल और मानसिक रोगी के रूप में समाज

पर बोझ बन जाता है। इस प्रकार के विघटन को समाज में भारी दोष माना जाता है और यथासम्भव उसके उपचार का प्रयास किया जाता है। अतः समाज मे रचनात्मक वैयक्तिक विघटन बढ़ना दोष नहीं है। दोष तो मानसिक रोग के रूप में वैयक्तिक विघटन का बढ़ना है।

वैयक्तिक विघटन के प्रकार

वैयक्तिक विघटन की प्रकृति तथा स्वरूप के उपरोक्त विवरण में स्थान-स्थान पर उसके प्रकारों का भी उल्लेख किया गया है। वैयक्तिक विघटन के प्रकारों में मुख्य निम्नलिखित हैं-

(1) **यौन अपराध**—बलात्कार, अप्राकृतिक व्यभिचार, पशु मैथुन, बाल मैथुन, शव मैथुन आदि यौन अपराध व्यक्तिगत विघटन के चिन्ह हैं। निकट सम्बन्धियों से मैथुन (Incest) तथा यौन सम्बन्धी तीव्र असामान्यतायें (Abnormalities) भी इसी वर्ग मे आती है।

(2) **वेश्यावृत्ति व वेश्यागमन**—वैयक्तिक विघटन का एक दूसरा प्रचलित रूप वेश्यावृत्ति और वेश्यागमन के रूप में दिखलाई पड़ता है। वेश्यावृत्ति के मुख्य कारण आर्थिक परिस्थितियाँ तथा भग्न परिवार और अन्य परिस्थितियाँ हैं। 'Women of the Street' के भूमिका लेखक के अनुसार इसका मुख्य कारण भग्न परिवार हैं। वेश्यागमन के कारण औद्योगीकरण तथा अत्यधिक उद्दाम यौन वासना आदि हैं। वेश्यावृत्ति और वेश्यागमन दोनों से परिवार का विघटन होता है, दोनों असामाजिक हैं और व्यक्ति का विघटन करने वाले हैं।

(3) **मद्यपान और नशाखोरी**— मद्यपान और नशाखोरी भी वैयक्तिक विघटन का एक प्रकार है, विशेषतया जबकि व्यक्ति उसके बिना रह न सके और चाहते हुए भी उसे छोड़ न सके। प्रातः मद्यपान, बचाव मद्यपान तथा अत्यधिक मद्यपान व्यक्तिगत विघटन का लक्षण है और इससे वैयक्तिक विघटन और भी बढ़ा है।

(4) **आत्महत्या** (Suicide)— वैयक्तिक विघटन का सबसे भंयकर रूप आत्महत्या है। (Le Suicide) में दुर्खीम ने आत्महत्या में प्रवृत्ति होने वाले व्यक्तियों के तीन प्रकार बतलाये हैं, यथा-अत्यधिक परोपकारवादी (Altruistic), अत्यधिक आत्मकेन्द्रित (Egoistic) और अनोमिक (Anomique) अर्थात् सामाजिक विघटन के कारणों से आत्महत्या करने वाले।

(5) **अपराध** (Crime)— वैयक्तिक विघटन का एक रूप अपराध है। अपराधी व्यक्ति उचित मार्ग को छोड़कर अनुचित मार्ग से अपनी इच्छाओं की पूर्ति करता है। अपराधी भावना उसके व्यक्तित्व को विघटित कर देती है और विघटन के कारण ही वह अपराध की ओर बढ़ता है।

(6) **किशोरापराध** (Juvenile Delinquency)—किशोरापराध भी वैयक्तिक विघटन का एक कारण है। किशोर अपराधियों में ऐसे बालक-बालिकाओं की भारी संख्या पाई जाती है जो किसी न किसी प्रकार के मनोवैज्ञानिक अभाव या अन्य दोष से ग्रस्त हैं।

सामाजिक विघटन और वैयक्तिक विघटन में समानतायें
(Similarities in Social and Personal Disorganisation)

सामाजिक विघटन (Social Disorganisation)	वैयक्तिक विघटन (Personal Disorganisation)
1. सामाजिक विघटन की उत्पत्ति विभिन्न सामाजिक संस्थाओं, समूहों तथा समुदायों के परस्पर सन्तुलित न रहने से होती है।	वैयक्तिक विघटन की उत्पत्ति भी सामाजिक आदर्शों, मूल्यों तथा मान्यताओं की अस्वीकृति के कारण होती है।
2. सामाजिक विघटन समाज के लिये अहितकर होता है, क्योंकि इससे सामाजिक प्रगति अवरूद्ध हो जाती है।	वैयक्तिक विघटन भी समाज के लिये अहितकर होता है।
3. सामाजिक विघटन में संस्थायें और समितियां व्यक्ति की इच्छानुसार अथवा आवश्यकतानुरूप कार्य न करके अपनी इच्छानुसार करती है।	वैयक्तिक विघटन की प्रक्रिया में भी व्यक्ति स्वेच्छानुसार कार्य करता है।
4. सामाजिक विघटन की प्रक्रिया में सामाजिक सम्बन्धों का ह्रास और पतन हो जाता है।	वैयक्तिक विघटन में भी सामाजिक सम्बन्धों का ह्रास और पतन होता है।
5. सामाजिक विघटन की प्रक्रियानुसार समाज के सम्मुख एक विकट संकट उत्पन्न होता है।	वैयक्तिक विघटन का प्रक्रिया समाज में अनेक संकटों की जन्मदात्री होती है।

वैयक्तिक एवं सामाजिक विघटन में अन्तर
(Distinction between Personal & Social Disorganisation)

वैयक्तिक विघटन (Personal Disoraganisation)	सामाजिक विघटन (Social Disorganisation)
1. वैयक्तिक विघटन का जन्म सामाजिक मूल्यों, आदर्शों एवं स्वीकृत प्रतिमानों की अस्वीकृति के कारण होता है।	सामाजिक विघटन का जन्म उसके संगठन की विभिन्न इकाइयों में असन्तुलन और असहयोग के परिणाम-स्वरूप होता है।
2. वैयक्तिक विघटन का प्रादुर्भाव व्यक्ति की निजी स्वार्थपरक आवश्यकताओं की पुर्ति के कारण होता है।	सामाजिक-विघटन एक संकट अथवा अकाल है, जिसमें व्यक्ति को कुछ भी नहीं प्राप्त होता है।
3. इसमें कोई भी एक व्यक्ति स्वयं अपने आचरण के द्वारा असमन्वयात्मक व्यवहार करता है।	सामाजिक विघटन में संस्थाओं, समुदायों और समूहों का असहयोग सम्मिलित होता है।
4. वैयक्तिक स्तर पर सम्पन्न विघटनात्मक कार्य स्वयं व्यक्ति के निजी जीवन या उससे सम्बन्धित लोगों पर ही विपरीत व्यवहार अंकित करते हैं।	सामाजिक विघटन की प्रक्रिया सम्पूर्ण समाज तथा सामाजिक व्यवस्था, संरचना और संगठन को प्रभावित करती है।
5. वैयक्तिक विघटन अपेक्षाकृत शीघ्र और अल्पतम प्रयासों के परिणाम-स्वरूप होता है।	सामाजिक विघटन की प्रक्रिया अपेक्षाकृत अधिक दीर्घकालीन होती है।
6. इस विघटन के परिणामस्वरूप समाज की संस्थायें तथा समितियाँ प्रयासों व अवरोधों के आधार पर विजयी होती हैं।	सामाजिक विघटन के परिणामस्वरूप सम्पूर्ण समाज की आर्थिक और राजनीतिक व्यवस्था डगमगा उठती है।
7. वैयक्तिक विघटन व्यक्ति तथा सारे परिवार को प्रभावित करता है।	सामाजिक विघटन समाज के इतिहास को प्रभावित करता है।

वैयक्तिक विघटन के प्रमुख कारण

व्यक्ति और समाज एक-दूसरे के पूरक हैं। दोनों एक ही सिक्के के दो पृथक-पृथक पक्ष हैं। इसलिये समाज और व्यक्ति का विघटन भी कोई दो पृथक-पृथक विषय नहीं माने जा सकते हैं। वैयक्तिक विघटन का स्वरूप न्यूनाधिक सभी समाजों में स्पष्टतया दिखलाई पड़ता है। वैयक्तिक विघटन की प्रक्रिया के लिए निम्नांकित कारण प्रमुख रूप से उत्तरदायी होते हैं—

(1) **पारिवारिक उत्तरदायित्व** (Family's Responsibility)—परिवार समाज का लघु प्रतिरूप है। परिवार में ही समाज की भाँति व्यक्ति को अधिकारों तथा कर्तव्यों की सीमाओं में बँधकर पारिवारिक मान-मर्यादा, नियमों तथा अनुशासनादि का अनिवार्य पालन करना पड़ता है। व्यक्ति में स्नेह, सेवा, त्याग, बलिदान, सहिष्णुता, सद्शिक्षा आदि विभिन्न प्रकार के सामाजिक गुणों का विकास वस्तुत: परिवार ही करता है। इसलिये यदि पारिवारिक वातावरण स्वस्थ और समुचित न हुआ तो व्यक्ति में अशांति, कलह, संघर्ष, घृणा, द्वेष तथा वैमनस्यता आदि अवगुणों का विकास होगा और इसकी अन्तिम परिस्थिति वैयक्तिक विघटन ही है।

(2) **आर्थिक अवस्था** (Economic Condition)—यदि किसी भी समाज की आर्थिक अवस्था में असन्तुलन होगा, तब वैयक्तिक विघटन की प्रक्रिया पनपती है। वर्तमान भारतीय समाज में पूँजीवादी प्रभुत्व के परिणामस्वरूप सम्पत्ति का एक बड़ा भाग पूँजीपतियों के अधिकार में है। इसके परिणामस्वरूप सर्वत्र गरीब, निर्धन और श्रमिकों का शोषण हो रहा है। इस शोषण के आधार पर वर्तमान भारतीय समाज में संघर्ष, गरीबी निरोध आदि का प्रादुर्भाव हो रहा है। इस प्रकार आर्थिक अवस्था में घटित असन्तुलन से भी वैयक्तिक विघटन की प्रक्रिया को बल प्राप्त होता है।

(3) **शिक्षा पद्धति** (Education Method)—प्रत्येक व्यक्ति के जीवन में शिक्षा पद्धति अत्यधिक महत्वपूर्ण होती है क्योंकि यदि एक ओर शिक्षा व्यक्ति का मानसिक विकास करती है, तो दूसरी ओर शिक्षा ही व्यक्ति में बुद्धि, तर्क और व्यावहारिकता का भी विकास करती है। यदि व्यक्ति को उत्तम शिक्षा न प्राप्त होगी तो उसका समुचित विकास भी सम्भव न होगा। वर्तमान भारत के स्कूलों, कालेजों तथा अन्य शिक्षा संस्थाओं में ऐसे पाठ्यक्रमों को लागू किया जा रहा है, जोकि विद्यार्थियों की रुचियों, क्षमताओं और सुविधाओं का कोई भी ध्यान नहीं देते हैं। इसके परिणामस्वरूप विद्यार्थी समाज इस शिक्षा पद्धति से उदासीन होता जा रहा है। इस प्रकार की दूषित और अव्यावहारिक शिक्षा पद्धति से प्रशिक्षित व्यक्ति भी बेरोजगार रह जाते हैं, जिससे उनका विघटित होना स्वाभाविक है।

(4) **युद्ध** (War)—युद्ध भी वैयक्तिक विघटन का एक महत्वपूर्ण कारण है। युद्ध के परिणामस्वरूप असंख्य व्यक्ति मारे जाते हैं। असीम धन सम्पत्ति की हानि होती है और इसके फलस्वरूप समाज में एक विशेष प्रकार की अव्यवस्था का प्रादुर्भाव होता है। देश तथा समाज की आर्थिक स्थिति कमजोर हो जाती है, मँहगाई बढ़ जाती है, खाद्य पदार्थों का अभाव उत्पन्न हो जाता है। कालाबाजारी और तस्करी भी बढ़ जाती है। इसके फलस्वरूप व्यक्तियों पर अतिरिक्त आर्थिक भार बढ़ जाता है और लोग विद्रोही बनते जाते हैं। युद्ध के कारण लाखों स्त्रियाँ विधवा और बच्चे अनाथ हो जाते हैं। इस प्रकार युद्ध समाज में वैयक्तिक विघटन का एक महत्वपूर्ण कारण सिद्ध होता है।

(5) धर्म (Religion)—धर्म की गलत अवधारणा भी वैयिक्तक विघटन को जन्मती है। इसके परिणामस्वरूप समाज में धर्म के नाम पर धार्मिक अन्ध-विश्वास, तर्कहीनता और साम्प्रदायिक वैमनस्य को प्रोत्साहन मिलता है। धार्मिक उन्माद और कूपमंडूकता के कारण समाज की प्रगति नहीं हो पाती है। भारतीय समाज में सिख-हिन्दू, हिन्दू-मुसलमान, सिया-सुन्नी और अकाली-निरंकारी सम्प्रदायों के मध्य होने वाले दंगे सम्पूर्ण भारतीय समाज को पिछड़ा बनाने में सहायक सिद्ध हुये हैं। धर्म के नाम पर पण्डित और मुल्ला भोली-भाली भारतीय जनता को पाप-पुण्य की दुनिया में घुमाते रहे हैं। इस प्रकार धर्म वैयिक्तक विघटन का एक बड़ा महत्वपूर्ण और उत्तरदायी कारण है।

(6) निर्धनता (Poverty)—निर्धनता वैयिक्तक विघटन का एक विश्वव्यापी कारण है। निर्धनता के कारण मात्र अशिक्षित ही नहीं, अपितु उच्च शिक्षित व्यक्ति भी समाज-विरोधी कार्यों में लिप्त हो जाते हैं। निर्धनता और भूख से विवश व्यक्ति अन्ततोगत्वा चोरी, डकैती, छीना झपटी, हत्या-लूटमार आदि में फँस जाता है। निर्धनता के ही कारण समाज में आत्महत्यायें, वेश्यावृत्ति आदि का जन्म होता है। इस प्रकार निर्धनता वैयक्तिक निघटन का एक प्रबल कारण है।

(7) बेरोजगारी (Unemployment)—भारतीय समाज में प्रतिवर्ष लाखों ग्रेजुएट व्यक्ति अपनी-अपनी डिग्रियों को लेकर नौकरी की खोज में इधर-उधर मारे-मारे घूमते-फिरते हैं ओर इनमें से मात्र कुछ हजार ही नौकारी पाने में सफल होते हैं। बेरोजगारी से विवश होकर कुछ तो आत्महत्या तक कर डालते हैं और कुछ समाज-विरोधी, अनैतिक कार्यों में लिप्त होकर वैयक्तिक विघटन का शिकार बन जाते हैं।

(8) गन्दी बस्तियाँ (Slums)—द्ररिद्रता, निर्धनता, बेकारी और अशिक्षा के परिणामस्वरूप भी मजदूर तथा श्रमिक वर्गों के व्यक्तियों को विवश होकर गन्दी बस्तियों में रहना पड़ता है। घास-फूस और मिट्टी से बने इन घरों में न तो उचित स्वच्छता होती है और न ही समुचिम धूप, प्रकाश और हवा, पानी उपब्ध होता है। इस अवस्था में व्यक्ति का वैयक्तिक विघटन होना स्वाभाविक होता है। इन बस्तियों में निवास करने वाले व्यक्ति समुचित वातावरण की कमी के कारण प्रायः नशाखोरी, जुआ, मद्यपान और अनेकानेक दुर्व्यसनों के शिकार बन जाते हैं। इससे स्पष्ट है कि गन्दी बस्तियाँ भी वैयक्तिक विघटन का एक प्रमुख और प्रबल कारण हैं।

(9) चित्रपट और दूरदर्शन (Cinema and Television)—सिनेमा और दूरदर्शन वर्तमान युग में सभी का एक प्रमुख आर्कषण हैं। नई पीढ़ी के युवक युवतियों पर तो इनका तीव्र प्रभाव अंकित होता है। सिनेमा और दूरदर्शन में काम करने वाले हीरो-हीरोइन की वेशभूषा, उनके हाव-भाव की अनुकृति करना तो युवक-युवतियों का स्वभाव हो रहा है। सिनेमा और दूरदर्शन में दिखाये गये रोमांस को कच्ची उम्र की नवयुवतियाँ अपने वास्तविक जीवन में अपनाकर गुमराह होती हैं और कई तो अपना कौमार्य खोकर जीवन भर पछताती रह जाती हैं। इसी प्रकार

कच्ची उम्र में युवक भी बाल्यावस्था से धूम्रपान और मद्यपान करना सीख जाते हैं। इससे स्पष्ट है कि चित्रपट और दूरदर्शन ने भी वैयक्तिक विघटन की प्रक्रिया को बहुत कुछ बढ़ावा दिया है।

(10) **जनसंख्या का दबाव** (Population's Pressure)—जनसंख्या की कमी और अधिकता भी समाज में अनेकानेक समस्याओं की जन्मदायक मानी जाती है। भारतवर्ष में जनसंख्या की अधिकता के कारण आवास-निवास, भोजन, व्यवसाय, नौकरी, रोजगार तथा शिक्षा आदि की समस्याओं को हल नहीं किया जा पा रहा है। इससे एक विशेष प्रकार का असन्तुलन उत्पन्न हुआ है। जिसकी परिणिति वैयक्तिक विघटन है।

(11) **अश्लील साहित्य और समाचारपत्र** (Vulgar Literature and Newspapers)—अश्लील साहित्य और समाचार पत्र भी वैयक्तिक विघटन की प्रक्रिया को प्रोत्साहित करते हैं। कच्ची और अपरिपक्व आयु के युवक-युवतियों पर अश्लील साहित्य का ऐसा दुष्प्रभाव पड़ता है कि इस उम्र में सिगरेट, शराब, औरत और नशाखोरी का शिकार बन जाते हैं। वर्तमान युग में समाचार पत्र-पत्रिकायें भी अत्यन्त आर्कषक ढंग से अपराध सम्बन्धी समाचारों का सचित्र वर्णन करते हैं। इन सचित्र अपराध कथाओं को पढ़कर कच्ची उम्र के किशोर भी अपराधोन्मुखी हो उठते हैं। नानावती केस, गौतम रहमानी केस, रंगा-बिल्ला केस आदि इसके प्रमुख उदाहरण हैं कि समाचार पत्र-पत्रिकायें भी व्यक्ति को अपराधोन्मुखी बनाकर वैयक्तिक विघटन में सहायता प्रदान करती हैं।

(12) **औद्योगिक क्रान्ति** (Industrial Revolution)—अठारहवीं शदी में हुई औद्योगिक क्रान्ति ने सम्पूर्ण मानव समाज पर क्रान्तिकारी प्रभाव अंकित किया है। उद्योग-धन्धों में भारी मशीनों के आगमन के परिणामस्वरूप जहाँ एक ओर बेरोजगारी में वृद्धि हुई है, वहीं दूसरी ओर कुटीर उद्योग-धन्धे और हस्त कलाशिल्प का भी ह्रास हुआ है। मशीनीकरण की प्रक्रिया के परिणामस्वरूप भारतीय समाज में भी बेरोजगारी, निर्धनता, वेश्यावृत्ति, नशाखोरी, आवारापन तथा अन्यान्य विचलनकारी प्रवृत्तियों का विकास हुआ है और इस प्रकार औद्योगिक क्रान्ति ने वैयक्तिक विघटन को बढावा दिया है।

(13) **राजनैतिक असामान्यता** (Political Abnormality)—जब कभी किसी देश या समाज की राजनीतिक गतिविधियों में किसी प्रकार का असुन्तलन उत्पन्न हो जाता है, तब भी वैयक्तिक विघटन की प्रक्रिया का जन्म होता है। भारत वर्ष में सन् 1947 में हुए देश विभाजन के परिणामस्वरूप लाखों व्यक्तियों की जमीन-जायदाद छिन गई, लाखों स्त्रियों का सुहाग नष्ट हो गया और लाखों बच्चे अनाथ हो गये। कालान्तर में इन शरणार्थियों का एक बड़ा अंश आपराधिक प्रवृत्ति में फँसकर वैयक्तिक विघटन का शिकार बन गया।

(14) **सामाजिक संरचना** (Social Structure)—सामाजिक संरचना भी वैयक्तिक विघटन में सहायक होती है। सामाजिक संरचना के अन्तर्गत व्यक्ति की

एक निश्चित स्थिति और पद होता है तथा इसके अनुरूप ही उसको कार्य करने पड़ते हैं। प्रायः अपने पद पर रहकर व्यक्ति किसी महत्वांकाक्षा के वशाधीन बड़े से बड़ा कार्य करने को तत्पर हो जाता है और असफलता प्राप्त करने पर हताशा और विकृति का शिकार बन जाता है। इस प्रकार की विकृति और हताशा उसको आत्महत्या, मद्यपान, चोरी, डकैती, गबन और घूसखोरी आदि के लिये प्रेरित करती है। इस प्रकार व्यक्ति करणीय और अकरणीय के मध्य समुचित भेद नहीं स्थापित कर पाता है तथा वैयक्तिक विघटन का शिकार बन जाता है।

(15) आकस्मिक संकट (Casual Crisis)—व्यक्ति के जीवन में आने वाला आकस्मिक संकट भी वैयक्तिक विघटन में सहायक होता है। उदाहरणार्थ किसी बच्चे के माता-पिता की किसी दुर्घटना में आकस्मिक मृत्यु हो जाने पर उस बच्चे को किसी अन्य अभिभावक से वह प्यार, स्नेह, सम्मान तथा देखरेख न प्राप्त होगी, जो उसके माता-पिता द्वारा होती है। इसके फलस्वरूप बच्चे के मस्तिष्क में अशान्ति, असन्तोष, क्षोभ और ईर्ष्या आदि उत्पन्न होती है। इसकी परिणिति बच्चे की युवावस्था पर होती है और ऐसा बच्चा कालान्तर में वैयक्तिक विघटन का शिकार हो जाता है।

भारतवर्ष में वैयक्तिक विघटन के प्रमुख कारण

भारतवर्ष के सन्दर्भ में वैयक्तिक विघटन की समस्या अपेक्षाकृत अधिक व्यापक तथा जटिल है, क्योंकि भारतीय सामाजिक संरचना, संगठन और व्यवस्था सामान्य व्यक्तियों की विभिन्न आवश्यकताओं की पूर्ति करने में नितान्त असफल सिद्ध हो रही है। इसके परिणामस्वरूप भारतवर्ष में वैयक्तिक विघटन की प्रक्रिया दिन पर दिन तीव्र होती जा रही जा रही है। वर्तमान भारतीय समाज में अग्रलिखित प्रकार के वैयक्तिक विघटन स्वरूपों को देखा जा सकता है—

(1) किशोर अपराध (Juvenile Delinquency)—भारतवर्ष में वर्तमान समय में किशोरापराधों की संख्या में आशातीत वृद्धि हुई है, जो कि एक गम्भीर समस्या है। वर्तमान भारतीय समाज की आर्थिक स्थिति सर्वथा दयनीय है और इसके परिणामस्वरूप निर्धनता और पारिवारिक विघटन आदि की समस्या ने किशोर वर्ग के बच्चों पर अपना आविष्कारी प्रभाव अंकित किया है। निर्धनता, दरिद्रता और बेरोजगारी की गोद में पले यह बच्चे माता-पिता के प्यार का अभाव पाकर बाल्यावस्था से ही मारपीट, लड़ाई-झगड़ा, चोरी, उठाई-गिरी, छीना-झपटी, संघर्ष और कलह से परिचित हो जाते हैं। माता-पिता के नियन्त्रण में कमी होने के कारण कुछ बच्चे स्कूल से भागकर आवारा हो जाते हैं। स्कूल से भागे हुये यह किशोर प्रायः सिनेमा, नशाखोरी, मद्यपान, जुआखारी और चोरी आदि व्यसनों को ग्रहण कर लेते हैं। इस प्रकार भारतवर्ष में किशोर अपराधों के लिये माता-पिता की अशिक्षा, निर्धनता और बेरोजगारी, पारिवारिक कलह और संघर्ष, यौन इच्छायें तथा सामाजिक नियन्त्रण की कमी ही मूल रूप से उत्तरदायी कारक हैं।

(2) वयस्क अपराध (Adult Offences)—भारतीय समाज में वयस्क अपराध की संख्या में भी उत्तरोत्तर वृद्धि हुई है। यह अपराधी किशोरापराधियों की तुलनाकृत अधिक गम्भीर माने जा सकते हैं। क्योंकि यह किशोरापराधियों की भाँति मासूम और अबोध नहीं होते हैं। भारत में वयस्क अपराधों के लिये प्रमुख रूप से निर्धनता, बेरोजगारी, दद्रिता और भूख ही उत्तरदायी है। चोरी, डकैती, कालाबाजारी, तस्करी, यौनाभिचार, बलात्कार तथा भ्रूण हत्यायें दिन पर दिन बढ़ती ही चली जा रही हैं।

(3) मानसिक विघटन (Mental Deficiency)—पाश्चात्य और अमेरिकन समाजों की भाँति वर्तमान भारतीय समाज में भी मानसिक विकृति उत्तरोत्तर बढ़ती जा रही है। मानसिक रूप से रोगी व्यक्ति मात्र समाज और परिवार के लिये ही नहीं, अपितु स्वयं अपने लिये भी एक बोझ बन जाते हैं। भारतवर्ष में निर्धनता के परिणामस्वरूप बहुत से व्यक्ति अपना समुचित इलाज तक नहीं करवा पाते हैं। मानसिक रूप से अस्वस्थ व्यक्ति सम्पूर्ण समाज के लिये एक गम्भीर समस्या के समान है। मानसिक रूप से अस्वस्थ कुछ व्यक्ति तो पैतृकता के कारण और कुछ व्यक्ति किसी आकस्मिक असफलता या दुर्घटनावश पागल, सनकी अथवा झक्की बन जाते हैं। जुए में हार जाना, घर के सदस्यों की सामूहिक मृत्यु, व्यापार में घाटा, व्यापार में दीवाला निकल जाना, पत्नी की चरित्रहीनता अथवा प्रेम में असफल होना अथवा प्रेमिका द्वारा अन्यत्र विवाह कर लेना आदि कारणों से भी व्यक्ति का मनासिक विघटन हो जाता है। कतिपय मूर्धन्य मनोवैज्ञानिकों का मत है कि मनुष्य में मानसिक रोग का प्रमुख कारण हताशा (Depression) है। इसी हताशा के परिणामस्वरूप व्यक्ति का मस्तिष्क विक्षिप्त हो जाता है अथवा निष्क्रिय हो जाता है। हताशा का शिकार व्यक्ति अपने जीवन के प्रति निराश अथवा उदास हो जाता है। व्यक्ति में प्रायः निम्नलिखित दो प्रकार से हताशा अथवा डिप्रेशन उत्पन्न होता है।

(i) **न्यूरोटिक डिप्रेशन।**
(Neurotic Depression)

(ii) **साइकोटिक डिप्रेशन।**
(Psychotic Depression)

हताशा या डिप्रेशन से ग्रस्त रोगी प्रायः अपने जीवन में घटित किसी आकस्मिक दुर्घटना या प्राप्त असफलता के फलस्वरूप भविष्य की प्रत्येक प्राप्त होने वाली सफलता की आशा छोड़ बैठते हैं तथा इस रोग से ग्रसित व्यक्ति भीड़-भाड़, त्यौहारों, पर्व अथवा समारोहों, क्लबों और रोगियों से सर्वथा अलग-अलग ही रहते हैं। ऐसे व्यक्ति सामान्यतः किसी भी विषय पर प्रायः तटस्थ ही रहते हैं, क्योंकि वह तुरन्त ही कोई निर्णय नहीं ले पाते हैं।

(4) मद्यपानी अपराध (Alcoholic Offences)—वर्तमान भारतीय समाज में मद्यपान सम्बन्धी अपराध भी वस्तुतः वैयक्तिक विघटन का एक महत्वपूर्ण स्वरूप

माना जा सकता है। मद्यपानोपरान्त शराबी व्यक्ति का चेतन मस्तिष्क सर्वथा अचेतन हो जाता है और इस अवस्था में व्यक्ति अपना अचित-अनुचित, करणीय-अकरणीय या भला-बुरा नहीं सोच पाता है। भारतीय समाज के सन्दर्भ में मद्यपान का प्रमुख कारण मात्र शौक, आदत, या फैशन ही नहीं, अपतु गरीबी, दरिद्रता, निर्धनता, बेरोजगारी है। पारिवारिक समस्यायों, घर गृहस्थी के झंझट, व्यक्तिगत जीवन की असफलतायें, रोजगार के अवसर उपलब्ध न होना, प्रेम से प्राप्त असफलता तथा अन्यान्य अनेकानेक समस्याओं से प्राप्त हताशा के परिणामस्वरूप व्यक्ति मद्यपानी हो जाते हैं।

(5) भिक्षावृत्ति अपराध (Beggary Offences)—भिक्षावृत्ति भी भारतवर्ष में वैयक्तिक विघटन का एक प्रमख स्वरूप है। निर्धनता, भूख, शारीरिक विकृति और रोग तथा अस्वस्थतादि कारणों के परिणामस्वरूप व्यक्ति भिक्षावृत्ति के लिये विवश होता है। वस्तुतः भिक्षावृत्ति का तात्पर्य ही आत्म-सम्मान की हत्या अथवा व्यक्तित्व का विनाश है। वर्तमान भारतीय समाज में भिक्षावृत्ति एक गम्भीर समस्या के रूप में उपस्थित है, क्योंकि मात्र दरिद्र, अपंग और रोगी व्यक्ति ही नहीं, अपितु अच्छे खासे स्वस्थ और अकर्मण्य व्यक्ति भी भिक्षावृत्ति में संलग्न पाये गये हैं। देश के बड़े-बड़े महानगरों में तो भिक्षावृत्ति एक सशक्त, लाभकारी और संगठित व्यवसाय के रूप में पनप चुका है। विभिन्न प्रकार के सर्वेक्षणों से ज्ञात होता है कि बड़े-बड़े महानगरों में भिक्षावृत्ति कराने वाला एक अपराधी इधर-उधर से बच्चों की चोरी कराके, प्रथम तो उनको अपंग बनाता है तथा इसके पश्चात् उनको नियोजित रूप से भिक्षा माँगने की ट्रेनिंग देता है। इस प्रकार के वातावरण में पले बच्चे अत्यन्त कम उम्र से ही वैयक्तिक विघटन का शिकार हो जाते हैं तथा कालान्तर में एक प्रशिक्षित अपराधी भी बन जाते हैं।

(6) वेश्यावृत्ति अपराध (Prostitutional Offences)—वेश्यावृत्ति की समस्या भी वैज्ञानिक विघटन का एक विश्वव्यापी स्वरूप है। भारतवर्ष में तो इस विघटन के परिणामस्वरूप अनेकानेक गम्भीर समस्याओं का प्रादुर्भाव हुआ है। भारतवर्ष में मात्र वर्तमान में ही नहीं अपितु अत्यधिक प्राचीन काल से ही धर्म की ओट लेकर व्यभिचार, यौनाचार तथा वेश्यावृत्ति के अन्यान्य स्वरूपों का प्रचलन रहा है। भारतवर्ष में प्राचीन काल में पाई जाने वाली देवदासी प्रथा वस्तुतः एक प्रकार की वेश्यावृत्ति का ही प्रतिरूप थी। देवदासी वह स्त्री होती थी, जो स्वयं आजीवन कुंआरी रहकर ईश्वराधना के नाम पर ब्रह्माचरण में तो नृत्य संगीत और पूजा-अर्चना करती थी और गहन रात्रि के अन्धेरे में पुजारियों की काम पिपासा शान्त करती थी। वर्तमान भारतीय समाज में अभी तक धर्म तथा उपासना के नाम पर विभिन्न प्रकार की धार्मिक-साँस्कृतिक संस्थाओं में वेश्यावृत्ति छिपे तौर पर क्रियाशील है। इसी प्रकार सिनेमा, दूरदर्शन, अश्लील साहित्य, सामाजिक रीति रिवाज, धार्मिक अन्ध विश्वास, बाल विवाह, विधवा विवाह निषेध आदि कारणों से भी वेश्यावृत्ति को बढ़ावा मिला है। भारतवर्ष में प्रतिवर्ष हजारों किशोर नवयुवतियाँ अबोधता और

भावुकतावश या तो अपना कौमार्य खो बैठती हैं अथवा घर से भाग जाती हैं। इस प्रकार की नवयुवतियाँ ही कालान्तर में वेश्यावृत्ति के धन्धे में बलात् बैठा दी जाती हैं, क्योंकि घर और समाज इन स्त्रियों को अच्छी नजर से नहीं देखता है। इसी प्रकार विधवा विवाह निषेध प्रथा के कारणवश भी हजारों स्त्रियाँ पुरुषों से अवैध सम्बन्ध स्थापित करके अन्ततोगत्वा वेश्यावृत्ति के जाल में फंस जाती है। इससे स्पष्ट है कि वर्तमान भारतीय समाज में नवयुवतियों, किशोरियों, आचरणविहीन विधवा स्त्रियों के नैतिक ह्रास ने ही वेश्यावृत्ति को जन्म देकर वैयक्तिक विघटन को बढ़ावा दिया है।

(7) कालगर्ल अपराध (Call Girl Offences)—भारतवर्ष में वैयक्तिक विघटन का यह स्वरूप आधुनिक युग की आयातित वेश्यावृत्ति का ही एक स्वरूप माना गया है। सामान्यतया तथाकथित भद्र पुरुष लोकलाज और बदनामी के भयवश वेश्याओं के कोठों पर नहीं जाते हैं, किन्तु कालगर्ल के साथ रमण कर लेते हैं। इसका मुख्य कारण यह है कि वर्तमान समय में अनेक स्त्रियाँ बाकायदा वेश्यावृत्ति नहीं ग्रहण करती हैं। तथापि दिन के उजाले में भी वह किसी प्रकार की सम्मानित नौकरी या व्यवसाय में संलग्न रहती हैं और रात्रि के अन्धेरे में अपना मूल व्यापार करती हैं। इन कालगर्ल का एक संगठित गिरोह भी होता है जिनमें होटल का संचालक, मैनेजर, बेयरा, रिक्शा चालक या टैक्सी वाला आदि इनके दलालों का काम करते हैं। सामान्यतया इस पेशे को ग्रहण करने वाली स्त्रियों में मध्यम वर्ग की संख्या अधिक पाई गई है। पारिवारिक निर्धनता और नये-नये फैशन तथा कुसंगति के कारण यह व्यवसाय देश के सभी बड़े-बड़े महानगरों में फल-फूल गया है। कुछ कालगर्ल तो अपने व्यवसाय के दौरान कालेज या विश्वविद्यालयों की छात्रायें भी होती हैं और कुछ आफिस क्लर्क या स्टेनों होती हैं।

(8) अप्राकृतिक व्यभिचार (Unnatural Infidelity)—भारतवर्ष में वैयक्तिक विघब्न का यह स्वरूप भी वस्तुतः देश की आजादी के बाद प्रकाश में आया है। इस व्यभिचार में प्रायः दो समलिंगी प्राणी यौनभावना से पीड़ित होकर सहलैंगिक मैथुन या सहवास करते हैं। भारत में किये गये कुछ सर्वेक्षणों से ज्ञात हुआ है कि कालेजों तथा यूनिवर्सिटी में अध्ययनरत कुछ छात्रायें भी समलिंगी व्यभिचार करने की दोषी हैं। विश्व के सभी सभ्य समाजों में इस अप्राकृतिक व्यभिचार को निन्दनीय और गैरकानूनी तक घोषित किया जा चुका है, फिर भी इस पर अंकुश नहीं लगाया जा सकता क्योंकि यह उपराध मनोविज्ञान से सम्बन्धित है।

(9) बलात्कार अपराध (Rape Offences)—वैयक्तिक विघटन का यह स्वरूप अत्यधिक आदिम युग से ही सभी समाजों में किसी न किसी अंश तक अवश्यावश्य पाया जाता रहा है। सामान्यतया जिन परिवारों में व्यक्ति की यौन क्षुधा की सन्तुष्टि नहीं हो पाती है अथवा जो व्यक्ति स्वयं की यौनेच्छा पर आत्म नियन्त्रण नहीं पाते हैं अथवा जो व्यक्ति किसी यौन रोग या विकृति से पीड़ित होते हैं, ऐसे ही व्यक्ति अपेक्षाकृत सामान्य लोगों के बलात्कार के अपराधी पाये जाते हैं। बलात्कारी व्यक्ति मात्र अपनी यौनेच्छा और कामपिपासा की शान्ति हेतु जबरदस्ती

अथवा धोखे से किसी भी स्त्री या नवयुवती के साथ यौन सम्बन्ध स्थापित कर लेते हैं। वैयाक्तिक विघटन का यह स्वरूप भी स्वतन्त्रता के पश्चात् देश में काफी विस्तृत हो चुका है।

(10) हताशा और आत्महत्या अपराध (Depression and Suicide Offences)—वर्तमान भारतीय समाज में औद्योगीकरण तथा नगरीकरण की प्रक्रिया के फलस्वरूप भी हताशा और आत्महत्या सम्बन्धी अपराधों में अत्यधिक वृद्धि हुई है। निरन्तर दरिद्रता, भूख, गरीबी, लाचारी, अस्वस्थता, मानसिक समस्याओं का निदान न होना, रोजी-रोटी के अवसर न उपलब्ध होना, परिवारजनों की दुर्घटनावश आकस्मिक मृत्यु तथा मानसिक विक्षिप्तावस्था आदि अन्यान्य कारणों से भी व्यक्ति में हताशा और आत्महत्या की प्रवृति का विकास होता है। विद्यार्थीगण परीक्षा में असफलता पाने तथा नवयुवक युवतियों द्वारा प्रेम प्रकरण में विफल हो जाने पर भी हताशा और आत्महत्या की ओर उन्मुख हो जाते हैं। इससे स्पष्ट होता है कि हताशा और आत्महत्या भी वस्तुतः वैयक्तिक विघटन का ही एक प्रमुख स्वरूप है।

निष्कर्ष (Conclusion)—वैयक्तिक विघटन सम्बन्धी उपर्यकुत स्वरूपों तथा कारणों के वर्णन से स्पष्ट होता है कि वैयक्तिक विघटन की प्रक्रिया मात्र भारतीय समाज में ही नहीं, अपितु सार्वभौमिक रूप से सभी समाजों में विद्यमान है, क्योंकि वैयक्तिक विघटन की प्रक्रिया व्यक्ति की अपनी मानसिक विकृति, मानसिक असमान्यता तथा जीवन की असफलताओं की जीवन्त स्थिति होती है। वैयक्तिक विघटन की प्रक्रिया मात्र व्यक्ति और उनके परिवार को ही नहीं, अपितुः सम्पूर्ण सामाजिक संगठन, व्यवस्था और संरचना को भी विशिष्ट रूप से प्रभावित करती है।

अभ्यास के लिये प्रश्न

1. वैयक्तिक विघटन क्या है? उसकी प्रकृति बतलाइये।
2. वैयक्तिक विघटन की प्रकिया बतलाइये?
3. भारतवर्ष में वैयक्तिक विघटन के प्रमुख स्वरूप क्या हैं?
4. भारतवर्ष में वैयक्तिक विघटन के कारणों का विवेचन कीजिये।

7

पारिवारिक विघटन
(Family Disorganisation)

इलियट और मैरिल के अनुसार आधुनिक परिवार पर प्रभाव डालने वाले विभिन्न कारकों को निम्नलिखित वर्गों में बाँटा जा सकता है—

(1) आर्थिक कारक (Economic Factors)

(2) राजनीतिक कारक (Political Factors)

(3) दार्शनिक कारक (Philosophical Factors)

(4) सामाजिक कारक (Social Factors)

(1) आर्थिक कारक—वर्तमान काल में आर्थिक परिवर्तन ने परिवार के स्वरूप और प्रकृति पर गहरा प्रभाव डाला है। औद्योगिक क्रान्ति के कारण परिवार उत्पादन की इकाई नहीं रह गया। उत्पादन में मशीनों का जोर-शोर से उपयोग होने लगा, नये-नये कारखाने खुलने लगे और उनमें स्त्रियाँ तथा बच्चे भी काम करने लगे। इससे स्त्रियाँ पुरुष पर आश्रित नहीं रह गईं और आर्थिक दृष्टि से स्वतन्त्र हो गईं। स्त्री-पुरुष दोनों के आर्थिक क्षेत्र में उतरने से विवाह के बन्धन ढीले पड़ने लगे और उनका आधार केवल प्रेम अथवा वासनापूर्ति रह गया जिसके अभाव में तलाकों की संख्या बढ़ने लगी। आटा पीसने, कपड़े धोने आदि घर के अनेक कार्यों के लिए नई-नई मशीनों के आविष्कार से घर में स्त्रियों पर काम का भार हल्का हो गया और वे पुरुषों के साथ हाथ बँटाने लगीं। इससे क्रमशः स्त्री-पुरुष की समानता का प्रचार हुआ और व्यक्तिवाद बढ़ने लगा। शहरों में जनसंख्या बढ़ने से भी परिवार पर बड़ा प्रभाव पड़ा। परिवार के अनेक कार्य अन्य एजेन्सियों ने ले लिए। आर्थिक उत्पादन कारखानों में, शिक्षा स्कूल और बालघर तथा मनोरंजन क्लबों और सिनेमा गृहों में होने लगा। इससे केन्द्रापगामी (Centrifugal) प्रवृत्तियाँ प्रबल होने लगीं और परिवार की दृढ़ता कम होने लगी। इस संक्षिप्त वर्णन से यह स्पष्ट है कि आर्थिक परिवर्तन ने परिवार के स्वरूप और प्रकृति पर बड़ा प्रभाव डाला है।

परन्तु इससे परिवार की जैवकीय आवश्यकता पर कोई प्रभाव नहीं पड़ता। परिवार में ही मानव शिशु का जन्म होता है और परिवार में वह पलता है। राल्फ

लिन्टन, एलमर और हैवलॉक ऐलिस आदि विद्वानों ने शिशु के विकास के लिए परिवार की आवश्यकता पर बड़ा जोर दिया है। हैवलॉक ऐलिस के अनुसार माँ के दूध पर पलने वाले बच्चों में शिशु मृत्यु संख्या तथा रोग संख्या उन बच्चों से बहुत कम होती है जो शिशु केन्द्रों में पाले जाते हैं। परिवार में बालक को केवल शारीरिक विकास के लिए नहीं बल्कि मानसिक विकास के लिए भी समुचित अवसर मिलता है। मनोवैज्ञानिकों ने बालक के मानसिक विकास में माता-पिता के स्नेह और सहानुभूति का बड़ा महत्व माना है। परिवार में प्रत्येक बालक का व्यक्तिगत रूप से ध्यान रखा जाता है और उसकी आवश्यकताओं की पूर्ति की जाती है। सन्तान के उत्पादन तथा पालन के अतिरिक्त मैकाइवर ने परिवार के दो अन्य जैवकीय प्रयोजन भी माने हैं-एक तो यौन आवश्यकता की स्थायी सन्तुष्टि तथा दूसरे घर की व्यवस्था। मानव ने अभी तक परिवार के अतिरिक्त किसी ऐसी व्यवस्था अथवा समिति की खोज नहीं की जिसके द्वारा मनुष्य की यौन (Sex) सम्बन्धी आवश्यकताओं की स्थायी रूप से सन्तुष्टि हो सके। यौन-वासना केवल शारीरिक आवश्यकता ही नहीं है, उसके आध्यात्मिक और मानसिक पक्ष भी हैं। जिनका संतोष स्थायी वैवाहिक सम्बन्धों में ही हो सकता है। न्यूयार्क की एक गणना में यह पता लगा कि तीस से चालीस वर्ष की आयु में मरने वालों में अविवाहितों की संख्या विवाहितों की संख्या से दुगुनी है। इसी प्रकार एक अन्य गणना से यह ज्ञात हुआ है कि आत्महत्या और शराब के प्रभाव से मरने वालों में अधिकतर अविवाहित ही होते हैं। इस प्रकार विवाहित व्यक्ति अविवाहितों की अपेक्षा स्वस्थ और दीर्घजीवी पाये गये। वास्तव में परिवार में जो सुख तथा दाम्पत्य प्रेम मिलता है वह अन्यत्र दुर्लभ है। परिवार से घर की व्यवस्था बनी रहती है। भारत में एक कहावत प्रचलित है 'बिन घरनी घर भूत का डेरा' घर वाली से घर की जो शोभा और व्यवस्था रहती है वह किसी भी विवाहित व्यक्ति के घर में देखी जा सकती है। इसका विशेष पता तब लगता है जबकि घरवाली अपने मायके चली गई हो। उस समय घर की जो दुर्दशा होती है वह कहने की नहीं बल्कि देखने की बात है। अविवाहित और विधुर व्यक्ति भी घर की व्यवस्था में स्त्री का महत्व खूब समझते हैं। इस प्रकार केवल सन्तान का उत्पादन और पालन-पोषण ही नहीं, बल्कि यौन आवश्यकताओं की स्थायी सन्तुष्टि तथा घर की व्यवस्था के लिये परिवार आज भी नितान्त आवश्यक है।

जैवकीय आवश्यकताओं के समान परिवार की सामाजिक आवश्यकता पर भी आर्थिक परिवर्तन का नकारात्मक प्रभाव नहीं पड़ा है। पति-पत्नी एक दूसरे के जीवन साथी कहे जाते हैं। एक दूसरे के रहते उन्हें कभी अकेलापन नहीं अनुभव होता और जीवन में सदैव उत्साह और आनन्द बना रहता है। वास्तव में एक विशेष आयु आने पर युवक-युवती सभी को अकेलापन खलने लगता है और वे किसी के हो जाने के लिये, किसी को पाने के लिये, किसी को सदैव नजरों के सामने रखने के लिये, सोते, जागते, उठते-बैठते किसी के साथ के लिये बेचैन रहते हैं। केवल युवावस्था में पति-पत्नी के रूप में ही नहीं, बल्कि बचपन में परिवार के

सदस्य के रूप में भी मनुष्य अपनी सामाजिक आवश्यकताओं की पूर्ति करता है। परिवार के इस कार्य को कोई भी अन्य संस्था या समिति पूरा नहीं कर सकती। परिवार से व्यक्ति की सामाजिक आवश्यकताओं की जो पूर्ति होती है वह किसी भी अन्य प्रकार से नहीं हो सकती।

इस प्रकार यद्यपि वर्तमान अर्थिक परिवर्तन ने परिवार के स्वरूप और कार्यों पर बड़ा प्रभाव डाला है, परन्तु परिवार के मौलिक, जैवकीय तथा सामाजिक कार्य अब भी वैसे ही हैं। मैकाइवर तथा पेज ने अपनी प्रसिद्ध पुस्तक 'Society, An Introductory Analysis' में ठीक ही लिखा है, आर्थिक परिवर्तन ने परिवार के स्वरूप और प्रकृति पर गहरा प्रभाव डाला है परन्तु इसने मौलिक, जैवकीय और सामाजिक आवश्यकताओं पर कोई प्रभाव नहीं डाला। जो कि परिवार के प्रमुख कार्यों का सृजन करती है।"[1]

(2) राजनीतिक कारक- आर्थिक कारकों के अतिरिक्त विवाह और परिवार के प्रतिमानों में नवीन परिवर्तन के राजनीतिक कारक भी हैं। इनमें मुख्य निम्नलिखित हैं-

(i) राज्य के क्षेत्र और प्रभुता का विस्तार-यातायात तथा संदेशवहन के साधनों के विकास और अन्य वैज्ञानिक सुविधाओं के कारण राज्य का क्षेत्र तथा प्रभुता बढ़ती जाती है और धीरे-धीरे राज्य परिवार के अनेक कार्यों को परिवार से ले रहा है। राज्य की प्रभुता बढ़ने से परिवार के सदस्यों पर से पिता की प्रभुता बहुत कम हो गयी है। पहले पिता को अपनी सन्तान को दण्ड देने का अधिकार था। परन्तु अब वह उसको उसकी इच्छ के विरुद्ध किसी काम के लिये बाध्य नहीं कर सकता। अमरीका में राज्य परिवार में बच्चों के मामले में भी हस्तक्षेप कर सकता है। राज्य ने परिवार से शिक्षा आदि अनेक कार्यों को ले लिया है। वह बालकों के शारीरिक तथा मानसिक स्वास्थ्य के साथ-साथ उनके भविष्य का भी ध्यान रखता है। राज्य के नियन्त्रण का क्षेत्र बढ़ने के साथ-साथ बच्चों पर परिवार के अनियन्त्रण का क्षेत्र कम होता जा रहा है।

(ii) स्त्रियों को मताधिकार की प्राप्ति (Enfranchisement of the Women)- विवाह और परिवार के प्रतिमानों में नवीन परिवर्तन का दूसरा राजनीतिक कारण स्त्रियों को मताधिकार मिलना है। इससे जहाँ एक ओर स्त्रियों को पुरूषों के समान राजनीतिक समानता मिली है वहाँ दूसरी ओर उन्होंने विधान सभाओं में स्थान लेकर ऐसे विधान बनवाने आरम्भ किये हैं जिनसे स्त्रियों को सभी क्षेत्रों में पुरूष के समान अधिकार मिलें।

(3) दार्शनिक कारक-राजनीतिक तथा आर्थिक कारकों के अतिरिक्त विवाह और परिवार में नवीन परिवर्तनों में दार्शनिक कारकों का भी हाथ है। इन

---

1. "Economic change has deeply effected the form and character of the family, but does not effect the basic biological facts and social needs which create the essential functions of the family."
—Mac Iver and Page,

दार्शनिक कारकों में आधुनिक युग में प्रचलित भौतिकवाद (Materialism), सुखवाद (Hedonism), व्यक्तिवाद (Individualism) तथा बुद्धिवाद (Intellectuatlism) की विचारधारायें हैं। इनसे विवाह धार्मिक बन्धन न रहकर सामाजिक समझौता मात्र रह गया है। उन्मुक्त-प्रेम (Free-Love) के आदर्श के कारण विवाह-पूर्व (Pre-marital) और विवाह के बाहर (Extra-marital) यौन सम्बन्धों की संख्या बढ़ रही है। भौतिक सुखवाद तथा व्यक्तिवाद से पारिवारिक नियन्त्रण कम होता जा रहा है और विघटन प्रारम्भ हो गया है।

(4) सामाजिक कारक- दार्शनिक कारकों के अतिरिक्त विवाह और परिवार में नवीन परिवर्तनों में सामाजिक कारकों का भी बड़ा महत्व है। इन सामाजिक कारकों में मुख्य निम्नलिखित हैं-

(i) स्त्रियों की दशा में उन्नति-आधुनिक समुदायों में स्त्रियों में शिक्षा के प्रसार, मताधिकार की प्राप्ति तथा आर्थिक समानता से उनकी दशा बड़ी उन्नत हो गई है। इससे विवाह तथा परिवार में परिवर्तन हुये हैं। शिक्षा प्रसार के साथ-साथ स्त्रियों में विवाह की आयु बढ़ रही है और अविवाहित रहने की प्रवृत्ति भी बढ़ती जाती है। विवाह का आधार प्रेम रह गया है। अतः जीवन-साथी के चुनाव में स्वतन्त्रता बढ़ती जाने लगी है। युवक-युवती स्वयं मिलकर विवाह निश्चित करने लगे हैं। प्रेम-विवाहों की संख्या बढ़ने के साथ-साथ तलाकों की संख्या भी बढ़ रही है क्योंकि आर्थिक दृष्टि से स्वतन्त्र हो जाने के बाद विवाह में प्रेम न मिलने पर वह स्त्री के लिये व्यर्थ हो जाता है। विवाह करने के बाद स्त्रियों को अनेक प्रकार के बन्धनों में रहना पड़ता है और वे अपना मनचाहा जीवन-स्तर भी नहीं रख पातीं, इसलिये भी अविवाहित रहने की प्रवृत्ति बढ़ रही है। स्त्रियों की दशा उन्नत होने से परिवार का आकार छोटा होता जा रहा है। आधुनिक शिक्षित स्त्रियाँ अधिक संतान उत्पन्न करके अपना स्वास्थ्य बर्बाद करना नहीं चाहतीं। अधिक सन्तान होने से जीवन-स्तर भी गिरता है और स्त्री पुरुष के वैवाहिक आनन्द में भी बाधा पड़ती है। अधिक बच्चे होने पर भी स्त्री घर से बाहर काम नहीं कर सकती। इन सब कारणों के साथ गर्भ-निरोध के वैज्ञानिक साधनों के आविष्कारों से भी आधुनिक परिवारों में बच्चों की संख्या कम होती है।

(ii) यौन नैतिकता के दोहरे मापदण्ड की समाप्ति-स्त्रियों की दशा के उन्नत होने के साथ-साथ यौन नैतिकता के दोहरे मापदण्ड की समाप्ति ने भी आधुनिक समुदायों में परिवार और विवाह के स्वरूप पर प्रभाव डाला है। आधुनिक समाजों में यौन नैतिकता के विषय में स्त्री-पुरुष के लिये अधिकतर एक से नियम हैं। स्त्री-पुरूष किसी के भी व्यभिचारी होने पर दूसरा उसको किसी प्रकार का शारीरिक कष्ट नहीं दे सकता, परन्तु दोनों में से कोई भी दूसरे को तलाक दे सकता है। इस प्रकार विवाह के बन्धन में स्त्री-पुरुष दोनों के लिए बहुत कुछ समान नियम हैं। इससे विवाह की संस्था का रूप ही बदल गया है। परिवार में स्त्री-पुरुष में समानता आ गई है। अधिकतर शिक्षित पति-पत्नी या तो दोनों उन्मुक्त भोगी होते

हैं और कोई किसी को नहीं रोकता या फिर उनकी वैवाहिक नैतिकता बड़ी सुदृढ़ रहती है। इससे आधुनिक परिवार में दोहरी नैतिकता समाप्त हो गई है।

परिवार में नवीन प्रवृत्तियाँ

इस प्रकार आधुनिक काल में परिवार की संस्था में बड़ी तेजी से परिवर्तन हो रहा है। इस विषय में मुख्य-मुख्य नवीन प्रवृत्तियाँ निम्नलिखित हैं-

(1) परिवार के आर्थिक कार्यों में कमी-आधुनिक काल में परिवार के बहुत से आर्थिक कार्य कल कारखाने, सरकारी सहायता तथा अन्य समितियों द्वारा होने लगे हैं।

(2) परिवार के अन्य कार्यों में कमी- परिवार के और बहुत से कार्य अन्य एजेसियों ने ले लिये हैं। बच्चों की देखभाल और पालन-पोषण का कार्य शिशुशालाओं, बालोद्यानों, किंडश्गार्टन स्कूलों और बाल-पालकों द्वारा किया जाने लगा है।, प्रसूति और उपचार का कार्य अस्पतालों में होता है। हजारों परिवारों को भोजनालय भोजन प्रदान करते हैं।

(3) पारिवारिक मनोरंजन में कमी और वृद्धि- आजकल एक ओर मनोरंजन का कार्य सिनेमा तथा क्लब आदि ले रहें हैं परन्तु दूसरी ओर परिवार में मनोरंजन के साधन भी बढ़ते जा रहे हैं। रेडियो, टेलीविजन तथा घर में खेले जाने वाले खेलों से आधुनिक परिवार मनोरंजन के केन्द्र बन गये हैं। वास्तव में, जैसा कि फोल्सम ने लिखा है, "मनोरंजन सम्बन्धी कार्य कुछ परिवार को और कुछ परिवार से हस्तांतरित किए जा रहे हैं।"[1]

(4) वैवाहिक और यौन-सम्बन्धों में ढिलाई-आधुनिक परिवार में वैवाहिक और यौन सम्बन्ध ढीले पड़ते जा रहे हैं और विवाह-पूर्व तथा विवाह के बाहर यौन सम्बन्धों की संख्या बढ़ती जा रही है। सदरलैंड और वुडवर्ड के शब्दों में, "यौन नियमों में प्रिवर्तन से परिवार पर अत्यधिक प्रभाव पड़ा है।"[2]

(5) स्त्री-पुरूष के सम्बन्धों में परिवर्तन-आधुनिक परिवार में स्त्री को पुरूष के बराबर अधिकार मिलने से उनके सम्बन्धों में बड़े परिवर्तन हो गये हैं। मावरर ने ठीक ही लिखा है कि, "अनेक परिवारों में पति अब परिवार का अध्यक्ष नहीं रह गया है यद्यपि यह तथ्य है कि वह अब भी पारिवारिक नाम और धार्मिक नाम प्रदान करता है जिसको उसकी पत्नी अधिक औपचारिक अवसरों पर प्रयोग करती है। परन्तु पारिवारिक क्षेत्र के अन्दर अब वह निरंकुश सत्ताधारी नहीं है। जिसका शब्द ही कानून हो। सच तो यह है कि वह भाग्यशाली है यदि उसके बच्चे उसको कोई हस्तक्षेप करने वाला बाहरी व्यक्ति अथवा बच्चों के किसी कार्यक्रम के प्रति पत्नी के विरोध को तोड़ने में सहायता की आवश्यकता के अवसर पर राजी करने वाला एक सहपक्षी नहीं समझते।

1. "Recreational functions are being transferred some to and some from the family".
—J.K. Folsom.
2. "The family has been greatly affected by the changes in sex mores."
—Sutherland and Woodword, *Introductory Sociology*, p. 698.

दूसरी ओर, पत्नी परिवार में अपने को यदि पति से श्रेष्ठ नहीं तो बराबर अवश्य पाती है। वह परिवार समूह के भाग्य पर सहानुभूतियुक्त परन्तु दृढ़ हाथ से शासन करती है। वह अब अन्य दिनों के समान श्रमिक अथवा दासी नहीं रही। जहाँ तक बालकों का सम्बन्ध है उसकी आज्ञाओं पर पिता की आज्ञाओं की तुलना में भी अधिक ध्यान देने की आश्यकता होती है।"[1]

(6) बच्चों के महत्व में वृद्धि-आधुनिक परिवार में बच्चों का महत्व बढ़ गया है। अब उनको शारीरिक दण्ड बहुत कम दिया जाता है। आधुनिक परिवार बच्चों पर केन्द्रित परिवार (Filiocentric Family) होते जा रहे हैं। अर्नेस्ट मौरर के शब्दों में वे "वास्तव में दृश्य (Scene) पर छा जाने की प्रवृत्ति रखते हैं, उनकी इच्छायें परिवार की नीति निर्धारित करती हैं। इस प्रकार बच्चों पर केन्द्रित परिवार की ओर प्रवृत्ति दिखलाई पड़ती है जिसमें बालक का ही मुख्य स्थान होता है।''[2]

(7) रक्त सम्बन्धियों के महत्व में कमी-आधुनिक परिवार में रक्त सम्बन्धियों का महत्व कम होता जा रहा है। परिवार में पति-पत्नी और बच्चे ही रहते हैं।

(8) संयुक्त परिवार का विघटन- आधुनिक परिवार अब संयुक्त परिवार नहीं रहे हैं। संयुक्त परिवार का तेजी से विघटन हो रहा है।

(9) छोटे परिवार- गर्भ निरोधक औषधियों के प्रचार से और सन्तान को जीवन के सुख भोग तथा प्रगति में बन्धन समझने से जन्म-दर बराबर गिरती जा रही है और आधुनिक परिवार छोटे होते जा रहे हैं। फोल्सम के शब्दों में "दो बालकों का परिवार वर्तमान व्यापक सामाजिक मानदण्ड अथवा आदर्श है।"[3]

---

1. "The husband is no longer the head of the household in many families, inspite of the fact that he still provides the family name as well as the Christian name which his wife uses upon more formal occasions. Within the family circle, however, he is no longer the autocrate whose word is law. In fact, he is lucky if his children look upon him other than as a meddle-some outsider or as an alley to be catered to when support is needed in breaking down his wife's opposition to some programme of the children.

   The wife on the other hand, finds herself quite the equal of her husband in family circle, if not superior. She rules the destiny of the family group with a sympathetic, but nonetheless determined hand. She is no longer the drudge and slave of the other days. So far as the children are concerned her commands are even more to be taken into account than those of father." —Earnest R. Mowrer, *The Family* (1932), pp. 274-275.
2. "They in fact tend to dominate the scene, their wishes determining the policy of the family. Thus the trend seems to be towards the filiocentric family in which the child plays the dominant role." —Earnest R. Mowrer. *The Family,* University of Chicago Press, (1832), p. 574.
3. "The two child family in now the prevailing social standard or ideal." —J.K. Folsom, *The Family and the Democratic Society.* p. 188.

(10) पारिवारिक विघटन-आधुनिक परिवार में विघटन (Disorganisation) की क्रिया स्पष्ट दिखाई पड़ती है। तलाकों की संख्या बढ़ती जा रही है। व्यक्ति पर से परिवार का नियन्त्रण उठता जा रहा है।

(11) परिवार की अस्थिरता-आधुनिक परिवार अब स्थायी समिति नहीं रहा। वह अस्थिर है। उसको कभी भी तोड़ा जा सकता है। विवाह एक सामाजिक समझौता मात्र रह गया है जिसको थोड़ी सी भी अनबन पर तोड़ना कठिन नहीं है। आधुनिक परिवार प्राचीन और मध्यकालीन परिवार की अपेक्षा कहीं अधिक दुर्बल और अस्थिर है।

आधुनिक परिवार की समस्यायें

इस प्रकार आधुनिक परिवार के सामने अनेक नई समस्यायें हैं। इनमें से मुख्य समस्यायें निम्नलिखित हैं—

(1) पति-पत्नी के सामंजस्य की समस्या- आधुनिक परिवार में सबसे अधिक कठिन समस्या पति-पत्नी का परस्पर सामंजस्य है। आज की पढ़ी-लिखी और जागृत नारी जीवन के सभी क्षेत्रों में पति के साथ समानता चाहती है परन्तु पति अभी इतने उदार नहीं बन पाये हैं। अतः दोनों में संघर्ष होना निश्चित है। यौन-सम्बन्धों में ढिलाई और विवाह के सम्बन्धों में अस्थिरता भी पति-पत्नी के सम्बन्धों में संघर्ष उत्पन्न करते हैं।

(2) यौन-सामंजस्य की समस्या-यौन-सम्बन्धी मूल्यों में परिवर्तन के कारण आधुनिक परिवार के सामने यौन-सामजस्य की समस्या उत्पन्न हो गई है। पश्चिमी साहित्यकारों में डी० एच० लारेन्स ने अपने उपन्यासों में इस समस्या का बड़ा सुन्दर चित्र खींचा है। मनोविश्लेषणवादी साहित्य ने भी योन-सम्बन्धों के प्राचीन आदर्शों को ठोकर दी। आजकल यौन-वासनाओं की तृप्ति पर बड़ा जोर दिया जाता है। कुछ लोग तो यहां तक कहने लगे हैं कि यौन-सम्बन्धों में विविधता वांछनीय ही नहीं बल्कि अनिवार्य है। इससे विवाह के पूर्व तथा विवाह के बाहर यौन-सम्बन्ध बढ़ते जाते हैं। इन सब बातों से पति-पत्नी में यौन-वैषम्य की समस्या उत्पन्न होती है जिससे हजारों, लाखों परिवारों का विघटन होता जा रहा है।

(3) रोमांचक प्रेम पर आधारित विवाह- आधुनिक परिवार के सामने एक दूसरी बड़ी समस्या रोमांचक प्रेम पर आधारित विवाहों से उत्पन्न होती है। इस प्रकार के विवाहों के बाद जब परिवार में पति-पत्नी के रोमांचक प्रेम सम्बन्धी स्वप्न पूरे नहीं होते तो उनको बड़ी चोट पहुंचती है। वे एक दूसरे को दोष देने लगते हैं और अन्त में या तो जीवन भर कलह करते रहते हैं या विवाह का सम्बन्ध तोड़ देते हैं। Social Disorganisation नामक पुस्तक में इलियट और मैरिल ने तलाकों को रोमांचक विवाहों का अनिवार्य दुष्परिणाम बतलाया है।

(4) विवाह विच्छेद की समस्या-आधुनिक परिवार की एक बड़ी समस्या विवाह-विच्छेद की संख्या में वृद्धि है। विवाह एक सामाजिक समझौता मात्र रह गया

है। भौतिकवाद, व्यक्तिवाद, बुद्धिवाद आदि के कारण सहिष्णुता और प्रेम कम हो गया है। यौन सुख, भोग पर अधिक जोर दिया जाता हैं स्त्रियाँ अब पुरूषों पर कम आश्रित रह गई हैं। तलाक के नियम भी कठिन नहीं हैं। इन सब कारणों से तलाकों की संख्या बराबर बढ़ती जा रही है।

(5) काम करने वाली स्त्रियों की समस्यायें-आजकल घर से बाहर काम करने वाली स्त्रियों की संख्या बढ़ती जाती है। इन स्त्रियों को बच्चों की आवश्यक देखभाल करने का समय नहीं मिलता। काम से थक कर आने पर वे पति और बच्चों की सेवा एवं टहल नहीं कर सकतीं। इससे बच्चों के विकास में बाधा पड़ती है और पति-पत्नी में मन-मुटाव और संघर्ष बढ़ता है। अतः घर से बाहर काम करते हुए भी घर की सुख शान्ति बनाये रखने की समस्या उपस्थित होती है।

(6) पारिवारिक जीवन के लिये शिक्षा-पारिवारिक जीवन के लिये शिक्षा देना आधुनिक परिवार में एक आवश्यक समस्या बन गई है। विचारों, आदर्शों और परिस्थितियों में तीव्र गति से परिवर्तन होने के कारण पारिवारिक विघटन का खतरा उपस्थित हो गया है जब तक कि स्त्री-पुरुष इन नवीन परिवर्तनों से सामंजस्य न कर लें।

(7) पारिवारिक अनुशासन में शिथिलता-आधुनिक परिवार में एक बड़ी समस्या परिवार के सदस्यों पर परिवार का नियन्त्रण कम होने से उपस्थित हो गई है। इससे परिवार का अनुशासन शिथिल हो गया है। लड़के-लड़कियाँ, पति-पत्नी, भाई-बहन सभी अपने-अपने रास्ते पर जाना चाहते हैं और कोई किसी प्रकार की रोक-टोक पसन्द नही करता।

(8) पारिवारिक संघर्ष और कलह-पारिवारिक संघर्ष और कलह की समस्या उत्पन्न हो गई है। आधुनिक परिवार में पारिवारिक नियन्त्रण कम होने और मूल्यों में परिवर्तन होने से पति-पत्नी में और माता-पिता तथा बच्चों में संघर्ष बढ़ गया। बहुधा यह संघर्ष अप्रत्यक्ष रहता है, परन्तु इससे परिवार की शान्ति भंग हो जाती है, परस्पर का विश्वास उठ जाता है और मनोवैज्ञानिक सुरक्षा की भावना नहीं रह पाती।

(9) न्यून जन्मदर-देर से विवाह, गर्भ निरोधक औषधियों का अत्यधिक प्रयोग तथा बच्चों को भार समझने के कारण आधुनिक परिवार में जन्म दर बराबर गिर रही है। इससे परिवार की अस्थिरता बढ़ती है क्योंकि बच्चों की अनुपस्थिति में पति-पत्नी में उत्तरदायित्व की भावना कम होती है और पारिवारिक बन्धन भी घनिष्ठ नहीं रह पाता।

परिवार में आधुनिक प्रवृत्तियों में दिग्दर्शन से यह स्पष्ट ज्ञात होता है कि आधुनिक परिवार में अनेक विघटनकारी शक्तियाँ काम कर रही हैं। आधुनिक सभ्य समाज के सम्मुख पारिवारिक विघटन की समस्या उपस्थित है। यह समस्या कहाँ तक है? पारिवारिक विघटन के क्या लक्षण हैं? आधुनिक समाज में किन

कारणों से परिवार का विघटन हो रहा है। इन सब महत्वपूर्ण बातों के विवेचन से पारिवारिक पुनर्गठन के रचनात्मक पक्ष में अन्तदृष्टि मिलेगी।

आधुनिक परिवार की अस्थिरता के कारण

आधुनिक परिवार अस्थिर है। परित्याग (Desertion), पृथक्करण (Separation), तलाक (Divorce) आदि की संख्या की वृद्धि इसका प्रमाण है। इस अस्थिरता के मुख्य कारण निम्नलिखित हैं-

(1) पारिवारिक संकटों में सामाजिक संरक्षण की कमी (Absence of Social Protection in family Crises)- पहले पारिवारिक संकट अर्थात् पति-पत्नी में असामंजस्य होने पर बड़े-बूढ़े, बिरादरी वाले और सामाजिक रूढ़ियाँ और परम्परायें उनको रोकती थीं और परिवार टूटने से बच जाता था। परन्तु अब सामाजिक संकटों में पति-पत्नी को सही रास्ता दिखाने वाला कोई नहीं मिलता और क्रोध तथा प्रतिकार की भावना के आवेश में वे प्यार में लगाये गृहस्थी के पौधे को अपने हाथों से उखाड़ फेंकते हैं चाहे आवेश उतर जाने पर उन्हें अपने इस कार्य का कितना ही पश्चाताप क्यों न हो। पहले आर्थिक दृष्टि से पति पर निर्भर होने के कारण पत्नी-पति के अनेक अत्याचारों को चुपचाप सहन करती रहती थी और उसको छोड़ नहीं सकती थी। अब जो स्त्रियाँ स्वयं कमाने योग्य हैं, वे केवल प्यार पाने के लिए शादी करती हैं, और जब वही उनको नहीं मिलता तब उन्हें उसे छोड़ते भी देर नहीं लगती है। कहीं-कहीं पर तलाक नियम अत्यधिक सरल होने के कारण परिवार बहुत ही अस्थिर हो गया है।

(1) प्रभुता के स्थान पर सहयोग (Replacement of Domination by Co-operation)-मैकाइवर तथा पेज के अनुसार, अब परिवार में पति-पत्नी के सम्बन्ध का आधर प्रभुता न रहकर सहयोग हो गये हैं। पहले पूर्व और पश्चिम में सभी सभ्य देशों में पत्नी पर पति की प्रभुता थी। अतः पति के निरंकुश होने पर भी परिवार स्थायी था। परन्तु आधुनिक काल में यह प्रभुता हट जाने पर सहिष्णुता, सहानुभूति और सहयोग के बल पर ही परिवार को स्थिर रखा जा सकता है। इन गुणों को उत्पन्न करना साधारणतया सरल नहीं है। अतः आधुनिक काल में परिवार की अस्थिरता बढ़ गई है।

पारिवारिक विघटन

पारिवारिक विघटन का अर्थ

पीछे आधुनिक परिवार में अनेक परिवर्तनों का वर्णन किया गया है। इन परिवर्तनों के आधार पर कुछ विचारकों का कहना है कि आधुनिक परिवार विघटित है। इस मत की विस्तृत समालोचना करने से पूर्व पारिवारिक विघटन का अर्थ समझ लेना आवश्यक है। इलियट और मैरिल के अनुसार, "सर्वाधिक विस्तृत अर्थों में पारिवारिक विघटन अनेक प्रकार के परिवारों में से किसी में भी किसी प्रकार का

असामंजस्यपूर्ण कार्य सम्मिलित करता हुआ समझा जा सकता है।"[1] पारिवारिक विघटन परिवार का विघटन है। परिवार एक प्राथमिक समूह है जिसमें पति-पत्नी तथा अन्य सदस्य अत्यन्त घनिष्ट प्रत्यक्ष सम्बन्धों में बँधे रहते हैं। अतः "पारिवारिक विघटन परिवार के सदस्यों में सामंजस्य का टूटना है।"[2]

पारिवारिक विघटन के कारण

पारिवारिक विघटन के कारणों का भिन्न-भिन्न लेखकों ने भिन्न-भिन्न प्रकार से वर्णन किया है। फोल्सम ने पारिवारिक विघटन के निम्नलिखित चार कारक माने हैं–

(अ) फोल्सम का मत

(1) परिस्थिति सम्बन्धी या गैर-व्यक्तित्व कारक (Circumstantial or Non-Personality Factors)-जैसे बुरा स्वास्थ्य, बुरी आर्थिक परिस्थितियाँ, सम्बधियों का हस्तक्षेप, किसी प्रकार का दुर्भाग्य, अवाँछित सन्तान इत्यादि।

(2) व्यक्तित्व के दोष (Personality Defects) -पति-पत्नी में से किसी मे मानसिक विकार, मद्य-सेवन, नपुंसकता, बाँझपन, अस्वाभाविक यौन प्रवृत्तियों या व्यक्तित्व की विकृतियों का होना।

(3) व्यक्तित्व विभिन्नतायें (Personality Differentials)-पति-पत्नी में बौद्धिक, सामाजिक, आर्थिक, कलात्मक पृष्ठ-भूमि, आर्थिक तथा वेदनाशक्ति सम्बन्धी अन्तर होना।

(4) असंगत कार्य (Incompatible roles)-नैराश्य (**Frustrations**) इत्यादि का होना।

(ब) क्रूगर का मत-पारिवारिक विघटन के मुख्य कारण विभिन्न प्रकार के तनाव (Tensions) हैं। क्रूगर (Krueger) ने पारिवारिक तनावों के निम्नलिखित पक्ष बतलाये हैं-

(1) सामान्य उद्देश्य समाप्त हो जाना और पारिवारिक लक्ष्यों का स्थान व्यक्तिगत लक्ष्यों द्वारा लिया जाना।

(2) सब सहयोगी प्रयासों का बन्द हो जाना।

(3) परस्पर सेवाओं का बन्द हो जाना।

(4) पति-पत्नी के सम्बन्धों की घनिष्ठता समाप्त हो जाना।

(5) अन्य सामाजिक समूहों के साथ परिवारों के बाहरी सम्बन्धों में परिवर्तन होना।

---

1. "In the broadest sense family disorganisation may be thought to include any sort of non-harmonious functioning within any of several types of family."
—Elliott and Merrill. *Social Disorganisation,* p. 352.
2. "Family disorganistion is the disruption of the harmony among family members."
—The Author.

(6) पति-पत्नी की उद्वेगात्मक अभिवृत्तियों (Emotional Attitudes) का परस्पर विरोधी हो जाना या उनकी जगह पर उदासीनता की अभिवृत्ति का स्थापित हो जाना।

(स) मावरर का मत-मावरर (Mowrer) ने निम्मलिखित चार तनावों का वर्णन किया है।-

(1) आर्थिक तनाव।

(2) सांस्कृतिक तनाव।

(3) जीवन निर्वाह के ढंग से सम्बन्धित तनाव।

(4) स्नेह और यौन सम्बन्धी तनाव।

(द) बर्गेस का मत- बर्गेस (Burgess) के अनुसार निम्नलिखित सात प्रकार के तनाव परिवार का विघटन करते हैं-

(1) आर्थिक, (2) यौन-सम्बन्धी, (3) स्वास्थ्य सम्बन्धी, (4) आदर सम्बन्धी, (5) संस्कृति सम्बन्धी, (6) स्वभाव (Temperament) सम्बन्धी, (7) जीवन के प्रतिमान (Patterns of Life) सम्बन्धी।

पारिवारिक विघटन उत्पन्न करने वाले तनाव

उपरोक्त मतों से स्पष्ट है कि पारिवारिक तनाव पारिवारिक विघटन के सबसे अधिक महत्वपूर्ण कारण हैं। पारिवारिक तनाव की परिभाषा करते हुए इलियट और मैरिल ने लिखा है, "पारिवारिक तनाव से हमारा तात्पर्य किसी भी संघर्ष की परिस्थिति से है जो कि दो सदस्यों विशेषतया पति-पत्नी में विरोधी प्रवृत्तियाँ उत्पन्न करती है।"[1]

(1) प्राथमिक तनाव

अनेक समाजशास्त्रियों ने पारिवारिक विघटन उत्पन्न करने वाले उपरोक्त विभिन्न तनावों को दो भागों मे विभाजित किया है-प्राथमिक (Primary) और द्वैतीयक (Secondary) तनाव। प्राथमिक तनाव व्यक्तिगत विशेषताओं के कारण होते हैं जैसे—स्वभाव, मानसिक विकार इत्यादि। द्वैतीयक तनाव विभिन्न बाह्य परिस्थितियों के कारण होते हैं। प्राथमिक तनाव निम्नलिखित हैं-

(1) विरोधी स्वभाव (Clashing Temperaments)- टर्मैन ने दुःखी पति-पत्नी के स्वभाव में ये विशेषतायें बतलाई हैं-शीघ्र क्रोध होना, अपनी इच्छनुसार कार्य करने के लिए झगड़ा करना, दूसरों की आलोचना करना, दूसरों की भावनाओं की परवाह न करना, पारिवारिक अनुशासन या नियमों के विरुद्ध काम करना, दूसरों के प्रति घृणा प्रदर्शित करना, प्रशंसा अथवा दोषारोपण से शीघ्र प्रभावित होना,

1. "By a family tension we mean any conflict situation which generates opposing attitudes between two members particularly between husband and wife."
—Elliott and Merrill, *Social Disorganisation*, p. 385.

आत्म-विश्वास की कमी, बहुधा उत्तेजित रहना, बिना किसी कारण के सुख को दुःख में परिवर्तित करना। इस प्रकार के विरोधी स्वभावों के कारण परिवार का विघटन होता है।

(2) जीवन दर्शन (Philosophy of Life) में भारी अन्तर-यदि पति-पत्नी के जीवन दर्शन में भारी अन्तर होता है तो उनमें परस्पर संघर्ष होता है। यदि पति पत्नी दोनों परिवार के बाहर यौन सम्बन्धों को बुरा न समझते हों तो अवैध सम्बन्ध रखने पर भी उनमें संघर्ष न होगा, परन्तु यदि कोई उन्हें बुरा समझता हो, जबकि दूसरा अच्छा समझता हो तो संघर्ष अवश्यम्भावी है। इसी प्रकार भोगवादी पत्नी और आदर्शवादी पति में बहुधा संघर्ष के अवसर आ सकते हैं।

(3) व्यक्तिगत व्यवहार प्रतिमानों में विरोध (Opposition in Personal Behaviour Patterns)- व्यक्तिगत व्यवहार के प्रतिमानों के परस्पर विरोधी होने से भी पारिवारिक विघटन होता है। उदाहरण के लिए मेज-कुर्सी में खाना, शराब पीना, सिगरेट पीना आदि को लेकर पति-पत्नी में झगड़ा हो सकता है।

(4) स्नेह और यौन सम्बन्धी तनाव-स्नेह और यौन सम्बन्धी इच्छाओं को परस्पर सन्तुष्ट न कर सकने से भी पति-पत्नी में तनाव होते हैं। अनेक मनोवैज्ञानिकों और समाजशात्रियों के अनुसार यह पारिवारिक विघटन का एक प्रमुख कारण है।

(5) मानसिक विकार-ग्रस्त व्यक्तित्व (Psychopathic Personalties)-पति-पत्नी में से किसी के या दोनों के मानसिक विकार-ग्रस्त होने से उनमें संघर्ष होना स्वाभाविक है। अपराधी भावना या अन्य किसी प्रकार की मानसिक ग्रन्थि भी पारिवारिक शान्ति को खो देती है।

निम्नलिखित द्वैतीयक तनाव भी पारिवारिक विघटन का कारण होते हैं-

(2) द्वैतीयक तनाव

(1) **आर्थिक तनाव** (Economic tensions)-द्वैतीयक तनावों में सबसे प्रमुख आर्थिक तनाव है। मुख्य आर्थिक तनाव निम्नलिखित हैं-

(i) **निर्धनता मात्र** (Sheer Poverty)—निर्धनता से पति-पत्नी का मानसिक सन्तुलन ठीक रहना कठिन हो जाता है। अभाव उनके स्वभाव को चिड़चिड़ा बना देता है। चिन्तायें उनकी मानसिक शान्ति को नष्ट कर देती हैं और बात-बात में झगड़ा होने लगता है।

(ii) **व्यापारिक विपर्यस्त** (Business Reverses)—व्यापारिक विपर्यस्त से परिवार की आय घट जाने पर नवीन परिस्थितियों से अनुकूल की समस्या आ जाती है। जीवन-स्तर गिरने पर बहुत से पति-पत्नी दुखी और चिड़चिड़े हो जाते हैं।

(iii) **पत्नी की आर्थिक स्वतन्त्रता**—धनोपार्जन करने वाली स्त्रियाँ न तो घर की ओर समुचित ध्यान दे पाती हैं? और न बहुधा उसको आवश्यक ही समझती

हैं। कभी-कभी पत्नी पति से अधिक धनोपार्जन करती है। इन सब परिस्थितियों में तनाव के अवसर आ सकते हैं।

(iv) **पत्नी की अत्यधिक निर्भरता**—परन्तु यदि पत्नी पैसे-पैसे के लिए पति पर निर्भर रहे तो भी उसका मानसिक स्वास्थ्य सन्तुलित नहीं रह पाता।

(1) **व्यावसायिक तनाव—(Occupational Tensions)**—बहुधा जिन व्यवसायों में पति बहुत अधिक समय तक या असमय घर से अथवा नगर से बाहर रहता हो, उन पति-पत्नी में असन्तोष के अवसर अधिक आते हैं। मुख्य व्यावसायिक तनाव निम्नलिखित हैं—

(i) **अस्थायी व्यवसाय—(Unstable Occupations)**—बारम्बार व्यवसाय बदलने के अवसर आने से सामंजस्य की समस्या बराबर बनी रहती है जिससे तनाव बढ़ते हैं।

(ii) **अरुचिकर व्यवसाय**—अरुचिकर व्यवसाय व्यक्ति को असन्तुष्ट और चिड़चिड़ा बना देता है जिससे वह घर पर क्रोधित होता, गाली बकता या मारपीट तक उतर आता है।

(iii) **व्यावसायिक विशेषतायें**—कुछ व्यवसाय जिनमें भिन्न-लिंगीय व्यक्तियों से मिलने के अवसर अधिक आते हैं, पारिवारिक विघटन उत्पन्न करते हैं। उदाहरण के लिए अभिनेताओं (Actors) में तलाकों की दर सबसे अधिक पाई जाती है।

(3) **सांस्कृतिक पृष्ठभूमि का अन्तर**—पति-पत्नी में सांस्कृतिक पृष्ठभूमि का अन्तर होने से उनके मूल्यों, आदर्शों, तौर-तरीकों, और सोचने के ढंगों आदि में भारी अन्तर होता है जिससे परस्पर संघर्ष के अवसर उत्पन्न होते हैं।

(4) **सांस्कृतिक विशेषतायें**—पति-पत्नी में से यदि कोई इतना अधिक महत्वाकांक्षी हो जाय कि उसे रुपये, पद अथवा यश के पीछे दूसरे की चिन्ता ही न रहे तो इससे पारिवारिक शान्ति भंग हो जाती है।

(5) **बालविवाह और बेमेल विवाह**—अल्पायु में विवाहित पति-पत्नी विवाह के उत्तरदायित्व को नहीं समझ सकते अतः उनमें सामंजस्य कठिन हो जाता है। पति-पत्नी की आयु में अत्यधिक अन्तर होने पर भी परस्पर संतोष नहीं रह पाता। पति-पत्नी के वयस्क होने और पति की आयु पत्नी से चार-पाँच वर्ष अधिक होने पर उनमें अधिक अच्छा सामंजस्य हो सकता है।

(6) **अन्य कारण**—उपरोक्त कारणों के अतिरिक्त पति-पत्नी में से किसी के अधिकतर अस्वस्थ रहने, सास-श्वसुर का दुर्व्यवहार, पति-पत्नी में से किसी का दुराचार आदि अनेक कारण परिवार में तनाव बढ़ाते हैं जिनसे विघटन बढ़ता है और तलाक तक की नौबत आ जाती है।

पारिवारिक विघटन के अन्य कारण

उपरोक्त तनावों के अतिरिक्त पारिवारिक विघटन के अन्य कारण अग्रलिखित हैं। ये ही पारिवारिक विघटन के लक्षण भी हैं—

(1) पारिवारिक एकता में कमी—आजकल परिवारों के सदस्यों में उद्देश्यों, महत्वाकांक्षाओं, विचारों तथा आदर्शों की एकता समाप्त होती जा रही है। स्त्री-पुरुष, लड़के-लड़कियाँ, सभी के अपने-अपने आदर्श हैं, अपनी योजनायें हैं, अपने प्रोग्राम हैं और अपने विचार हैं जिनमें वे दूसरों का हस्तक्षेप बिल्कुल पसन्द नहीं करते। इस प्रकार साथ रहते, साथ खाते-पीते हुए भी उनका एक दूसरे से कोई मतलब नहीं रहता। घर मानो होटल बन जाता है जिसमें परिवार के सदस्य केवल खाने और आराम करने को ही एकत्रित होते हैं। जहाँ पति-पत्नी दोनों नौकरी या व्यवसाय आदि करते हैं वहाँ उनमें भी यही अन्तर देखने को मिलता है। इस मनोवृत्ति से परिवार विशृंखलित हो जाता है।

(2) पारिवारिक नियन्त्रण में कमी—आजकल परिवार के सदस्यों पर से परिवार का नियन्त्रण बराबर उठता जा रहा है। कोई किसी की बात सुनना नहीं चाहता। युवक-युवतियों को बड़े-बूढ़ों की बातें बड़ी कड़वी लगती हैं। वे किसी बात में उन का नियन्त्रण नहीं मानना चाहते। नौकरी लगते ही या विवाह होते ही वे परिवार से अलग हो जाना चाहते हैं। इस प्रकार परिवार का विघटन स्पष्ट दिखलाई पड़ता है।

(3) कलह—आजकल परिवारों में कलह बढ़ता जाता है क्योंकि न तो परिवार का कोई नियन्त्रण रह गया है और न सदस्यों में एकता की भावना ही है। संयुक्त परिवार का तेजी से विघटन हो रहा है। मारपीट, मुकदमेबाजी अधिक देखने में आते हैं। एक दूसरे का विश्वास उठता जा रहा है। एक ही घर में कई-कई चूल्हे जलते हैं। इससे परिवार का विघटन स्पष्ट दिखाई पड़ता है।

(4) मूल्यों में अन्तर—मानव परिवार के सदस्य कुछ मूल्यों के आधार पर एक दूसरे से बँधे रहते हैं। उदाहरण के लिए परिवार में यह आदर्श रहता है कि परिवार का सामूहिक हित हो और सामूहिक हित के लिए व्यक्ति अपने स्वार्थ का त्याग करे। इसी प्रकार परिवार में पति-पत्नी, भाई-बहन, पिता-पुत्र आदि के व्यवहार के विषय में आदर्शस्वरूप कुछ निश्चित प्रतिमान होते हैं जैसे पुत्र को पिता की आज्ञा का पालन करना चाहिये, पत्नी को तन-मन से पति की सेवा करनी चाहिये आदि, परन्तु परिवार के सदस्यों के आपसी व्यवहार के ये प्रतिमान और आदर्श सदैव बदलते रहते हैं। पतिव्रता का जो आदर्श था वह आधुनिक नारी को पति की दासता मालूम पड़ती है। पहले पिता की आज्ञा मानने का जो आदर्श था वह नई रोशनी के युवक-युवतियों को मानसिक दासता प्रतीत होती है। प्राचीन मूल्य और व्यवाहर के प्रतिमान आज की पीढ़ी को मान्य नहीं हैं। इस प्रकार नई पीढ़ी के विचारों में पिछली पीढ़ी से कुछ न कुछ अन्तर अवश्य होता है। परिवार में बाबा से पोते, परपोते तक तीन-चार पीढ़ियों के व्यक्ति एकत्रित हो जाते हैं जिनके आदर्शों, मूल्यों और व्यवहार के प्रतिमानों में भारी भेद हो जाता है। यदि बुजुर्ग इस बात को समझ लें कि जमाना बराबर बदलता रहता है और पुरानी रूढ़ियों के पालन की जिद न करें तो उनका नई पीढ़ियों से संघर्ष न होगा। दूसरी ओर यदि नवयुवक बुजुर्गों के संस्कारों को

ध्यान में रखकर संघर्षों के अवसरों पर चुप रहें तो पारिवारिक कलह टाला जा सकता है, परन्तु न तो बुजुर्ग साधारणतया इतने उदार और प्रगतिशील होते हैं और न नवयुवक ठण्डे दिमाग से सोचते हैं। इसलिये परिवार में विभिन्न पीढ़ियों के व्यक्तियों में संघर्ष की सम्भावना बाराबर बनी रहती है और छोटी-छोटी बातों को लेकर कलह होता रहता है।

(5) **रोमान्स पर आधारित विवाह**—रोमान्टिक प्रेम की आधुनिक महत्ता ने वैवाहिक सम्बन्ध को अस्थिर बना दिया है। आधुनिक युवक-युवतियों के सामने जीवन का सबसे बड़ा अरमान सबसे प्यारा स्वप्न, जीवन का सार, रोमान्टिक प्रेम होता है जिसके लिए वे माँ-बाप, समाज, बिरादरी, धर्म और कैरियर को भी ठोकर मारने में संकोच नहीं करते। सिनेमा तथा उपन्यास ने इस आदर्श को स्थगित करने में और भी सहायता की है। आज के अधिकांश युवक-युवतियों के लिए विवाह एक सतत् रोमान्स है जिसमें दुनिया को भूले हुये दो प्रेमी मुहब्बत के गीत गाते हैं, चाँदनी रातों में नौका विहार करते हैं और स्वप्नों की दुनियाँ में खोये रहते हैं। वैवाहिक जीवन के इसी आदर्श को लेकर वे विवाह कर बैठते हैं और जब जीवन की कठोरताओं, एक दूसरे के स्वभाव की विशेषताओं, रोग, शोक, बेकारी, गरीबी, दैनिक जीवन की परेशानियों, बच्चों का उत्तरदायित्व, उनकी सेवा सुश्रूषा तथा आये दिन की बीमारियों से उनकी सुरक्षा, पति की सेवा, सास-श्वसुर की टहल, दफ्तर की कठिन नौकरी के बाद घर के और बाजार के काम आदि जीवन की सैकड़ों परेशानियाँ सामने आती हैं तो उनके स्वप्न कुछ ही दिनों में टूट जाते हैं और वे एक दूसरे को कोसने लगते हैं कि उन्होंने विवाह करके ये आफतें क्यों मोल ले लीं। यदि ईश्वर की दया से पैसे की कमी न हुई और इनमें से कोई मुसीबत सामने न आई तब भी एक आध साल जोर-शोर से प्रेम लीला करने के बाद उन्हें एक दूसरे से घोर बोरियत अर्थात् ऊब हो जाती है। उनका रोमांटिक मन नित नये-नये रोमांस की खोज में भागा फिरता है, परन्तु वैवाहिक जीवन के शान्त सरोवर में वे लहरें कहाँ जिन्हें वे ढूढ़ँते फिरते हैं। इस ऊब का परिणाम यह होता है कि क्रमशः पति-पत्नी एक दूसरे से खिंचते हैं फिर संघर्ष होता है, तब घृणा और अन्त में विवाह विच्छेद। इलियट और मैरिल के अनुसार, "इस प्रकार रोमांटिक विवाह रोमांटिक तलाक की ओर ले ज़ाता है।"[1]

(6) **वैवाहिक बन्धन में शिथिलता**—परिवार का आधार विवाह का बन्धन है। विवाह के बन्धनों के ढीला पड़ने से परिवार के बन्धन भी ढीले पड़ते हैं। आजकल विवाह एक धार्मिक संस्कार न रहकर एक सामाजिक समझौता मात्र रह गया है जिसको जी ऊब जाने पर किसी प्रकार का मनमुटाव होने पर सहज ही तोड़ा जा सकता है। इस कारण तलाकों की संख्या बराबर बढ़ रही है। कहना न होगा कि पारिवारिक विघटन की संख्या तलाकों की संख्या से कहीं अधिक है। डॉसन

---

1. "Romantic marriage thus leads to romantic divorce."
–Elliott, M. A. and Merrill F. E., *Social Disorganisation,* p. 367.

और गेटिस के शब्दों में, "इन संख्याओं की तुलना में निःसन्देह ही पारिवारिक विघटन कहीं अधिक व्यापक तथ्य है क्योंकि यह सांख्यिकी की उन दशाओं को बतलाती है जहाँ पर प्रक्रिया व्यवहारिक रूप से पूर्ण हो जाती है।"[1] वैवाहिक सम्बन्धों के ढीले होने का एक बड़ा कारण यह भी है कि स्त्रियों की शिक्षा के साथ पुरुष अपने को नई परिस्थिति के अनुसार नहीं बदल पाये हैं। पहले स्त्रियाँ सब प्रकार से पति पर ही निर्भर रहती थीं। अब शिक्षित हो जाने के बाद वे भी पति के समान धनोर्पाजन करती हैं या कम से कम ऐसा करने की योग्यता रखती हैं। अब वे अपने अधिकारों को पहचानने लगी हैं। अब वे जीवन के सभी क्षेत्रों में पुरुष के कन्धे से कन्धा मिलाकर चलना चाहती हैं। अब वे पुरुषों से भी वैसी ही सच्चाई चाहती हैं जैसी कि वह उनसे चाहता है। जब पुरुष स्त्रियों को बराबरी का दर्जा नहीं देना चाहता तभी कलह आरम्भ हो जाता है जिससे परिवार का विघटन होने लगता है।

(7) माता-पिता और बच्चों में संघर्ष—आजकल पारिवारिक विघटन का एक बड़ा चिन्ह माता-पिता और बच्चों के संघर्ष में दिखाई पड़ता है। युवक-युवतियों पर से परिवार के बड़े-बूढ़ों का नियन्त्रण बराबर उठता जा रहा है। अब वे अपने उठने-बैठने, मिलने-जुलने और शादी विवाह आदि में माता-पिता की आज्ञा नहीं मानना चाहते। इस प्रकार उनमें मनमुटाव बढ़ता जाता है जिससे परिवार का विघटन बढ़ता है।

(8) सुरक्षा का अभाव—पति-पत्नी और माता-पिता तथा बच्चों के संघर्ष के कारण परिवार में मनोवैज्ञानिक सुरक्षा क्रमशः खत्म होती जा रही है जिससे परस्पर विश्वास उठता जा रहा है और पारिवारिक संगठन छिन्न-भिन्न होता जा रहा है।

(9) उद्योगवाद—पहले परिवार आर्थिक क्रियाओं का केन्द्र था। परिवार में सब सदस्य मिलकर खेती या कपड़ा बुनना या अन्य व्यवसाय करते थे। इससे परिवार में सामूहिक भावना बनी रहती थी और संगठन स्थायी रहता था। आजकल परिवारों में उत्पादन का कार्य बन्द हो गया है। जुताई, कटाई आदि की मशीनों से खेती करने में अब पूरे परिवार की आवश्यकता नहीं पड़ती। शिल्प तथा नाना प्रकार की वस्तुओं के उत्पादन की बड़ी-बड़ी मशीनें बन जाने से अब उत्पादन का काम कल कारखानों में होता है। मशीनों के निकल आने से भारी काम कम हो गया। अतः स्त्रियों और बच्चों को भी कारखानों में काम मिलने लगा है। कारखानों में काम करने के लिए लाखों लोग गाँवों से नगर में आने लगे हैं। नगरों में मकानों की तंगी होने के कारण वे अपने परिवार को अपने पास नहीं रखते और अकेले ही रहते हैं। दिनभर घोर परिश्रम, सब तरह का अपमान, नगर का लुभाने वाला जीवन

---

1. "Family disorganisation is no doubt a far more widespread phenomenon than such statistics indicate for they deal only with those cases where the process is practically complete." —Dawson and Gettys, *Introductory Sociology*. p. 246.

और पारिवारिक तथा सामाजिक नियन्त्रण की अनुपस्थिति में हजारों श्रमिक शराब, वेश्यागमन, जुआ आदि की बुरी आदतों में पड़ जाते हैं। जो श्रमिक अपने परिवार को नगर में ले भी आते हैं वे गन्दी गलियों में तंग और अंधेरी कोठरियों में रहते हैं जिनमें रोग के कीटाणु पलते हैं। गरीबी और अभाव उनके जीवन की शान्ति समाप्त कर देता है। उद्योगवाद का एक और बड़ा परिणाम जीवन का यंत्रवत् बन जाना है। यह यंत्रवत् जीवन ही मध्यम वर्ग के क्लर्कों, अध्यापकों तथा नौकरी पेशा लोगों और श्रमिकों की जीवनी शक्ति को खाये जा रहा है। आल्डस हक्सले, टालस्टाय, महात्मा गाँधी तथा श्री अरविन्द आदि संसार के बड़े-बड़े विचारकों ने आधुनिक यंत्रवादी सभ्यता के इस भयंकर अभिशाप की ओर लोगों का ध्यान आकृर्षित किया है। ऑसवाल्ड स्पेगलर ने लिखा है कि यह यंत्रवादी सभ्यता स्वयं ही अपने को खा जायेगी। इस प्रकार उद्योगवाद से वैयक्तिक विघटन हो रहा है। उससे परिवार का संगठन विश्रृंखलित होता जा रहा है।

(10) भौतिकवादी और व्यक्तिवादी विचारधारा—कैलर ने लिखा है, "कोई भी मानव-सम्बन्ध आनन्दमय तो क्या रहने योग्य भी नहीं है जब तक कि उसमें भाग लेने वाले व्यक्ति अपने को नित्य प्रति एक दूसरे के अनुसार उन बातों में डालने के लिए तैयार नहीं रहते जोकि उनकी व्यक्तिगत स्वतन्त्रता को सीमित करते हैं।"[1] आधुनिक काल की भौतिक तथा व्यक्तिवादी विचारधारा में परिवार के सदस्यों में यह सामंजस्य नहीं रह गया है। इससे परिवार का विघटन होना स्वाभाविक है।

(11) सामाजिक ढाँचे में परिवर्तन—आधुनिक काल में समाज की व्यवस्था में तीव्र गति से परिवर्तन हो रहा है जिससे परिवार के सदस्यों की स्थिति तथा कार्य भी बदल रहे हैं। जिन परिवारों में माँ-बाप, पति-पत्नी, इन में बदलती हुई स्थितियों और कार्यों के अनुसार सामंजस्य करने को तैयार नहीं होते उनमें विघटन आरम्भ हो जाता है।

आधुनिक परिवार का भविष्य

परिवार के विघटन से कुछ लोग यह शंका करने लगे हैं कि क्या आजकल के अत्यधिक औद्योगीकृत और यन्त्रीकृत समाजों में परिवार वर्तमान संकट से बच जायेगा? सोरोकिन ने लिखा है, "तदनुसार संविदायुक्त परिवार अपने विकास की प्रगति में अनायास ही एक बिन्दु पर पहुँच गया है जहाँ कि वह अपने अधिकांश कार्यों और अधिकारों को खो बैठा है और जो बचे भी हैं उनमें से अधिकतर व्यर्थ और अकुशल रूप से सम्पादित होते हैं। वह आकार में सिकुड़ गया है। वह अधिकाधिक अस्थिर और दुर्बल हो गया है। यह सुख और आराम का भी कम से कम प्रबन्ध करता है जोकि सुखवादी संविदायुक्त परिवार में मौलिक उद्देश्य है। जब

---

1. "No human relationship whatsoever is livable, not to say happy, unless those who share it are prepared to adjust themselves daily in ways that limit their personal freedom."
—Keller.

कोई संस्था अपने को इस रूप में पाती है, तब वह विनाश की प्रक्रिया में है। यही आज सुखवादी संविदायुक्त परिवार की स्थिति है।''[1] प्रश्न यह है कि परिवार का भविष्य क्या होगा? क्या परिवार एक प्राथमिक समिति के रूप में जीवित बचेगा? वास्तव में परिवार के जीवित रहने के विषय में कभी भी सन्देह नहीं किया जा सकता क्योंकि उसका आधार मनुष्य की अनेक मूल प्रवृत्तियाँ और भावनायें हैं। यह कहा जाये तो कोई अतिशयोक्ति नहीं होगी कि जब तक मानव-समाज का अस्तित्व है तब तक चाहे कितने भी परिवर्तन हों परन्तु परिवार का अस्तित्व भी अवश्य रहेगा यद्यपि यह दूसरी बात है कि परिवार का संविदात्मक या अन्य कोई रूप नष्ट होकर नया रूप ले ले। सन्तानोत्पत्ति की कामना मनुष्य की स्वाभाविक कामना है। परिवार के बाहर न तो वैध सन्तान उत्पन्न की जा सकती है और न उसके पालन-पोषण का समुचित प्रबन्ध हो सकता है। स्त्री-पुरुष की यौन आवश्यकताओं को स्थायी रूप से सन्तुष्ट करने के लिए किसी न किसी प्रकार का परिवार आवश्यक है। परिवार में स्त्री-पुरुष की शारीरिक आवश्यकताओं को ही नहीं, बल्कि मनोवैज्ञानिक आवश्यकताओं, प्रेम करने और प्रेम पाने की इच्छा, मनोवैज्ञानिक सुरक्षा की भावना आदि की भी सन्तुष्टि होती है। परिवार व्यक्ति पर समाज का नियन्त्रण रखता है। परिवार ऐसा परिवेश निर्माण करता है जिसमें पलकर बालक का व्यक्तित्व समुचित रूप से विकसित हो सके और वह एक आदर्श नागरिक बन सके। मैकाइवर ने लिखा है कि बहुत से अध्ययनों से यह ज्ञात हुआ है कि कि तीस वर्ष से अधिक आयु के अविवाहित स्त्री-पुरुषों की मृत्यु संख्या विवाहित स्त्री-पुरुषों की संख्या से दुगनी है। क्षय, दुर्घटनाओं, आत्महत्या, मद्यपान और यौन सम्बन्धी रोगों से मरने वाले लोगों में अविवाहितों की संख्या विवाहितों से बहुत अधिक होती है। ट्रक्सल और मैरिल के शब्दों में, ''पति-पत्नी का परस्पर प्रेम एक जटिल समाज की अनेक मानसिक और भौतिक व्याधाओं से व्यक्ति की रक्षा करता है।''[2] इससे स्पष्ट है कि परिवार की संस्था से मनुष्यों को कितने लाभ हैं। वास्तव में परिवार समाज की एक प्राथमिक और मौलिक इकाई है। वह सारे सामाजिक जीवन की नींव है। वह व्यक्ति का समाजीकरण करता है और जीवन-साथी के चुनाव में सहायता करता है। वह उत्तराधिकार निश्चित करता है और धन सम्पत्ति का प्रबन्ध करता है। परिवार के समस्त प्रत्यक्ष लाभों का वर्णन करना कठिन है। वह मानव प्रकृति का एक अभिन्न अंग है। वह सामाजिक भवन की नींव है। अतः बरगेस और लॉक का यह कथन

---

1. "Accordingly contractual family, in the progress of its development has unexpectedly reached the point where it has lost most of its functions and prerogatives, even those it retains are often atrophied and poorly performed. It has shrunk in size. It has become increasingly unstable and fragile. Less and less does it furnish even pleasure and comfort, the primary object of the sensate contractual family. When any institution finds itself in such a situation it is in the process of decay. This is precisely the position of the contractual sensate family to-day."
—P.A. Sorokin, *The Crisis of Our Age*, p. 191.
2. "Mutual affection guards against many of the mental and physical tribulations of a complicated society."
—Truxall and Merrill.

उचित ही प्रतीत होता है कि "बदलती हुई परिस्थितियों से सामंजस्य करने के परिवार के लम्बे इतिहास के कारण और व्यक्तित्व के विकास में तथा व्यक्तिगत सन्तोष में स्नेह के आदान-प्रदान के उसके काम में महत्व के कारण, इन कारणों से यह भविष्यवाणी करना सुरक्षित प्रतीत होता है कि परिवार जीवित रहेगा।"[1]

परिवार का पुनर्गठन

अतः पारिवारिक विघटन पारिवारिक परिवर्तन में केवल एक पक्ष है। ऑगबर्न और निमकॉफ ने ठीक ही लिखा है, "परिवार एक अत्यन्त प्रतिरोधक और नमनीय संस्था सिद्ध हुई है। रूपों और कार्यों में मौलिक परिवर्तन होते हुए भी परिवार हमें ज्ञात प्रत्येक समाज में चलता जा रहा है।" इस प्रकार जहाँ एक ओर परिवार का विघटन करने वाले तत्व सक्रिय हैं वहाँ दूसरी ओर, कुछ कारक उसका पुनर्गठन भी करते जाते हैं। पारिवारिक परिवर्तन की इन परस्पर विरुद्ध क्रियाओं का निर्देश करते हुए वेबर ने लिखा है, "युद्ध के पश्चात् परिवार के लिए एक कठिन समय आता है परन्तु वह समूल नष्ट होने का खतरा नहीं है—व्यक्तिगत परिवार यहाँ तक टूट जायेंगे कि उनको कभी सुधारा नहीं जा सकेगा परन्तु उनका स्थान लेने के लिए नये उत्पन्न होंगे। युद्ध के पश्चात् विवाह-विच्छेद बढ़ेंगे। कुछ समय तक किशोरापराध की दर ऊँची रहेगी और अनेक घरों में पारिवारिक अनुशासन और माता-पिता की सत्ता पुनः स्थापित नहीं होगी; यौन मानदण्ड जो पहले से ही गिर चुके हैं उनको ऊँचा उठाना भी बहुत कठिन होगा। आर्थिक तूफान भाग्यहीन और अस्थिर परिवारों को एक बड़ी संख्या में नष्ट कर देगा। परन्तु नये युवक-युवतियों में विवाह प्रचलित रहेगा, जिनको सदैव यह निश्चय रहता है कि यद्यपि अन्य सब असफल रहे हैं परन्तु वे अवश्य सफल होगें। अधिक सामाजिक कार्य, उन्नत शिक्षा प्रणालियाँ, माता-पिता की अधिक अच्छी शिक्षा और अधिक संख्या में परिवार परामर्शदात्री एजेन्सियाँ सब रचनात्मक पक्ष में गिनी जायेंगी। इस बात का पर्याप्त प्रमाण है कि समाज अभी पारिवारिक प्रतिमान में कोई मौलिक परिवर्तन नहीं चाहता और जिसको भी वह खतरनाक समझेगा उसका जोर-शोर से विरोध करेगा। सम्भवतया सबसे बड़ा खतरा अधिकांश लोगों की यह देखने की अयोग्यता से है कि कौन सा कारक परिवारों को सबसे अधिक दुर्बल बनाता है और इसलिए कहाँ सबसे अधिक विशेष प्रयास की अवश्यकता है। तत्कालिक दृष्टिकोण उज्जवल नहीं है परन्तु दीर्घकालीन दृष्टिकोण उत्साहवर्धक है।"[2]

उपरोक्त लम्बे उद्धरण से स्पष्ट है कि पारिवारिक विघटन के साथ-साथ आजकल पारिवारिक संगठन की प्रक्रिया भी चल रही है। जिस प्रकार पारिवारिक

---

1. "It seems safe to predict that the family will survive, both because of its long history of adaptability to changing conditions and because of the importance of functions of affection-giving and receiving in personal satisfaction and in personality development."
—Burgess and Locke.
2. R.E. Veber, *'Marriage and Family after the War'*, *Annals of the Academy of Political and Social Science*, Vol. 292. (Sept. 1948), pp. 164-175.

विघटन का अर्थ परिवार के सदस्यों में सामंजस्य कम होना है, उसी प्रकार पारिवारिक पुनर्गठन का अर्थ परिवार के सदस्यों में सामंजस्य का बढ़ाना है। "वर्तमान प्रवृत्तियाँ केवल विघटन का ही नहीं, बल्कि पुनर्गठन का भी प्रतिनिधित्व करती हैं।"[1] यह पुनर्गठन विशेषतया मनोवैज्ञानिक कारकों पर जोर के कारण हो रहा है। इस दृष्टि से आधुनिक एकांकी परिवार पुराने संयुक्त परिवारों से कहीं अधिक सुदृढ़ हैं। परिवार में बालकों के महत्व से भी परिवार की दृढ़ता बढ़ी है। एक ओर यदि तलाकों की संख्या बढ़ी है तो दूसरी ओर पुनर्विवाहों की संख्या भी बढ़ रही है। भारतीय समाज को ही लीजिये—यदि विवाह-विच्छेदों की संख्या बढ़ रही है तो इतने विधवा पुवर्विवाह भी किसी काल में नहीं हुए।

वास्तव में आधुनिक परिवार एक संक्रमणकाल से गुजर रहा है। इस संक्रमण में उसके उद्देश्यों, आदर्शों और कार्यों में भारी परिवर्तन हुआ है। परन्तु न तो उसके कार्य ही समाप्त हुए हैं और न उसका मूल्य ही नगण्य हो पाया है। परिवार मानव में प्रेम पाने और प्रेम करने, मनोवैज्ञानिक सुरक्षा खोजने और यौन सम्बन्धों के साथ-साथ मानसिक और आध्यात्मिक सम्बन्ध खोजने की प्रवृत्ति पर टिका है। इन प्रवृत्तियों के रहते हुए यौन सम्बन्धी प्रथाओं और नियमों में कितना भी परिवर्तन होने पर भी परिवार अवश्य रहेगा। मानव की ये प्रवृत्तियाँ विघटित परिवार को बारम्बार पुनर्गठित करती रहेंगी। फिर विघटन और संगठन भी तो केवल सापेक्ष शब्द हैं। कोई भी वास्तविक परिवार न तो पूर्णतया संगठित है और न नितान्त विघटित। अतः जब तक परिवार बिल्कुल ही न टूट जाये तब तक उसके पुनर्गठन की क्रियायें काम करती रहती हैं और यदि कोई परिवार बिल्कुल ही टूट जाये तो इससे परिवारों की संस्था नहीं टूटती। पुराने परिवारों के स्थान पर नवीन परिवार आ जाते हैं और एक संस्था के रूप में परिवार सदैव बना रहता है। इसका अर्थ यह नहीं कि विघटन की आधुनिक प्रवृत्तियों को रोकने के लिए प्रयास की आवश्यकता नहीं है बल्कि केवल यह है कि पुनर्संगठन के प्रयास में यह विश्वास बनाये रखना चाहिये कि परिवार जीवित रहेगा यद्यपि देश काल के अनुसार उसका रूप अवश्य बदलेगा।

अभ्यास के लिए प्रश्न

1. आप पारिवारिक विघटन से क्या समझते हैं? विभिन्न कारणों की विवेचना कीजिये।
2. संक्षिप्त टिप्पणी लिखिये—"आधुनिक समाज में परिवार।"
3. भारत में संयुक्त परिवार के विघटन के प्रमुख कारकों का वर्णन कीजिये।
4. भारत में परिवार पर नगरीकरण और औद्योगीकरण का प्रभाव बताइये।
5. पारिवारिक विघटन के कारण और लक्षणों का विश्लेषण कीजिये।
6. भारतीय परिवार पर नगरीकरण का प्रभाव बतलाइये।

---

1. "Present trends represent not only disorganisation but reorganisation."
—Burgess and Locke, *The Family*, (1950), p. 715.

8

ग्रामीण विघटन

(Rural Disorganisation)

भारतवर्ष में पुराने जमाने में और मध्यकाल में गाँवों की दशा बड़ी अच्छी थी और वे समाज की एक सुसंगठित इकाई माने जाते थे। उनको जनतन्त्र के सभी अधिकार प्राप्त थे और वे एक स्वावलम्बी समाज के रूप में सुखपूर्वक जीवन व्यतीत करते थे। अग्रेजों के आने के बाद से भारत के ग्रामीण समुदायों का विघटन प्रारम्भ हुआ और वही गाँव जो कभी आदर्श गणराज्य के समान थे निर्धनता, अशिक्षा, रूढ़िवाद और फूट के अड्डे बन गये। उनकी सांस्कृतिक विशेषता समाप्त होने लगी। उनका सादा जीवन उच्च विचार का आदर्श छूमन्तर हो गया। जीवन में कृत्रिमता आने लगी। प्रसाधन की सामग्रियों की खपत बढ़ने लगी। जाति पंचायतों का नियन्त्रण उठ गया। संयुक्त परिवार टूटने लगे। युवक-युवतियों पर बड़े-बूढ़ों का नियन्त्रण कम होने लगा। खून, मार-पीट, व्यभिचार, गर्भपात, मुकदमेबाजी चोरी और डकैतियों की संख्या बढ़ने लगी। खेती की दशा खराब हो गई। लोग कामचोर और आलसी होने लगे। जमींदार और महाजन बे पढ़े-लिखे किसानों का मनमाना शोषण करने लगे। किसानों पर कर्ज का बोझ बढ़ने लगा। जमींदारों के नृशंस अत्याचारों से किसान का जीवन पशु के समान हो गया। घोर अनैतिकता फैलने लगी। चन्द पैसों पर गाँव का ईमान इज्जत सब कुछ बिकने लगा। कुटीर उद्योग समाप्त हो गये। किसान मजदूर बनने लगे। सामुदायिक भावना के स्थान पर स्वार्थ, भौतिकता, वैयक्तिकता और बेईमानी आ बैठी। गाँव पंचायतों के अधिकार छिन गये। गाँव में घोर दरिद्रता, गन्दगी, अनैतिकता, जहालत तथा खुदगर्जी का राज्य हो गया। इस तरह भारत के ग्रामीण समुदायों का ऐसा विघटन हुआ कि लोग गाँव के जीवन से दूर भागने की चेष्टा करने लगे।

ग्रामीण समुदायों के विघटन के कारण

ग्रामीण समुदायों के इस विघटन के आर्थिक, सामाजिक, राजनैतिक और सांस्कृतिक आदि अनेक कारण हैं। अंग्रजों ने भारत में आकर अपनी विशिष्ट शासन पद्धति का प्रयोग किया। उनका लक्ष्य देश से अधिक से अधिक धन बटोरना था। अतः उन्होंने देशी उद्योग-धन्धों की ओर कोई ध्यान नहीं दिया। नगरीकरण,

औद्योगीकरण, पाश्चात्य शिक्षा आदि ने गाँव वालों के जीवन और संस्कृति में भारी अन्तर उत्पन्न कर दिया।

भारत में ग्रामीण समुदायों का विघटन राजीतिक कारणों से प्रारम्भ हुआ। मुख्य राजनीतिक कारण अग्रलिखित हैं—

राजनीतिक कारण

(1) भूमि से किसानों के सम्बन्ध में परिवर्तन—अंग्रेजों की व्यवस्था से पहले किसान भूमि का मालिक था। राज्य का कर किराया नहीं, बल्कि टैक्स था। आल्टेकर ने लिखा है कि "600 ई० पू० के बाद से कर न देने की अवस्था को छोड़कर किसी भी दशा में सरकार किसी भी व्यक्ति की भूमि नहीं छीन सकती थी।" राज्यों के बदलने से किसानों के अधिकारों में कोई अन्तर नहीं पड़ता था। 'The Problem of India' में शेलवेंकर लिखते हैं, "भारतीय इतिहास के बड़े-बड़े संघर्षों का लक्ष्य राज्य की आन्तरिक व्यवस्था पर अधिकार जमाना नहीं था बल्कि राज्यों पर अधिकार करना था . . . यदि भूमि का सारा अधिकार तलवार और हल पर निर्भर है तो भारतवर्ष में यह लड़ाई तलवार या हल के पक्षपातियों के बीच नहीं हुई यहाँ पर संघर्ष भिन्न-भिन्न तलवार वालों के बीच रहा है और गाँव तथा उनके किसान इस संघर्ष के निष्क्रिय अंग रहे हैं जिसे लूटने के लिए ही दो विरोधी शक्तियों के बीच लड़ाइयाँ हुई हैं।" इस तरह अंग्रेजों के आने से पहले जमीन किसानों की थी। परन्तु अंग्रेजों ने आकर जमीन पर से किसान का अधिकार छीन लिया। उन्होंने कर वसूली के अधिकार को स्वामित्व (Sovereignty) में बदल दिया। उनकी लगान व्यवस्था से गाँव के मुखिया और मालगुजार जमीन के स्वामी बन बैठे। जहाँ-जहाँ किसानों को भूमि का स्वामी माना गया वहाँ उनको उसे बेचने या रहन रखने का भी अधिकार मिल गया। इससे महाजनों और मालगुजारों ने उनको कर्ज आदि के बन्धन में फँसा कर जमीन से बेदखल करना आरम्भ किया। गाँव पंचायतों से लगान वसूल करने तथा अन्य सार्वजनिक कार्य करने के अधिकार छीन लिये गये। सार्वजनिक सम्पत्ति चरागाहों आदि को राज्य की सम्पत्ति घोषित कर दिया गया। लगान सीधा सरकार द्वारा वसूल किया जाने से और किसानों को जमीन का मनमाना उपयोग करने की छूट मिलने से, सामुदायिक भावना को धक्का लगा। इस तरह भूमि से किंसानों के सम्बन्ध में परिवर्तन से ग्रामीण समुदाय का विघटन प्रारम्भ हुआ।

(2) नई न्याय व्यवस्था—ग्रामीण समुदाय के विघटन का दूसरा राजनीतिक कारण अंग्रेजों की नई न्याय व्यवस्था थी। पहले गाँव के झगड़े पंचायतों द्वारा या परस्पर समझौते से सुलझाये जाते थे। पंचायतों की अदालतों में झूठी गवाही सम्भव नहीं थी, क्योंकि पंच गाँव के ही लोगों में से होते थे। न्याय सस्ता और शीघ्र मिल जाता था। अंग्रेजों ने पंचायतों से न्याय का अधिकार छीनकर सरकारी अदालतों को दे दिया। इससे जहाँ न्याय मिलने में देर होने लगी वहाँ खर्च भी बढ़ा। साथ ही झूठी गवाहियों का बाजार गर्म हुआ। लोग झूठी गवाही देने का व्यवसाय तक करने लगे। सच को झूठ और झूठ को सच सिद्ध करने का अवसर होने से छोटी-छोटी बातों

पर मुकदमें चलाये जाने लगे। गाँव का सामुदायिक जीवन छिन्न-भिन्न हो गया। स्वार्थ, बैर और दलबन्दी बढ़ने लगी जो पुश्त-दर-पुश्त चलती है।

(3) पंचायत के अधिकारों का अपहरण—भारतीय गाँव के सामाजिक संगठन का केन्द्र ग्राम-पंचायते थीं। प्राचीन भारत में इनको शासन, न्याय तथा गाँव के अन्य मामलों में व्यापक अधिकार प्राप्त थे। अंग्रजों ने जहाँ ग्राम पंचायतों के सम्पत्ति और न्याय सम्बन्धी अधिकार छीने वहाँ शासन सम्बन्धी अधिकार भी छीन लिये। आबकारी, जंगल तथा शिक्षा-विभाग और सार्वजनिक निर्माण विभाग आदि सरकारी महकमों को पंचायतों के सारे अधिकार सौंप दिये गये। पंचायतों के निर्जीव हो जाने से गाँव के सामुदायिक जीवन का आधार टूट गया और ग्रामीण जीवन का विघटन तेजी से प्रारम्भ हो गया।

आर्थिक कारण

राजनीतिक कारणों के बाद ग्रामीण समुदायों के विघटन के कारण आर्थिक हैं। इनमें मुख्य कारण निम्नलिखित हैं—

(1) नगरीकरण—भारत के गाँवों के विघटन में नगरीकरण का भारी हाथ है। इससे मजदूरी की खोज में लोग गाँव छोड़-छोड़ कर नगरों में आने लगे। लाखों ग्रामीण नगरों में कल-कारखानों में काम करने लगे। इससे गाँवों में श्रम-शक्ति कम हो गई। नगरों में नौकरी की खोज में आने वाले नवयुवक गाँव में हाथ से काम करने से घृणा करने लगे। गाँवों की चीजें घी, दूध आदि नगरों में अच्छे दामों पर बेची जाने लगीं जिससे गाँव वालों को पौष्टिक भोजन मिलना दुर्लभ हो गया। नगरों के सम्पर्क से गाँव वालों में व्यर्थ दिखावट और तड़क-भड़क की चीजों का उपभोग बढ़ने लगा और बहुत सा पैसा व्यर्थ नष्ट होने लगा। नगर में रहने वाले मजदूरों के परिवार गाँवों में ही रहते थे। अतः वे लोग शराब, वेश्यागमन आदि के दुर्व्यसनों में फँसने लगे। अब वे गाँव में आकर बहू-बेटियों की इज्जत करना भी भूल गये। उनकी देखा-देखी गाँव के नौजवानों में भी उच्छृंखलता फैलने लगी। नगर की चकाचौंध और अन्धानुकरण से गाँव के जीवन की शांति नष्ट हो गई और व्यक्तिवाद स्वार्थ, भौतिकवाद बढ़ने लगे। संयुक्त परिवार छिन्न-भिन्न होने लगे। जाति पंचायतों का नियन्त्रण उठ गया। सामूहिक भावना मिटने लगी। झूठ, बेईमानी, व्याभिचार बढ़ने लगा। इस तरह नगरीकरण से गाँवों का आर्थिक के साथ-साथ सामाजिक विघटन भी होने लगा।

(2) औद्योगीकरण—ग्रामीण समुदायों के विघटन में दूसरा बड़ा आर्थिक कारण औद्योगीकरण है। औद्योगीकरण से यन्त्रवादी सभ्यता के सारे दोषों का सूत्रपात हुआ। मानवीय श्रम का मूल्य घटने लगा, क्योंकि मनुष्यों से अधिक अच्छा और शीघ्र तथा सस्ता काम मशीनों से हो सकता है। नगरों के विशाल कल-कारखाने से खेती आदि ग्रामीण व्यवसायों को बड़ा धक्का लगा। गाँव के अनेक उद्योग-धन्धे ठप्प हो गये। मिलों के कपड़े और कारखानों में बने जूतों के सामने ग्रामीण जुलाहे और चमार की बनाई चीजों की खपत बहुत कम हो गई। लाखों कारीगर नगर में

आकर मजदूरी करने को बाध्य हो गये। गाँवों में और निकट के शहरों में आटा पीसने, धान कूटने, रुई धुनने और तेल निकालने तथा राब बनाने की मशीनों के लग जाने से गाँव के इन कुटीर उद्योगों को घातक धक्का लगा। ग्रामीण अर्थव्यवस्था छिन्न-भिन्न हो गई।

(3) **नवीन अर्थव्यवस्था**—नवीन अर्थव्यवस्था से गाँव की काया ही पलट गई। पहले गाँव में वस्तुओं के लेन-देन से सभी का काम भली प्रकार चलता था क्योंकि इसमें बिचौलिये की आवश्यकता नहीं पड़ती थी और उत्पादक तथा उपभोक्ता का सीधा सम्बन्ध होता था। नई अर्थव्यवस्था में प्रत्येक वस्तु का मूल्य रुपये-पैसे में आँका जाने लगा और सिक्कों में लेन-देन होने लगा। इससे दुकानदारों और व्यापारियों का एक मध्यम वर्ग उत्पन्न हो गया जो जनता का शोषण करने लगा। मोल-भाव बढ़ने लगा। प्रतियोगिता बढ़ी, जिन्दगी की जरूरतें बढ़ीं, सामूहिक भावना कम हुई और सादा जीवन उच्च विचार का आदर्श छूमन्तर हो गया। पैसे से इज्जत होने लगी और लोग पैसे के सामने सब कुछ तुच्छ समझने लगे। इससे अर्थव्यवस्था के छिन्न-भिन्न होने के साथ-साथ सामाजिक दशा भी बिगड़ने लगी। भोगवाद का बोलबाला हो गया।

सामाजिक कारण

उपरोक्त राजनीतिक और आर्थिक कारणों से गाँव में अनेक ऐसे सामाजिक कारण उत्पन्न हो गये जिनसे समाज का तेजी से विघटन होने लगा। इनमें से कुछ मुख्य कारण निम्नलिखित हैं—

(1) **भौतिकवाद**—आधुनिक युग भौतिकवादी है। नगरों से यह भौतिकवाद गाँवों में आया। इससे धर्म और परम्पराओं तथा समाज का आदर उठ गया। आदर्श समाप्त हो गये। प्रत्येक व्यक्ति अधिक से अधिक सुख भोग खोजने लगा और उसके लिये साधनों के अच्छे बुरे का विचार समाप्त हो गया। सामाजिक सम्बन्ध आर्थिक सम्बन्ध बन गये। लोग मनुष्य न रहकर पण्य (Commodities) रह गये। प्रत्येक सामाजिक सम्बन्ध, विवाह, परिवार सभी में व्यापारिक प्रवृत्ति बढ़ने लगी। पैसा कमाने में अच्छे-बुरे साधनों का विचार उठ गया।

(2) **व्यक्तिवाद**—भौतिकवाद से व्यक्तिवाद को प्रोत्साहन मिला। सामूहिक भावना समाप्त होने लगी। प्रतियोगिता और संघर्ष बढ़ने लगा। भाई-चारा खत्म होने से अनैतिकता बढ़ने लगी। संयुक्त परिवारों का विघटन होने लगा। बड़े-बूढ़ों का और जाति-बिरादरी का आदर तथा भय उठ गया। उच्छृंखलता बढ़ने लगी।

(3) **पाश्चात्य शिक्षा**—इसमें पाश्चात्य शिक्षा का भारी हाथ है। पाश्चात्य शिक्षा पाने वाले ग्रामीण युवक जहाँ शारीरिक श्रम से भागने लगे वहाँ उनमें भौतिकवाद तथा व्यक्तिवाद भी बढ़ने लगा। उनके साथ गाँव में फैशनपरस्ती, उच्छृंखलता तथा अनैतिकता का सूत्रपात हुआ। वे धर्म और कुल परम्पराओं को भूलने लगे। वे गाँव के लोगों से और वहाँ की संस्थाओं से घृणा करने लगे। परिवार का अनुशासन उठने लगा। विवाह धार्मिक बन्धन न रह गया।

(4) **अशिक्षा**—जहाँ एक ओर गाँव के कुछ बहुत ही थोड़े नवयुवक पाश्चात्य सभ्यता से इस प्रकार बदलने लगे वहाँ दूसरी ओर, गाँव के अन्य लोग अशिक्षा के कारण महाजनों और जर्मीदारों द्वारा मनमाने ढंग से चूसे जाते हैं। प्राचीन भारत के गाँवों में शिक्षा का प्रचार था। ग्रामीण समुदाय के विघटन में अशिक्षा का सबसे बड़ा हाथ है। शिक्षा के बिना आर्थिक, सामाजिक, राजनीतिक किसी प्रकार की भी प्रगति असम्भव है। गाँवों में स्त्री-शिक्षा तो बिल्कुल ही समाप्त हो गई थी। पुरुषों में भी बहुत कम पढ़े लिखे होते थे। अनेक जातियों को तो पढ़ने-लिखने का अधिकार ही न था।

हर्ष का विषय है कि भारत के स्वतन्त्र हो जाने के बाद से सरकार तथा समाज सुधारकों ने ग्रामीण समुदाय के विघटन के उपरोक्त कारणों को दूर करने का भरसक प्रयास आरम्भ कर दिया। पंचायतों का पुनरुद्धार किया जा रहा है। कुटीर उद्योगों को प्रोत्साहित किया जा रहा है। गाँव में राष्ट्रीय शिक्षा का प्रचार किया जा रहा है। सामुदायिक योजनाओं से गाँवों का सर्वांगीण पुनर्निर्माण करने की चेष्टा की जा रही है। इससे आशा है कि ग्रामीण समुदाय पुनः सुसंगठित और समृद्ध होकर भारतीय जनतन्त्र के दृढ़ आधार बन जायेंगे।

अभ्यास के लिए प्रश्न

1. भारतीय ग्रामों के समकालीन सामाजिक विघटन की प्रकृति और कारणों का वर्णन कीजिए।
2. भारतीय गाँवों के सामाजिक संगठन पर औद्योगीकरण के प्रभाव का विश्लेषण कीजिये।

9

नगरीय विघटन
(Urban Disorganisation)

ग्रामीण समुदाय के समान ही नागरिक समुदाय भी सामुदायिक जीवन का एक विशेष प्रकार है। सामुदायिक विघटन का महत्वपूर्ण तत्व नागरिक विघटन है। नागरिक विघटन एक दशा भी है और प्रक्रिया भी है। नगरों की उत्पत्ति के बाद कुछ समय तक तो वे ठीक बढ़ते रहते हैं परन्तु शीघ्र ही उनमें भीड़-भाड़ इतनी बढ़ जाती है कि विघटन के चिन्ह प्रकट होने लगते हैं। इस नागरिक विघटन में औद्योगीकरण और प्रौद्योगिकी का भी भारी हाथ है।

नगरीय समाज के लक्षण

समाजशास्त्रीय तत्व के रूप में नगरीय समाज में निम्नलिखित लक्षण देखे जा सकते हैं—

(1) सामाजिक विजातीयता (Social Heterogeneity)—यदि गाँव सांस्कृतिक एकता के प्रतीक हैं तो नगरों में अनेकों संस्कृतियों और प्रजातियों के लोग मिलते हैं। गाँव प्राचीन संस्कृति को अक्षुण्ण रखते हैं तो नगर अनेकों संस्कृतियों की संस्थाओं, विचारों, आदर्शों आदि के सम्मिलन से संस्कृति का विकास करते हैं और उनमें परिवर्तन उत्पन्न करते हैं। एकता गाँव के समाज की प्रकृति है। नगर के समाज में सैकड़ों व्यवसायों, व्यापारों, जातियों और विचारधाराओं के लोग बसते हैं।

(2) माध्यमिक सम्पर्क (Secondary Association)—इस सामाजिक विजातीयता के परिणामस्वरूप नगरों में प्राथमिक के स्थान पर माध्यमिक सम्पर्क पाया जाता है। नगर निवासियों का परस्पर व्यवहार कृत्रिम, छिछला और यन्त्रवत् होता है। उनमें सम्बन्ध निर्वैयक्तिक होते हैं। उनमें आपस में अधिक घनिष्टता नहीं हो पाती।

(3) सामाजिक सहिष्णुता (Social Tolerance)—परन्तु सम्बन्धों की निर्वैयक्तिकता के साथ-साथ नगरों में सामाजिक सहिष्णुता भी पाई जाती है। नगरों में कोई किसी की ओर ध्यान नहीं देना चाहता, परन्तु इस सहिष्णुता के साथ-साथ नगरों में राजीतिक, धार्मिक और वर्गवत दलबन्दियाँ भी भयंकर रूप में दिखलाई

पड़ती हैं। भारत के नगरों में हिन्दू-मुस्लिम साम्प्रदायिक दंगे इसका ज्वलन्त उदाहरण हैं।

(4) माध्यमिक नियन्त्रण (Secondary Control)—नगरों में बहुत से माध्यमिक समूह होते हैं। अतः माध्यमिक नियन्त्रण ही अधिक प्रबल होता है। परिवार, जाति बिरादरी आदि का कोई भय नहीं होता। कानून, जेल और पुलिस का भय लोगों के व्यवहार का नियन्त्रण करता है।

(5) सामाजिक गतिशीलता (Social Mobility)—नगरीय औद्योगिक समाज की सबसे बड़ी विशेषता उसकी सामाजिक गतिशीलता है। नगर में व्यक्ति की सामाजिक स्थिति उसके जन्म से नहीं बल्कि उसके कर्मों और आर्थिक स्थिति से निश्चित होती है। अतः प्रत्येक व्यक्ति को परिश्रम और बुद्धि के बल पर समाज में जितना चाहे आगे बढ़ाने के अवसर मिलते हैं। नगरों में जातपांत के बन्धन टूट रहे हैं। अन्तर्जातीय विवाहों की संख्या बढ़ रही है। स्त्री-शिक्षा का प्रचार हो रहा है और स्त्री-पुरुष, ब्राह्मण, शूद्र सभी को मौलिक मानवीय अधिकार मिल रहे हैं। समाज में नये सुधारों को नगर के लोग गाँव वालों की अपेक्षा अधिक शीघ्र ग्रहण करते हैं।

(6) ऐच्छिक समितियाँ (Voluntary Associations)—नगर में व्यवसाय वर्ग, धर्म, संस्कृति आदि की इतनी विविधता के कारण वहाँ ऐच्छिक समितियाँ अधिक बनती हैं और परिवार जैसे प्राथमिक समूह तक में ऐच्छिक प्रवृत्तियाँ पायी जाती हैं।

(7) वैयक्तिकता (Individualism)—ऐच्छिक समितियों तथा माध्यमिक नियन्त्रण आदि अनेक कारणों से नगर निवासियों में वैयक्तिकता विकसित हो जाती है। आदर्शों, विचारों और व्यवहारों की इतनी अधिक विभिन्नता को देखकर शहर के व्यक्ति पर आचार-विचार के सम्बन्ध में परम्पराओं का नियन्त्रण उठ जाता है। वह स्वयं अपनी रूचि, स्वार्थ और संस्कारों तथा विचारों के अनुसार अपने तौर तरीके और आदर्श निश्चित करता है। इससे जहाँ उसके व्यवहार में कभी-कभी उच्छृंखलता आती है वहाँ दूसरी ओर, उसके व्यक्तित्व का भी विकास होता है।

(8) सामुदायिक भावना का अभाव—नगर में गाँव के समान सामुदायिक भावना दिखाई नहीं पड़ती। वहाँ न लोक निन्दा का भय होता है और न पास-पड़ोस का ध्यान। सब अपने-अपने कामों में मस्त रहते हैं। किसी को किसी की ओर देखने का अवकाश नहीं होता।

(9) पारिवारिक एकता का अभाव—केवल समुदाय की भावना का ही नहीं बल्कि नगरों में पारिवारिक एकता का भी बड़ा अभाव दिखाई पड़ता है। स्त्री-पुरुष, पिता-पुत्र, भाई-बहन सभी की अपनी-अपनी सोसाइटी होती है। और अपने-अपने प्रोग्राम, किसी को किसी से मतलब नहीं रहता। कभी-कभी घर एक होटल से अधिक नहीं रहता जहाँ लोग भोजन करने और आराम करने आते हैं।

(10) **नैतिक शिथिलता**—सामुदायिक भावना और पारिवारिक एकता के अभाव तथा पाश्चात्य संस्कृति के प्रभाव से और भोगविलास के वातावरण के कारण नगरों में चरित्र और नैतिकता में शिथिलता दिखाई पड़ती है। नगर की भीड़-भाड़ में व्यक्ति पर समाज अथवा परिवार का नियन्त्रण नहीं रह जाता। अतः विवाह के पूर्व तथा विवाह के बाहर यौन सम्बन्धों की भरमार रहती है।

(11) **असंतुलित व्यक्तित्व**—चरित्र की शिथिलता, अप्राकृतिक वातावरण, सिनेमा आदि का प्रभाव, उधम महत्वाकांक्षा तथा भोगलिप्सा और भौतिकवादी विचारधारा ने मिलकर नगर के लोगों का व्यक्तित्व असंतुलित बना दिया है। इसमें विशेषीकरण का बड़ा हाथ है। नगर में झूठे दिखावे के पीछे लोग दीवाने से रहते हैं और बाहरी तड़क-भड़क के पीछे पागल से भागते हैं। नगर के शिक्षित और उच्च वर्ग में भी प्रोफेसर, डॉक्टर, वकील, आफिसर आदि तो दिखाई पड़ेगें परन्तु मनुष्य बहुत कम दिखाई पड़ेगें। लोगों का विकास तीव्र गति से होता है, परन्तु अधिकतर एकांगी होता है।

(12) **अपराधों की बहुलता**—उपरोक्त सब विशेषताओं के कारण नागरिक समाज में चोरी, खून, व्याभिचार तथा भ्रूण हत्या और गर्भपात से लेकर जालसाजी और डकैती तक के नाना प्रकार के अपराध खूब होते हैं।

(13) **सामाजिक विघटन**—इन सब कारणों से नगरीय समाज का विघटन होता है। लोगों में असन्तोष और अशान्ति रहती है। उनकी इच्छायें बढ़ती जाती हैं। नगरों में प्रत्यक्ष और अप्रत्यक्ष संघर्ष बराबर चलते रहते हैं। वर्गवादी भावनायें प्रबल होती हैं। आये दिन हड़तालें और दंगे होते रहते हैं। साम्प्रदायिकता और दलबन्दी अधिक होती है। व्यक्ति और व्यक्ति, व्यक्ति और परिवार तथा व्यक्ति और समाज के सम्बन्धों में सामंजस्य नहीं दिखलाई पड़ता।

(14) **वैवाहिक जीवन की विशेषतायें**—नगरीय समाज में विवाह अधिक आयु में होते हैं। विवाह के पूर्व तथा विवाह से बाहर यौन सम्बन्धों पर कठोर नियन्त्रण नहीं होता। बहुत से युवक-युवतियाँ अविवाहित रहना पसन्द करते हैं। तलाकों की संख्या अधिक होती है। प्रेम विवाह भी अधिक होते हैं। गर्भ-निरोधक साधनों के प्रयोग से सन्तानें कम होती हैं। परिवार छोटे होते हैं। रोमांस अधिक दिखाई पड़ता है। वेंश्यायें और सोसाइटी गर्ल आदि भी दिखाई पड़ती हैं। बहुधा नगर में पुरुष अधिक और स्त्रियाँ कम होती हैं।

(15) **विषमता**—संसार में लगभग सभी जगह नगरों में अमीरों और गरीबों के घरों, रहन-सहन आदि में घोर विषमता दिखाई देती है। जहाँ एक ओर धनिक लोग विशाल अट्टालिकाओं में रहते हैं वहाँ दूसरी ओर, निर्धन अत्यधिक ठण्डी रातों में भी फुटपाथों पर पड़े रहते हैं। नगरों में खान-पान, रहन-सहन, वेषभूषा, बोली, धर्म, संस्कृति, शिक्षा, रीति-रिवाज, सामाजिक व्यवहार आदि सभी में असमानता दिखाई पड़ती है। नगर में भिन्न-भिन्न धर्मों, वर्गों, प्रजातियों, देशों, विचारधाराओं के लोग रहते हैं। जिनकी मानसिक प्रवृत्तियों, विचारों और आदर्शों में भारी अन्तर

होता है। नगर निवासी महत्वाकांक्षी, व्यक्तिवादी, बुद्धिवादी, भौतिकवादी, धर्म निरपेक्ष, चौकन्ना, तेज और स्पर्धा करने वाला होता है।

(16) गतिशील जीवन—नगर का जीवन गाँव के जीवन की अपेक्षा बहुत अधिक गतिशील होता है। उनमें फैशन, शिक्षा, पैसा, शान-शौकत, सुखोपभोग, पद आदि को लेकर होड़ सी लगी रहती है। इसके अतिरिक्त भिन्न-भिन्न वर्गों, व्यवसायों, व्यापारों, राजनीतिक, सामाजिक तथा आर्थिक विचारधाराओं आदि के लोगों में तीव्र प्रतिद्वन्द्विता दिखाई पड़ती है। एक ओर सहयोग की चेष्टायें की जाती हैं, नये-नये संगठन बनते हैं। दूसरी ओर, संघर्ष की चिंगारी सुलगती है और नई-नई समितियाँ बनती हैं। नगरीय समाज का जीवन बहुरंगी है।

(17) नगरों में समिति बनाने की गति तीव्र होती है—गाँव के विरुद्ध नगर में जीवन की गति तीव्र होती है। लोग अपने अधिकारों पर अधिक जोर देते हैं। वे महत्वपूर्ण सामाजिक तथा राजनीतिक व आर्थिक समस्याओं पर भिन्न-भिन्न दृष्टिकोण से विचार करते हैं और उन विचारों को कार्यान्वित करने के लिए समितियाँ बनाते हैं। शिक्षा के प्रचार के कारण नगर निवासियों की अपनी व्यक्तिगत रायें होती हैं। वे पुरानी लकीर के फकीर नहीं होते। उनमें अत्याचारों और शोषण के विरुद्ध आग होती हैं जो थोड़ी सी आहुति पाकर भड़क उठती है। इसलिए नगरों में सामाजिक, आर्थिक तथा राजनीतिक मतभेदों को लेकर नित्य नई समितियाँ बनाई जाती हैं और समिति बनाने की क्रिया की गति तीव्र होती है।

(18) कृत्रिम जीवन—नगरों के औद्योगिक समाज का जीवन कृत्रिम होता है। नगर में घनी जनसंख्या और ऊँचे-ऊँचे मकानों के बीच प्राकृतिक पेड़-पौधे कहीं देखने को नहीं मिलते। नगर के घने बसे भागों में, तंग गलियों में और मकानों में अच्छी तरह धूप और प्रकाश का भी प्रबन्ध नहीं रहता। कारखानों के धुएं और तरह-तरह की दुर्गन्धों से नगर की वायु स्वच्छ नहीं रह पाती। कारखानों में मजदूर और दफ्तरों में बाबू लोग दिन में भी बिजली के प्रकाश में काम करते हैं। बड़े कारखानों में मजदूर की स्थिति मशीन के एक पुर्जे से अधिक नहीं रहती। उसको यह नहीं मालूम कि पूरी वस्तु किस तरह बनती है। वह केवल उस पुर्जे को जानता है जो उसे साइकिल, कार या इंजन आदि में फिट करना पड़ता है। काम का इतना विशेषीकरण हो गया है कि कोई भी आदमी व्यक्तित्व का सर्वांग विकास नहीं कर पाता। नगरों में प्रोफेसर, डॉक्टर, वकील, नेता आदि अपने-अपने विशेष क्षेत्र में इतने घुसे रहते हैं कि उनको जीवन के शेष पक्षों का पता नहीं रहता। इस प्रकार एक ओर प्राकृतिक वातावरण की कमी और दूसरी ओर, व्यवसाय तथा पेशों की कृत्रिम अवस्थायें नगर के लोगों के जीवन को कृत्रिम बनाए रहती हैं। नगर में रहन-सहन भी कृत्रिम होता है। लोगों के चेहरे पर स्वाभाविक सुर्खी नहीं दिखाई पड़ती। स्त्रियाँ अपने निस्तेज चेहरों को प्रसाधनों से आकर्षक बनाये रखने की चेष्टा करती रहती हैं। लोगों का ध्यान स्वास्थ्य के स्थान पर स्वाद और सादगी के स्थान पर फैशन पर अधिक रहता है। ड्रांइग रूम इसलिए नहीं सजाये जाते कि उनसे आराम मिले

बल्कि इसलिये कि व्यक्ति की आर्थिक हैसियत का विज्ञापन करें। यदि नगर के लोग किसी स्थान के दृश्य को देखने भी पहुँच जाते हैं तो उनका ध्यान प्राकृतिक सौन्दर्य का आनन्द लेने की ओर नहीं रहता बल्कि उसका फोटो लेने की ओर रहता है ताकि अपने मित्रों को दिखाकर यह कह सकें कि उन्होंने वह स्थान देखा है। नगरों में मनोरंजन के साधन तक कृत्रिम होते हैं। सिनेमाओं, नाटकघरों उपन्यासों की धूम रहती है जिनमें मनुष्य बिल्कुल निष्क्रिय रहता है। नगरों का मिलना-जुलना, बोल-चाल, आवभगत, शिष्टाचार, हैलो, और 'टा-टा' सभी में कृत्रिमता और खोखलापन दिखाई पड़ता है। एक अजीब खामोशी, निरर्थक शोर, एक खोखली हँसी, एक अर्थहीन मुस्कराहट नगरों की ये सब वस्तुयें एक विचित्र षड्यन्त्र सा जान पड़ती हैं जिसमें कोई किसी को अपना भेद नहीं देना चाहता, जिसमें किसी को किसी पर विश्वास नहीं, जिसमें सभी दौड़ते जाते हैं क्योंकि रुकना मौत है। परन्तु जिसमें किसी को यह नहीं मालूम कि कहाँ जाना है। नगर के बाबू लोग सूर्य निकलने के बाद आँखे खोलते हैं और आँखे खोलते ही हाथ में चाय का प्याला लेकर अखबार पर जुट जाते हैं। अखबार पढ़कर जल्दी निबटकर, नहा धोकर, खाना खाकर, दफ्तर भागते हैं और संध्या को दिन छिपने पर घर वापस आते हैं। दिन भर के थके कुछ देर आराम करते, फिर खाना खाते, रात को रेडियो सुनते और फिर सो जाते हैं। इसी तरह दिन, महीना, वर्ष, जीवन एक अर्थहीन दिनचर्या में बीत जाता है जिसमें इन्सान की हस्ती एक मशीन के पुर्जे से अधिक कुछ नहीं है। यही हाल करोड़ों मजदूरों और सरकारी कर्मचारियों का भी है।

नगरीय विघटन

संसार के लगभग सभी देशों में औद्योगीकरण के कारण नगरों की जनसंख्या बराबर बढ़ती जा रही है। जनसंख्या के बढ़ने से नगरों में अत्यधिक भीड़-भाड़ की समस्यायें उत्पन्न हुई हैं। औद्योगीकरण से भी अनेक समस्यायें उत्पन्न हुई हैं। मशीनीकरण की समस्यायें अलग हैं। इन सबसे नगरीय समुदाय का तेजी से विघटन हो रहा है। नगरीय विघटन के मुख्य लक्षण तथा परिणाम निम्नलिखित हैं—

(1) सामाजिक भावना का ह्रास—नगरीय जनसंख्या बढ़ने का सबसे पहला सामाजिक परिणाम सामाजिक भावना का उत्तरोत्तर ह्रास है। गाँव में सामाजिक भावना नंगर से अधिक रहती है। अतः ग्रामीण जनती की कमी और नगरीय जनंता की वृद्धि से देश में सामुदायिक भावना का ह्रास स्वाभाविक है। नगरों में प्रत्येक व्यक्ति अपने या अपने साथियों के स्वार्थों की ही चिन्ता करता है तथा समुदाय की कोई परवाह नहीं करता।

(2) सामाजिक नियन्त्रण की कमी—सामुदायिक भावना के ह्रास से सामाजिक नियन्त्रण बराबर घटता जा रहा है। जैसे-जैसे नगरीय जनसंख्या बढ़ती जाती है, वैसे-वैसे जातीय तथा सामाजिक संगठनों की नियन्त्रण शक्ति घटती जाती है। नगरों की देखा-देखी गाँवों में जातीय पंचायतों का नियन्त्रण समाप्त हो रहा है। इससे व्यवहार में उच्श्रृंखलता बढ़ रही है।

(3) **पारिवारिक नियन्त्रण में कमी**—नगरीय जनसंख्या में वृद्धि के साथ-साथ पारिवारिक नियन्त्रण में भी बराबर कमी आई है। नगरों में जहाँ कहीं स्त्री-पुरुष दोनों घर से बाहर काम पर जाते हैं, वहाँ पर बालकों पर कोई नियन्त्रण नहीं हो पाता। लाखों मजदूर नगरों में अपने परिवार के बिना अकेले रहते हैं जिससे क्रमशः उन पर से परिवार का नियन्त्रण समाप्त हो जाता है। गाँव में पहुँचकर वहाँ भी वे परिवार के नियन्त्रण को नहीं मानते तथा उनकी देखा-देखी अन्य लोग भी वैसा ही करने लगते हैं। सिनेमा, आधुनिक शिक्षा, फैशनपरस्ती, नगरों में पारिवारिक नियन्त्रण को कम कर रहे हैं और गाँवों पर भी उसका प्रभाव पड़ रहा है।

(4) **धर्म के प्रभाव में कमी**—समाज और परिवार के साथ-साथ नगरों की संख्या बढ़ने से धर्म का प्रभाव भी कम होता जाता है। नगरों में भौतिकवाद का बोलबाला होता है। अतः नास्तिकता को बल मिलता है। नगरों के प्रभाव में आने वाले ग्रामीण समुदाय में भी क्रमशः धर्म का प्रभाव कम होता जा रहा है।

(5) **स्त्रियों की दशा में परिवर्तन**—नगरों में स्त्रियों की दशा में भी परिवर्तन हुआ है। उनको आर्थिक स्वतन्त्रता मिल रही है, उनमें शिक्षा का प्रचार बढ़ रहा है और अपने अधिकारों के प्रति जागृति बढ़ रही है परन्तु साथ ही साथ उच्शृंखलता, अनुचित यौन सम्बन्ध, तलाक, विवाह-पूर्व तथा विवाह से बाहर यौन सम्बन्ध, फैशन, भोगवाद आदि भी बढ़ रहे हैं।

(6) **विवाह की संस्था में परिवर्तन**—नगरों की जनसंख्या की वृद्धि से विवाह की संस्था में भी अनेक परिवर्तन हुए हैं। विवाह में जीवन-साथो चुनने में क्रमशः युवक-युवतियों की इच्छओं का भी ध्यान रखा जाने लगा है। प्रेम विवाहों की और साथ ही तलाकों की भी संख्या बढ़ रही है।

(7) **परिवार की संस्था में परिवर्तन**—नगरीकरण ने परिवार का रूप ही बदल दिया है। संयुक्त परिवार कम होते जा रहे हैं। परिवार छोटे होते जा रहे हैं। परिवार नियोजन बढ़ता जा रहा है। परिवार के बहुत से कार्य अन्य संस्थायें ले रही हैं। अतः पारिवारिक विघटन बढ़ रहा है।

(8) **परिवार में पुरुषों की अधिकता**—औद्योगीकरण के कारण नगरों की जनसंख्या में स्त्रियों की अपेक्षा पुरुषों की संख्या अत्यधिक बढ़ गई है। इसका कारण यह है कि नगरों में मकानों की अत्यधिक कमी होने के कारण लाखों मजदूर तथा अन्य नौकरी-पेशा लोग नगरों में अकेले रहने को बाध्य होते हैं। पुरुषों की अधिकता और स्त्रियों की कमी से व्यभिचार और वेश्यागमन के साथ-साथ विभिन्न प्रकार के अपराधों को भी प्रोत्साहन मिलता है।

(9) **व्यापारिक मनोरंजन**—औद्योगीकरण के कारण नगरों में व्यापारिक मनोरंजन का खूब विस्तार हुआ है। नगरों में सिनेमा धनी-निर्धन सभी की जेबें खाली कर रहा है। वेश्यायें और नाचने वालियाँ दोनों हाथों से लूटती हैं। खेल-तमाशे सभी पर टिकट लगता है।

(10) निवास स्थान की कमी—औद्योगीकरण से नगरों में निवास स्थान की भयंकर कमी दिखलाई पड़ती है। जिस नगर में जितना ही अधिक औद्योगिक विकास होता है उसमें निवास स्थान की उतनी ही कमी दिखलाई पड़ती है। बम्बई, कलकत्ता, दिल्ली जैसे नगरों में हजारों, लाखों परिवार एक-एक कमरे में रहने को बाध्य होते हैं जिसमें विवाहित सदस्यों को निजत्व की कमी रहती है और अविवाहित सदस्यों पर उनके व्यवहार का बुरा प्रभाव पड़ता है तथा वे यौन अपराधों की ओर प्रवृत्त होते हैं। मकानों की इस कमी से नाना प्रकार के रोग फैलते हैं और स्वास्थ्य का स्तर गिरता है।

(11) गन्दी बस्तियों का विकास—औद्योगीकरण के कारण आवासों की अत्यधिक कमी होने से बड़े-बड़े नगरों में गन्दी बस्तियों का विकास हुआ है। इनमें श्रमिक लोग और निर्धन लोग रहते हैं। इन गन्दी बस्तियों में रहने से लोगों का स्वास्थ्य बिगड़ता है, नैतिक चरित्र गिरता है और अपराधी प्रवृत्तियाँ बढ़ती हैं। कानपुर के 'अहाते', दिल्ली की 'बस्तियाँ', बम्बई की 'चाल' और मद्रास की 'चेरी' भारतीय सभ्यता पर कलंक हैं। इन गन्दे घरों में न हवा का प्रबन्ध होता है न पानी या प्रकाश का। घर के एकमात्र दरवाजे पर पड़ा टाट का गन्दा पर्दा इन बस्तियों की करुण कहानी का सजीव विज्ञापन है। एक ओर, नगर के मिल मालिकों और पूँजीपतियों के रहने की विशाल अट्टालिकायें और दूसरी ओर, मजदूरों के ये स्लम देश के 'समाजवादी आदर्श' और 'जनतन्त्रीय सिद्धान्तों' के खोखलेपन पर अट्टाहास करते हैं। इसी कारण देश के सभी विचारकों और नेताओं ने इन स्लमों के विरुद्ध आवाज उठाई है, "इन्हें जला दो, ये मनुष्य के अधिकतम अधः पतन की परिचायक हैं। इस अवस्था के लिए जिम्मेदार व्यक्तियों को फाँसी दी जानी चाहिये।" पं० जवाहर लाल नेहरू के ये रोषपूर्ण शब्द प्रत्येक सहृदय व्यक्ति की भावनाओं की पुकार हैं। डॉ० राधाकमल मुकर्जी ने ठीक ही लिखा है, "भारत के औद्योगिक केन्द्रों के हजारों स्लमों में पुरुषत्व का, निश्चय ही पाश्वीकरण किया जाता है, स्त्रियों को बेइज्जत किया जाता है और बचपन को उसके उद्‌गम में ही विष दे दिया जाता है।"[1]

(11) नैतिक मूल्यों में परिवर्तन—औद्योगीकरण ने नगरों के नर-नारियों के नैतिक मूल्यों में परिवर्तन कर दिया है। औद्योगीकरण का आवश्यक परिणाम मशीनीकरण है और मशीनीकरण व्यक्ति के जीवन को यन्त्रवत् बना रहा है। तथा उसकी स्वाभाविक स्वतन्त्रता और विधायकता को नष्ट करता जा रहा है। औद्योगीकरण ने ऐसी सभ्यता का निर्माण किया है जिसमें सभी स्त्री-पुरुष मशीन के पुर्जे हैं, सभी साधन हैं, सभी अपनी परिस्थितियों से बाध्य हैं। कारखानों और आफिसों में स्त्री-पुरुष सभी के कार्य करने से यौन सम्बन्धों के प्रति नैतिक दृष्टिकोण में अन्तर आता है। औद्योगीकरण से स्त्रियों को भी काम मिलने के कारण अब वे पुरुष से समानता अनुभव करने लगी हैं। नये आविष्कारों से स्त्रियों को घर के कामों में बड़ी

1. "In the thousand slums of India's industrial centres manhood is, unquestionably, brutalized, women dishonoured and childhood poisoned at its very source."
—R. K. Mukerjee.

सुविधा हुई है जिससे उनके जीवन के मूल्यों में भारी परिवर्तन हुआ है। भौतिकवाद और भोगवाद बढ़ रहा है।

(13) **संयुक्त परिवार का विघटन**—औद्योगीकरण से संयुक्त परिवारों का बराबर विघटन होता जा रहा है और अधिकतर परिवार वैयक्तिक परिवार हो गये हैं। गाँव से लोग आजीविका की खोज में नगर में आने लगे हैं और शहरों में बड़े परिवारों का साथ रहना सम्भव नहीं है। इस प्रकार संयुक्त परिवार सब कहीं टूटने लगे हैं।

(14) **दुर्व्यसनों में वृद्धि**—नगरों में अनेक प्रकार के दुर्व्यसन पाये जाते हैं। कारखानों और आफिसों में काम करने की दशायें स्वास्थ्यप्रद न होने के कारण, शोषण और यन्त्रवत् जीवन के कारण तथा नगरों में शराब, जुआ, वेश्या आदि सुलभ होने के कारण दुवर्यसन बढ़ रहे हैं।

(15) **अपराधों में वृद्धि**—दुर्व्यसनों की वृद्धि के साथ-साथ नगरों में अपराधों की संख्या बढ़ी है। इनमें सिनेमा, नगरों का उत्तेजक वातावरण, शोषण, निराशा, निर्धनता, वर्गवाद, सामाजिक नियन्त्रण और पारिवारिक नियन्त्रण का अभाव, मूल्यों में परिवर्तन आदि कितने ही कारक उत्तरदायी हैं।

(16) **किशोरापराध में वृद्धि**—नगरों में किशोरापराध में भी वृद्धि हुई है। बहुत से बालक-बालिकायें कारखानों में काम करते हैं जिससे उनकी शिक्षा नहीं हो पाती और उनको भ्रष्ट होने के अवसर अधिक मिलते हैं। अतः वे सहज ही अपराधों की ओर बढ़ जाते हैं। जिन परिवारों से स्त्री-पुरुष दोनों घर से बाहर काम पर जाते हैं वहाँ बालकों पर परिवार का नियन्त्रण नहीं रहता जिससे वे अपराध में लग जाते हैं। इनके अतिरिक्त सिनेमा आदि भी किशोरापराध को बढ़ाते हैं।

(17) **भ्रष्टाचार, संघर्ष, प्रतिस्पर्धा** (Corruption, Conflict and Competition)—नगरों में आर्थिक क्षेत्र में गलाकाट प्रतियोगिता होती है। व्यापारियों और व्यापारियों में ही नहीं बल्कि मिल मालिकों और मिल मालिकों तथा मिल मालिकों और मजदूरों में भी संघर्ष बढ़ता ही जाता है। अत्यधिक संघर्ष से फिर गलत साधन अपनाये जाते हैं और भ्रष्टाचार फैलता है। चोर बाजारी औद्योगीकरण का अभिशाप है।

नगरीय विघटन के उपरोक्त लक्षणों से अब सभी सभ्य देशों में नगरों के सुधार तथा पुनर्निर्माण की ओर ध्यान दिया जा रहा है। आजकल सभी प्रगतिशील देशों में नगर नियोजन प्रारम्भ हो गया है। इससे नगरीय विघटन के अनेक लक्षण दूर होंगे।

अभ्यास के लिये प्रश्न

1. आधुनिक नगरीय जीवन में विभिन्न प्रकार की सामाजिक कुरीतियों का वर्णन कीजिये।

10

सामाजिक क्रान्ति

(Social Revolution)

सामाजिक क्रान्ति के तत्व

संकुचित अर्थों में "सामाजिक क्रान्ति" की अवधारणा किन्ही निश्चित घटनाओं के प्रतिमान की ओर संकेत करती है। इन अर्थों में, सामाजिक क्रान्ति एक प्रकार की 'सामूहिक क्रिया' (Collective Action) है जिसमें ब्रूम तथा सेल्जनिक के अनुसार निम्न तत्व होते हैं।[1]

(1) सामाजिक क्रान्ति किसी सरकार को पलटने तथा उन सामाजिक समूहों को हटाने के लिए की जाती है जो इस सरकार का समाज में प्राप्त शक्ति के आधार पर समर्थन करते हैं।

(2) सामाजिक क्रान्ति के लिए सीधी कार्यवाही के माध्यम से जन-सहयोग को जुटाया जाता है, जैसे सामूहिक प्रदर्शन, उपद्रव, सैनिकों का अपने अफसरों की आज्ञा पालन करने से इन्कार करना, तथा फैक्ट्रियों अथवा बड़ी कृषक जमीनों पर कब्जा कर लेना। इस प्रकार की कार्यवाही विद्यमान सत्ता को चुनौती देती है तथा जनसंख्या के निष्क्रिय तत्वों को क्रियाशील बनाती है।

(3) सामाजिक क्रान्ति के जिस लक्ष्य की प्राप्ति की अपेक्षा की जाती है वह सीमित न होकर सामान्य होता है, जिसमें राजनीतिक तथा सामाजिक व्यवस्था में किन्हीं आधारभूत परिवर्तनों की माँग की जाती है।

(4) इस प्रकार की क्रान्तियों में यह सम्भावना बहुत अधिक रहती है कि सामूहिक क्रिया के दौरान में अथवा क्रान्ति के लिए प्रयुक्त सैनिकों द्वारा हिंसा का प्रयोग किया जाये। परन्तु हिंसा का प्रयोग किसी सामाजिक क्रान्ति का आवश्यक तत्व नहीं होता। किन्हीं दशाओं में हिंसा प्रयोग की आवश्यकता भी नहीं पड़ती यदि सरकार कमजोर हुई और क्रान्तिकारी समूहों को शीघ्र ही जन-सहयोग प्राप्त हो जाता है और सरकार चुनौती का सामना करने की अपेक्षा मैदान छोड़कर भाग जाने की

---

1. See Leonard Broom & Philip Selznik, *Sociology,* New Your; Harper, (1955) pp, 685-86.

स्थिति में हो। हाँ, जब क्रान्तिकारी सत्ता में आ जाते हैं तब वह पर्याप्त शक्ति का प्रयोग कर सकते हैं, विशेषकर उन शक्तियों का दमन करने के लिए जो उनका विरोध करती हैं।

इस प्रकार की क्रान्ति में तथा 'राज्य-विप्लव' (coup d'etat) में अन्तर है। राज्य-विप्लव में सरकार के बाहर विद्यमान एक समूह किसी प्रकार से आतंक फैलाकर सत्ता पर अधिकार कर लेता है। यद्यपि इसका लक्ष्य भी सीमित ही होता है लेकिन इस प्रकार के राज्य परिवर्तन में समाज में आमूल-चूल परिवर्तन लाने का कोई लक्ष्य सामने नहीं होता। उदाहरण के लिए सन् 1962 में पेरु में सैनिक नेताओं ने एक पार्टी बनाकर विद्यमान सरकार का तख्ता उलट दिया ताकि वह प्रेसिडेन्ट के चुनाव के परिणामों को महत्वहीन कर सकें। इस प्रकार के राज्य-विप्लव में सामाजिक क्रान्ति का एक भी उपरोक्त तत्व विद्यमान नहीं था। इसके विपरीत यह भी समझा जा सकता है कि राज्य-विप्लव सामाजिक क्रान्ति का एक अंग हो सकता है। इसका उदाहरण रूस की 1917 की क्रान्ति से दिया जा सकता है जिसमें जार को हटा देने के बाद जो अस्थाई सरकार बनी उसका तख्ता उलट दिया गया।

(5) यद्यपि सामाजिक क्रान्ति में सामूहिक क्रिया का तत्व प्रधान होता है फिर भी यह आवश्यक रूप से राजनीतिक प्रजातंत्र के पक्ष में नहीं होती। 1933-1945 की नाजी सरकार एक सामाजिक क्रान्ति का ही परिणाम थी। प्रजातंत्र को इसने घृणा की दृष्टि से देखा और थोड़े से समय में ही समस्त प्रजातांत्रिक संस्थाओं को समाप्त कर दिया गया। यही बात रूस के क्रान्तिकारियों के विषय में कही जा सकती है। इस प्रकार की प्रत्येक क्रान्ति में कुछ स्वयं-नियुक्त व्यक्ति जनता की आवाज के प्रतिनिधी बन जाते हैं और बिना अपनी शक्ति को स्वतन्त्र चुनावों के द्वारा परीक्षा कराये, जनता के नाम पर शासन करते हैं।

क्रान्ति की दशाएं

1. ब्रूम तथा सेल्जनिक का मत

ब्रूम तथा **सेल्जनिक** ने ऐसी तीन दशाओं का उल्लेख किया है जो किसी समाज में क्रान्ति लाने के लिए उपयुक्त होती हैं—

(i) किसी भी क्रान्ति को लाने में जितना हाथ सापेक्षिक वंचना (Deprivation) का होता है उतना ही महत्वाकांक्षाओं का भी होता है।

(ii) सामाजिक क्रान्तियाँ उस समय घटित होती हैं जब शासक वर्ग कमजोर तथा बँटा हुआ होता है।

(iii) समाज में एक संकट उत्पन्न हो जाता है जो विद्यमान सरकार की सत्ता को चुनौती देता है।

इस प्रकार किसी भी क्रान्ति की सामाजिक पृष्ठभूमि में सत्ताधारियों की कमजोरी तथा अकुशलता, विद्यमान राजनीतिक व्यवस्था में व्यापक रूप से विश्वास

का लोप, तथा समाज में वैकल्पिक समूहों के विद्यमान होने (जिनकी महत्वाँकाक्षायें तथा आत्म-विश्वास ऊँचे होते हैं) की झलक देखी जा सकती है। इससे यह निष्कर्ष निकला कि क्रान्तिकारी परिवर्तन केवल नीचे से ऊपर की ओर ही नहीं उभरते, बल्कि इसके लिए सामाजिक व्यवस्था में अस्त-व्यस्त स्थिति का विद्यमान होना आवश्यक है जो सम्पूर्ण व्यवस्था को प्रभावित करता है।

2. पीटर काल्वर्ट का मत—पीटर काल्वर्ट (Peter Calvert) ने अपने एक प्रयोग सिद्ध अध्ययन में यह बतलाया है कि सामाजिक क्रान्ति की कोई भी ऐसी परिभाषा नहीं है जिस पर सभी की सहमति हो। प्राय: "क्रान्ति" शब्द का प्रयोग प्रत्येक प्रकार के भयंकर राजनीतिक परिवर्तनों के लिए किया जाता है जिसका अभिप्राय जीवन के प्रत्येक पहलू में आकस्मिक परिवर्तन लाना है। लेकिन इतना तो लगभग सभी विद्वान स्वीकार करते हैं कि जो प्रयत्न परिवर्तन लाने में विफल हो जाते हैं उन्हें क्रान्ति नहीं कहा जा सकता।

फ्रांस की 1789 की क्रान्ति के सन्दर्भ में **पीटर काल्वर्ट** ने किसी क्रान्ति में चार आवश्यक तत्वों का उल्लेख किया है।[1]

(i) यह एक प्रक्रिया (Process) है जिसमें राज्य का राजनीतिक निर्देशन सम्पूर्ण जनता की अथवा इसके किसी विशेष महत्वपूर्ण समूह की दृष्टि में हीन समझा जाने लगता है। इस प्रकार की क्रान्ति प्रक्रिया की घटना में प्रदर्शित हो सकती है अथवा किन्हीं शान्तिप्रिय साधनों द्वारा सरकार में परिवर्तन ला सकती है।

(ii) क्रान्ति होने की स्थिति में "घटना" (Event) प्रमुख होती है। यह घटना किसी विशेष समय पर सरकार में परिवर्तन लाकर खड़ा कर सकती है अथवा परिवर्तन का भय उत्पन्न कर सकती है।

(iii) इस प्रकार की क्रान्तिकारी घटना घटित हो जाने के पश्चात्, जिसकी अगवानी राजनीतिक नेता करते हैं, राज्य की राजनीतिक अथवा सामाजिक संस्थाओं में अथवा दोनों में, परितर्वन की एक सुव्यवस्थित योजना (Programme) लागू कर दी जाती है।

(iv) इस क्रान्तिकारी परिवर्तन से राजनीतिक नेताओं को जो अल्प-कालीन स्थिति प्राप्त हो जाती है उसकी एक राजनीतिक गाथा (Myth) बन जाती है।

इस प्रकार किसी भी प्रकार की सामाजिक क्रान्ति का विश्लेषण करने के लिए उसकी प्रक्रिया, घटना, योजना, तथा राजनीतिक गाथा का अध्ययन किया जाना चाहिए।

3. मार्क्स तथा एंजिल्स का मत—मार्क्स तथा एंजिल्स ने समाजों द्वारा क्रान्तियों के इतिहास की छानबीन करके यह निष्कर्ष निकाला कि : "भौतिक जीवन की उत्पादन विधि सामान्य रूप से सामाजिक, राजनीतिक तथा बौद्धिक जीवन को

1. Peter Calvert. *A Study of Revolution*, Oxford Clarendon Press. 1970, pp. 3-4.

निश्चित करती है। यह व्यक्तियों की चेतना नहीं है जो इसके जीवन को निश्चित करती है बल्कि इसके विपरीत उनका सामाजिक प्राणी होना उनकी चेतना को निश्चित करता है। उनके विकास की एक विशेष अवस्था में, समाज के भौतिक उत्पादक कारक विद्यमान उत्पादन सम्बन्धों के विरोध में आ जाते हैं, अथवा उन सम्पत्ति-सम्बन्धों के विरोध में आ जाते हैं जो उस समय तक समाज में क्रियाशील होते हैं। उत्पादक शक्तियों के विकास के स्वरूपों से वह सम्बन्ध उनकी बेड़िया बन जाते हैं तब सामाजिक क्रान्ति के एक युग का प्रादुर्भाव होता है।"[1]

इतिहास, समाज तथा क्रान्तियों के अध्ययन के लिए उपरोक्त प्रतिस्थापना के बाद एंजिल्स ने बतलाया कि "यदि हम सूक्ष्म रूप से विचार करें तो हमें तत्काल ही यह ज्ञान हो जायेगा कि मनुष्यों की चेतना वास्तव में ही उनके सामाजिक प्राणी होने की दशा में निर्धारित होती है।" मार्क्स तथा एंजिल्स ने इस प्रकार क्रान्तियों की द्वंद्वात्मक भौतिकवादी व्याख्या प्रस्तुत की। इनकी यह व्याख्या दार्शनिक विचारों के बिलकुल विरोध में थी। मार्क्स तथा एंजिल्स ने अपनी इसी स्थापना के आधार पर 1848 से 1850 की क्रान्तियों की आलोचनात्मक व्याख्या की जो उनकी कृति The Class Struggle in France, 1848-1850 में देखी जा सकती है। इस व्याख्या के आधार पर एंजिल्स ने यह निष्कर्ष निकाला की "आज तक की समस्त क्रान्तियों में एक विशेष वर्ग को हटा कर दूसरा विशेष वर्ग सत्ता में आया, लेकिन शासित जनता की अपेक्षा में यह शासक वर्ग आज तक भी बहुत थोड़ी संख्या में समाज में विद्यमान रहा है।"

क्रान्ति संग्राम श्रमिक वर्ग से शुरू होता है। ऐसे वर्ग या दल जो इस श्रमिक वर्ग के विरोध में होते हैं, मिल जाते हैं और अपनी एकता को सामाजिक विकास की प्रत्येक अवस्था में बनाये रखते हें। यह स्थिति उस समय तक चलती है जब तक स्वयं श्रमिक वर्ग में यह चेतना जागृत नहीं हो जाती कि वह उनके शत्रु हैं। इनकी इस चेतना से क्रान्ति का सूत्रपात होता है। विश्व में जहाँ कहीं भी साम्यवादी सरकारें हैं, वे तत्काल ही इस प्रकार की उभरती हुई क्रान्तिकारी चेतना को समर्थन देती हैं। इस प्रकार मार्क्स तथा एंजिल्स ने बतलाया कि जो क्रांति अल्प संख्यक बुजुर्ग लोगों से शुरू होती है वह अन्ततः बहुसंख्यकों की क्रान्ति बन जाती है और उनकी विजय में साकार होती है।

---

3. "The mode of production of material life conditions, the social, political and intellectual life process in general. It is not the consciousness of men that determines their being, but, on the contrary, it is their social being that determines their consciousness. At a certains stage of their development, the material productive forces of society come in conflict with the existing relations of production, or with the forms of relations within which have been at work hither to. From forms of development of the productive forces these relations turn into their fetters, then begins an epoch of social revolution." —Marx & Engels
A Contribution to the Critique of Political Economy.
Selected Works (1969) Vol. I. pp. 3-4.

मार्क्सवादी विचारधारा के अनुसार क्रान्तियाँ क्रान्तिकारियों के द्वारा बनाई गई योजनाओं के फलस्वरूप घटित नहीं होती, वह तो सामाजिक सम्बन्धों तथा राजनीतिक परिस्थितियों के स्पष्ट विकास की दशाओं का परिणाम होती हैं इसका अर्थ यह हुआ कि हमारे पास यहाँ रहने का कोई अधिकार नहीं है। कि क्रान्तिकारी संघर्ष अमुक प्रकार से शुरू होगा—शांतिपूर्ण अथवा अशांतिपूर्ण। यह दोनों ही प्रकार का हो सकता है जिसकी निर्भरता शासक वर्ग पर होगी कि वह विशेष परिस्थितियों में कैसा व्यवहार करे।

मार्क्स-एंजिल्स की क्रान्तियों की उपरोक्त व्याख्या से अनेक विद्वान सहमत नहीं होंगे क्योंकि वह इसमें तीव्र वैचारिक पक्षपात पाते हैं इसलिये हमें सामाजिक क्रान्ति की अन्य विस्तृत अवैचारिक व्याख्याओं पर विचार करना होगा।

4. सल्वाडोर गिनर का मत—स्पेन के प्रसिद्ध समाजशास्त्री सल्वाडोर गिनर (**Salvador Giner**) ने समाजशास्त्र विषय पर एक महत्वपूर्ण पुस्तक प्रकाशित की है। इस पुस्तक में इन्होंने क्रान्ति की व्याख्या करते हुये बलताया है कि "क्रान्ति एक प्रकार का युद्ध है, विशेषकर गृह-युद्ध जिसके परिणाम बहुत अंशों में सामाजिक संघर्ष के अन्य प्रारूपों से भिन्न होते हैं। गिनर के शब्दों में," क्रान्ति की परिभाषा परिवर्तन की एक गहन तथा तीव्र सामाजिक प्रक्रिया के रूप में की जा सकती है जिसमें सशस्त्र-विद्रोह भी सम्मिलित है, जिसके परिणामस्वरूप सामाजिक संरचना में तीव्र एवं विस्तृत परिवर्तन आ जाते हैं।"[1]

जितनी प्रकार की सामाजिक उथल-पुथल होती हैं तथा जितने प्रकार के सामाजिक परिवर्तन घटित होते हैं उनमें से केवल उन्हीं को सामाजिक क्रान्ति के अन्तर्गत रखा जा सकता है जो शक्ति, संस्तरण, प्रचलित वैचारिकी तथा समाज के ऐसे ही महत्वपूर्ण तत्वों में परिवर्तन लाते हैं। सन् 1789 के फ्रांस अवदाह (**Conflagaration**) को केवल इसलिए क्रान्ति कहते हैं क्योंकि इसके बाद बुजुआ तथा मध्यमवर्ग की राज्य में प्रभुसत्ता हो गई, चर्च की आर्थिक शक्ति क्षीण हो गई शिक्षा के क्षेत्र में नई नीतियों का अनुसरण किया गया, अधिकांश को मतदान का अधिकार मिलने लगा, तथा फ्रांस में नागरिकता की अवधारणा स्थापित हो गई। इसके विपरीत ऐसी घटनायें जैसे सैनिक राज्य-विप्लव, राज्य-निष्कासन तथा अन्य दूसरे प्रकार के शासन-परिवर्तन क्रान्ति नहीं कहे जा सकते क्योंकि वह समाज की आधारभूत विशेषता में परिवर्तन नहीं लाते। इस दृष्टि से ऐसी प्रवृत्तियों जैसे औद्योगिक क्रान्ति अथवा शैक्षणिक क्रान्ति वास्तव में क्रान्तियां नहीं कहीं जा सकती, यद्यपि इस प्रकार की घटनायें क्रान्तिकारी नीतियों को प्रोत्साहित कर सकती हैं अथवा किन्हीं क्रान्तिकारी नीतियों या सामाजिक आन्दोलनों का परिणाम हो सकती हैं।

---

1. "Revolution may be defined as an intense and rapid societal process of change involving an armed resurrection which results in profound and wide structural transformations." —Salvador Giner, *Sociology London;* Martin Robertson (1972).

इस प्रकार सल्वाडोर गिनर के अनुसार क्रान्तियाँ एक सम्पूर्ण प्रघटना, (Total Phenomena) की ओर संकेत है जो समाज के किसी भी क्षेत्र को अछूता नहीं छोड़ती। समाज में जो परिवर्तन आते हैं वह मूल्यों, कानूनों, धर्म, शक्ति एवं तकनीकी इत्यादि में परिवर्तन लाते हैं। यह अवश्यक नहीं है कि इस प्रकार के क्रान्तिकारी परिवर्तनों से नया समाज पहले वाले उस समाज से बहुत भिन्न हो जिसने क्रान्ति को जन्म दिया। इस सन्दर्भ में तकाबली ने यह दर्शाया है कि क्रान्ति के बाद के फ्रांस को कितने ही रूपों में क्रान्ति से पहले के फ्रांसीसी समाज की निरन्तरता के रूप में देखा जा सकता था। इसी प्रकार मार्क्स ने भी कहा कि क्रान्ति से पहले का युग अपने में आने वाली क्रान्ति के बीज छिपाये रखता है और स्वयं अपने ही विनाश का कारण होता है।

क्रान्तियों की दूसरी विशेषता यह है कि वह अपने ऐतिहासिक युग की विशेषता के लिये होती हैं। क्योंकि प्रत्येक ऐतिहासिक युग के अपने क्रान्तिकारी प्रतिमान होते हैं इसलिए जब हम क्रान्तियों की प्रकृति पर विचार करते हैं तब हमें उस ऐतिहासिक काल पर भी विचार करना चाहिए जिसमें वह घटित हुई।

सल्वाडोर गिनर के अनुसार किसी भी क्रान्ति के घटित होने के लिए निम्न कारक उत्तरदायी होते हैं–

(i) **तीव्र वर्ग प्रतिरोध** (Intense Class Antagonism)

(ii) **बढ़ती हुई आर्थिक अपेक्षाओं में निराशा** (Frustration of Rising Economic Expectations)–मार्क्स तथा तकावली ने यह उल्लेख किया है कि गहन निर्धनता से क्रान्ति उत्पन्न नहीं होती बल्कि क्रान्ति तो असमानता की उस चेतना से उत्पन्न होती है जिसमें जनता इसे अन्यायपूर्ण तथा असहनीय अनुभव करती है।

(iii) **उन्नत स्थिति तथा शक्ति की अपेक्षाओं में निराशा** (Frustrations of Rising Status and Power Expectations)–इस प्रकार के सामाजिक परिवर्तन वास्तव में क्रान्तियों को जन्म देते हैं। एक नये सामाजिक वर्ग का विकास हो जाने पर, वह जो ऊपर की ओर गतिशील हो, जब उन्हें समाज में अपना यथास्थान प्राप्त नहीं होता और जिस सामाजिक जगत में वह रह रहे होते हैं वह दम घोटने वाला होता है तब वह सम्पूर्ण व्यवस्था में ही परिवर्तन लाने की बात सोचते हैं।

(iv) **शासक वर्गों की अयोग्यता** (Incapacity of the Ruling Classes)

(v) **उच्च वर्गों के एक अंश का शत्रुओं से मेल** (A Fraction of the Upper Class Joining the Enemy)

(vi) **बुद्धिजीवी समुदाय का विरोध होना** (Hostility of the Intellectual Community)

(vii) **क्रान्तिकारी गाथा** (Revolutionary Myth)–कोई भी क्रान्ति बिना किसी वैचारिकी के उत्पन्न हुए नहीं होती। इस सम्बन्ध में पीटर काल्वर्ट ने ठीक

ही है लिखा कि, "the generation of revolutionary energy emplies the creation of a rival centre of ideological interpretation."

(viii) **शक्ति की द्वैधता** (Duality of Power)—जब सत्ता द्वारा स्थापित वैचारिकी के विकल्प में एक दूसरी वैचारिकी उभर आती है तब क्रान्ति को शक्ति मिलती है।

(ix) **उपयुक्त अन्तर्राष्ट्रीय परिस्थिति** (Appropriate International Situation)।

5. आर्थर बौर का मत—बीसवीं शताब्दी के आरम्भ में पेरिस विश्वविद्यालय के एक विद्वान, आर्थर बौर (Arthur Bauer) के अनुसार "क्रान्तियाँ ऐसे परिवर्तन हैं जो समाजों की संरचनाओं में बलपूर्वक लाये जाते हैं अथवा लाने के प्रयत्न होते हैं।"[1] इस परिभाषा में क्रान्ति के निम्न के निम्न तत्वों को महत्व प्रदान किया गया है।

(i) क्रान्तियाँ सामाजिक परिवर्तन होती हैं।

(ii) क्रान्तियाँ कभी सफल हो जाती हैं तो कभी विफल।

(iii) क्रान्तिकारी परिवर्तन एक विशेष प्रकार के सामाजिक परिवर्तन होते हैं जिनके द्वारा किसी समाज के सामाजिक सम्बन्धों में हिंसा प्रविष्ट करती है।

(iv) व्यवहार के एक स्वरूप तथा एक अवधारणा के रूप में क्रान्ति का सम्बन्ध किसी समाज की व्यवस्था से होता है-व्यवस्था से यहाँ अभिप्राय समाज में कानून तथा न्याय की व्यवस्था से है।

(v) इस प्रकार क्रान्ति मनुष्य के सामाजिक अस्तित्व को अत्यन्त ही आधारभूत स्तर पर प्रभावित करती है।

(6) एडमंड बर्क का मत—अंग्रेजी दार्शनिक एडमंड बर्क (Edmund Burke:1729-1797) ने सर्वप्रथम क्रान्ति के सम्बन्ध में सैद्धान्तिक विचार व्यक्त किये थे तथा क्रान्तियों के सम्बन्ध में सर्वप्रथम महत्वपूर्ण सैद्धान्तिक साहित्य फ्रौंस की 1789 की क्रान्ति के बाद ही लिखा गया। आधुनिक क्रान्ति का युग वास्तव में 1789 के बाद ही शुरू होता है। यदि हम इन आधुनिक क्रान्तियों के सन्दर्भ में क्रान्ति की प्रकृति पर विचार करे तो यही निष्कर्ष निकलेगा कि किसी भी क्रान्ति का अध्ययन उस विशेष "सामाजिक व्यवस्था" के सन्दर्भ मे किया जाना चाहिए जिसमें वह घटित होती है।

(vii) अरस्तू का मत –ग्रीक दार्शनिक अरस्तू (384-322 ई. पू.) ने भी एक स्थान पर उल्लेख किया है कि इससे पहले कि हम यह समझें कि जनसमुदाय अपने सामाजिक सम्बन्धों मे क्यों परिवर्तन लाना चाहते हैं, हमें पहले यह जानना चाहिए

---

1. "Revolutions are changes attempted or achived by force in constitution of societies."
—Arthur Bauer.

कि वह जनसमुदाय अपने समाज को किस प्रकार व्यवस्थित करना चाहते हैं। यद्यपि अरस्तू ने "क्रान्तिकारी भावना का प्रयोग अपनी कृति में अत्यन्त ही व्यापक अर्थों में किया है, फिर भी उसने इस तथ्य पर बल दिया है कि क्रान्ति उसी सामाजिक व्यवस्था से उत्पन्न होती है जिससे जनता असन्तुष्ट हो जाती है। जब जनता के विचार उन सिद्धान्तों में प्रतिबिम्बित होते हैं जिन पर उनके समाज का ढाँचा टिका होता है तब क्रान्तिकारी भावना का अस्तित्व ही नहीं होता।

यहाँ यह उल्लेखनीय है कि क्रान्ति सामाजिक परिवर्तन नहीं है बल्कि एक प्रकार का सामाजिक परिवर्तन है। कभी-कभी हम किन्हीं परिवर्तनों को क्रान्तिकारी परिवर्तन कहकर सम्बोधित करते हैं। वास्तव मे ऐसे क्रान्तिकारी परिवर्तनों से हमारा अभिप्राय बड़ी मात्रा के परिवर्तनों से होता है जैसा कि "औद्योगिक क्रान्ति" से हमारा अभिप्राय होता, लेकिन जब हम राजनीतिक या सामाजिक विवेचन प्रस्तुत करते हैं जब हमारा संकेत उन परिवर्तनों से होता है जो फ्रांस में 1789 में रूस में 1917 में तथा चीन में 1947 में घटित हुए। इन समाजों में क्रान्तियाँ होने का एक कारण यह कहा जा सकता है कि यहाँ अक्रान्तिकारी परिवर्तन पूरी तरह विफल हो चुके थे।

क्रान्तियों के विषय में यह तथ्य भी उल्लेखनीय है कि वे प्राकृतिक प्रघटनाओं का परिणाम नहीं होतीं, जैसा की भूकम्प, बल्कि मानव व्यवहार के कुछ निश्चित स्वरूप होती हैं। मानव व्यवहार मे सामाजिक क्रिया की अवधारणा निहित है। इसका अर्थ यह हुआ कि क्रान्तियों में मानव व्यवहारों को निश्चित करने वाले मूल्यों में भी संघर्ष पाया जाना आवश्यक है।

इस प्रकार यह कहा जा सकता है कि समस्त विद्रोह मूल्य-संघर्षों के कारण उत्पन्न होते हैं। मूल्यों में संघर्ष तथा हितों में संघर्ष दोनों ही विद्रोह उत्पन्न कर सकते हैं लेकिन इन दोनों में अन्तर यह है कि एक संघर्ष केवल विद्रोह है तथा दूसरा क्रान्ति।

(viii) **सोरोकिन का मत**- आधुनिक काल में प्रसिद्ध समाजशास्त्री सोरोकिन ने सामाजिक क्रान्तियों का विस्तृत एवं गहन अध्ययन करके एक महत्वपूर्ण ग्रंथ प्रकाशित किया- The Sociology of Revolution (1925)। इसके बाद इन्होंने अपनी महत्वपूर्ण कृतियों Social and Cultural Dynamics (1937-41), Man and society in Calamity (1942) तथा Society, Culture and Personality (1947) में सामाजिक क्रान्तियों की प्रकृति तथा सम्बन्धित प्रक्रियाओं पर विशद विवेचन प्रस्तुत किया। सोरोकिन के मतानुसार "समूह के घिसे-पिटे स्थापित कानून अथवा संस्थाओं तथा मूल्यों की उस व्यवस्था, जिसका वह प्रतिनिधित्व करती हैं, में अपेक्षाकृत अचानक, जीव तथा भंयकर परिवर्तन को क्रान्तिकारी परिवर्तन कहा जा सकता है।"[1] इस

1. "A comparatively sudden, rapid and violent change of the absolute official law of the group, or of the institutions and system of values which it represents, may be called a revolutionary change" —P.A. Sorokin, *Society Culture & Personality* New York : Harper, (1947) p 481.

प्रकार व्यवस्थित परिवर्तन ही तुलना में एक क्रान्तिकारी परिवर्तन स्थापित कानून के नियमों के विपरीत लाया जाता है। (ख) धीरे-धीरे गति पकड़ते हुए कोई भी क्रान्तिकारी परिवर्तन अचानक ही फूट पड़ता है जैसे कि वह साधारण परिवर्तन की तुलना मे बहुत तेजी से बढ़ रहा हो। (ग) क्रान्तिकारी परिवर्तन स्थापित कानून के किसी एक या थोड़े से आदर्शों (Norms) पर आक्रमण नहीं करता, न ही किन्हीं सरकारी संस्थाओं पर, न ही किन्हीं साधारण मूल्यों पर, बल्कि स्थापित कानून पर सम्पूर्ण रूप से अथवा इसके अधिकांश भाग पर आक्रमण करता है। यह या तो समस्त सामाजिक संस्थाओं (जिसमें विद्यमान सरकार भी सम्मिलित होती है) तथा स्थापित कानून द्वारा संरक्षित मूल्यों की समस्त व्यवस्था पर आक्रमण करती है अथवा अनेक आधारभूत संस्थाओं तथा मूल्यों पर प्रहार करता है। (घ) क्रान्तिकारी परिवर्तन में समूह के अधिकांश व्यक्ति प्रत्यक्ष या परोक्ष रूप से भाग लेते हैं। (ड़) तथा (च) गुणात्मक तथा परिमाणात्मक रूप में यह समूह के किन्हीं साधारण तथा वैचारिक अपराधियों द्वारा आदर्शों की अवेहलना करने से भिन्न प्रकार का परिवर्तन होता है, क्योंकि यह अपराधी केवल किन्ही वैधानिक आदर्शों पर ही आक्रमण करते हैं और यह संख्या में भी बहुत थोड़े होते हैं। (छ) अन्त में, एक क्रान्तिकारी परिवर्तन का परिणाम सदैव ही शक्ति तथा हिंसा के प्रयोग के रूप में होता है, जो या तो थोड़े पैमाने पर हों या गृहयुद्ध के रूप मे हो जिसमें काफी रक्तपात तथा विनाश निहित होता है।

क्रेन ब्रिन्टन का मत - क्रेन ब्रिन्टन (Crane Brinton) ने इंगलैड, अमेरिका, फ्रांस तथा रूस की चार क्रान्तियों का आलोचनात्मक अध्ययन अपनी महत्वपूर्ण कृति The Anatomy of Revolution (1938) में प्रस्तुत किया है और इनमें किन्हीं समस्याओं को ज्ञात करने का प्रयत्न किया है।[1] अपने इस अध्ययन के आधार पर इन्होंने यह धारणा व्यक्त की है कि "क्रान्ति तो एक प्रकार का बुखार है। समाज में इस प्रकार के बुखार की रूपरेखा आसानी से समझी जा सकती है। हमारे समाज में क्रान्ति घटित होने से पूर्व एक या दो पीढ़ी में, पुरानी सत्ता काल में, उथल-पुथल के कुछ चिन्ह देखे जा सकते थे; इन चिन्हों को हम लक्षण नहीं मान सकते क्योंकि जब लक्षण पूरी तरह विकसित हो जाते हैं तब तो यह कहना पड़ेगा कि रोग पहले से ही विद्यमान है। इन्हें तो हम लक्षणों की प्रस्तावना कह सकते हैं जो एक सूक्ष्मदर्शी विशेषज्ञ को यह संकेत देते हैं कि बीमारी आने वाली है लेकिन अभी पूरी तरह विकसित नहीं हुई है। तब एक समय आता है जब पूरे लक्षण स्वयं ही स्पष्ट होने लगते हैं और यह वह समय है जब हम कह सकते हैं कि क्रान्ति का बुखार चढ़ना प्रारम्भ हो गया है। यह बुखार नियमित रूप से नहीं बढ़ता बल्कि घटता-बढ़ता रहता है, और इस प्रकार संकटकालीन स्थिति तक पहुंच जाता है। प्रायः इस स्थिति के साथ-साथ एक उत्तेजना या उन्माद की अवधि भी आती है जिसमें

1. Crane Brinton, *The Anatomy of Revolution,* New York; Prentice Hall, Inc. (1938), pp 16-17.

आंतकवादियों का बोलबाला होता है। संकटकाल के बाद स्वस्थ होने की अवधि भी आती है, जिसमें एक या दो बार पुनः झटका लगता है। अन्त में, बुखार समाप्त हो जाता है और मरीज पुनः अपनी पूर्व स्थिति को प्राप्त कर लेता है, लेकिन किसी सीमा तक वह अनुभव से अपने को बलशाली बना लेता है, और उसे इसी प्रकार के आक्रमण का शीघ्र ही कोई खतरा नहीं होता। लेकिन फिर भी वह व्यक्ति अच्छा हो जाने पर पूरी तरह एक नया व्यक्ति नहीं हो जाता। यही बात समाजों के साथ भी लागू होती है जो क्रान्ति के पूरे चक्र को पूरा करती है; लेकिन व्यक्ति की अपेक्षा क्रान्ति के बाद वह उसी रूप में पुनः व्यवस्थित नहीं हो पाते।

सामाजिक क्रान्ति की परिभाषा

उपरोक्त प्रारम्भिक जानकारी के बाद अब हम इस स्थिति में हैं कि यह समझ सकें कि सामाजिक क्रान्ति किसे कहते हैं और इसके आवश्यक तत्व क्या हो सकते हैं। अब तक हमने ब्रूम तथा सेल्जनिक, पीटर काल्वर्ट, मार्क्स तथा ऐंजिल्स, सल्वाडोर गिनर, आर्थर बौर, एडमंड ब्रुर्क, अरस्तू, सोरोकिन, तथा क्रेन ब्रिन्टन इत्यादि विद्वानों के विचारों की संक्षिप्त विवेचना प्रस्तुत की। इनके विचारों को यहाँ संक्षेप में पुनः दोहराना उचित जान पड़ता है।

1. **ब्रूम-सेल्जनिक-** सामाजिक क्रान्ति एक प्रकार की सामूहिक क्रिया है जिसके द्वारा किसी विद्यमान कानूनी व्यवस्था को पलटने का प्रयत्न किया जाता है। या पलट दिया जाता है। यह आधारभूत परिवर्तनों की एक मांग है जिसे सीधी कार्यवाही द्वारा प्राप्त किया जाता है।

2. **पीटर काल्वर्ट**- सामाजिक क्रान्ति से अभिप्राय ऐसे राजनीतिक परिवर्तन लाने से है जिसके द्वारा जीवन के प्रत्येक पहलू में आकस्मिक परिवर्तन लाया जाता है। प्रक्रिया, घटना, योजना तथा राजनीतिक गाथा इसके प्रमुख तत्व होते हैं।

3. **मार्क्स-एंजिल्स-** उत्पादन सम्बन्धों में जनसंघर्ष के द्वारा ऐतिहासिक परिवर्तन लाना क्रान्ति है।

4. **सल्वाडोर गिनर-** सामाजिक क्रान्ति एक गहन एवं तीव्र सामाजिक प्रक्रिया है जिसके द्वारा सामाजिक संरचना में तेजी से व्यापक परिवर्तन लाये जाते हैं या आ जाते हैं।

5. **आर्थर बौर**-जो परिवर्तन समाज में बलपूर्वक लाये जाते हैं या जिनके द्वारा सामाजिक संरचना में आमूल-चूल परिवर्तन लाने का प्रयत्न किया जाता है, सामाजिक क्रान्ति कहलाती है।

6. **एडमंड ब्रुर्क**-सामाजिक क्रान्ति का सम्बन्ध सामाजिक व्यवस्था से है जिसमें तेजी से परिवर्तन घटित होता है।

7. **अरस्तू**-समाज के आधारभूत मूल्यों में परिवर्तन लाना क्रान्ति कहलाता है।

8. **सोरोकिन**- जब किसी सामाजिक व्यवस्था की विद्यमान व्यवस्था अथवा संस्थाओं में तीव्रता, गहनता तथा भयंकर परिवर्तन लाये जाते हैं तब उन परिवर्तनों को हम सामाजिक क्रान्ति कहते हैं।

9. **क्रेन ब्रिन्टन**-सामाजिक क्रान्ति समाज का एक बुखार है जिसके समाप्त हो जाने पर समाज की व्यवस्था स्वस्थ तो हो जाती है लेकिन पूर्ववत् नहीं रहती।

10. **आर्नोल्ड एम. रोज**-"सामाजिक क्रान्ति से अभिप्राय किसी समाज में घटित होने वाले आमूल-चूल तथा दूरगामी परिवर्तनों की श्रृंखला से है, जो प्राय: तेजी से घटित होते हैं लेकिन यह आवश्यक नहीं है कि वह हिंसात्मक हों।"[1]

11. **बिल्वर्ट मूर**- सामाजिक क्रान्ति से अभिप्राय "समाज के सामाजिक ढाँचे मे बड़े पैमाने पर होने वाले अनियमित परिवर्तनों से है। ध्रुर्वीकरण की प्रक्रिया (Polarization) आने वाली क्रान्ति का मुख्य अग्र-सूचक होती है।"[2]

12. **एन्थोनी वैलेस (Anthony Wallace)**-" यह जान बूझकर संगठित रूप में किया गया एक प्रयास है जो समाज के कुछ सदस्यों द्वारा किन्हीं नवीन विचारों के प्रतिमान को तेजी से ग्रहण करके एक ऐसी संस्कृति को स्थापित करने के रूप में किया जाता है जो अपेक्षाकृत अधिक सन्तुष्टि प्रदान कर सके।"[3]

उपरोक्त सभी विद्वानों के विचारों में कहीं कुछ समानता देखने को मिलती है तो कहीं अनेक विरोधी तत्व भी। वास्तव में यदि हम बिना किसी सन्दर्भ के विचार करें तो, व्यापक अथवा संकुचित रूप में, सामाजिक क्रान्ति की एक सामान्य अथवा स्वीकृत परिभाषा देना कठिन होगा। आजकल "क्रान्ति" शब्द का प्रयोग करना एक फैशन सा हो गया है और इसको इतने ढीले-ढाले अर्थों में प्रयोग किया जाने लगा है कि "सामाजिक क्रान्ति" की वास्तविक अवधारणा केवल अस्पष्ट होकर रह गई है। इस प्रकार जहाँ हम एक ओर फ्रांस की क्रान्ति की चर्चा करते हैं वहां दूसरी ओर औद्योगिक क्रान्ति, सामाजिक क्रान्ति, धार्मिक क्रान्ति, हरित क्रान्ति, वैचारिक क्रान्ति, रहन-सहन तथा वेषभूषा के ढंग में क्रान्ति, फैशन में क्रान्ति, इत्यादि की चर्चा करते हैं। हाल ही में Fortune पत्र के सम्पादकों ने एक पुस्तक प्रकाशित की जिसका शीर्षक रखा U. S. A.: The Permanent Revolution । यहाँ "क्रान्ति" शीर्षक से उनका अभिप्राय केवल ऐसे स्थाई परिवर्तन से था जो अच्छे प्रकार का हो, जिसको हम "प्रगति" या "विकास" का प्रर्यायवाची मान सकते हैं।

---

1. "Revolution refers to a radical and far-reaching series of changes in a society, usually occurring rapidly but not necessarily with violence." —Arnold M. Rose, *Sociology,* (New York: Alfred A. Knopf, 1965) p. 730
2. "Revolutions refer to "large scale discontinuous changes in the social fabric of society...Polarization is the key indicator of incipient revolution." —Wilbert E. Moore, *Order and Change* (New York. John Wiley & Sons, 1967) p. 264.
3. "A deliberate organized attempt by some members of a society to construct a more satisfying culture by speedy acceptance of a pattern of new ideas." —Anthony Wallace.

सामाजिक क्रान्ति की परिभाषा केवल ऐतिहासिक रूप में ही की जानी चाहिए तथा इसमें मुख्य रूप से राजनीतिक पहलू की प्रधानता होनी चाहिए। ऐतिहासिक रूप में विचार करने पर हम यह पाते हैं कि फ्रांस की 1789 की क्रान्ति के बाद से आधुनिक क्रान्ति के युग का इतिहास शुरू होता है। आधुनिक काल में हम रूस, चीन, इंगलैड, फ्रांस, अमेरिका, क्यूबा, वीयतनाम, अफ्रिकाई देशों, एशियाई देशों, कोरिया, इत्यादि में हुई क्रान्तियों का उल्लेख कर सकते हैं। इन सभी देशों में जो क्रान्तियां हुई है उनका स्वरूप मुख्यतया राजनीतिक ही रहा है। इन सभी क्रान्तियों में विद्यमान राजनीतिक व्यवस्था सामूहिक रूप से जनता की उभरती हुई आकाँक्षाओं तथा सामाजिक माँगों को सन्तुष्ट करने में असफल सिद्ध हुई तथा शान्तिप्रिय रीतियों से सत्ताधारियों या शासक वर्गों को अपनी आधारभूत नीतियों में परिवर्तन करने के लिए विवश नहीं किया जा सका। इन सभी देशों में प्रबुद्ध व्यक्तियों अथवा उत्साही व्यक्तियों का एक ऐसा वर्ग धीरे-धीरे विकसित होता रहा जिसने जन सहयोग का सहारा लेकर विद्यमान सत्ताधारियों के हाथ से सत्ता छीन ली और एक वैकल्पिक राजनीतिक व्यवस्था स्थापित कर दी। नई राजनीतिक व्यवस्था के स्थापित होने तथा पुरानी व्यवस्था को छोड़ देने के केवल राजनीतिक परिणाम ही नहीं होते बल्कि इसके व्यापक सामाजिक तथा मनोवैज्ञानिक परिणाम भी होते हैं। यह सब कुछ इतनी तेजी तथा तीव्रता के साथ होता है कि सत्तारूढ़ नेताओं को यह सोचने का अवसर ही प्राप्त नहीं होता कि क्या किया जाये। इतना ही नहीं जो जनसंख्या निष्क्रिय रहती है तथा इस प्रकार की राजनीतिक उथल-पुथल में सक्रिय भाग नहीं लेती उसके लिए यह सब अचानक ही होता है और नवीन परिवर्तनों को देखकर आश्चर्य भी वह प्रायः उन परिवर्तन की न अपेक्षा ही करते थे और न उनकी कल्पना ही। नवीन राजनीतिक व्यवस्था के साथ सामाजिक संरचना में तथा मूल्य-व्यवस्था में जो नवीन परिवर्तनों की शृंखला चल पड़ती है उसे निष्क्रय जनता यह समझकर स्वीकार कर लेती है कि इसमें उनका व्यापक हित निहित है। यहाँ यह भी उल्लेखनीय है कि सामाजिक क्रान्ति थोड़े से व्यक्तियों द्वारा न लाई जाती है और न लाई जा सकती है वह प्रेरणा अवश्य दे सकते हैं, निर्देशन अवश्य दे सकते हैं।

सामाजिक क्रान्ति के तत्व

इस प्रकार सामाजिक क्रान्ति में निम्न तत्वों का समावेश होता है:-

(1) ये सामाजिक परिवर्तन होते हैं।

(2) ये परिवर्तन राजनीतिक व्यवस्था में आते हैं जिनके परिणमस्वरूप एक विद्यमान राजनीतिक व्यवस्था के स्थान पर दूसरी राजनीतिक व्यवस्था स्थापित हो जाती है।

(3) उनमें परिवर्तन धीरे-धीरे नहीं आते बल्कि अचानक, तेजी से तथा तीव्रता से आते हैं।

(4) इन परिवर्तनों से न केवल राजनीतिक ढाँचा ही प्रभावित होता है बल्कि सामाजिक संस्थायें तथा इनसे सम्बन्धित मूल्य-व्यवस्था भी प्रभावित होती है।

(5) इनसे महत्वपूर्ण मनोवैज्ञानिक परिवर्तन भी घटित होते हैं, यहाँ तक कि कालान्तर में सामाजिक चरित्र की प्रकृति में ही अन्तर आ जाते हैं।

(6) ये परिवर्तन इस प्रकार सम्पूर्ण सामाजिक संरचना, राजनीतिक एवं मनोवैज्ञानिक व्यवस्था में परिवर्तन की ओर संकेत करते हैं। यह परिवर्तन साधारण न होकर व्यापक तथा आमूल-चूल आकार के होते हैं।

(7) परिवर्तन लाने की विधि में बल तथा हिंसा का प्रयोग भी किया जाता है जिसमें अनेक प्रकार से जान-माल की हानि तथा रक्तपात भी सम्मिलित है।

इस प्रकार सामाजिक क्रान्ति एक ऐसा राजनीतिक परिवर्तन है जिसमें सम्पूर्ण सामाजिक संरचना अचानक, तेजी एवं तीव्रता से आमूल-चूल रूप में परिवर्तित हो जाती है जिसमें आवश्यकतानुसार बल तथा हिंसा का प्रयोग भी होता है।

सामाजिक क्रान्ति की अवस्थायें

क्रेन ब्रिन्टन ने फ्रांस, अमेरिका, इंग्लैड तथा रूस की क्रान्तियों का तुलनात्मक अध्ययन करके इनके विकास की अवस्थाओं के सम्बन्धों में कुछ महत्वपूर्ण अवस्थायें दिखाई हैं जो निम्न प्रकार हैं:-

1. आर्थिक दृष्टि से ये चारों समाज क्रान्ति से पहले अच्छी स्थिति में थे। यहाँ क्रान्तियाँ उन असमृद्धशाली व्यक्तियों ने नहीं की जो अपने को नियंत्रण में बंधा या असन्तुष्ट या असहाय समझते थे, बल्कि क्रान्तियाँ तो शासकों की भयंकर दमनकारी नीति के कारण उत्पन्न हुई। इन क्रान्तियों में भाग लेने वाले भूखे-नंगे, दलित लोग नहीं थे, यह निराश व्यक्ति भी नहीं थे। यह क्रान्तियाँ तो आशा की लहर से उत्पन्न हुई और इनका दर्शन आशावादी था।

2. क्रान्ति से पूर्व के इन समाजों में निश्चित रूप से तीव्र वर्ग प्रतिरोध विद्यमान था। यह वर्ग-प्रतिरोध बहुत जटिल थे, इतने साधारण नहीं जितना कि मार्क्सवादियों ने समझ लिया था। यह प्रतिरोध 1640, 1776 तथा 1789 की क्रान्तियों में सामन्तवादियों का बुर्जुओं के प्रति, या 1917 की क्रान्ति में बुर्जुओं का श्रमिकों के प्रति नहीं था। क्रान्ति की तीव्र भावना उन पुरुषों और स्त्रियों के मन में उपजी जिन्होंने दौलत कमा ली थी, अथवा जिनके पास जीवन-निर्वाह के लिये पर्याप्त धन था। और जिन्होंने सामाजिक रूप से सुविधा-सम्पन्न कुलीनतंत्र की असमानताओं पर गहन चिन्तन किया था। क्रान्तियाँ उस समय अधिक सम्भव होती हैं जब सामाजिक वर्ग एक दूसरे से अधिक दूर होने की अपेक्षा काफी निकट होते हैं। अस्पृश्य व्यक्ति शायद ही ईश्वरीय कुलीनतंत्र के विरुद्ध विद्रोह करते हैं। लेकिन धनिक व्यापारियों की पुत्रियां जिनके विवाह कुलीनों से हो सकते हैं वह यह सोचने

की स्थिति में अधिक होती है कि ईश्वर के लिये तो व्यापारी तथा कुलीन एक समान ही है। यह कहना कठिन है कि सामाजिक रूप से जो वर्ग लगभग समान होते हैं उनमें कुछ समाजों में दूसरों की अपेक्षा क्रान्ति के भाव इतनी तीव्रता में क्यों उत्पन्न होते हैं लेकिन सामान्य रूप से यह देखने में आया कि क्रान्तिपूर्व के समाजों में इस प्रकार के वर्ग-प्रतिरोध काफी तीव्र रूप में विद्यमान थे।

3. सभी समाजों की क्रान्तियों में एक सामान्य तत्व बुद्धिजीवियों का अलगाव देखा गया।

4. इन चारों समाजों में क्रान्तिपूर्व काल में यह देखा गया कि सरकारी व्यवस्था स्पष्ट रूप से अकुशल थी, जिसका कारण आंशिक रूप में लापरवाही था तथा आंशिक रूप में पुरानी संस्थाओं में आवश्यक परिवर्तन न करना था। इन सभी समाजों में यह देखा गया कि आर्थिक विस्तार तथा विकास की नई दशाओं नये घनिक वर्गों के प्रादुर्भाव, यातायात के नवीन साधनों के विकास, व्यापार की नई पद्धतियों, इत्यादि नवीन दशाओं ने एवं ऐसा दबाव डाला जिसको साधारण, अपेक्षाकृत आदिम दशाओं में अनुकूलित सरकारी व्यवस्था सहन न कर सकी।

5. पहले से जो शासक वर्ग चला आ रहा था अथवा इस शासक वर्ग के अनेक व्यक्ति स्वयं अपने पर विश्वास खो बैठे अथवा अपने वर्ग की प्रथाओं तथा परम्पराओं में आस्था खो बैठे, तथा बुद्धिजीवियों के रूप में विकसित हो गये या उन्होंने मानवीय दृष्टिकोण अपना लिया या स्वयं विरोधी वर्गों से जा कर मिल गए। इनमें से अधिकांश व्यक्ति अनैतिक जीवन व्यतीत करते थे। दूसरे शब्दों मे शासक वर्ग राजनीतिक रूप में बिल्कुल निरर्थक एवं अयोग्य हो गये थे।

क्रान्तियों के कारण

सामाजिक क्रान्तियों के सिद्धान्तवादियों ने क्रान्तियों के सामाजिक कारणों का जो विश्लेषण किया है उसमें तीन कारणों पर विशेष रूप से प्रकाश डाला गया है: (1) शक्ति निकलना (Power Deflation); (2) नेताओं का व्यवहार (Behaviour of Leaders) ; तथा (3) आकस्मिक घटना (Chance) ।

जे. डेविस (J. Davis) ने तकावली तथा मार्क्स के विचारों का सम्मिश्रण करके सामाजिक क्रान्ति होने के लिए निम्न सैद्धान्तिक प्रतिस्थापना व्यक्त की है:

"क्रान्तियाँ होने की सम्भावना उस समय अधिक होती है जब एक लम्बी अवधि के स्पष्ट आर्थिक एवं सामाजिक विकास के बाद एक छोटी सी अवधि आती है जिसमे तीव्र विपरीत प्रक्रिया दृष्टिगोचर होती है। पहले की स्थिति में समाज के व्यक्तियों में यह विश्वास उत्पन्न हो जाता था कि उनमें अपनी बढ़ती हुई अवश्यकताओं को सन्तुष्ट करने की योग्यता है; लेकिन बाद की स्थिति में वह मानसिक चिन्ता एवं निराशा का अनुभव करने लगते हैं कि वास्तविकता वह नहीं है जो स्पष्ट दिखती है। यह स्थिति क्रान्तियों को उत्पन्न करती है।"

सामाजिक क्रान्तियों के प्रकार

सोरोकिन ने छः प्रकार की क्रान्तियों की चर्चा की है–

(1) **राजनीतिक क्रान्ति** (Political Revolution):- जब कोई क्रान्तिकारी परिवर्तन विशेष रूप से केवल किसी समूह की राजनीतिक सत्ता के विरुद्ध लक्षित होता है, जिसमें हम राजप्रसादों में होने वाली क्रान्तियों से लेकर शासक वर्ग तथा सरकार में तीव्र परिवर्तन को सम्मिलित करते हैं, तब ऐसे परिवर्तनों को हम "राजनीतिक क्रान्ति" की संज्ञा देते हैं।

(2) **आर्थिक क्रान्ति** (Economic Revolution):- जब कोई क्रान्तिकारी आन्दोलन किसी समूह की आर्थिक व्यवस्था में तीव्र परिवर्तन लाने का प्रयास करता है–सम्पत्ति के स्वरूप तथा स्वामित्व, उत्पादन, वितरण तथा उपभोग, तब हम उसे "आर्थिक क्रान्ति" की संज्ञा देते हैं।

(3) **धार्मिक क्रान्ति** (Religious Revolution):- जब किसी क्रान्तिकारी आन्दोलन द्वारा समूह के धार्मिक मूल्यों में तीव्र परिवर्तन लाये जाते हैं तब हम इन्हें "धार्मिक क्रान्ति" की संज्ञा देते हैं।

(4) **पारिवारिक क्रान्ति** (Family Revolution):- इसी प्रकार जब किसी समूह की पारिवारिक तथा वैवाहिक व्यवस्था में आमूल-चूल परिवर्तन लाने की चेष्टा की जाती है तब हम इन्हें "पारिवारिक क्रान्ति" की संज्ञा देते हैं।

(5) **प्रजातीय या राष्ट्रवादी क्रान्ति** (Racial or Nationalistic Revolutions):-जिन संस्थाओं, सम्बन्धों तथा मूल्यों को बदलने की कोशिश की जाती है यदि वह प्रजातीय अथवा राष्ट्रीय हों तब ऐसी क्रान्तियों को प्रजातीय या राष्ट्रवादी क्रान्ति कहा जाता है।

(6) **सम्पूर्ण क्रान्ति** (Total Revolution):- जब सम्पूर्ण स्थापित कानून समूह की समस्त संस्थाओं एवं मूल्य-व्यवस्था में परिवर्तन लाने का प्रयत्न किया जाता है तब हम उन्हें "सम्पूर्ण क्रान्ति" की संज्ञा देते हैं।

इनके अतिरिक्त इस निम्न प्रकार की क्रान्तियों की चर्चा भी की जा सकती है–

(1) **प्रतिक्रान्ति** (Counter Revolution) –**म्यूजल** (Meusel) ने प्रतिक्रान्ति की चर्चा करते हुए बतलाया है कि क्रान्ति के काल में उच्च वर्ग को हटाकर एक नवीन वर्ग सत्तारूढ़ हो जाता है। लेकिन जब यह उच्च वर्ग पुनः क्रान्ति करके सफलता प्राप्त कर लेता है, अपनी पहले की सत्ता स्थिति को प्राप्त कर लेता है, तथा क्रान्ति काल में घटित होने वाले सभी परिवर्तनों को पलट देता है तब इस प्रकार की घटना प्रतिक्रान्ति कहलाती है।[1]

---

1. "An attempt to reverse the transformations effected in a revolution its success signalizes the triumph of the upper class, which has been endangered and temporarily displaced by the revolution." —Alfrerd Meusel, quoted by Charles Tilly, "The Analysis of a Counter Revolution' *History & Theory,* III (1963-64), p. 30.

(2) **वाममार्गी, दक्षिणमार्गी तथा मध्यमार्गी क्रान्तियाँ** (Leftist, Rightist and Centralist Revolutions) **एस.एम. लिप्सेट** (Lipset) ने क्रान्तियों के मुख्य रूप से तीन प्रकारों की चर्चा की है: वाममार्गी, दक्षिणमार्गी तथा मध्यमार्गी। इस प्रकार साम्यवाद तथा पैरोवाद (Peronism) प्रकार की क्रान्तियां वाममार्गी क्रान्तियाँ हैं जिनमें एक सम्पूर्ण राजनीतिक व्यवस्था के स्थान पर दूसरी राजनीतिक व्यवस्था स्थापित कर दी जाती है। परम्परागत सत्तावाद (Traditional Authoritarianism) प्रकार की क्रान्ति दक्षिण मार्गी होती है जिसमें विद्यमान व्यवस्था में ही आवश्यक संशोधन अथवा सुधार करके उभरती हुई माँगों की सन्तुष्टि के योग्य बनाया जाता है। फासिस्टवाद प्रकार की क्रान्ति मध्यमार्गी क्रान्ति कहलाती है जिसमें एक ओर वैयक्तिक स्वतंत्रता की मांग की जाती है और दूसरी ओर स्थापित सत्ता को बनाये रखने का प्रयन्त किया जाता है।

(3) **उदारवादी तथा उग्र क्रान्तियाँ** (Liberal and Extremist Revolutions)—दक्षिणमार्गी तथा बाममार्गी क्रान्तियों को कुछ विद्वान उदारवारी (Liberal) तथा उग्रवादी क्रान्तियों की संज्ञा भी देते हैं। दक्षिणमार्गी प्रकार की क्रान्ति को उदारवादी क्रान्ति इसलिये कहा जाता है क्योंकि इस प्रकार की क्रान्ति का उद्देश्य विद्यमान राजनीतिक अथवा सामाजिक व्यवस्था में परिवर्तन लाना नहीं होता, ऐसा परिवर्तन जिनमें सम्पूर्ण व्यवस्था को ही बदलकर उसके स्थान पर एक दूसरी व्यवस्था स्थापित की जाये। इस प्रकार की क्रांति में पहले विद्यमान राजनीतिक व्यवस्था में जो दोष उत्पन्न हो जाते हैं अथवा इसके नेता जिस प्रकार की नीतियों का अनुसरण करते हैं उनसे जो असन्तोष व्याप्त होता है, उसको दूर करने के लिए क्रान्ति के नेता एक ऐसा सामूहिक प्रयास करते हैं जिसमें प्रचलित नीतियों में आवश्यक संशोधन करने अथवा विद्यमान राजनीतिक व्यवस्था में आवश्यक संशोधन करने अथवा विद्यमान राजनीतिक व्यवस्था में आवश्यक परिवर्तन या सुधार करने के लिए सत्तारूढ़ नेताओं को विवश किया जाता है तथा उन संशोधनों को प्रभावोत्पादक ढंग से क्रियान्वित करवाया जाता है। इस प्रकार की क्रान्ति के नेता निरन्तर एक विरोधी दल या "दबाव समूह" (Pressure Group) के रूप में काम करते हैं। अनेक प्रजातांत्रिक देशों में इस प्रकार का उदारवादी समूह सदैव ही विद्यमान रहता है। यह समूह जब सत्ता प्राप्त कर लेता है तब भी यह विद्यमान व्यवस्था बिल्कुल उखाड़ कर नहीं फेंक देते बल्कि प्रचलित व्यवस्था में अपनी नीतियों के अनुसार आवश्यक हेर-फेर कर देता है।

इसके विपरीत वाममार्गी क्रान्ति को उग्रवादी क्रान्ति इसलिए कहा जाता है क्योंकि इसके नेता यह विश्वास करते हैं कि समाज में जो व्यापक असन्तोष विद्यमान है उसको केवल विद्यमान राजनीतिक व्यवस्था का जड़ से उन्मूलन करके उसके स्थान पर एक नई राजनीतिक व्यवस्था स्थापित करके ही समाप्त किया जा सकता है। उग्रवादी नेता अपने उद्देश्य की प्राप्ति के लिए हिंसात्मक कार्यवाहियाँ करने में संकोच नहीं करते बल्कि सम्पूर्ण क्रान्ति के काल में अनेक बार हिंसा का अस्त्र

प्रयोग किया जाता है, क्योंकि उदारवादी नीतियों के द्वारा उद्देश्य की पूर्ति असम्भव सी प्रतीत होती है। उदारवादी हिंसात्मक नीतियों में विश्वास नहीं करते, वह शांति एवं समझौते तथा दवाब की यांत्रिकी अपनाते हैं।

(5) सांस्कृतिक क्रान्ति (Cultural Revolution)–1950-1960 के दशक में चीन में एक नये प्रकार की क्रान्ति का सूत्रपात हुआ जो सांस्कृतिक क्रान्ति के नाम से जानी जाती है। इस क्रान्ति का उद्देश्य उन सभी तत्वों को जड़ से उखाड़ फेंकना था जो साम्यवादी संरचना के विरुद्ध उत्पन्न हो गये।

क्रान्तियों के सामाजिक परिणाम
(Social Consequences of Revolutions)

सोरोकिन ने आधुनिक काल की अनेक क्रान्तियों का विस्तृत अध्ययन करके कुछ महत्वपूर्ण सामान्य सामाजिक परिणाम निकाले हैं जो इस प्रकार हैं:-

(1) क्रान्ति का चक्र (Cycle of Revolution)- क्रान्तिकारी परिवर्तनों में प्राय: एक पुनरावृत्ति चक्र देखने को मिलता है। प्रत्येक क्रान्ति में दो अवस्थायें होती हैं, एक तो 'विनाशकारी अवस्था' जिसमें क्रान्ति न केवल शुष्क संस्थाओं तथा मूल्यों को नष्ट करती है, बल्कि उन संस्थाओं तथा सांस्कृतिक मूल्यों को भी जो महत्वपूर्ण, सृजनात्मक तथा विकासगामी होते हैं। इनको अस्थाई रूप से छिन्न-भिन्न कर दिया जाता है और इनका विकास रोक दिया जाता है। दूसरी अवस्था होती है 'अवनति अवस्था' जिसमें महत्वपूर्ण संस्थायें तथा मूल्य पुन: उभरने लगते हैं, अपना विकास करते हैं तथा क्रान्ति की विनाशकारी शक्तियों को पीछे हट जाने को प्रोत्साहित करते हैं।

(2) ध्रुवीकरण का सिद्धान्त (Law of Polarisation) –लगभग सभी क्रान्तियों में ध्रुवीकरण का नियम क्रियाशील देखा जा सकता है। इस नियम का सम्बन्ध क्रान्ति जनसंख्या के विभिन्न तत्वों तथा स्वयं उसकी अपनी गतिविधियों पर विपरीत प्रभाव से है। सामान्य समय में अधिकांश जनसंख्या न तो स्पष्ट रूप से बुरी होती है, न ही स्पष्ट रूप से भली, न अत्यधिक सामाजिक और न ही अत्यन्त समाज विरोधी, न स्पष्ट रूप से धार्मिक या अधार्मिक। क्रान्ति के समय यह उदासीन बहुसंख्यक बंटने लगते हैं, अथवा विरोधी ध्रुवों की ओर चल पड़ते हैं, कुछ पापी, कुछ सन्त, कुछ सामाजिक परमार्थवादी तथा कुछ समाज विरोधी अहमवादी हो जाते हैं। इस प्रकार का ध्रुवीकरण समस्त सामाजिक तथा सांस्कृतिक क्षेत्रों में देखा जा सकता है।

(3) महत्वपूर्ण प्रक्रियाओं में परिवर्तन (Changes in Vital Processes)–प्रमुख क्रान्तियों में जो गृहयुद्ध का रूप ले लेती हैं, जनसंख्या में जन्मदर गृहयुद्ध के लगभग नौ माह बाद घटने लगती है; विनाशकारी अवस्था का अन्त होने के बाद यह पुन: बढ़नी शुरू होती है और बाद के दो तीन वर्षों में क्रान्ति पूर्व काल के स्तर से भी ऊपर चली जाती है; तब इसके बाद वह अपने क्रान्ति पूर्व के स्तर

पर आती है। इसी प्रकार मृत्यु दर भी घटती-बढ़ती है। यही बात विवाह-दर तथा तलाक या परित्याग दर के साथ भी लागू होती है आत्महत्याओं की दर में इसी प्रकार उतार-चढ़ाव आते हैं।

(4) मनोविज्ञान तथा व्यवहार में परिवर्तन (Changes in Psychology and Behaviour) —इन परिवर्तनों को निम्न रूप में समझा जा सकता है—

(i) वैयक्तिक संरचना का छिन्न-भिन्न होना (Breakdown of Personality Structure);

(ii) प्रत्यक्ष व्यवहार का प्रभावित होना (Effect on Overt Behaviour)

(iii) विचारों की स्वतंत्रता तथा सम्बन्धित वैचारिकी का प्रभावित होना (Speech Reactions and Corresponding Ideologies);

(iv) सम्पत्ति सम्बन्धों का प्रभावित होना (Effect on Property Relations)

(v) लैंगिक व्यवहार तथा सम्बन्धों का प्रभावित होना (Effect on Sexual Behaviour and Relationships);

(vi) श्रम-कार्यों तथा व्यवहार का प्रभावित होना (Effect on Ethical and Religious Conduct);

(5) सामाजिक संरचनाओं में परिवर्तन (Changes in Social Structures) क्रान्तियों में सामाजिक संरचनाओं में महत्वपूर्ण परिवर्तन आते हैं जिन्हें निम्न रूप में देखा जा सकता है।

(i) अन्तः समूह सामाजिक विभेदीकरण होना (Intergroup Social Differentiation);

(ii) अन्तः समूह संस्तरण होना (Intergroup Stratification);

(iii) समूहों मे पारस्परिक विभेदीकरण होना (Intra-group Differentiation);

(iv) समूहों में पारस्परिक संस्तरण होना (Intra-group Stratification)

(6) व्यक्तियों के सामाजिक परीक्षण, चुनाव तथा वितरण की यांत्रिकी में परिवर्तन आना (Changes in the Mechanism of Social Testing, Selection and Distribution of Individuals):- क्रान्ति की प्रथम अवस्था में सम्पूर्ण जन जीवन प्रभावित होने लगता है। न तो आर्थिक, राजनीतिक, वैज्ञानिक, तकनीकीय, सांस्कृतिक प्रकार्य संतोषजनक रूप से सम्पादित होते हैं और न ही सैनिक प्रकार्य। इसके परिणामस्वरूप जनता में तीव्र असमायोजन एवं उत्पीड़न उत्पन्न हो जाता है जो सत्ताधारी दल की शक्ति के लिए हानिकारक स्थिति होता है। इसलिए यह आवश्यक हो जाता है कि सदस्यों के परीक्षण, चुनाव तथा वितरण की यांत्रिकी को कम से कम कुछ अंशों तक तो पुनः स्थापित कर दिया जावे। यह प्रक्रिया पहली अवस्था के अंत तक प्रारम्भ हो जाती है और दूसरी अवस्था तक

चलती रहती है। दूसरी अवस्था के अंत तक विभिन्न स्तरों पर व्यक्ति होते हैं। वह पुराने तथा नये तत्वों का मिश्रण होते हैं।

(7) **सामाजिक एवं सांस्कृतिक प्रक्रियाओं में परिवर्तन** (Change in Social and Cultural Processes) :-सभी क्रान्तियों में यह देखा गया कि ऐच्छिक तथा विशेष रूप से अनैच्छिक प्रवासिता, सामान्य तथा विभेदीकृत गतिशीलता तथा रैखिक गतिशीलता बड़े पैमाने पर होने लगती है। क्रान्ति की पहली अवस्था में आर्थिक जीवन छिन्न-भिन्न हो जाता है, जीवनस्तर गिर जाता है, गरीबी, बेकारी, भुखमरी बढ़ जाती हैं। राजनीतिक जीवन भी अनिश्चित सा हो जाता है, संस्कृति के समस्त क्षेत्रों—विज्ञान तथा दर्शन, धर्म तथा नैतिकता, साहित्य तथा कला, राजनीति तथा कानून, इत्यादि सभी पर क्रान्ति की छाप होती है। सांस्कृतिक मूल्यों में भारी परिवर्तन आते हैं।

अभ्यास के लिए प्रश्न

1. सामाजिक क्रान्ति का अर्थ बतलाइये और उसकी परिभाषा कीजिये।
2. सामाजिक क्रान्ति के कारणों और प्रकारों का विवेचन कीजिए।
3. सामाजिक क्रान्ति के परिणामों का वर्णन कीजिये।

11

सामाजिक समस्यायें (Social Problems)

सामाजिक समस्या की परिभाषा

1. डब्ल्यू॰ वेलेस वीवर—सामाजिक समस्या एक ऐसी दशा है जो चिन्ता तनाव, संघर्ष या नैराश्य उत्पन्न करती है और आवश्यकता की पूर्ति में बाधा डालती है।[1]

सामाजिक समस्या उद्वेगात्मक अथवा मानसिक व्याकुलता के लिये उत्तरदायी है। चिन्ता, समस्या में गतिशील तत्व के रूप में पायी जाती है। एक समस्यामूलक परिस्थिति उन व्यक्तियों को इसका हल खोजने के लिए बाध्य करती है जो इससे प्रभावित हों। समस्या से छुटकारा प्राप्त करने के लिए परिस्थिति को सामाजिक परिवर्तनों के माध्यम से बदलना आवश्यक होता है। सामाजिक समस्याओं के अध्ययन में ध्यान सामाजिक परिस्थितियों पर केन्द्रित किया जाता है।

2. राब तथा सेल्जनिक—सामाजिक समस्या मानवीय सम्बन्धों से सम्बन्धित एक समस्या है जो समाज के लिए गम्भीर खतरा पैदा करती है अथवा जो व्यक्तियों की महत्वपूर्ण आकांक्षाओं की प्राप्ति में बाधाएँ उत्पन्न करती हैं।[2]

3. पाल लैण्डिस—सामाजिक समस्याएँ व्यक्तियों की कल्याण सम्बन्धी अपूर्ण आकांक्षाएँ हैं।[3]

4. क्लेरेंस मार्शकेस—सामाजिक समस्या का तात्पर्य किसी ऐसी सामाजिक परिस्थिति से है जो एक समाज में काफी संख्या में योग्य अवलोकनकर्ताओं के ध्यान

1. "A social problem is any condition that causes strain, tension, conflict or frustration and interferes with the fulfilment of a need." —W. Wallace Weaver, *Social Problems,* P.1.
2. "It is a problem in human rolationship which seriously threatens society or impedes the important aspirations of many people." —Roab Earl and Selznick. G. J. *Major Social Problems,* p.4.
3. "Social problems are man's unfulfilled aspirations for welfare." —Landis, Paul H, *Social Problems,* p *3.*

को आकर्षित करती है, और सामाजिक अर्थात् सामूहिक, किसी एक अथवा दूसरे किस्म की क्रिया के द्वारा पुनः सामंजस्य या हल के लिए उन्हें आग्रह करती है।[1]

5. रिचार्ड सी० फुल्लर तथा रिचार्ड मायर्स —व्यवहार के जिन प्रतिमानों या परिस्थितियों को किसी समय समाज के बहुत से सदस्य आपत्तिजनक अथवा अवांछनीय मानते हों, वे ही सामाजिक समस्याएँ हैं। इन सदस्यों की यह मान्यता रहती है कि इन समस्याओं को हल करने और उनके कार्यक्षेत्र को कम करने के लिए सुधार-नीतियों, कार्यक्रमों एवं सेवाओं की आवश्यकता होती है।[2]

6. मैरिल तथा एल्डरिज—सामाजिक समस्याएँ उस समय उत्पन्न होती हैं जब गतिहीनता के कारण काफी संख्या में लोग अपनी-अपनी अपेक्षित सामाजिक भूमिकाओं में कार्य करने में असमर्थ होते हैं।[3]

7. हॉर्टन तथा लेस्ले—सामाजिक समस्या एक ऐसी स्थिति है जो बहुत से लोगों को प्रतिकूल रूप से प्रभावित करती है तथा जिसका हल सामूहिक क्रिया द्वारा ही हो सकता है।[4]

8. वाल्स एवं फर्फे—सामाजिक समस्या सामाजिक आदर्शों का विचलन (Deviation) है जिसका निराकरण सामूहिक प्रयास से ही सम्भव है।[5]

(९) अरनोल्ड एम० रोज—सामाजिक समस्या एक ऐसी परिस्थिति है जो किसी समूह के द्वारा अपने सदस्यों के लिए सन्तोष के एक स्रोत के रूप में देखी जाती है और जिसमें बेहतर विकल्पों को मान्यता दी जाती है ताकि समूह या समूह में व्यक्ति कोई परिवर्तन लाने के लिए प्रेरित होते हैं। इसे सामाजिक समस्या प्रमुखतः इसलिये माना जाता है क्योंकि यह सामाजिक वातावरण में ही पायी जाती है और उत्तरदायी कारणों को इस रूप में देखा जाता है कि वे पर्यावरण में ही मौजूद हैं।[6]

10. शेपर्ड तथा वॉस—एक सामाजिक समस्या समाज की कोई भी ऐसी सामाजिक दशा है जिसे समाज के एक बहुत बड़े भाग या शक्तिशाली भाग द्वारा आवंछनीय और ध्यान देने योग्य समझा जाता है।[7]

---

1. Clarence Marsh Case, *What is a Social Probleme,* The Journal of Applied Sociology, May-June 1924, pp 268-273.
2. Richard C. Fuller & Richard Myers, "Some Aspects of a Theory of Social Problems" in American Sociolgical Review (Feb. 1941), pp. 24-32, and W. S. Kisson *Social Problems in Our Times,* p.4
3. Merril, Franics E. and Eldredge, H. W. *Culture & Society,* p. 517.
4. Horton, Paul B, and Leslie Gerald R., *The Sociology of Social Problems,* p. 4
5. Walsh, Mary E. & Furfey, Paul H., *Social Problems and Social Action,* p. 1
6. Arnold M. Rose, "History of Sociology of Social Problems" in Hand book on the Study of Social Problems, ed by Ewrino Smigel, p. 41.
7.. Shepard & Voss, *Social Problems,* p 1,

सामाजिक समस्या के सामान्य तत्व

उपर्युक्त परिभाषाओं के आधार पर सामाजिक समस्याओं में निम्नलिखित सामान्य तत्व पाये जाते हैं:

(1) सामाजिक समस्या एक ऐसी कष्टप्रद दशा है जो व्यक्ति और समाज दोनों में विकास की दृष्टि से बाधक है।

(2) सामाजिक समस्या का मनोवैज्ञानिक एवं भौतिक विस्तार इतना होता है कि उससे एक महसूस की जाने वाली आवश्यकता की पूर्ति में बाधा पड़ती है।

(3) किसी सामाजिक दशा के सामाजिक समस्या कहलाने के लिए यह आवश्यक है कि समूह या जनता में उसके प्रति जागरूकता पायी जाय।

(4) असामंजस्यपूर्ण शक्तियों तथा उनके परिणामों को रोकने के लिए सामाजिक क्रिया एवं नियन्त्रण की आवश्यकता पड़ती है।

(5) पुनः सामंजस्य स्थापित करने के लिए पर्यावरण सम्बन्धी परिस्थिति में संरचनात्मक संशोधन आवश्यक रहता है।

अतः सामाजिक समस्याओं को उन सामाजिक दशाओं के रूप में परिभाषित किया जा सकता है जो सामाजिक कल्याण के लिए खतरे के रूप में होती है, जिनके प्रति एक समाज के काफी लोग जागरूक होते हैं और जिनके निराकरण के लिए सामूहिक रूप से कोई रचनात्मक कार्य या प्रयास करने की आवश्यकता होती है।

फुल्लर के अनुसार किसी सामाजिक दशा को सामाजिक समस्या के रूप में समझने और हल करने के लए तीन अवस्थाओं से गुजरना आवश्यक है-

(1) किसी परिस्थिति को सामाजिक समस्या मानने के लिए यह आवश्यक है कि लोगों को यह दृढ़ विश्वास हो कि वह परिस्थति लोगों की मूल्य-व्यवस्था की दृष्टि से अनुचित है और उसको हल करने के लिए कुछ करना चाहिए।

(2) सामाजिक समस्या के अस्तित्व को स्वीकार करने पर उसके निवारण के लिए अनेक सुझावों में से किसी एक को मानकर उसके अनुरूप साधन ढूंढ़ने का प्रयास किया जाता है।

(3) सामाजिक समस्या के समाधान के लिए किसी साधन को ढूँढ़ने के पश्चात् उसको कार्यान्वित कर सुधार लाने की कोशिश की जाती है।

सामाजिक समस्याओं का वर्गीकरण

जोन जे. केन ने सामाजिक समस्याओं को दो श्रेणियों में बांटा है।

(1) **प्रकट सामाजिक समस्याएँ** (Overt Social Problems) एक प्रकट सामाजिक समस्या एक ऐसी सामाजिक दशा है जिसके लिए राज्य या निजी एजेन्सियों अथवा दोनों के द्वारा सामूहिक रूप से उपचारात्मक प्रयत्न किये जाते हैं क्योंकि जनता को इसके प्रति जागरूक कर दिया जाता है और वह ऐसा विश्वास

करने लगती है कि यह दशा समाज की मूल्य व्यवस्थाओं के अनुसार समाज के लिए खतरा है। बाल अपराध, अपराध, मद्यपान, बेकारी, निर्धनता तथा जनसंख्या-वृद्धि आदि इसी श्रेणी में आती हैं।

(2) **प्रत्याश्रित सामाजिक समस्यायें** (Covert Social Problems)- एक प्रत्याश्रित सामाजिक समस्या वह है जिसके लिए कोई उपचारात्मक सामूहिक कार्यवाही नहीं की गयी हो, लेकिन जो फिर भी समाज के लिए खतरा है, कम से कम जनता के किसी खण्ड या समूह अथवा कई सुयोग्य अवलोकनकर्ताओं के मस्तिष्क में। प्रत्याश्रित सामाजिक समस्या भी एक वास्तविक समस्या हे, परन्तु वह उस समय तक सामाजिक समस्या के रूप में प्रतीत नहीं होती जब तक कि उसके प्रति जनता में जागरूकता पैदा नहीं की जाती और उसके निवारण के लिए कोई सामूहिक कार्यवाही नहीं की जाती। हमारे देश में अस्पृश्यता सैकड़ों वर्षों तक एक प्रत्याश्रित सामाजिक समस्या के रूप में रही है, परन्तु वर्तमान में यह एक प्रकट सामाजिक समस्या बन गयी है क्योंकि इसके प्रति अब जनता में जागरूकता पायी जाती है और इसके निवारण के लिए सामूहिक प्रयत्न किये जा रहे हैं।

व्यक्तिगत और सामाजिक समस्या में अन्तर

व्यक्तिगत समस्या उस समस्या को कहते हैं जिनका सम्बन्ध व्यक्ति विशेष से होता है और जो व्यक्ति के विकास एवं प्रगति में बाधक होती है, व्यक्ति सामाजिक आदर्शों की अवहेलना करने लगता है और उसके व्यक्तित्व का विघटन होने लगता है। **मावरर** के अनुसार "व्यक्तिगत समस्याएँ व्यक्ति के उन व्यवहारों का प्रतिनिधित्व करती हैं जो संस्कृति द्वारा मान्यता प्राप्त प्रतिमानों से इतने अधिक नीचे गिर जाते हैं कि समाज उन्हें अस्वीकृत कर देता है।"[1] **लेमर्ट** के अनुसार व्यक्तिगत समस्या वह स्थिति अथवा प्रक्रिया है जिसमें व्यक्ति अपने मुख्य व्यवहार के चारों ओर अपने व्यवहार को स्थिर नहीं रख पाता। उसकी भूमिकओं के चुनाव की प्रक्रिया में संघर्ष और भ्रम बना रहता है। संक्षेप में, व्यक्तिगत समस्याओं की स्थिति में व्यक्ति के व्यक्तित्व में असन्तुलन पैदा हो जाता है, वह समाज और संस्कृति के प्रतिमानों का पालन नहीं करता तथा उसके व्यवहार में विचलन और विघटन दिखायी देता है।

व्यक्तिगत और सामाजिक समस्या में निम्नांकित अन्तर है:

(1) **सम्बन्ध और प्रभाव क्षेत्र-** व्यक्तिगत समस्या का सम्बन्ध और प्रभाव क्षेत्र व्यक्ति विशेष तक सीमित होता है जबकि सामाजिक समस्या का सम्बन्ध सम्पूर्ण समाज व समुदाय से है तथा यह सम्पूर्ण समाज या उसके एक बड़े भाग को प्रभावित करती है।

(2) **निवारण के प्रयत्न-** चूंकि व्यक्तिगत समस्या का सम्बन्ध व्यक्ति विशेष से होता है, अतः उसे हल करने का प्रयत्न भी व्यक्तिगत रूप से किया जाता

1. E R Mowrer, *Disorganization-Personal and Social.*

है जबकि सामाजिक समस्या के निवारण के लिए सामूहिक रूप में प्रयत्न किये जाते हैं।

(3) **हानियाँ-** व्यक्तिगत समस्या व्यक्ति के विकास में सामाजिक समस्या सामाजिक विकास और प्रगति में बाधक होती है।

(4) **जन्म-** व्यक्तिगत समस्या के जन्म के लिए व्यक्ति स्वयं या कुछ व्यक्ति उत्तरदायी होते हैं और उसके परिणाम व्यक्ति विशेष को ही भुगतने होते हैं, जबकि सामाजिक समस्या को जन्म देने में समाज या समुदाय के कई लोगों का हाथ होता है और उसके परिणाम भी अनेक लोगों को भुगतने होते हैं।

(5) **साधन-** व्यक्तिगत समस्या की स्थिति में अपने उद्देश्यों एवं आवश्यकता की पूर्ति के लिए व्यक्ति समाज द्वारा अस्वीकृत साधनों का प्रयोग करता है जबकि सामाजिक समस्याओं की स्थिति में समाज के अधिकांश व्यक्ति अनैतिक साधनों के द्वारा अपने उद्देश्यों व आवश्यकताओं की पूर्ति करने लगते हैं।

(6) **परिणाम-** व्यक्तिगत समस्या के दौरान व्यक्ति के व्यक्तित्व में असन्तुलन और विघटन उत्पन्न हो जाता है जबकि सामाजिक समस्याओं की स्थिति में सामाजिक संरचना और संगठन अस्त-व्यस्त होने लगते हैं।

(7) **अवधि-** व्यक्तिगत समस्या व्यक्ति के साथ ही समाप्त हो जाती हैं जबकि सामाजिक समस्या समाज की निरन्तरता से सम्बन्धित होने के कारण दीर्घजीवी होती है। इसके निवारण के प्रयत्न के बावजूद भी यह कुछ न कुछ मात्रा में अवश्य मौजूद रहती है।

इन अन्तरों का यह अर्थ नहीं लिया जाना चाहिए कि ये दोनों समस्याएँ एक दूसरे से एकदम पृथक्क हैं वरन् दोनों में घनिष्ठ सम्बन्ध पाया जाता है। ये दोनों एक-दूसरे को प्रभावित करती हैं। कुछ समस्याएँ व्यक्तिगत और सामाजिक दोनों ही हो सकती हैं, विशेषत: उस समय जब उनका सम्बन्ध व्यक्ति विशेष व समाज दोनों से ही हो। व्यक्तिगत समस्या सामाजिक समस्याओं को तथा सामाजिक समस्या व्यक्तिगत समस्याओं को भी जन्म देती हैं।

समस्या के आकार को प्रभावित करने वाले कारक

किसी समस्या के आकार को प्रभावित करने वाला प्रथम कारके उस परिस्थिति मे सम्मिलित व्यक्तियों की संख्या है। उसका द्वितीय कारक समस्या द्वारा उत्पन्न भावना की तीव्रता है। इस भावना को आवेग (Passion) के नाम से जाना जाता है। निसबेट के अनुसार जो व्यक्ति या समूह किसी परिस्थिति को एक समस्या के रूप में परिभाषित करते हैं, वे नैतिक रोष अनुभव करते हैं।[1] ये दो कारक परिस्थिति में सम्मिलित व्यक्तियों की संख्या तथा आवेग अनेक रूपों में पारस्परिक

1. Nisbet R. A., *Study of Social Problems in* R. K. Merton & R. A. Nisbet (ed.) Contemporary Social Problems, Quoted by Erwino Smigel, *op cit*., p. 42.

अन्तः क्रिया करते हैं। किसी भी परिस्थिति के आकार वाली समस्या के लिए इन दोनों की उपस्थिति आवश्यक है। इन दोनों में से यदि कोई एक कारक पाया जाता है, तो समस्या की सामाजिक प्रकृति महत्वहीन होती है। उदाहरण के रूप में, किसी समाज के लाखों-करोड़ों लोग चाहे निर्धनता के शिकार क्यों न हों, लेकिन जब तक वे अपनी इस स्थिति को अनुचित या परिवर्तनीय नहीं समझते हैं तब तक उनकी निर्धनता एक बड़ी सामाजिक समस्या नहीं है।

वर्तमान भारत में प्रजातान्त्रिक मूल्यों तथा समाजवादी विचारधारा के प्रसार ने लोगों को निर्धनता के प्रति जागरूक बना दिया है और वे यह अनुभव करने लगे हैं कि निर्धनता का बना रहना अनुचित है और इसे प्रयत्न द्वारा कम अथवा समाप्त किया जा सकता है। यही कारण है कि इसने आजकल बड़े आकार की समस्या का रूप ग्रहण कर लिया है। स्पष्ट है कि एक सामाजिक समस्या का आकार उस समय सबसे अधिक होता है जब लोग काफी संख्या में तीव्रता से उत्तेजित हो उठते हैं और इसलिये कोई कार्यवाही करने को प्रस्तुत हो जाते हैं।

सामाजिक समस्याओं का मापन

सामाजिक समस्याओं को मापना और उनकी प्रकृति का पता लगाना वास्तव में एक कठिन कार्य है क्योंकि जो दशा या स्थिति एक समाज में सामाजिक समस्या के रूप में मानी जाती है, वही दूसरे समाज में सामान्य तथ्य के रूप में मानी जा सकती है। इसके अलावा एक काल या समय विशेष में जो दशा सामाजिक समस्या के रूप मे चित्रित की जाती है, वही किसी दूसरे काल में सामान्य स्थिति मानी जा सकती है। पुनः एक ही समाज के भिन्न-भिन्न लोग किसी दशा या स्थिति को भिन्न-भिन्न दृष्टिकोण से देखते हैं, कुछ उसे समस्या के रूप में मानते हैं जबकि अन्य सामान्य परिस्थिति के रूप में। फिर भी सामाजिक समस्या को मापा जा सकता है इसके माप की तीन विधियाँ या आधार हो सकते हैं—

(1) **भावात्मक आधार** (Emotional Basis)-सामाजिक समस्या और भावना में निकट का सम्बन्ध पाया जाता है। किसी भी दशा को उसी समय सामाजिक समस्या माना जायेगा जब वह जनसाधारण की भावनाओं के प्रतिकूल हो। जन-भावनाएँ किसी दशा या स्थिति के जितनी अधिक प्रतिकूल होंगी, सामाजिक समस्या भी उतनी ही अधिक गम्भीर होगी। वर्तमान काल में अनेक कारणों से नारी के प्रति पुरुष की भावनाओं में परिवर्तन आने से वेश्यावृत्ति को एक सामाजिक समस्या के रूप में देखा जाता है। किसी समय शादी-विवाह तथा सामाजिक उत्सवों के अवसर पर वेश्याओं के नाच-गानों को उचित समझा जाता था। उस समय वेश्यावृत्ति सामाजिक समस्या के रूप में नहीं मानी जाती थी। वास्तव में जनसामान्य की भावनाओं के पीछे नैतिकता की धारणा पायी जाती है जिसके आधार पर उचित-अनुचित का भेद किया जाता है। जो व्यवहार या दशा नैतिक दृष्टि से अनुचित समझे जाते हैं, जन-भावनाएँ उनके प्रति काफी प्रतिकूल होती हैं और उन्हें सामाजिक समस्या के रूप में देखा जाता है जब समाज के अधिकांश लोग किसी

व्यवहार को नैतिक दृष्टि से अनुचित समझते हैं, तब वह व्यवहार सामाजिक समस्या माना जाता है।

सामाजिक समस्याओं के माप का यह आधार दोषपूर्ण है क्योंकि भावनाएँ मूलतः व्यक्तिगत होती हैं, न कि सामूहिक। अतः भावना को मापना और उनके आधार पर किसी सामाजिक समस्या की गम्भीरता का पता लगाना कठिन है।

(2) **सांस्कृतिक आधार** (Cultural Basis) –जो स्थिति या व्यवहार एक समाज विशेष की सांस्कृतिक विशेषताओं या परम्पराओं के प्रतिकूल होता है, उसे सामाजिक समस्या के रूप में देखा जाता है। प्रत्येक समाज की संस्कृति के अन्तर्गत कुछ मूल्य, आचरण के तरीके तथा आदर्श-नियम आदि आते हैं। समाज के सभी सदस्यों से इन सांस्कृतिक विशेषताओं को बनाये रखने की आशा की जाती है। जब किसी समाज में काफी लोग सांस्कृतिक मूल्यों, आदर्श-नियमों और मान्य व्यवहार प्रतिमानों के विपरीत आचरण करने लगते हैं तो ऐसे व्यवहार को सामाजिक समस्या माना जाता है। वर्तमान काल में हमारे सांस्कृतिक मूल्यों में परिवर्तन आया है, आदर्श नियम भी कुछ बदले हैं तथा कुछ नवीन व्यवहार-प्रतिमान पनपे हैं। अस्तु, आज अस्पृश्यता, बाल-विवाह, दहेज-प्रथा तथा विधवा-विवाह निषेध आदि को सामाजिक समस्याएँ माना जाता है। किसी समय ये समस्याओं के रूप में नहीं थीं क्योंकि इनसे सम्बन्धित व्यवहार को सांस्कृतिक विशेषाताओं के अनुरूप माना जाता था उचित समझा जाता था। परन्तु आज ऐसा व्यवहार हमारे बदले हुए सांस्कृतिक मूल्यों के विपरीत समझा जाता है और इसी कारण वह समस्या की श्रेणी में आता है।

सामाजिक समस्या के माप के सांस्कृतिक आधार में एक प्रमुख कमी यह है कि सांस्कृतिक मूल्य भी एक भावनात्मक तथ्य ही है। इसके आधार पर किसी सामाजिक समस्या की गम्भीरता का अनुभव तो किया जा सकता है परन्तु उस गम्भीरता को मापना सम्भव नहीं है।

(3) **सांख्यिकीय आधार** (Statistical Method) –सामाजिक समस्याओं को मापने में सांख्यिकीय विधि का प्रयोग आजकल दिनों दिन बढ़ता जा रहा है। यह समस्याओं के माप का एक निश्चित, सुस्पष्ट और वैज्ञानिक आधार है। इसके द्वारा यह पता लगाया जाता है किसी व्यवहार या स्थिति का जनसाधारण पर क्या प्रभाव पड़ता है, इससे कितनी मात्रा में लोग प्रभावित हैं। इस सम्बन्ध में तथ्यों को एकत्रित करने या सांख्यिकी (Statistics) प्राप्त करने हेतु सरकारी, अर्द्ध-सरकारी एवं गैर-सरकारी संगठनों या कुछ विद्वानों द्वारा सर्वेक्षण किये जाते हैं। ऐसे सर्वेक्षणों से किसी स्थिति या व्यवसाय विशेष के सम्बन्ध में लोगों की प्रतिक्रिया का पता चलता है, उनकी अभिवृत्तियों के सम्बन्ध में जानकारी मिलती है, यह ज्ञात होता है कि लोग उसे किस रूप में देखते हैं। आज सांख्यिकीय विधि की सहायता से यह पता लगाया जा सकता है कि कितने लोग बेकारी और निर्धनता की समस्या से पीड़ित हैं, लोगों में मद्यपान की प्रवृत्ति किस मात्रा में पायी जाती हैं, कितने लोग विधवा-विवाह को उचित समझते हैं और कितने अनुचित, कितनी विधवाएँ विवाह करना चाहती हैं और कितनी नहीं। इस विधि से यह भी जानकारी प्राप्त की जा

सकती है कि किसी भी समस्या विशेष का समाज के किस-किस वर्ग के लोगों पर क्या प्रभाव पड़ता है तथा इससे कौन-कौन कितने गम्भीर रूप से प्रभावित हैं। इस प्रकार के तथ्य या आँकड़े एकत्रित करके किसी सामाजिक समस्या की गम्भीरता को मापा जा सकता है और उसे हल करने के लिए ठोस कदम उठाये जा सकते हैं। अन्य विधियों या आधारों की तुलना मे यह विधि अधिक विकसित और प्रमाणिक है।

सामाजिक समस्याएँ, तथा सामाजिक विघटन और वैयक्तिक विघटन

सामाजिक समस्याओं और सामाजिक विघटन के बीच घनिष्ट सम्बन्ध पाया जाता है। जब समाज में सामाजिक समस्याएँ उग्र रूप धारण कर लेती हैं तो ऐसा समाज एक एकीकृत कार्यात्मक समग्र के रूप में कार्य नहीं कर पाता और उसकी प्रगति में बाधा उत्पन्न हो जाती है। ऐसी दशा में सामाजिक विघटन उत्पन्न होता है। वैयक्तिक विघटन और सामाजिक समस्याओं के मध्य भी एक गहरा सम्बन्ध है। वैयक्तिक विघटन की अवस्था में व्यक्ति समाज के आदर्श नियमों के अनुरूप व्यवहार नहीं कर पाता। वह यह निश्चित करने में असमर्थ रहता है कि उससे क्या अपेक्षाएँ की जा रही है। दुविधा की स्थिति में वह अपनी भूमिकाएँ ठीक से नहीं निभा पाता। ऐसी दशा में समाज में अनेक सामाजिक समस्याएँ उत्पन्न हो जाती हैं। इस स्थिति का चित्रण करते हुए वीन्सबर्ग ने बतलाया है कि जो व्यक्ति समाज के आदर्शों के अनुरूप रहता है, वह सामाजिक दृष्टि से सामान्य व्यक्ति होता है और परिणामस्वरूप अपने आपको सामान्य समझता है। परन्तु जो व्यक्ति आदर्श का उल्लंघन करते हुए पकड़ लिया जाता है, वह पदच्युत कहलाता है। पदच्युत व्यक्ति चाहे वह किसी भी समूह का सदस्य अथवा अकेला हो, सामाजिक समस्या का प्रतिनिधि है।[1]

उपर्युक्त विवचेन से स्पष्ट है कि सामाजिक समस्याएँ, सामाजिक विघटन और वैयक्तिक विघटन एक-दूसरे से घनिष्ठ रूप से सम्बन्धित है। एक विघटित व्यक्ति दूसरे व्यक्तियों को अपने व्यवहार द्वारा प्रभावित करता है जिसके फलस्वरूप सामाजिक समस्याएँ पैदा होती हैं और सामाजिक समस्याओं के उग्र रूप धारण करने पर समाज में सामाजिक विघटन की स्थिति उत्पन्न हो जाती है।

सामाजिक समस्याओं के कारण

प्रो. टिम्स का कहना है कि सामाजिक समस्याओं को जन्म देने वाली अवस्थाओं को सामाजिक रोग, सामाजिक विघटन, मतभेद और विचलन की अवस्थाएँ कहा गया है।[2] वीवर के अनुसार सामाजिक समस्याओं का प्रमुख कारण समाज मे अन्तर्निहित मानवीय आवश्यकताओं का नैराश्य है जिसने प्रौद्योगिकी को

1. Weinsberg, *Soctal Problems in Our Times,* p. 8.
2. Noel Timms, *A Sociological Approach ot Social Problems,* p. 20.

प्राय: क्रान्तिकारी अंकों में परिवर्तित कर दिया है, बिना सामाजिक संगठन में तुलनात्मक परिवर्तन किये।[1] समाजशास्त्रियों की मान्यता हे कि प्रौद्योगिक परिवर्तनों के प्रभाव के फलस्वरूप संस्कृति का भौतिक पक्ष बदल जाता है। डल्लू. बी. ऑगबर्न ने इसे सांस्कृतिक विलम्बना (Cultural Lag) माना है। संस्कृति के विभिन्न पक्षों में परिवर्तन की अलग-अलग दर चिन्ता अथवा तनाव उत्पन्न करती है जो सामाजिक विघटन की दशा के लिए उत्तरदायी है। अत: सामाजिक परिवर्तन, सांस्कृतिक विलम्बना तथा सामाजिक विघटन सामाजिक समस्याओं के कारणों की व्याख्या प्रस्तुत करने में अत्यन्त महत्वपूर्ण हैं।

राव तथा **सेल्जनिक** ने सामाजिक समस्याओं के पाँच कारणों का उल्लेख किया है जो निम्नलिखित हैं–

(1) जब किसी संगठित समाज के सदस्यों के सम्बन्धों को व्यवस्थित करने की योग्यता समाप्त होने लगती है अथवा समाप्त होती प्रतीत होती है तो सामाजिक समस्याएँ उत्पन्न हो जाती हैं।

(2) जब समाज की संस्थाएँ विचलित होने लगती हैं तो सामाजिक समस्याएँ उठ खड़ी होती हैं।

(3) जब किसी समाज के लोग कानूनों का उल्लघंन करने लगते हैं तो सामाजिक समस्याएँ उभरने लगती हैं।

(4) जब लोगों की अपेक्षाओं का ढाँचा लड़खड़ाने लगता है तो सामाजिक समस्याएँ पैदा हो जाती हैं।

(5) जब समाज के मूल्यों का एक पीढ़ी से दूसरी पीढ़ी को हस्तान्तरित होना रुक जाता है तो ऐसी दशा में सामाजिक समस्याएँ उत्पन्न होने लगती हैं।

पाल लैण्डिस ने सामाजिक समस्याओं के निम्नलिखित चार कारण बताये हैं।

(1) व्यक्तिगत समायोजन में असफलता।

(2) सामाजिक संरचनाओं में दोष पैदा होना।

(3) संस्थागत समायोजन में असफलता।

(4) सामाजिक नीति में संस्थात्मक विलम्बनाएँ।

सामाजिक समस्याएँ और सैद्धान्तिक अवधारणाएँ

विभिन्न सामाजिक समस्याओं का एक सामान्य आधार होता है। इस सामान्य आधार को दृष्टि में रखकर ही चार दृष्टिकोण प्रस्तुत किये गये हैं। सैद्धान्तिक अवधारणाओं के रूप में ये दृष्टिकोण निम्नलिखित है–

(1) सामाजिक विघटन का सिद्धान्त

(2) सांस्कृतिक विलम्बना का सिद्धान्त

1. W. Wallaclle Weaver, *op. cit.* p. 38.

(3) मूल्य संघर्ष का सिद्धान्त

(4) वैयक्तिक विचलन का सिद्धान्त

(1) **सामाजिक विघटन का सिद्धान्त** (Theory of Social Disorganisation)–रोलॉण्ड वारेन ने सामाजिक विघटन को एक ऐसी स्थिति माना है जिसमें मतैक्य का अभाव, संस्थाओं के एकीकरण की कमी और सामाजिक नियन्त्रण के अपर्याप्त साधन पाये जाते हैं। मतैक्य के अभाव में समूह के लक्ष्यों के प्रति मतभेद और परस्पर विरोधी भावनात्मक धारणाएँ पायी जाती हैं। यह स्थिति विभिन्न संस्थाओं के कार्य-संचालन में बाधा डालती है और ये संस्थाएँ एक-दूसरे के साथ सामंजस्य नहीं बनाये रख पाती है। परिणाम यह होता है कि ये एक-दूसरे के विपरीत कार्य करने लगती है और एक ऐसी दशा उत्पन्न हो जाती है जिससे व्यक्ति समाज के नियमों के अनुसार कार्य नहीं कर पाते हैं।

भूतकालीन समाजों में सापेक्ष रूप से स्थिरता, सामाजिक परिवर्तन की बहुत धीमी गति और व्यक्ति की प्रस्थिति तथा भूमिका में स्पष्टता थी एवं लोग मान्यता प्राप्त रीतियों से अपनी आवश्यकताओं की पूर्ति करते थे। यह एक ऐसी स्थिति थी जिसमें व्यक्तियों की क्रियाओं एवं मूल्यों में समन्वय था। धीरे-धीरे परिवर्तन की मात्रा बढ़ती गयी और एक ऐसी नवीन स्थिति उत्पन्न हो गयी जिसमें या तो पुरानी क्रियाएँ समाप्त हो गयीं अथवा उन्हें अनुपयोगी समझा जाने लगा। व्यवहार के परम्परागत नियमों का प्रभाव कम होने लगा और ये व्यक्तियों के व्यवहारों को नियन्त्रित करने में असफल रहे। इस अव्यवस्थित स्थिति में नवीन नियमों को पूरी तरह स्वीकार नहीं किया गया और लोग मूल्यों तथा नैतिकता की परवाह किये बिना व्यवहार करने लगे। यह स्थिति सामाजिक विघटन की स्थिति थी जो अनेक सामाजिक समस्याओं के लिए उत्तरदायी थी। फैरिस ने सामाजिक विघटन के लक्षणों के रूप में पवित्र तत्वों के ह्रास, स्वार्थों एवं रुचियों में व्यक्तिवादिता, वैयक्तिक स्वतन्त्रता एवं व्यक्तिगत अधिकारों पर बल, भौतिक सुख सम्बन्धी व्यवहार, एक दूसरे पर अविश्वास और अशान्ति उत्पन्न करने वाले तत्व, आदि पर जोर दिया है।[1]

राबर्ट फैरिस तथा कुछ अन्य विद्वानों ने सामाजिक विघटन को सामाजिक समस्याओं का प्रमुख कारण नहीं माना है। इस सम्बन्ध में फेरिस ने लिखा है कि सामाजिक विघटन का सिद्धान्त उस परिस्थिति की स्पष्ट व्याख्या नहीं करता जिसमें सामाजिक समस्या उत्पन्न होती है। यह सिद्धान्त उन स्थितियों को स्पष्ट करने में असमर्थ रहा है जो सामाजिक समस्याओं को जन्म देती हैं किसी समाज में सामाजिक विघटन के नहीं होने पर भी सामाजिक आदर्शों से विचलन की स्थिति या सामाजिक समस्याएँ पायी जा सकती है। इससे हमें यह नहीं समझ लेना चाहिए कि सामाजिक विघटन और सामाजिक समस्याओं मे आपस में कोई सम्बन्ध नहीं

1. Fairs, Rebert E. L., *Social Disorganization*, p. 19.

पाया जाता है यद्यपि सामाजिक विघटन का सिद्धान्त सभी सामाजिक समस्याओं की पूर्ण व्याख्या नहीं है परन्तु उनमें से बहुत सी समस्याओं को कम से कम आंशिक रूप में अवश्य समझाता है।

(2) **सांस्कृतिक विलम्बना का सिद्धान्त** (Theory of Cultural Lag)–परिवर्तन सामाजिक व्यवहार की एक सार्वभौमिक विशेषता है। संस्कृति के विभिन्न पक्षों मे परिवर्तन की असमान दर सामाजिक समस्याओं को जन्म देती है। अनेक विद्वानों के द्वारा इस प्रकार की व्याख्याएँ प्रस्तुत की गयी हैं जिनमें विलियम एम. ऑगबर्न की 'सांस्कृतिक विलम्बना' की अवधारणा प्रमुख है। सांस्कृतिक विलम्बना सम्बन्धी उपकल्पना तीन बातों पर आधारित है–(i) संस्कृति के अनेक पक्ष या वर्ग गति की भिन्न-भिन्न दरों के अनुसार परिवर्तित होते हैं: (ii) संस्कृति के भौतिक पक्ष अभौतिक या वैचारिक पक्षों की तुलना में अधिक तेजी से परिवर्तित होते हैं; और (iii) भौतिक परिवर्तनों को अपनाने और उसके अनुरूप सामाजिक संस्थाओं के विकसित होने के बीच विलम्बना के क्षेत्र मे सामाजिक समस्याएँ उत्पन्न होती हैं। ऑगबर्न ने श्रमिक क्षति-पूर्ति अधिनियम, 1923 (Workmen's Compensation Act, 1923) के उदाहरण द्वारा यह स्पष्ट करने का प्रयत्न किया है कि किस प्रकार सांस्कृतिक विलम्बना ऐसी परिस्थिति को उत्पन्न करने में योग देती है जो सामाजिक समस्याओं के लिए उत्तरदायी है। आपने बताया है कि औद्योगिक क्रान्ति के फलस्वरूप लोगों को बड़े-बड़े कारखानों में काम करना पड़ा जहाँ बहुत से श्रमिक समय-समय पर दुर्घटनाग्रस्त हुए। ऐसी स्थिति में उनकी शारीरिक निर्योग्यता के कारण परिवार के भरण-पोषण की समस्या उत्पन्न हुई। औद्योगीकरण के विकास के काफी समय पश्चात् कारखानों में दुर्घटनाग्रस्त होने की स्थिति मे श्रमिक को क्षतिपूर्ति के रूप में कुछ धन-राशि दिलाने का प्रावधान किया गया। भारत में उन्नीसवीं शताब्दी के अन्त में औद्योगीकरण के विकास तथा श्रमिक क्षतिपूर्ति अधिनियम, 1923 के पारित होने के बीच के काल को सांस्कृतिक विलम्बना काल कहा जायेगा। यहाँ स्थिति और आवश्यकता के मध्य एक तनाव पाया जाता है।

आज के गतिशील समाजों में आधुनिक औद्योगिक विकास ने व्यक्तियों की आवश्यकताओं को बदल दिया है। ऐसी स्थिति मे सामाजिक संगठनों के नवीन स्वरूपों के विकास की आवश्यकता है। संस्कृति के भौतिक क्षेत्र में होने वाले परिवर्तनों को शीघ्रता से अपना लेने और उनके अनुरूप होने वाले वैचारिक परिवर्तनों या अभौतिक संस्कृति के पहलुओं में परिवर्तन की दर के धीमी होने और शीघ्रता से इनको लोगों के द्वारा स्वीकार नहीं किये जाने के कारण सांस्कृतिक विलम्बना की स्थिति उत्पन्न होती है। इस संक्रान्ति काल में अस्त-व्यस्तता एवं संघर्ष की स्थिति पनपती है जो सामाजिक समस्याओं के लिए उत्तरदायी है। वर्तमान काल में भारत में बेकारी की समस्या पायी जाती है परन्तु बेकार लोगों को आर्थिक एवं सामाजिक सुरक्षा प्रदान करने हेतु बेरोजगारी बीमा योजना प्रारम्भ नहीं की गयी है।

बेकारी की स्थिति और बेकार व्यक्तियों को सुरक्षा प्रदान करने की आवश्यकता के बीच एक तनाव पाया जाता है जो सांस्कृतिक विलम्बना है। बेकार व्यक्ति अपनी आवश्यकताओं की पूर्ति हेतु सामाजिक नियमों के विपरीत आचरण कर सकता है और समाज में अपराध के रूप मे सामाजिक समस्या उत्पन्न हो सकती हैं। गतिशील समाजों में परिवर्तन की गति इतनी तीव्र होती है कि ऐसे लोगों की संख्या बढ़ती जाती है जो सन्तोषप्रद ढंग से सामंजस्य स्थापित करने में असमर्थ रहते हैं। ऐसी स्थिति में सामाजिक समस्याएँ उठ खड़ी होती हैं। ऑगबर्न ने सांस्कृतिक विलम्बना के कारणों पर प्रकाश डालते हुए लिखा है कि रूढ़िवादिता, नये विचारों के प्रति आशंका, अतीत के प्रति लगाव, निहित स्वार्थ एवं नवीन विचारों की जाँच में कठिनाई सांस्कृतिक विलम्बना के लिए उत्तरदायी हैं।

सांस्कृतिक विलम्बना के आधार पर केवल कुछ सामाजिक समस्याओं की उत्पत्ति को ही समझाया जा सकता है, सबकी उत्पत्ति को नहीं समझाया जा सकता। स्थायी प्रकृति के समाजों में भी निर्धनता दिखलायी पड़ती है। जहाँ सांस्कृतिक विलम्बना नहीं पायी जाती, फिर भी यह स्वीकार करना ही पड़ेगा कि संस्कृति के कुछ पहलू अन्य की तुलना में अधिक तेजी से बदलते हैं जो सामंजस्य की समस्या पैदा करते हैं।

(3) **मूल्यों में संघर्ष का सिद्धान्त** (Value Conflict Theory)-मूल्यों का हमारे जीवन में बड़ा महत्व है। मूल्यों के आधार पर ही यह निश्चित होता है कि हमें कौनसा काम करना चाहिए और कौनसा नहीं। समाज में कुछ मूल्य अन्य की तुलना में अधिक महत्वपूर्ण होते हैं। भिन्न-भिन्न समूहों के अलग-अलग मूल्यों के होने से मूल्य सम्बन्धी अन्तर पाये जाते हैं। मूल्यों के इसी अन्तर या इनमें पाये जाने वाले मतभेद या मूल्यों के सामान्य अर्थों के बदल जाने से सामाजिक समस्याएँ पैदा होती हैं। विभिन्न पारिवारिक समस्याओं का एक मूल कारण पुरानी तथा नयी अथवा प्रौढ़ एवं यवा पीढ़ी के मूल्यों का आपसी संघर्ष है। इस सम्बन्ध में क्यूबर तथा हारपर ने लिखा है। कि प्रौढ़ पीढ़ी के मूल्य विवाह की पवित्रता, रूढ़ियों में निष्ठा, परम्परा के अनुसार कर्ता का सर्वाधिकार सम्पन्न व्यक्ति होना, आदि को महत्व देते हैं, जबकि युवा पीढ़ी के मूल्य अधिनायकवाद, व्यक्तिगत योग्यता तथा समान अधिकार आदि पर जोर देते हैं।

जनसंख्या के विभिन्न खण्डों में मूल्यों के संघर्ष के कारण ही बाल-श्रम, निम्न वेतन, असंगठित श्रमिक या बेकार व्यक्तियों की परिस्थिति, विवाह-विच्छेद, तथा प्रजातीय विभेदीकरण सम्बन्धी समस्याएँ उत्पन्न होती हैं। मूल्यों में संघर्ष के कारण ही पूँजीवाद से सम्बन्धित समस्याएँ पायी जाती हैं। कुछ व्यक्ति यह मानते है कि पूँजीवाद व्यवस्था उत्तम है क्योंकि इसमें व्यक्ति को अल्पव्ययिता, परिश्रम एवं अधिकाधिक लाभ कमाने के लिए प्रोत्साहन मिलता है दूसरी ओर ऐसे व्यक्ति भी हैं जो यह समझते हैं कि पूँजीवादी व्यवस्था में कुछ ही पूँजीपतियों को लाभ मिलता है और शेष का शोषण होता है। मूल्यों सम्बन्धी इसी मतभेद या टकराव

के कारण सामाजिक समस्याएँ उत्पन्न होती हैं। फुल्लर का कथन है कि हमारे स्वार्थ के कारण अपराध बढ़ते हैं तथा पूँजीपतियों के अधिकाधिक मुनाफाखोरी के कारण श्रमिकों में बेरोजगारी उत्पन्न होती है। मूल्यों में संघर्ष से नैतिक अस्त-व्यस्तता को प्रोत्साहन मिलता है और ऐसी स्थिति में व्यक्ति विचलित प्रकार का व्यवहार करने लगते हैं जो सामाजिक समस्याओं के लिए उत्तरदायी है।

इस सिद्धान्त की सबसे बड़ी कमी यह है कि केवल मूल्यों के संघर्ष के आधार पर सभी सामाजिक समस्याओं को नहीं समझाया जा सकता। लोग सम्पत्ति सम्बन्धी अपराध केवल इस कारण नहीं करते कि कुछ संस्कृतियों में धन को सांस्कृतिक लक्ष्य के रूप में विशेष महत्व दिया जाता है। अपराध की समस्या को केवल मूल्यों के संघर्ष के आधार पर स्पष्ट नहीं किया जा सकता। मूल्यों में संघर्ष अनेक सामाजिक समस्याओं को जन्म देने में योग देता है, परन्तु यह स्वीकार नहीं किया जा सकता कि केवल मूल्य-संघर्ष के कारण ही सब प्रकार की सामाजिक समस्याएँ उत्पन्न होती हैं।

(4) **वैयक्तिक विचलन का सिद्धान्त** (Theory of Personal Deviation)-वैयक्तिक विचलन के अन्तर्गत उन व्यक्तियों की प्रेरणाओं और व्यवहारों का अध्ययन किया जाता है जो समस्याओं को उत्पन्न करने में महत्वपूर्ण भूमिका निभाते हैं। वे लोग विचलित व्यक्ति कहलाते हैं। जिनका व्यवहार सामाजिक समस्याओं की उत्पत्ति में योग देता है। मार्शल क्लीनार्ड ने विचलित व्यवहार का अर्थ स्पष्ट करते हुए लिखा है कि यह मुख्यतः कुछ किस्म के समूह आदर्श-प्रतिमानों (Norms) का उल्लंघन ही होता है। एक विचलित कार्य ऐसा व्यवहार है जो एक विशेष प्रकार से निर्धारित होता है ... समाज की प्रतिक्रिया जो उस व्यवहार को नामांकित कर देने की सीमा तक भी की जा सकती है, इस विचलित व्यवहार के अध्ययन का एक महत्वपूर्ण पक्ष है।[1] क्लीनार्ड के अनुसार विचलित व्यवहार अध्ययन में समाज की वह प्रतिक्रिया जिसमें आदर्शों का उल्लंघन करने वालों को विशेष दण्ड दिये जाते हैं। एक महत्वपूर्ण पक्ष है। विचलित व्यवहार की श्रेणी में केवल उन्हीं व्यवहारों को रखा जाता है जो समाज द्वारा पूर्णतया अस्वीकृत हों और जो समुदाय की सहनशीलता की सीमा को पर्याप्त मात्रा में पार कर जायें। अतः क्लीनार्ड के अनुसार, आदर्शों से विचलित होने के अन्तर्गत अपराध, वेश्यावृत्ति, समलैंगिक व्यवहार, मादक वस्तुओं का सेवन, मदिरापान, मानसिक दोष, आत्महत्या, वैवाहिक तथा पारिवारिक असमायोजन, अल्पसंख्यकों के प्रति भेदभाव आदि व्यवहारों को भी सम्मिलित किया जाता है।

मिलर (Miller) विचलित व्यवहार को समाजीकरण की प्रक्रिया का ही एक अंग मानते हैं। विचलित व्यवहार व्यक्त करने वाला व्यक्ति समूह की स्वीकृत संस्कृति के विपरीत मूल्यों को समूह में सीखता है। विचलित व्यवहार यकायक ही

---

1. Marshall B. Clinard, *Sociology of Deviant Behaviour,*

नहीं सीखा जाता अपितु धीरे-धीरे समाजीकरण के द्वारा व्यक्तित्व में ढलता है।[1] मिलर की मान्यता है कि निम्न वर्ग के व्यक्तियों को सामाजीकरण के अवसर प्राप्त न होने के कारण अपराधी विकल्पों का आश्रय लेना पड़ता है लेकिन मेटजा ने इस बात को स्वीकार नहीं किया है और इसकी तीव्र आलोचना की है।

व्यक्ति के द्वारा विचलित प्रकार का व्यवहार व्यक्त करने के मुख्य रूप से दो कारण माने जाते हैं: (1) समाज द्वारा मान्यता प्राप्त नियमों के पालन में असमर्थता। तथा (2) समाज द्वारा मान्यता प्राप्त नियमों के पालन में असफतला। स्पष्ट है कि वैयक्तिक विघटन उन लोगों में पाया जाता है जिनका समाजीकरण ठीक प्रकार से नहीं हुआ होता है। वैयक्तिक विचलन के दो प्रमुख प्रकार पाये जाते हैं: (1) समाज में मान्यता प्राप्त नियमों से विचलन; एवं (2) स्वयं उत्पन्न किये हुए नियमों वाली विचलित उपसंस्कृतियों का पाया जाना। सामाजिक समस्याओं के अध्ययन में वैयक्तिक विचलन की विधि का प्रयोग हॉटर्न तथा लेस्ले ने किया है। इन्होंने जिन प्रमुख प्रश्नों पर विचार किया है, वे इस प्रकार हैं : कौन से व्यक्ति एवं समूह नियमों से विचलित होते हैं? क्या विचलित व्यक्ति समाज के लिए समस्या उत्पन्न करते हैं अथवा वे स्वयं समस्या के रूप में हैं, यदि ये लोग समस्या उत्पन्न करते हैं तो किस प्रकार ? ऐसी कौन सी अभिप्रेरणाएँ हैं जो व्यक्तियों को विचलित व्यवहार के लिए प्रेरित अथवा बाध्य करती है? विचलित प्रकार का व्यवहार प्रदर्शित करने वाले व्यक्तियों के पुनः सामाजीकरण के लिए क्या किया जा सकता है ?

उपर्युक्त चार सिद्धान्तों में से प्रत्येक सिद्धान्त सामाजिक समस्या को अति सरल ढंग से समझने का प्रयत्न करता है और प्रत्येक किसी एक कारक पर जोर देता है जबकि वास्तविकता यह है कि सामाजिक समस्याओं की उत्पत्ति को इतने सरल प्रकार से नहीं समझाया जा सकता। ये सभी सिद्धान्त मानते हैं कि विभिन्न सामाजिक समस्याओं के बीच एक सम्बन्ध अवश्य पाया जाता है। सभी सामाजिक समस्याएँ समाज से ही उत्पन्न होती हैं और इनके मूल में कोई सामान्य कारक अवश्य है जिसका स्पष्टीकरण इन सिद्धान्तों के माध्यम से नहीं किया जा सका है।

भारत में सामाजिक समस्याएँ

वर्तमान समय में भारत में अनेक सामाजिक समस्याएँ हैं। यद्यपि भारतवर्ष एक स्वतन्त्र गणराज्य है जिसने धर्म-निरपेक्ष, प्रजातन्त्र तथा आर्थिक समानता के प्रगतिशील मूल्यों को स्वीकार किया है, परन्तु यहाँ निर्धनता पायी जाती है, गरीब-अमीरी के बीच एक बहुत बड़ी खाई दिखलायी पड़ती है। यहाँ धर्म, भाषा, प्रजाति, जाति तथा क्षेत्रीयता के आधार पर अनेक भेदभाव पाये जाते हैं। व्यक्ति-व्यक्ति में सामाजिक और आर्थिक आधार पर ऊँच-नीच का एक संस्तरण पाया जाता

---

1. Waler B. Miller "Lower Class Culture as a Generating Milieu of Gang Delinquency", *Journal of Social Issues,* Vol. 14, N. 3, 1958, p. 519.

है जातिवाद, अस्पृश्यता, भाषावाद, प्रान्तीयता, साम्प्रदायिकता युवाविक्षोभ तथा बेकारी आदि समस्याएँ यहाँ मौजूद हैं। यहाँ बाल-अपराधी और प्रौढ़-अपराधी भी पाये जाते हैं जो समाज के सम्मुख समस्या उत्पन्न करते हैं। यहाँ जनसंख्या की बढ़ोत्तरी भी तेजी के साथ होती जा रही है। निरक्षरता, निम्न जीवन-स्तर, शराबखोरी, जुआ, वेश्यावृत्ति और राजनीतिक एवं प्रशासनिक भ्रष्टाचार की समस्याओं का भी देशवासियों को सामना करना पड़ रहा है। यहाँ औद्योगीकरण एवं नगरीकरण से सम्बन्धित समस्याएँ भी गम्भीर रूप धारण करती जा रही हैं।

इन समस्याओं पर यहाँ इतना कहना काफी है कि भारतवर्ष काफी लम्बे समय तक अंग्रेजों के अधीन रहा जिन्होंने इस देश की समस्याओं को हल करने और विकास कार्यक्रमों को आगे बढ़ाने में अपने निहित स्वार्थों के कारण विशेष रुचि नहीं ली। स्वतन्त्र भारत में भी जितना ध्यान इन समस्याओं पर दिया जाना चाहिए था, नहीं दिया जा सका। समस्याओं का निवारण इस तथ्य पर आधारित है कि किसी समाज विशेष का नेतृत्व उन समस्याओं को हल करने के प्रति कितना दृढ़ संकल्प और देशवासियों में समस्याओं के प्रति जनचेतना जाग्रत करने में कितना समर्थ है। काननू बना देने मात्र से सामाजिक समस्याओं से छुटकारा प्राप्त नहीं किया जा सकता। आज देश में दहेज विरोधी कानून है परन्तु समाज दहेज-प्रथा से छुटकारा प्राप्त नहीं कर सकता है।

सामाजिक समस्याओं का उपचार

विश्व के सामाजिक समस्याओं के इतिहास का अवलोकन करने पर ज्ञात होता है कि वास्तव में बहुत सी सामाजिक समस्याओं को समय-समय पर हल किया गया। गुलामी की प्रथा से लोगों को मुक्त कराया जा सका। प्रतिदिन बारह घण्टे तथा सप्ताह में सात दिन तक मजदूरों से काम लेने की समस्या को हल किया जा सका। इसी प्रकार बाल-श्रम की समस्या का निवारण सम्भव हुआ। आज अनेक देशों ने निर्धनता अथवा अभाव की स्थिति पर काफी नियन्त्रण प्राप्त कर लिया है और बहुत से देश इस दिशा में आगे बढ़ रहे हैं। वर्तमान में अनेक बीमारियों की रोकथाम का भी सफलतापूर्वक प्रयत्न किया जा सका है। कुछ विद्वानों की यह मान्यता है कि परिस्थितियों के बदलने के साथ-साथ नवीन समस्याएँ उठ खडी होती हैं। ऐसी स्थिति में पुरानी समस्याओं का स्थान नवीन समस्याएँ ले लेती हैं। इस दृष्टि से सामाजिक समस्याएँ हल नहीं होतीं, बल्कि उनके स्थान पर नयी समस्याएँ उठ खडी होती हैं। सामाजिक समस्याओं को हल करने के लिए काफी कुछ किया जा सकता है लेकिन यह सब कुछ निश्चित सीमाओं में ही सम्भव है। यहाँ सामाजिक समस्याओं को हल करने या उपचार के लिए निम्नलिखित तीन दृष्टिकोणों पर विचार करना आवश्यक है—

1. **बहुकारकवादी दृष्टिकोण** (Multiple Factors Approach)—इसके

अनुसार किसी भी सामाजिक समस्या का जन्म अनेक कारकों के फलस्वरूप होता है। सामाजिक समस्या के लिए कोई एक कारक उत्तरदायी नहीं है। उदाहरण के रूप में, यह नहीं माना जा सकता कि केवल निर्धनता के कारण ही सम्पत्ति के विरुद्ध अपराध होते हैं। यदि ऐसा होता तो अनेक धनी व्यक्तियों के द्वारा अपराध क्यों किये जाते? इसी प्रकार बेकारी अथवा छात्र असन्तोष के पीछे कोई एक ही कारण नहीं पाया जाता।

2. **पारस्परिक सम्बन्ध** (Inter-relatedness)—इस का तात्पर्य विभिन्न सामाजिक समस्याओं के एक-दूसरे से घनिष्ठ रूप से सम्बन्धित होने से है। यदि हम किसी एक समस्या को पृथक रूप से सुलझाना चाहें, तो यह सम्भव नहीं। उदाहरण के लिये, अस्पृश्यता निवारण के लिए यह आवश्यक है कि अस्पृश्य या अछूत समझे जाने वालों को आर्थिक एवं सामाजिक प्रगति के अवसर प्रदान किये जायँ। परन्तु इसके साथ ही यह भी अनिवार्य है कि अन्य जातियों के लोगों में उनके प्रति पायी जाने वाली पूर्व-निर्धारित धारणाओं को दूर किया जाये। यह शिक्षा के माध्यम से ही सम्भव है। इसके साथ ही अस्पृश्यता निवारण से सम्बन्धित कानून को कठोरतापूर्वक लागू करने की भी आवश्यकता है। अस्पृश्यों द्वारा अपनाये जाने वाले व्यवसायों के आधुनिकीकरण की ओर ध्यान दिया जाना चाहिए ताकि इन लोगों के व्यवसाय को घृणित अथवा अपमानजनक न माना जाये। स्पष्ट है कि किसी भी समस्या को हल करने के लिए उससे सम्बन्धित अन्य समस्याओं के निराकरण की ओर ध्यान देना भी आवश्यक है।

3. **सापेक्षिकता** (Relativity)—इसका तात्पर्य यह है कि सामाजिक समस्या का स्थान एवं समय के साथ गहरा सम्बन्ध पाया जाता है। यह सम्भव है कि आज भारत में जिस स्थिति या दशा को एक सामाजिक समस्या के रूप में माना जाता है, वह कुछ समय पूर्व उस रूप में नहीं मानी जाती हो। उदाहरण के रूप में, आज अस्पृश्यता को एक गम्भीर सामाजिक समस्या माना जाता है लेकिन भूतकाल में यह समस्या नहीं समझी जाती थी। अमरीका तथा अफ्रीका में प्रजातीय-भेदभाव समस्या के रूप में है। आज जिसे लोग सामाजिक समस्या के रूप में देखते है, सम्भव है वही स्थिति निकट भविष्य में सामान्य स्थिति बन जाय और लोग उसे समस्या नहीं मानें। किसी स्थिति को समस्या के रूप में देखना समाज विशेष के लोगों के दृष्टिकोण पर भी निर्भर करता है।

उपर्युक्त तीनों दृष्टिकोणों के आधार पर सामाजिक समस्याओं से छुटकारा प्राप्त करना सम्भव है। परन्तु फिर भी किसी ऐसे समाज की कल्पना करना कठिन है जो समस्याओं से पूर्णतयाः मुक्त हो। इतना अवश्य है कि अलग-अलग कालों और समाजों में सामाजिक समस्याओं की मात्रा और गम्भीरता में अन्तर अवश्य पाया जाता है। किसी सामाजिक समस्या को हल करने में नेताओं की प्रमुख भूमिका होती है। वे स्वयं के उदाहरण द्वारा जनता को समस्या के निराकरण के सम्बन्ध में स्वस्थ विचार प्रदान कर और समस्या हो हल करने में सफलता प्राप्ति के पूर्व सफलता

की एक हवा या वातावरण तैयार कर लोगों में एक सामूहिक अभिरूचि उत्पन्न कर सकते हैं। ऐसा होने पर लोगों में आवश्यक धारणाएँ निर्मित हो पायेंगी और सामाजिक समस्याओं के निराकरण में वे सक्रिय योग दे सकेंगें।

सामाजिक समस्याओं के उपचार में कठिनाइयाँ

सामाजिक समस्याओं के उपचार में कुछ कठिनाइयाँ आती हैं जिनके सम्बन्ध में जॉनसन तथा अन्य विद्वानों ने विचार व्यक्त किये हैं। जॉनसन[1] के अनुसार ये कठिनाइयाँ निम्नलिखित हैं।

1. शक्तिशाली मनोभाव (Sentiments) तथा निहित स्वार्थों द्वारा समर्थित सामाजिक संरचना सामाजिक समस्याओं को हल करने में कठिनाई पैदा करती है। सामाजिक समस्या के बने रहने से कुछ शक्तिशाली लोगों के स्वार्थों की पूर्ति होती है। ऐसे लोग बाहरी तौर पर उस समस्या के हल में रुचि दिखाते हैं परन्तु आन्तरिक रूप से उनका प्रयत्न यही रहता है कि समस्या-समस्या ही बनी रहे। इसके उदाहरण के रूप में, अमरीका में पायी जाने वाली प्रजातीय भेदभाव की समस्या का उल्लेख किया जा सकता है।

2. सामाजिक समस्या के हल में यह कठिनाई आती है कि निहित स्वार्थ वाले लोगों के द्वारा यह तर्क दिया जाता है कि समस्या के निराकरण के लिए प्रस्तावित सुझाव समस्या को हल करने के बजाय उसे और गम्भीर बना देंगे।

3. सामाजिक समस्या को हल करने में तीसरी कठिनाई धीरे-धीरे पीछे की ओर मुड़ने या कार्य करने से सम्बन्धित है। कई लोग काफी समय तक समस्या को समस्या के रूप में मानने को तैयार नहीं होते। भारत में लोग राजनीतिक और प्रशासनिक भ्रष्टाचार को मानने को तैयार नहीं थे। अब लोग यह स्वीकार करने लगे हैं कि वास्तव में व्यापक पैमाने पर भ्रष्टाचार व्याप्त है और उसे दूर करने की आवश्यकता है। भ्रष्टाचार का उन्मूलन उसी समय सम्भव है जब इसे समस्या के रूप में समझा जाय और धीरे-धीरे कार्य करने की प्रवृत्ति को छोड़ा जाय।

सामाजिक समस्याओं के प्रति समाजशास्त्रीय दृष्टिकोण

सामाजिक समस्याओं के निराकरण के सम्बन्ध में वाल्श तथा फर्फे ने लिखा है कि प्रत्येक समस्या का निवारण अवलोकन, निर्णय अथवा तथ्यों के विश्लेषण और सामाजिक क्रिया एवं सामाजिक कार्य के द्वारा सम्भव है।[2] अवलोकन का तात्पर्य वैज्ञानिक विधियों को काम में लेते हुए तथ्यों को एकत्रित करने से है। निर्णय का अर्थ प्राप्त किये गये तथ्यों के विश्लेषण से है, अर्थात् यहाँ तथ्यों के आधार पर यह पता लगाने का प्रयत्न किया जाता है कि सामाजिक समस्याओं को उत्पन्न करने में कौन सी सामाजिक घटनाएँ विशेषतः महत्वपूर्ण हैं। क्रिया के अन्तर्गत यह निश्चित

---

1. Johnson Harry M., *Sociology - A Systematic Introduction*, p. 640
2. Wash and Furfey, *op. cit.*, op. 23-59

किया जाता है कि सामाजिक समस्या के निवारण के लिए कहाँ सामाजिक क्रिया (Social Action) की और कहाँ सामाजिक कार्य (Social Work) की आवश्यकता है। किसी भी सामाजिक समस्या को हल करने के लिए व्यक्ति और समूह दोनों का सक्रिय सहयोग आवश्यक है।

समाजशास्त्री समूह-तथ्यों का आनुभविक पद्धतियों के माध्यम से वैज्ञानिक विश्लेषण करता है। वह विशिष्ट घटनाओं के अध्ययन के आधार पर सामान्य निष्कर्षों तक पहुँचता है। वह उन कारकों का विश्लेषण करता है जो सामाजिक समस्याओं को उत्पन्न करने में योग देते हैं। वह प्रश्नावली, अनुसूची, सहभागिक अथवा असहभागिक अवलोकन, विषय-वस्तु विश्लेषण (Content Analysis) आदि पद्धतियों का प्रयोग करता हुआ उन प्रमाणों को एकत्रित करता है जो सामाजिक समस्याओं को जन्म देते हैं। समाजशास्त्री अपने प्रशिक्षण तथा विशेषीकृत ज्ञान के आधार पर किसी सामाजिक समस्या के विस्तार, प्रभाव-क्षेत्र, उसकी उत्पत्ति और विकास तथा उन समाजशास्त्रीय कारकों के सम्बन्ध में सही जानकारी प्रदान कर पाता है जो समस्या को जन्म देने में महत्वपूर्ण हैं।

सामाजिक समस्याओं के प्रति समाजशास्त्रियों का दृष्टिकोण क्या है, का यथावत् चित्रण करता है। वह सामाजिक परिवर्तन की एक प्रक्रिया के रूप में सामाजिक समस्या को देखता है। समाजशास्त्री वस्तुनिष्ठ तरीके से तथ्यों का विश्लेषण करता है और सामाजिक समस्या के पीछे पाये जाने वाले कार्यकारण सम्बन्धों का पता लगाने की कोशिश करता है। वह अपने दृष्टिकोण में सर्वत्र समाजशास्त्रीय-तार्किकता को बनाये रखता है। वह जानता है कि जब कभी समाज संक्रान्ति की स्थिति से गुजरता है तो एक ओर परम्परागत जीवन के ढंग और दूसरी ओर रहन-सहन तथा विचार करने के आधुनिक तरीकों में टकराव की स्थिति पैदा होती है। यह स्थिति ही अनेक प्रकार की सामाजिक समस्याओं के लिए उत्तरदायी है। समाजशास्त्री वैज्ञानिक पद्धतियों को काम में लेता हुआ सामाजिक समस्याओं का विश्लेषण करता है, और उन्हें हल करने के लिए सामूहिक उपचारात्मक प्रयत्नों का मूल्यांकन भी करता है।

सामाजिक समस्याओं के निवारण में समाजशास्त्री की भूमिका

सामाजिक समस्याओं को हल करने में समाजशास्त्री निम्नलिखित विविध रूपों में अपनी भूमिका निभा सकता है।

1. वह कार्यकरण सम्बन्धों का पता लगाने की दृष्टि से अनुसन्धान कर सकता है, और इस प्रकार सामाजिक समस्याओं के सम्बन्ध में अपनी समझ को बढ़ा सकता है।

2. एक अध्यापक के रूप में समाजशास्त्री अपनी भूमिका के माध्यम से तथा

साधारण जनता के लिए अपने भाषण तथा लेखन से लोगों को सामाजिक समस्याओं के प्रति जागरूक बना सकता है।

3. वह विशिष्ट समस्याओं को हल करने के लिए कार्यक्रम सुझा सकता है।

4. वह परिवार, विवाह, स्थानीय समुदाय के विकास तथा उद्योग से सम्बन्धित समितियों आदि में सलाहकार के रूप में कार्य कर सकता है।

सामाजिक समस्याओं के अध्ययन का लाभ

सामाजिक समस्याओं के अध्ययन के सम्बन्ध में शेपर्ड एवं बॉस ने तीन कामों का उल्लेख किया है।

1. सामाजिक समस्याओं के अध्ययन के द्वारा हम सामाजिक समस्याओं को समझने एवं उन्हें हल करने के लिए समाज वैज्ञानिकों की भूमिका से परिचित हो सकते हैं।

2. सामाजिक समस्याओं का ज्ञान लोगों को इस बात की जानकारी प्रदान करता है कि अवांछनीय सामाजिक दशा उनके दैनिक जीवन को कैसे प्रभावित करती है।

3. सामाजिक समस्याओं के अध्ययन से यह ज्ञात होता है कि सामाजिक विचलन (Social Deviance) के कारण ही समस्याएँ पैदा नहीं होतीं बल्कि कई बार सामाजिक अपेक्षाओं को पूरा करने से भी सामाजिक समस्याएँ जन्म लेती हैं।

सामाजिक समस्याओं के क्षेत्र में प्रमुख समाजशास्त्रीय निष्कर्ष

सामाजिक समस्याओं के क्षेत्र में वीनबर्ग[1] ने निम्नलिखित तीन प्रमुख समाजशास्त्रीय निष्कर्षों की ओर ध्यान आकृष्ट किया है—

1. व्यक्ति को वंशानुसंक्रमण के बजाय पर्यावरण की उपज के रूप में पुनः परिभाषित किया गया है, और विचलित व्यवहार के अनेक स्वरूपों को सीखा हुआ माना गया है, न कि जन्मजात। बाल-अपराधी एवं अपराधी उनके स्वयं के सामाजिक अनुभवों की उपज हैं, अल्प-संख्यक समूह को अब जन्मजात रूप से हीन नहीं समझा जाता, बल्कि सामाजिक तथा शैक्षणिक दृष्टि से वंचित माना जाता है।

2. इन निष्कर्षों का तात्पर्य है कि समस्या-मूलक व्यवहार को समूह तथा संस्थात्मक प्रभावों को परिवर्तित एवं कम करके बदला जा सकता है। उदाहरण के रूप में, बाल-अपराध या प्रजातीय संघर्ष कुछ सामाजिक प्रक्रियाओं का परिणाम हैं और इन प्रक्रियाओं को समझकर, समस्या-मूलक व्यवहार का शीघ्र ही पता

---

1. S. Kirson Weingberg, *op. cit.*, p. 82

लगाया जा सकता है, उसका उपचार किया और उसे रोका जा सकता है।

3. समस्यामूलक व्यवहार के प्रति इस परिवर्तित दृष्टिकोण ने विचलित व्यवहार व्यक्त करने वालों की परिभाषा को बदल दिया है। अब उन्हें रोगी, सांस्कृतिक रूप से गलत निर्देशित अथवा सुविधाओं से वंचित माना जाता है।

उपर्युक्त समाजशास्त्रीय निष्कर्ष सामाजिक समस्याओं के निराकरण में विशेष योगदान देते हैं। आज यह अनुभव किया जाने लगा है कि समूह मनोबल (Group Morale) के पर्याप्त मात्रा में पाये जाने की अवस्था में सामाजिक समस्याओं को हल किया जा सकता है। एक समाज का मनोबल या आत्म-विश्वास न केवल सामान्य जनता पर निर्भर करता है, बल्कि उस नेतृत्व पर भी जो अपनी समस्याओं को हर सम्भव नवीन प्रविधियों को काम में लेते हुए हल करने के लिए पूर्णतः इच्छुक हो। सामाजिक समस्याओं के निवारण हेतु नियोजित परिवर्तन के प्रयत्न का जनता विरोध भी कर सकती है। ऐसी स्थिति में सामाजिक वैज्ञानिक एवं प्रशासक को समुदाय के लोगों की परम्पराओं एवं प्रथाओं को ध्यान में रखना होगा वरना उत्तम से उत्तम कार्यक्रम के असफल होने की सम्भावना रहेगी। भारतवर्ष में आपातकाल के दौरान परिवार नियोजन के लिए नसबन्दी कार्यक्रम को बड़े उत्साह के साथ चलाया गया परन्तु लोक परम्पराओं एवं जन-भावनाओं की अपेक्षा की गयी। परिणामस्वरूप परिवार नियोजन के विरुद्ध प्रबल जन-आक्रोश प्रकट हुआ। सामाजिक समस्याओं के निवारण हेतु बुद्धिमत्तापूर्ण कानून बनाये जाने चाहिए तथा उन्हें प्रभावपूर्ण ढंग से लागू किया जाना चाहिए।

अभ्यास के लिये प्रश्न

1. सामाजिक समस्या से आप क्या समझते हैं ? सामाजिक समस्याओं के प्रमुख कारण क्या हैं? भारतीय समाज से उदाहरण लेकर इसे समझाइए।
2. सामाजिक समस्याओं के प्रति समाजशास्त्रीय दृष्टिकोण समझाइए।
3. सामाजिक समस्या की अवधारणा स्पष्ट कीजिए। आधुनिक भारत की सामाजिक समस्याओं के लिए उत्तरदायी कारकों की विवेचना कीजिए।
4. व्यक्तिगत समस्या तथा सामाजिक समस्या में क्या अन्तर है ? एक समाज में सामाजिक समस्या कैसे पैदा होती है ?
5. सामाजिक समस्या एवं सामाजिक परिवर्तन तथा सामाजिक समस्या एवं समाजिक विघटन के सम्बन्धों का वर्णन कीजिए।
6. सामाजिक समस्याएँ और उनके उपचार पर एक संक्षिप्त निबन्ध लिखिए।

12

जातिवाद

(Casteism)

जातिवाद जाति के प्रति एकांगी निष्ठा है। कोई भी विचारधारा जब वाद (Ism) का रूप धारण कर लेती है तब उसकी प्रकृति कठोर और एकांगी हो जाती हे। समाज में एक विशिष्ट स्थिति में परिचायक शब्द के रूप में जाति की भावना जातिवाद नहीं है। जाति की भावना तभी जातिवाद बनती है, जबकि उसमें और जातियों में छोटा-बड़ा होने तथा उनके विरुद्ध अपनी ही जाति के स्वार्थों की चिन्ता करने की प्रवृत्ति जुड़ जाती है। इस प्रकार जातिवाद के कारण एक जाति के सदस्य अन्य जातियों के हितों पर कुठाराघात करने से भी नहीं हिचकते।

जातिवाद की परिभाषा

जातिवाद के स्वरूप तथा प्रकृति को और भी स्पष्ट करने के लिए उसकी परिभाषा करनी आवश्यक है। कुछ मुख्य विशेषतायें निम्नलिखित हैं-

(1) **उपजाति के प्रति निष्ठा— श्री के एम. पाणिक्कर (K. M. Panikkar)** के अनुसार, "राजनीति की भाषा में उपजाति के प्रति निष्ठा का भाव ही जातिवाद है।"[1] इस प्रकार जातिवाद के ही कारण अग्रवाल अग्रवालों को और रस्तोगी रस्तोगियों को लाभ पहुँचाने की चिन्ता में रहते हैं चाहे इससे वाणिक जाति के अन्य सदस्यों को हानि ही क्यों न उठानी पड़े।

(2) **जाति के प्रति निष्ठा**- परन्तु जातिवाद जाति के प्रति निष्टा के रूप में भी दिखलाई पड़ता है। डॉ. एन. प्रसार के शब्दों में, "जातिवाद राजनीति में रूपांतरित जाति के प्रति निष्ठा है।"[2] इस प्रकार 'ब्राह्मणवाद, 'कायस्थवाद' आदि जातिवादों के रूप में जाति को राजनीतिक क्षेत्र मे ला घसीटा गया है।

(3) **अन्ध समूह भक्ति**- इस प्रकार जातिवाद अन्ध समूह भक्ति है। इसमें उचित-अनुचित, न्याय-अन्याय का विचार छोड़कर अपनी ही जाति की स्वार्थ सिद्धि

---

1. श्री. के. एम. पाणिक्कर, *'हिन्दू समाज निर्माण के द्वार पर,'* पृष्ठ 22।

1."Casteism is loyalty to the caste translated into politics."

--Dr. N. Prasad, *The Myth of Caste System.* p. 124.

की ओर ध्यान दिया जाता है। काका कालेलकर के शब्दों में, ''अतः जातिवाद एक अबाधित, अन्ध और सर्वोच्च समूह शक्ति है जोकि न्याय, औचित्य, समानता और विश्वबन्धुत्व की उपेक्षा करती है।"[1]

इस प्रकार संक्षेप में "जातिवाद जाति अथवा उपजाति के प्रति एक अन्ध समूह भक्ति है जोकि अन्य जातियों के हितों की कोई परवाह नहीं करती और अपने समूह के सामाजिक, आर्थिक व राजनीतिक तथा अन्य हितों को प्राप्त करने की ही चेष्टा करती है।"[2] जातिवाद की इस परिभाषा में जातिवाद की उपरोक्त सभी परिभाषायें सम्मिलित हैं तथा जातिवाद के राजनीतिक पक्ष को और भी अधिक स्पष्ट कर दिया गया है।

जातिवाद के विकास के कारण

आजकल भारत में जातिवाद जोर-शोर से फैला हुआ है। भारत मे जातिवाद के इतने जोर के बहुत से कारण हैं, उनमें कुछ मुख्य निम्नलिखित हैं-

(1) **जातीय प्रतिष्ठा की एंकागी भावना**-जातिवाद का सबसे बड़ा कारण यह है कि प्रत्येक जाति के लोग अपनी ही जाति की प्रतिष्ठा प्रतिक्षण बढ़ाना चाहते हैं और ऐसा करने में गिरे से गिरे उपाय अपनाने को भी बुरा नहीं समझते। परन्तु जाति की प्रतिष्ठा इसी आधार पर स्थिर रह सकती है कि प्रत्येक सुविधा से लाभ उठाकर सदस्यों की सामाजिक स्थिति को ऊंचा उठाया जाये। इस उद्देश्य को पूरा करने के लिए हर एक जाति अपने सदस्यों को अधिक से अधिक सुविधा देकर उनकी सामाजिक स्थिति को ऊंचा उठाने की चेष्टा करती है। इसी से जातिवाद बढ़ता है।

(2) **विवाह सम्बन्धी प्रतिबन्ध**- जातिवाद के विकास का दूसरा कारण विवाह सम्बन्धी प्रतिबन्ध (Marriage Restrictions) हैं। जाति प्रथा के अन्तर्गत विवाह सम्बन्धी प्रतिबन्धों के कारण प्रत्येक जाति का एक वैवाहिक समूह बन जाता है जिसमें कि प्रत्येक सदस्य अपने को किसी न किसी रूप में सम्बन्धित समझता है और इसीलिये भी एक दूसरे के हित का अधिक ध्यान रखते हैं। इससे जातिवाद बढ़ता है।

(3) **नगरीकरण**- नगरीकरण (Urbanization) से प्रत्येक नगर में भिन्न-भिन्न जातियों का एक अच्छा खासा जमघट सम्भव होने लगा । साथ ही साथ प्रत्येक जाति के सदस्यों के जीवन में अनेक समस्यायें उपस्थित हुई, जिनसे जातीय आधार पर

---

1. "Casteism, therefore, is an overriding, blind and supreme group loyalty that ignores the healthy social standards of justice, fairplay, equity and universal brotherhood." —*Op cit.*
2. "Casteism is a blind group loyalty towards one's own caste or sub-caste which does not care for the interest of other castes and seeks to realise the social, economic, political and other interests of its own group." —The Authors.

उनकी सुरक्षा और भी आवश्यक हो गई इस आवश्यकता को पूर्ण करने के लिए जातिवाद बढ़ता जा रहा है।

(4) **यातायात और प्रचार के साधनों में वृद्धि**- जातिवाद के विकास में सहायक एक कारक यातायात और प्रचार के साधनों की वृद्धि है। यातायात और प्रचार के साधनों में वृद्धि के कारण बिखरी हुई एक जाति के सदस्यों में सम्बन्ध स्थापित होते जा रहे हैं । समाचार पत्रों और जातीय पत्रिकाओं के माध्यम से जातिवाद की भावना का तेजी से प्रचार हो रहा है।

जातिवाद के परिणाम

जातिवाद से जहाँ एक ओर कुछ लोगों के स्वार्थ सिद्ध होते हैं वहाँ वह देश के लिए बड़ा अभिशाप भी है। जातिवाद के कुछ मुख्य परिणाम निम्नलिखित हैं-

(1) **राष्ट्रीयता के विकास में बांधा**- जातिवाद राष्ट्रीयता के विकास में बाधक है। एक ओर तो जाति-प्रथा ने भारतीय समाज को अनेक भागों में विभाजित कर दिया है; दूसरी ओर, जातिवाद के आधार पर विभिन्न भागों के बीच जबरदस्त तनाव और संघर्ष उत्पन्न हो गया है। इससे सामुदायिक भावना संकुचित होती जाती है जो कि राष्ट्रीयता के विकास में बाधक है।

(2) **प्रजातन्त्र में बांधा**- अनेक पेशेवर नेता जातिवाद से राजनीतिक क्षेत्र में लाभ उठाते हैं और चुनाव के समय में जाति के नाम पर अपने जााति के लोगों से वोट माँगते हैं और सफलता भी प्राप्त करते हैं। इससे कभी-कभी ऐसे व्यक्तियों का भी चुनाव हो जाता है जो जाति के हितों के सामने सामान्य हितों को कुचल देते हैं। व्यावहारिक रूप में समानता की आड़ में भी जातिवाद का ही डंका बजता है। इस प्रकार जातिवाद प्रजातन्त्र के लिये घातक है। श्री पणिक्कर के अनुसार, "वास्तव में समानता के आधार पर समाज का कोई भी संगठन तब तक सम्भव नहीं है जब तक उपजाति और संयुक्त परिवार उपस्थित है।"[1]

(3) **भ्रष्टाचार**- जातिवाद की भावना से प्रेरित होकर लोग अपनी जाति के लोगों को हर तरह की सुविधा देने के लिए अनेक अनैतिक और अनुचित उपायों का सहारा लेते हैं । इस प्रकार जातिवाद से समाज में घोर भ्रष्टाचार फैल रहा है।

(4) **औद्योगिक कुशलता में बाधा**-सरकारी तथा अन्य प्रकार की नौकरियों में नियुक्ति जाति के आधार पर होने के कारण अयोग्य और निकम्मे लोगों की भरमार होती जाती है। इसका परिणाम यह होता है कि योग्य और कुशल व्यक्तियों को अवसर ही नहीं मिलता। इससे देश की औद्योगिक कुशलता में भारी बांधा उत्पन्न होती है।

---

1. "In fact, no organisation of society on the basis of equality is possible so long as the sub-caste and the joint family exist." —Panikkar, K. M., *Hindu Society at Cross Roads, (1956)*, p. 24.

जातिवाद के हल के उपाय

जातिवाद की समस्या के हल के लिए कुछ उपाय निम्नलिखित हैं–

(1) **उचित शिक्षा**-जातिवाद को रोकने के लिये सबसे अधिक उचित शिक्षा की आवश्यकता है। शिक्षा संस्थाओं में ऐसी व्यवस्था होनी चाहिये कि एक ओर बच्चों के मन मे जाति-पाति का भेदभाव पैदा न हो सके और दूसरी ओर जातिवाद के विरुद्ध स्वस्थ जनमत पनप सके। नयी मनोवृत्तियाँ और व्यवहारों को विकसित करने से ही जातिवाद नष्ट हो सकता है।

(2) **अन्तर्जातीय विवाह**- जातिवाद को दूर करने के लिए एक अन्य उपाय अन्तर्जातीय विवाह है। अन्तर्जातीय विवाह से दो विभिन्न जाति के स्त्री-पुरुष को ही नहीं, वरन् उन दोनों के परिवारों को भी एक दूसरे के निकट आने का अवसर मिलता है। इस प्रकार जातिवाद के बीज को पनपने का अवसर न मिल पायेगा और जो कुछ पनपेगी उसका प्रभाव भी कालान्तर में नष्ट हो जायेगा।

(3) **'जाति' शब्द का कम प्रयोग**- जातिवाद की समस्या के हल का एक उपाय यह भी है कि 'जाति' शब्द का कम से कम प्रयोग किया जाये जिससे छोटे-छोटे बच्चों के मन में इसका कोई अवशेष बाकी न रहे जाये और उनमें जातिवाद की भावना पनप न सके। इससे कम से कम भावी पीढ़ी से तो जातिवाद के नष्ट होने की सम्भावना अवश्य हो सकेगी।

(4) **सांस्कृतिक और आर्थिक समानता**- जातिवाद के हल का एक अन्य उपाय विभिन्न जातियों में सांस्कृतिक और आर्थिक समानता उत्पन्न करना है। विभिन्न जातियों में सांस्कृतिक और आर्थिक समानता, उनमें आपसी द्वेष और प्रतियोगिता उत्पन्न करते हैं जिनसे आगे चलकर जातिवाद पनपता है। अतः जातिवाद को समाप्त करने के लिए सांस्कृतिक और आर्थिक समानता बड़ी लाभदायक होगी।

जातिवाद के उन्मूलन के लिए सुझाव

महात्मा गाँधी ने जाति को हिन्दू धर्म के शरीर पर अपैन्डिक्स (Appendix) कहा है। जब तक वह स्वस्थ दशा में है तब तक वह हानि नहीं करता परन्तु जब वह रोगी हो जाता है तब उसे हटा देना आवश्यक होता है नहीं तो वह सम्पूर्ण संगठन के जीवन को खतरे में डाल सकता है। इस प्रकार कुछ लोगों की राय में जाति प्रथा का समूलोच्छेद करके ही जनतन्त्र से उसका संघर्ष दूर किया जा सकता है। परन्तु वर्तमान परिस्थितियों मे जबकि जातियाँ वर्गों का रूप धारण करती जा रही हैं और जातिवाद बढ़ता जा रहा है यह आशा करना व्यावहारिक नहीं मालूम पड़ता कि जाति-प्रथा को समूल उखाड़ फेंका जा सकता है। जाति-प्रथा को कानून बनाकर नहीं तोड़ा जा सकता। वह हिन्दू समाज की नींव है। उसको हटाने के लिए एक जबर्दस्त क्रान्ति की आवश्यकता होगी। परन्तु कृत्रिम उपायों से क्रान्ति करना

कालान्तर में हानिकारक सिद्ध होता है। अतः जब तक समाज जाति-प्रथा के स्थान पर कोई और व्यवस्था ग्रहण करने के लिए तैयार न हो तब तक अधिक से अधिक सुधारों की चेष्टा होनी चाहिये। इस विषय में विभिन्न विचारकों ने अलग-अलग सुझाव उपस्थित किये हैं। कुछ महत्त्वपूर्ण सुझाव निम्नलिखित है-

(1) **डॉ. श्रीनिवास का मत**- डॉ श्रीनिवास (Dr. M. N. Srinivas) के मत के अनुसार, वयस्क मतदान प्रणाली, पंचवर्षीय योजनायें, शिक्षा का प्रसार, पिछड़ी जातियों की बराबर उन्नति और रहन-सहन के तरीकों पर उच्च जाति की संस्कृति का प्रभाव, जाति व्यवस्था के अनेक अवगुणों को दूर कर देगा तथा प्रजातन्त्र सुलभ समानता के लिए रास्ता खोल देगा।

(2) **डॉ घुरिये का सुझाव**- डॉ घुरिये (Dr. Ghurye) के अनुसार, जातिवाद से उत्पन्न हुए संघर्ष को अन्तर्जातीय विवाहों को प्रोत्साहन देकर दूर किया जा सकता है। प्रारम्भ से ही लड़के-लड़कियों की सह-शिक्षा का प्रबन्ध किया जाय और भिन्न लिंग के व्यक्तियों को एक दूसरे के निकट आने के अवसर दिये जायें। इससे लैंगिक आचरण में सुधार होगा और साथ-साथ जातिवाद का क्रियात्मक विरोध किया जायेगा। अन्तर्जातीय विवाहों को प्रोत्साहन मिलेगा और अन्तर्जातीय विवाह करने वाले व्यक्ति एक ऐसा जातिविहीन वातावरण पैदा कर देंगे और एक ऐसी पीढ़ी उत्पन्न करेंगे जो जाति व्यवस्था की घोर विरोधी होगी।

(3) **डॉ. राव का मत**-डॉ. राव (Dr. Rao) के सुझाव के अनुसार जातिवाद को निर्मूल करने के लिये सामूहिक प्रवृत्तियों को व्यक्त करने तथा अपनी क्रियाओं को संगठित करने के लिये कुछ वैकल्पिक (Optional) समूहों के निर्माण को प्रोत्साहन देना चाहिये। इन समूहों की संख्या बढ़ने के साथ-साथ जातिवाद कम होगा क्योंकि मनुष्यों को अपनी अनेक प्रवृत्तियों को जाति समूह से बाहर व्यक्त करने का अवसर मिलेगा।

(4) **श्रीमती कार्वे का सुझाव**-श्रीमती इरावती कार्वे (Iravati Karve) का सुझाव है कि जातिवाद से उत्पन्न हुए संघर्ष को दूर करने के लिये विभिन्न जातियों में आर्थिक और सांस्कृतिक समानता लानी आवश्यक है।

(5) **प्रभु का मत**- प्रभु (Prabhu) के अनुसार जातिवाद से उत्पन्न हुए संघर्ष तभी दूर किये जा सकते हैं जबकि व्यवहारों के आन्तरिक क्षेत्रों पर प्रभाव डाला जाय। इसके लिए शिक्षा के द्वारा मनुष्यों में नई मनोवृत्तियाँ और अभिव्यक्तियाँ विकसित करने का प्रयास होना चाहिये। इस दिशा में सिनेमा भी बड़ा महत्वपूर्ण कार्य कर सकता है।

निष्कर्ष

जाति भारतीय समाज में हजारों वर्षों से पल रही है। आज वह जनतन्त्र और देश की उन्नति में भारी बाधा है। राष्ट्रीयता की भावना के विकास तथा देश में जनतन्त्र को सफल बनाने के लिए उनका रूपान्तर करना निःसन्देह आवश्यक है।

परन्तु यह कार्य कुछ वर्षों में नहीं किया जा सकता। इसके लिए पहले तो यह निश्चित कर लेना चाहिये कि जाति-व्यवस्था में किस सीमा तक सुधार की आवश्यकता है और फिर उस दिशा में सरकारी, गैर-सरकारी सभी शक्तियों द्वारा प्रयत्न किये जाने चाहिये । आगे आने वाली पीढ़ी में शिक्षा द्वारा जातिगत भेदभाव को दूर करना इस विषय में पहला कदम होगा। सहशिक्षा से अन्तर्जातीय विवाहों को प्रोत्साहन मिलेगा। जाति-सूचक शब्दों को नामों से निकाल देने का भी प्रचार किया जा सकता है। जातीय सभाओं और समितियों पर सरकार द्वारा रोक लगाई जानी चाहिये और नियुक्तियों में सरकार की ओर से जातिवाद को रोकने के उपाय किये जाने चाहियें। इस प्रकार चारों ओर से चेष्टा करने से ही इस दिशा में सुधार होगा।

अभ्यास के लिए प्रश्न

1. संक्षिप्त टिप्पणी लिखिये—जातिवाद।

13

सम्प्रदायवाद और राष्ट्रीय एकीकरण

(Communalism and National Integration)

15 अगस्त, सन् 1947 को भारत की स्वतन्त्रता की घोषणा की गई और उसी दिन से भारत में गाँव-गाँव और शहर-शहर में हिन्दू मुसलमान ने एक दूसरे से खून की होली खेली। इन साम्प्रदायिक दंगों में जितना नृशंस व्यवहार दिखाई पड़ा है उतना मानव इतिहास में शायद ही कहीं दिखाई पड़ा हो। गाँव-गाँव में आग लगा दी गई। जलती हुई आग में जीवित बच्चों को झोंक दिया गया। स्त्रियों के अंग भंग कर दिये गये और उनको नग्न करके कोड़ों से मारते हुए सड़कों पर जुलूस निकाले गये। स्थान-स्थान पर रेलगाड़ियाँ रोककर हजारों आदमियों को गाजर-मूली की तरह काट दिया गया। लाखों बेघर बार हो गये। करोड़ों की सम्पत्ति नष्ट हो गई और इतना बड़ा बलिदान देकर भी देश में साम्प्रदायिक तनाव कम नहीं हुआ। अभी पिछले दिनों अलीगढ़, मेरठ तथा उत्तर प्रदेश के कितने ही नगरों में कितने ही दंगे हुए। यह आग कभी ने कभी भड़क उठती है। इसके मूल में कुछ विशेष कारण हैं। इन कारणों के अध्ययन से देश से साम्प्रदायिकता को दूर करने के विषय में जानकारी होगी।

साम्प्रदायिक तनाव के कारण

साम्प्रदायिक तनाव के मुख्य कारण निम्नलिखित हैं—

(1) **भौगोलिक कारण**-साम्प्रदायिकता का एक मुख्य कारण भौगोलिक है जहाँ-जहाँ हिन्दू, मुसलमान, सिख और ईसाइयों की बस्तियाँ अलग-अलग हैं वहाँ उनमें सामूहिक तनाव अधिक बढ़ता है। क्योंकि भिन्न-भिन्न सम्प्रदायों की बस्तियों में रहन-सहन, तौर-तरीकों आदि में एक दूसरे से भारी अन्तर दिखलाई पड़ता है।

(2) **ऐतिहासिक कारण**- साम्प्रदायिक तनावों में ऐतिहासिक कारण भी बड़ा महत्वपूर्ण है। यह एक ऐतिहासिक तथ्य है कि भारतवर्ष में इस्लाम धर्म के अनुयायी बाहर से आये और उन्होंने तलवार के जोर से लोगों को मुसलमान बनाना शुरू किया। अनेक मुस्लिम शासकों ने हिन्दुओं पर अत्याचार किये। दूसरी ओर अनेक हिन्दू राजाओं ने इसका मुँह तोड़ उत्तर दिया। इस बात को आज सैकड़ों साल हो गये। तब से अनेक बार हिन्दू मुसलमानों ने मिलकर काम किया। सन् 1857 के स्वतन्त्रता संग्राम में हिन्दू मुस्लमानों ने कन्धे से कन्धा लगाकर देश को आजाद कराने की कोशिश की। काँग्रेस में, आजाद हिन्द फौज में और अन्य राजनीतिक दलों में हिन्दू मुसलमानों ने मिलकर अंग्रेजों से मोर्चा लिया। परन्तु इन दोनों सम्प्रदायों में बहुत से लोग उस पुराने इतिहास को भूल नहीं सके जबकि औरंगजेब के अत्याचार से हिन्दू धर्म पर खतरा उपस्थित हो गया था, जब हरि सिंह नलवा का नाम लेकर मुस्लिम स्त्रियाँ अपने बच्चों को चुप कराती थीं, इससे साम्प्रदायिक तनाव बना ही रहा। यही नहीं, बल्कि कुछ लोगों ने साम्प्रदायिक हितों को लेकर राजनीतिक दल बना डाले। मुस्लिम लीग और हिन्दू महासभा जैसे राजनीतिक दलों ने दोनों सम्प्रदायों को भड़काया। मुस्लिम लीग ने पाकिस्तान की माँग की। पाकिस्तान भी बन गया परन्तु फिर भी साम्प्रदायिक तनाव में आशातीत कमी नहीं आई।

(3) **मनोवैज्ञानिक कारण**- साम्प्रदायिक तनावों के मुख्य कारण मनोवैज्ञानिक हैं। जब -जब हिन्दू मुस्लिम सम्प्रदायों में परस्पर घृणा और द्वेष अत्याधिक बढ़ जाता है तभी देश में साम्प्रदायिक दंगे होते हैं। इस परस्पर घृणा के मूल में कुछ भ्रामक रूढ़ि प्रत्यय हैं। हिन्दू यह समझते हैं कि मुसलमान जन्म का राष्ट्रद्रोही है। मुसलमान यह समझते हैं कि हिन्दूओं से उन्हें सदैव खतरा है। परस्पर अज्ञान पर आधारित इन बातों से तनाव बढता है।

(4) **सामाजिक कारण**-कुछ सामाजिक कारण भी साम्प्रदायिक तनाव बढ़ाते हैं। भारत में आज भी हिन्दू मुसलमानों के परस्पर घनिष्ठ मेल-जोल में बहुत सी सामाजिक बाधायें हैं। मुसलमान गाय काटते हैं जिससे हिन्दूओं को चोट लगती है। हिन्दू मुसलमानों से मेल-जोल बढ़ाना ठीक नहीं समझते क्योंकि वे विधर्मी हैं। दोनों में बहुत से रीति-रिवाज तक दूसरे से बिल्कुल विपरीत हैं। हिन्दू चोटी रखते हैं मुसलमान नहीं रखते। हिन्दू धोती पहनते हैं, मुसलमान लुंगी इस्तेमाल करते हैं, हाथ धोते समय हिन्दू पानी कोहनी से कलाई की तरफ गिराते हैं और मुसलमान कलाई से कोहनी की तरफ उड़ेलते हैं इन छोटी-छोटी बातों में कोई विशेष महत्व नहीं है। परन्तु इससे दोनों एक दूसरे को उल्टा समझते हैं। अभी तो देश में अन्तर्जातीय विवाहों का ही रिवाज नहीं है, विभिन्न सम्प्रदायों में विवाह के बारे में तो अधिक लोग सोच नहीं सकते।

साम्प्रदायिकता दूर करने के उपाय

साम्प्रदायिक तनावों के उपरोक्त कारणों के अध्ययन से उनको दूर करने के उपायों का भी संकेत मिलता है। स्थूल रूप से मुख्य उपाय निम्नलिखित हैं-

(1) **राष्ट्रीय इतिहास का प्रचार**- साम्प्रदायिक तनावों को दूर करने के लिए यह जरूरी है कि इतिहास के उस पहलू पर विशेष जोर दिया जाय जिसमें कि हिन्दू मुसलमानों ने मिलकर राष्ट्रोत्थान के लिए प्रयास किया और कुर्बानियाँ दीं। ऐसा करने से तनावों का ऐतिहासिक कारण दूर होगा और राष्ट्रीय भावनायें बढ़ेंगी।

(2) **परस्पर सम्पर्क**- साम्प्रदायिक तनावों के मनोवैज्ञानिक कारणों को दूर करने के लिए विभिन्न सम्प्रदायों में परस्पर सम्पर्क बढ़ाने की जरूरत है। गाँव-गाँव और शहर-शहर में युवक संगठन बनाएं जाने चाहियें जिनमें सभी सम्प्रदायों के युवक एकत्रित होकर साथ-साथ विभिन्न कार्यक्रमों में भाग लें। इसके अलावा इस प्रकार की और अनेक संस्थायें बनाई जा सकती हैं जिनमें विभिन्न सम्प्रदायों के लोगों को एक दूसरे के पास जाने का अवसर मिले और उनमें मेल-जोल बढ़े।

(3) **साम्प्रदायिक दलों को प्रोत्साहन**-सरकार की ओर से साम्प्रदायिक दलों की कार्यवाही पर कड़ी नजर रखी जाने की जरूरत है। क्रमशः इन दलों को समाप्त करने की कोशिश की जानी चाहिये। भारत में अनेक साम्प्रदायिक दल सांस्कृतिक अथवा धार्मिक कार्यक्रमों की आड़ लेकर साम्प्रदायिकता का जहर फैलाते हैं। सरकार को इस ओर ध्यान देना चाहिये और ऐसा पाये जाने पर ऐसे दल को एकदम बन्द कर देना चाहिये।

(4) **असाम्प्रदायिक जनमत का निर्माण**-पत्र-पत्रिकाओं, भाषणों तथा रेडियो कार्यक्रमों और चलचित्रों के द्वारा देश में असाम्प्रदायिक स्वस्थ जनमत तैयार किया जाना चाहिये। इसके लिए साम्प्रदायिक पत्र-पत्रिकाओं, भाषणों आदि को गैरकानूनी घोषित कर देना चाहिये।

(5) **राष्ट्रीय त्यौहारों को प्रोत्साहन**-देश में राष्ट्रीय त्यौहारों और समारोहों को ऐसा प्रोत्साहन दिया जाना चाहिये कि विभिन्न सम्प्रदाय के लोग उनमें पूरे उत्साह से भाग लें। हिन्दू-मुस्लिम दोनों सम्प्रदायों के मुख्य-मुख्य त्यौहारों जैसे होली, दिवाली, दशहरा, ईद आदि को राष्ट्रीय त्यौहार घोषित किया जा सकता है। जिससे कि उनमें हिन्दू मुस्लिम दोनों मिलकर भाग लें। इस मेल-जोल से साम्प्रदायिक तनाव कम होंगे।

साम्प्रदायिक तनाव को दूर करने के उपायों के उपरोक्त संक्षिप्त विवरण से स्पष्ट है कि इस दिशा में सामाजिक, वैज्ञानिक और मनोवैज्ञानिक सभी उपायों से काम लेने की आवश्यकता है। सभी ओर से प्रयास करना जरूरी है। इस दिशा में सरकार और जनता दोनों को सहयोग करना पड़ेगा। देश में साम्प्रदायिकता का यह विष इतना है कि इसको निकाल फैंकने के लिए भारी प्रयास की आवश्यकता है।

भारत में राष्ट्रीय एकता

भारत में मौलिक, सांस्कृतिक, धार्मिक, दार्शनिक, ऐतिहासिक और भौगोलिक एकता होते हुए भी अनेक विघटनकारी तत्व काम कर रहे हैं। इनमें मुख्य हैं सम्प्रदायवाद, भाषावाद, प्रान्तवाद और क्षेत्रवाद। इसका विस्तृत वर्णन पीछे किया जा चुका है। इन विघटनकारी तनावों को दूर करके राष्ट्रीय एकता बढ़ाने के लिये सामान्य रूप से निम्नलिखित उपाय करने का सुझाव दिया जा सकता है-

(1) **अखिल भारतीय भाषा का विकास**- भारत में भावात्मक एकता स्थापित करने के लिये सबसे पहले यह आवश्यक है कि देश में एक अखिल भारतीय भाषा का विकास किया जाये। हिन्दी भाषा ही इस पद के योग्य है। अस्तु प्रत्येक राज्य में प्रत्येक नागरिक को हिन्दी जानना अनिवार्य कर दिया जाना चाहिये। हिन्दी साहित्य के विकास को सब प्रकार से सरकारी सहायता मिलनी चाहिये। राष्ट्रीय भाषा के विकास से क्षेत्रगत भाषाओं को कोई धक्का नहीं लगेगा, उनका विकास अलग होना चाहिये किन्तु विभिन्न राज्यों में परस्पर पत्र-व्यवहार तथा राज्यों के केन्द्र से पत्र-व्यवहार में अखिल भारतीय भाषा का ही प्रयोग होना चाहिये। अखिल भारतीय सेवाओं में आने वाले छात्रों को हिन्दी भाषा का पर्याप्त ज्ञान होना चाहिये भले ही वे अपने राज्य की भाषा के माध्यम से परीक्षा दें।

(2) **विघटनकारी तत्वों पर नियन्त्रण**-भारतवर्ष में राजनीतिक स्वार्थों को लेकर अनेक लोग भाषावाद, क्षेत्रवाद, प्रान्तवाद और सम्प्रदायवाद जैसे विघटनकारी तत्वों को फैला रहे हैं। इससे राष्ट्रीय एकता के लिए भारी खतरा उत्पन्न होता है। सरकार को ऐसे तत्वों पर नजर रखनी चाहिये और जो लोग इस प्रकार की विघटनकारी प्रवृत्तियाँ बढ़ाते हुए पाये जायें उनको कठोर दण्ड दिया जाना चाहिये। उदाहरण के लिए भारत में दक्षिण में कुछ लोग एक अलग देश बनाने की माँग करते हैं, वे राष्ट्रीय झण्डे का अपमान करते हैं और भारतीय गणतन्त्र से लअग हो जाना चाहते हैं। कुछ अन्य लोग चीन के साम्यवादी दल से सहानुभूति रखते हैं और तोड़-फोड़ के द्वारा देश की सरकार को छिन्न-भिन्न करना चाहते हैं। केरल में मुस्लिम लीग ने मुसलमानों के लिए एक अलग जिला बनाये जाने की माँग की है। उत्तर प्रदेश में मुस्लिम मजलिस एक ऐसी संस्था है जो राष्ट्रीय एकता के लिए भारी खतरा है। इस प्रकार की सब संस्थाओं पर कठोर सरकारी नियन्त्रण होना चाहिए और उनको प्रोत्साहित करने वाले तत्वों का दमन किया जाना चाहिये। राष्ट्रीय एकता को छिन्न-भिन्न करने वाले तत्वों का दमन किये बिना कितना भी प्रयत्न करने पर भी राष्ट्रीय एकता की स्थापना नहीं हो सकती। खेद का विषय है कि जबकि एक ओर भारत सरकार राष्ट्रीय एकता फैलाने के लिए हर प्रकार के प्रयास कर रही है वहाँ दूसरी ओर, राष्ट्रीय एकता को छिन्न-भिन्न करने वाले और विघटित करने वाले राजनीतिक दलों पर किसी प्रकार की रोक-टोक नहीं है। यदि राज्य का संविधान इसमें बाधक है तो देश के संविधान को बदला जाना चाहिये क्योंकि ऐसा न करने पर वह संविधान ही खतरे में पड़ जायेगा।

(3) **अखिल भारतीय शिक्षा नीति**- राष्ट्रीय एकता का सबसे अधिक प्रभावशली उपाय उपयुक्त शिक्षा है। इस सम्बन्ध में एक अखिल भारतीय राष्ट्रीय शिक्षा योजना बनाई जानी चाहिये जिसमें देश भर में बालक-बालिकाओं को राष्ट्र के महापुरुषों, कवियों, नेताओं, धार्मिक व्यक्तियों आदि के विचारों को जानने का अवसर मिले। केन्द्रीय सरकार की ओर से ही पाठ्य-पुस्तकों की व्यवस्था होनी चाहिये ताकि नई पीढ़ी में राष्ट्रीय भावनाओं का विकस हो। सम्पूर्ण देश में अध्यापकों के वेतनमान, उनके कार्य करने की परिस्थितियाँ और उनकी नियुक्ति के नियम एक से होने चाहिए। सम्पूर्ण देश में प्राथमिक, माध्यमिक और विश्वविद्यालय स्तर पर एक से पाठ्यक्रम होने चाहियें और सब कहीं एन. सी. सी., स्काउटिंग, गर्ल गाइड जैसी अखिल भारतीय संस्थाओं को प्रोत्साहन दिया जाना चाहिये। विश्वविद्यालय शिक्षा का माध्यम सब कहीं राष्ट्र भाषा ही होना चाहिये भले ही राज्य की भाषाओं में परीक्षा देने की छूट भी दी जाए। इस प्रकार एक अखिल भारतीय शिक्षा योजना को लागू करने से राष्ट्रीय एकता का लक्ष्य प्राप्त किया जा सकता है।

(4) **वैधानिक सुधार**-जैसा कि पीछे कहा जा चुका है, देश में ऐसे विधान बनाए जाने चाहियें जिनसे विघटनकारी शक्तियों को आसानी से कुचला जा सके और उन्हें सिर उठाने का मौका न मिले। भारतीय संविधान में जन्म, लिंग धर्म आदि के भेदभाव के बिना देश के प्रत्येक वयस्क स्त्री-पुरुष को नागरिकता का अधिकार दिया गया है। अस्तु, सब कहीं भाषावाद, सम्प्रदायवाद, प्रांतवाद, क्षेत्रवाद जातिवाद, अस्पृश्यता आदि के विरुद्ध कठोर कानून बनाये जाने चाहियें।

(5) **राष्ट्रीय एकता के कार्यक्रम**-राष्ट्रीय एकता बढ़ाने के लिए अनेक प्रकार के आयोजन किये जा सकते हैं। उदाहरण के लिये चलचित्रों के माध्यम से राष्ट्रीय एकता की भावनायें फैलायी जा सकती हैं। रेडियो और टेलीविजन भी इस दिशा में महत्वपूर्ण कार्य कर सकते हैं। राष्ट्रीय एकता बढ़ाने के लिये देश के विभिन्न क्षेत्रों में अखिल भारतीय प्रतियोगिताओं, फोरमों और सम्मेलनों का आयोजन किया जाना चाहिये जिससे देश के विभिन्न क्षेत्रों में रहने वाले व्यक्तियों को परस्पर मिलने-जुलने, विचार-विमर्श करने और एक दूसरे को समझने का अवसर मिले। सम्पूर्ण देश में आवागमन की सुविधायें दी जानी चाहियें और भ्रमण अभियानों को प्रोत्साहित किया जाना चाहिए। पिछले कुछ वर्षों में विभिन्न क्षेत्रों से किसानों, विद्यार्थियों और पार्लियामेंट के सदस्यों की स्पेशल ट्रेनों से सम्पूर्ण देश का दौरा किया जिससे उनमें राष्ट्रीय एकता की भावना बढ़ी। इसी प्रकार के और भी अनेक कार्यक्रम अपनाये जा सकते हैं।

भारत में राष्ट्रीय एकता बढ़ाने के उपरोक्त उपायों में सबसे अधिक सशक्त उपाय विघटनकारी प्रवृत्तियाँ फैलाने वाले राजनीति दलों पर नियन्त्रण करना है क्योंकि राष्ट्रीय एकता के प्रयास दोनों ओर से किये जाने चाहियें। एक ओर उसमें बाधक शक्तियों को कुचला जाये तो दूसरी ओर, उसमें साधक कार्यक्रमों को प्रोत्साहित किया जाये। इस प्रश्न पर अनेक विचारकों ने सोचा है ओर अनेक सभाओं

में विचार-विमर्श किया गया है किन्तु अभी तक सरकार की ओर से विघटनकारी प्रवृत्तियों और दलों के निरोध के लिये कोई ठोस कदम नहीं उठाये गये हैं। सच तो यह है कि सामान्य जनता में राष्ट्रीय एकता की भावना मौजूद है। उत्तर से दक्षिण में कहीं भी चले जाइये, तुलसीदास और शंकराचार्य, राम और कृष्ण, रामायण और गीता का सब कहीं सम्मान मिलेगा। भारतीय संस्कृति कर परम्परायें देश में सब कहीं एक सी मिलेंगी किन्तु राजनीतिक दल अपने क्षुद्र स्वार्थों को लेकर जनता में भेदभाव फैलाते है और एकता के तत्वों के स्थान पर भेद वाले तत्वों पर विशेष जोर देते हैं। अस्तु, यह कहा जा सकता है कि राष्ट्रीय एकता बढ़ाने के प्रयत्नों से भी अधिक आवश्यक यह है कि विघटन फैलाने वाले तत्वों का निरोध किया जाये।

अभ्यास के लिये प्रश्न

1. भारतवर्ष में साम्प्रदायिक समस्या का विवेचन कीजिये।
2. भारतवर्ष में राष्ट्रीय एकता उत्पन्न करने के लिए आप सुझाव दें।

14

अस्पृश्यता तथा पिछड़े वर्ग
(Untouchability and Backward Classes)

अस्पृश्यता क्या है?

अस्पृश्यता की परिभाषा के पूर्व उसके समानार्थक शब्दों पर एक दृष्टि डालना भी उपयुक्त होगा। अस्पृश्य जातियों के लिये प्रयुक्त अन्य शब्द निम्नलिखित हैं–

(1) **अछूत**–बोलचाल की भाषा में अस्पृश्य जातियां अछूत कहलाईं। अछूत, जैसा कि शब्दार्थ से ही प्रकट है, वे जातियाँ हैं जिनको छूने मात्र से अन्य जातियों का अपवित्र होना माना जाता था।

(2) **बाहरी जातियां**–अछूतों को अंग्रेज बाहरी जातियाँ (Exterior Castes) कहते थे इन्हें बाहरी जातियाँ कहने का अभिप्राय इनको हिन्दू समाज से पृथक् मानना था। 1931 की गोल मेज कान्फ्रेन्स में इन जातियों को हिन्दूओं से अलग घोषित किया गया था।

(3) **दलित वर्ग**–अरूपृश्य जातियाँ दलित वर्ग (Depressed Classes) भी कहलाईं क्योंकि हिन्दू समाज में उनका बड़ा शोषण हुआ।

(4) **हरिजन**– 1932 में महात्मा गांधी ने अस्पृश्य जातियों को हिन्दू समाज में माने जाने के लिये आन्दोलन किया और पूना में आमरण अनशन किया। "पूना पैक्ट" (Poona Pact) से अस्पृश्यों को हिन्दू समाज का अंग मान लिया गया। इसके बाद गांधी जी ने जातियों के उद्धार का बीड़ा उठाया। पहला काम उन्होंने यह किया कि इन जातियों का नाम बदलकर हरिजन रखा। हरिजन का अर्थ है हरि के जन या ईश्वर के व्यक्ति। आजकल यह नाम सबसे अधिक प्रचलित है।

(5) **अनुसूचित जातियां**–सन् 1935 मे भारत सरकार ने अस्पृश्य जातियों को कुछ विशेष सुविधायें देने के लिये एक अनुसूची तैयार की। इसमें लगभग 429 जातियां आई जिनमें 5-6 करोड़ लोग आते थे। सूची में सम्मिलित होने के कारण ये जातियाँ अनुसूचित जातियाँ (Scheduled Castes) कहलाने लगीं।

अस्पृश्यता की परिभाषा—अस्पृश्यता की परिभाषा करना बड़ा कठिन है। वास्तव में अस्पृश्यता का अर्थ उन निर्योग्यताओं से है जो कि हरिजन जातियों पर सवर्ण जातियों ने लादी हैं। 1955 के अस्पृश्यता अपराध विधेयक में अस्पृश्यता का यही अर्थ लिखा गया था। इस प्रकार उक्त कानून के अनुसार "अस्पृश्यता के आधार पर किसी व्यक्ति को (अ) समान धर्म मानने वाले अन्य व्यक्तियों के लिये खुले सार्वजनिक पूजा के स्थान में प्रवेश से, किसी सार्वजनिक पूजा के स्थान में पूजा करने, प्रार्थना करने अथवा धार्मिक क्रियायें करने से, (ब) किसी पवित्र जलाशय, कूप, झरने या जल श्रोत को उसी रूप में प्रयोग करने से जैसा कि समान धर्म के अनुयायियों को प्रयोग करने की अनुमति है; और, (स) दुकान, होटल, सार्वजनिक जलपानगृह, सार्वजनिक मनोरंजन स्थल या सार्वजनिक आवागमन के साधन, अस्पताल, औषधालय, शैक्षणिक संस्था या दातव्य ट्रस्ट में पहुँचने या प्रयोग से रोकना अपराध है।"[1] महात्मा गांधी और डा० भीमराव अम्बेडकर ने भी कुछ निर्योग्यताओं के आधार पर ही अस्पृश्यता की व्याख्या की है। इस प्रकार वे निर्योग्यतायें अस्पृश्यता का चिन्ह हैं। डॉ० डी० एन० मजूमदार ने लिखा है "अस्पृश्य जातियाँ वे हैं जो कि विभिन्न सामाजिक तथा राजनैतिक निर्योग्यताओं से पीड़ित हैं जिनमें से बहुत सी उच्चतर जातियों के द्वारा परम्परागत रूप से निश्चित और सामाजिक रूप से लागू की गई है।"[2] संक्षेप में, "अस्पृश्य वे जातियाँ हैं जो जीवन के प्रत्येक क्षेत्र सामाजिक, धार्मिक, आर्थिक और राजनैतिक में कुछ निर्योग्यताओं से पीड़ित हैं।"[3] इन निर्योग्यताओं के विस्तृत वर्णन से यह परिभाषा और भी स्पष्ट हो जायेगी।

हरिजनों की निर्योग्यतायें

1. धार्मिक निर्योग्यतायें—भारत में हरिजनों के लिये समाज में अनेक प्रकार की निर्योग्यतायें थीं। उन्हें मन्दिरों, मठों तथा शमशान घाटों में प्रवेश करने तथा उनका उपयोग करने का अधिकार नहीं था क्योंकि यह समझा जाता था कि उनके स्पर्श से ये स्थान अपवित्र हो जायेंगे। इस प्रकार हरिजन मन्दिरों में पूजा नहीं कर सकते थे। उनके दर्शन से भी देवता ही नहीं बल्कि उनके भक्त तक अपवित्र होते थे।

---

1. "It is an offence to prevent any person on the ground of untouchability (a) from entering any place of public worship which is open to other persons, professing the same religion, (b) from worshipping or offering prayers or performing any religious service in any place of public worship or bathing in or using the waters of any sacred tank, well, spring or water course in the same manner as is permissible to other persons professing the same religion and (c) from access to or use of a shop, hotel, public restaurant or place of public entertainment or public conveyance or hospital, dispensary or educational institution or charitable trust."
2. "The untouchable castes are those who suffer from various social and political disabilities, many of which are traditionaly prescribed and socially enforced by higher castes."
—Majumdar D.N.
Races and Culturals of India, Asia Publishing House, Bombay (1958), p. 326.
3. "Untouchable are those castes which are subject to some disabilities in every walk of life social, religious, economic and political."
—The Authors

परन्तु भारत में "हरिजनों की निर्योग्यतायें प्रधान रूप से सामाजिक और आर्थिक हैं।"[1] सामाजिक और आर्थिक निर्योग्यतायें (Disabilities) दूर हो जाने पर हरिजनों का राजनैतिक पिछड़ापन भी समाप्त हो जायेगा। वास्तव में हरिजनों की धार्मिक निर्योग्यतायें भी उनकी सामाजिक निर्योग्यतायें ही हैं। सामाजिक क्षेत्र में हरिजनों की निर्योग्यतायें निम्नलिखित हैं–

2. सामाजिक निर्योग्यतायें–(i) **सार्वजनिक मार्ग के उपयोग का निषेध**–हडसन ने लिखा है कि तमिलनाडु में एक अस्पृश्य जाति का दर्शन तक इतना अपवित्र करने वाला समझा जाता था कि उनके सदस्य दिन में सड़क पर नहीं चल सकते थे, उन्हें बाध्य होकर रात को ही अपना सब काम करना पड़ता था। ऊँची जाति के लोग उनकी छाया तक से अपवित्र होते थे। अतः ऊँची जातियों के लोगों को देखकर हरिजन सड़क पर लेट जाता था जिससे उसकी छाया उन पर न पड़े।

(ii) **सार्वजनिक कुओं पर चढ़ने का निषेध**–कम या अधिक कठोरता के साथ भारत में लगभग सभी प्रान्तों में हरिजनों के कुओं पर चढ़ने तथा उनसे पानी खींचने का निषेध था। बंगाल में वे कुंए के पास तो आ सकते थे परन्तु उससे पानी नहीं खींच सकते थे। कोई सवर्ण हिन्दू ही उनके लिए पानी खींच सकता था कुछ अन्य प्रान्तों में तो अछूतों को कुंए के पास भी नहीं आने दिया जाता था।

(iii) **विद्यालयों में प्रवेश का निषेध**–हरिजन बालकों को विद्यालय में प्रवेश करने का अधिकार नहीं था क्योंकि उनके साथ बैठकर पढ़ने से सवर्ण बालकों के दूषित होने की सम्भावना थी। दूसरी ओर हरिजनों के लिये पृथक स्कूल भी नहीं थे। वास्तव में हरिजनों के लिये शिक्षा आवश्यक नहीं समझी जाती थी। पढ़ने का आग्रह करने पर उन्हें कक्षा के बाहर धूप और धूल में बैठकर पढ़ना पड़ता था। अनेक धर्मशास्त्रों में शूद्रों के लिए शिक्षा का निषेध किया गया है।

(iv) **अन्य सामाजिक प्रतिबन्ध**–उपरोक्त निर्योग्यताओं के अतिरिक्त हरिजनों पर और भी अनेक सामाजिक प्रतिबन्ध थे। शादी विवाह में हरिजन वर वधू डोले या पालकी में नहीं बैठ सकते थे। चमारों में दुल्हे के घोड़े पर बैठने पर राजपूत उन्हें खूब सताते थे। हरिजनों को अच्छे वस्त्राभूषण धारण करने की भी स्वतन्त्रता नहीं थी। नाई उनके बाल नहीं बनाते थे। धोबी उनके कपड़े नही धोते थे। दुकानदार उन्हें खाना नहीं देते थे।

3. आर्थिक निर्योग्यतायें–सामाजिक के साथ-साथ हरिजनों की निर्योग्यतायें आर्थिक भी हैं। उनकी सामाजिक निर्योग्यताओं के कारण उन्हें अपने व्यवसायों में कोई रुचि तथा उत्साह नहीं रह जाता। सवर्ण जातियों के व्यवसाय करने की उनको आज्ञा नहीं होती। यों भी उनके परम्परागत कार्य अधिकतर मैले और गन्दे होते हैं तथा उनकी आजीविका के साधन सीमित होते हैं। हरिजनों में शिक्षा लगभग नहीं

1. "The problem of the so called untouchables is mainly social and economic and not religious or political."

के बराबर हैं। ये ऋण के बोझ से लदे रहते हैं। उनमें बड़ी निर्धनता और भुखमरी है। वे गन्दी बस्तियों (Slums) में रहते हैं। जिनमें आये दिन नई-नई बीमारियाँ उत्पन्न होती रहती हैं। उनके लिये औषधि का भी कोई प्रबन्ध नहीं होता क्योंकि सवर्ण डाक्टर उनको छूने मात्र से अपवित्र होता है

भारत में अस्पृश्यता के कारण

भारत में अस्पृश्यता के कारण प्रजातीय, धार्मिक तथा सामाजिक अनेक प्रकार के है। मुख्य कारण निम्नलिखित हैं–

जाति प्रथा के कारण अस्पृश्यता–अस्पृश्य जातियाँ हिन्दू समाज की हजारों जातियों में सबसे नीची जातियाँ हैं। जाति प्रथा के साथ-साथ ऊँच-नीच का भाव भी लगा हुआ है। यहाँ ऊँच-नीच का भाव ही अस्पृश्यता मूल कारण है। इसके अतिरिक्त दूसरा कारण जाति प्रथा में प्रचलित अनेक निषेध (Taboos) हैं। जिस प्रकार उच्च जातियों को कुछ अन्य जातियों के साथ विवाह सम्बन्ध करने, खान-पान रखने तथा उठने बैठने के निषेध हैं उसी प्रकार अनेक गन्दा काम करने वाली जातियों के प्रति ऊँच-नीच की भावना से उनको छूने और देखने तक का निषेध हो गया। ये ही जातियाँ अस्पृश्य अथवा अछूत कहलाने लगी। इसी प्रकार भारत में अस्पृश्यता बहुत कुछ जाति-प्रथा पर आधारित है। अस्पृश्यता जाति भेद पर आधारित ऊँच नीच के भाव और सामाजिक निषेध का ही भयंकर परिणाम है। Caste and Class in India में घुरिये ने लिखा है कि पूना में मराठों के शासन काल में अस्पृश्य जातियाँ महार और मांग शहर के दरवाजों के भीतर शाम के तीन बजे से सवेरे के नौ बजे तक प्रविष्ट नहीं हो सकती थीं क्योंकि इस समय में छाया बहुत लम्बी पड़ती है और उससे उच्च ब्राह्मणों के दूषित होने का भय है। महाराष्ट्र में महार अपने गले में लटके हुए मिट्टी के पात्र में ही थूक सकते थे क्योंकि सड़कों पर थूकने से वह किसी सवर्ण हिन्दू के पैर में लगकर उसे कलुषित कर सकता था। कई बार ब्राह्मण के महार वाले रास्ते से गुजरने पर महारों को काँटेदार पेड़ की टहनी से अपने पाँव के निशान मिटाकर दूर लेट जाना पड़ता था। ताकि उनकी छाया ब्राह्मणों पर न पड़ सके। मलाबार में शानार को ब्राह्मण से 24 पग, तिया को 36 पग और पुलयन को 96 पग से अधिक दूर रहना पड़ता था। स्पष्ट है कि जातिगत छुआछूत ही अस्पृश्यता का सबसे बड़ा कारण है।

परन्तु इन सब बातों का अर्थ यह नहीं है कि अस्पृश्यता केवल जाति-प्रथा के ही कारण है और जाति-प्रथा नष्ट हो जाने से अस्पृश्यता नष्ट हो जायेगी। वास्तव में जाति प्रथा के अतिरिक्त अस्पृश्यता के और भी कारण हैं। Caste in India में जे॰ एच॰ हट्टन ने लिखा है "बाहरी जातियों की स्थिति की उत्पत्ति अंशतः प्रजातीय अंशतः धार्मिक और अंशतः सामाजिक प्रथा का विषय है।"[1]

---

1. "The origin of the position of exterior castes is partly racial, partly religious partly a matter of social custom." —J. H. Hutton in Caste in India.

इस प्रकार हट्टन के अनुसार अस्पृश्यता के मूल तीन कारण हैं–

(1) प्रजातीय (2) धार्मिक तथा (3) सामाजिक प्रथा।

(1) प्रजातीय कारक–अस्पृश्यता का मूल कारण प्रजातीय कारक (Racial Factors) हैं। विजयी प्रजाति विजित को अपने से नीचा समझती है और उसके प्रभाव से बचना चाहती है। कुछ विद्वानों का कहना है कि आर्यों ने भारत में बसी अनार्य जातियों को दास, दस्यु आदि निन्दित नाम दिये और उन्हें अस्पृश्य समझा। आसाम में नागा जाति में आओ (Ao) नामक शाखा को दोनों भुजाओं पर हाथी दांत के आभूषण पहनने का अधिकार नहीं है। हट्टन के अनुसार आओ लोगों पर यह प्रतिबन्ध इसलिये लगाया गया है क्योंकि वे प्रजातीय दृष्टि से अन्य नागा जातियों से भिन्न हैं। गढ़वाल में निम्न सामाजिक प्रतिष्ठा वाली शिल्पकार और हरिजन आदि जातियों को वर-वधू के लिये घोड़े पालकी की सवारी प्रयोग करने का अधिकार नहीं था। कुछ समाजशास्त्रियों ने इसका कारण यह बतलाया है कि उच्च वर्ण मैदान से आई हुई जातियाँ हैं और शिल्पकार तथा हरिजन वहाँ के आदिवासी हैं। इन उदाहरणों से यह सिद्ध होता है कि प्रजातीय भेद का अस्पृश्यता की प्रथा की उत्पत्ति में कुछ न कुछ हाथ अवश्य है। डॉ० डी० एन० मजूमदार ने ठीक ही लिखा है ''तथा कथित 'दलित' जातियों की निर्योग्यतायें संस्कार सम्बन्धी नहीं हैं बल्कि सम्भवतः प्रजातीय और सांस्कृतिक भेदों पर आधारित हैं।''[1]

(2) धार्मिक कारक–अस्पृश्यता का कारण धार्मिक विश्वास और परम्परायें भी हैं। धर्म में पवित्रता और शुद्धि को बड़ा महत्व दिया जाता है। शुद्धता के इस धार्मिक महत्व के परिणामस्वरूप दूषित व्यवसाय करने वाले लोगों से बचना भी आवश्यक माना गया। इस प्रकार धार्मिक कारकों (Religious Factors) से अस्पृश्यता की उन्नति हुई। डॉ घुरिये (Dr. Ghurye) के शब्दों में ''पवित्रता के विचार चाहे वे व्यवसाय सम्बन्धी हो या संस्कार सम्बन्धी जो कि जाति के उदगम् में एक कारक पाये गये हैं अस्पृश्यता के विचार और व्यवहार की आत्मा ही है।''[1] शुद्धि की भावना से ही हिन्दू समाज में भंगी, मेहतरों और चमारों को अस्पृश्य माना गया है। शुद्धि के अतिरिक्त अस्पृश्यता की उत्पत्ति का एक और धार्मिक कारण वर्जन (Taboo) है। जनजातियों में अन्तर्विवाह, टोटम के प्राणी या वस्तु का खाना, आघात पहुँचाना आदि वर्जित है। इनके अतिरिक्त अन्य अनेक प्रकार के वर्जनों का भी जातियों में रिवाज है जैसे धोबियों को न छूना क्योंकि वे स्त्रियों के मासिक श्राव से दूषित कपड़े धोते हैं। अतः (Census of India) के Vol. I. में हट्टन ने लिखा है, ''इसमें बहुत कम सन्देह हो सकता है कि अस्पृश्यता का विचार वर्जन से उत्पन्न होता है।''[2]

---

1. The disabilities of the so called depressed castes are not ceremonial but probably founded on racial and cultural differences." —Majumdar, D. N.
Races and Cultures of India, Asia Publishing house (1958)' p. 327
2. "Ideas of purity whether occupational or ceremonial which are found to have been a factor in the genesis of cast are the very soul of the idea and practice of untouchability.' —Ghurye , G.S.
Caste and Class in India' Popular Book Depot Bombay (1957) p. 241.

(3) **सामाजिक कारक**–अस्पृश्यता की उत्पत्ति कुछ सामाजिक कारकों (Social Factors) से भी हुई। सामाजिक रूढ़ियों और परम्पराओं ने धार्मिक और प्रजातीय कारणों से अस्पृश्य मानी हुई जाति की अस्पृश्यता स्थिर रखने में हाथ बंटाया। सामाजिक परम्पराओं का इतना प्रभाव है कि स्वयं अस्पृश्य जाति के सदस्य भी अस्पृश्यता की रूढ़ियों को तोड़ने से घबराते हैं। मद्रास के तिन्नेवेली जिलों में बसी हुई पुरादवन्नन जाति के विषय में 1932 में 24 दिसम्बर के हिन्दू में लिखा गया था कि ये न केवल अस्पृश्य समझे जाते हैं बल्कि अदर्शनीय भी माने जाते हैं। वे दिन के समय अपनी बस्ती से बाहर नहीं आ सकते क्योंकि उनके दर्शन से अन्य जातियों के दूषित होने की आशंका है। वे अपने कपड़े धोने का कार्य रात के समय करते हैं। जब ठक्कर बापा इनसे मिलने गये तो वे अस्पृश्यता की सामाजिक रूढ़ि से इतने दबे हुए थे कि बहुत प्रेरणा के बाद ही वे उनसे मिलने आये और आते समय उनका सारा शरीर काँप रहा था।

इस प्रकार अस्पृश्यता की प्रथा की उत्पत्ति के अनेक कारकों में जातीय, प्रजातीय, धार्मिक तथा सामाजिक कारक प्रमुख हैं। अस्पृश्यता की प्रथा में इन सभी का हाथ है और इन सभी क्षेत्रों में अज्ञानता दूर किये बिना अस्पृश्यता की प्रथा का समूल उन्मूलन कठिन होगा।

भारत में अस्पृश्यता दूर करने के सरकारी प्रयत्न

भारत में अस्पृश्यता दूर करने के तथा अछूतों की स्थिति में सुधार के लिये सरकारी तथा गैर सरकरी दोनों प्रकार के प्रयत्न हुये हैं। सरकारी प्रयत्नों में एक ओर अस्पृश्यता के विरोध का प्रयत्न और दूसरी ओर अस्पृश्ययों की दशा के सुधार की चेष्टायें की जा रहीं हैं। भारतीय संविधान की धारा 46 में राज्य द्वारा जातियों में शिक्षा के प्रसार तथा उनके आर्थिक हितों के संरक्षण पर बड़ा जोर दिया गया है।

(1) **संविधानीय व्यवस्था**–भारतीय संविधान में भारत के समस्त नागरिकों को समानता की घोषणा की गई। संविधान के निम्नलिखित अनुच्छेदों से अस्पृश्यता के उन्मूलन की व्यवस्था की गई–

(अ) अनुच्छेद 5-(1) धर्म, मूलवंश, जाति, लिंग, जन्म स्थान अथवा इनमें से किसी के आधार पर राज्य किसी नागरिक के विरुद्ध कोई विभेद नहीं करेगा।

(2) केवल धर्म, मूलवंश, जाति, लिंग, जन्म स्थान अथवा उनमें से किसी के आधार पर कोई नागरिक-(क) दुकानों, सार्वजनिक भोजनालयों, होटलों तथा सार्वजनिक मनोरंजन के स्थानों में प्रवेश के; अथवा (ख) पूर्ण या आंशिक रूप में राज्य निधि से घोषित अथवा साधारण जनता के उपयोग के लिए बने हुये कुओं, तालाबों, स्नानघाटों, सड़कों तथा सार्वजनिक स्थानों के उपयोग के विषय में किसी प्रकार की निर्योग्यता, दायित्व, निर्बन्धन अथवा शर्त के अधीन न होगा।

---

1. "There can be little doubt that the idea of untouchability originates in taboo."
—J. H. Hutton, *Caste in India.*

(ब) अनुच्छेद 16—(1) राज्याधीन नौकरियों या पदों पर नियुक्ति के सम्बन्ध में सब नागरिकों के लिये अवसर की समानता होगी।

(2) केवल धर्म, मूलवंश, जाति, लिंग, उदभव, जन्म-स्थान, निवास अथवा इनमें से किसी के आधार पर किसी नागरिक को राज्याधीन किसी नौकरी या पद के लिये अपात्र न माना जायेगा और न विभेद किया जायेगा।

(3) इस अनुच्छेद की किसी बात से राज्य को पिछड़े हुए किसी नागरिक वर्ग के पक्ष में, जिनका प्रतिनिधित्व राज्य की राय में राज्याधीन सेवाओं में पर्याप्त नहीं है, नियुक्तियों या पदों के रक्षण के लिये उपलब्ध करने में कोई बाधा न होगी।

(स) अनुच्छेद 17—अस्पृश्यता का अन्त किया जाता है और किसी भी रूप में उसका आचरण निषिद्ध किया जाता है। अस्पृश्यता से उत्पन्न किसी निर्योग्यता को लागू करना अपराध माना जायेगा जो विधि के अनुसार दण्डनीय होगा।

(द) अनुच्छेद 18—(1) राज्य द्वारा घोषित अथवा राज्य निधि से सहायता पाने वाले किसी शिक्षा संस्था में प्रवेश से किसी भी नागरिक को केवल धर्म, मूल वंश, जाति, भाषा अथवा इनमें से किसी के आधार पर वंचित न रखा जायेगा।

(2) राज्यनीति के निर्देशनों में व्यवस्था—भारतीय संविधान में राज्यनीति के निर्देशक तत्वों में अस्पृश्यता उन्मूलन के लिये निम्नलिखित व्यवस्था की गयी है—

अनुच्छेद 46—राज्य जनता के दुर्बलतर विभागों के, विशेषतया अनुसूचित जातियों तथा अनुसूचित आदिम जातियों के शिक्षा सम्बन्धी तथा आर्थिक हितों की विशेष सावधानी से उन्नति करेगा और सामाजिक अन्याय तथा सब प्रकार के शोषण से संरक्षण करेगा।

अनुच्छेद 164—(1) परन्तु उड़ीसा, बिहार और मध्य प्रदेश के राज्यों में आदिम जाति के कल्याण के लिये भार साधक एक मंत्री होगा जो साथ-साथ अनुसूचित जातियों और पिछड़े हुये वर्गों के कल्याण का अथवा किसी अन्य कार्य का भी भार साधक हो सकेगा।

अनुच्छेद 330—(1) लोक सभा में—(क) अनुसूचित जातियों के लिये

(ख) आसाम के आदिम जातियों के क्षेत्रों की अनुसूचित जातियों को छोड़कर आदिम जातियों के लिये।

(ग) आसाम की स्वायत्तशासी जिलों की अनुसूचित आदिम जातियों के लिये स्थान सुरक्षित रहेंगे।

(1) खंड (1) के अधीन अनुसूचित जातियों का अनूसूचित आदिम जातियों के लिये किसी राज्य में रक्षित सुरक्षित स्थानों की संख्या का अनुपात लोक सभा में उस राज्य को दिये गये समस्त स्थानों की संख्या से यथासंभव वही होगा जो यथास्थिति उस राज्य की अनुसूचित आदिम जातियों की अथवा उस राज्य की या

उस राज्य के भाग की अनुसूचित आदिम जातियों की, जिनके लिये स्थान सुरक्षित रखे गये हैं, जनसंख्या का अनुपात उस राज्य की समस्त जनसंख्या से है।

अनुच्छेद 332—(1) प्रथम अनुसूची के भाग (क) या भाग (ख) में उल्लिखित प्रत्येक राज्य की विधान सभा में अनुसूचित जातियों के लिए तथा आसाम की आदिम जातियों के क्षेत्र की अनुसूचित आदिम जातियों को छोड़ कर अन्य आदिम जातियों के लिए स्थान सुरक्षित रहेंगे।

(2) आसाम राज्य की विधान सभा में स्वायत्तशासी जिलों के लिये भी स्थान सुरक्षित रहेंगे।

अनुच्छेद 335—संघ या राज्यों के कार्यों से सम्बद्ध सेवाओं और पदों के लिये नियुक्तियाँ करने में प्रशासन कार्य-पटुता बनाये रखने की संगति के अनुसार अनुसूचित जातियों और अनूसूचित आदिम जातियों के सदस्यों के दावों का ध्यान रखा जायेगा।

अनुच्छेद 338—(1) अनुसूचित जातियों तथा अनुसूचित आदिम जातियों के लिये राष्ट्रपति द्वारा नियुक्त एक विशेष पदाधिकारी होगा।

(2) अनुसूचित जातियों और अनूसूचित आदिम जातियों के लिये नियुक्त यह विशेष पदाधिकारी राष्ट्रपति को उनके कल्याण के विविध कार्यों के विषय में सलाह देगा।

अनुच्छेद 340—(1) भारतीय राज्य क्षेत्र में सामाजिक शिक्षा की दृष्टि से पिछड़े हुए वर्गों की दशाओं के तथा उनकी कठिनाइयों के अनुसंधान के लिए तथा संघ या राज्य द्वारा उन कठिनाइयों को दूर करने के लिये और उनकी दशा को सुधारने के योग्य उपायों के विषय में, तथा उस प्रयोजन के लिये संघ या किसी राज्य द्वारा जो अनुदान दिये जाने चाहिये, उनके विषय में सिफारिश करने के लिए राष्ट्रपति आदेश द्वारा, ऐसे व्यक्तियों को मिलाकर, जैसे वह उचित समझे आयोग बना सकेगा तथा आयोग नियुक्त करने वाले आदेश में आयोग द्वारा अनुसरणादि प्रक्रिया की भी व्याख्या की जायेगी।

अस्पृश्यता कानून—भारतीय संविधान की 17वीं धारा के अनुसार अस्पृश्यता को एक दण्डनीय अपराध माना गया है। 1955 में भारत सरकार ने एक "अस्पृश्यता (अपराध) कानून" (The Untouchability Offences Act, 1955) पास किया जिसमें अस्पृश्यता सम्बन्धी अनर्हताओं (Disabilities) को दूसरों पर लादने वाले व्यक्ति को पहले अपराध के लिये 6 मास का कारावास या 500 रुपये जुर्माना या दोनों दण्ड दिये जा सकते हैं। इसके बाद के अपराध पर जेल और जुर्माना दोनों का दण्ड दिया जायेगा। आवश्यकता समझने पर यह दण्ड बढ़ाया भी जा सकता है। इस कानून के अनुसार निम्न कार्यों को अपराध घोषित किया गया।[1] सार्वजनिक मन्दिर या पूजा स्थान में प्रवेश करने से रोकना, पवित्र तालाब, कुएं, झरने या चश्मे

1. *Social legislation*, Govt. of India publication (1956), pp. 320-322

से पानी लेने से रोकना, धर्मशाला, सराय, होटल, घाट, मरघट, पानी की टंकी, नलका, शिक्षा संस्था, सार्वजनिक अस्पताल, सार्वजनिक उपहार गृह का उपयोग करने से रोकना, हरिजनों को किसी व्यवसाय करने, हजामत बनाने अथवा अन्य कोई सामान्य कार्य करने से रोकना, उन्हें परेशान करना अथवा धार्मिक उत्सव, रिहायशी मकान, व्यापार या पेशे में अस्पृश्यता के अधार पर भेदभाव करना आदि।

(4) अस्पृश्यता विरोधी प्रचार—अस्पृश्यता के विरुद्ध कानून बनाने के साथ-साथ भारत सरकार ने अस्पृश्यता के विरोध में सारे देश में प्रबल रूप से प्रचार करना आरम्भ किया । सभी राज्यों में "हरिजन सप्ताह" और "हरिजन दिवस" मनाये जाते हैं। राज्यों में तथा जिलों में ऐसी परामर्शदात्री समितियाँ बनाई गई हैं जो सवर्ण हिन्दुओं तथा अस्पृश्यों में सम्पर्क बढ़ाती हैं। हिन्दी, अंग्रेजी तथा प्रान्तीय भाषाओं में अस्पृश्यता के विरुद्ध लिखी पुस्तकें, हैण्डबिल, पोस्टर तथा पैम्फलेट आदि बड़ी संख्या में छपवाकर जनता में बटवाये जाते हैं। फिल्मों तथा रेडियों के द्वारा भी अस्पृश्यता के विरुद्ध प्रचार किया जाता है।

(5) आर्थिक सुधार—हरिजनों की आर्थिक समस्याओं को समझकर सरकार ने इस दिशा में निम्नलिखित आर्थिक सुधार किये हैं—

(i) **कर्ज से बचाने के कानून**—भारत में लगभग सभी राज्यों में अस्पृश्यों को महाजनों से बचाने के लिये कानून बनाये गये हैं।

(ii) **दास प्रथा से बचाने के कानून**—बिहार, उड़ीसा में कर्ज न चुकाने पर हरिजनों को महाजनों की दासता करनी पड़ती थी। अब कानून के द्वारा यह प्रथा बन्द कर दी गई है।

(iii) **हरिजनों को जमीन बांटना**—आन्ध्र, बिहार, उड़ीसा, बम्बई, मद्रास, उत्तर प्रदेश और सौराष्ट्र में सरकार ने बहुत सी खाली और बेकार पड़ी जमीन को सिंचाई के द्वारा कृषि योग्य बनाकर हरिजनों को बांट दिया है।

(iv) **जोतने वालों को भूस्वामी बनाने के कानून**—आंध्र, आसाम, बिहार, मध्य प्रदेश, उड़ीसा, पश्चिमी बंगाल और भोपाल में सरकार ने ऐसे कानून बनाये हैं कि जो हरिजन जिस जमीन को जोत बो रहे हैं, वे उसके स्वामी माने जायें और बेदखल न किये जा सकें।

(v) **खेती में आर्थिक सहायता**—हरिजनों को खेती के उपकरण पशु, खाद, कृषि के नवीन औजार और उत्तम बीज खरीदने के लिये सरकार द्वारा आर्थिक सहायता दी जा रही है।

(vi) **खेती गृहोद्योग तथा पशुपालन आदि में सहायता**—आसाम, बिहार, बम्बई, उत्तर प्रदेश, हैदराबाद और पश्चिमी बंगाल में गृहोद्योग के विकास के लिए हरिजनों को ऋण तथा अन्य प्रकार की सहायता दी जा रही है। गृहोद्योग सिखाने के लिये प्रशिक्षण केन्द्र भी खोले जा रहे हैं। हरिजनों में पशुपालन और मुर्गीपालन को भी प्रोत्साहित किया जा रहा है।

6. अन्य सरकारी सुविधायें—भारतीय संविधान के अनुसार दस वर्षों तक अस्पृश्यों के लिए सरकारी नौकरियों में स्थान निश्चित कर दिये गये। केवल केन्द्र ही नहीं बल्कि प्रान्तीय सरकारी नौकरियों में भी ये स्थान निश्चित हैं। मद्रास सरकार के 'मालाबार मन्दिर प्रवेश अधिनियम' तथा 'सार्वजनिक अनर्हता निरोधक अधिनियम' से अस्पृश्यों की अवस्था में काफी सुधार हुआ। मद्रास सरकार ने हरिजनों की उन्नति की व्यवस्था करने के लिये एक लेबर कमिश्नर नियुक्त किया और हरिजनों को जमींदारों के चुंगल से छुड़ाने और भूमि दिलाने के लिये अनेक नियम बनाये। अन्य प्रान्तों की सरकारों ने भी मद्रास सरकार का अनुकरण किया। उत्तर प्रदेश में हरिजनों की दशा सुधारने के लिये दो पार्लियामेन्टरी सेक्रेटरी नियुक्त किये गये। हरिजनों के लिये अनेक सहकारी समितियां खोली गईं। हजारों हरिजन विद्यार्थियों को छात्रवृत्तियाँ दी गईं।

पिछड़े वर्गों का कल्याण[1]

1. **छात्रवृत्तियाँ**- भारत सरकार ने देश में पिछड़े वर्गों को सहायता देने के लिए विशेष धन का प्रावधान किया है। उनके लिये छात्रवृत्तियों और प्रतियोगी परीक्षाओं में निशुल्क प्रशिक्षण की व्यवस्था की गई है। पोस्ट मैट्रिक छात्रवृत्ति योजना (Post Matric Scholarship Scheme) के अन्तर्गत 1993-94 की अवधि में अनुसूचित जाति एवं जनजाति के क्रमशः 13.38 लाख तथा 3.37 लाख बालक-बालिकाओं को छात्रवृत्तियाँ दी गईं।

2. **The Special Component Plan (SCP)**.—इस योजना के अनुसार केन्द्र और राज्य की योजनाओं में अनुसूचित जाति एवं अनुसूचित जनजाति के सदस्यों के लिये उसकी जनसंख्या के अनुपात में धन का प्रावधान किया गया है। 1994-95 में 39,194 करोड़ रु. की सम्पूर्ण **State Plan Outlay** में से 11 % अर्थात् 43,12 करोड़ रु. की धनराशि अनुसूचित जातियों एवं जनजातियों के विकास के लिये निश्चित की गई। केन्द्र सरकार ने इस अवधि में 274 करोड़ रुपये की विशेष सहायता दी। IRDP के अन्तर्गत परिवारों को सहायता में आधे परिवार अनुसूचित जातियों एवं जनजातियों से थे। जवाहर रोजगार योजना (JRY) में बेरोजगारों की मिली सहायता में 50 प्रतिशत पिछड़े वर्ग के थे। प्रधान मंत्री रोजगार योजना (PMRY) में भी 22.5% पिछड़े वर्ग के लिये सुरक्षित रखा गया है।

3. **Tribal Sub Plans- (TSP)**— इन योजनाओं को 194 संबंधित जनजातीय विकास योजनाओं (ITDP) और 250 संशोधित क्षेत्र विकास योजनाओं (MADP) के द्वारा कार्यान्वित किया जा रहा है। सन् 1994-95 में समस्त राज्य योजनाओं में से TSP के लिये 3,061 करोड़ रुपये सुरक्षित रखे गये। इसी अवधि मे 275 करोड़ रुपये की धनराशि विशेष केन्द्रीय योजना Special Central Assistance में सुरक्षित रखे गए।

---

1. Economic Survey 1994-95, Govt. of India.

4. **The National Scheduled Castes and Scheduled Tribes Finance and Development Corporation (NSFDC)**—इसकी स्थापना 1989 में की गई थी। सितम्बर 1994 तक इसने 1.79 लाख पिछड़े वर्ग के व्यक्तियों की सहायता के लिये 491 करोड़ रुपये की 609 योजनायें स्वीकृत की ।

5. **The Tribal Co-operative Marketing Development Federation of India (TRFED)** - इसकी स्थापना अगस्त 1987 में की गई थी। इसने पिछड़े वर्गों को सन् 1993-94 में 106 करोड़ रुपये की सहायता की।

6. **National Backward Classes Finance and Development Corporation**—इसकी स्थापना सन् 1992-93 में Other Backward Classes (OBC's) के विकास के लिए की गयी। इसे 200 करोड़ रुपये दिये गए। 1993-94 में इसने 76,289 व्यक्तियों को 106 करोड़ रुपये की सहायता दी।

7. **OBC** तथा अल्पसंख्यक वर्ग की सहायता के लिये अन्य योजनायें—

(i) National Commission for Backward Classes—इसका कार्य OBC की केन्द्रीय सूची में प्रवेश पाने की प्रार्थनाओं की जाँच करना है।

(ii) National Commission for Safai Karmacharies—इसका कार्य भंगियों, चमड़े का काम करने वालों और जानवरों की खाल निकालने वालों की समस्याओं को सुलझाना है।

(iii) National Minorities Development Corporation—500 करोड़ रुपये की पूँजी से आरंभ करके इस संस्था की स्थापना पिछड़े वर्गों और अल्पसंख्यकों की आर्थिक और विकासात्मक समस्याओं को सुलझाने के लिये की गई है।

(iv) Maulana Azad Education Foundation—इसका उद्देश्य शैक्षिक रूप से पिछड़ें वर्गों, अल्पसंख्यकों तथा समाज के पिछड़े वर्गों में शिक्षा का प्रसार करना है।

गैर सरकारी प्रयत्न

देश में राजनैतिक जागृति के कार्यक्रम के साथ-साथ काँग्रेस ने अस्पृश्यता निवारण के लिये प्रयत्न किये। इस ओर गांधी जी ने जो प्रयास किये वे सर्वविदित हैं। उनके प्रयास से अस्पृश्यों की सामाजिक अनर्हतायें दूर होने लगीं। उनके लिये विद्यालयों, मन्दिरों, सार्वजनिक स्थानों आदि के द्वार खुल गये। प्रारम्भ में सवर्ण हिन्दुओं ने सुधारों का बड़ा विरोध किया परन्तु क्रमशः उनको मान्यता मिलने लगी। कांग्रेस के अतिरिक्त अनेक राजनैतिक दलों ने हरिजनोद्धार में भाग लिया। इनमें डिप्रेस्ड क्लास यूनियन (Depressed Class Union), दि सोशल सर्विस लीग (The Social Service League), आंध्र दीन सेवा संघ, डिप्रेस्ड क्लासेज लीग (Depressed Classes League), डिप्रेस्ड क्लासेज कांफ्रेस (Depressed Classes Conference) तथा शैड्यूल्ड क्लास फैडरेशन (Scheduled Class Federation) के कार्य उल्लेखनीय

हैं। परन्तु इस दिशा में सबसे अधिक प्रयत्न 'हरिजन सेवक संघ' ने किया है। यह संघ 1932 में ए. बी. ठक्कर बापा के निर्देशन में प्रारम्भ किया गया। इस संघ की अनंक शाखायें आंध्र, तमिलनाडु, मैसूर, हैदराबाद, गुजरात, महाराष्ट्र, कर्नाटक, उत्तर प्रदेश, बिहार और दिल्ली आदि में हैं। हरिजन सेवक संघ के तत्वाधान में आजकल लगभग 120 छात्रावास चल रहे हैं। तमिलनाडु संघ के प्रयास से 100 बड़े मन्दिर हरिजनों के लिये खोल दिये गये। संघ ने सार्वजनिक स्थानों को हरिजनों के लिये छात्रों के लिये खुलवाने मे काफी सफलता प्राप्त की। उनके प्रयत्न से हजारों हरिजन छात्रों के लिये छात्रवृत्ति का प्रबन्ध हो गया। संघ के प्रयत्न से कुटीर उद्योगों की शिक्षा देने वाले प्रौद्योगिक विद्यालय भी खोले गये है। इस प्रकार की संस्थाओं में हरिजन औद्योगिक गृह देहली, हरिजन औद्योगिक स्कूल और छात्रावास कदम्बोकम, हरिजन आश्रम प्रयाग, हरिजन औद्योगिक स्कूल, कान्जीवरम् इत्यादि उल्लेखनीय हैं। लड़कियों की संस्थाओं में हरिजन बालिका विद्यालय साबरमती, हरिजन बालिका सदन, हुगली, अन्जनादेवी हरिजन गर्ल्स छात्रावास, बेजवाड़ा, कस्तूरबा बालिका, ओखला आदि प्रमुख हैं।

अस्पृश्यता के उन्मूलन के लिए सुझाव

अस्पृश्यता उन्मूलन के उपाय अब सभी शिक्षित लोगों के सामान्य ज्ञान में आ चुके है। इस विषय में निम्नलिखित सुझाव दिये जा सकते हैं:-

(1) **हरिजनों में शिक्षा का प्रसार**— हरिजनों में शिक्षा का प्रसार होना चाहिये। इसमें सामान्य शिक्षा के साथ-साथ औद्योगिक शिक्षा भी आ जाती है। शिक्षा निःशुल्क होनी चाहिये और साथ ही साथ छात्रवृत्तियों, पुस्तकों, लिखने की सामग्री, छात्रावास आदि की भी सुविधायें होनी चाहियें।

(2) **आर्थिक सुधार के कानून**—हरिजनों की आर्थिक दशा में सुधार के लिये सूदखोरी तथा बेदखली की रोकथाम के लिये कानून बनने चाहियें।

(3) **आर्थिक निर्योग्यताओं की समाप्ति**—हरिजनों की आर्थिक निर्योग्यताओं को समाप्त करने के लिये उनको सब प्रकार की सहायता मिलनी चाहिये।

(4) **कृषि और गृहोद्योग में सहायता**— हरिजनों को कृषि के लिये जमीन, बैल, बीज, खाद तथा खेती के नये औजार मिलने चाहिये गृहोद्योगों के लिये आर्थिक सहायता के साथ-साथ प्रौद्योगिक प्रशिक्षण भी मिलना चहिये।

(5) **सामाजिक निर्योग्यताओं के विरुद्ध कानून**— हरिजनों की सामाजिक निर्योग्यताओं को रोकने के लिये कानून बनने चाहिये।

(6) **धार्मिक निर्योग्यताओं के विरुद्ध कानून**— कानून के द्वारा हरिजनों पर लादी हुई धार्मिक निर्योग्यताओं को भी समाप्त कर देना चाहिये।

(7) **अस्पृश्यता विरोधी प्रचार**—व्याख्यानों, रेडियो, समाचार पत्र तथा प्रेस आदि की सहायता से अस्पृश्यता के विरुद्ध प्रचार होना चाहिये।

(8) **नौकरियों मे सुरक्षित स्थान**— उपरोक्त सभी प्रयत्न करने पर भी अस्पृश्यों को सवर्ण जातियों के समकक्ष आने में अभी बड़ा समय लगेगा। अतः तब तक उनके लिये सरकारी नौकरियों में कुछ स्थान सुरक्षित (Reserve) होने चाहियें।

(9) **विधान सभाओं** (Legislatures) **में सुरक्षित स्थान**—विधान सभाओं में भी कुछ वर्षों तक हरिजनों के लिये सुरक्षित स्थान रहना आवश्यक है। कुछ लोग इसको समानता के जनतन्त्रीय सिद्धान्त के विरुद्ध समझते हैं परन्तु जिन लोगों को सैकड़ों वर्षों से समानता नहीं मिली उन्हें समानता के स्तर पर लाने के लिये कुछ विशेषाधिकार देना आवश्यक है। सवर्ण जातियों के समकक्ष आ जाने पर इन विशेषाधिकारों की आवश्यकता नहीं रहेगी।

(10) **जाति प्रथा का उन्मूलन**— अस्पृश्यता समाप्त करने के लिये जाति प्रथा का उन्मूलन होना अत्यन्त आवश्क है। वास्तव में अस्पृश्यता के मूल में जाति प्रथा एक मात्रा नहीं तो भी सबसे बड़ा कारण अवश्य है। अतः जाति प्रथा के उन्मूलन से अस्पृश्यता की प्रथा को भी भारी धक्का लगेगा।

(11) **सवर्ण हिन्दुओं और अस्पृश्यों का सम्पर्क**— उपरोक्त सभी उपायों के साथ-साथ सवर्ण हिन्दुओं के साथ अस्पृश्य जातियों का अधिक से अधिक सम्पर्क होना अत्यन्त आवश्यक है ताकि अस्पृश्यता की परम्परायें ही नष्ट हो जायें और सवर्ण हिन्दुओं के हृदय से अस्पृश्यों के लिये घृणा और अस्पृश्यों में से हीनता की भावना नष्ट हो जाये। आपस के सम्पर्क से परस्पर भेदभाव धीर-धीरे कम होता जायेगा और अन्त में अस्पृश्य भी अन्य हिन्दू लोगों जैसे ही हो जायेंगे।

हर्ष का विषय है कि केन्द्रीय तथा प्रान्तीय सरकारें और देश की अनेक राजनैतिक तथा धार्मिक संस्थायें उपरोक्त सुधारों की दिशा में भरसक प्रयत्न कर रही हैं। हरिजनों में भी जागृति फैल रही है। आशा है कि हरिजनों के तथा सरकार और समाज के अन्य संस्थाओं के प्रयत्न से हरिजन सवर्ण जातियों के समकक्ष आ सकेंगे।

अभ्यास के लिये प्रश्न

1. अस्पृश्यता से आप क्या समझते हैं? इसके निराकरण के उपाय प्रस्तुत कीजिये।
2. अस्पृश्यता को अवैध घोषित करने के हेतु केन्द्र सरकार द्वारा अधिनियम की मुख्य बातों व संविधान के अनुच्छेदों का वर्णन करिये। बतलाइये कि क्या कानून से अस्पृश्यता को मिटाया जा सकता है?
3. इस विचार की आलोचना कीजिये कि तथाकथित अस्पृश्यों की समस्या मुख्य रूप से सामाजिक और आर्थिक है, न कि धार्मिक और राजनैतिक।

15

युवक तनाव और विद्यार्थी असन्तोष

(Youth Tension and Student Unrest)

भारतवर्ष में नवयुवकों में, विशेषतया विद्यार्थियों में, भारी तनाव दिखलाई पड़ता है जिसके कारण आये दिन तोड़-फोड़ की घटनायें होती हैं और लम्बे काल के लिए शिक्षा संस्थान बन्द कर दिये जाते हैं। समय-समय पर इन तनावों के कारणों का पता लगाने के लिए समितियाँ बैठाई गयी हैं और विशेषज्ञों ने इन तनावों की जांच की है।

नवयुवकों में तनाव का रूप

नवयुवको में तनाव सामान्य शोर-गुल, मारपीट आदि से लेकर बसें जला देने, इमारतों में आग लगा देने, दुकानों को लूट लेने तथा पुलिस पर पथराव और अधिकारियों के घिराव के रूप में दिखलाई पड़ता है। जहाँ तक कक्षा में अश्लील बातचीत, शोर-गुल या अध्यापन में विध्न उत्पन्न करने का प्रश्न है इनको योग्य अध्यापक कक्षा में ही शान्त कर लेते हैं किन्तु तनाव के अन्य रूपों को शान्त करना आसान नहीं है। उदाहरण के लिए आजकल विभिन्न विश्वविद्यालयों में बात-बात पर विद्यार्थी हिंसा पर उतर आते हैं। सन् 1966 के हिन्दी आन्दोलन में लाखों की सम्पत्ति की हानि हुई। दक्षिण में हिन्दी विरोधी आन्दोलन में विद्यार्थियों ने उत्तर से आने वाली रेलों को जला दिया। असम में भाषावाद को लेकर नवयुवकों ने हिंसक दंगे किये जिनमें जान माल का भारी नुकसान हुआ। उप-कुलपतियों के घिराव की घटनायें तो आये दिन होती रहती हैं। बड़े-बड़े नेताओं के विश्वविद्यालय में आने पर उनका घिराव किया जाता है, उन्हें गालियाँ दी जाती हैं और उन पर पत्थर और जूते फेंके जाते हैं। घिराव करने, प्रदर्शन करने और पुलिस से भिड़ जाने के पीछे जो तात्कालिक कारण पाये जाते हैं वे इतने महत्वपूर्ण नहीं होते कि उनके लिए ये सब कार्य करना उचित समझा जाये। तब क्या नवयुवक व्यर्थ ही इस प्रकार के कार्यों में प्रवृत्त होते हैं ? नहीं, इस प्रकार के हिंसापूर्ण व्यवहार के मूल में नवयुवकों में फैले व्यापक तनाव हैं और जब तक इन तनावों को दूर नहीं किया जायेगा तब तक छोटी-छोटी बात लेकर भी नवयुवक हिंसात्मक कार्यों में लगते रहेंगे।

नवयुवकों में तनाव के कारणों की जाँच

अस्तु, नवयुवकों में तनाव के कारणों का पता लगाने के लिए समय-समय पर सरकार की ओर से जाँच समितियाँ बैठाई गई हैं। सन् 1953 में आचार्य नरेन्द्र देव की अध्यक्षता में जो जाँच समिति बैठाई गई उसमें छात्रों मे फैली हुई अनुशासनहीनता के निम्नलिखित पाँच कारण पाये गये-

(1) अध्यापक की स्थिति एक श्रमिक के समान है जिसका आध्यात्मिक प्रभाव समाप्त हो गया है। वह बदलती हुई दुनिया में नई शिक्षा को समझने में असमर्थ है। उसकी शिक्षा सामग्री ज्ञान न होकर सूचना का संग्रह मात्र होता है और अध्यापक तथा विद्यार्थी दोनों ही सूचनाओं के खोखलेपन से परिचित होते हैं।

(2) विद्यार्थियों की नैतिक और मानसिक दशा इस प्रकार की बन गई है कि वे अध्यापकों और अभिभावकों दोनों को ही उपेक्षा की दृष्टि से देखते हैं।

(3) अभिभावक, अध्यापक तथा छात्र दोनों की आवश्यकताओं के प्रति उदासीन हैं।

(4) यद्यपि स्वतन्त्रता प्राप्त होने के पूर्व नवयुवकों का दल सक्रिय रूप से स्वतन्त्रता आन्दोलन में भाग लेता था किन्तु अब राजनीतिक दल समय-समय पर अपनी शक्ति बढ़ाने के लिए नवयुवकों को भड़काते हैं और उन्हें जबर्दस्ती राजनीति में सक्रिय भाग लेने के लिए उकसाते हैं।

(5) अध्यापकों तथा प्रबन्ध समितियों के बीच राजनीति घुस गई है और प्रत्येक वर्ग अपनी स्वार्थ सिद्धि के लिए विद्यार्थियों को भड़काता है। आधुनिक शिक्षा और सहकारी योजना में किसी प्रकार का पारस्परिक सम्बन्ध नहीं है। आधुनिक शिक्षा छात्रों को जीवन में सफलता प्राप्त करने में कोई सहयोग नहीं देती। दूसरे शब्दों में, आधुनिक शिक्षा पढ़े-लिखे बेकार नवयुवकों की संख्या बढ़ाती है।

सन् 1952-53 में श्री एल० एस० मुदालियर की अध्यक्षता में मुदालियर समिति की स्थापना हुई जिसने विद्यार्थियों में अनुशासनहीनता की समस्याओं के कारणों पर प्रकाश डाला। मुदालियर समिति के अनुसार आदर्श शिक्षा प्रणाली चरित्र निर्माण की अपेक्षा परीक्षा पास करने पर अधिक जोर देती है। समाज और स्कूल के कामों में अनुरूपता नहीं है। समाज की विभिन्न संस्थायें नवयुवकों को परस्पर विरोधी दिशाओं में खींचती हैं जिससे तनाव बढ़ता है। जो बातें विद्यालय में होती हैं, विद्यालय के बाहर उनके विपरीत बातें दिखलाई पड़ती हैं। विद्यालय के पाठ्यक्रम में अनुशासन और चरित्र निर्माण का कोई स्थान नहीं हैं। राजनीतिक नेता अपना उल्लू सीधा करने के लिए विद्यार्थियों को भड़काते रहते हैं। विद्यार्थी यूनियन के नेता भी तनाव बढ़ाते रहते हैं। छात्र वर्ग में ट्रेड यूनियनों की विधियों जैसे हड़तालों, सभाओं और जुलूसों का अनुसरण करने की प्रवृत्ति बढ़ती जा रही है। सार्वजनिक चुनावों में राजनीतिक दल विद्यार्थियों की सहायता प्राप्त करने का प्रयास

करते हैं। और इस प्रकार उनमें अनुशासनहीनता फैलाते हैं। विद्यार्थियों में अध्यापकों में दलबन्दी देखकर भी विद्यार्थी दलबन्दी करना और अनुशासनहीनता सीखते हैं।

भूतपूर्व केन्द्रीय शिक्षा मन्त्री हुमायूँ कबीर के अनुसार विद्यार्थियों में अनुशासनहीनता के मुख्य कारण निम्नलिखित हैं-

(1) विद्यालय के आन्तरिक मामलों में अध्यापकों की अपेक्षा राजनीतिज्ञों का अधिक हाथ है।

(2) अध्यापक वर्ग की आर्थिक स्थिति इतनी गिरी हुई है कि योग्य व्यक्ति इस व्यवसाय में आना पसन्द नहीं करते।

(3) कक्षाओं में विद्यार्थियों की संख्या इतनी अधिक होती है कि इनका अध्यापकों से व्यक्तिगत सम्पर्क नहीं बन पाता।

(4) अध्यापकों को विद्यार्थियों की उन्नति में किसी प्रकार की सलाह देने का अधिकार नहीं है।

(5) व्यक्तिगत ट्यूशन करने की प्रवृत्ति से अध्यापक का सम्मान कम हो गया है और धन के लालच में वह अपना कत्तर्व्य भूल गया है।

(6) आर्थिक संकट के अनेक विद्यार्थियों को अध्ययन के साथ-साथ आर्थिक चिन्तायें लगी रहती हैं। जनसंख्या की वृद्धि ने विद्यार्थियों में भीड़-भाड़ उत्पन्न कर दी है। इन दोनों कारणों से अनुशासनहीनता बढ़ती है।

(7) आधुनिक शिक्षा प्रणाली कर्मचारियों का निर्माण करती है। उसमें ज्ञान के स्थान पर रटने पर जोर दिया जाता है और परीक्षा पास कर लेना ही एक मात्र उद्देश्य है।

(8) बहुत से निर्धन विद्यार्थियों को अनुचित उपायों से धनोपार्जन करना पड़ता है। जिससे उनका नैतिक चरित्र गिरता है।

(9) सामाजिक और पारिवारिक नियन्त्रण के ढीले पड़ जाने से आज का नवयुवक पथभ्रष्ट हो गया है।

स्वर्गीय डॉ० सम्पूर्णानन्द के अनुसार भारत में अनुशासनहीनता की समस्या आर्थिक, सामाजिक और राजनीतिक कारणों से है। इन कारणों से समस्त समाज में तनाव फैले हुए हैं। नवयुवकों में तनाव समाज, परिवार और जाति आदि की समस्याओं के विरुद्ध विद्रोह के प्रतीक हैं।

राष्ट्रपति श्री वी० वी० गिरि के अनुसार छात्रों में तनाव आदि के लिए अध्यापक जिम्मेदार हैं क्योंकि वे अध्ययन कार्य को गौण और राजनीति को प्राथमिक समझते हैं तथा अपनी स्वार्थसिद्धि के लिए विद्यार्थियों को भड़काते रहते हैं। सन् 1960 में नैनीताल में हुए विश्वविद्यालयों के उपकुलपतियों के सम्मेलन में विद्यालयों में भीड़ भाड़, शिक्षा पद्धति और परीक्षा विधि के दोष दोषपूर्ण पारिवारिक वातावरण और शोचनीय आर्थिक स्थिति को नवयुवकों में तनाव का कारण बतलाया गया।

इन सब कारणों के अतिरिक्त आधुनिक विचारक शारीरिक और मानसिक दोष, बौद्धिक दोष, परिवार का दोषपूर्ण वातावरण, फिल्मों का बुरा प्रभाव, नैतिक और धार्मिक शिक्षा का अभाव इत्यादि को नवयुवकों में तनाव का कारण मानते हैं।

नवयुवकों में तनाव के सामान्य कारण

साधारण रूप से भारतवर्ष में नवयुवकों में तनाव के निम्नलिखित सामान्य कारण बतलाये जा सकते हैं–

(1) दोषपूर्ण शिक्षा पद्धति–नवयुवकों में तनाव का मुख्य कारण हमारी दोषपूर्ण शिक्षा पद्धति है। इस सम्बन्ध में शिक्षा के पीछे बतलाये गये दोषों को ध्यान में रखना आवश्यक है।

(2) राजनीतिक दलों का हस्तक्षेप–बहुधा यह देखा जाता है कि विभिन्न राजनीतिक दल विद्यार्थी यूनियनों के नेताओं को अपने पक्ष में कर लेते हैं और उनके विरुद्ध भड़काते हैं। इससे नवयुवकों में तनाव बढ़ते हैं।

(3) पारिवारिक नियन्त्रण में कमी– अनेक कारणों से भारत में पारिवारिक विघटन बढ़ा है और पारिवारिक नियन्त्रण कम होता गया है। इससे युवक-युवतियाँ मनमाही करते हैं। घर से बहुत दूर होटलों में रहने पर तो उन पर कोई नियन्त्रण ही नहीं रह जाता।

(4) नैतिक और धार्मिक शिक्षा का अभाव – कुछ विचारकों के अनुसार विद्यार्थियों में चरित्र निर्माण के लिए नैतिक और धार्मिक शिक्षा आवश्यक है। इसके अभाव में वे अनुशासनहीन रहते हैं।

(5) पुलिस का दुर्व्यवहार–विद्यार्थियों में आत्मसम्मान की तीव्र भावना पाई जाती है और इसलिए जहाँ कहीं पुलिस उनसे थोड़ा भी दुर्व्यवहार करती है वहाँ उनमें पुलिस के विरुद्ध प्रतिहिंसा की आग भड़क उठती है जो कभी-कभी हिंसात्मक रूप धारण कर लेती है। उत्तर प्रदेश के लखनऊ विश्वविद्यालय के विद्यार्थियों की आये दिन पुलिस से मुठभेड़ होती रहती है।

(6) विद्यालयों का कुप्रबन्ध–गैर-सरकारी शिक्षा संस्थाओं में प्रबन्ध समितियों के सदस्य विद्यालय के कार्य में मनमाना हस्तक्षेप करते हैं और शिक्षकों को कुछ नहीं समझते। उनके नाते रिश्तेदार विद्यार्थी विद्यालय में शिक्षकों का सम्मान नहीं करते और उनकी देखा-देखी अन्य विद्यार्थियों में भी शिक्षकों का सम्मान उठ जाता है। पिछले कुछ वर्षों में अनेक अध्यापक और मुख्य अध्यापक विद्यालय में अपनी सत्ता बनाये रखने के लिए विद्यार्थियों को प्रबन्ध समितियों के विरुद्ध भड़काते हैं। दूसरी ओर, वे सदस्य भी विद्यार्थियों को अध्यापकों के विरुद्ध भड़काते हैं। ऐसी स्थिति में अनुशासनहीनता फैलना स्वाभाविक है।

(7) छात्र संघों की अनुचित कार्यवाहियाँ–छात्र संघ इसलिये बनाये जाते हैं कि वे विद्यार्थियों की समस्याओं पर विचार करें और उन समस्याओं को सुलझायें किन्तु इस लक्ष्य का भूलकर अनेक विद्यार्थी नेता छात्र संघ की शक्ति और

धन को अनुशासनहीनता फैलाने में लगाते हैं और विद्यालय में अपनी व्यक्तिगत सत्ता स्थापित करने के लिए अनुशासनहीनता फैलाते हैं।

(8) फैशन और श्रृंगारिक भावनायें—फैशन, फिल्म, सस्ते उपन्यास आदि अनेक कारकों ने युवक-युवतियों में श्रृंगारिक भावनाओं को बढ़ाया है। सहशिक्षा से उनके मिलने-जुलने के अवसर भी अधिक आते हैं। यौन शिक्षा के अभाव में वे भले-बुरे को नहीं समझते। अस्तु, रोमांस के प्रश्न को लेकर ही आये दिन विद्यार्थियों में गुटबन्दी दिखलाई पड़ती है और बहुधा हिंसात्मक व्यवहार भी देखा जाता है।

(9) भावी बेकारी—आधुनिक शिक्षा प्राप्त करने वाले व्यक्ति को शिक्षा समाप्त करके काम मिलना आवश्यक नहीं है। अस्तु, भावी बेकारी की आशंका से नवयुवकों में बराबर असन्तोष बना रहता है।

(10) बढ़ती हुई इच्छायें—आधुनिक काल में नवयुवकों में भौतिक वस्तुओं की इच्छायें बराबर बढ़ती जाती हैं। जीवन स्तर को अत्यधिक ऊँचा करने की इच्छा से वे अनुचित उपायों से भी धन कमाने में पीछे नहीं हटते। इससे भी तनाव बढ़ते हैं।

युवकों में तनाव दूर करने के उपाय

विभिन्न समितियों ने युवकों में तनाव की जाँच करके उन्हें दूर करने के उपाय भी बतलाये हैं। इस सम्बन्ध में नरेन्द्र देव कमेटी ने निम्नलिखित सुझाव उपस्थित किये हैं—

(1) जिस स्थान पर अध्यापक रहता है, उस स्थान के 10-15 विद्यार्थी उसके निरीक्षण में रखे जाने चाहियें।

(2) अनुशासित विद्यार्थियों की प्रशंसा की जानी चाहिये।

(3) ऐसी समितियों का संगठन होना चाहिये जिनमें अध्यापक और अभिभावक मिल बैठकर नवयुवकों में तनावों को दूर करने के उपायों के विषय में विचार विमर्श करें।

(4) एजुकेशन कोड में निर्धारित आयु दो वर्ष कम करके विद्यार्थियों को कक्षा में प्रवेश करने की अनुमति दी जानी चाहिये।

(5) प्रधानाचार्य को ही शारीरिक दण्ड देने और कालेज से रस्टीकेशन के अधिकार होने चाहियें।

(6) विद्यार्थियों में अनुशासन बनाए रखने के लिये प्रीफेक्ट प्रथा चलाई जानी चाहिये।

(7) विद्यार्थियों में वर्ष में 40 घण्टे ऐसे कार्य को दिये जाने चाहियें जिससे उनमें शारीरिक श्रम और समाज सेवा की इच्छा उत्पन्न हो।

(8) आकाशवाणी द्वारा बालोपयोगी आवश्यक कार्यक्रमों को प्रसारित किया जाना चाहिये।

(9) फिल्मों का वर्गीकरण होना चाहिये और वे ही फिल्म बालक-बालिकाओं को दिखाई जानी चाहियें जो उनके लिये उपयोगी हों।

(10) एक ऐसा रजिस्टर बनाया जाना चाहिए जिसमें विद्यार्थियों की प्रगति और व्यवहार का पूर्ण विवरण हो।

मुदालियर कमीशन के अनुसार नवयुवकों में तनाव दूर करने के लिए निम्नलिखित उपाय अपनाये जाने चाहियें—

(1) अध्यापकों तथा विद्यार्थियों में निकटतम सम्बन्ध स्थापित करने के लिए कक्षाओं में भीड़-भाड़ कम की जानी चाहिए।

(2) विद्यालय में अनुशासन स्थापित करने का उत्तरदायित्व छात्र समितियों पर होना चाहिये।

(3) अनुशासन की शिक्षा के लिए सैनिक शिक्षा, सामूहिक खेल, रैडक्रास और बालचर संगठन आदि से लाभ उठाया जाना चाहिये।

(4) विद्यार्थियों को राजनीतिक चुनावों में भाग लेने से रोका जाना चाहिये।

(5) किसी विशेष धर्म की शिक्षा न देकर सामान्य धार्मिक शिक्षा दी जानी चाहिये।

(6) विद्यार्थियों को चरित्र की शिक्षा दी जानी चाहिए और सभी सामाजिक संस्थाओं में संयोजन करके इस शिक्षा को प्रभावशाली बनाया जाना चाहिए। अध्यापकों को यह अनुभव कराया जाना चाहिए कि वे समाज के निर्माता हैं और श्रेष्ठ मानव हैं।

उपकुलपतियों के सम्मेलन में विद्यार्थियों में अनुशासनहीनता दूर करने के लिये निम्नलिखित सुझाव उपस्थित किये गये हैं—

(1) नैतिक शिक्षा पर जोर दिया जाए।

(2) अध्यापकों की संख्या बढ़ाई जाए।

(3) प्रतिभाशाली और योग्य व्यक्तियों को अध्यापन की ओर आकृर्षित करने के लिए वेतन क्रम में वृद्धि की जाये।

(4) विद्यालय के आचारशास्त्र का उल्लंघन करने पर दण्ड दिया जाए।

(5) केवल शोध कार्य करने वाले विद्यार्थियों के अतिरिक्त 25 वर्ष से अधिक आयु के विद्यार्थियों को विद्यालयों में न रहने दिया जाए।

(6) डिग्री की परीक्षाओं के साथ-साथ विद्यार्थियों को उनके आचरण में भी अंक दिए जायें।

नवयुवकों में तनाव दूर करने के लिए उपरोक्त सुझावों से यह स्पष्ट होता है कि इसके लिए सभी ओर से प्रयास करना आवश्यक है। सरकार, अध्यापक और अभिभावक सभी को मिलकर नवयुवकों में तनाव कम करने का प्रयास करना चाहिये। नवयुवकों में फैली व्यापक बेकारी को दूर करना आवश्यक है। जनजातियों के समान युवागृहों की स्थापना से भी नवयुवकों में तनाव कम किये जा सकते हैं।

अभ्यास के लिए प्रश्न

1. भारतवर्ष में युवक तनाव के कारण बतलाइये और उसे दूर करने के लिये उपाय सुझाइये।
2. संक्षिप्त टिप्पणी लिखिये—विद्यार्थी असन्तोष

16

भारत में दहेज प्रथा
(Dowry System in India)

ऐतिहासिक दृष्टि से दहेज-प्रथा सामन्ती युग की देन मानी जाती है। धीरे-धीरे इस प्रथा का प्रचलन समाज के अन्य वर्गों में भी होने लगा। आर्थिक स्थिति ठीक न होने पर भी लोग अपनी झूठी प्रतिष्ठा को बनाये रखने के लिए कर्ज लेकर दहेज देने लगे। वर-पक्ष को लालची बनाकर लड़कों का व्यापार होने लगा है। धीरे-धीरे दहेज लेना व देना एक प्रथा बन गयी। इसके अतिरिक्त और भी अनेक कारण थे, जिसके कारण दहेज देना अनिवार्य हो गया जैसे—उच्च सामाजिक स्थिति का द्योतक, लड़के को पाने का स्पर्धा मूल्य, कठोर जाति-प्रथा।

दहेज के अभिशाप

दहेज-प्रथा सामाजिक परम्परा के रूप में घर कर गयी है। विवाह के समय उसे अनिवार्य समझा जाता है। यह प्रथा केवल समाज के लिये ही अभिशाप सिद्ध नहीं हुई वरन् इस प्रथा ने न जाने कितने व्यक्तियों के जीवन को नारकीय बना दिया है। इसके आये दिन दुष्परिणाम सुनाई दे रहे हैं। दहेज न लाने वाली लड़कियाँ या तो तिल-तिल करके घुटती रहती हैं या आत्महत्या कर लेती हैं या उसके ससुराल वाले किसी न किसी तरह उसे मार डालते हैं। समाचार में आये दिन ऐसे समाचार आते रहते हैं। दहेज-प्रथा के दुष्परिणामों की और भी अनेक मिसालें हैं। कुछ जातियों में इसी प्रथा से छुटकारा पाने के लिये जन्म लेते ही कन्या की हत्या कर दी जाती है, जिससे न रहे बांस न बजेगी बाँसुरी। दहेज के लोभी यह भूल जाते हैं कि उनकी भी बहनें और बेटियाँ हैं। उन्हें सोचना चाहिये कि यदि इसी तरह का दुर्व्यवहार उनकी अपनी लड़कियों और बहनों के साथ हो तो उनके दिलों पर क्या बीतेगी ? लेकिन हर वर्ग इसे समझ ले तो समाज में सभी दम्पत्तियों का जीवन सुखी व समृद्ध बन सकता है।

दहेज-प्रथा उन्मूलन

दहेज के बारे में महात्मा गाँधी ने लिखा है-''दहेज प्रथा के विरुद्ध जबरदस्त जनमत बनाया जाना चाहिये और जो नौजवान इस प्रकार गलत ढंग से लिए गये धन से अपने हाथों को पवित्र करें, उन्हें जाति से बहिष्कृत कर देना चाहिये।'' इसमें जरा भी सन्देह नहीं कि यह एक हृदयहीन बुराई है।

दहेज लेने के विरोध में समाज सुधारक आरम्भ से ही समाज को चेतावनी देते आ रहे हैं। राजा राममोहन राय, दयानन्द सरस्वती, विवेकानन्द आदि महापुरुषों ने भी इस प्रसंग में पर्याप्त प्रयास किये। सरकार ने इसकी रोकथाम के लिये अनेक प्रयास किये, अनेक कानून बनाये, भारत की संसद से एक कानून पारित हो चुका है कि दहेज लेने व देने वाले को छः माह का कारावास व 2000 रुपये का दण्ड दिया जा सकता है, लेकिन किसी भी समस्या के लिये जन-सहयोग आवश्यक है।

आज दहेज-प्रथा के उन्मूलन के लिए अनेक सामाजिक संस्थायें कार्यरत हैं। अनेक समाचार-पत्रों द्वारा इसके विरुद्ध आवाज उठायी जा रही है। दहेज-प्रथा को समाप्त करने के लिए सरकार व जनता को लगन से कार्य करना होगा। युवक-युवतियों को इस प्रकार की शिक्षा दी जाये जिससे वे दहेज प्रथा का विरोध करें। शिक्षा के माध्यम से अन्तर्जातीय विवाहों को प्रोत्साहन मिलेगा जिससे बेमेल विवाह में कमी होगी, जाति प्रथा समाप्त होगी। वर-पक्ष शिक्षित कन्या मिलने पर विवाह के अवसर पर दहेज की माँग नहीं करेंगे।

सारांश यह है कि समाज को इस दहेज-रूपी बीमारी ने बहुत ग्रस लिया है। यह लेन-देन का चक्र अत्यधिक तेजी से चल रहा है। इसकी जड़ें इतनी गहरी हैं कि उसके उन्मूलन में अभी समय लगेगा, यद्यपि सरकार दहेज लेने-देने पर कानून बना चुकी है। अब दहेज की वस्तुओं का सार्वजनिक प्रदर्शन वर्जित है। सन् 1976 के प्रथम सात-आठ माह तक यह अभियान बड़ी तेजी से चला। कॉलेजों और विश्वविद्यालयों के युवक-युवतियों ने दहेज न लेने व देने की शपथ ली। प्रत्येक युवक दाम्पत्य सूत्र के बन्धन में बँधने के अवसर पर इन प्रतिज्ञाओं को नहीं भूले तो समाज को अवश्य ही इस कुप्रथा से मुक्ति मिल जायेगी।

अभ्यास के लिए प्रश्न

1. भारतवर्ष की दहेज-प्रथा पर निबन्ध लिखिये।

17

अलगाव, विवाह-विच्छेद एवं परित्याग
(Desertion, Divorce and Separation)

अलगाव
(Desertion)

अलगाव, पति-पत्नी के सम्बन्ध विच्छेद की एक ऐसी स्थिति है जिसके अन्तर्गत विवाह सम्बन्ध यथावत् रहता है, सिर्फ उन्हें एक दूसरे से अलग रहने का अधिकार मिल जाता है। अलगाव एक निश्चित अवधि के लिये होता है। अलगाव दो प्रकार का हो सकता है–

(1) जबकि प्रार्थना पत्र देने के लगातार दो वर्ष पहले से दूसरे पक्ष ने प्रार्थी को छोड़ रखा हो।

(2) प्रार्थी के साथ दूसरे पक्ष द्वारा इतना अधिक अत्याचार किया गया हो जिससे प्रार्थी के दिमाग में यह उचित भय हो कि दूसरे के साथ रहना उसके लिये हानिकारक है।

(3) दूसरा पक्ष प्रार्थना-पत्र देने के एक वर्ष पूर्व से विषाक्त कोढ़ से पीड़ित हो।

(4) दूसरे पक्ष ने विवाह के पश्चात् किसी अन्य व्यक्ति से यौन सम्बन्ध बना लिया हो।

विवाह-विच्छेद
(Divorce)

विवाह-विच्छेद वह स्थिति है जिसमें पति-पत्नी का वैवाहिक सम्बन्ध अंतिम रूप से टूट जाता है, दोनों ही पक्ष उस सम्बन्ध से अपने को विमुक्त समझने लगते हैं और उन्हें एक दूसरे के साथ रहने, सहवास करने अथवा यौन-सम्बन्ध स्थापित करने का अधिकार नहीं रह जाता है। विवाह-विच्छेद, जिसे हम तलाक के नाम से जानते हैं, वैवाहिक सम्बन्धों का वैधानिक अन्त है। तलाक के लिये कानून का सहारा लिया जाना आवश्यक नहीं है। यह अदालत के हस्तक्षेप के बिना सामाजिक नियमों

के अनुसार भी हो सकता है। विवाह-विच्छेद अथवा तलाक वैवाहिक जीवन की असफलता का द्योतक है।

विवाह-विच्छेद उचित है या नहीं इस बारे में काफी मतभेद हैं। कुछ इसे उचित मानते हैं तथा कुछ अनुचित मानते हैं,इनके चाहे जैसे भी परिणाम हों लेकिन आधुनिक समय में विवाह-विच्छेद की आवश्यकता को अस्वीकार नहीं किया जा सकता जैसा कि निम्नलिखित कारणों से स्पष्ट है—

(1) विवाह-विच्छेद का अधिकार प्राप्त होने से स्त्रियों की सामाजिक एवं पारिवारिक स्थिति में सुधार होगा, पुरुष वर्ग उस पर मनमाने तरीके से अत्याचार नहीं कर सकेगा।

(2) हिन्दू विवाह अधिनियम के अन्तर्गत सारे अधिकार पुरुषों के पक्ष में सुरक्षित हैं, स्त्रियों को कोई अधिकार प्राप्त नहीं है। अतः विवाह-विच्छेद का अधिकार मिलना बहुत आवश्यक है।

(3) विवाह के सम्बन्ध में स्त्री पुरुषों में समानता का रूख अपनाने के लिए विवाह-विच्छेद उचित है।

(4) स्त्रियों के असुखी वैवाहिक जीवन को सुखी बनाने के लिये उन पर पतियों द्वारा हो रहे अत्याचार को कम करने के लिये, शराबी, अत्याचारी, जुआरी जीवन-साथी से मुक्ति दिलाने के लिये विवाह-विच्छेद बहुत आवश्यक है।

(5) वर्तमान समय में सभी सामाजिक संस्थाओं एवं उनकी अवस्थाओं में महत्वपूर्ण परिवर्तन आ रहे हैं। ऐसी दशा में यदि 'विवाह' जैसी प्रमुख सामाजिक संस्था समय की आवश्यकताओं के अनुरूप स्वयं को परिवर्तित नहीं करेगी तो इससे सामाजिक विघटन की आशंका बनी रहेगी। इस दृष्टिकोण से भी विवाह-विच्छेद को आवश्यक माना जा सकता है।

विवाह-विच्छेद के लिये उचित आधार

विवाह-विच्छेद के लिये उचित आधार निम्नलिखित हैं—

हिन्दू विवाह अधिनियम, 1955 के अनुसार व्यभिचारिता, अशिभत्यजन, क्रूरता, धर्म-परिवर्तन, मानसिक खराबी, यौन-रोग, संसार-परित्याग, नपुसंकता, सात वर्ष तक लापता तथा न्यायिक अलगाव की डिक्री आदि ऐसे अनेक आधार हैं जिस वजह से विवाह-विच्छेद हो सकता है।

विवाह-विच्छेद के दुष्परिणाम

विवाह-विच्छेद के मुख्य रूप से निम्नलिखित दुष्परिणाम होते हैं—

(1) विवाह-विच्छेद, अन्य पारिवारिक सदस्यों को मानसिक उत्पीड़न देता है, परिवार विघटित हो जाता है, विवाह-विच्छेद एक अप्रिय घटना है।

(2) विवाह-विच्छेद से संतानों के लालन-पालन की समस्या गम्भीर हो जाती है तथा उनका भविष्य खतरे में पड़ जाता है।

(3) विवाह विच्छेद ऐसी स्त्रियों के लिये एक दु:खद घटना है जो अशिक्षित हैं एवं आर्थिक रूप से आत्म-निर्भर नहीं हैं, ऐसी स्त्रियों के समक्ष विवाह-विच्छेद के पश्चात् भरण-पोषण की समस्या उत्पन्न हो जाती है।

मुस्लिम समाज में विवाह-विच्छेद

यहाँ पर यह विशेष रूप से उल्लेखनीय है कि विवाह-विच्छेद के सम्बन्ध में मुस्लिम समाज हिन्दू समाज से भिन्न धारणा रखता है। हिन्दू समाज में तलाक के लिये अदालत की शरण लेना आवश्यक है। इसके बिना तलाक सम्भव नहीं है जबकि मुस्लिम समाज में बिना अदालत के भी तलाक सम्भव है। इस्लाम धर्म के अनुसार पुरुषों को अपनी स्त्री को छोड़ देने का पूरा अधिकार है तथा अपने इस अधिकार का उपयोग करने के लिये उसे न्यायिक शरण में जाने की आवश्यकता नहीं है।

परित्याग

हिन्दू विवाह अधिनियम, 1955 के अनुसार विवाह में एक पक्ष द्वारा दूसरे को उसकी सहमति के बिना एवं बिना किसी उचित कारण के छोड़ देना 'परित्याग' है। परित्याग को अभित्याग, परित्यक्त, आदि अनेक नामों से सम्बोधित किया जाता है। सर्वश्री ईलियट तथा मैरिल ने लिखा है कि आमतौर पर अभित्याग का अर्थ है पति अथवा पत्नी के द्वारा अनुत्तरदायी ढंग से इस बात की परवाह न करते हुए घर छोड़कर चले जाना कि परिवार का क्या होगा। इस प्रकार परित्याग का आशय पत्नी या पति द्वारा परिवार के दायित्व को ध्यान में रखे बिना छोड़कर चले जाना है। परिवार को छोड़कर चले जाने वालों में अर्थात् परित्याग का सहारा स्त्रियों की तुलना में पुरुष अधिक लेते हैं क्योंकि सहनशीलता नारी का एक पैदायशी गुण होता है। प्राय: यह होता है कि आर्थिक कष्ट, संघर्ष, समस्याओं आदि से तंग आकर पुरुष अपने दायित्व से मुँह छिपाकर भाग खड़ा होता है।

परित्याग के प्रकार

परित्याग के कुछ प्रमुख प्रकार अथवा स्वरूप निम्नलिखित हैं—

(1) **अस्थायी परित्याग**—ज़ब विवाह का एक पक्ष दूसरे पक्ष का स्थायी रूप से परित्याग कर देता है तो यह स्थायी परित्याग कहलाता है। इसे विवाह विच्छेद का आसान विकल्प भी कहा जा सकता है।

(2) **अस्थायी परित्याग**—इस स्थिति में पति-पत्नी क्रोध वश या अन्य किसी कारण से पहले तो परित्याग कर देते हैं, बाद में स्वयं ही अपनी गलती का एहसास कर या अन्य किसी समस्या के कारण पुन: साथ-साथ रहने लगते हैं।

(3) **सामयिक परित्याग**—इस प्रकार का परित्याग विपत्ति के समय घर छोड़कर चला जाना है, तथा विपत्ति के टल जाने पर वापस आ जाता है।

(4) छद्म परित्याग—इस प्रकार का परित्याग छद्म, बनावटी व कृत्रिम है, जिसका अभिप्राय सहानुभूति एवं सामाजिक संस्थाओं द्वारा आर्थिक सहायता प्राप्त करना होता है, इस प्रकार का परित्याग निर्धन वर्ग में अधिक होता है।

(5) क्रमिक परित्याग—परित्याग के इस स्वरूप में पति पहले तो दूर रहकर परिवार को सहायता आदि भेजता रहता है, लेकिन शनैः-शनैः यह सहायता बन्द हो जाती है और पति परिवार का परित्याग कर देता है।

परित्याग के कारण

परित्याग के प्रमुख कारण निम्नलिखित हैं—

(1) परित्याग का मुख्य कारण पति-पत्नी के मध्य वैचारिक मतभेद का पाया जाना है।

(2) आत्म-सम्मान पर कुठराघात होना।

(3) तनाव एवं संघर्ष, अशांति आम दिनचर्या बन जाना।

(4) बेमेल विवाह हो जाना।

(5) एक दूसरे के साथ प्रसन्न एवं सुखी न रह पाना।

(6) पारिवारिक कलह एवं असामंजस्य।

(7) वैवाहिक जीवन नीरस व ऊब पूर्ण हो जाना।

परित्याग एवं विवाह-विच्छेद में अन्तर

(1) परित्याग में पति-पत्नी का वैवाहिक सम्बन्ध समाप्त नहीं हो जाता, जबकि विवाह-विच्छेद में वैवाहिक सम्बन्ध समाप्त हो जाता है।

(2) परित्याग अस्थायी हो सकता है जबकि विवाह विच्छेद स्थायी होता है।

(3) विवाह-विच्छेद सामाजिक एवं कानूनी मसला है जबकि परित्याग पति-पत्नी का आपसी एवं निजी मसला है।

(4) विवाह विच्छेद के लिए परित्याग आवश्यक है लेकिन परित्याग के लिये विवाह-विच्छेद आवश्यक नहीं है।

(5) परित्याग के पश्चात् पति-पत्नी पुनः एक हो सकते हैं जबकि विवाह-विच्छेद के पश्चात् वैवाहिक स्थिति को पुनः प्राप्त नहीं किया जा सकता है।

(6) परित्याग विवाह-विच्छेद के पूर्व की स्थिति है जबकि विवाह-विच्छेद परित्याग की अंतिम परिणति है।

अभ्यास के लिए प्रश्न

1. अलगाव, विवाह-विच्छेद एवं परित्याग में अन्तर कीजिये।

18

मद्यपान और नशाखोरी
(Alcoholism and Drug Addiction)

यद्यपि मद्यपान सदैव विघटन नहीं करता, परन्तु फिर भी मद्यपान व्यक्तिगत विघटन का एक बड़ा कारण माना जाता है। मजदूर वर्ग में मद्यपान से अनेक सामाजिक और आर्थिक समस्यायें उत्पन्न होती हैं। अत्यधिक मद्यपान से व्यक्ति को भले-बुरे की तमीज नहीं रहती और वह अनेक अनुचित काम कर गुजरता है। मद्यपान से व्यक्ति अनियन्त्रित हो जाता है। इस प्रकार मद्यपान सामाजिक विघटन भी उत्पन्न करता है। भारतवर्ष में निर्धन लोगों में मद्यपान उनकी दशा को और भी गिरी रखता है। इस प्रकार मद्यपान निर्धनता बढ़ाता है और उससे राष्ट्रीय सम्पत्ति का अपव्यय होता है। मद्यपान पारिवारिक विघटन का एक बड़ा कारण है। विशेषतया स्त्री और बच्चों पर उसका बहुत बुरा प्रभाव पड़ता है।

मद्यपान के रूप

मद्यपान करने वाले लोगों में कुछ तो मानसिक विकारों के कारण मद्यपान करते हैं, परन्तु बहुत से लोग ऐसे हैं जो मानसिक रूप से स्वस्थ रहते हुये भी मद्यपान की आदत डाल लेते हैं। मद्यपान के विभिन्न रूप निम्नलिखित हैं—

(1) **प्रातः मद्यपान**—कुछ बीमारियों की दशा को छोड़कर यह सदैव हानिकारक है।

(2) **पलायन मद्यपान** (Escape Drink)—कुछ लोग अपने दुःखों या परेशानियों को भूल जाने के लिए अथवा उनसे भागने के लिए मद्यपान करते हैं। निर्धन और शोषित लोगों में इस तरह का मद्यपान बहुत पाया जाता है। स्थायी रूप से कुछ सन्तोष देते हुये भी इस तरह का मद्यपान व्यक्तित्व को असन्तुलित बनाता है।

(3) **आदत के अनुसार मद्यपान**—प्रारम्भ में मद्यपान चाहे किसी भी कारण से किया जाये, क्रमशः वह एक आदत बन जाता है। मद्यपान की मात्रा भी धीरे-धीरे बढ़ती जाती है। इस प्रकार का मद्यपान रोकने में बड़ी कठिनता होती है, चाहें उससे व्यक्ति को कितनी भी हानि क्यों न होती हो।

भारतवर्ष में लगभग सभी राज्यों में किसी न किसी रूप में मद्यपान पाया जाता है। केवल नगरों में ही नहीं, बल्कि गाँवों में भी तरह-तरह के नशे का प्रयोग काफी प्रचलित है। केवल शराब ही नहीं पी जाती, बल्कि गाँजा, चरस, भाँग आदि का भी खूब प्रयोग किया जाता है। मद्यपान के साथ-साथ उत्तर-प्रदेश में मद्यपान सम्बन्धी अपराध भी अत्यधिक पाये जाते हैं।

मद्यपान से हानियाँ

मद्यपान या नशाखोरी किसी भी विकासमान अथवा उन्नत व्यक्ति अथवा समाज के लिये भौतिक, मानसिक तथा आध्यात्मिक सभी दृष्टिकोण से हानिकारक है। भारत एक विकासमान देश है। अभी देश की आर्थिक स्थिति बड़ी पिछड़ी हुई है। अतः यहाँ तो नशा एक भंयकर अभिशाप के समान है जिसके छूटे बिना देश की वास्तविक उन्नति नहीं हो सकती। नशाखोरी से कुछ मुख्य हानियाँ निम्नलिखित हैं–

(1) **राष्ट्रीय सम्पत्ति का अपव्यव**-अनुमान किया जाता है कि भारत में नशा निषेध से क्रय शक्ति 140 करोड़ तक बढ़ जायेगी जिनमें से 94 करोड़ रुपये उपयोगी और उत्पादक कामों मे लगाये जा सकेंगे। स्पष्ट है कि मद्यपान से राष्ट्रीय आय का कितना भयंकर अपव्यव हो रहा है।

(2) **स्वास्थ्य का निम्न स्तर**-मद्यपान से सार्वजनिक स्वास्थ्य का स्तर गिर जाता है, क्योंकि मद्यपान से व्यक्तियों को शारीरिक हानि पहुंचती है और मद्यपान में पैसा बर्बाद हो जाने के बाद उनके पास पौष्टिक भोजन के लिये पर्याप्त पैसा नहीं बचता।

(3) **कार्य कुशलता में कमी**- मद्यपान से स्वास्थ्य का स्तर नीचा होता है। अतः उससे कार्य कुशलता में कमी आना भी अवश्यम्भावी है। कार्यकुशलता के लिये मेहनत, दृढ़ संकल्प, सावधानी आदि जिन गुणों की आवश्यकता है वे नशा करने वालों में बहुत कम दिखाई पड़ते हैं।

(4) **निर्धनता में वृद्धि**- भारतवर्ष में किसान, श्रमिक आदि अत्यन्त निर्धन हैं और दुर्भाग्य से नशे का दुर्व्यसन भी इन्हीं में सबसे अधिक है। इस प्रकार मद्यपान देश में निर्धनों को और निर्धन बनाता है।

(5) **मानसिक असंतुलन**-नशे की दशा में मानसिक सन्तुलन नहीं रहता। नशे से उत्पन्न रोगों से भी व्यक्ति का मानसिक सन्तुलन बिगड़ता रहता है। नशे के परिणामस्वरूप कार्यकुशलता आदि में कमी और गरीबी के बढ़ने से मानसिक संतुलन कम होता है।

(6) **व्यक्तिगत विघटन**- स्वास्थ्य और कार्यकुशलता का निम्न स्तर, निर्धनता, मानसिक असंतुलन आदि मिलकर नशा करने वाले व्यक्तियों के विघटन के कारण होते हैं। शराबी आदमी कर्त्तव्य-अकर्त्तव्य का विवेक खो बैठता है। अफीमची में संकल्प शक्ति नहीं रहती।

(7) **पारिवारिक विघटन-** व्यक्तिगत विघटन होने पर विशेषतः जबकि वह परिवार के मुखिया और कमाने वाले पुरुष में हो, परिवार का विघटन (Family Disorganisation) अनिवार्य है। जिस परिवार में मुखिया का सम्मान न रह जाये जहाँ खाने-पीने और जीवन की आवश्यकताओं की भी तंगी हो उसमें परिवार का सुख कैसे रह सकता है? नशेबाज लोग न स्त्री का सम्मान करते हैं और न बाल-बच्चों की परवाह करते हैं। अतः बालक-बालिकायें अपराध की राह पर चल देते हैं और पूरा परिवार विघटित हो जाता है।

(8) **अपराध में वृद्धि-** इस प्रकार नशाखोरी से देश में अपराध और किशोरापराध बढ़ते हैं, अनैतिकता, व्यभिचार, वेश्यागमन, कत्ल, मारपीट आदि में वृद्धि होती है।

(9) **सामाजिक विघटन-** उपरोक्त परिणामों से सामाजिक विघटन बढ़ता है। जिस समाज में व्यक्ति और परिवार विघटित हो वह संगठित रह ही कैसे सकता है?

मद्य-निषेध

मद्य-निषेध का अर्थ

मद्य अथवा नशे का अर्थ उन वस्तुओं से है जिनके सेवन से कृत्रिम उत्तेजना अथवा कृत्रिम अचेतना अथवा न्यून चेतनता की स्थिति उत्पन्न हो। उदाहरण के लिये शराब पीने से कृत्रिम उत्तेजना आती है, अफीम खाने से अचेतनता आती है, भाँग का सेवन करने से चेतना कम होती है। ये सब प्रभाव कृत्रिम रूप से उत्पन्न किये जाते हैं अतः इनकी प्रतिक्रिया शरीर के स्वास्थ्य के लिये हानिकारक होती है। नशे की दशा में व्यक्ति बौद्धिक विवेक खो बैठता है और बहुत से ऐसे काम कर बैठता है जो उचित नहीं हैं। अत्यधिक नशे से शरीर को स्थायी हानि होती है। अतः प्रगतिशील राज्यों में राज्य की ओर से नशे पर रोक लगा दी है। यही रोक नशा निषेध कहलाता है। परन्तु यह रोक पत्थर की लकीर नहीं हैं। यदि किसी नशीली वस्तु का किसी मात्रा में सेवन किसी व्यक्ति के लिये औषधि के रूप में आवश्यक है तो नशा निषेध में उस पर रोकथाम नहीं की जाती। इस प्रकार मद्य-निषेध एक गतिशील प्रत्यय है जोकि देश, काल तथा व्यक्ति विशेष की परिस्थितियों के अनुसार बदल सकता है। ठण्डे देशों में मद्य-निषेध हूबहू उसी रूप में लागू नहीं किया जा सकता जिस रूप में गर्म देशों में किया जाता है। मद्य-निषेध का अर्थ केवल नशे की वस्तुओं के सेवन पर रोक लगाना ही नहीं है। उसमें नशे की वस्तुओं बनाने तथा बेचने पर भी रोक लगाई जाती है। सरकारी लाइसेन्स के बिना कोई व्यक्ति न तो नशे की वस्तुओं को बना सकता है और न बेच सकता है। नशा-निषेध पूर्ण भी हो सकता है और आँशिक भी। पूर्ण नशा-निषेध में सब प्रकार के नशे पर सब कहीं सेवन करने, बनाने और बेचने पर पूरी तरह रोक होती है, आंशिक निषेध में केवल कुछ इनी-गिनी नशीली चीजों पर रोक होती है। निषेध

स्थायी भी हो सकता है और अस्थायी भी हो सकता है। भारतवर्ष में कुछ राज्यों में पूर्ण नशा-निषेध है। और कुछ में आंशिक नशा-निषेध है।

मद्य-निषेध से जनता को लाभ

मद्य-निषेध के विरोधियों का कहना है कि यह जनता के लिये लाभदायक नहीं है, क्योंकि नशा करने वालों को इससे कोई अन्तर नहीं पड़ता और नशा करने वाले नशे के बिना न रह सकने के कारण तलब उठने पर और भी हानिकारक उपाय अपनाते हैं जैसे शराब पीने वाला शराब न मिलने पर स्प्रिट ही पीने लगता है जिससे और भी भंयकर हानि होती है। दूसरे, मद्य-निषेध से सरकार की आय का एक अच्छा खासा साधन बन्द हो जाता है और मद्य-निषेध को लागू करने के लिये अतिरिक्त कर्मचारियों पर अलग पैसा खर्च करना पड़ता है। इसके अतिरिक्त मद्य-निषेध से जो काम पहले खुले आम होता था वही छिप कर होने लगता है अर्थात् गैर कानूनी रूप से शराब बनाना, बेचना आदि अपराध बढ़ जाते हैं। परन्तु वास्तव में मद्य-निषेध से होने वाले लाभों के सामने मद्य-निषेध के विरोधी ये तर्क नितान्त नगण्य मालूम पड़ते हैं। मद्य-निषेध से जनता को निम्नलिखित लाभ हैं-

(1) **आर्थिक बचत**- मद्य-निषेध का सबसे प्रत्यक्ष लाभ मद्य में व्यर्थ व्यय होने वाले पैसे की बचत है। मद्य-निषेध से यह पैसा बच जायेगा और शिक्षा, वस्त्र, पौष्टिक भोजन आदि किसी अच्छे काम में लग सकेगा।

(2) **निर्धनों के लिये वरदान**-इस प्रकार निर्धनों के लिए मद्य-निषेध वरदान के समान है। देखा गया है कि श्रमिक और निम्न स्तर के लोगों में मद्य का बड़ा प्रचार होता है। इससे जहाँ उनका स्वास्थ्य और कुशलता कम होती है वहाँ निर्धनता और भी बढ़ती है। स्त्री-बच्चों के भोजन वस्त्र से छीनकर ये लोग जो पैसा नशे में फूँकते हैं, उनकी बचत उनके परविार के लिए वरदान के समान है। महाराष्ट्र राज्य की मद्य-निषेध जाँच कमेटी की रिपोर्ट से यह बात भली प्रकार स्पष्ट होती है। कमेटी ने लिखा है कि, "शराब तथा अन्य नशीली वस्तुओं के न मिलने के कारण जो मजदूरों का रुपया बच जाता है उसके अच्छे परिणाम निकल रहे हैं। उस बचे हुये रुपये से मजूदर कर्ज चुकाता है, मकान की मरम्मत करवाता है और मिट्टी के बर्तनों की जगह पर ताँबे और पीतल के बर्तन खरीदता है। जो अब तक नशा करते थे, वे नशा छोड़ने के बाद उत्तम भोजन पर पैसा खर्च कर रहे हैं, अच्छे कपड़े पहनने लगे हैं, परिवार में स्त्रियों के लिए जेवर बनवाने लगे हैं, बच्चों के लिए खिलौने लाते हैं और उनकी शिक्षा की व्यवस्था करते हैं।" इस प्रकार श्रमिक वर्ग के लिए मद्य-निषेध बड़ा लाभदायक सिद्ध हुआ है। भारतवर्ष में केवल श्रमिकों में ही नहीं बल्कि किसानों में भी मद्य का बड़ा प्रचार था जिससे इन दोनों वर्गों की आर्थिक और सामाजिक दशा अत्यधिक हीन थी। मद्य-निषेध से किसानों की दशा भी सुधर गई है। मद्य-निषेध जाँच समिति (Prohibition Enquiry Committee) के शब्दों में, जो "किसान अब तक खेतों से नाता ही तोड़ बैठे थे, वे अब खेती

के लिए नये नये औजार, नये हल, बैल खरीद रहे हैं और खेती की उन्नति हो रही है।"

(3) **सार्वजनिक स्वास्थ्य में सुधार**- नशा करने से स्वास्थ्य का स्तर नीचे गिरता है और तरह-तरह की घातक बीमारियाँ उत्पन्न होती हैं जिससे लोग अकाल में ही काल कवलित हो जाते हैं। मद्य-निषेध से सार्वजनिक स्वास्थ्य का स्तर ऊँचा उठेगा और रोग कम होंगे तथा जीवन की अवधि भी बढ़ेगी।

(4) **सार्वजनिक कार्य कुशलता में वृद्धि**-नशा करने से कार्यकुशलता कम होती है क्योंकि एक तो इससे स्वास्थ्य खराब होता है, दूसरे चरित्र भ्रष्ट होता हे। नशेबाज लोग कमजोर और मेहनत से जी चुराने वाले बन जाते हैं। मद्य-निषेध से श्रमिकों और किसानों की ही नहीं बल्कि मानसिक काम करने वालों की भी कार्यकुशतला बढ़ेगी जिससे देश में उत्पादन बढ़ेगा, राष्ट्रीय आय बढ़ेगी और सभी का जीवन स्तर ऊँचा उठेगा।

(5) **पारिवारिक सुख में वृद्धि**-नशा पारिवारिक विघटन का एक कारण है। एक तो नशेबाज व्यक्ति अपनी सन्तान को सही रास्ते पर नहीं रख सकता क्योंकि उसका अपना उदाहरण उन्हें बर्बाद करता है तथा वे दिल में उसका आदर नहीं करते। दूसरे, नशे में पैसा बर्बाद करने के कारण वह अपने स्त्री व बच्चों की आवश्यकताओं की ओर ध्यान नहीं देता बल्कि स्त्री के कपड़े, जेवर तथा बालकों की शिक्षा-दीक्षा तथा पौष्टिक भोजन तक से पैसा खींचकर नशे में व्यय करता है। नशेबाज पुरुष स्त्रियों पर नाना प्रकार के अत्याचार भी करने लगते हैं। शराब आदि ने सैकड़ों समृद्ध परिवारों की सुख-शान्ति नष्ट कर दी है और निर्धन परिवारों को नर्क के समान बना दिया है। मद्य-निषेध से परिवार की यह अशान्ति समाप्त होगी और पारिवारिक सुख बढ़ेगा।

(6) **स्त्रियों की दशा में सुधार**- जिन परिवारों में पुरुष शराब आदि नशों में फँस जाते हैं उनकी स्त्रियों को केवल अभाव ही नहीं बल्कि अपमान तथा मार भी सहन करनी पड़ती है। इससे उनकी दशा पशु के समान हो जाती है। नशेबाज की पत्नी से अधिक अभागी और दयनीय स्त्री की कल्पना नहीं की जा सकती। वह उसके जेवर ही नहीं बेचता बल्कि तनिक सा भी मुंह खोलने पर लात घूंसों से उसको मारता भी है। स्त्रियों को इस जीवित नर्क से छुटकारा दिलवाना ही मद्य-निषेध से इतना बड़ा लाभ है कि कोई भी समझदार व्यक्ति उसका विरोध नहीं कर सकता।

(7) **भावी पीढ़ी की रक्षा**- नशा केवल नशा करने वाले को ही बर्बाद नहीं करता बल्कि भावी पीढ़ी के सम्यक् विकास पर भी कुठाराघात करता है। अपराधशास्त्रियों ने पता लगाया है कि अपराधी बालकों, लड़के और लड़कियों में से एक बड़ी संख्या में शराबी माता-पिता की सन्तान होते हैं। मनोवैज्ञानिकों ने इस बात पर जोर दिया है कि माता-पिता बालक के सामने आदर्श के समान होते हैं और बालक उनसे तादात्म्य करके उन्हीं के कामों का अनुसरण करता है, तब फिर एक

नशेबाज पिता के सन्तान का चरित्र अच्छे होने की आशा ही क्या की जा सकती है? नशा निषेध से भावी पीढ़ी की रक्षा होगी, उसका अधिक अच्छी तरह पालन-पोषण हो सकेगा, उसको अपने माता-पिता का प्यार मिल सकेगा, उनको पारिवारिक सुख मिल सकेगा और उनके सामने अच्छे आदर्श उपस्थित होंगे।

(8) **व्यक्तिगत विघटन की रक्षा**-नशा व्यक्तिगत विघटन का एक विशेष कारण है। नशे से व्यक्ति का जीवन असन्तुलित और विघटित हो जाता है। मद्य-निषेध से व्यक्तिगत विघटन कम होगा। इससे सामाजिक विघटन भी कम होगा। नशाबन्दी से व्यक्ति की सामाजिक, आर्थिक दशा में सुधार होगा। उनका सुख बढ़ेगा और साथ ही सम्मान की भी वृद्धि होगी।

(9) **अपराधों में कमी**- नशा बहुत से अपराधों का कारण है। अपराधियों में एक बड़ी संख्या नशेबाजों की होती है। जैया कि टाल्सटाय ने लिखा है, "देखा जाता है कि अनेक अपराधी अपराध करने से पहले सिगरेट पीते हैं। व्यभिचारियों में बड़ी संख्या में शराबी और नशेबाज लोग होते हैं। नशे की हालत में व्यक्ति अपना मानसिक सन्तुलन खो बैठता है और पशु के समान जघन्य से जघन्य अपराध करने से भी नहीं हिचकता।" अतः मद्य-निषेध से अपराधों की संख्या कम होगी, व्यभिचार घटेगा और सबसे अधिक नृशंसता कम होगी।

(10) **ऋणग्रस्तता में कमी**- भारत में निम्न-वर्ग में ऋणग्रस्तता का एक बड़ा कारण नशा भी है। शराब की लत पड़ जाने पर गरीब तो क्या बड़े से बड़े अमीर भी दिवालिया हो जाते हैं। अतः मद्य-निषेध से देश में ऋणग्रस्तता कम होगी।

वास्तव में मद्य-निषेध के सभी लाभों को गिनाने के लिए तो एक अलग ग्रन्थ की आवश्यकता होगी। नशे से व्यक्ति और सामाज की शारीरिक, आर्थिक, सामाजिक, भौतिक, आध्यात्मिक सभी प्रकार की हानि होती है। मद्य-निषेध से इन सबसे रक्षा होगी।

मद्य-निषेध

मद्य-निषेध भारत में "राज्य की नीति के निर्देशक सिद्धान्त" का एक अलग है। संविधान के अनुच्छेद 47 में कहा गया है कि, "राज्य अपनी जनता के पोषण स्तर और जीवन स्तर को ऊँचा उठाने तथा जन-स्वास्थ्य के सुधार को अपने प्राथमिक कर्त्तव्यों में से मानेगा और विशेषकर स्वास्थ्य के लिए हानिकारक नशीले पेयों और औषधियों के औषधीय प्रयोजनों के अतिरिक्त उपभोग को रोकने का प्रयास करेगा।" देश के स्वतन्त्र हो जाने के बाद से भारत सरकार ने मद्य-निषेध की ओर विशेष ध्यान दिया। द्वितीय पंचवर्षीय योजना में प्रत्येक राज्य में मद्य-निषेध का कार्यक्रम बनाने को कहा गया। इस कार्यक्रम में मद्य विरोधी प्रचार, होटलों, क्लबों आदि में शराबखोरी पर रोकथाम तथा अन्य उपाय सम्मिलित थे। विभिन्न राज्यों के मद्य निषेघ सम्बन्धी अनुभवों के प्रकाश में देश में मद्य-निषेध का कार्यक्रम बनाने के लिए 1956 में एक मद्य-निषेघ जाँच समिति स्थापित की गईं। सितम्बर

सन् 1955 को इस समिति ने अपनी रिपोर्ट प्रस्तुत की। 31 मार्च, 1956 को लोक सभा में एक प्रस्ताव द्वारा सरकार ने समिति की इस सिफारिश को मान लिया कि मद्य-निषेध की योजनाओं को देश की विकास योजनाओं के साथ जोड़ लिया जाय। इस विषय में योजना आयोग ने एक कार्यक्रम बनाया है। इस कार्यक्रम में सामान्य दृष्टिकोण पर जोर देते हुये भी राज्यों को स्थानीय परिस्थितियों के अनुरूप योजनायें बनाने को कहा गया है। योजना आयोग ने यह सिफारिश की है कि शराबखोरी के विज्ञापनों और प्रचार को रोका जाये, सार्वजनिक स्थानों पर शराब पीने पर रोक लगाई जाये, क्रमिक कार्यक्रम बनाने के लिए तकनीकी समितियाँ स्थापित की जायें, सस्ते और स्वास्थ्यप्रद पेशों का उत्पादन किया जाय और सामूदायिक विकास खण्डों में मद्य-निषेध को रचनात्मक कार्यक्रम के रूप में लागू किया जाये।

मद्य-निषेध की प्रगति

भारत में बिहार, पश्चिमी बंगाल, जम्मू और काश्मीर के अतिरिक्त सब राज्यों ने मद्य-निषेध के लिए क्रमिक कार्यक्रम लागू करने के लिए कदम उठाये हैं। अधिकांश राज्यों में मद्य-निषेध बोर्ड स्थापित कर दिये गये हैं। विभिन्न राज्यों में निम्न काम हुआ है-

(1) **आन्ध्र प्रदेश**- नशाबन्दी को लागू करने का काम पुलिस को सौंप दिया गया है और सामुदायिक विकास अफसरों के कार्यक्रम में नशाबन्दी भी शामिल है। राज्य में पूर्ण मद्य-निषेध है।

(2) **आसाम**- कामरूप, नौगाँव और गोलपाड़ा जिलों को सूखा क्षेत्र घोषित कर दिया गया है। अन्य जिलों में शराब की बिक्री में कमी, अन्य पेयों की व्यवस्था तथा लाइसेन्सों में कमी आदि को अपनाया गया है। अफीम 1947 से बन्द है। जुलाई 1949 से गाँजा और भाँग भी बन्द कर दिये गये हैं।

(3) **केरल**- मई, 1967 से केरल में 18 वर्ष से ऊपर की आयु के लोगों के हाथ मद्य बेचने पर से रोक हटा ली गई है।

(4) **मध्य प्रदेश**- जुलाई 1937 से सारे राज्य में मद्य-निषेध हटा दिया गया है।

(5) **तमिलनाडु**- पूरा तमिलनाडु राज्य सूखा क्षेत्र है। मद्य-निषेध अपराधों की सजा बढ़ा दी गई है।

(6) **मैसूर**- थोड़े से जिलों को छोड़कर पूरे राज्य में मद्य-निषेध है।

(7) **गुजरात**- पूर्ण मद्य-निषेध है।

(8) **महाराष्ट्र**- पूर्ण मद्य-निषेध है।

(9) **पश्चिमी बंगाल**- पूर्ण मद्य-निषेध कहीं नहीं है किन्तु कुछ शर्तों का पालन आवश्यक है।

(10) **उड़ीसा**- 1 अप्रैल, 1968 से मद्य-निषेध उठा लिया गया है।

(11) **पंजाब**- रोहतक जिला सूखा क्षेत्र है और बाकी जिलों में नशाखोरी को निरुत्साहित करने के लिए कदम उठाये गये हैं।

(12) **राजस्थान**- क्रमशः मद्य-निषेध को लागू करने के लिए एक समिति बनाई गई है और अनेक कार्यक्रम अपनाये गये हैं।

(13) **उत्तर प्रदेश**- 1 दिसम्बर, 1962 से राज्य में अल्प मद्य-निषेध है। राष्ट्रीय दिवस और 57 दिन सूखे दिन है।

(14) **संघीय क्षेत्र**- संघीय क्षेत्रों में मद्य-निषेध की प्रगति निम्नलिखित है-

(i) **अण्डमान निकोबार**- देशी शराब की दुकानें (Toddy Shops) बन्द कर दी गई हैं। देशी शराब का आयात बन्द कर दिया गया है। शराब की दुकानें सप्ताह में पाँच दिन खुली रहती हैं।

(ii) **दिल्ली**- पच्चीस वर्ष से कम आयु के लोगों के हाथ शराब बेचने और शराब का विज्ञापन करने पर नियन्त्रण कर दिया है। क्लबों में शराब देने की मात्रा सीमित कर दी गई हैं। सूखे दिन बढ़ा दिये गये है।

(iii) **हिमाचल प्रदेश**- चौथाई क्षेत्रों में पूर्ण मद्य-निषेध है। अन्य क्षेत्रों में क्रमशः मद्य-निषेध की नीति अपनाई जा रही है।

(iv) **त्रिपुरा**- क्रमशः मद्य-निषेध की नीति अपनाई जा रही है।

अन्य नशों का निषेध

1 अप्रैल, 1959 से सारे देश में रोग की दशा में, औषिधीय कारणों से अथवा आदी होने के अतिरिक्त अफीम का प्रयोग निषिद्ध है। सन् 1946 से भारत में चरस पर पूर्ण प्रतिबन्ध है। 1 अप्रैल, 1956 से उत्तर प्रदेश में गाँजा की बिक्री बन्द कर दी गई है। सन् 1949-50 में मद्रास का सरकारी गाँजा स्टोर बन्द कर दिया गया। बम्बई राज्य में कच्छ और सौराष्ट्र में गांजा और भाँग की बिक्री बन्द कर दी गई है और अन्य जिलों में परमिट व्यवस्था चालू कर दी गई है। मैसूर में गाँजे की खेती और आयात पर रोक लगा दी गई है। देश के अन्य राज्यों में गाँजा और भाँग का मूल्य बढ़ा दिया गया है।

मद्य-निषेध की सफलता

भारत में मद्य-निषेघ कहाँ तक सफल हुआ है, यह नशीली वस्तुओं के उपभोग की लगातार गिरती मात्रा और नशा सम्बन्धी अपराधों की कमी से ज्ञात होता है। मद्य-निषेध वाले राज्यों में आबकारी कर की राशि बराबर घट रही है। अतः जिस सीमा तक देश में मद्य-निषेध लागू किया गया है उसको देखते हुए यह सफलता उत्साहवर्धक है। देश के अन्य राज्यों में पूर्ण मद्य-निषेध हो जाने पर वर्तमान सूखे क्षेत्रों में चोरी-छिपे नशीली चीजों का आयात भी बहुत कम हो जायेगा। इससे उनमें मद्यपान और कम होगा। वास्तव में वर्तमान सूखे क्षेत्रों में मद्य-निषेध की पूर्ण सफलता तभी होगी जबकि देश में सब कहीं मद्य-निषेध को लागू किया जायेगा।

उत्तर प्रदेश में मद्य-निषेध

उत्तर प्रदेश में सबसे पहले अप्रैल 1938 में मद्य-निषेध की बात उठाई गई थी। इसका प्रारम्भ कांग्रेस मन्त्रि-मण्डल ने किया था। अतः सन् 1939 में कांग्रेस मन्त्रि-मण्डल के त्याग-पत्र दे देने के बाद मद्य-निषेध का काम फिर खटाई में पड़ गया। सन् 1946 में पुनः काँग्रेस मन्त्रि-मण्डल बना और उसने फिर मद्य-निषेध की दिशा में रचनात्मक प्रयास करने आरम्भ कर दिये। आजकल यू. पी. के 51 जिलों में से 11 जिलों में मद्य-निषेध है। ये 11 जिले निम्नलिखित हैं- फर्रुखाबाद, एटा, मैनपुरी, बदायूं, प्रतापगढ़, सुल्तानपुर, जौनपुर, उन्नाव, कानपुर, फतेहपुर और रायबरेली। इन 11 जिलों के अतिरिक्त हरिद्वार, ऋषिकेश और वृन्दावन में भी मद्य-निषेध था। सन् 1947-48 में सात जिलों में ही मद्य-निषेध था। इस समय उत्तर प्रदेश की जनसंख्या का पाँचवां भाग और क्षेत्रफल का 17.6 प्रतिशत नशाबन्दी के क्षेत्र में आता है। आर्थिक कठिनाइयों के कारण सरकार अन्य जिलों में मद्य-निषेध नहीं कर रही है। दूसरे, अब नशाबन्दी लागू करने से अधिक उनके प्रचार पर बल दिया जा रहा है, क्योंकि यह देखा गया है कि नशाबन्दी से अधिक यह जरूरी है कि लोग स्वयं नशे के विरुद्ध हो जायें। आबकारी कर और लाइसेन्स कर बढ़ा दिया गया है जिससे नशे का प्रचार कम हो।

यू॰ पी॰ में नशा निषेध के प्रयास

यू॰ पी॰ में केवल मद्य-निषेध कानून ही लागू नहीं किया गया है बल्कि उसकी सफलता के लिए बराबर प्रयास भी किये जा रहे हैं। कुछ मुख्य प्रयास निम्नलिखित हैं-

(1) **निरोध प्रचार**- यू॰ पी॰ सरकार ने यह अनुभव किया है कि जब तक लोग स्वयं हृदय से नशा छोड़ने को तैयार न हों तक केवल नशाबन्दी कानून से कुछ नहीं हो सकता। अतः मद्य-निषेध के लिये नशा विरोध प्रचार पर बड़ा जोर दिया जा रहा है। कैम्पों, मेलों सभाओं और नुमाइशों में मद्यपान का दुष्परिणाम दिखाने वाले चार्ट, चित्र और फिल्म दिखाये जाते हैं। शराब के प्रचार वाले स्थानों पर शराब विरोधी प्रचार करने के लिए भजन मण्डलियाँ और कीर्तन मण्डलियाँ भेजी जाती हैं। शराब पीने वालों के लिए मनोरंजन का प्रबन्ध करके उनको खेलों आदि में लगाकर शराब की आदत छुड़ाने की चेष्टा की जाती है। स्थान-स्थान पर लोगों से शराब न पीने की प्रतिज्ञायें कराई जाती हैं।

(2) **नशे के विरुद्ध सामाजिक दबाव को उकसाना**- नशा रोकने के लिए नशे के विरुद्ध सामाजिक दबाव को उकसाया जाता है। यू॰ पी॰ में निम्न जातियों में बिरादरी में पंचायतों का अब भी सम्मान है और वे व्यक्ति के आचरण पर बहुत कुछ नियन्त्रण करती हैं। बिरादरी की इन पंचायतों में मद्य-विरोधी प्रस्ताव पास कराये जाते हैं और नशा करने वालों के लिए दण्ड का विधान कराया जाता है इस प्रकार की कई पंचायतों ने शराब पीने वालों पर जुर्माने किये हैं और उनका

बिरादरी से बहिष्कार किया है। इन दिशा में लखनऊ के धोबियों और भंगियों की पंचायतों, कानपुर के कसाइयों, पार्सियों और कोरियों की पंचायतों ने उल्लेखनीय कार्य किया है।

(3) **साधुओं में नशाबन्दी**- भारत में साधुओं में नशे का काफी प्रचार है। अतः साधुओं को नशा छोड़ने की प्रेरणा दी गई है और उनसे दूसरों का नशा छुड़ाने का भी आग्रह किया गया है।

(4) **मद्यपान के विरुद्ध प्रस्ताव**- कानपुर में श्रमिकों की संख्या बहुत अधिक है। श्रमिकों में नशे का काफी प्रचार है, नगर के 13 अहातों (मजदूर बस्तियों) में मैजिक लेन्टर्न्स के द्वारा नशा विरोधी चित्र दिखाकर मद्यपान के विरुद्ध प्रस्ताव पास कराये गये।

(5) **मद्य-निषेध प्रयाण**-सामाजिक कार्यकर्त्ताओं ने नशे के स्थानों की ओर मद्य-निषेध प्रयाण (Prohibition Marches) करके नशाबन्दी के प्रयास किये। एटा, फतेहपुर आदि जिलों में शराब पीने वालों से व्यक्तिगत सम्बन्ध स्थापित करके उनसे यह बुरी आदत छोड़ने को कहा गया। रायबरेली आदि जिलों में मद्य-निषेध प्रयाणों को भारी सफलता मिली। रायबरेली में शराब बनाने के 17 अड्डों में से 12 विरोधी प्रचार से बन्द हो गये।

(6) **आबकारी कर और लाइसेन्स फीस में अत्यधिक वृद्धि**- नशा निषेध में सफलता के लिये उत्तर प्रदेश सरकार ने आबकारी कर और लाइसेन्स फीस को अत्यधिक बढ़ा दिया। सन् 1951-52 में शराब की 29 दुकाने बन्द हो गईं।

यद्यपि मद्य-निषेध की नीति को यू० पी० में कुछ सफलता मिली है, परन्तु यह सफलता पर्याप्त नहीं है। इसका एक कारण सरकार के आबकारी विभाग में अत्यधिक प्रचलित घूसखोरी है। दूसरा कारण यह है कि नशाबन्दी के निकट के जिलों में नशाबन्दी न हाने पर उनसे चोरी-छुपे नशे की चीजें तथाकथित सूखे क्षेत्र में आती रहती है। उदाहरण के लिए कानपुर सूखा क्षेत्र है जबकि लखनऊ में नशा-निषेध नहीं हैं। केवल 45 मील की दूरी पर नशे की वस्तुयें उपलब्ध होने से उनका सूखे क्षेत्र में पहुँचना कठिन नहीं है। राज्य की राजधानी में तो नशाबन्दी न होना वैसे भी कलंक की बात है। इन बातों को ध्यान में रखकर सुधार किये जाने से मद्य-निषेध में और भी सफलता मिल सकती है।

अभ्यास के लिए प्रश्न

1. भारतवर्ष में मद्यपान की समस्या बतलाइये। और मद्य-निषेध के लिये क्या किया जा रहा है।

19

भारत में आर्थिक असमानता
(Economic Inequality in India)

आर्थिक विषमता का अर्थ

आर्थिक विषमता से तात्पर्य समाज के विभिन्न व्यक्तियों की आय और सम्पत्ति की विषमता से हैं। जब देश के कुछ व्यक्तियों की आय अधिक हो तथा सम्पत्ति भी बहुत हो तथा दूसरी ओर बहुसंख्यक जनसंख्या की आय बहुत कम हो और उनके पास सम्पत्ति भी बहुत ही कम या नहीं हो तो इसे आर्थिक असमानता कहते हैं। अर्थव्यवस्था मे आय एवं सम्पत्ति का विषम विवरण ही आर्थिक विषमता की स्थिति है। इसमें अवसरों की असमानता भी सम्मिलित की जाती है। इस प्रकार आर्थिक असमानता में निम्न तीन बातों को शामिल किया जाता है।

(1) आय की असमानता।

(2) सम्पत्ति की असमानता।

(3) अवसरों की असमानता।

ये तीनों परस्पर निर्भर हैं एवं एक दूसरे को बढ़ाते जाते हैं। पूर्ण आर्थिक समानता कल्पनातीत है क्योंकि किसी भी समाज में ऐसी स्थिति नहीं पाई जाती है। यदि एक बार किसी समाज में किसी समय ऐसी स्थिति उत्पन्न भी कर दी गई हो तो वह अधिक समय तक नहीं बनी रहेगी एवं पुनः आर्थिक विषमता उत्पन्न हो जाती है।

भारत में आय एवं धन की असमानता के कारण

भारत में आय एवं धन की असमानता के कारण निम्नलिखित हैं–

(1) **आर्थिक केन्द्रीयकरण** (Economic Centralization) –भारत में आर्थिक शक्ति का केन्द्रीकरण देश के कुछ बड़े घरानों के हाथों में है, जिसके कारण धनी अधिक धनवान और दरिद्र पहले से अधिक दरिद्र बन गये हैं। **महालनोबिस समिति** के अनुसार, "योजनाबद्ध अर्थव्यवस्था की कार्यकारणी ने भारतीय उद्योगों में बड़ी कम्पनियों की वृद्धि में योगदान दिया है।" **दाण्डेकर एवं रथ** के अनुसार,

समाज के ऊपरी, मध्य तथा धनी अनुभागों में विकास के लगभग सभी लाभों पर एकाधिकार कर लिया प्रतीत होता है और विकास की प्रक्रिया ने निम्न, मध्य एवं दरिद्र अनुभागों को स्पर्श नहीं किया है।

(2) **कर वचन** (Tax Evasion)- समाज के ऊपरी, मध्य तथा धनवान वर्ग कर वंचन में सफल रहे हैं और इस काले धन के माध्यम से धन संग्रह कर सके हैं जिससे वे और भी धनवान बन गये हैं पर दूसरी ओर समाज के निम्न मध्य तथा दरिद्र वर्ग और भी अधिक दरिद्र बन गये हैं, क्योंकि प्रत्येक वर्ग पर अप्रत्यक्ष करों का भार बढ़ता ही जा रहा है और उससे बचना कठिन है।

(3) **उत्पादन में साधनों का अनुचित विवरण** (Inequitable Distribution of the Means of Production)- भारत में उत्पादन के साधनों में प्रमुख रूप से भूमि है, परन्तु देशों के 20 प्रतिशत लोगों के पास तो भूमि है ही नहीं और अधिकांश के पास अलाभकर जोतें (Uneconomic Holdings) हैं, जबकि दूसरी ओर कुछ थोड़े से लोगों के पास बहुत बड़ी जोते हैं। इससे ये लोग तो और धनी बन रहे हैं और शेष भूखे मर रहे हैं, जिससे असमानतायें बढ़ रही हैं।

(4) **बेरोजगारी एवं अल्प बेरोजगारी** (Unemployment and Under-employment) —आज भी असमानता का एक कारण देश में व्याप्त बेरोजगारी एवं अल्प बेरोजगारी है। इसके कारण भी गरीब और गरीब होता जा रहा है।

(5) **निम्न उत्पादन** (Low Productivity) - भारत में श्रम की प्रति इकाई निम्न उत्पादकता भी आय की असमानता बढ़ाने का कारण है। निम्न उत्पादकता वाला श्रमिक अधिक आय नहीं कमा सकता और इस कारण दरिद्र रहता है और धनवानों तथा गरीबों के बीच अन्तर बढ़ता जाता है क्योंकि धनवान निरन्तर अपनी आय बढ़ाते रहते हैं।

(6) **अपर्याप्त विकास** (Inadequate Development)- भारत में योजनाकाल अर्थव्यवस्था की वृद्धि धीमी एवं असन्तोषजनक रही है, पर दूसरी ओर मूल्य वृद्धि बराबर बढ़ रही है। इससे अधिकांश लोगों के आय स्तर नीचे रहे हैं और आय की असमानता बढ़ी है।

(7) **गरीबी** (Povertty)-गरीबी, गरीबी को जन्म देती है। भारत में आय तथा धन के असमान वितरण का एक कारण स्वयं देश की गरीबी है।

(8) **जनसंख्या वृद्धि** (Population Growth) - देश की जनसंख्या वृद्धि भी देश की आर्थिक असमानता बढ़ने का एक कारण है। यह वृद्धि प्रमुख रूप से समाज के निम्न एवं मध्यम वर्गों में हुई है जिसकी आय पहले से ही कम थी और परिवार के सदस्यों में वृद्धि होने से उसकी आय और भी कम हो गई है।

(9) **पूंजी गहन तकनीकी** (Capital Intensive Techique) देश में आर्थिक असमानता का एक कारण पूँजी गहन तकनीकी का अपनाना है। इसमें अधिक पूँजी से कम लोगों को ही रोजगार मिलता है। इस तकनीकी के कारण मुट्ठी भर लोगों

के हाथों में धन तथा आय का अधिक केन्द्रीकरण हो गया है और जनसाधारण अधिक एवं लाभप्रद रोजगार सुअवसरों से वंचित रह गये हैं।

(10) **मुद्रा प्रसार- (Inflation)-** आर्थिक असमानता का एक कारण मुद्रा प्रसार एवं तेजी से बढ़ती हुई मंहगाई है। इससे एक ओर गरीब वर्ग विपत्ति एवं दरिद्रता का शिकार हो रहे हैं और दूसरी ओर बड़े-बड़े भूमिपति, मुनाफाखोर, सटोरिये, चोर बाजारी, व्यापार एवं उद्योगपति अधिक आय एवं धन अर्जित कर रहे हैं। इस प्रकार निरन्तर बढ़ती कीमतों के साथ-साथ आय एवं धन की असमानतायें बढ़ रही हैं।

आर्थिक विषमता को दूर करने के उपाय

(1) निजी सम्पत्ति के स्वामित्व को सीमित करना—निजी सम्पत्ति का अधिकार शोषण की प्रवृत्ति को बढ़ाकर आर्थिक विषमता को बढ़ाता है। अतः निजी सम्पत्ति के स्वामित्व को सीमित किया जाना चाहिये। भारत में जमींदारी एवं जागीरदारी प्रथा का उन्मूलन, जोत की अधिकतम सीमा का निर्धारण, शहरी सम्पत्ति का सीमा निर्धारण, एकाधिकारी प्रवृत्तियों पर रोक, व्यवसायों का राष्ट्रीयकरण आदि प्रयास इसी ओर कदम हैं। निजी सम्पत्ति के स्वामित्व को सीमित करने के लिये उत्तराधिकारी प्रथा में संशोधन किया जा सकता है और उत्तराधिकार में प्राप्त होने वाली सम्पत्ति में कमी या उसकी पूर्ण सम्पत्ति सीमित की जा सकती है।

(2) प्रगतिशील करारोपण—प्रगतिशील करारोपण द्वारा आर्थिक विषमता को कम किया जा सकता है। इसमें आय एवं सम्पत्ति की वृद्धि के साथ-साथ कर की दर भी बढ़ती जाती है। दूसरी ओर निम्न आय वर्ग के लोगों को करों से मुक्ति दे दी जाती है। इस प्रकार धनी लोगों की सम्पत्ति एवं आय में कटौती कर दी जाती है। आर्थिक विषमता कम करने की दृष्टि से भारत में लगाये गये सम्पत्ति कर, मृत्यु कर, व्यय कर, उपहार कर, पूंजी लाभ कर आदि भी महत्वपूर्ण हैं।

(3) मजदूरों की मजदूरी एवं अन्य दशाओं में सुधार—उद्योगपति कम मजदूरी एवं अधिकतम कार्य कराकर मजदूरों का शोषण करते हैं एवं लाभ का अधिकतर भाग हड़प लेते हैं। इससे आर्थिक विषमता पनपती एवं बढ़ती है। इसे रोकने के लिये मजदूरी की दर में वृद्धि , काम के घण्टों में कमी, कार्य-दशाओं में सुधार किया जाना चाहिये। भारत में ये सब प्रयत्न किये गये हैं। औद्योगिक श्रमिकों की न्यूनतम मजदूरी, लाभ में भागीदारी, काम के घण्टों का नियन्त्रण, कार्य-दशाओं में सुधार आदि की व्यवस्था तो पहले ही थी, अभी बीस सूत्री कार्यक्रम में मजदूरों की न्यूनतम मजदूरी निर्धारण की भी व्यवस्था की गई है।

(4) सामाजिक सुरक्षा का विस्तार—मानव जीवन में आने वाली प्राकृतिक आपदाओं जैसे बेरोजगारी, बीमारी, वृद्धावस्था, मृत्यु, दुर्घटना आदि का सबसे बड़ा दुष्प्रभाव निर्धन वर्गों पर पड़ता है और इनके कारण ऐसे परिवार और निर्धन बन

जाते हैं। अतः इन आपदाओं में सहायता के लिये व्यापक सामाजिक सुरक्षा योजनाओं को क्रियान्वित किया जाना चाहिये।

(5) **सामाजिक सेवाओं का विस्तार**—निर्धन वर्गों की आय में वृद्धि का एक उपाय यह है कि सरकार इनके लिये अधिकाधिक चिकित्सा, स्वास्थ्य सुधार, शिक्षा प्रशिक्षण आदि की निःशुल्क व्यवस्था करे और अधिकाधिक स्थापना करे। समाज के पिछड़े वर्गों के कल्याण की योजनायें भी अधिक व्यापक बनाई जानी चाहियें। भारत में निर्धन एवं कमजोर लोगों के लाभ के लिये यह सब किया जा रहा है। अनुसूचित जातियों, जन-जातियों और पिछड़ी जातियों के लोगों को निःशुल्क शिक्षा की व्यवस्था, आर्थिक अनुदान, नौकरी आदि में स्थानों का आरक्षण, वजीफे आदि की कार्यवाहियाँ इसी उद्देश्य से प्रेरित हैं।

(6) **सामाजिक सुधार**—इन निर्धन वर्गों का बहुत सा पैसा विवाह, मृत्यु आदि के समय भोज आदि में अपव्यय हो जाता है अतः जनता को इसके अपव्यय से हतोत्साहित किया जाना चाहिये। रूढ़िवादियों और सामाजिक कुरीतियों में सुधार किया जाना चाहिये। भारत में अतिथि नियन्त्रण अधिनियम द्वारा प्रतिभोज पर रोक, दहेज प्रथा के विरुद्ध अधिनियमों का तेजी से निर्माण इत्यादि से निर्धनता एवं असमानता को रोकने में काफी सहायता मिलेगी।

(7) **निम्न वर्ग की सन्तनोत्पत्ति पर रोक**—निर्धन वर्ग की आय उपार्जन की क्षमता कम किन्तु सन्तानोत्पत्ति क्षमता अधिक है जिससे जीवन निर्वाह के लिये भी ऋण लेना पड़ता है एवं गरीब और गरीब होते जाते हैं। अतः निर्धन वर्गों में परिवार नियोजन के कार्यक्रमों से परिवार परिसीमन आर्थिक विषमता को कम करने में बड़ा सहायक होगा।

(8) **आर्थिक सहायता एवं अनुदान**—आवश्यकतानुसार निर्धन वर्गों को आर्थिक सहायता भी दी जा सकती है, निर्धन वर्ग को जमीन खरीदने, उसे कृषि योग्य बनाने या सिंचाई आदि की सुविधा जुटाने के लिये शत-प्रतिशत या कुछ प्रतिशत अनुदान दिये जा सकते हैं। भारत में निर्धन वर्गों को निःशुल्क आवासीय भूमि का आवंटन, मकान बनाने के लिए अनुदान, निःशुल्क बाँस-बल्लियों की योजनायें जो विभिन्न राज्यों में चल रही हैं, इस दृष्टि से काफी महत्वपूर्ण हैं।

(9) **भूमि सुधार**—भारत में अधिकाँश जनता कृषि पर आधारित है एवं 20% कृषकों के पास अपनी जमीन नहीं है तथा अधिकांश कृषकों के पास बहुत थोड़ी जमीन है जिससे वे जीवन निर्वाह भी नहीं कर पाते हैं। कई किसान दूसरों की जमीन पर खेती करते हैं और उत्पादन का बहुत बड़ा भाग इन मालिकों को देने को विवश होते हैं। अतः तेजी से भूमि सुधार किये जाने चाहियें। जमीनों का स्वामी जोतने वाले कृषकों को बनाया जाना चाहिये। जोत की अधिकतम सीमा और नीची की जानी चाहिये। इन कानूनों को तेजी से लागू किया जाना चाहिये। भारत में स्वतन्त्रता के पश्चात्, इस दृष्टि से काफी प्रयास किये गये हैं। जमींदारी एवं

जागीरदारी प्रथा को समाप्त कर मध्यस्थों की समाप्ति, लगान का नियन्त्रण, जोत की अधिकतम सीमा का निर्धारण आदि पहले ही किया जा सकता है। बीस सूत्री कार्यक्रम में भूमि-सुधार कार्यक्रम पर तेजी से आगे बढ़ता जा रहा है। जोत की अधिकतम सीमा कानून को तेजी से लागू करने से प्राप्त अतिरिक्त जमीन को भूमिहीनों एवं कमजोर वर्गों में तेजी से बाँटा जा रहा है।

(10) **सार्वजनिक क्षेत्र का विस्तार**—समाजवादी समाज की स्थापना और आर्थिक विषमता के निवारण का उपाय सार्वजनिक क्षेत्र का विस्तार है जो कि निजी लाभ की दृष्टि से नहीं किन्तु अधिकतम सामाजिक लाभ की दृष्टि से संचालित किये जाते हैं। इस प्रकार जो लाभ धनी व्यक्तियों की जेबों में जाता है वह सरकार को मिलता है जिसका उपयोग कमजोर लोगों एवं आम जनता के हित में किया जाता है। इस प्रकार आर्थिक विषमता को मिटाने में सहायक होता है। भारत में इस दृष्टि से सार्वजनिक क्षेत्र का विस्तार होता जा रहा है।

अभ्यास के लिए प्रश्न

1. भारतवर्ष में आर्थिक विषमता के कारण बतलाइये। इसके निवारण के लिये क्या उपाय किये जाने चाहियें।

20

बन्धुआ मजदूर
(Bonded Labour)

भारत में कृषि ऐसा उद्योग है जिसमें घर के सभी व्यक्ति तो कार्य करते ही हैं, इनके अतिरिक्त श्रमिकों की भी आवश्यकता पड़ती है। ऐसे श्रमिक अंश-कालिक और पूर्ण कालिक होते हैं। अंशकालिक श्रमिक बुवाई, कटाई निराई, खलिहान आदि के समय कार्य करते हैं। और शेष समय में अन्य प्रकार की मजदूरी करते हैं। अनुमान है कि लगभग 5 करोड़ भूमिहीन कृषि श्रमिक किसानों के यहाँ कार्य करते हैं इन को खेती की बुवाई से लेकर फसल पकने पर ढुलाई तक के समस्त कार्य करने पड़ते हैं।

बन्धुआ मजदूर, मनुष्य के शोषण की लोमहर्षक घटना है, मनुष्य की मजबूरी से लाभ उठाकर श्रमिकों को पीढ़ी दर पीढ़ी बन्धक बना लिया जाता है। ऐसे मजदूरों को रोटी, कपड़ा दिया जाता है। ये सदा बड़ों के तले दबे रहते हैं। कई-कई पीढ़ियाँ गुलामी के कालपाश में अपना जीवन गुजार रही हैं।

बन्धुआ मजदूर की संकल्पना

बन्धक श्रम का जन्म मध्य युग में हुआ। यह दास प्रथा का अवशेष है। दास प्रथा मानव सभ्यता का निकटतम स्वरूप है। भारतवर्ष में यह आज भी प्रचलित है। समाजवाद की प्राप्ति के लिये प्रयत्नशील भारतीय सरकार ने बन्धुआ मजदूरी को कानूनन समाप्त किया है।

भारतीय कृषि श्रमिकों में ऐसा भी वर्ग है जिसमें आर्थिक विपन्नता का व्यक्ति अपने जीवन का कुछ भाग गिरवी रख देता है। इस दौरान वह ऋणदाता के यहाँ मजदूरी करता है। इसमें कभी विपन्न व्यक्ति अपने परिवार को गिरवी भी रख देता है। जब तक वह ऋण अदा नहीं कर देता, तब तक वह दासता के चंगुल से छूट नहीं सकता। बन्धुआ मजदूर यदि अपने जीवन काल में ऋण अदा नहीं कर पाता तो उसके उत्तराधिकारी को बन्धक बना लिया जाता है।

बन्धक श्रम में मजदूर को रोटी तथा कपड़ा दिया जाता है। उसकी मजदूरी को ब्याज मान लिया जाता है। इसलिये मजदूरी को ब्याज मानकर वह तमाम उम्र उसे चुकता करता रहता है।

बन्धक श्रम के कारण

1. सामाजिक कारण।
2. आर्थिक कारण।
3. सांस्कृतिक कारण।
4. पिछड़ापन।
5. बीमारी।
6. सामाजिक रीति रिवाज।
7. शोषण की प्रवृत्ति।

बन्धुआ मजदूरों की समस्यायें

1. क्षमता से अधिक काम।
2. काम के घण्टे निश्चित न होना।
3. खेत तथा घर दोनों जगह काम।
4. निश्चित मजदूरी नहीं।
5. दरिद्रता।
6. अधनंगे रहना, भरपेट भोजन न मिलना।
7. कुपोषण एवं कुस्वास्थ्य।
8. पीढ़ी दर पीढ़ी कर्ज में दबे रहना।

बन्धक श्रम उन्मूलन में उत्पन्न समस्यायें

बन्धक श्रम उन्मूलन में जो समस्यायें उत्पन्न हुई हैं, वे इस प्रकार हैं।

1. बन्धक श्रमिकों की पहचान की समस्या प्रमुख है। कौन बन्धुवा श्रमिक है यह पहचान करना बहुत कठिन है।

2. बन्धुआ मजदूरों को मुक्त कराने के बाद उनके पुनर्वास की समस्या भी प्रमुख है। जिन बन्धुआ मजदूरों को मुक्त कराया गया, उनके पुनर्वास में भी अत्यधिक कठिनाई होती है।

3. बन्धुआ मजदूरों के कागजात प्रायः मालिकों के पास होते हैं। इसलिये बन्धुआ मजदूर सदा उनसे दबा रहता है।

4. सामाजिक कल्याण के कार्यों में लगे व्यक्ति अपने स्वार्थों के कारण भी इस कार्य में रूचि नहीं लेते।

5. अर्थाभाव के कारण, मुक्त बन्धुआ मजदूरों को पुनः अपने आश्रयदाताओं के पास लौटना पड़ता है।

बन्धक श्रम उन्मूलन

भारत सरकार ने 1925 में बन्धन श्रम उन्मूलन का एक अध्यादेश पास किया। इस अध्यादेश को 1976 में कानून बनाया गया। इस कानून के अनुसार बन्धुआ मजदूरी अवैध घोषित कर दी गई। बन्धुआ मजदूरों को मुक्त कराने का आन्दोलन

छेड़ा गया। 1980 तक 1,20,946 बन्धुआ मजदूरों को मुक्त कराया गया। अभी भी इस दिशा में प्रयास जारी हैं।

बन्धुआ मजदूरी को समाप्त करने के लिये सुझाव निम्नलिखित सुझाव हैं—

1. जनगणना शैली पर बन्धुआ मजदूरों का व्यापक सर्वेक्षण किया जाये।

2. बन्धुआ मजदूरों को रखने वालों को अपराधी माना जाय।

3. बन्धुआ मजदूरों का पुनर्वास किया जाय। उनको रोजी कमाने के अवसर दिये जायें।

4. सरकारी सहायता, आवास, रोजगार, शिक्षा आदि मुहैया और प्राप्त कराई जाय।

अभ्यास के लिए प्रश्न

1. बन्धुआ मजदूरी या मजदूर की अवधारणा क्या है? इस सामाजिक बुराई को दूर करने के लिये क्या प्रयास किये गये हैं।

21

निर्धनता

(Poverty)

निर्धनता की अवधारणा

गिलिन और गिलिन के अनुसार निर्धनता एक आर्थिक स्थिति है किन्तु यह एक सामाजिक पद को भी प्रकट करती है क्योंकि एक व्यक्ति की आर्थिक स्थिति का घनिष्ठ सम्बन्ध सामाजिक श्रेणी और वर्ग से भी है।[1] निर्धनता और अमीरी तुलनात्मक शब्द हैं। साधारण भाषा में निर्धनता का अर्थ आर्थिक असमानता, आर्थिक पराश्रितता और आर्थिक अकुशलता से लिया जाता है। निर्धनता को केवल आर्थिक अभाव के रूप में प्रकट करना इसका संकुचित अर्थ है।[2]

निर्धनता की परिभाषायें

1. गिलिन और गिलिन–"निर्धनता वह दशा है जिसमें एक व्यक्ति या तो अपर्याप्त आय अथवा मूर्खतापूर्ण व्यय के कारण अपने जीवन-स्तर को इतना ऊँचा नहीं रख पाता कि उसकी शारीरिक एवं मानसिक क्षमता बनी रह सके और उसको तथा उसके प्राकृतिक आश्रितों को अपने समाज के स्तरों के अनुसार उपयोगी ढ़ंग से कार्य करने के योग्य बनाये रख सके।"[3] यहाँ पर निर्धनता का सम्बन्ध जीवन-स्तर से जोड़ा गया है। जब व्यक्ति की आय अपर्याप्त हो या वह उसे उचित ढंग से खर्च नहीं करता हो तो ऐसी स्थिति में वह अपने जीवन-स्तर को बनाये नहीं रख सकता। जीवन-स्तर के गिरने पर व्यक्ति की स्वयं की और उस पर निर्भर लोगों की शारीरिक और मानसिक क्षमता भी प्रभावित होती है। निम्न जीवन-स्तर के कारण व्यक्तियों की कार्यक्षमता घट जाती है।

---

1. Gillin and Gillin, *Cultural Sociology*, p. 754
2. *Ibid.*, p. 758.
3. "Poverty is the condition, in which a person, either because of inadequate income or unwise expenditure does not maintain a scale of living high enough to provide for his physical and mental efficiency and to enable him and his natural dependents to function usefully according to the standards of the society of which he is a member." *Ibid.*, p. 785.

2. डब्ल्यू डब्ल्यू वीवर निर्धनता ऐसा जीवन स्तर परिभाषित करते हैं। जिसमें ''निर्धनता एक ऐसे जीवन-स्तर के रूप में परिभाषित की जा सकती है जिनमें स्वास्थ्य और शरीर सम्बन्धी क्षमता नहीं बनी रहती।''[1]

3. फेडरल रिसर्च बैंक, फिलाडेलफिया की बुकलेट में निर्धनता का अर्थ है मानव में निहित उत्पादन स्रोतों का अपव्यय।''[2]

4. गोडार्ड—''निधर्नता उन वस्तुओं की अपर्याप्त पूर्ति की दशा है जिनकी एक व्यक्ति को अपने तथा आश्रितों के स्वास्थ्य एवं शक्ति को बनाये रखने के लिए आवश्यकता होती है।''[3]

5. डॉ॰ योगेश अटल—''निर्धनता की अवधारणा का सम्बन्ध सापेक्ष रूप से वंचित रहने के तथ्य से है।''[4] जब हम राष्ट्रीय आय की चर्चा करते हैं तब इसका यह अर्थ नहीं होता है कि वह आय देश के सभी लोगों में समान रूप से वितरित होती है। राष्ट्रीय आय में से जिन लोगों को कम भाग मिलता है, निर्धन और जिन्हें अधिक हिस्सा मिलता है, धनवान वर्ग में आते हैं। इस दृष्टि से भी गरीबी एक तुलनात्मक तथ्य है।

निर्धनता की सापेक्षता—आर्थिक एवं सामाजिक दृष्टि से भी निर्धनता एक सापेक्ष शब्द है। जब कोई व्यक्ति यह कहता है कि वह निर्धन है तो इसका अर्थ यह है कि वह उन सभी वस्तुओं को नहीं खरीद सकता है जिनकी वह इच्छा करता या पसन्द करता है। अतः वस्तुओं को चुनने एवं पसन्द करने की सीमा के रूप में भी निर्धनता को परिभाषित किया जा सकता है। आय की दृष्टि से निर्धन लोगों की आय इतनी ही होती है कि वे अपनी आवश्यकताओं को ही जुटा पाते हैं, सुविधाओं और ऐश्वर्य की वस्तुओं को नहीं।

सापेक्ष रूप में निर्धनता का अर्थ यह भी है कि एक देश जिसे हम निर्धन कहेंगे, उसे दूसरे देश धनवान कह सकते हैं। इसका कारण यह है कि निर्धनता का निर्धारण उस देश की प्रथाओं और जीवन-स्तर के आधार पर होता है। भारत में निर्धनता की रेखा वह नहीं है जो अमरीका और इगलैण्ड में है। प्रत्येक देश में साधनों के अनुसार जीवन-स्तर का एक आदर्श स्थापित कर लिया जाता है और सभी व्यक्ति उसी आदर्श को पाने का प्रयास करते हैं। जीवन-स्तर के आदर्श से नीचे जीवन व्यतीत करने वालों को निर्धन और उससे ऊँचा जीवन व्यतीत करने वालों को धनवान

---

1. "Poverty may be defined as a place of living that does not provide for health and physical efficiency."
—W. W. Weaver, *Social Problems,* p. 638.
2. Poverty means waste of potentially productive human resources."
–A Booklet by *Federal Research Bank of Philadelphia.*
3. Goddard, *Poverty, Its Genesis and Exadus,* p. 5.
4. "Poverty, is a concept that refers to the phenomenon of relative deprivation."-
—Y. Atal, *Role of Values and Institutions, Challange of Poverty in India,* (ed.) A. J Fonesca, p. 92

कहा जाता है। कभी-कभी हमारे पास उस उचित स्तर को पाने के लिए पर्याप्त साधन तो होते हैं किन्तु उनका अपव्यय किया जाता है, तब भी निर्धनता बनी रहती है। उदाहरण के लिए, कोई व्यक्ति अपनी आय को शराब और जुआ खेलने में उड़ा देता है और अपनी भोजन, वस्त्र व मकान की आवश्यकता को पूरा नहीं करता है। तब भी वह निर्धनता की अवस्था कहलायेगी।

दो देशों की तुलना में नहीं वरन् एक ही देश में भी विभिन्न वर्गों, समूहों, जातियों, क्षेत्रों, प्रान्तों, व्यवसायों, संस्कृतियों आदि की दृष्टि से निर्धनता भी सापेक्ष शब्द है। उदाहरण के लिए जीवन-स्तर का जो आधार हरिजनों का है वही व्यापारियों का नहीं होगा, जो आधार श्रमिकों का है वही पूँजीपतियों का नहीं होगा, जो आदिम जातियों का है वही शहरी लोगों का नहीं होगा, जो पंजाब का है वही राजस्थान, केरल या मद्रास का नहीं होगा। निर्धनता का सम्बन्ध एक समूह में जीवन जीने के पैमाने से है। एक संस्कृति में निर्धनता के माप का जो आधार है उसे हम दूसरी संस्कृति पर लागू नहीं कर सकते। निर्धनता का सम्बन्ध एक ही सांस्कृतिक समूह में तुलनात्मक है और उसी आधार पर व्यक्ति की स्थिति तय की जाती है कि वह निर्धन है या धनिक है।[1]

निर्धनता और जीवन-स्तर

वस्तुतः निर्धनता का सम्बन्ध जीवन-स्तर से है। यह जीवन-स्तर भी प्रत्येक समाज में अलग-अलग है। जीवन-स्तर को निर्धारित करने वाले तीन प्रमुख कारक हैं—प्रथाएँ, निर्णय और बुद्धिमत्ता तथा आय। इनमें भी आय अधिक महत्वपूर्ण है क्योंकि निम्न श्रेणी के परिवारों में तो आय इतनी कम होती है कि उनके सामने किसी वस्तु की पसन्दगी और निर्णय का प्रश्न नहीं उठता। वे बचत ही नहीं कर पाते। इस अर्थ में हम निर्धनता को ऐसी दशा के रूप में परिभाषित कर सकते हैं जिसमें वित्तीय बचत नहीं होती।[2]

निर्धनता और प्रथायें

प्रथाएँ भी समूह और समुदाय के लोगों का जीवन-स्तर तय करती हैं। भोजन की आदतों व परिवार के बजट पर भी इनका प्रभाव होता है। हम चावल, मक्का, माँस, अण्डे, शाकाहारी और माँसाहारी भोजन में से क्या खायेंगे, यह प्रथाएँ तय करती हैं। ब्राह्मण शाकाहारी भोजन करते हैं तो क्षत्रिय माँसाहारी भोजन करते हैं। हर समाज में खान-पान से सम्बन्धित ही नहीं वरन् वस्त्रों से सम्बन्धित भी प्रथाएँ हैं। विभिन्न त्यौहारों, उत्सवों और दैनिक जीवन में हमारी वस्त्र शैली क्या होगी—यह भी प्रथाएँ तय करती हैं। हम सदा वस्त्र धारण शारीरिक रक्षा, सुविधा तथा आर्थिक स्थिति के आधार पर नहीं करते वरन् प्रथाओं को ध्यान में रखकर भी करते हैं।

---

1. Gillin and Gillin, *op. cit*, p. 78
2. "Poverty is by definition a condition from which financial surpluses are absent."
   —W.W. Weaver, *op. cit.*, p. 645

डॉक्टर, दूल्हे, सिपाही, पुलिस और रेलवे कर्मचारी की पोशाक में अन्तर प्रथाओं व नियमों के कारण ही है। इनकी अवहेलना करने पर दण्ड, जुर्माने एवं निन्दा का भय रहता है।

व्यक्ति की पसन्द और नापसन्द को तय करने में उसकी बुद्धि और निर्णय लेने की क्षमता का भी महत्वपूर्ण हाथ होता है। कौन सी वस्तुएँ खरीदी जाएँ, किसे प्राथमिकता दी जाय—यह सब निर्णय बुद्धिमत्तापूर्ण ढंग से ही लिये जाते हैं। अच्छी प्रैक्टिस चलाने वाले डॉक्टर के लिए कार जरूरी हो सकती है। साधारण डॉक्टर के लिए स्कूटर ही पर्याप्त होता है। कुछ लोग उधार वस्तुएँ लाकर घर बसाना चाहेंगे तो कुछ नहीं। इस प्रकार उपलब्ध साधनों का उचित उपभोग ही सही निर्णय है।

आय ही जीवन-स्तर को तय करने में मुख्य कारक है। कम आय होने पर मूल आवश्यकताएँ पूरी की जायेंगी जबकि अधिक आय होने पर मनोरंजन, फैशन, कीमती वस्त्र, फर्नीचर तथा अन्य सुविधाओं पर खर्च किया जायेगा। आय का सम्बन्ध परिवार में सदस्यों की संख्या और कमाने वालों की संख्या से भी है।

उपर्युक्त विवरण से स्पष्ट है कि निर्धनता एक सापेक्ष शब्द है जिसका सम्बन्ध किसी समाज, संस्कृति, देश, समूह तथा व्यवसाय में प्रचलित जीवन-स्तर के आदर्श से है। किसी भी समाज में जीवन-स्तर का यह आदर्श क्या होगा, यह उस समय की प्रथाओं, व्यक्ति की बुद्धि और निर्णय लेने की क्षमता तथा आय पर निर्भर करेगा निर्धनता के निर्धारण में धन का महत्व है और वे लोग जिनके पास धन का अभाव होता है, निर्धन माने जाते हैं। किन्तु कई व्यक्ति ऐसे भी होते हैं जिनके पास धन की कमी होती है फिर भी उनका जीवन-स्तर ऊँचा होता है। दूसरी ओर कई व्यक्तियों के पास धन की प्रचुरता होने पर भी वे निम्न जीवन-स्तर व्यतीत करते हैं और तब हम उन्हें निर्धन कह सकते हैं। अतः स्पष्ट है कि निर्धनता एक आर्थिक तथ्य ही नहीं वरन् एक सामाजिक तथ्य भी है।

निर्धनता की माप

किसी भी देश में निर्धनता को मापने के लिए राष्ट्रीय आय, प्रति व्यक्ति आय तथा प्रति व्यक्ति उपभोग खर्च को ज्ञात किया जाता है।

1. **राष्ट्रीय आय**—राष्ट्रीय आय ज्ञात करने के लिए किसी वर्ष विशेष में उपभोग के लिए उपलब्ध वस्तुओं एवं सेवाओं को देखा जाता है। राष्ट्रीय आय को ज्ञात करने के लिए उनमें किन तथ्यों को जोड़ा जाय, यह एक विवादास्पद विषय है। मार्शल के अनुसार, किसी देश के श्रम और पूँजी द्वारा उसके प्राकृतिक साधनों से जो भौतिक एवं अभौतिक वस्तुएँ उत्पन्न की जाती हैं, उनमें यदि सभी सेवाएँ तथा विदेशों से प्राप्त आय भी जोड़ दी जाय तो वह राष्ट्रीय आय कहलाती है। **प्रो० पीगू** राष्ट्रीय आय में केवल उस उत्पत्ति को सम्मिलित करते हैं जो मुद्रा में नापी जा सके। **फिशर** राष्ट्रीय आय में सम्पूर्ण उत्पत्ति के केवल उस भाग को जो किसी वर्ष उपभोग में लिया जाता है, सम्मिलित करते हैं।

किसी देश की राष्ट्रीय आय को ज्ञात करके हम उस देश की आर्थिक प्रगति और आर्थिक कल्याण को बता सकते हैं क्योंकि राष्ट्रीय आय के अंक को आर्थिक कल्याण का अनुमानित सूचकांक भी माना जाता है। इससे उस देश की आय का वितरण, लोगों के रहन-सहन के स्तर, आदतों तथा प्रति व्यक्ति आय आदि को जानना सम्भव है। राष्ट्रीय आय के आधार पर ही कुल राष्ट्रीय उत्पत्ति (Grand National Product) तथा शुद्ध राष्ट्रीय उत्पत्ति (Net National Product) ज्ञात की जाती है।

2. उपभोग खर्च—आय की भाँति ही लोगों द्वारा उपभोग पर किये जाने वाले खर्च (Consumption Expenditure) के आधार पर निर्धनता को मापा जा सकता है। तब यह भी देखा जाता है कि कुल राष्ट्रीय उपभोग का कितना प्रतिशत भाग उच्च श्रेणी के लोगों द्वारा और कितना निम्न श्रेणी के लोगों के द्वारा लिया जाता है। साथ ही शहरों एवं गाँवों में प्रति व्यक्ति उपभोग खर्च ज्ञात करके शहरी एवं ग्रामीण आर्थिक विषमता को भी ज्ञात किया जा सकता है। कई विद्वानों ने निर्धनता को मापने के लिए कुछ आवश्यकताओं का कम से कम स्तर तय किया है जिसमें उन आवश्यकताओं को सम्मिलित किया है जो एक व्यक्ति के जीवित रहने के लिए आवश्यक है। भारत में निर्धनता से सम्बन्धित सभी अनुमान भोजन पर होने वाले खर्च पर निर्भर हैं। डॉ॰ पी॰ डी॰ ओझा ने यह माना है कि भारत में ग्रामीण क्षेत्र में प्रत्येक व्यक्ति को प्रतिदिन 518 ग्राम और शहरी क्षेत्र में 432 ग्राम भोजन चाहिए। वी॰ एम॰ डाण्डेकर तथा नीलकान्त राय, बी॰ एस॰ मिन्हास आदि ने निर्धनता को मापने के लिए पोषण के आदर्श को आधार माना है। इन सभी विद्वानों की मान्यता है कि भारत में प्रत्येक व्यक्ति को प्रतिदिन 2250 कैलोरी शक्ति प्रदान करने वाला भोजन मिलना ही चाहिए। 2250 कैलोरी मूल्य का भोजन जीवित रहने के लिए आवश्यक माना गया है। यदि इतना भोजना भी नहीं मिलता है तो उन्हें हम निर्धन मानेंगे। 25 ग्राम शक्कर अथवा एक ओंस दाल से हमें 100 कैलोरी ऊर्जा प्राप्त होती है। 2250 कैलोरी मूल्य का भोजना प्राप्त करने के लिए गाँवों में कम जबकि शहरों में अधिक धन चाहिए। ग्रामीण स्वयं अनाज पैदा करने वाला है जिसका अर्थ है कि नगरों की तुलना में गाँवों में जीवन व्यतीत करने की कीमत (Cost of Living) कम है। इस दृष्टि से हम गरीब को उस व्यक्ति के रूप में परिभाषित कर सकते हैं जो अपने भौतिक जीवन की कम से कम आवश्यकताओं को भी पूरा करने में असमर्थ हो। मुद्रा के सन्दर्भ में गरीब लोग वे हैं जिनके पास इतनी क्रय-शक्ति नहीं होती कि वे इतना भोजन खरीद सकें जिससे प्रतिदिन प्रति व्यक्ति 2250 कैलोरी ऊर्जा उत्पन्न हो सकें।[1] अन्य शब्दों में, ऐसे लोग निर्धनता रेखा (Poverty Line) से नीचे का जीवन व्यतीत कर रहे हैं।

(3) **प्रति व्यक्ति आय**- समाज में निर्धनता को मापने के लिए एक पैमाना प्रति व्यक्ति व्यक्तिगत आय (Per Capita Personal Income) का भी है। यद्यपि यह

1. A. N. Agarawal, *Indian Economy*, p. 86

एक विवादास्पद विषय है कि व्यक्तिगत आय के आधार पर उच्चता के क्रम में व्यक्ति की स्थिति बतायी जा सकती है। इस प्रकार के आँकड़ों से हम एक परिवार का खर्च और उसकी उपभोग की तुलनात्मक स्थिति को प्रकट कर सकते हैं। इससे तुलनात्मक निर्धनता भी प्रकट होती है। तुलनात्मक निर्धनता तो अमरीका जैसे समृद्ध देश में भी पायी जाती है।

अत: हम किसी भी देश में निर्धनता को राष्ट्रीय आय, प्रति व्यक्ति उपभोग खर्चा और पोषण का आदर्श (Nutritional Norm) तथा प्रति व्यक्ति आय के आधार पर माप सकते हैं।

भारत में ग्रामीण निर्धनता

निर्धनता के उपर्युक्त विभिन्न मापों के आधार पर भारत में अनेक अर्थशास्त्रियों और संस्थानों ने निर्धनता के विस्तार व प्रकार का पता लगाने का प्रयास किया है। भिन्न-भिन्न आधारों पर निर्धनता के अनुमान में भी थोड़ा-बहुत अन्तर पाया जाता है। भारत में निर्धनता के विस्तार को प्रकट करने के लिए यहाँ आय में व्याप्त व्यक्तिगत असमानता, उपयोग, खर्च तथा सम्पत्ति वितरण के उल्लेख के साथ-साथ गाँवों एवं शहरों तथा भारत के विभिन्न प्रान्तों में प्रति व्यक्ति आय का उल्लेख किया जायेगा साथ ही हम दूसरे देशों की तुलना में भारत की स्थिति का भी मूल्यांकन करेंगे। भारत में ही विश्व के निर्धनों का लगभग एक-चौथाई भाग पाया जाता है।

ग्रामीण एवं नगरीय निर्धनता

भारत में ग्रामीण और नगरीय क्षेत्रों में आय में भारी असमानताएं हैं। शहरों की तुलना में गाँवों में प्रति व्यक्ति आय लगभग आधी है यह बात उपभोग खर्च के आधार पर भी देखी जा सकती है। यही नहीं गाँवों में भी निर्धन और धनिकों के उपभोग खर्च में पर्याप्त अन्तर पाया जाता है। योजना आयोग ने ग्रामीण क्षेत्र में निर्धन उन्हें माना जो 2400 कैलोरी तथा शहरी क्षेत्र में 2100 कैलोरी से कम कैलोरी दैनिक उपभोग करते हैं। वर्तमान में ग्रामीण क्षेत्र में करीब 135 रुपये और नगरीय क्षेत्र लगभग 100 रुपये प्रतिमाह खर्च करने वाला व्यक्ति निर्धनता रेखा से नीचे का माना जाता है। इस समय लगभग 30 प्रतिशत लोग निर्धनता रेखा से नीचे जीवन व्यतीत कर रहे हैं। यह आशा की जाती थी कि वर्ष 1989-90 तक गरीबों की संख्या घटकर 21.1 करोड़ अर्थात 26 प्रतिशत और 2001 तक 5 प्रतिशत रह जायेगी।[1] किन्तु ऐसा नहीं हुआ।

आय और उपभोग खर्च के आधार पर ही नहीं वरन् सम्पत्ति वितरण में भी भारत में पर्याप्त असमानता पायी जाती है। शहरों में निर्मित सम्पत्ति (Built-up Property) का 57 प्रतिशत भाग 10 प्रतिशत उच्च लोगों के पास है। जबकि निम्न वर्ग के पास केवल एक प्रतिशत भाग ही है।

1. Commerce, Sept. 28, 1985. p. 613

भारतवर्ष मे निर्धनता की वर्तमान स्थिति

भारतवर्ष में सन् 1983-84 में निर्धनता रेखा कि नीचे कुल जनसंख्या में 37.4 प्रतिशत व्यक्ति थे। सन् 1987-88 में यह अनुपात 29.9 प्रतिशत हो गया। सन् 1987-88 में पंजाब और हरियाणा में यह अनुपात सबसे कम अर्थात् 7.12 प्रतिशत था जबकि बिहार और उड़ीसा में 40 प्रतिशत से अधिक व्यक्ति निर्धनता सीमा रेखा के नीचे थे। सन् 1973-74 में ग्रामीण मासिक आय 49.1 रुपया तथा नगरीय मासिक आय 56.6 रुपये प्रति व्यक्ति निर्धनता सीमा रेखा का निर्धारण मानदंड था। निर्धनता सीमा रेखा के वर्ष 1983-84 के अनुमान में ग्रामीण क्षेत्र में प्रति व्यक्ति मासिक आय 101.8 रु. तथा नगरीय क्षेत्र में 117.5 रुपये के नीचे मानकर निर्धनता सीमा रेखा निर्धारित की गयी थी। सन् 1987-88 में निर्धनता सीमा रेखा का निर्धारण ग्रामीण क्षेत्रों में प्रति व्यक्ति मासिक आय 131.8 रुपये तथा नगरीय क्षेत्रों में 150.1 रुपये मानकर किया गया। निम्नलिखित तालिका में 1 मार्च, 1984 तथा 1988 की जनसंख्या के प्रतिशत के रूप में निर्धनता सीमा रेखा के नीचे प्रतिशत दिखलाया गया है। यह तालिका भारत सरकार द्वारा प्रकाशित Economic Survey 1994-95 से ली गई है—

राज्यों में निर्धनता सीमा रेखा के नीचे संख्या और जनसंख्या प्रतिशत

राज्य	1983-84		1987-1978	
	जनसंख्या (लाख)	प्रतिशत	जनसंख्या (लाख)	प्रतिशत
1	2	3	4	5
1. आन्ध्र प्रदेश	205.1	36.4	195.7	31.7
2. आसाम	49.8	23.5	52.9	22.8
3. बिहार	365.5	49.5	336.4	40.8
4. गुजरात	87.6	24.3	73.3	18.4
5. हरियाणा	27.7	15.6	18.2	11.6
6. हिमाचल प्रदेश	6.1	13.5	4.5	9.2
7. जम्मू और काश्मीर	10.3	16.3	9.8	13.9
8. कर्नाटक	137.6	35.0	136.5	32.1
9. केरल	71.5	28.8	49.0	17.0
10. मध्य प्रदेश	254.9	46.2	224.9	36.7
11. महाराष्ट्र	232.0	34.9	214.2	29.2
12. मणीपुर	1.9	12.3	–	–
13. मेघालय	4.0	28.0	—	—
14. उड़ीसा	118.1	42.8	135.1	44.7

1	2	3	4	5
15 पंजाब	24.4	13.8	13.9	7.2
16. राजस्थान	126.2	34.3	99.5	24.4
17. तमिलनाडु	210.2	39.6	176.9	32.8
18. त्रिपुरा	5.1	23.0	—	—
19. उत्तर प्रदेश	530.6	45.3	448.3	35.2
20. पश्चिमी बंगाल	255.1	39.2	173.5	27.6
21. संघीय क्षेत्र	32.3	27.1	14.2	7.7
समस्त भारत	2710.0	37.4	2376.7	29.9

ग्रामीण निर्धनता के प्रकार

डब्ल्यू-डब्ल्यू वीवर का मत

विभिन्न आधारों पर निर्धनता का वर्गीकरण किया गया है। हम यहाँ उन्हीं का उल्लेख करेंगे। वीवर[1] ने दो प्रकार की निर्धनता का उल्लेख किया है- (1) दीर्घकालिक निर्धनता, (2) अल्पकालिक निर्धनता

(1) **दीर्घकालिक निर्धनता** (Chronic Poverty)—इस श्रेणी में वह निर्धनता आती है जो लम्बे समय से चली आ रही हो या कई पीढ़ियों से बनी हुई हो। लम्बे समय से निर्धनता की अवस्था में रहने के कारण ऐसे लोग अपनी आदतों और आवश्यकताओं को इस प्रकार से बना लेते हैं कि फसल पैदा न होने या बेकार होने की अवस्था में वे निम्न व्यवसाय को अपना लेते हैं या भीख माँगने में भी शर्म अनुभव नहीं करते हैं। गिलमोर[2] ने अमरीका में एक परिवार का अध्ययन किया जो पाँच पीढ़ियों से भीख माँग रहा था और उसके लिए भिक्षावृत्ति ही जीवन-यापन का साधन था। उसे इसमें कष्ट और हीनता की भावना भी महसूस नहीं होती थी।

(2) **अल्पकालिक निर्धनता** (Acute Poverty) - कभी-कभी बीमारी, बेकारी, दुर्भाग्य या परिवार की आय में अचानक कमी हो जाने आदि के कारणों से भी थोड़े समय तक व्यक्ति को निर्धनता का सामना करना पड़ता है। व्यापार चक्र के कारण जब मन्दी आती है या किसी व्यवसाय में दिवाला निकल जाता है तब भी उस परिवार को निर्धनता का सामना करना पड़ता है। ऐसी स्थिति में व्यक्ति अपनी पद हानि को छुपाने के लिए प्रयत्न करते हैं, भूखे रहते हैं, चिन्तित रहते हैं और बीमार भी हो जाते हैं। व्यवसाय की खोज में तथा जीवन-यापन के लिए वे स्थान भी परिवर्तित कर लेते हैं कभी-कभी वे राजनीतिक सुधार एवं परिवर्तन के लिए सुझाव भी रखते हैं। जब उनकी हालत ठीक हो जाती है तो वे अपनी सामाजिक

1. W. W. Weaver, *op. cit.*
2. Harlan W. Gilomore, *The Beggar*, pp. 168-82.

स्थिति को ऊँचा उठाने का प्रयत्न करते हैं लम्बे समय तक निर्धनता की हालत में रहने पर उनकी दशा भी दीर्घकालिक निर्धनता की तरह हो जाती है। ऐसे लोग आर्थिक स्वावलम्बन की तीव्र इच्छा रखते हैं। पाकिस्तान एवं बंगला देश के निर्माण के समय वहाँ से भारत में आये लाखों शरणार्थियों में भी अस्थायी तौर पर निर्धनता उत्पन्न हो गयी थी।

बी. एस. राउण्ट्री ने निर्धनता को दो भागों में विभक्त किया है– (1) प्राथमिक निर्धनता, (2) द्वैतीयक निर्धनता।

(1) **प्राथमिक निर्धनता** (Primary Poverty)– प्राथमिक निर्धनता का अर्थ लोगों की आय का इतना कम होना है कि वे अपने जीवन की कम से कम आवश्यकताओं को भी पूरा नहीं कर सकें। निर्धनता रेखा (Poverty Line) मूल्यों में परिवर्तन के साथ–साथ बदलती रहती है।[1] भौतिक क्षमता (Physical Effciency) को बनाये रखने के लिए न्यूनतम आय का निर्धारण किया जाता है। इसे ही निर्धनता रेखा कहते हैं। प्राथमिक प्रकार की निर्धनता में लोग निर्धनता रेखा के नीचे का जीवन व्यतीत करते हैं।

(2) **द्वैतीयक गरीबी** (Secondary Poverty)–द्वैतीयक निर्धनता में शरीर को जीवित रखने के लिए वांछित कम से कम आवश्यकताओं की पूर्ति करने योग्य आय तो होती है किन्तु इस आय को अविवेकपूर्ण रूप से खर्च करने के कारण निर्धनता बनी रहती है। उदाहरण के लिए, कोई व्यक्ति भोजन, वस्त्र आदि मूल आवश्यकताओं के स्थान पर अपनी आय को शराब, धूम्रपान, जुआ, मनोरंजन, यात्रा आदि पर खर्च कर देता है। तो ऐसी स्थिति में भी शारीरिक क्षमता को बनाये रखना सम्भव नहीं होता है। इस प्रकार के अपव्यय से जनित गरीबी द्वैतीयक निर्धनता कहलायेगी। ऐसी निर्धनता को परिभाषित करते हुए बी. एस. राउण्ट्री लिखते हैं, "परिवारों का ऐसा जीवन–स्तर जो प्रकट रूप में गरीबी में रह रहे हों, यद्यपि उनकी कुल आय भौतिक दक्षता को बनाये रखने की दृष्टि से पर्याप्त होगी।"[2] द्वैतीयक निर्धनता में आय की सीमा निश्चित नहीं होती है और लोग मूल आवश्यकताओं की पूर्ति के बाद बची हुई आय को उपयोगी ढंग से या व्यर्थ के कार्यों में भी खर्च कर सकते हैं। प्रो॰ ज्वीइग (Prof. Zweig) द्वैतीयक निर्धनता को परिभाषित करते हुए लिखते हैं कि "इस प्रकार की निर्धनता जो आवश्यकताओं में कमी के रूप में देखी जाती है, अपवादस्वरूप ही लाभदायक खर्च द्वारा जनित होती है तथा भोजन, किराया और कपड़ों पर गैर–अनुपात में खर्च नहीं किया जाता है।"[3] स्पष्ट है कि द्वैतीयक निर्धनता का कारण व्यक्ति द्वारा अपनी आय का अनुपयुक्त ढंग से व्यय करना है।

1. "Primary Poverty means having a smaller income than will pay for the minimum necessities of life."
   –Hermon Levy Drink: *An Economic and Social Study*, p.37
2. B. S. Rouentree, quoted by Hermon Levy, *Ibid*., p. 37.
3. "Secondary Poverty conceived as deficiency in necessities is only exceptionally caused by useful expenditure and that there is no disproportionate expenditure on food rent or clothes." –Prof. Zweig, *Labour life and Poverty*, p. 22.

ई० पी० डब्ल्यू० डाकोस्टा[1] ने तीन प्रकार की निर्धनता का उल्लेख किया है—(1) दयनीय अभाव, (2) अभाव, (3) गरीबी

(1) **दयनीय अभाव** (Severe Destitute) - इस प्रकार की अवस्था में गाँवों में लोग प्रति माह 0 से 10 रुपये तक तथा शहरों में 0 से 15 रुपये तक खर्च कर पाते हैं। भारत में इस प्रकार की स्थिति वाले लोग लगभग 13 प्रतिशत है।

(2) **अभाव** (Destitute) - इस स्थिति में गाँवों में 0 से 13 रुपये तक एवं शहरों मे 0 से 18 रुपये तक प्रति व्यक्ति प्रति माह उपभोग खर्च किया जाता है। इस प्रकार के अभावों में जीवन व्यतीत करने वाले भारत में 22.4 प्रतिशत लोग हैं।

(3) **निर्धनता** (Poverty) -जिन लोगों की आय गाँवों में 0 से 15 रुपये तक तथा शहरों में 0 से 18 रुपये तक प्रति माह प्रति व्यक्ति है उन्हें निर्धनता की श्रेणी में रखा गया है। ऐसे व्यक्ति भारत में 34.6 प्रतिशत हैं। डाकोस्टा ने निर्धनता का उपर्युक्त विभाजन मानव के जीवन के लिए आवश्यक भोजन की लागत (1963-64) के अनुमान के आधार पर किया। डाकोस्टा के अनुसार भारत में (1963-64) में तीन चौथाई जनसंख्या निर्धन थी।

ग्रामीण निर्धनता के कारण

फेरिस[2] तथा गिलिन और गिलिन[3] ने निर्धनता के लिए उत्तरदायी अनेक वैयक्तिक, प्राकृतिक, आर्थिक, सामाजिक, राजनीतिक तथा सांस्कृतिक कारकों का उल्लेख किया है।

(1) **वैयक्तिक कारक** (Personal Factors) -प्राचीन समय में यह धारणा थी कि व्यक्ति स्वयं अपनी दशा के लिए उत्तरदायी है। जब कोई व्यक्ति बीमारी, दुर्घटना, मानसिक अयोग्यता, नैतिक पतन, अविवेकपूर्ण खर्च आदि से ग्रसित होता है तब निर्धनता उत्पन्न होती है। व्यक्ति की अयोग्यता निर्धनता पैदा करती है। यह अयोग्यता अनेक कारणों से उत्पन्न हो सकती है। कई व्यक्ति वंशानुगत रोगों से तो कई मानसिक बीमारियों और पागलपन आदि से पीड़ित होते है। कुछ व्यक्ति कला, विज्ञान, तकनीकी तथा साहित्य के क्षेत्र में रुचि रखने वाले होते हैं तो कुछ को इनमें कोई रुचि नहीं होती। कुछ वैज्ञानिक शरीर की अनेक त्रुटियों के लिए हमारे ग्रन्थि संस्थानों को उत्तरदायी मानते हैं। अल्पकालिक और दीर्घकालिक बीमारी भी लोगों में निर्धनता उत्पन्न करती है। इसी प्रकार से दुर्घटनाएँ घटने पर भी व्यक्ति अपंग या अंगविहीन हो जाते हैं। अन्धापन तथा बहरापन आदि भी व्यक्ति में शारीरिक अक्षमता पैदा करते हैं। इस प्रकार की बीमारी, बुढ़ापा, दुर्घटना, अपंगता आदि के कारण व्यक्ति अर्थोपार्जन में अपनी शारीरिक क्षमता का प्रयोग नहीं करने

---

1. A Portrait of India Poverty, by C.P.W. Dacosta, *Challenge of Poverty in India*, by A.J. Fonseca. pp.48-59.
2. Faris, *Social Disorganization*,
3. Gillin and Gillin, *op cit.*, pp. 761-80.

की दशा मे दूसरे पर निर्भर हो जाता है। ये सारी स्थितियाँ निर्धनता को उत्पन्न करने के लिए उत्तरदायी हैं।

(2) **भौतिक पर्यावरण** (Physical Environment) –भौतिक पर्यावरण में प्राकृतिक साधनों का अभाव, प्रतिकूल जलवायु, कीड़े–मकोड़ों का उत्पात, प्राकृतिक संकट आदि को सम्मिलित करते हैं। यदि किसी देश में प्राकृतिक भण्डारों व खनिज पदार्थों का अभाव है, भूमि में उपजाऊपन की कमी है, तो ऐसी स्थिति में वहाँ के लोगों को धनोपार्जन के लिए प्रचुर प्राकृतिक साधनों के नहीं मिलने से अपनी आवश्यकताओं की पूर्ति में कठिनाइयों का सामना करना पड़ता है। जहाँ खनिजों का बाहुल्य है। उपजाऊ मिट्टी और सिचाई के साधनों की सुविधाएँ हैं, वहाँ समृद्धि पायी जाती है। इसके विपरीत, रेगिस्तान और वर्षा की कमी वाले स्थानों पर गरीबी पायी जाती है। खराब मौसम के कारण जैसे अत्यधिक गर्मी व सर्दी तथा ओलों के कारण फसल नष्ट हो जाती है तो लोगों को अभाव एवं गरीबी का सामना करना पड़ता हैं इसी प्रकार से प्राकृतिक प्रकोप जैसे बाढ़, अकाल, भूचाल, महामारी आदि भी गरीबी उत्पन्न करते हैं। बिहार, असम, बंगला देश और उत्तर प्रदेश में बाढ़ और तूफान के कारण अनेक बार लोगों की बस्तियाँ उजड़ जाती है और वे नष्ट हो जाते हैं। जगलों में निवास करने वालों के घर और गाँव आग लगने पर नष्ट हो जाते हैं। समुद्री किनारे पर रहने वालों को यदाकदा तूफान नष्ट कर देता है। इसी प्रकार से कई जीवाणु और कीड़े–मकोड़े भी फसलों, जानवरों और उद्योग–धन्धों को नष्ट कर देते हैं। टिड्डियाँ, चूहे एवं दीमक, रेशम, ऊन एवं लकड़ी आदि को नष्ट करने वाले कीड़े प्रति वर्ष करोड़ों रुपयों की हानि पहुँचाते हैं। कीड़े–मकोड़े, फलों, कागजों, कपास, लकड़ी, ऊन, रेशम, जानवरों आदि को नष्ट कर देते हैं और इससे सम्बन्धित लोगों को निर्धनता का सामना करना पड़ता है।

(3) **आर्थिक कारक** (Economic Factors) – निर्धनता का सम्बन्ध आर्थिक पहलुओं से भी है। आर्थिक दशा का वर्णन आय और खर्च के सन्दर्भ में ही किया जाता है। अपर्याप्त उत्पादन, असमान वितरण, आर्थिक उतार–चढ़ाव, बेकारी, गरीबी का दुष्चक्र, मन्दी आदि निर्धनता को जन्म देते हैं। भारत में उत्पादन के लिए साधारणतः परम्परागत साधनों का प्रयोग किया जाता है। अतः यहाँ पर्याप्त उत्पादन नहीं हो पाता है ऐसी स्थिति में जीवित रहने के लिए आवश्यक वस्तुओं को जुटा पाना भी कठिन हो जाता है। आवश्यक उत्पादन के अभाव में निर्धनता का सामना करना पड़ता है। यदि उत्पादन ठीक हो किन्तु उसका वितरण असमान हो तो भी निर्धनता उत्पन्न होती है। उत्पादन के साधनों पर कुछ ही लोगों का एकाधिकार होने पर अधिकांश मुनाफा वे हड़प जाते हैं। अतः आय की असमानता के कारण लोग बीमारी, दुर्घटना, वृद्धावस्था आदि अवसरों पर आवश्यकताओं की पूर्ति तक करने में असमर्थ रहते हैं। सम्पत्ति एवं आय का असमान वितरण, व्यापारिक मन्दी तथा बेकारी की अवस्था भी निर्धनता उत्पन्न करती है। व्यापार में मन्दी आने पर कई लोग दिवालिये हो जाते हैं और उनकी जमा पूँजी खर्च हो जाती

है। बेकारी की अवस्था में व्यक्ति अपनी आवश्यकताओं की पूर्ति करने में असमर्थ होता है जिससे उनकी कार्यक्षमता घट जाती है। बेकारी के साथ-साथ निर्धनता की संख्या भी बढ़ती जाती है।

(4) **सामाजिक कारक** (Social Factors) -सामाजिक कारकों के अन्तर्गत हम शैक्षणिक कमियाँ स्वास्थ्य रक्षण का अभाव, आवास सुविधाओं का अभाव, विवाह और पैतृत्व के ज्ञान का अभाव तथा परिस्थितियों से बच्चों और युवा लोगों का असामंजस्य आदि सम्मिलित करते हैं।

(i) **दोषपूर्ण शिक्षा**- दोषपूर्ण शिक्षा प्रणाली के कारण भारत में शिक्षितों में बेकारी पनपी है। शिक्षा उन्हें जीवन-यापन के लिए पूरी तरह तैयार नहीं कर पाती। शिक्षा में अनुशासन के अभाव के कारण छात्र-असन्तोष की समस्या पनपी है। भारत में अन्धों, बहरों तथा अपंगों के लिए भी पर्याप्त शिक्षा और जीवन-यापन की सुविधाएं उपलब्ध नहीं हैं।

(ii) **बुरा स्वास्थ्य**- आजकल अनेक वैज्ञानिक आविष्कारों तथा नवीन चिकित्सा पद्धति आदि के कारण कई बीमारियों को नियन्त्रित कर लिया गया है। क्षय रोग, हैजा, टाईफाइड आदि रोगों पर काबू पा लिया गया है। फिर भी हमारे यहाँ साधारण लोगों को रक्षण हेतु समुचित सुविधाएँ नहीं मिल पातीं तथा वे स्वास्थ्य के नियमों से अनभिक्ष हैं। बुरा स्वास्थ्य और बीमारी व्यक्ति की कार्यक्षमता को घटाते हैं। इन परिस्थितियों में कई लोगों की मुत्यु हो जाती है और परिवार को गरीबी का सामना करना पड़ता है। आवास की सुविधाओं के कारण भी लोगों की कार्यक्षमता प्रभावित होती है। गन्दी बस्तियों में रहने, शुद्ध हवा, पानी, बिजली, प्रकाश आदि के अभाव एवं मोड़-भाड़युक्त घर होने पर भी व्यक्ति के स्वास्थ्य पर बुरा असर पड़ता है। उसका आत्म सम्मान गिर जाता है, इच्छाएं टूट जाती हैं और इसका अप्रत्यक्ष प्रभाव निर्धनता पर पड़ता है।

(iii) **वैवाहिक दोष**- हमारे यहाँ विवाह और पैतृत्व की समस्याओं पर भी ध्यान नहीं दिया गया है। कई लोग अपने वैवाहिक और पारिवारिक दायित्वों को निभाने में असमर्थ हैं। माता-पिता और बच्चों तथा पति-पत्नी के पारस्परिक सम्बन्धों में भी शिथिलता आयी है। औद्योगिक क्रान्ति, स्वतन्त्रता के विचार, नारी स्वतन्त्रता तथा उसके घर से बाहर अर्जन करने के कारण घर की परिस्थितियों में भी परिवर्तन आया है। गिलिन और गिलिन कहते हैं, अब घर केवल पेट भरने और रैन बसेरा करने का स्थान ही रह गया है।[1] हमारे समाज में बच्चों को विवाह और परिवार के दायित्वों को निभाने के लिए कम ही तैयार किया जाता है। इस प्रकार सामाजिक संगठन की अपर्याप्तता वर्तमान परिस्थितियों में निर्धनता और पराश्रितता उत्पन्न करने के लिए उत्तरदायी है।[2]

1. "Home is fıling station and a roosting place." –Gillin and Gillin, *op. cit*, p. 776.
2. "Thus.....the inadequacy of our social organization in the face of the present situation is a factor in producing poverty and dependency." –*lbid*,. p. 777.

(iv) **संयुक्त परिवार और जाति व्यवस्था**- संयुक्त परिवार प्रणाली और जाति व्यवस्था, धार्मिक अन्ध-विश्वास भी निर्धनता के लिए उत्तरदायी हैं। संयुक्त परिवार प्रणाली और जाति प्रथा व्यक्ति की गतिशीलता में बाधक हैं। परिवार अपने सदस्यों को घर से बाहर जाने की सुविधाएँ प्रदान नहीं करता। जाति व्यवस्था में नवीन व्यवसायों को अपनाने की सामान्यत: स्वतन्त्रता नहीं रही है और लोग परम्परागत व्यवसायों को ही करते रहे हैं। धार्मिक अन्धविश्वासों तथा कर्म और पुनर्जन्म के सिद्धान्तों ने भी लोगों को भाग्यवादी बनाया है। भारतीयों में यह धारणा भी पायी जाती है कि व्यक्ति चाहे कितना ही प्रयत्न करे उसे उतना ही मिलेगा जितना उसके भाग्य में लिखा है।

(5) **राजनीतिक कारक** (Political Factors) -राजनीतिक अस्थिरता और उथल-पुथल भी निर्धनता को जन्म देती है। ऐसी स्थिति में चारों ओर असन्तोष मुनाफाखोरी, काला बाजारी, जमाखोरी आदि पनपती है। राजनीतिक दलों की पारस्परिक वैमनस्यता भी देश में अफवाहों को जन्म देती है और उसके फलस्वरूप व्यापार मे उतार-चढ़ाव आते हैं। सरकार की आर्थिक नीतियों का भी अर्थ-व्यवस्था पर प्रभाव पड़ता है। सरकार की उत्पादन नीति, टैक्स नीति, आयात-निर्यात और वितरण की व्यवस्था भी देश के लोगों की आर्थिक दशा को प्रभावित करती है। स्वतन्त्रता के पूर्व अंग्रेजों ने भारत के आर्थिक स्रोतों का खूब शोषण किया। इंग्लैण्ड के कारखानों के लिए भारत कच्चा माल भी जुटाता था तथा बने माल के लिए बाजार भी। उन्होंने हमारे यहाँ उद्योगों की स्थापना को महत्व नहीं दिया। वर्ममान काल में किसी भी व्यवसाय के फलने-फूलने में राज्य की सहायता और आर्थिक नीतियों का महत्वपूर्ण योगदान होता है।

(6) **युद्ध** (War)— युद्ध के दिनों में आर्थिक अपव्यय बहुत होता है, परिणामस्वरूप बड़े पैमाने पर निर्धनता पनपती है। दो विश्वयुद्धों ने पश्चिमी देशों को दिवालिया बना दिया। युद्ध में पुरुषों की मृत्यु अधिक होती है। अत: स्त्रियों को अर्जन करना होता है और कई बच्चे तो अनाथ हो जाते हैं तथा समाज में आर्थिक सम्बन्ध अस्त-व्यस्त हो जाते हैं। युद्ध के कारण मानसिक पीड़ा और अस्थिरता उत्पन्न होती है जिससे उत्पादन की क्रिया भी प्रभावित होती हैं। युद्ध के दिनों में अन्तरराष्ट्रीय व्यापार को हानि होती है तथा व्यापारिक मार्ग बन्द हो जाते हैं।

(7) **सांस्कृतिक कारक** (Cultural Factors)- भारतीय संस्कृति में अधिक धन प्राप्ति को या धन के लिए जीवन को खपा देने को उचित नहीं माना गया है। भारतीय सांस्कृतिक मूल्यों में सादा जीवन और उच्च विचार की बात कही गयी है। अत: लोग धन के पीछे नहीं भागते वरन् जीवन की कम से कम आवश्यकताओं को पूरा करने में ही सन्तोष महसूस करते हैं। वर्तमानकाल में भारत की निर्धनता का जो उल्लेख किया जाता है वह पश्चिमी देशों की देन है। निर्धनता एक सापेक्ष अवधारणा है जिसे किसी देश और समाज की संस्कृति के सन्दर्भ में ही देखा जाना चाहिए।

(8) **बढ़ती जनसंख्या** (Increasing Population) - माल्थस ने अपने लेख 'एन ऐसे ऑन पॉपुलेशन' (An Essay on Population) में बढ़ती जनसंख्या को गरीबी के लिए उत्तरायी माना है। जनसंख्या की तुलना में जब उत्पादन नहीं होता है तो आर्थिक सन्तुलन बिगड़ जाता है। माँग और पूर्ति के इस असन्तुलन के कारण मूल्यों में वृद्धि होती है और लोगों की क्रय-शक्ति घटती है। फलस्वरूप लोग अपनी आवश्यक आवश्यकताएँ भी नहीं जुटा पाते और उन्हें दीन-हीन अवस्था में जीवन-यापन करना पड़ता है। भारत में प्रतिवर्ष बढ़ती जनसंख्या की बाढ़ ने भी गरीबी को बढ़ावा दिया है। जिस गति से यहाँ जनसंख्या बढ़ती है, उसी गति से जीवन-यापन के लिए साधनों और सुविधाओं में वृद्धि नहीं होती। परिणामस्वरूप लोगों को बेकारी और भुखमरी का सामना करना पड़ता है।

(9) **बेकारी** (Unemployment)- बेकार होने पर व्यक्ति को दूसरों पर निर्भर होना पड़ता है। आय न होने पर वह अपना तथा अपने आश्रितों का भरण-पोषण नहीं कर पाता। उत्पादन के साधनों के अभाव में भी बेकार व्यक्ति अर्जन नहीं कर सकता और उसे अपनी आवश्यकताओं को घटाकर निम्न जीवन-स्तर के लिए बाध्य होना पड़ता है। कई बेकार व्यक्तियों को तो भीख माँग कर जीवन-यापन करने के लिए बाध्य तक होना पड़ता है।

(10) **कृषि** (Agriculture) - कृषि की गिरी हुई दशा के कारण तथा सिंचाई के साधनों के अभाव में ग्रामीण को कई बार भुखमरी का सामना करना पड़ता है। उन्नत खाद, बीज एवं साधनों के अभाव एवं परम्परागत खेती के तरीकों के कारण कृषि की उपज इतनी नहीं हो पाती कि किसान वर्ष भर के लिए अपने परिवार का भरण-पोषण और कुछ बचत कर सके। भारत में कृषि वर्षा पर ही निर्भर हैं इसलिए ही कहा जाता है। कि "भारतीय कृषि मानसून का जुआ है।" अतः जब वर्षा अच्छी होती है तो आसानी से वर्ष भर भरण-पोषण हो पाता है। अन्यथा लोगों को भुखमरी का सामना करना पड़ता है।

(11) **जमींदारी प्रथा**- भारत में जमींदारी प्रथा को कानूनी रूप से समाप्त कर दिया गया है। सीलिंग एक्ट द्वारा अधिकतम भूमि की सीमा निर्धारित कर दी गयी है किन्तु अब भी जमीदारी प्रथा व्यवहार में किसी न किसी रूप में उपस्थित है। इस प्रथा के कारण कुछ लोगों के पास ही कृषि योग्य भूमि केन्द्रित है। वे कृषि मजदूरों के द्वारा उस पर खेती करवाते हैं फसल का अधिकांश भाग फसल पैदा करने वाले को न मिलकर भू-स्वामी को मिलता है। अधिकांश कृषि-योग्य भूमि के अनुपस्थित मालिक होते हैं जो अपनी भूमि को या तो ठेके पर देते हैं या मजदूरों की सहायता से उस पर खेती करवाते हैं। इस प्रकार कृषि उपज का अधिकांश भाग जमीदारों के हाथ में चला जाता है और वास्तविक उत्पादकों को बहुत कम भाग ही मिल पाता है जिन्हें निर्धनता में अपने दिन गुजारने होते हैं।

(12) **साहूकारी प्रथा**- गाँवों में सहकारी समितियों का अभाव है और किसान को अपनी जरूरत के समय साहूकारों के पास जाना होता है। साहूकार

किसानों और ग्रामीणों की मजबूरी तथा अज्ञानता का लाभ उठाकर उनका शोषण करते हैं। वे जीवन भर ऋण के बोझ से मुक्त नहीं हो पाते । राजस्थान में अभी कुछ समय पूर्व तक ही सागड़ी प्रथा प्रचलित थी। इस प्रथा के अनुसार उधार लेने वाले व्यक्ति को उस समय तक साहूकार के घर पर मुफ्त सेवा प्रदान करनी पड़ती थी जब तक कि वह ऋण न लौटा दे साहूकारों के चंगुल में फँसने पर उनसे मुक्ति पाना बहुत कठिन था और गरीब सदा गरीब ही बने रहते थे।

(13) **सामाजिक कुप्रथाएँ**—हिन्दू समाज में दहेज, मृत्युभोज तथा विवाह से सम्बन्धित कई सामाजिक कुरीतियाँ प्रचलित हैं। इन रीति-रिवाजों के कारण एक व्यक्ति को अपनी आर्थिक क्षमता न होने पर भी सामाजिक प्रतिष्ठा की रक्षा के लिए अधिक खर्च करना पड़ता है। इसके लिए ऋण लेना होता है या अपनी भूमि व मकान तथा जायदाद को गिरवी रखना या बेचना होता है, अपनी बैलगाड़ी और उत्पादन के साधनों की समाप्ति के कारण आय भी समाप्त हो जाती है और उसे मजदूरी द्वारा जीवन-यापन करना पड़ता है। अन्ध-विश्वास और धार्मिक रूढ़िवादिता के कारण कई लोग गरीबी को ईश्वर की देन मानते हैं।

(14) अज्ञानता और अशिक्षा—भारत में बहुत कम लोग ही शिक्षित हैं और गाँवों में तो शिक्षा का नितान्त अभाव है। शिक्षा की कमी के कारण लोग अज्ञानी होते हैं, वे तार्किक दृष्टिकोण के स्थान पर भावात्मक दृष्टि से ही किसी वस्तु का मूल्यांकन करते हैं। ग्रामीणों की अशिक्षा और अज्ञानता का लाभ जमींदार और साहूकार उठाते हैं और उनका आर्थिक शोषण करते हैं।

(15) प्राकृतिक साधनों का अपूर्ण दोहन—भारत में प्राकृतिक वस्तुओं की प्रचुरता है। कोयला, लोहा, यूरेनियम, अभ्रक, सीसा, ग्रेफाइट, समुद्री खनिजों और अनेक प्रकार के खनिज पदार्थों का भारत में प्रचुर भण्डार है। किन्तु साधनों के अभाव के कारण उनका पूरी तरह से दोहन नहीं किया गया है। कृषि योग्य भूमि में ही प्रति एकड़ उपज बहुत कम है जिसके बढ़ाये जाने की काफी सम्भावना है। इसलिए ही कहा जाता है कि भारत एक सम्पन्न देश है जिसमें गरीब लोग निवास करते हैं।

(16) आलस्य और निष्क्रियता—भारत में काफी लोग आलसी और निष्क्रिय भी हैं। इस निष्क्रियता के लिए यहाँ की सामाजिक एवं भौगोलिक परिस्थितियाँ, भाग्य पर विश्वास, उदासीनता तथा बुरा स्वास्थ्य आदि उत्तरदायी हैं। भारतीयों की आलसी प्रवृत्ति का उल्लेख करते हुए गुन्नार मिर्डल लिखते हैं, "यदि आप अपनी अगली छुट्टियाँ देश के किसी भीतरी हिस्से के किसी दूर गाँव में बितायें तो आप देखेंगे कि लोग निरूत्साहित और भय से ग्रस्त हैं। आपको टूटे-फूटे मकान देखने को मिलेंगे, आपको ढोर बहुत ही बुरी हालत में देखने को मिलेंगे। इन सब बातों के बावजूद आप यह देखेंगे कि सर्वत्र आलस्य व्याप्त है।"[1]

1. गुन्नार मिर्डल, विश्व निर्धनता की चुनौती, पृ॰ 112A

यहाँ के लोग स्वयं अपनी परिस्थितियों को सुधारने के लिए उत्साहित दिखाई नहीं पड़ते। उन्होंने अपनी दशा को सुधारने के लिए संघर्ष या आन्दोलन नहीं किये हैं। वे अपनी माँगों को प्रकट करने के प्रति उदासीन रहे हैं और संगठित होकर हितों की रक्षा के लिए कुछ अपवादों को छोड़कर शायद ही कभी प्रयत्नशील रहे हों। यदा-कदा जमीदारों के विरुद्ध विद्रोह भी हुए तो उन्हें शक्ति से दबा दिया गया। इस सम्बन्ध में एक बार नेहरू जी ने कहा था, "जो लोग सचमुच गरीब हैं वे कभी हड़ताल नहीं करते, उनके पास प्रदर्शन करने के न तो साधन हैं और न ही शक्ति।"[1]

(17) नरम राज्य (Soft State) गुन्नार मिर्डल सभी अविकसित राष्ट्रों में गरीबी का एक कारण 'नरम राज्य' मानते हैं। नरम राज्य का अभिप्राय उस सामाजिक अनुशासनहीनता से है जो विभिन्न रूपों में प्रकट होती है, जैसे कानून की कमियाँ तथा कानून के पालन और लागू करने की खामियाँ, विभिन्न स्तरों पर सरकारी अफसरों द्वारा इन नियमों और निर्देशों की व्यापक अवहेलना जिनका उन्हें पालन करना एवं करवाना होता है। बहुधा उनकी ऐसे शक्तिशाली व्यक्तियों और समूहों से साँठ-गाँठ होती है जिनके आचरण को नियमित बनाने की जिम्मेदारी इन अफसरों पर होती है। नरम राज्य की संकल्पना के अन्तर्गत भ्रष्टाचार आ जाता है।[2] नरम राज्यों में जिन लोगों के पास सामाजिक, आर्थिक तथा राजनीतिक सत्ता होती है, वे शोषण और मनमाना आचरण करते हैं। स्पष्ट है कि नरम राज्य में भ्रष्टाचार के कारण उच्च वर्ग निम्न वर्ग का शोषण करता है और जब इस शोषण के विरुद्ध शोषित शिकायत करते हैं, तो उनकी कोई सुनवाई नहीं होती। अतः उन्हें दबकर रह जाना होता है। और निर्धनता में दिन काटने पड़ते हैं।

(18) सुधार नीतियों की असफलता—जब कभी भी नीचे के वर्ग के लोगों के सुधार के लिए नीतियाँ बनायी जाती हैं या तो उन्हें लागू नहीं किया जाता या उनके रूप को इस प्रकार से विकृत कर दिया जाता है कि उनका लाभ गरीबों को नहीं मिल पाता। यह बात हम भारत सरकार द्वारा घोषित 20 सूत्रीय कार्यक्रमों के सन्दर्भ में देख सकते हैं। किसानों के लिए न्यूनतम कृषि मजदूरी अथवा फसल में जमींदार के अधिकतम हिस्से अथवा सूदखोर की अधिकतम ब्याज की सीमा निर्धारित करके या भूमिहीनों को भूमि का वितरण करने के नियम बनाकर विधान सभाएँ और संसद श्रमिकों, किसानों और गरीबों के प्रति अपनी उदारता का परिचय देती हैं किन्तु उन्हें सच्चे अर्थों में कभी लागू नहीं किया जाता। मिर्डल कहते हैं कि "सारी राजनीतिक, कानूनी और प्रशासकीय प्रणाली गरीब लोगों के व्यापक जन-समुदाय के विरुद्ध इस प्रकार खड़ी दिखाई देती हैं कि ऐसे कानूनों को व्यावहारिक रूप से लागू नहीं कर सकते"[3]

---

1. *Ibid.*, p. 70
2. *lbid.*, p. 185.
3. Ibid.., p. 195.

(19) औद्योगीकरण—प्राचीन उत्पादन के साधनों का स्थान जब मशीनों ने लिया तो फैक्टरी प्रणाली अस्तित्व में आयी। बड़े-बड़े उद्योग स्थापित किये गये, परिणामस्वरूप ग्रामीण कुटीर-उद्योग प्रायः नष्ट हो गये और कुटीर व्यवसायों के मालिक कारखानों में मजदूरों के रूप में काम करने लगे। कई लोगों को परम्परागत व्यवसाय की समाप्ति के कारण बेकारी का सामना करना पड़ा और वे निर्धन हो गये।

(20) पूँजीवाद—औद्योगीकरण ने पूँजीवादी व्यवस्था को जन्म दिया। कारखाना लगाने के लिए बड़ी मात्रा में पूँजी की आवश्यकता होती है जो केवल पूँजीपति ही जुटाने में समर्थ होते हैं। नवीन औद्योगिक व्यवस्था ने समाज में मजदूर और मालिक दो स्पष्ट वर्ग खड़े कर दिये। मालिक श्रमिकों का शोषण करने लगे। इस व्यवस्था ने पूँजीपतियों को और अधिक पूँजीपति तथा गरीबों को और अधिक गरीब बना दिया।

स्पष्ट है कि निर्धनता के कारण और इसकी उत्पत्ति जटिल है। भारत में इस भयंकर आर्थिक-सामाजिक समस्या को जन्म देने में अनेक कारकों का योगदान रहा है जिसमें विदेशी शासन, उच्च वर्ग द्वारा शोषण, जनाधिक्य, पूँजी का अभाव, शिक्षा का अभाव, आकांक्षाओं और आर्थिक प्रोत्साहन का अभाव, स्वास्थ्य एवं शक्ति का अभाव, अकुशल प्रशासन, भ्रष्टाचार, पुरातन समाज व्यवस्था जिसमें सामाजिक-आर्थिक गतिशीलता का अभाव तथा शोषणकारी भूमि व्यवस्था आदि प्रमुख हैं।

निर्धनता के दुष्प्रभाव

जिस देश के लोगों का जीवन-स्तर निम्न होता है, वहाँ की युवा पीढ़ी में किसी प्रकार का साहस और कार्य के प्रति लगाव एवं जोश नहीं होता। धर्मवेत्ता अधिक सम्पत्ति अर्जन को बुराई की जड़ बताते हैं, अतः वे धन संग्रह को उचित नहीं मानते। किन्तु भूखे व्यक्ति से ईमानदार और नैतिक बने रहने की अपेक्षा नहीं की जा सकती। कहावत है कि भूखा व्यक्ति कौन सा पाप नहीं करता? (बुभुक्षतं किं न करोति पापं)। अतः निर्धनता को किसी भी दृष्टि से उचित नहीं ठहराया जा सकता। सभी व्यक्ति चाहते हैं कि धन अर्जन कर अच्छा जीवन व्यतीत किया जाय। निर्धनता की स्थिति में व्यक्ति को अनेक कठिनाइयों का सामना करना पड़ता है। निर्धनता के दुष्प्रभाव निम्नलिखित हैं—

(1) निर्धनता के शारीरिक प्रभाव—(Physical Effects of Poverty)—निर्धनता शारीरिक कमियों को जन्म देती है। क्षय रोग को निर्धनों की बीमारी माना गया है। निर्धनों में क्षय रोग की अधिकता के कारण निर्धनता व क्षय रोग का सह सम्बन्ध बताया जाता है। लम्बी बीमारी और कार्य न करने की क्षमता भी लोगों को निर्धन बनाती है। धन के अभाव में निर्धन लोग चिकित्सा की सुविधाएँ नहीं जुटा पाते। लम्बे समय तक बीमारी चलती रहने पर शरीर क्षीण हो जाता है।

निर्धनता के कारण कई लोगों को सन्तुलित आहार तो दूर भरपेट भोजन भी नहीं मिल पाता। पर्याप्त भोजन और चिकित्सा के अभाव में मृत्यु दर में भी वृद्धि हो जाती है। अमरीका में अनेक अध्ययनों से यह ज्ञात हुआ कि धनवानों की अपेक्षा निर्धनों में बच्चों की मृत्यु दर, गर्भपात तथा मरे हुए बच्चे पैदा होने की संख्या अधिक थी।[1] अधिक आय वाले पौष्टिक भोजन जुटाने में समर्थ होते हैं। उनके भोजन में विटामिन, खनिज तत्व, प्रोटीन आदि का अभाव न होने से उन्हें शारीरिक कमियों का सामना नहीं करना पड़ता। दूसरी ओर कम आय वालों को सस्ता व कम पौष्टिक भोजन ही मिल पाता है जिसमें दूध, फल तथा सब्जियों की कमी होने के कारण शारीरिक कमियाँ और दुर्बलता उत्पन्न होती है। परिणामस्वरूप उनमें मृत्यु-दर भी बढ़ जाती है। दक्षिणी और पूर्वी भारत में 50% माताएँ कुपोषण की शिकार हैं। उनसे उत्पन्न बच्चों के पोषण की दृष्टि से सुरक्षित भण्डार की कमी होती है। 20% माताओं में खून तथा विटामिन और प्रोटीन की कमी पायी जाती है।[2] निर्धनता के कारण ही लोगों को व्यावसायिक थकान, चिकित्सा के प्रति उपेक्षा, गन्दे मकान, मनोरंजन का अभाव, बुरा स्वास्थ्य, छूत की बीमारियों एवं कुपोषण आदि समस्याओं का सामना करना पड़ता है। वस्त्रों के अभाव में निर्धनों को निमोनिया एवं मौसम के प्रभाव से होने वाले रोग भी शीघ्र आ घेरते हैं जिनका इलाज वे आसानी से नहीं करा सकते।[3]

(2) मानसिक प्रभाव (Mental Effects)—निर्धनता कुपोषण और छूत के रोगों को जन्म देती है जिनका मानसिक स्थिति पर भी प्रभाव पड़ता है। निर्धनता कुपोषण के लिए और कुपोषण मानसिक कमियों के लिए उत्तरदायी है। एल॰ जे॰ रॉबर्ट्स[4] ने कई निर्धन बच्चों का मानसिक परीक्षण किया तो पाया कि उनका बौद्धिक स्तर निम्न था। इसके लिए कुपोषण तथा निम्न सामाजिक स्थिति उत्तरदायी है जो निर्धनता की देन है। मस्तिष्क का सुजाक तथा छूत के रोगों के बीज और बीमारी का निर्धनता से घनिष्ट सम्बन्ध है। निर्धनता के कारण उचित शिक्षा-दीक्षा नहीं हो पाने पर बौद्धिक विकास भी प्रभावित होता है। वर्तमान काल में सरकार द्वारा निम्न और पिछड़ी जातियों को आर्थिक एवं शैक्षणिक सुविधाएँ दी जा रही हैं जिससे उनके मानसिक क्षितिज का भी विस्तार हुआ है। निर्धन माता-पिता अपने बच्चों पर अर्जन करने के लिए ही अधिक दबाव डालते हैं, शिक्षा पर नहीं।

(3) सामाजिक प्रभाव (Social Effects)—निर्धन व्यक्ति की सामाजिक प्रतिष्ठा, पद, भूमिका आदि को भी प्रभावित करती है। निर्धनता का अर्थ है निम्न सामाजिक प्रस्थिति और निम्न सामाजिक प्रस्थिति एक ऐसे समाज में भी जहाँ खुली वर्ग व्यवस्था है व्यक्ति पर प्रभाव डालती है।[5] अधिकांश अपराधी, बाल-अपराधी,

1. National Health Survey in Beuhah Amidon, Who can afford Health/ Bernard J. Stern, *Society and Medical Progress*, pp. 126-141.
2. A. J. Fonseca, *Challenge of Poverty in India*, p. XXI.
3. W.W Weaver, *op. cit*, p. 656.
4. L. J. Roberts, *Nutrition Work with Children*, pp.266-300.
5. "Poverty is by definition an inferior status and inferior status puts its mark on a person even is a soviety with an open class system." –W.W Weaver, *op cit.*, p. 935.

भगोड़े, आवारा एवं मानसिक रूप से असन्तुलित व्यक्ति निर्धन परिवारों के ही होते हैं। निर्धनों के साथ मुख्य समस्या उनकी निर्धनता है। (The Trouble with the Poor is their Poverty)। निर्धनता लोगों में हीनता की भावना पैदा करती है और ऐसे लोग दूसरों से प्रतिस्पर्द्धा करने में असमर्थ होते हैं।

कभी-कभी निर्धनता प्रेरणा और चुनौती प्रदान करती है तो कई बार निराशा भी पैदा करती है। गरीबी को जे॰ बी॰ हरी[1] ने उत्पादन क्षमता कम करने, निराशा पैदा करने तथा असामंजस्य उत्पन्न करने के लिए उत्तरदायी माना है। वे इसे एक कुचक्र मानते हैं। अल्पकालिक निर्धनता निराशा, विरोध व विद्रोह उत्पन्न करती जबकि लम्बी अवधि की निर्धनता का परिणाम मौखिक शिकायतों से थोड़ा अधिक होता है।[2]

(4) निर्धनता निर्धनता को उत्पन्न करती है (Poverty begests Poverty)—निर्धनता एक कुचक्र है। लोग इसलिए बीमार रहते हैं कि वे निर्धन है, लोग निर्धन इसलिए हैं कि वे बीमार हैं। निर्धन व्यक्ति को पर्याप्त भोजन नहीं मिलता है। अत: उसकी कार्यक्षमता घट जाती है। कार्यक्षमता घटने पर कम आय प्राप्त होती है और व्यक्ति निर्धन रहता है। प्रो॰ नुर्क्स कहते हैं कि कोई देश इसलिए निर्धन है कि वह निर्धन है।[3] निर्धनता के कुचक्र के माँग और पूर्ति दो पक्ष हैं।

निर्धनता के कारण आय कम होती है जिससे उत्पादन कम होता है, कम उत्पादन होने से विनियोग भी कम होगा। विनियोग की कमी का कारण विनियोग प्रेरणा का अभाव है। क्रय-शक्ति कम होने से प्रेरणा भी कम होती है। क्रय-शक्ति इसलिए कम है कि आय कम है। यह निर्धनता का माँग-पक्ष है। निर्धनता के कुचक्र का पूर्ति पक्ष भी है। निर्धनता का अर्थ कम आय है। आय कम इसलिए है कि उत्पादक कम है। उत्पादकता इसलिए कम है कि विनियोग कम है। विनियोग इसलिए कम है कि बचत कम है बचत इसलिए कम है कि लोगों को बचत की क्षमता कम है। बचत की क्षमता इसलिए कम है कि आय कम है।

(5) निर्धनता और अपराध—निर्धनता के कारण लोग अपराध करते हैं। कई अध्ययन इस बात को स्पष्ट करते हैं कि जिन लोगों ने अपराध किया, वे साधारणत: निर्धन परिवारों के थे तथा उनके पास खाने, पीने, रहने, शिक्षा और चिकित्सा आदि की पर्याप्त सुविधाएँ नहीं थीं। भूख से मुक्ति पाने और आवश्यकताओं की पूर्ति के लिए लोग चोरी, डकैती, सेंधमारी, रिश्वत, भ्रष्टाचार, गबन, मिलावट, चोरी-छिपे माल ले जाने आदि अपराधों का सहारा लेते हैं।

---

1. J. B. Hurry, *Poverty and its Vicious Circles* (1921).
2. "Acute poverty produces frustration, protest and even rebellion where chronic poverty leads to little more than verbal complaints."
   —W.W Weaver, *Ibid.* p. 661
3. Prof. Nurkse. *Problems of Capital Formation in Under-developed Countries*, p. 67..

(6) **निर्धनता और पारिवारिक विघटन**—निर्धनता के कारण परिवार के सभी सदस्यों को काम करना पड़ता है। माता और पिता काम पर चले जाते हैं और बच्चे भी छोटे-मोटे काम करने लगते हैं। बच्चों पर माता-पिता का नियन्त्रण शिथिल हो जाता है। निर्धनता से मुक्ति पाने के लिए कभी-कभी स्त्रियाँ वेश्यावृत्ति भी अपना लेती हैं। कम आय होने पर परिवार के सदस्यों की आवश्यकताओं की पूर्ति नहीं हो पाती, ऐसी स्थिति में उनमें परस्पर तनाव, मनमुटाव और संघर्ष की स्थिति पैदा होती है। गरीब परिवार की सामाजिक प्रतिष्ठा भी गिर जाती है। बच्चे भगोड़े और आवारा हो जाते हैं। सदस्यों में हीनता की भावना और निराशा पैदा हो जाती है। ये सभी परिस्थितियाँ सुदृढ़ पारिवारिक संगठन के लिए खतरे के संकेत हैं। ऐसी स्थिति में परिवार का सुचारू रूप से चलना असम्भव हो जाता है।

निर्धनता के कारण लोगों का जीवन-स्तर गिरता है, वे अपनी मौलिक आवश्यकताओं की पूर्ति भी नहीं कर पाते। निर्धनता के कारण वैयक्तिक विघटन भी उत्पन्न होता है। निर्धन व्यक्ति शारीरिक और मानसिक दृष्टि से दुर्बल व्यक्तित्व का होता है। वह शारीरिक व मानसिक बीमारियों तथा कुण्ठा, हीनता, निराशा आदि की भावना से ग्रसित हो जाता है।

(7) **भिक्षावृत्ति**—निर्धनता भिक्षावृत्ति के लिए उत्तरदायी है। इसका कारण यह है कि निर्धन लोगों के पास पर्याप्त साधन नहीं होते, व्यावसायिक प्रशिक्षण और शिक्षा का अभाव होता है। शारीरिक क्षमता के अभाव के कारण ये लोग कठिन परिश्रम नहीं कर सकते। ऐसे लोग भीख माँग कर ही जीवन-यापन करते हैं।

(8) **दुर्व्यसनों में वृद्धि**—निर्धनता के कारण लोग मानसिक चिन्ता एवं निराशा से ग्रस्त हो जाते हैं। इनसे मुक्ति पाने के लिए वे कई बुराइयों को पाल लेते हैं। कई लोग तनाव को कम करने के लिए शराब पीने लगते हैं, जुआ खेलते हैं एवं वेश्यागमन करने लगते हैं।

(9) **चारित्रिक पतन**—निर्धनता के कारण उच्च चरित्र बनाये रखना सम्भव नहीं हो पाता। आर्थिक अभाव के कारण कभी-कभी बाध्य होकर स्त्रियाँ अपना तन बेचकर परिवार का भरण-पोषण करने लगती हैं, कुछ स्त्रियाँ तो गरीबी के कारण ही वेश्यावृत्ति अपनाती हैं।

स्पष्ट है कि निर्धनता एक भयंकर सामाजिक-आर्थिक समस्या है जो लोगों में शारीरिक व मानसिक बीमारी उत्पन्न करती है, उनकी कार्यक्षमता घटाती हैं, भूखमरी और बेरोजगारी को जन्म देती है; पारिवारिक, वैयक्तिक और सामाजिक विघटन को उत्पन्न करती है। इसके कारण समाज में अपराध की दर बढ़ती है, लोग कुपोषण के शिकार होते हैं और उनका जीवन-स्तर गिर जाता है।

निर्धनता के सकारात्मक प्रकार्य (Positive Functions)—हर्बर्ट जेन्स[1] का कहना है कि निर्धनता सदैव ही सकारात्मक भूमिका भी अदा नहीं करती, वरन् कई

1. Herbert Gens. 'The Use of Poverty: *The Poor pay all'*, *Social Policy*, 2 (July-Aug 1971), pp. 20-24.

बार यह सकारात्मक भूमिका निभाती है। आपका कहना है कि यदि निर्धन नहीं होते तो घटिया किस्म की वस्तुएँ जैसे पुरानी ब्रेड, पुराने वस्त्र, अधिक पके फल कौन खरीदता? सामाजिक कार्यकर्ता एवं दण्डशास्त्रियों को कहाँ कार्य मिलता? यदि भारतीय सन्दर्भ में देखें तो निर्धनों के हिमायती राजनीतिक दल कैसे पनपते? साम्यवादी एवं समाजवादी दलों का उद्भव ही नहीं हुआ होता। जेन्स कहते हैं कि निर्धनता एक ऐसी समाज व्यवस्था है जो शक्तिशाली एवं समृद्ध लोगों को लाभ पहुँचाती है। निर्धनता एवं अभाव की स्थिति लोगों को प्रयत्न करने को प्रेरित करती है तथा उन्हें आलस्य एवं निष्क्रियता से मुक्ति दिलाती है। यह कर्मठ एवं योग्य व्यक्तियों को सफलता प्रदान करने में सहायक होती है।

भारत में ग्रामीण निर्धनता को समाप्त करने हेतु किये गये प्रयास

भारत सरकार ने निर्धनता को समाप्त करने के लिए विशेष प्रयत्न किये हैं। गाँवों की दशा सुधारने के लिए सामुदायिक विकास योजनाएँ प्रारम्भ की गयीं जिनमें कृषि, पशु-पालन, कुटीर उद्योग, लघु उद्योग, सहकारी समितियाँ, शिक्षा, यातायात आदि अनेक विषयों के विकास पर जोर दिया गया। बेकारी को दूर करने के लिए रोजगार के नये अवसर प्रदान किये गये तथा विभिन्न पंचवर्षीय योजनाओं में गरीबी व बेकारी को दूर करने आदि के लिए योजनाबद्ध प्रयत्न किये गये। मकान, बिजली, पानी, स्वास्थ्य, शिक्षा आदि की सुविधाएँ उपलब्ध कराने तथा अनुसूचित जातियों और जनजातियों के कल्याण कार्यक्रमों पर जोर दिया गया।

प्रथम पंचवर्षीय योजना

प्रथम पंचवर्षीय योजना में 2,378 करोड़ रुपये विभिन्न कार्यक्रमों पर खर्च करने के लिए रखे गये। प्रथम पंचवर्षीय योजना में मुद्रा-स्फीति को रोकने एवं खाद्य-सामग्री के अभाव को दूर करने, लोगों का जीवन-स्तर ऊँचा करने और उन्हें अच्छा जीवन व्यतीत करने की सुविधाएँ देने आदि के लक्ष्य तय किये गये। कृषि श्रमिकों की स्थिति में सुधार के लिए कई कार्य किये गये जैसे कम मजदूरी वाले क्षेत्र में न्यूनतम मजदूरी तय करना, भूमिहीन श्रमिकों के लिये पुनर्वास योजना बनाना, श्रमिक सहकारिताओं का संगठन, निवास स्थान के सम्बन्ध में श्रमिकों को दखली अधिकार देना आदि। कृषि और सामुदायिक विकास योजना पर 354 करोड़ रुपये सिंचाई और शक्ति पर 647 करोड़, उद्योग और खानों पर 188 करोड़, यातायात एवं संचार पर 571 करोड़ सामाजिक और कल्याण सेवाओं पर 532 करोड़ रुपये खर्च करने का प्रावधान किया गया। इस योजना काल में राष्ट्रीय आय में वृद्धि हुई। 1950-51 में राष्ट्रीय आय 8,870 करोड़ रुपये थी जो 1955-56 में 10,420 करोड़ हो गयी। (1948-49 के मूल्य दर पर)। 1951 से 1956 के बीच अनाज का

उत्पादन 18% बढ़ा तथा औद्योगिक उत्पादन में 40% वृद्धि हुई? बढ़ती हुई बेराजगारी को दूर करने के लिए 309 करोड़ रुपयों की अतिरिक्त व्यवस्था करके रोजगार देने का प्रावधान किया गया। प्रथम पंचवर्षीय योजना में 45 लाख लोगों को प्रत्यक्ष रूप में रोजगार दिया गया। अतिरिक्त व्यापार और वाणिज्य के माध्यम से भी लोगों को रोजगार प्रदान करने का प्रयास किया गया।

द्वितीय पंचवर्षीय योजना

द्वितीय पंचवर्षीय योजना में मूल उद्योगों के विकास पर जोर दिया गया और योजना की 20% रकम उद्योगों पर खर्च करने का प्रावधान किया गया। देश का औद्योगीकरण करने के लिए 690 करोड़ रुपये खर्च करने का प्रावधान रखकर देश में तीव्र औद्योगिक विकास का कार्यक्रम तैयार किया गया। कृषि में बचे हुए लोगों को उद्योगों में रोजगार देने की दृष्टि से भी उद्योगों का तीव्र विकास किया गया। गाँवों और लघु उद्योगों के विकास के लिए 200 करोड़ रुपये की व्यवस्था की गयी। इस योजना काल में श्रम सहयोग समितियों की स्थापना, कुटीर और लघु उद्योगों द्वारा गाँवों में रोजगार के अवसर बढ़ाने, भूमि के पुनः वितरण करने और शिक्षा के विस्तार आदि पर विशेष जोर दिया गया। इस योजनाकाल में भूमिहीन मजदूरों को बसाने के लिए 5 करोड़ रुपये खर्च किये गये। पिछड़े वर्ग के लोगों के उद्धार के लिए 90 करोड़ रुपये व्यय किये गये। इस योजना काल में कुल 4,600 करोड़ रुपये खर्च करने का प्रावधान था। इस काल में खाद्य-सामग्री में अधिक वृद्धि मौसम की खराबी के कारण नहीं हो सकी। दूसरी पंचवर्षीय योजना में एक करोड़ लोगों को रोजगार देने का प्रावधान था जिसमें 65 लाख लोगों को गैर-कृषि क्षेत्र में खपाया गया।

तृतीय पंचवर्षीय योजना

तृतीय पंचवर्षीय योजना का लक्ष्य राष्ट्रीय आय में 5% प्रतिवर्ष की दर से अधिक वृद्धि करना तथा प्रतिवर्ष उपभोग को 4% से अधिक बढ़ाना था। खाद्य-सामग्री के क्षेत्र में आत्म-निर्भर होना तथा औद्योगिक माँगों के लिए कृषि की उपज बढ़ाने तथा आय व सम्पत्ति की असमानता को समाप्त करने आदि का लक्ष्य रखा गया। इस योजना में 7,500 करोड़ रुपये खर्च करने का प्रावधान था। इस योजना में 1 करोड़ 20 लाख नये रोजगार के अवसर देने की बात कही गयी। इस योजना काल में कृषि-श्रमिकों की स्थिति सुधारने पर पर्याप्त जोर दिया गया। इसके लिए विभिन्न विकास कार्यक्रमों जैसे कुटीर एवं लघु उद्योगों का विकास, ग्रामीण विद्युतीकरण, ग्रामीण आवास, जल सिंचाई, कृषि उत्पादन में वृद्धि तथा शिक्षा आदि पर जोर दिया गया। कृषि श्रमिकों को बसाने के लिए 12 करोड़ रुपये तथा पिछड़ी जातियों के कल्याण के लिए 19.14 करोड़ रुपये खर्च किये गये। कृषि उत्पादन बढ़ाने पर 226 करोड़ रुपये तथा सामुदायिक विकास और सहकारिता पर 206 करोड़ रुपये खर्च

किये गये। राष्ट्रीय आय में 14.7% तथा प्रति व्यक्ति आय में 1961 की तुलना में 1967 में 1% वृद्धि हुई।

चतुर्थ पंचवर्षीय योजना

चतुर्थ पंचवर्षीय योजना में कुल 28,882 करोड़ रुपये खर्च करने का प्रावधान था। इस योजना के तीन प्रमुख उद्देश्य थे, आत्म-निर्भरता प्राप्त करना, विकास के लाभों का समान रूप से वितरण तथा वृद्धि। इस योजना काल में भूमिहीन कृषि मजदूरों को भूमि वितरण तथा उन्हें पशुपालन व उद्योग में लगाने का कार्यक्रम भी रखा गया। भूमिहीन किसानों को बसाने के लिए 5.54 करोड़ रुपये खर्च किये गये। पिछड़े वर्गों के कल्याण के लिए 134 करोड़ 37 लाख रुपये खर्च किये गये। इस योजना काल में 1 क़रोड़ 20 लाख से 1 करोड़ 40 लाख लोगों को रोजगार देने की व्यवस्था की गयी। चौथी पंचवर्षीय योजना के दो वर्ष बीतने पर सरकार ने 1971 में 50 करोड़ रुपयों की एक क्रेश योजना प्रारम्भ की जिसका उद्देश्य प्रत्येक जिले में 1,000 लोगों को वर्ष में 10 महीने काम देने का प्रावधान था। देश में कुल 336 जिले थे। इस प्रकार से कुल 3,36,000 लोगों को इस योजना द्वारा ग्रामीण क्षेत्र में रोजगार प्रदान किया जाना था।

पाँचवी पंचवर्षीय योजना

इस योजना में गरीबी दूर करने के लिए प्रतिव्यक्ति उपभोग बढ़ाने एवं कीमतों को स्थिर रखने के प्रयासों पर जोर दिया गया। इस योजना में 69,000 करोड़ रुपये खर्च करने का प्रावधान रखा गया। कृषि एवं उससे सम्बन्धित कार्यों पर 4,643 करोड़, उद्योग एवं खनिज पर 10,200 करोड़, सामाजिक एवं सामुदायिक सेवाओं पर 4,760 करोड़ तथा पर्वतीय एवं जनजातीय क्षेत्रों के विकास के लिए 450 करोड़ रुपये खर्च करने का प्रावधान रखा गया। साथ ही कृषि उत्पादन में 4% और औद्योगिक उत्पादन में 7.1% की औसत वृद्धि का लक्ष्य रखा गया। 1975-76में राष्ट्रीय आय में 6 से 6.5% कृषि, उत्पादन में 10% तथा औद्योगिक उत्पादन में 5.7% की वृद्धि हुई है।

पंचवर्षीय योजनाओं के द्वारा हमारी राष्ट्रीय आय और प्रति व्यक्ति आय में भी वृद्धि हुई है। जहाँ 1950-51 में प्रति व्यक्ति आय 466 रुपये वार्षिक थी वहीं 1982-83 में यह बढ़कर 712 रुपये वार्षिक हो गयी। 'वर्ल्ड एटलस' के अनुसार भारत में प्रति व्यक्ति वार्षिक आय 210 ढालर है जबकि लंका में 300 डालर, पाकिस्तान में 357 डालर, जापान में 10,080 डालर, अमरीका में 12,820 डालर तथा कुवेत में 20,900 डालर है। स्पष्ट है कि भारत में अन्य देशों की तुलना में प्रति व्यक्ति वार्षिक आय बहुत कम है। कुछ लोगों का मत है कि यदि हम राष्ट्रीय आय में वृद्धि करेंगे तो गरीबी अपने आप समाप्त हो जायेगी। किन्तु अमरीका के ससेक्स विश्वविद्यालय के प्रोफेसर डडले सीयर्स ने अविकसित राष्ट्रों का

अध्ययन करके यह निष्कर्ष दिया कि राष्ट्रीय आय में वृद्धि मात्र से ही गरीबी नहीं हटती है। यही बात पाकिस्तान के अर्थशास्त्री महबूब उल हक तथा स्वीडिश अर्थशास्त्री गुन्नार मिर्डल ने भी कही है।[1] वे अधिक उत्पादन के साथ-साथ उचित वितरण पर जोर देते हैं। प्रधानमन्त्री श्रीमती इन्दिरा गाँधी, महबूब उल हक की बात से बहुत प्रभावित हुई और उन्होंने भी केवल राष्ट्रीय आय की वृद्धि करने के स्थान पर गरीबी का अन्त करने के लिए उचित वितरण की नीति पर जोर दिया। उन्होंने अपना नया नारा दिया 'गरीबी हटाओ'। इस नई नीति में कई बातें तय की गयीं जैसे, (i) यदि हम गरीबी हटाने का प्रयास करेंगे तो राष्ट्रीय आय में अपने आप वृद्धि होगी। (ii) उत्पादन के आयोजन (Production Planning) के स्थान पर उपभोग के आयोजन (Consumption Planning) पर अधिक जोर दिया जाय। इसका अर्थ यह होगा कि उन वस्तुओं का अधिकाधिक निर्माण किया जाय जिससे लोगों की कम से कम आवश्यकताओं की पूर्ति हो सके और गरीबी दूर की जा सके। (iii) उत्पादन को बढ़ाने के साथ-साथ उसका उचित वितरण किया जाय। (iv) रोजगार के अवसरों को प्राथमिकता दी जाय। (v) प्रत्येक व्यक्ति को जिसकी आय एक निश्चित सीमा से कम है सरकार प्रत्यक्ष या परोक्ष में सहायता देकर उस सीमा तक लाने का प्रयास करे। (vi) देश के पिछड़े क्षेत्रों का विकास किया जाय ताकि उन्हें कम से कम उपभोग स्तर तक पहुंचाया जा सके। इस हेतु आवश्यक है कि शिक्षा, स्वास्थ्य, पानी आदि की ऐसे क्षेत्रों में सुविधाएँ प्रदान की जाय तथा समाज कल्याण सेवाओं पर जोर दिया जाय। पाँचवीं पंचवर्षीय योजना में भी इन लक्ष्यों को ध्यान में रखा गया। 26 जून, 1975 को देश में संकटकाल की घोषणा कर दी गयी जो लगभग 20 माह तक रही। इस दौरान श्रीमती इन्दिरा गांधी ने गरीबी दूर करने के लिए 20 सूत्री कार्यक्रम की घोषणा की। किन्तु इस योजना के भी उत्साहवर्धक और आशाजनक परिणाम प्राप्त नहीं हुए क्योंकि वास्तविकताओं के स्थान पर खानापूर्ति कर आँकड़े प्रस्तुत करना ही अधिकारियों का मुख्य लक्ष्य रहा। गरीबों को दी गयी भूमि ऐसी थी जो बंजर या दलदल वाली थी। आवास के लिए भूमि का वितरण भी ऐसे स्थानों पर किया गया जहाँ कोई नहीं रहना चाहता था क्योंकि वहाँ बिजली, पानी और अन्य सुविधाओं का अभाव था।

बीससूत्री कार्यक्रम

भूतपूर्व इन्दिरा गांधी ने जुलाई 1975 में गरीबी को समाप्त करने के लिए 20 सूत्री कार्यक्रम की घोषणा की । छठी और सातवीं पंचवर्षीय तके गरीबी को समाप्त करने के लिए इस कार्यक्रम का विस्तार किया गया और इसे नया रूप दिया गया ताकि गरीबी रेखा से नीचे जीवन व्यतीत करने वाले परिवारों को अधिकाधिक सहायता मिल सके।

---

1. Quoted by Alok Ghosh. *op cit.*, p. 168.

काम के बदले अनाज योजना

गरीबी समाप्त करने के लिए सरकार ने काम के बदले अनाज योजना भी हाथ में ली। 1977-78 में इस योजना पर 29 करोड़ रुपये खर्च किये गये एवं 1978-79 में 120 करोड़ रुपये खर्च किये जाने कर लक्ष्य रखा गया। इस 1980 में इस योजना का नाम बदल कर राष्ट्रीय ग्रामीण नियोजन कार्यक्रम (NREP) कर दिया गया और इसे छठी योजना का आवश्यक कार्यक्रम बना दिया गया है। इस योजना का उद्देश्य ग्रामीण श्रमिकों को खाली समय में रोजगार प्रदान करना है।

अन्त्योदय योजना-

इस योजना के अन्तर्गत प्रत्येक गाँव में से पांच निर्धनतम परिवारों का चयन किया जाता है और उन्हें आत्मनिर्भर बनने एवं व्यवसाय करने आदि के लिए सरकार द्वारा अर्थिक सहायता प्रदान की जाती है। इस योजना का गुभारम्भ सर्वप्रथम राजस्थान सरकार ने 2 अक्टूबर 1978 में किया। उसके बाद उत्तर प्रदेश, हिमाचल प्रदेश बिहार एवं देश के अन्य प्रान्तों ने भी इसे अपनाया है। उत्तर प्रदेश में 1 लाख 12 हजार गाँवों में से 1978-83 तक प्रतिवर्ष प्रत्येक गाँव मे से 5 निर्धनतम परिवारों का चयन किया और उन्हें रोजगार उपलब्ध कराने के लिए इन पाँच वर्षों में 25 करोड़ रुपये खर्च करने का प्रावधान रखा गया है।

अन्य प्रयत्न- पंचवर्षीय योजनाओं के अतिरिक्त निर्धनता उन्मूलन के प्रयास इस प्रकार हैं— (i) **कृषि का विकास**- निर्धनता दूर करने को लिए कृषि उत्पादन बढ़ाने, पड़ती भूमि को जोतने एवं बंजर भूमि को उपजाऊ बनाने के प्रयास किये गये हैं। इसके लिए उन्नत बीज, उर्वरक, वैज्ञानिक यन्त्र एवं नवीन सिंचाई के साधनों का प्रयोग किया जा रहा है। सातवीं योजना में कृषि विकास पर 10,57·36 करोड़ रुपये खर्च करने का प्रावधान किया गया। (ii) प्रत्येक योजना में रोजगार के अधिकाधिक अवसर उपलब्ध कराये गये हैं। (iii) परिवार नियोजन के विभिन्न कार्यक्रमों द्वारा बढ़ती जनसंख्या पर रोक लगायी गयी है। सातवीं योजना में परिवार नियोजन एवं स्वास्थ्य कार्यक्रमों पर 6,649·2 करोड़ रुपये खर्च किये गये। (iv) ग्रामीण विकास के लिए सरकार ने सामुदायिक विकास योजनाएँ प्रारम्भ कीं जिनका उद्देश्य ग्रामीण गरीबी को समाप्त करने के लिए पशु-पालन, कृषि का विस्तार, सिंचाई , भूमि-सुधार आदि कार्यों में वृद्धि लाना है। इससे भी गाँवों के आर्थिक विकास में काफी सहायता मिली है। सातवीं योजना में इस कार्य के लिए 9,074·2 करोड़ रुपयों का प्रावधान किय गया। (v) सरकार ने देश के विभिन्न भागों में बड़े-बड़े उद्योगों की स्थापना की। इससे लोगों को रोजगार प्राप्त हुआ। इनमें प्रमुख उद्योग है चितरंजन में रेल इंजन बनाने व वाराणसी में रेल के डिब्बे बनाने का कारखाना, विशाखापट्टनम का जहाज बनाने का कारखाना, सिंदरी का कारखाना, राउरकेला, भिलाई एवं दुर्गापुर के इस्पात के कारखाने एवं देश के विभिन्न भागों

में स्थित एच. एम. टी. कारखाना आदि। सातवीं योजना में उद्योग एवं खनिज पर 23,941 करोड़ रुपये खर्च करने का प्रावधान किया गया। (vi) बिजली पैदा करने के लिए सरकार ने विभिन्न शक्ति योजनाएँ जैसे, नांगल, बोकारो, खापड़खेड़ा, चम्बल योजना, दामोदर घाटी योजना, मचकुण्ड, पथरी आदि का निर्माण किया। ये सभी योजनाएँ देश के आर्थिक विकास की मुख्य कड़ियां हैं। इनके अतिरिक्त वे सभी योजनाएँ जो बेकारी हो समाप्त करने के लिए लागू की गई हैं, गरीबी को भी समाप्त करेंगी।

छठी पंचवर्षीय योजना

छठी पंचवर्षीय योजना 1980-85 में भी निर्धनता का उन्मूलन करने के लिए अनेक कार्यक्रमों की व्यवस्था की गयी है। खाली समय में रोजगार देने, एकीकृति ग्रामीण विकास कार्यक्रम, राष्ट्रीय ग्रामौदा रोजगार कार्यक्रम तथा अनुसूचित जातियों एवं जनजातियों के कल्याण के कार्यक्रमों के लिए पर्याप्त धनराशि की व्यवस्था की गयी है। इस योजना में कुल 97,500 करोड़ रु. खर्च करने का प्रावधान किया गया। कृषि के क्षेत्र में 5,695.57 करोड़, ग्रामीण विकास पर, 5,363.73 करोड़, सामाजिक क्षेत्र में 1,480 करोड़, सिंचाई और बाढ़ नियन्त्रण पर, 12,160.03 करोड़ उद्योग और खनिज पर, 15,017.57 करोड़, पिछड़े वर्गों के कल्याण पर, 960.30 करोड़ रुपये खर्च करने का प्रावधान रखा गया।

सातवीं पंचवर्षीय योजना

सातवीं पंचवर्षीय योजना (1985-90) के अन्तर्गत सरकार का लक्ष्य गरीबी रेखा से नीचे जीवन व्यतीत कर रहे लोगों का प्रतिशत 25.5 तक लाना सातवीं योजना में कुल योजना परिव्यय 34 खरब 71 अरब रुपया रखा गया। इसमें से 18 खरब रुपया सार्वजनिक क्षेत्र के लिए निर्धारित किया गया। गरीबी समाप्त करने के लिए इस योजना में स्वरोजगार, मजदूरी रोजगार, समन्वित ग्रामीण रोजगार, भूमि-सुधार आदि कार्यक्रमों पर विशेष ध्यान दिया गया तथा राज्य ऐसे संगठनों की व्यवस्था भी करेगा जो यह देखें कि निर्धन लोगों को लाभ मिल रहा या नहीं।

विशेष कार्ययोजना तथा निर्धनता उन्मूलन कार्यक्रम[1]

भारतवर्ष में निर्धनता उन्मूलन के लिये तथा निर्धनों को विशेष रोजगार उपलब्ध कराने के लिये केन्द्र सरकार ने ये कार्यक्रम आयोजित किये।

1 Integrated Rural Development Programme (IRDP)

2. Training of Rural Youth for Self Employment (TRYSEM)

3. Jawahar Rozgar Yojana (JRY)

---

1. Economic Survey 1994-95 Govt. of India.

4. Nehru Rozgar Yojana (NRY)
5. Employment Assurance Schemes (EAS) 1993-94
6. Prime Minister Rozgar Yojana (PMRY) 1993-94
7. The Schemes for Self Employment for Educated Unemployed Youth (SEEUY)

केन्द्र सरकार की उपरोक्त योजनाओं के अलावा राज्यों में भी इस प्रकार की योजनायें बनाई हैं जैसे–

1. Employment Guarantee Scheme (EGS) in Maharashtra
2. Self Employment Scheme for Registered Unemployed (SESRU) in West Bengal.
3. Employment Assurance Schemes (EAS) 1983

उपरोक्त योजनाओं की प्रगति निम्नलिखित है–

1. **IRDP**–इसमें निर्धनता सीमा रेखा के नीचे सभी ग्रामीण परिवारों को सहायता दी जाती है। 50% सहायता अनुसूचित जाति और जनजाति तथा 40% स्त्रियों और 30% विकलांगों के लिए निर्धारित की गई है।

2. **JRY**–सन् 1993-94 से इस योजना को अधिक व्यापक बनाया गया है और बजट में अधिक धन का प्रावधान किया गया है। इसको निम्नलिखित तीन ध ाराओं में विभाजित किया गया है–

(i) JRY— Ist Stream with 75 Percent of Toral Allocation

(ii) JRY— IInd Stream with 20 Percent of Total Allocation

(iii) JRY— IIIrd Stream for innovative projects, aimed at prevention of labour migration, women employment etc.

इस योजना के अन्तर्गत इन्दिरा आवास योजना (IAY) के लिए प्रावधान 1992-93 में 6% से बढ़ाकर 1993-94 में 10% कर दिया गया। Million Wells Scheme (MWS) में इस अवधि में प्रावधान 20% से बढ़ाकर 30% कर दिया गया।

3. **EAS**– ये देश के 1778 पिछड़े खण्डों में लागू है। इसमें प्रत्येक गाँव में प्रत्येक परिवार के 18 से 60 वर्ष की आयु के दो व्यक्तियों की वर्ष में 100 दिन तक मजदूरी जुटाने का आयोजन है।

4. **SEEUY**– 1994-95 से इसे PMRY में संलग्न कर दिया गया है।

5. **PMRY**– 1994-95 में इसका लक्ष्य 4.4 लाख रोज़गार अवसर जुटाना है।

GOVERNMENT OF INDIA—ECONOMIC SURVEY 1994-95

Performance of Special Employment and Poverty Alleviation Programmes

(In lakh)

Peogrammes	*1992-93*		*1993-94*		*1994-95*	
	Target	*Avhieve-ment*	*Target*	*Achieve-ment*	*Target*	*Achieve-ment (Up to Nov-94)*
1	*2*	*3*	*4*	*5*	*6*	*7*
A. Programmes in Rural Areas						
1. JRY-Mandays of employment generated	7557.95	7821.02	10383.26	10236.81	10365.53	4705.87
2. EAS[1] - Mandays of emplpyment generated			2	494.74	2	1150.98
3. IRDP- Families assisted	18.75	20.69	25.70	25.38	21.15	9.91
4. TRYSEM- Youths Trained	3.00	2.76	3.50	3.04	3.22	1.06
5. DWCRA-						
(a) Groups formed	0.0.8	0.09	0.11	0.15	0.18	0.19
(b) Membesrship	-	1.29	-	2.69	-	3.19
B. Programmes in Urban Areas						
6. NRY-						
(a) Familites assisted	0.92	1.20	1.23	1.52	1.20	0.90[4]
(b) Mandys of employment generated	158.20	133.89	143.00	123.67	100.66	45.72[4]
(c) Persons trained	0.48	0.32	0.58	0.48	0.55	0.26[4]
C. Other Programmes						
7. SEEUY- Beneficiaries	1.00	0.72	1.26	0.51	3	-
8. PMRY[1]						
(a) Micro-enterprises	-	-	0.40	0.32	2.20	0.69[4]
(b) Employment generated	-	-	0.80	0.36	4.40	0.31[4]

P- Provisional

1. EAS and PMRY were launched on October 2, 1993

2 Targets are not fixed as it is need based.

3 Integrated with FMRY

4 Upto December 1994

Source: Ministries of Rural Develoment, Urban Development and Industry.

निर्धनता समाप्त करने हेतू सुझाव

देश में व्याप्त इस भंयकर आर्थिक-सामाजिक समस्या से निपटना कोई सरल कार्य नहीं है फिर भी प्रयत्नपूर्वक लगन एवं ईमानदारी से कार्य किया जाय और जन-सहयोग प्राप्त हो तो देश से गरीबी का अन्त किया जा सकता है। निर्धनता उन्मूलन के लिए निम्नलिखित सुझाव दिये जा सकते हैं:—

(1) **बेकारी को दूर करना**- बेरोजगारी को दूर करने के सभी सम्भव प्रयास किये जाये। ग्रामीण लोग वर्ष में 4-5 महीने बेकार बैठे रहते हैं अतः ग्रामों में कुटीर व्यवसायों एवं बेकारी के समय के लिए कृषि से सम्बन्धित व्यवसायों की व्यवस्था की जाय। इस सन्दर्भ में हम बेकारी के अध्याय में विस्तार से उपायों का उल्लेख करेंगे।

(2) **जनसंख्या पर नियन्त्रण**- तीव्र गति से बढ़ती हुई जनसंख्या हमारे आर्थिक विकास की योजनाओं को शिथिल कर देती है। अतः आवश्यकता इस बात की है कि बढ़ती जनसंख्या पर रोक लगाने के लिए भारतीय संस्कृति एवं समाज के अनुरूप विधियों का प्रयोग किया जाय तथा परिवार नियोजन के कार्यक्रमों को सफलतापूर्वक लागू किया जाय। जनसंख्या नियन्त्रण के विभिन्न साधनों का उल्लेख हम जनसंख्या की वृद्धि वाले अध्याय में विस्तार से करेंगे।

(3) **कृषि व्यवस्था में सुधार**- कृषि में परम्परागत तरीकों के स्थान पर नवीन तरीकों, उन्नत बीज खाद एवं नवीन सिंचाई के साधनों का उपयोग किया जाय। कृषि में हरित क्रांति (Green Revolution) को बढ़ावा देकर कृषि उत्पादन बढ़ाया जाय। कृषि मजदूरों की न्यूनतम मजदूरी तय की जाये। औद्योगिक क्षेत्र में भारत सरकार ने न्यूनतम मजदूरी अधिनियम पारित कर इस क्षेत्र में महत्वपूर्ण कदम उठाया है किन्तु अभी तक कृषि क्षेत्र में इसका पालन सही ढंग से नहीं हुआ है।

भूमि सुधार के नियम लागू किये जायें और भूमिहीनों में कृषि योग्य भूमि का वितरण किया जाये सीलिंग। एक्ट को कारगर रूप में लागू किया जाय। बन्धक श्रमिकों को मुक्त किया जाय एवं किसानों को ऋण देने के लए सहकारी संस्थाएँ खोली जायें ताकि कृषि क्षेत्र में पूँजी विनियोग में तथा साहूकारों के चंगुल से मुक्त होने में सहायता मिल सके।

सर जॉन रसैल[1] भारतीय कृषि में सुधार लाने हेतु निम्नांकित सुझाव देते हैं: (i) उत्तम फसल बोयी जाय, (ii) पेड़-पौधों को नष्ट करने वाले रोगों एवं कीड़े-मकोड़ों की रोकथाम की जाय, (iii) सिंचाई की सुविधाओं का विस्तार किया जाय, (iv) मिट्टी के कटाव रोका जाए, (v) अच्छी खेती एवं उर्वरकों का प्रयोग किया जाय। (vi) कृषि का मशीनीकरण किया जाए (vii) फसलों में हेर-फेर और मिश्रित

1. Sir Johu Russell, *Technical Possibilities of Development of Agriculture in India*, p. 50.

फसलों की व्यवस्था की जाय। इसके अतिरिक्त कृषकों के लिए पशु-पालन की सुविधा, उन्नत किस्म के पशुओं को उपलब्ध कराने, सहकारी समितियों एवं बैकों की सुविधाएँ जुटाने आदि की उचित व्यवस्था की जाय।

(4) **तीव्र आर्थिक विकास**- भारत में आर्थिक विकास की गति धीमी रही है। आर्थिक विकास में वृद्धि के लिए अधिकाधिक औद्योगीकरण किया जाय, गाँवों में छोटे उद्योगों एवं कुटीर व्यवसायों को बढ़ावा दिया जाय और दूसरी ओर बड़े कारखाने भी स्थापित किये जायें। इससे बेकारी की समस्या के हल होने के साथ-साथ उत्पादन बढ़ेगा। अब तक हमारे आर्थिक विकास का प्रारूप (Growth Model) उत्पादन का रहा है। इसके स्थान पर उपभोग प्रारूप (Consumption Model) को अपनाया जाना चाहिए।

(5) **साधनों का उचित वितरण**- केवल मात्र राष्ट्रीय उत्पादन बढ़ाने से ही गरीबी की समस्या का हल नहीं होगा जब तक कि उत्पादन के साधनों और लाभों का समाज के सभी लोगों में समान रूप से वितरण न किया जाय। वर्तमान व्यवस्था में मुनाफा और उत्पादन के साधन कुछ ही लोगों के हाथ में केन्द्रित हैं। ऐसी व्यवस्था उत्पन्न की जाय जिससे पूँजी एवं सम्पत्ति का समान रूप से वितरण हो। किसानों को सस्ते दामों पर वस्तुएँ उपलब्ध करायी जायें सरकार न्यूनतम आय का निर्धारण कर दे और जिनकी आय इस स्तर से कम हो, उन्हें सहायता प्रदान करे। किसानों को उनके द्वारा उत्पादित वस्तुओं का उचित मूल्य मिले, ऐसी व्यवस्था की जाय।

(6) भ्रष्टाचार का उन्मूलन किया जाय ताकि गरीबी समाप्त करने हेतु कारगर ढंग से प्रयत्न किये जा सकें।

(7) सामाजिक कुप्रथाओं को समाप्त किया जाय। छूआछूत की समाप्ति हो। दहेज, मृत्यु-भोज और अन्य ऐसी ही सामाजिक कुरीतियों की समाप्ति के लिए कठोर कानून बनाये जायें एवं दण्ड की व्यवस्था के साथ-साथ जन-जागरण का कार्यक्रम तैयार किया जाय। इसके परिणामस्वरूप इन प्रथाओं को निभाने के लिए व्यक्ति को कर्ज लेना पड़ता है, उससे मुक्ति मिलेगी और वही पैसा लोग जीवन-स्तर को ऊंचा उठाने में लगा सकेंगे।

(8) **शिक्षा का प्रसार**-औद्योगिक और सामान्य शिक्षा का प्रसार किया जाय जिससे एक तरफ रोजगार के अवसर बढ़ेंगे तो दूसरी ओर अज्ञानता, रुढ़ियों एवं सामाजिक कुरीतियों से भी छुटकारा मिल सकेगा। शिक्षा से मजदूर की कार्यक्षमता, दक्षता और गतिशीलता में वृद्धि होगी। शिक्षा को अधिकाधिक व्यवसाय से जोड़ा जाय तथा शिक्षा की योजना आर्थिक विकास से जुड़ी हुई हो।

(9) योजना की कमियों को दूर किया जाय तथा देश में पिछड़े क्षेत्रों के विकास के लिए प्रयत्न किये जायें।

(10) **सामाजिक बीमा योजना**- लोगों को युद्ध, प्राकृतिक विपदाओं, संकट, बीमारी, बुढ़ापा, शारीरिक अक्षमता, बेकारी आदि के समय में सहायता प्रदान करने के लिए सामाजिक बीमा योजना प्रारम्भ की जाय। इस प्रकार की योजना औद्योगिक श्रमिकों के लिए तो प्रारम्भ की जा चुकी है लेकिन ग्रामीणों और किसानों के लिए इस प्रकार की योजना शीघ्रातिशीघ्र लागू की जाय। गरीबों की सहायता करने के लिए मानवीय और धार्मिक दृष्टिकोण से प्रभावित होकर दान देने तथा अनाथों और अपाहिजों के लिए अनाथालय आदि खोलने के प्रयास सदैव किये जाते रहे हैं। किन्तु बिना राजनीतिक संरक्षण के इस प्रकार के उपाय लम्बे समय तक नहीं चल पाते हैं।

(11) प्राकृतिक विपदाओं जैसे बाढ़, भूकम्प, अनावृष्टि तथा कीड़े-मकोड़ों के प्रकोप आदि से रक्षा की उचित व्यवस्था की जाय।

(12) मद्य-निषेध को प्रभावशाली ढंग से लागू किया जाय।

(13) गन्दी बस्तियों को समाप्त कर उनके स्थान पर नियोजित बस्तियाँ बसायी जायें।

(14) स्वास्थ्य-संरक्षण की उचित व्यवस्था की जाय।

(15) देश के उपलब्ध प्राकृतिक साधनों का पूर्ण दोहन किया जाय।

(16) देश में यातायात के साधनों का अधिकाधिक विकास किया जाय।

(17) सट्टे एवं जुए पर रोक लगायी जाय।

(18) बचत की आदत को प्रोत्साहन दिया जाना चाहिए, इससे पूँजी की वृद्धि होगी और पूँजी को उत्पादन कार्यों में लगाया जा सकेगा जिससे व्यक्ति एवं राष्ट्र की आय में वृद्धि होगी।

निर्धनता एक सामाजिक एवं आर्थिक चुनौती है जिसकी उत्पत्ति के लिए अनेक शारीरिक, मानसिक, सामाजिक, आर्थिक , राजनीतिक एवं प्राकृतिक कारण उत्तरदायी हैं। इस समस्या को हल करने के लिए सरकार ने योजनाबद्ध प्रयत्न किये हैं फिर भी यह समस्या हल होने के स्थान पर दिनोदिन और गम्भीर होती गयी है।भारत में इस समस्या के हल के लिए शिक्षा प्रसार, औद्योगीकरण, भूमि सुधार, कृषि में क्रान्ति , भ्रष्टाचार निवारण, रोजगार देने, जनसंख्या को नियन्त्रित करने, साधनों का उचित वितरण करने एवं सामाजिक बीमा योजना लागू करने से सम्बन्धित सजग प्रयास किये जाने चाहिए। सारे देश में जीवन-स्तर का न्यूनतम प्रतिमान तय कर दिया जाय एवं उसे जुटाने के लिए सरकार अपने दायित्व को वहन करे, तभी इस समस्या से छुटकारा मिल सकता है। निर्धनता को दूर करने के लिए यह आवश्यक है कि लोगों के कार्य के प्रति अटूट निष्ठा पैदा की जाय। यदि लोग कठिन परिश्रम करने के आदी हो जायें तो निश्चित रूप से उत्पादन बढ़ेगा, अभावों की स्थिति समाप्त होगी तथा लोगों को उपभोग के लिए सुगमता से वस्तुएँ

उपलब्ध हो सकेगी। गरीबी को दूर करने के लिए यह भी आवश्यक है कि उत्पादन का वितरण ठीक ढंग से किया जय और निर्धनता तथा अमीरी के भेद को कम से कम किया जाय। गरीबी को दूर करने एवं आर्थिक विकास की सभी योजनाओं को सफलतापूर्वक लागू करेन के लिए राजनेताओं और अधिकारी वर्ग को कर्त्तव्यनिष्ठा का पूर्ण परिचय देना होगा।

अभ्यास के लिए प्रश्न

1. गरीबी की अवधारणा को स्पष्ट कीजिए तथा भारतीय ग्रामों में व्याप्त गरीबी के कारणों का उल्लेख कीजिए।
2. भारतीय ग्रामीण निर्धनता पर एक निबन्ध लिखिए।
3. भारत में ग्रामीण निर्धनता को समाप्त करने के लिए सरकार ने क्या प्रयत्न किये है? ग्रामों में निर्धनता समाप्त करने हेतु आप क्या सुझाव देंगे?

22

भारत में बेकारी

(Unemployment in India)

बेकारी की परिभाषा

(1) **फेयर-चाइल्ड (Fairchild)** -"बेकारी मजदूरी करने वाले सामान्य वर्ग के एक सदस्य का सामान्य समय में सामान्य वेतन पर और सामान्य काम करने वाली दशाओं में वेतन मिलने वाले काम से अनिच्छापूर्वक या जबरदस्ती अलग कर देना।"

(2) **सार्जेन्ट फ्लोरेंस** (Sargent Florence) -"बेकारी उन व्यक्तियों की निष्क्रियता से परिभाषित की गई है जो कार्य करने योग्य तथा इच्छुक है।"

(3) **कार्ल प्रिब्राम** (Karl Pribram) -"बेकारी श्रम-बाजार की उस अवस्था को कहते हैं जिससे श्रम शक्ति की पूर्ति, काम करने के स्थानों की संस्था से अधिक हो सकती है।''

बेकारी के परिणाम

बेकारी का सम्बन्ध आर्थिक जीवन से होते हुए भी यह एक सामाजिक समस्या है क्योंकि इसंके परिणाम आर्थिक जीवन की अपेक्षा सामाजिक जीवन को अधिक विघटित करते हैं। इस प्रकार बेकारी के दुष्परिणामों को अग्रांकित रूप से स्पष्ट किया जा सकता है-

(1) **वैयक्तिक विघटन (Individual Disorganisation)** - बेकारी से वैयक्तिक विघटन बढ़ता है। डॉ० मदान ने नवयुवकों और बेकारी, अनुभवी और बेकारी, वृद्धि और बेकारी, अस्थाई बेकारी और अर्द्ध-बेकारी का मनोवैज्ञानिक विश्लेषण प्रस्तुत किया है। डॉ० राम आहूजा ने बेकारी को मनोवैज्ञानिक स्थिति से जोड़ने का प्रयास किया है। उनके अनुसार ''बेरोजगार व्यक्ति एक भावनात्मक कठिनाई में होता है और इस संवेगात्मक संकट वाले व्यक्ति अपने को विचित्र समझते हैं। वे स्वयं के महत्व तथा योग्यता को पहचान नहीं पाते जिस कारण अपनी बात को कहीं निष्ठापूर्वक नहीं कह सकते।" बेकार व्यक्ति में आत्मविश्वास व

आत्मनिर्भरता की भावना समाप्त होने लगती है। इसकी समाप्ति से फिर उनका आत्मसम्मान शनैः शनैः खत्म होने लगता है। **इलियट** और **मेरिल** ने व्यक्तिगत विघटन के दृष्टिकोण से बेरोजगार व्यक्ति को चार समूहों में बाँटा है—

(i) वे युवक जिनको कभी रोजगार मिला ही नहीं है।

(ii) वे आजीविका कमाने वाले जो अपनी नौकरियाँ खो चुके हैं।

(iii) बुढ़ापे के कारण बेरोजगार।

(iv) अर्द्ध-बेरोजगार।

इस तरह से स्पष्ट है कि बेरोजगारी व्यक्ति का विघटन करने में महत्वपूर्ण भूमिका अदा करती है।

(2) आर्थिक दशा की अवनति (Degrades Economic Status)—बेरोजगारी और अर्थव्यवस्था का सीधा सम्बन्ध है। रोजगार प्राप्त व्यक्ति की तुलना में बेरोजगार की आर्थिक दुर्दशा का स्वभावतः अनुमान लगाया जा सकता है। बेकारी का मुख्यतः जो प्रभाव होता है, वह है जीवन का निम्न स्तर हो जाना। बेकारी से मनुष्य का जीवन ढंग बदलता चला जाता है। बेकारी, गरीबी और ऋणग्रस्तता को जन्म देती है।

(3) स्वास्थ्य में गिरावट (Decline in Health)—बेकार मनुष्य का स्वास्थ्य ठीक नहीं देखा जाता क्योंकि पैसे के अभाव में संतुलित भोजन स्वास्थ्यवर्धक आवास और चिकित्सा सुविधाओं की प्राप्ति असम्भव होती है और इसके कारण मनुष्य का स्वास्थ्य दिन-प्रतिदिन बिगड़ता चला जाता है, पैसे की प्राप्ति के लिए मानसिक व्यायाम भी मनुष्य को विघटन की ओर प्रवृत्त करता है। चिन्ताएं मानसिक निर्बलता और पागलपन को जन्म देती हैं। स्पष्ट है कि शारीरिक और मानसिक दोनों प्रकार के स्वास्थ्य को बेकारी द्वारा आघात लगता है।

(4) पारिवारिक विघटन (Family Disorganisation)—भारत में जहाँ परिवार का दायित्व पुरुष पर होता है, उसके बेरोजगार होने पर परिवार का विघटन होता चला जाता है। पेट की ज्वाला को शांत करने के लिए वह औरत के गहनों और कपड़ों तक को बेचने को तैयार हो जाता है। बच्चों की शिक्षा-दीक्षा बन्द कर दी जाती है, बच्चों को कम, छोटी आयु में ही नौकरी के लिए बाध्य किया जाता है जिससे उनका विकास अवरुद्ध होता चला जाता है। यहाँ तक कि बेकारी से तंग आकर स्त्रियाँ वेश्यावृत्ति करने के लिए मजबूर हो जाती हैं या अपना लेती हैं। इस तरह बेरोजगारी से सम्पूर्ण परिवार की व्यवस्था अस्त-व्यस्त होती चली जाती है। बेकारी परिवार के संगठन एवं अस्तित्व को खतरे में डाल देती है।

(5) सामाजिक विघटन (Social Disorganisation)—बेकारी जहाँ व्यक्ति का विघटन करती है वहाँ अनेक के विघटन के कारण यह एक सामाजिक विघटनकारी समस्या भी मानी जाती है। बेरोजगारी की स्थिति में व्यक्ति सामाजिक नियन्त्रणों की महत्ता की अवहेलना करता है। वह आदर्श मापदण्डों का पालन न

कर स्वार्थ-पूर्ति हेतु सतत् प्रयत्नशील रहता है। इस दशा में व्यक्ति बताई गई स्थिति के अनुसार काम करने के अयोग्य हो जाता है। किसी कार्य के न करने की दशा में क्रमश: विघटन होता जाता है।

(6) देश की अर्थव्यवस्था पर दुष्प्रभाव (Evil Impact on Country's Economic Condition)—देश में बेकारी होने से देश की अर्थव्यवस्था पर बुरा प्रभाव पड़ता है। रोजगार के बढ़ते हुए अवसरों से उत्पादन को प्रेरणा मिलती है लेकिन बढ़ती हुई बेरोजगारी उत्पादन के मार्ग में बाधायें उपस्थित करती है। जब उत्पादन को ठेस पहुँचती है तो देश की अर्थव्यवस्था पर बुरा प्रभाव पड़ता है।

(7) अपराध की दर में वृद्धि (Increase in Crime Rate)—बेरोजगार लोगों में अनुशासनहीनता, कठोरता, अड़ियलपन व अनावश्यक रूप से झगड़ा कर बैठना आदि बुरे लक्षण उत्पन्न हो जाते हैं। फलस्वरूप दूसरे व्यक्ति ऐसे लोगों को अपने से दूर रखना पसन्द करते हैं और इस प्रकार से वे अर्थात् बेरोजगार व्यक्ति अपने आपको प्रथक् (Isolated) अनुभव करते हैं। उन्हें अपने जीवन से कोई लगाव नहीं रहता और इस दशा में कितने ही लोग अपराध वृत्ति की ओर कदम बढ़ा लेते हैं।

(8) अराजक तत्वों को प्रोत्साहन (Encouragement to Criminal Elements)—बेरोजगारी लोगों में सरकार के प्रति असन्तोष फैलाती है तथा समाज में अराजक तत्त्वों का प्रसार करती है और लोगों में संकीर्णतावादी मनोवृत्ति जागृत करती है।

(9) राजनैतिक दशाओं पर दुष्प्रभाव (Evil Impact on Political Conditions)—बेकारी का सम्बन्ध राजनैतिक व्यवस्था से भी है। राजनैतिक संगठन या असंगठन के पीछे इस समस्या का भी योगदान है। केरल और बंगाल में बेकारी के कारण असन्तोष की जो स्थिति पैदा हुई, उसके कारण राजैतिक संगठन डगमगा गया है। इस सामाजिक बीमारी के कारण युवाविक्षोभ की स्थिति दिन-प्रतिदिन उग्र होती चली ज़ा रही है। आये दिन हड़तालों, तालाबन्दी आदि की घटनाओं की संख्या में वृद्धि होने लगती है। देश-व्यापी बेकारी राजनीतिक विद्रोह एवं क्रान्ति को जन्म देती है।

(10) असुरक्षित जीवन (Insecured Life)—बेकारी से असुरक्षित जीवन के फलस्वरूप व्यक्ति में नैराश्य, आत्म-ग्लानि, हीनता, कमजोरी, साहस का अभाव, लालसा एवं अभिलाषाओं का कमजोर होना, उत्तरदायित्व की भावना का न होना तथा भविष्य के प्रति उदासीनता के भाव जाग्रत होते हैं। बेकार व्यक्ति के पास धन का अभाव होता है इसलिये उसके सम्बन्धों में विघटन आने लगता है।

(11) सांस्कृतिक पतन (Cultural Degradation)—विश्व का इतिहास इस बात का साक्षी है कि किसी भी देश में सांस्कृतिक विकास आर्थिक सम्पन्नता की स्थिति में ही हुआ है। कला, भाषा, विज्ञान, दर्शन साहित्य, संगीत, धर्म आदि को गरीब एवं बेकार व्यक्ति बढ़ावा नहीं दे सकते।

लैस कोहियर ने बेकारी के दुष्प्रभावों का बड़े ही सुन्दर ढंग से चित्रण करते हुए लिखा है। "अस्थायी बेकारी से व्यक्ति के स्वास्थ्य पर बुरा प्रभाव पड़ता है, मस्तिष्क विकृत हो जाता है, महत्वाकांक्षायें दुर्बल हो जाती हैं, व्यक्ति में सुस्ती हो जाती है, आत्म-गौरव व उत्तरदायित्व की भावना की कमी के कारण उसकी कार्य-क्षमता घट जाती है, नाड़ियाँ और इच्छा-शक्ति कमजोर हो जाती है, अपनी असफलता का दायित्व दूसरों पर रखने की प्रवृत्ति पैदा हो जाती है।"

बेकारी के प्रकार
(Types of Unemployment)

डा॰ मदान ने बेकारी के निम्नलिखित आठ प्रकार बताये हैं—

(1) आकस्मिक एवं मौसमी बेकारी (Casual and Seasonal Unemployment)—भारत में अनेक ऐसे व्यवसाय हैं जो वर्ष के पूरे महीनों नहीं चलते। ये व्यवसाय व्यक्तियों को वर्ष के कुछ महीनों के लिए व्यस्त रखते हैं और फिर अवशिष्ट समय के लिये इन व्यक्तियों की स्थिति बेरोजगार की हो जाती है। भवन निर्माण करने वाले व्यक्तियों को इसी श्रेणी के बेरोजगारों में रखा जा सकता है। चीनी उद्योग, ऊन उद्योग, कृषि आदि को भी मौसमी व्यवसायों के नाम से जाना जाता है। जिन महीनों में ये व्यवसाय चलते रहते हैं, लाखों की संख्या में व्यक्तियों को रोजगार प्राप्त होता है। परन्तु जबकि 'इन उद्योगों का समापन' समय आ जाता है उस समय व्यक्तियों की दशा बेरोजगारों की हो जाती है। डा॰ मदान के अनुसार "इस प्रकार की बेकारी के कारण श्रमिक भ्रमणशील बन जाते हैं। वे रोजगार ढूँढने के लिए नगरों और औद्योगिक केन्द्रों की ओर चले जाते हैं।"

(2) घर्षक तथा प्राविधिक बेकारी (Frictional and Technological Unemployment)—18वीं और 19वीं शताब्दी से पूर्व व्यक्ति का जीवन उसके स्वयं के परिश्रम पर आधारित था। स्वयं की मेहनत के साथ-साथ मनुष्य ने पशु-शक्ति का प्रयोग करना आरम्भ किया। इसके बाद क्रमशः कलियुग का आगमन हुआ जो कि बिजली और अणुशक्ति से संचालित किया गया। इस युग में इस व्यवस्था के कारण विविध उद्योग धन्धों का विकास किया गया। कल-पुर्जों की सहायता से एक व्यक्ति अल्प समय में अनेक व्यक्तियों का काम करने लगा। इससे अनेक व्यक्तियों को बेरोजगारी की स्थिति में आना पड़ा। जब यन्त्रों, मशीनों, उपकरणों की प्रकृति में परिवर्तन आता है तो तकनीक विशेष की जानकारी रखने वाले मजदूर बेकार हो जाते हैं। विविध उद्योगपति एक दूसरे से प्रतिस्पर्द्धा करते हैं और यह प्रयास करते हैं कि उनकी तुलना में दूसरे का पतन हो जाना चाहिये। इस प्रकार बेकारी विकास का परिणाम है। उद्योगों में अभिनवीकरण एवं प्रतिस्पर्धा होने तथा आर्थिक मन्दी के कारण कारखानों के बन्द हो जाने से भी बेकारी बढ़ जाती है। इस प्रकार की बेकारी लोगों की रोजगार सम्बन्धी अनभिज्ञता, श्रमिकों में गतिशीलता का अभाव, मशीनों की टूट-फूट एवं उद्योग में कच्चे माल की कमी आदि के कारणों से उत्पन्न होती है।

(3) अस्थायी बेकारी (Temporary Unemployment)—इस बेकारी की प्रकृति अस्थायी है। धन्धा प्राप्त न करने तक के समय की बेकारी को अस्थायी नाम दिया गया है। डॉ॰ मदान के शब्दों में "विद्यार्थी जीवन और प्रशिक्षण समाप्त करने के पश्चात् नवयुवकों को प्रायः कुछ समय तक कोई काम नहीं मिलता।"

(4) ऐच्छिक बेकारी (Voluntary Unemployment)—डॉ॰ मदान के शब्दों में, "ऐच्छिक बेकारी वह है जिसमें श्रमिक अपनी तनख्वाह में कटौती मन्जूर नहीं करता और नौकरी छोड़ देता है। परन्तु इस प्रकार की बेकारी खुली प्रतियोगिता में नहीं रह सकती।" स्वेच्छा से अपने पद को त्याग देने से कोई भी कार्यकर्त्ता बेरोजगारी की श्रेणी में रखा जा सकता है। तुलनात्मक रूप में ऐसे बेरोजगारों की संख्या काफी कम है। जब व्यक्ति काम करने की क्षमता होते हुये भी आलस्य, कम मजदूरी या मजदूरी में कटौती के कारण काम नहीं करता।

(5) चक्रीय बेकारी (Cyclical Unemployment)—व्यापार में जहाँ समय-समय पर उतार आते हैं वहाँ चढ़ाव भी आते हैं। चढ़ाव के दौरान संस्थान का अधिपति हजारों व्यक्तियों को नौकरी दे सकता है लेकिन दिवाले के समय यह सब करना उसकी क्षमता के बाहर होता है और इसी कारण कार्यकत्ताओं को मुक्त करना पड़ता है। इसका परिणाम बेरोजगारी है। उद्योग-धन्धों की अधिकता से बाजार में गर्मी आ जाती है। विशाल स्तर पर माल पैदा किया जाता है। खपत की गुंजाइश कम होती जाती है। माँग की कमी और पूर्ति की अधिकता के कारण बेरोजगारी बढ़ती चली जाती है। प्रसिद्ध अर्थशास्त्री कीन्स (Keines) के मतानुसार प्रभावपूर्ण माँग में कमी के कारण मन्दी की स्थिति उत्पन्न होती है। यदि प्रभावपूर्ण माँग में वृद्धि की जाये तो बेकारी दूर हो जाती है।

(6) पूँजी, साज-सामान और उसी प्रकार के अन्य साधनों की कमी से उत्पन्न बेकारी (Unemployment Caused by Lack of Capital, Goods and such Other Things)—सर्वप्रथम श्रीमती **जॉन राबिन्स** ने इसे छुपी बेकारी (Disguised Unemployment) कहा था। इस प्रकार की बेकारी ग्रामीण कृषि अर्थव्यवस्था में देखी जा सकती है। समय-समय पर फैक्ट्रियों या मिलों को वाँछनीय सामग्री की उपलब्धि नहीं हो पाती, इसके कारण उनका संचालन करना कठिन हो जाता है और बेरोजगारी को स्थान मिलता है। भारतीय खेती के ढंग प्राचीन हैं और उत्पादन आवश्यकतानुसार भी नहीं हो पाता। यह कमी अनेकों को बेरोजगार बना देती है।

(7) इच्छाविहीन बेकारी या अर्द्ध-बेकारी (Partial Unemployment)—मदान ने लिखा है कि "जब कोई व्यक्ति प्रचलित वास्तविक मजदूरी से भी कम मजदूरी पर कार्य करने के लिये भी तैयार हो जाता है, भले ही वह उस मुद्रा में कम मजदूरी को स्वीकार न करता हो तो इसको इच्छाविहीन बेकारी कहते हैं।" पूर्ण समय के लिये नियुक्त व्यक्ति यदि व्यवसाय के सम्पादन में या भूमिका के निर्वाह में त्रुटि प्रदर्शित करता है तो ऐसी दशा में यह भी अर्द्ध-बेकारी की दशा मानी जा सकती है। यह बेकारी समाज के विकास में काफी घातक होती है।

(8) संरचनात्मक बेकारी (Structural Unemployment)—इस प्रकार की बेकारी का मूल कारण किसी देश की अर्थव्यवस्था में संरचनात्मक परिवर्तन है। जैसे भारत से विदेशों में निर्यात की जाने वाली वस्तुओं की माँग घट जाये तो उन व्यवसायों में बेकारी उत्पन्न हो जायेगी। इसका सम्बन्ध देश के पिछड़े आर्थिक ढाँचे से भी है। जिसमें पूंजी निर्माण की दर बहुत कम होती है। अतः रोजगार की मात्रा भी कम होती है। संरचनात्मक बेकारी दीर्घकालीन होती है और इसका हल आर्थिक विकास से ही सम्भव है।

भारत में बेरोजगारी के कारण

भारत में बेरोजगारी के लिए अनेक कारक उत्तरदायी हैं। इसमें प्रमुख निम्नलिखित हैं—

(1) जनसंख्या में वृद्धि—भारत में जनसंख्या की तीव्र गति से वृद्धि हो रही है। बेकारी का प्रमुख कारण बढ़ती हुई जनसंख्या ही है। इसके कारण पंचवर्षीय योजनाओं के रोजगार के अनेक साधन उपलब्ध होने के बाद भी बेकारी की समस्या का समाधान न हो सका।

(2) प्राकृतिक साधनों का अपूर्ण उपयोग—हमारे देश में प्राकृतिक साधनों की सम्पन्नता है परन्तु हम अभी तक इन साधनों का उचित उपयोग नहीं कर सके हैं जिसके परिणामस्वरूप देश की जनसंख्या को रोजगार देने हेतु समुचित साधनों की उपलब्धि नहीं हो सकती है।

(3) कुटीर उद्योगों का पतन—ब्रिटिश सरकार की नीति के फलस्वरूप भारतीय कुटीर उद्योगों का तीव्र गति से पतन हुआ। कुटीर उद्योगों के पतन के फलस्वरूप बहुत से दस्तकार बेकार हो गये और इनके हेतु रोजगार की सुविधा उपलब्ध नहीं की जा सकी।

(4) औद्योगिक विकास में मन्द गति—एक ओर जनसंख्या में तीव्र गति से वृद्धि हो रही है और दूसरी ओर हमारे औद्योगिक विकास की गति अत्यन्त मन्द रही है। यदि भारत में औद्योगिक प्रगति की गति तीव्र होती तो बेकारी का विकराल रूप देखने को न मिलता।

(5) कृषि व्यवसाय पर अत्यधिक निर्भरता—भारत में 75% जनसंख्या आज भी कृषि पर निर्भर है। यहाँ की कृषि वर्षा पर निर्भर है। वह मानसून का जुआ है। परिणाम यह है कि हमारे कृषक वर्ष में 4-6 महीने बेकार बैठे रहते हैं।

(6) बचत और विनियोग की नीची दर—बचत और विनियोग की नीची दर भी हमारे देश की बेकारी की समस्या का एक प्रमुख कारण है।

(7) पूंजी का अभाव—भारत में उद्योग-धन्धों को चलाने के लिये पर्याप्त मात्रा में पूँजी का अभाव रहा है। पूँजी का यह अभाव बेकारी का एक अन्य कारण है।

(8) दोषपूर्ण शिक्षा-प्रणाली—भारत की वर्तमान शिक्षा-प्रणाली अत्यन्त दोषपूर्ण है। विद्यार्थी जो शिक्षा ग्रहण करते हैं उससे जीवन का कोई सम्बन्ध नहीं है। हमारी शिक्षा प्रणाली आज तक कार्यालय के क्लर्क उत्पन्न कर रही है। शिक्षित व्यक्ति शारीरिक श्रम से घृणा करते हैं और यही कारण है कि शिक्षित बेकारी हमारे लिये बहुत बड़ा सर-दर्द बन गई है।

(9) कुशल श्रमिकों का अभाव—भारत में अधिकतर श्रमिक अकुशल एवं अप्रशिक्षित हैं। कुशल श्रमिकों के अभाव के फलस्वरूप भी बेकारी की समस्या है। यदि श्रमिक कुशल हो तो बेकारी की यह समस्या न रहे। अकुशल और अप्रशिक्षित श्रमिकों में बेकारी अधिक मात्रा में देखने को मिलती है।

(10) लागत, व्ययों और मूल्यों के मध्य समायोजन का अभाव—भारत में विगत कई वर्षों से वस्तुओं का उत्पादन व्यय अधिक हो गया है। परन्तु उसके हिसाब में मूल्यों में वृद्धि नहीं होने पाई है। मूल्यों और लागतों में समायोजन न होने के फलस्वरूप बाजार में वस्तुओं का अभाव होता है और कारखानों के मालिक कम उत्पादन करते हैं। इससे श्रमिकों में बेकारी बढ़ जाती है।

(11) नागरिकों की गिरती हुई क्रय-शक्ति—दूसरे महायुद्ध के बाद से खाद्य-पदार्थों के मूल्यों में निरन्तर वृद्धि हुई है। इस मूल्य में वृद्धि के साथ ही नागरिकों की क्रय-शक्ति दिन-प्रतिदिन कम होती जा रही है। जहाँ एक ओर बाजार में वस्तुओं की अधिकता है तो दूसरी ओर व्यक्तियों के पास वस्तुओं को क्रय करने के लिए पैसा नहीं है। इस बात का प्रत्यक्ष प्रभाव उत्पादन और रोजगार पर पड़ता है तथा बेकारी की समस्या बढ़ती जाती है।

(12) देश का विभाजन—1947 में भारत का विभाजन होने के फलस्वरूप बहुत से शरणार्थी पाकिस्तान में भारतीय क्षेत्र में चले आये। राज्य सरकारों के सम्मुख इन शरणार्थियों को बसाने की अत्यन्त भीषण समस्या उत्पन्न हो गई। देश की श्रम-शक्ति में वृद्धि हुई और बेकारी की संख्या बढ़ती गई।

(13) दोषपूर्ण सामाजिक प्रथायें—हमारे देश में कुछ ऐसी प्रथायें हैं जो बेकारी को बढ़ा रही हैं। बहुत से व्यक्ति परिवार नियोजन को पाप समझते हैं और इस कारण जनसंख्या में वृद्धि होती जा रही है। जनसंख्या में होने वाली वृद्धि अवश्य ही बेकारी का कारण बन जाती है।

(14) प्राकृतिक प्रकोप—देश के विभिन्न भागों में समय-समय पर बाढ़, अकाल, सूखा एवं अग्नि की घटनाओं आदि के कारण आकस्मिक बेकारी उत्पन्न हो जाती है। 1979-80 में उत्तर प्रदेश व भारत के अन्य प्रान्तों में भयानक सूखा पड़ जाने के कारण ग्रामीण जनता में बेकारी अधिक बढ़ गई है।

बेकारी दूर करने के उपाय

(1) जनसंख्या वृद्धि पर नियन्त्रण—भारत में बेकारी को दूर करने के

लिये सबसे अधिक आवश्यक है कि जनसंख्या की वृद्धि को रोका जाये। इस हेतु परिवार कल्याण कार्यक्रम को व्यापक रूप प्रदान करने की आवश्यकता है। भारतीय जनता इसको अपनाये। इस हेतु स्वास्थ्य शिक्षा के कार्यक्रमों पर सरकार को अधिक बल देना चाहिए।

(2) **सहकारी कृषि को प्रोत्साहन**—कृषि उत्पादन में वृद्धि के हेतु यह आवश्यक है कि छोटे पैमाने पर सघन खेती अथवा सहकारी खेती को प्रोत्साहन दिया जाये। यांत्रिक कृषि को प्रोत्साहन देने की बजाय सहकारी कृषि बेकारी को समाप्त करने में अधिक सहायक सिद्ध होगी।

(3) **तीव्र औद्योगीकरण**—बेकारी की समस्या के समाधान के लिए व्यापक स्तर पर देश का औद्योगीकरण होना चाहिये। देश में विशाल स्तरीय उद्योगों के स्थान पर विकेन्द्रित एवं लखु उद्योगों को महत्व प्रदान किया जाना चाहिये।

(4) **शिक्षा प्रणाली में परिवर्तन**—बेकारी की समस्या को दूर करने के लिए शिक्षा-प्रणाली में भी परिवर्तन की आवश्यकता है। हमारी शिक्षा-प्रणाली भी इस प्रकार की होनी चाहिये कि केवल क्लर्क ही न उत्पन्न करें बल्कि ऐसे पढ़े-लिखे व्यक्तियों को उत्पन्न करें जिनमें शारीरिक श्रम के प्रति उत्साह हो और जो अधिक से अधिक तकनीकी ज्ञान प्राप्त करने के लिए उत्सुक हों।

(5) **राष्ट्रीय निर्माण के विभिन्न कार्य**—बेकारी की समस्या को दूर करने के लिए राष्ट्रीय निर्माण के विभिन्न कार्यों को तेजी से किया जाना चाहिए। इन कार्यों में प्रमुख हैं—सड़कें बनाना, बाँध निर्माण, रेल परिवहन का विकास, भूसंरक्षण, भवन निर्माण आदि।

(6) **सामाजिक सेवाओं का विस्तार**—भारत अभी तक शिक्षा, चिकित्सा एवं अन्य सामाजिक सेवाओं की दृष्टि से काफी पिछड़ा हुआ है। इन सुविधाओं का विस्तार करके देश में रोजगार के साधनों में वृद्धि की जा सकती है।

(7) **रोजगार कार्यालयों में वृद्धि**—देश में काफी संख्या में रोजगार कार्यालय खोले जाने चाहियें जिससे कि बेकार व्यक्तियों के सम्बन्ध में पूर्ण आँकड़े प्राप्त हो सकें। इन रोजगार कार्यालयों को मालिकों और मजदूरों के बीच अच्छे सम्बन्ध विकसित करने के लिए भी प्रयत्नशील होना चाहिए और यह ध्यान रखना चाहिए कि श्रमिकों की भर्ती अन्य तरीकों से न की जाये।

(8) **देश में बचत एवं विनियोग की दर में वृद्धि**—देश में घरेलू बचतों और विनियोग की दर को बढ़ाकर भी बेकारी की समस्या का बहुत हद तक समाधान किया जा सकता है।

(9) **सामाजिक ढाँचे में परिवर्तन**—बेकारी की समस्या के समाधान के लिये हमें देश के सामाजिक ढाँचे में परिवर्तन करना होगा। देश में जाति-प्रथा, अल्प आयु में विवाह आदि की विभिन्न कुरीतियाँ विद्यमान हैं। उनको दूर करने के हेतु हर समय कदम उठाने होंगे।

(10) कर व्यवस्था में सुधार–सरकार द्वारा देश की कर व्यवस्था में ऐसे परिवर्तन किये जाने चाहिएँ जिससे विनियोगों को प्रोत्साहन मिल सके। इसके लिए लाभ अथवा आयकर में कमी की जा सकती है तथा प्रत्यक्ष करों में व उत्पादन करों में कमी की जा सकती है। इससे उद्योगों में पूँजी विनियोजन को प्रोत्साहन मिलेगा और उपभोग की मात्रा में वृद्धि होगी। इन दोनों क्रियाओं का प्रभाव यह होगा कि अधिकाधिक व्यक्तियों के लिये रोजगार के क्षेत्र खुल सकेंगे।

बेकारी उन्मूलन की भावी योजनायें[1]

1. आठवीं पंचवर्षीय योजना में रोजगार को प्रतिवर्ष 2.6 से 2.8 प्रतिशत तक बढ़ाने की योजना बनाई गई है। प्रतिवर्ष लगभग 85 लाख अतिरिक्त रोजगार अवसर जुटाने का प्रयास किया जायेगा। 1992–93 में 64 लाख अतिरिक्त रोजगार अवसर उत्पन्न किये गये। सन् 1993–94 में यह वृद्धि 56 लाख रही।

2. योजना आयोग ने व्यापार संघों और विशेषज्ञों के परामर्श से एक Standing Committee on Labour का गठन किया है जिससे रोजगार नीति निर्धारित की जायेगी।

3. 15 अगस्त, 1994 को प्रधानमन्त्री की घोषणा के अनुरूप सन् 2000 तक बाल श्रमिक उन्मूलन की योजना बनाई गयी है। अक्टूबर 1994 में एक National Authority for Elimination of Child Labour बनाई गई। इस प्रकार की समितियाँ राज्य और जिला स्तर पर भी बनाई जायेंगी।

अभ्यास के लिए प्रश्न

1. बेरोजगारी क्या है? बेरोजगारी के विभिन्न प्रकारों की विवेचना कीजिए।
2. बेकारी की परिभाषा कीजिए। बढ़ती हुई बेकारी के कारणों का विवेचन कीजिए।
3. बेकारी का क्या अर्थ है? भारत में बेकारी की व्यापकता और कारणों का विश्लेषण कीजिये।

1. Economic Survey, Govt. of India, 1994-95

23

भारत में गन्दी बस्तियाँ
(Slums in India)

गन्दी बस्तियों का अर्थ एवं परिभाषा

गन्दी बस्ती नगर का निम्न निवास अवस्था वाला वह क्षेत्र है जो अव्यवस्थित रूप में विकसित है और सामान्यत: जनाधिक्य एवं भीड़-भाड से युक्त है। **गिस्ट** एवं **हलबर्ट** ने इन्हें 'विघटित क्षेत्रों का विशिष्ट स्वरूप' तथा **क्वीन** एवं **थॉमस** ने 'रोगग्रस्त क्षेत्र' कहा है। **फुइन्न** के अनुसार गन्दी बस्तियों का रूप प्रारम्भ से ही विकृत हो जाता है। **वर्गल** के अनुसार "गन्दी बस्तियाँ नगरों में वे क्षेत्र हैं जिनके घर निम्न स्तर के हों।" **भारत सेवक समाज** द्वारा प्रकाशित गन्दी बस्तियों पर रिपोर्ट के अनुसार "गन्दी बस्तियाँ शहर के उन भागों को कहा जाता है जो कि मानव-विकास की दृष्टि से अनुपयुक्त हों, चाहे वे पुराने ढाँचे के परिणामस्वरूप हों या स्वास्थ्य की रक्षा की दृष्टि से, जहाँ सफाई की सुविधायें असम्भव हों।"

उपरोक्त परिभाषाओं से स्पष्ट है कि गन्दी बस्ती उन शहरी क्षेत्रों को माना गया है कि जिनमें मकान टूटे-फूटे होते हैं, निवास की दृष्टि से जनाधिक्य, भीड़-भाड़ अधिक होती है, स्वास्थ्यपूर्ण वातावरण का अभाव पाया जाता है, जिनमें अत्यधिक गरीब या निम्न आय के लोग निवास करते हैं, तथा जहाँ जीवन की नागरिक सुविधाओं, जैसे-बिजली, पानी या शैचालयों का अभाव होता है।

गन्दी बस्तियों की प्रकृति

गन्दी बस्तियाँ सामान्यत: दो प्रकार की होती हैं—कच्ची एवं पक्की। कच्ची श्रम बस्तियाँ घास-फूस एवं बाँसों की सहायता से निर्मित की जाती हैं जो बिना किसी योजना के बहुत ही अव्यवस्थित होती हैं। इसमें भूमि का प्रत्येक इंच कार्य में लाया जाता है। गन्दी बस्तियों के सम्बन्ध में **डॉ० राधा कमल मुकर्जी** ने लिखा है, "झौपड़ियों में प्रकाश का अभाव रहता है और उनमें भीड़ बहुत रहती है तथा उनमें स्वच्छता तथा पानी की सुविधायें अपर्याप्त हैं।"

पक्की श्रम बस्तियाँ भी बिना किसी योजना के बनती हैं। इनमें भी वायु एवं प्रकाश का उचित प्रबन्ध नहीं होता। इन बस्तियों का मालिक, ठेकेदार या कोई धनी

व्यक्ति होता है, जो थोड़ा बहुत धन लगाकर इनसे ऊँचा किराया प्राप्त करता है। इन गन्दी बस्तियों में मकान एक दूसरे से सटाकर बनाये जाते हैं। बड़े नगरों में भूमि इतनी मूल्यवान होती है कि एक मकान से दूसरे मकान तक जाने के लिए सड़कों की अपेक्षा छोटी एवं संकरी गलियाँ होती हैं, जिनमें सफाई की ओर कम ध्यान दिया जाता है। सड़े हुए कूड़ों के ढेर, टट्टियों के अभाव में मैलों के कुण्ड, हवा तथा पृथ्वी की अपवित्रता में वृद्धि करते हैं। अनेक मकानों में चौखट, खिड़कियाँ और रोशनदानों का भी अभाव होता है। औद्योगिक क्षेत्रों में मकानों के अधिक किराये, एक ही कमरे में अनेक स्त्री-पुरुषों को रहने को बाध्य कर देते हैं। अतः उसमें गोपनीयता रखने की दृष्टि से पुराने कनस्तरों के टीन और पुरानी बोरियों के परदे काम में लाये जाते हैं जो कि प्रकाश और वायु के लिये और भी बाधाजनक हो जाते हैं।

गन्दी बस्तियों की उत्पत्ति एवं विकास के कारण

(1) औद्योगीकरण—औद्योगीकरण गन्दी बस्तियों के विकास का मुख्य कारण है। उद्योगों के लिए अत्यधिक मानव श्रम की आवश्यकता पड़ती है, इसलिये बड़े पैमाने पर इन केन्द्रों में मनुष्यों का एकत्रीकरण होता है। इससे गन्दी बस्तियाँ बनती हैं।

(2) नगरीकरण—नगर में निवास की सुविधा सीमित होने के कारण श्रमिक अनाधिकृत भूमि पर अस्थायी निवास स्वयं निर्मित कर लेते हैं जो गन्दी बस्तियों में परिवर्तित हो जाते हैं। नगर के मध्य और सीमाओं पर इसी प्रकार से इनका विकास होता है।

(3) भौगोलिक गतिशीलता—आवागमन एवं संचार साधनों में वृद्धि के कारण गतिशीलता में वृद्धि हुई है और अनेक ग्रामीण लोग नौकरी या व्यवसाय आदि की तलाश में नगरों की ओर आते हैं, परन्तु उनमें से अधिकांश गरीबी में जीवन व्यतीत करने के लिए मजबूर हो जाते हैं तथा गन्दी बस्तियों में निवास करने के लिये बाध्य होते हैं जहाँ सस्ते मकान होते हैं। इससे गन्दी बस्तियों को प्रोत्साहन मिलता है।

(3) देशान्तरगमन—हमारे देश में देशान्तरगमन समूहों में होता है। ये समूह एक ही जगह पर काम करना और एक ही स्थान पर निवास करना पसन्द करते हैं। बम्बई और कलकत्ता में क्रमशः यू० पी० और बिहार के लोग ही अधिकतर श्रमिक हैं। इसके परिणामस्वरूप भी गन्दी बस्तियों का विकास होता है।

(4) जनसंख्या की वृद्धि—जनसंख्या की तीव्र वृद्धि के कारण बेरोजगारी बढ़ रही है और अनेक ग्रामीणों को शहर की ओर ही आने के लिये प्रेरित करती है, क्योंकि यहाँ रोजी-रोटी कमाने के ज्यादा अवसर उपलब्ध हैं। नगरों में स्थान सीमित होता है और पहले से ही आवास समस्या पाई जाती है। अतः वृद्धि के कारण गन्दी बस्तियों का विकास होना स्वाभाविक ही है।

नगरीय आकर्षण— नगरीय विकास का एक अन्य कारण नगरों का आकर्षण है। वैज्ञानिक प्रगति ने नगरों में अनेक प्रकार की चमक-दमक पैदा कर दी है। यातायात के साधनों तथा सिनेमा, रेडियो, शिक्षा आदि ने इन आकर्षकों को ज्यादा सुलभ बना दिया है। नगरीय आकर्षण से जनसंख्या में वृद्धि होती है, आवास समस्या और अधिक गम्भीर हो जाती है तथा बस्तियों के विकास को प्रोत्साहन मिलता है।

(6) प्राकृतिक प्रकोप—समय-समय पर आने वाले प्राकृतिक प्रकोपों, जैसे बाढ़, अकाल, संक्रामक रोग, भूचाल आदि के कारण मनुष्य ग्राम छोड़कर नगरों की ओर ही जाते हैं। इससे शहरों की जनसंख्या निरन्तर बढ़ती जाती है, परन्तु निवास की समुचित व्यवस्था नहीं हो पाती, जिसके परिणामस्वरूप गन्दी बस्तियाँ विकसित होती हैं।

(7) निम्न वर्गों की अधिकता—नगरों में निम्न वर्गों के लोगों की ही अधिकता होती है। निम्न लोगों को कम से कम सुविधाओं में अपना जीवन व्यतीत करने के लिये विवश होना पड़ता है। साथ ही श्रमिक अपने कार्य के स्थान के नजदीक रहना चाहता है। जिसके कारण औद्योगिक क्षेत्रों में गन्दी बस्तियों का विकास होता है।

(8) गन्दी बस्तियों का दृष्टिकोण—गन्दी बस्तियों के विकास में निम्न दशाओं में रहने का दृष्टिकोण भी सहायक है। इस दृष्टिकोण के कारण लोगों का झुकाव इनके प्रति अधिक हो जाता है और वे इन्हें छोड़ना नहीं चाहते। गाँवों से आने वाले लोगों के दृष्टिकोण और गन्दी बस्तियों के दृष्टिकोण में सरलता से सामंजस्य हो जाता है जो गन्दी बस्तियों के विकास को प्रोत्साहन देता है।

(8) निर्धनता—हमारे देश में गन्दी बस्तियों के विकास का महत्वपूर्ण कारण गरीबी है जिसके कारण लोगों को इन्हीं गन्दी जगहों और बस्तियों में रहने को बाध्य होना पड़ता है। अगर व्यक्ति कहीं अच्छी जगह मकान लेना चाहता है तो किराया इतना अधिक होता है कि वह उसके बारे में कभी सोच भी नहीं सकता।

गन्दी बस्तियों के प्रभाव अथवा बुराइयाँ

डॉ॰ डी॰ एच॰ मेहता के अनुसार, गन्दी बस्तियों के निवासी अनेक प्रकार की भौतिक, मानसिक और सामाजिक त्रुटियों के शिकार होते हैं और उनके मस्तिष्क चिन्ता और असुरक्षा से भयभीत रहते हैं, इनका वातावरण अनेक समाज विरोधी व्यवहार को प्रोत्साहन देता है। गन्दी बस्तियों के प्रमुख दुष्परिणाम निम्नलिखित हैं—

(1) ये क्षेत्र स्वास्थ्य की दृष्टि से बड़े हानिकारक होते हैं। अस्वस्थ एवं दूषित वातावरण के कारण यहाँ अनेक प्रकार की बीमारियाँ फैलती हैं, मृत्यु-दर अत्यधिक होती है।

(2) डॉ॰ मेहता ने वेश्यावृत्ति, जुआखोरी, गिरोहबन्दी, स्मगलिंग, पतित और शिथिल यौवन, प्रभाव एवं परिश्रम की अकुशलता आदि जैसे-अपराधों को गंदी बस्तियों का लक्षण माना है।

(3) मनोवैज्ञानिक दृष्टि से गन्दी बस्तियाँ निवासियों के मस्तिष्क में इनमें रहने की मानसिक अवस्था पैदा कर देती हैं। इससे वे निष्क्रिय हो जाते हैं, उनकी कार्य करने की इच्छा समाप्त हो जाती है, उनके मन में जीवन के प्रति भय रहता है और हीनता व बुजदिली पैदा हो जाती है।

(4) गन्दी बस्तियाँ मानवीय गुणों, क्षमताओं तथा योग्यताओं का विनाश करती हैं और इस प्रकार सुयोग्य नागरिकों की कमी होती रहती है।

(5) इन बस्तियों का वातावरण वैयक्तिक और पारिवारिक अस्थिरता को जन्म देने वाला होता है, क्योंकि लोगों को सफाई आदि के प्रति कोई लगाव नहीं रहता।

(6) गन्दी बस्तियाँ बाल अपराधों को प्रोत्साहन देती हैं। बच्चे अपने से बड़ों को अनुचित, भौतिक और समाज विरोधी व्यवहार करते हुये देखते हैं। अतः इसका गन्दा वातावरण बच्चों में समाज विरोधी व्यवहार और अनुशासनहीनता फैलाने में बहुत सहायक है।

गन्दी बस्तियों का सुधार एवं उन्मूलन

द्वितीय पंचवर्षीय योजना

भारत में यद्यपि पंचवर्षीय योजना में गन्दी बस्तियों की सफाई के लिये एक पृथक् योजना बनाने की आवश्यकता को स्वीकार किया गया था, तथापि मई 1956 से पहले ऐसी कोई योजना लागू नहीं की जा सकी। द्वितीय पंचवर्षीय योजना में गन्दी बस्तियों की सफाई के लिए 20 करोड़ रुपये निर्धारित किये गये तथा गन्दी बस्तियों के उन्मूलन हेतु निम्न सुझाव दिये गये—

(i) नई गन्दी बस्तियों को उत्पन्न होने से रोकना,

(ii) विद्यमान गन्दी बस्तियों को साफ करना,

(iii) गन्दी बस्तियों के बारे में नगरपालिकाओं द्वारा कठोर नियमों का प्रतिपादन किया जाना,

(iv) गन्दी बस्तियों के निवासियों में सामाजिक शिक्षा के प्रसार द्वारा चेतना उत्पन्न करना,

(v) गन्दी बस्तियों को समाप्त करने के लिए राज्य सरकारों द्वारा मास्टर प्लान बनाना तथा स्थानीय आधार पर उन्हें पूरा करना।

गन्दी बस्ती उन्मूलन एवं सुधार योजना—मई 1956 में 'गन्दी बस्ती उन्मूलन योजना' (Slum Clearance and Improvement Scheme) लागू की गई।

इस योजना के अन्तर्गत गन्दी बस्तियों में सुधार करने तथा इनमें रहने वाले (अधिकतर 350 रुपये मासिक आय वाले) परिवारों को पुनः बसाने के लिये राज्य सरकारों व संघ शासित प्रदेशों को तथा उनके माध्यम से स्थानीय निकायों को ऋण एवं उत्पादन के रूप में वित्तीय सहायता देने की व्यवस्था की गई है। केन्द्रीय सहायता की मात्रा को अनुमोदित लागत की 87.5 प्रतिशत सहायता ऋणों के रूप में तथा 37.5 प्रतिशत सहायता उपदान (Subsidy) के रूप में प्रदान की जाती है। लागत के शेष 12.5 प्रतिशत भाग राज्य सरकारें अपने साधनों से उत्पादन के रूप में दे सकती हैं। मकानों का किराया अनुमोदित निर्माण लागत के 50 प्रतिशत तक उपदान के रूप में दिया जाता है। 1 अप्रैल, 1969 से यह योजना सरकारों को हस्तान्तरित कर दी गई है। 31 मार्च, 1969 तक इस योजना के अधीन संघ सरकार द्वारा राज्य सरकारों और संघ शासित क्षेत्रों को 34.32 रुपये की धनराशि वितरित की गई तथा 67,657 मकानों का निर्माण हुआ। 1 अप्रैल, 1969, से लेकर 31 दिसम्बर 1972, तक राज्य सरकारों द्वारा इस योजना के अर्न्तगत 38,650, मकान बनाये गये। इस योजना के अर्न्तगत नगरों में पटरी पर सोने वालों के लिये रैन बसेरों (Night Shelters) का निर्माण किया गया है। दिल्ली में 22 रैन बसेरों की व्यवस्था की गई है, जिनमें 5 हजार व्यक्ति रात्रि में विश्राम कर सकते हैं। ऐसे रैन बसेरे अगरतला और अहमदाबाद में भी बनवाये गये हैं।

गन्दी बस्तियों में पर्यावरण-सुधार योजना

भारत सरकार ने कलकत्ता महानगर क्षेत्र की बस्तियों में आवश्यक सुविधायें उपलब्ध कराने के लिये पश्चिम बंगाल की सरकार को उपदान के रूप में 100 प्रतिशत सहायता देने का निश्चय किया। इस कार्यक्रम के द्वारा बस्तियों में पेय-जल, सामूहिक शौचालय और स्नानगृह, जल-मल निकासी, प्रकाशयुक्त सड़कों, खड़न्जों आदि की व्यवस्था की गई है। इस कार्यक्रम पर अब तक 2 करोड़ रुपये खर्च हो चुके हैं।

गन्दी बस्तियों के उन्मूलन हेतु सुझाव

(1) नगरीय विकास कार्यक्रमों में तेजी लाई जाये, जिससे इस समस्या का शीघ्र उन्मूलन हो सके। जो गन्दी बस्तियाँ नियमित कर दी जाती हैं उनमें सफाई, रोशनी, निवास व जल की उचित व्यवस्था की जानी चाहिये।

(2) नगरों में गन्दी बस्तियों को समाप्त कर शासन के सहयोग से इनमें रहने वाले लोगों को सुविधाजनक मकान निर्मित कर आसान किश्तों पर या किराये पर दिये जा सकते हैं।

(3) गन्दी बस्तियों में रहने वाले लोगों के बीच ही ऐसी समितियाँ बनाई जायें, जिससे कि वे स्वयं भी अपने निवास की अवस्था में सुधार के लिये प्रयत्नशील हों।

(4) मकान मालिकों को इनकी दशाओं को सुधारने के लिये बाध्य किया जाना चाहिये तथा साथ ही किराये पर भी नियन्त्रण किया जाना आवश्यक है।

(5) भविष्य में नगरों एवं औद्योगिक केन्द्रों का विकास व्यवस्थित रूप से होना चाहिये।

(6) देशान्तरगमन की प्रक्रिया पर भी अंकुश लगाना चाहिये। यदि बड़े पैमाने पर शहरों में जनसंख्या की वृद्धि व देशान्तरगमन नहीं हो तो यह समस्या काफी सीमा तक सुलझ जायेगी।

(7) उद्योगों का विकेन्द्रीकरण भी आवश्यक है। ऐसे बड़े-बड़े शहरों,जहाँ पहले आवास समस्या विकराल रूप लिये हुए है, में नये उद्योगों की स्थापना को प्रोत्साहन नहीं देना चाहिये।

(8) गन्दी बस्तियों के विकास न होने देने के लिये केन्द्रीय स्तर पर कानून बनाया जाना चाहिये जिससे कि उनका विकास पूर्णतया रोका जा सके। इसके लिये प्रशासनिक अधिकारियों को पूर्ण अधिकार दिये जाने चाहियें।

अभ्यास के लिये प्रश्न

1. भारत में गन्दी बस्तियों पर एक निबन्ध लिखिये।
2. नगरों में भीड़-भाड़ और गन्दी बस्तियों की समस्या सुलझाने के लिए राज्य तथा अन्य संस्थाओं द्वारा कौन से उपाय प्रयोग में लाये गये हैं? आप इस सम्बन्ध में और क्या सुझाव प्रस्तुत करेंगे?

24

भारत में निरक्षरता

(Illiteracy in India)

प्रत्येक समाज साक्षरता के महत्व को पहचानता है। अधिकतर विकसित देशों में शतप्रतिशत लोग साक्षर एवं शिक्षित होते हैं। भारत संसार के उन अर्द्धविकसित तथा विकासशील देशों में से एक है जहाँ अभी 64 प्रतिशत लोग साक्षर नहीं हैं। भारत की इस विशाल जनता के साक्षर न होने का सबसे महत्वपूर्ण ऐतिहासिक कारण माना जा सकता है। मुस्लिम शासन काल से ही भारत के शासक वर्ग ने साक्षरता और शिक्षा को कोई महत्व ही नहीं दिया। विदेशी अंग्रेजी शासन ने भी शिक्षा की ओर कोई विशेष ध्यान नहीं दिया था। अंग्रेजों को तो अपने दैनिक शासन व्यवस्था चलाने के लिये अंग्रेजी पढ़े-लिखे लिपिकों की आवश्यकता थी। अतः उन्होंने अपने कार्यालयों में बाबू लोगों की आवश्यकता की पूर्ति हेतु शहरों में कुछ स्कूल व कॉलेज खोल दिये थे। ग्रामीण भारत की विशाल जनसंख्या की असाक्षरता की ओर उन्होंने कोई विशेष ध्यान नहीं दिया और न इसके लिये उन्होंने कोई विशेष व्यावहारिक योजना ही तैयार की। जब 1947 में भारत स्वतन्त्र हुआ तो उस समय भारतीय नेताओं ने असाक्षरता की हानियों तथा कुरीतियों को ध्यान में रखकर राष्ट्रव्यापी प्रारम्भिक शिक्षा तथा प्रौढ़ शिक्षा का एक शक्तिशाली अभियान प्रारम्भ किया। भारतीय संविधान में शिक्षा का कार्य मुख्य रूप से राज्यों की प्रशासनिक सूची में सम्मिलित किया गया था। किन्तु शिक्षा के देशव्यापी तथा राष्ट्रव्यापी महत्व को ध्यान में रखते हुए सन् 1976 में इसे केन्द्रीय सूची में भी सम्मिलित कर लिया गया।

असाक्षरता एक अभिशाप

असाक्षरता समाज का एक बहुत बड़ा अभिशाप है। लोग परम्परावादी, लकीर के फकीर तथा प्रतिगामी विचारों के अनुगामी अन्धविश्वासी तथा अप्रगतिशील हो जाते हैं। असाक्षर होने के कारण वे शिक्षा का महत्व भी नहीं समझ पाते हैं। वे अपनी सन्तान को भी असाक्षर अथवा अशिक्षित रखना अधिक पसन्द करते हैं। असाक्षरता के कारण भारतीय जनता के विचारों, अभिमतों तथा दृष्टिकोणों में किसी प्रकार का स्थायी परिवर्तन लाना कठिन हो जाता है क्योंकि उनकी तर्क शक्ति

शून्यवत होती है। वे दूरदर्शी भी नहीं होते हैं। उन्हें अपने जीवन में किसी प्रकार का परिवर्तन लाना अस्वाभाविक प्रतीत होता है। किसी भी समाज में उचित सामाजिक क्रान्ति लाना, उचित प्रकार की लोकतन्त्रीय शासन प्रणाली लागू करना, सामाजिक प्रगति की किसी भी योजना को क्रियान्वित करने के लिये उस समाज के लोगों को साक्षर एवं शिक्षित बनाना उस समाज के लिये एक आधारभूत आवश्यकता होती है। जिस समाज में जितनी अधिक असाक्षरता होगी उस समाज में सामाजिक क्रान्ति लाना अथवा प्रजातन्त्रीय प्रणाली को सफलतपूर्वक लागू करना अथवा सामाजिक विकास सम्बन्धी किसी भी योजना को लागू करना उतना ही कठिन हो जाता है। असाक्षर ग्रामीण कृषक तथा अन्य लोग जब किसी महाजन से ऋण ले लेते हैं तो वह ऋण पीढ़ियों तक नहीं चुकाया जा सकता है। वे जीवन भर महाजन के चंगुल से छुटकारा नहीं पा सकते हैं क्योंकि वे कितना धन महाजन से उधार लेते हैं और कितना उसे जमा करा देते हैं आदि तथ्यों की वास्तविकता से वे सर्वदा अनभिज्ञ रहते हैं।

आजकल की लोकतन्त्रीय व्यवस्था पूर्ण रूप से साक्षरता पर आधारित है। असाक्षर व्यक्ति तो यह भी भलीभांति नहीं जानते हैं कि वे अपना अमूल्य मत (Vote) किसे दे रहे हैं। राज्य विधान सभा या लोक सभा अथवा पंचायतों के चुनाव में चुनाव लड़ने के लिये साक्षर होना अनिवार्य है।

असाक्षरता से सामाजिक-आर्थिक विकास में बाधा

जिस समाज में जितनी अधिक साक्षरता होगी, वह समाज उतना ही प्रगतिशील होगा। असाक्षरता भारतीय समाज के विकास में निम्नलिखित बाधायें डालती हैं–

(1) सामाजिक परिवर्तन में बाधा (Obstacle in Social Change)–यदि किसी समाज में सामाजिक परिर्वतन लाना है और इस समाज की सामाजिक कुरीतियों को समाप्त करना है तो सबसे महत्वपूर्ण कार्य उस समाज में साक्षरता का प्रसार करना है। असाक्षर व्यक्ति अपनी परम्पराओं से लिपटा रहना उत्तम समझता है। उसके विचार और व्यवहार इतने संकुचित हो जाते हैं कि वह किसी प्रकार के सामाजिक परिवर्तन को स्वीकार करना उचित नहीं मानता है। उसका सामाजिक दृष्टिकोण अत्यन्त सीमित और संकुचित हो जाता है। यही कारण है कि आज बीसवीं शताब्दी के विकासपूर्ण युग में हमारे भारतीय समाज में बाल-विवाह, दहेज प्रथा तथा विधवा पुर्नर्विवाह प्रतिरोध सम्बन्धी अनेक सामाजिक कुरीतियाँ उसी सीमा तक फैली हुई हैं जिस समय तक आज से दो सौ वर्ष पूर्व प्रचलित थीं।

(2) आर्थिक विकास में बांधा (Obstacle in the Economic Development)–असाक्षरता आर्थिक विकास में भी बाधा उत्पन्न करती है। आजकल आर्थिक विकास के अनेक नवीन प्रयोग किये जा रहे हैं जैसे ट्रैक्टर का प्रयोग, वैज्ञानिक खादों का खेत में प्रयोग, नवीन वर्णसंकर बीजों आदि के प्रयोग। किन्तु भारत सरकार द्वारा अत्यधिक प्रचार और प्रसार के होते हुए भी इन नवीन प्रयोगों में इतनी सफलता प्राप्त नहीं हो रही है जितनी कि होनी चाहिए। नवीन आर्थिक

नीतियों का समुचित मात्रा में न अपनाये जाने का एक मात्र प्रमुख कारण भारतीय कृषकों की असाक्षरता है। इनकी परम्परावादी विचारधारा नवीन विचारों और तकनीकी को ग्रहण करने के स्थान पर इसका विरोध करती है।

(3) लोकतान्त्रिक व्यवस्था में बाधा (Obstacle in the Democratic System)—भारत जैसे विशाल देश को लोकतान्त्रिक व्यवस्था में सफलता इसलिये नहीं मिल पा रही है कि हमारे देश की जनता, विशेषकर ग्रामीण जनता, अभी असाक्षर है। मतदाताओं के असाक्षर होने के कारण हमें प्रत्येक राजनीतिक दल को एक निश्चित चिन्ह देना पड़ता है जैसे कि काँग्रेस (इ) को हाथ का चिन्ह दिया गया है। इस चिन्ह प्रणाली का परिणाम यह होता है कि असाक्षर मतदाता किसी योग्य व्यक्ति को अपना मत न देकर वह एक चिन्ह विशेष को मत दे देता है। इस प्रकार मतदाता व्यक्ति को न पहचान कर किसी राजनीतिक दल को मत दे देता है। इस प्रकार मतदान के अधिकार का समुचित प्रयोग नहीं हो पाता है।

(4) शिक्षा के विकास में बाधा (Obstacle in the Expansion of Education)—असाक्षरता शिक्षा प्रसार में भी एक बहुत बड़ी बाधा प्रस्तुत करती है। ग्रामीण समाज में आजकल शिक्षा-प्रसार का विशेष अभियान चल रहा है। इस सरकारी अभियान के अुनसार 6 वर्ष से 11 वर्ष के बालकों को तथा वयस्क लोगों साक्षर बनाने के निरन्तर प्रयास किये जा रहे हैं किन्तु शिक्षा का महत्व न जानने के कारण असाक्षर माता-पिता अपने बच्चों को अथवा अपनी वयस्क महिलाओं को साक्षरता-प्रसार केन्द्रों तथा स्कूलों में भेजना पसन्द नहीं करते हैं।

(5) असाक्षरता बेकारी तथा निर्धनता उत्पन्न करती है (Brings Unemployment and Poverty in Society)—असाक्षरता का एक दोष यह भी है कि जब लोग असाक्षर तथा अशिक्षित रह जाते हैं तो उनहें उचित प्रकार का प्रशिक्षण आदि नहीं मिल पाता है। इसका परिणाम यह होता है कि लोगों को उचित काम नहीं मिल पाता है। इसलिये असाक्षर लोग या तो बेकार रह जाते हैं या अर्धबेकारी (Under-Employment) की अवस्था में जीवनयापन करते हैं।

सन 1991 में भारतीय राज्यों में साक्षरता का प्रतिशत[1]

	राज्य	पुरुष	स्त्री	समस्त राज्य
1.	आन्ध्र प्रदेश	55.13	32.72	44.09
2.	आसाम	61.87	43.3	52.89
3.	बिहार	52.49	22.89	38.48
4.	गुजरात	73.13	48.64	61.29
5.	हरियाणा	69.10	40.47	55.85
6.	कर्नाटक	67.26	44.34	56.04

1. Economic Survey, Govt. of India, 1994-95

	राज्य	पुरुष	स्त्री	समस्त राज्य
7.	केरल	93.62	86.17	89.81
8.	मध्य प्रदेश	58.42	28.85	44.20
9.	महाराष्ट्र	76.56	52.32	64.87
10.	उड़ीसा	63.09	34.68	49.09
11.	पंजाब	65.66	50.41	58.51
12.	राजस्थान	54.99	20.44	38.55
13.	तमिलनाडु	73.75	51.33	62.66
14.	उत्तर प्रदेश	55.73	25.31	41.60
15.	पश्चिमी बंगाल	67.81	56.56	57.70
	समस्त भारत	**64.43**	**39.29**	**52.21**

उपरोक्त तालिका से स्पष्ट है कि आज भी भारत में निरक्षरों का प्रतिशत लगभग 50 प्रतिशत है। इस प्रकार देश की लगभग आधी जनसंख्या और दो तिहाई स्त्रियाँ निरक्षर हैं। सन् 1992 में एशिया के प्रमुख देशों में साक्षरता की निम्नलिखित तालिका से यह स्पष्ट है कि भारत में निरक्षरता कितनी अधिक है।

एशिया के देशों में साक्षरता[1]

	देश	साक्षरता प्रतिशत	निरक्षरता प्रतिशत
1.	चीन	80.0	20.0
2.	इन्डोनेशिया	84.4	15.6
3.	भारत	52.2	47.8
4.	मलेशिया	80.0	20.0
5.	फिलिपाइन	90.4	9.6
6.	पाकिस्तान	36.4	63.6
7.	कोरिया गणतन्त्र	96.8	3.2
8.	सिगांपुर	92.0	8.0
9.	श्रीलंका	89.1	10.9
10.	थाईलैण्ड	93.8	6.2

उपरोक्त तालिका से स्पष्ट है कि पाकिस्तान को छोड़कर एशिया में भारतवर्ष में निरक्षरों की संख्या सबसे अधिक है और साक्षरों की सबसे कम है।

1. Economic Survey, Govt. of India, 1994-95

भारत में असाक्षरता निवारण हेतु प्रयास

स्वतन्त्रता प्राप्ति के उपरान्त भारत सरकार ने साक्षरता-प्रसार का अभियान चलाया और इस कार्य में जो भी प्रयास सम्भव हो सकते हैं किये। वास्तव में असाक्षरता की समस्या इतनी विकट तथा विशाल है और इसे दूर करने के लिये जितने धन की आवश्यकता है, उसे तुरन्त जुटाना भारत जैसे निर्धन और विकासशील देश के लिये सम्भव नहीं है। साक्षरता के दानव को मिटाने का जितना अधिक प्रयास किया जाता है, जनसंख्या वृद्धि के कारण, वह दानव उतना ही और अधिक बढ़ जाता है। अतः भारत सरकार असाक्षरता का अन्त करने के लिये दीर्घकालीन तथा अल्पकालीन दोनों प्रकार के उपाय अपना रही है। भारत सरकार द्वारा जिन उपायों को अपनाया जा रहा है वे निम्नलिखित हैं—

(1) जनसंख्या वृद्धि पर रोक (Check on Population Growth)—भारत में लगभग डेढ़ करोड़ बालक प्रतिवर्ष पैदा होते हैं। अतः एक वर्ष में हम जितने लोगों को साक्षर बना पाते हैं उतने से भी कहीं अधिक संख्या में नये असाक्षर और पैदा हो जाते हैं। यही कारण है कि भारत सरकार साक्षरता के प्रसार की अपेक्षा जनसंख्या वृद्धि पर रोक लगाने पर अधिक जोर दे रही है। जैसे जनसंख्या वृद्धि की दर कम होती जायेगी भारत में साक्षरता की दर बढ़ती चली जायेगी।

(2) पंचवर्षीय योजनाओं में साक्षरता-प्रसार (Expansion of Literacy in Five Year Plans)—साक्षरता का प्रसार करने के लिये प्रथम पंचवर्षीय योजना में 153 करोड़ रुपये व्यय किये गये थे। पंचम पंचवर्षीय योजना में यह धनराशि बढ़ा कर 2,524 करोड़ कर दी गई। छठी पंचवर्षीय योजना पर शिक्षा प्रचार और प्रसार पर धनराशि और बढ़ा दी गई है।

(3) सामान्य शिक्षा का प्रसार (Expansion of School and College Education)—भारत की स्वतन्त्रता के बाद साक्षरता प्रसार के साथ-साथ स्कूल कॉलेज तथा विश्वविद्यालय की शिक्षा का भी आश्चर्यजनक गति से प्रसार हो रहा है। व्यावसायिक तथा तकनीकी शिक्षण संस्थाओं का भी निरन्तर विकास किया जा रहा है।

(5) प्रौढ़ शिक्षा (Adult Education)—भारत सरकार ने प्रौढ़ों को साक्षर बनाने का भी विशाल और व्यापक आन्दोलन चला रखा है। इसमें सरकारी और गैर सरकारी सभी प्रकार की संस्थाओं का सहयोग प्राप्त करने का प्रयास किया जा रहा है।

छठीं पंचवर्षीय योजना में प्रौढ़ शिक्षा पर लगभग 128 करोड़ रुपया व्यय किया गया है। इसी योजना काल में 15 वर्ष और 25 वर्ष की आयु के मध्य लगभग 10 करोड़ लोगों को साक्षर बनाया गया है। छठी पंचवर्षीय योजना के प्रथम वर्ष में 15 लाख, दूसरे वर्ष में 45 लाख, तीसरे वर्ष में 90 लाख, चौथे वर्ष में 180 लाख, पंचम वर्ष में 320 लाख एवं शेष को इन योजना के शेष काल में अर्थात् 1983-84 में साक्षर बनाया गया है।

(5) **ग्रामीण शिक्षा**—साक्षरता के प्रसार का कार्य मुख्यत: ग्रामीण समाज में विशेष रूप से किया गया है। ग्रामीण क्षेत्रों में भी विशेष रूप से प्रौढ़ स्त्रियों, अनुसूचित जातियों एवं जनजातियों के लोगों को साक्षर बनाने और उनको अशिक्षा के अन्धकार से शिक्षा के प्रकाश की ओर लाने का प्रयास किया गया है। इस प्रकार समाज के सदियों से पिछड़े और अशिक्षित वर्ग को आधुनिक वैज्ञानिक युग की ओर ले जाने का यह एक भागीरथी कार्य कहा जा सकता है। इस प्रकार के साक्षरता-प्रसार के पीछे असाक्षरों को साक्षर बनाने मात्र का ही उद्देश्य नहीं है, अपितु इसके अतिरिक्त इन्हें सामान्य ज्ञान, नागरिकता तथा उनके विविध अधिकारों और कर्तव्यों का ज्ञान करना भी है। इसके अतिरिक्त इन लोगों को स्वास्थ्य, परिवार नियोजन व्यावसायिक दक्षता, शिल्पकला तथा ग्रामीण उद्योग-धन्धों से सम्बन्धित ज्ञान व प्रशिक्षण भी दिया जाता है। इस विशाल तथा उत्तरदायित्वपूर्ण कार्य को सुचारू रूप से संचालन करने हेतु केन्द्रीय सरकार ने राष्ट्रीय प्रौढ़ शिक्षा बोर्ड की भी स्थापना की है।

(6) **बाल शिक्षा** (Child Education)—छठी पंचवर्षीय योजना काल में एक करोड़ 70 लाख अतिरिक्त बालकों को स्कूलों में प्रवेश कराने का लक्ष्य रखा है। 1 वर्ष से 5 वर्ष तक के बालकों की कक्षाओं में प्रतिवर्ष 34 लाख बच्चों को प्रवेश देने का लक्ष्य है। इनमें से 11 वर्ष से 14 वर्ष तक के बालकों को मिडिल स्कूल स्तर तक पढ़ाने का उद्देश्य है। इसके लिये 13 लाख अतिरिक्त बालकों को स्कूली शिक्षा प्रदान करने का लक्ष्य रखा गया।

(7) **स्त्री शिक्षा** (Women's Education)—भारत में पुरुष-प्रधान समाज रहा है। यही कारण है कि भारतीय स्त्री समाज पुरुषों की अपेक्षा अधिक अविकसित तथा अशिक्षित अवस्था में रहा है। भारतीय स्वतन्त्रता के बाद स्त्रियों की प्रस्थिति और शिक्षा में एक साथ परिवर्तन हुआ है। स्त्रियों की शिक्षा सम्बन्धी प्रबन्ध के लिए पृथक् निदेशालयों की स्थापना की गई है। लड़कियों को शिक्षा के लिये पृथक् पोलीटेक्निक स्कूलों की स्थापना की गई है। नारी शिक्षा निकेतनों को विशेष सरकारी अनुदान दिया जाता है। इसके अतिरिक्त सरकार द्वारा स्त्रियों के स्वास्थ्य, शिक्षा, खाद्य व पोषाहार, गृह प्रबन्ध तथा शिशु-पालन सम्बन्धी ज्ञान भी कराया गया है। स्त्रियों को अनेक प्रकार की दस्तकारियों में प्रशिक्षण देने का भी प्रबन्ध किया जा रहा है।

निरक्षरता उन्मूलन के वर्तमान प्रयास[1]

भारतवर्ष में व्यापक निरक्षरता को दूर करने के लिए निरक्षरता उन्मूलन अभियान को 285 जिलों तक बढ़ा दिया गया है। Post Literacy Campaigns को 105 जिलों तक बढ़ा दिया गया है। अगस्त 1994 तक National Literacy Mission (NLM) के साक्षरता के विभिन्न कार्यक्रमों को 58.07 करोड़ व्यक्तियों तक बढ़ा दिया गया है।

1. Economic Survey, Govt. of India, 1994-95

असाक्षरता को दूर करने के उपाय

(1) जन-सहयोग (Public Cooperation)—भारत में असाक्षरता निवारण हेतु जन-सहयोग की बड़ी आवश्यकता है। सबसे पहले तो उन लोगों को सहयोग प्रदान करने की आवश्यकता है जिन्हें साक्षर बनाना है। कोई भी योजना जो किसी समाज पर ऊपर से थोपी जाती है वह कभी भी पूरी नहीं होती है। अत: सबसे पहले उन लोगों को जागृत करने की आवश्यकता है जिनके लाभ के लिये साक्षरता का अभियान चलाया जाता है। दूसरे उन लोगों का सहयोग प्राप्त करने की आवश्यकता है जो साक्षरता के प्रयास में सहायता प्रदान करते हैं। ये लोग धन देकर अथवा अध्यापक के रूप में अपनी भूमिका अदा कर साक्षरता प्रसारण रूपी महायज्ञ में अपना योगदान प्रदान कर सकते हैं। साक्षरता के प्रसार कार्य की नगरीय समाज की अपेक्षा ग्रामीण समाज को अधिक आवश्यकता है क्योंकि अशिक्षा का अन्धकार नगरों की अपेक्षा गावों में अधिक है।

(2) भारत में जनसंख्या वृद्धि पर नियन्त्रण (Control over the Growing Population in India)—भारतीय जनसंख्या बड़ी तीव्र गति से बढ़ रही है। पिछले दस वर्षों में हमारी जनसंख्या 25 प्रतिशत के लगभग बढ़ गई है। इस प्रकार जितने समय में पिछली जनसंख्या के असाक्षरों को साक्षर बनाने का प्रयास किया जाता है उतने समय में नये असाक्षरों की संख्या में निरन्तर वृद्धि होती रहती है। साक्षरता के लक्ष्य को ध्यान में रखकर जितना प्रयास किया जाता है यह लक्ष्य उतना ही दूर होता चला जाता है। अत: साक्षरता की समस्या दूर करने के साथ-साथ यदि जनसंख्या वृद्धि की गति पर नियन्त्रण नहीं पाया गया तो असाक्षरता की भयंकरता पर नियन्त्रण पाना कठिन होता चला जायेगा।

(3) प्रत्येक ग्राम में एक पाठशाला (Every Village to have a School)—भारत में सभी राज्य सरकारों और केन्द्रीय शासित प्रदेशों की सरकारों का यह प्रयास होना चाहिये कि भारत का कोई गांव ऐसा नहीं होना चाहिये जहाँ 6 वर्ष से 11 वर्ष के बालक-बालिकाओं के अध्ययन की सुविधा न हो। मानव-निवास की कोई भी बस्ती ऐसी न हो जिससे एक किलोमीटर की परिधि में कोई प्राथमिक पाठशाला न हो। जब प्रत्येक गांव में स्कूल, अध्यापक तथा शिक्षण सम्बन्धी अन्य सुविधायें उपलब्ध होंगी तो ग्रामवासी अवश्य अपने बच्चों को स्कूल भेजेंगे।

(4) वयस्क शिक्षा (Adult Education)—वयस्क असाक्षरों को साक्षर बनाने के लिए वयस्क शिक्षा योजना की आवश्यकता है। भारत सरकार ने वयस्क शिक्षा के प्रचार और प्रसार के लिए एक बहुत बड़ी योजना तैयार की है और इसे क्रियान्वित करने के लिये अनेक प्रकार के प्रयास किये जा रहे हैं। यहाँ समस्या ग्रामीण समाज में ग्रामीण पुरुषों तथा स्त्रियों को साक्षर बनाने के लिये प्रेरित करने की आवश्यकता है। जब तक इन अशिक्षित समाज के लोगों में साक्षरता के महत्व को समझाया नहीं जायेगा तब तक इन्हें साक्षर बनाने के हमारे सभी प्रयास निष्फल

होंगे। अतः इन वयस्क पुरुषों और स्त्रियों के ज्ञान वृद्धि के सभी सम्भव साधनों को जुटाने की आवश्यकता है।

(5) रेडियो और दूरदर्शन द्वारा शिक्षा (Education through Radio and Television)—भारतीय जनता में जागृति लाने और उन्हें साक्षर बनाने के लिए प्रेरणा के स्रोत रेडियो तथा दूरदर्शन दोनों ही अत्यन्त प्रभावशाली एवं शक्तिशाली साधन सिद्ध हो सकते हैं। लोगों को केवल साक्षर बना देने से ही कार्य पूरा नहीं हो जाता है। साक्षर बनाने का ध्येय अक्षर ज्ञान मात्र करा देना ही नहीं है अपितुः अक्षर ज्ञान प्राप्त करने के उपरान्त उन लोगों में पढ़ने-लिखने के प्रति रुचि उत्पन्न करना और उनके सर्वतोमुखी ज्ञान का विस्तार करना भी है। इन दोनों कार्यों को सम्पन्न करने के लिये अर्थात् साक्षर बनाने के लिये प्रेरित करने तथा साक्षर हो जाने के उपरांत उनके ज्ञान-वर्धन करने के लिये रेडियो तथा दूरदर्शन अधिक उपयुक्त और प्रभावी सिद्ध हो सकते हैं। दूरदर्शन रेडियो से भी अधिक प्रभावी हो सकता है क्योंकि इसमें गाने, नृत्य तथा नाटक आदि द्वारा ऐसे कार्यक्रम प्रस्तुत किये जा सकते हैं जो दर्शकों में ज्ञान के प्रति रूचि पैदा कर सकते हैं।

(6) स्त्रियों को शिक्षित व साक्षर बनाया जाये (Women should be Educated and be made Literate)—भारत में लड़कियों के अधिक से अधिक स्कूल खोले जाने चाहियें। स्कूलों में लड़कियों को अधिक से अधिक संख्या में भर्ती कराने के अभियान चलाये जाने चाहियें। 500 लोगों से अधिक संख्या वाले प्रत्येक गाँव में एक बालिका विद्यालय खोला जाये क्योंकि बहुत से ग्रामीण लोग आज भी अपनी लड़कियों को लड़कों के स्कूलों में भेजने से हिचकिचाते हैं। मुस्लिम समाज में पर्दा प्रथा होने के कारण दस ग्यारह वर्ष बाद वे अपनी लड़कियों को लड़कों के साथ पढ़ाना पसन्द नहीं करते हैं। अतः यदि लड़कियों के स्कूल पृथक् कर दिये जाते हैं तो स्कूलों में लड़कियों की संख्या में अवश्य वृद्धि होगी।

(7) निःशुल्क तथा अनिवार्य प्रारम्भिक शिक्षा (Free and Compulsory Primary Education)—भारत निर्धन देश है। हमारे यहाँ कम से कम 30 प्रतिशत से 40 प्रतिशत ऐसे परिवार हैं जो अभी अपने बच्चों को पढ़ा नहीं सकते हैं क्योंकि उनकी आय इतनी कम है कि उस आय से अपनी रोटी और कपड़े सम्बन्धी आवश्यकताओं को ही पूरा नहीं कर पाते हैं। अतः सरकार को चाहिये कि 6-10 आयु तक के बालकों को स्कूल के समय भोजन आदि की मुफ्त व्यवस्था की जाये। उन पर किसी प्रकार की फीस न लगाई जाये। बालकों को पढ़ने के अतिरिक्त खेलकूद के सभी साधन उपलब्ध होने चाहियें जिससे कि वे स्कूल आने और पढ़ने की ओर अधिक आकर्षित हों।

(8) पिछड़े वर्ग की ओर विशेष ध्यान की आवश्यकता (Greater need to care more for the backward sections of society)—भारतवर्ष में अनेक जातियाँ आज भी ऐसी हैं जो जंगलों में, पर्वतों की कन्दराओं में तथा दूर दराज क्षेत्रों में बसे हुये हैं। वे लोग आज भी भारतीय संस्कृति और विकास से अभी तक अछूते

हैं। आवश्यकता इस बात की है कि इस प्रकार के पिछड़े वर्गों के लोगों के उत्थान के पूर्ण प्रयास किये जायें। यदि इन वर्गों के सामाजिक तथा आर्थिक गतिविधियों में अन्तर लाना है तो इनके बालकों में साक्षरता के प्रसार द्वारा प्रारम्भ किया जाना चाहिये।

(9) बाल-साहित्य तथा प्रौढ़-शिक्षा साहित्य की रचना (Creation of Children's Literature and the Literature for Adult Education)—साक्षरता के प्रचार और प्रसार के लिये आवश्यक है कि भारत की सभी भाषाओं में बाल-साहित्य तथा प्रौढ़ शिक्षा-साहित्य के अभाव को शीघ्र दूर करने के प्रयास किये जायें। बाल-साक्षरता और प्रौढ़ -साक्षरता का आधार इनके लिये उपयुक्त साहित्य है। बालकों को क्या पढ़ाना है, क्या सिखाना है और किस प्रकार सिखाना है, यह इससे सम्बन्धित साहित्य ही बता सकता है। जो साहित्य बालकों को शिक्षित करने के काम में आता है वह वयस्कों को शिक्षित करने के लिए उपयुक्त नहीं होता क्योंकि दोनों वर्गों के शारीरिक तथा मानसिक विकास में बड़ा अन्तर होता है। अतः इस प्रकार के साहित्य की रचना दोनों वर्गों के शारीरिक तथा मानसिक विकास का पूरा-पूरा ध्यान रखना चाहिये।

(10) शिक्षा पर अधिक व्यय की आवश्यकता (Need to Allocate More Funds for Education)—भारतीय बजट सम्बन्धी आँकड़ों को देखने से एक बड़ी विचित्रता यह ज्ञात होती है कि प्रत्येक पंचवर्षीय योजना में देश की शिक्षा पर होने वाली प्रतिशत निरन्तर कम होती गई है । शिक्षा पर व्यय बढ़ाया जाना चाहिए।

अभ्यास के लिए प्रश्न

1. भारत में अशिक्षा के प्रभावों की व्याख्या कीजिये। इस समस्या के हल के लिये क्या उपाय किये गये हैं?
2. सामाजिक समस्या के रूप में निरक्षरता भारत के सामाजिक, आर्थिक विकास की प्रक्रिया में किस प्रकार बाधा उत्पन्न करती है?

25

अपराध शास्त्र

(Criminology)

अपराध शास्त्र क्या है?

अपराध शास्त्र का अंग्रेजी समतुल्य शब्द `Criminology' है। इस शब्द का अर्थ है अपराध का ज्ञान। इस प्रकार अपराधशास्त्र मानवीय समाज में होने वाले अपराधों का ज्ञान या शास्त्र है। यह एक व्यवस्थित एवं वैज्ञानिक अध्ययन है। इसके अध्ययन के लिए विभिन्न वैज्ञानिक पद्धतियों का प्रयोग किया जाता है। अपराध शास्त्र का सम्बन्ध मनुष्य के सामाजिक जीवन से होता है। इस शास्त्र के अन्तर्गत सामाजिक नियमों के निर्माण की विभिन्न प्रक्रियाओं का व्यवस्थित अध्ययन किया जाता है। सामाजिक नियम किस-किस प्रकार से बनते हैं? सामाजिक नियमों का उल्लंघन किस प्रकार एवं क्यों होता है? सामाजिक नियमों के उल्लंघन के फलस्वरूप समाज एवं व्यक्तियों की उल्लंघनकर्ता के प्रति क्या प्रतिक्रिया होती है? इन सब बातों का अध्ययन करने वाले शास्त्र को अपराध शास्त्र कहा जाता है। अपराध शास्त्र के अन्तर्गत ही अपराध के कारणों एवं अपराध उन्मूलन के विभिन्न सिद्धान्तों का अध्ययन किया जाता है। सामाजिक नियन्त्रण के विभिन्न साधनों का अध्ययन भी अपराध शास्त्र के अन्तर्गत किया जाता है।

उपरोक्त विवरण से अपराध शास्त्र का अर्थ स्पष्ट होता है। अपराध शास्त्र की प्रकृति को पूर्ण रूप से समझने के लिये उसकी विभिन्न परिभाषाओं का विवेचन करना आवश्यक है। विद्वानों ने अपराध शास्त्र की निम्नलिखित परिभाषायें उपस्थित की हैं—

(1) **सदरलैंड द्वारा परिभाषा**—श्री सदरलैंड ने अपराध शास्त्र को इन शब्दों में परिभाषित किया है, "अपराध शास्त्र अपराध को एक सामाजिक प्रमेय मानकर अध्ययन करने वाली ज्ञान की एक शाखा है"[1] इस परिभाषा से स्पष्ट होता है कि अपराध शास्त्र समाज में घटित होने वाले अपराध का अध्ययन करने वाला विज्ञान है।

---

1. "Criminology is the body of knowledge regarding crime as a social phenomenon."
--Sutherland.

(2) इलियट द्वारा परिभाषा—श्री इलियट के शब्दों में, "अपराधशास्त्र की परिभाषा अपराध और उसके उपचार के वैज्ञानिक अध्ययन के रूप में की जा सकती है।"[1] इस परिभाषा से दो बातें स्पष्ट होती हैं प्रथम—अपराध शास्त्र सामाजिक अपराधों का वैज्ञानिक अध्ययन करता है तथा दूसरे—अपराध शास्त्र अपराधों के उपचारों का भी अध्ययन करता है।

(3) टैफ्ट द्वारा परिभाषा—अपराध शास्त्र की परिभाषा करते हुए श्री टैफ्ट ने कहा है, "अपराध शास्त्र वह अध्ययन है जिसकी विषय वस्तु के अन्तर्गत अपराध का अर्थ और निरोध तथा अपराधियों और बाल-अपराधियों के दण्ड और उपचार को सम्मिलित किया जाता है"[2] इस परिभाषा द्वारा अपराध शास्त्र के सैद्धान्तिक एवं व्यावहारिक दोनों पहलू स्पष्ट हो जाते हैं।

(4) वेब्स्टर द्वारा परिभाषा—श्री वेब्स्टर ने भी अन्य विद्वानों के समान ही अपराध शास्त्र की परिभाषा उपस्थित की है। उनके अनुसार अपराध शास्त्र, "अपराध का सामाजिक प्रमेय के रूप में वैज्ञानिक अध्ययन है या अपराधियों और इनके मानसिक गुणों, इनकी आदतों एवं इनके अनुशासन इत्यादि का अध्ययन है"[3]

अपराध शास्त्र की प्रकृति

अपराध शास्त्र के अर्थ एवं विभिन्न परिभाषाओं के उपरोक्त विवेचन से उसकी प्रकृति स्पष्ट हो जाती है। अपराध शास्त्र एक वैज्ञानिक एवं व्यवस्थित अध्ययन है। इसका उद्देश्य समाज में व्याप्त विभिन्न अपराधों का अध्ययन करना एवं उनके उन्मूलन के उपायों की खोज करना है। इस प्रकार इस शास्त्र की प्रकृति सैद्धान्तिक और व्यावहारिक दोनों प्रकार की है। सैद्धान्तिक पक्ष के अन्तर्गत अपराध और अपराधियों से सम्बन्धित विभिन्न सिद्धान्तों का अध्ययन किया जाता है। इसके अतिरिक्त अपराध शास्त्र के व्यावहारिक पक्ष के अन्तर्गत अपराध एवं अपराधियों से सम्बन्धित विभिन्न सिद्धान्तों एवं नियमों को व्यवहार में लाने के उपायों का अध्ययन एवं वर्णन किया जाता है।

अपराध शास्त्र का क्षेत्र

अन्य सामाजिक विज्ञानों के समान ही अपराध शास्त्र का क्षेत्र भी अति विस्तृत है। इसका सम्बन्ध समाज के सभी पक्षों से है, परन्तु व्यवस्थित एवं वैज्ञानिक अध्ययन के लिए यह आवश्यक है कि प्रत्येक शास्त्र का क्षेत्र सीमित किया जाये।

---

1. "Criminology may be defined as the scientific study of cirme and its treatment." —Elliott.
2. "Criminology is the study which includes all the subject-matter necessary to the understanding and prevention of crimes together with the punishment and treatment of delinquents and criminals." —D. R. Taft.
3. "The scientific study of crime as a social phenomenon, or of criminals and mental traits, their habits, their discipline, etc." —Webster.

इसी उद्देश्य को लेकर विभिन्न अपराध शास्त्रियों ने अपराध शास्त्र के क्षेत्र को सीमित करने का प्रयास किया है। कुछ मुख्य विद्वानों के मत निम्नलिखित हैं।

सदरलैंण्ड का मत

अपराध शास्त्र के क्षेत्र को स्पष्ट करते हुए श्री सदरलैंण्ड का कहना है कि "यह अपने क्षेत्र में कानून बनाने की प्रक्रियाओं, कानून तोड़ने की प्रक्रियाओं, एवं कानून तोड़ने के प्रति होने वाली प्रतिक्रियात्मक प्रक्रियाओं को सीमित करता है।"[1] इससे स्पष्ट होता है कि अपराध शास्त्र के क्षेत्र के अन्तर्गत तीन मुख्य प्रक्रियाओं का अध्ययन किया जाता है—कानून बनाने की प्रक्रिया, कानून तोड़ने की प्रक्रिया और कानून तोड़ने के प्रति होने वाली प्रक्रिया, परन्तु वास्तव में ये तीनों प्रक्रियायें पूर्णतया स्वतन्त्र नहीं हैं। ये सभी क्रियायें आपस में घनिष्ठ रूप से सम्बन्धित हैं और सभी का अपराध शास्त्र के अन्तर्गत समग्र रूप से अध्ययन किया जाता है। इस प्रकार उपरोक्त वर्णित प्रक्रियाओं के आधार पर हम अपराध शास्त्र को तीन विभागों में विभाजित कर सकते हैं। ये विभाग निम्नलिखित हैं—

(1) **कानून का समाजशास्त्र** (The Sociology of Law)—अपराध क्या है? अपराधों को रोकने के लिये क्या कानून होने चाहियें? कानूनों का विकास कैसे होता है? अपराध सम्बन्धी कानून किस प्रकार के होने चाहिये? इन सब बातों का अध्ययन अपराध शास्त्र के इस विभाग के अन्तर्गत किया जाता है।

(2) **अपराध के कारणों से सम्बन्धित शास्त्र** (Criminal Etiology)—इस विभाग के अन्तर्गत सभी प्रकार के अपराधों के विभिन्न सम्भावित कारणों का वैज्ञानिक एवं व्यवस्थित अध्ययन किया जाता है। अपराध क्यों होते हैं? कोई व्यक्ति अपराधी क्यों बन जाता है? इस प्रकार के विभिन्न प्रश्नों का उत्तर अपराध शास्त्र की इस शाखा के अन्तर्गत ज्ञात किया जाता है।

(3) **दण्ड शास्त्र** (Penology)—अपराध के कारणों को जानने के अतिरिक्त इनको रोकने एवं नियन्त्रित करने के उपाय ढूँढना भी अपराध शास्त्र का उद्देश्य है। अपराधों को समाप्त करने वाले सिद्धान्तों एवं उपायों का अध्ययन करने वाला शास्त्र दण्ड शास्त्र कहलाता है। यह भी अपराध शास्त्र की एक शाखा है।

इलियट और मैरिल का मत

प्रसिद्ध विद्वान सर्वश्री इलियट और मैरिल ने भी अपराध शास्त्र के क्षेत्र का विवेचन किया है। इनके अनुसार अपराध शास्त्र के क्षेत्र के अन्तर्गत मुख्य रूप से निम्नलिखित चार प्रकार के तथ्यों का अध्ययन होना चाहिए—

(1) **अपराध की प्रकृति**—अपराध के क्या लक्षण होते हैं? अपराध किसे कहते हैं? अपराधी व्यवहार और सामान्य व्यवहार में क्या अन्तर होता है? अपराधी

---

1. "It includes within its scope the processes of making laws, of breaking laws and of reacting towards the breaking of laws." —Sutherland.

व्यवहार की इन मुख्य विशेषताओं का विवेचन अध्ययन 'अपराध की प्रकृति' के अन्तर्गत किया जाता है।

(2) अपराधी व्यवहार के कारणों का अध्ययन–अपराध शास्त्र के इस क्षेत्र के अन्तर्गत अपराधों के कारणों का अध्ययन किया जाता है। अलग-अलग प्रकार के अपराधों के कारण भी अलग-अलग हुआ करते हैं। भिन्न-भिन्न परिस्थितियों एवं जलवायु में अपराधों के विकास के कारण भी अलग-अलग होते हैं। सामाजिक अपराधों का उत्तरदायित्व किस पर है? इस प्रश्न का उत्तर भी अपराध शास्त्र के इसी क्षेत्र में मिलता है।

(3) अपराधियों का व्यक्तिगत अध्ययन–कोई व्यक्ति अपराधी कब बन जाता है? अपराधी व्यक्ति के जीवन में क्या-क्या घटनायें घटित होती हैं? इस सब बातों को जानने के लिए विभिन्न अपराधियों के जीवन का विश्लेषण करना पड़ता है। अपराधियों के पूरे व्यक्तित्व का अध्ययन करना पड़ता है। इसके लिए जीवन इतिहास पद्धति को इस्तेमाल किया जाता है। इन सब तथ्यों का अध्ययन अपराध शास्त्र के अन्तर्गत किया जाता है।

(4) उपचार एवं दण्ड सम्बन्धी अध्ययन–अपराध सदैव ही समाज के लिये अहितकर हुआ करते हैं, अतः अपराधों को रोकना अति आवश्यक होता है। अपराधों को रोकने की विभिन्न पद्धतियाँ होती हैं। किस प्रकार के अपराध को रोकने के लिए कौन सी पद्धति अधिक उपयुक्त होगी? किस प्रकार के अपराधी को किस प्रकार का दण्ड देना चाहिए? क्या मृत्यु दण्ड उचित है? इन सब प्रश्नों के वैज्ञानिक विवेचन करने वाले अपराध शास्त्र के क्षेत्र को 'उपचार एवं दण्ड सम्बन्धी अध्ययन' कहा जाता है। अपराधियों के उपचार एवं अपराध के उन्मूलन के लिए दण्ड के अतिरिक्त अन्य अनेक उपाय भी प्रयोग में लाये जाते हैं।

अपराध शास्त्र का सैद्धान्तिक महत्व

अपराध शास्त्र के सैद्धान्तिक महत्व को स्पष्ट करते हुए श्री सदरलैंड का कहना है, "यह ज्ञान अन्य सामाजिक विज्ञानों के विकास में एक महत्वपूर्ण योगदान देगा और अन्य सामाजिक अध्ययनों द्वारा वह सामान्य सामाजिक नियन्त्रण की कार्य-क्षमता में वृद्धि करेगा।"[1] सदरलैंड के इस कथन से अपराधशास्त्र के सैद्धान्तिक महत्व का परिचय प्राप्त होता है। अपराध शास्त्र के मुख्य सैद्धान्तिक महत्व एवं लाभ निम्नलिखित हैं–

(1) अपराधों की जानकारी–प्रत्येक समाज एवं समुदाय में सदैव ही विभिन्न प्रकार के अनेक अपराध एवं अपराधी उपस्थित रहा करते हैं। अपराध शास्त्र के व्यवस्थित अध्ययन द्वारा समाज में उपस्थित इन अपराधों एवं अपराधियों

---

1. "This knowledge will contribute to the development of other social studies and through other soical studies it will contribute to efficiency in general social control."
--Sutherland.

का वास्तविक ज्ञान प्राप्त होता है। इससे ज्ञान का भण्डार समृद्ध होता है। अपराध शास्त्र के अध्ययन द्वारा अपराधों के प्रकारों एवं तरीकों आदि का भी परिचय प्राप्त होता है। इस अध्ययन के अन्तर्गत अपराधों एवं अपराधियों का व्यवस्थित वर्गीकरण किया जाता है। इसके अतिरिक्त अपराध शास्त्र के अध्ययन के ही द्वारा अपराधों के कारणों का भी अध्ययन किया जाता है।

(2) **अपराधी कानूनों का निर्माण**—अपराध शास्त्र का अपराधी कानूनों के निर्माण से भी सम्बन्ध है। अपराध शास्त्र के अन्तर्गत विभिन्न प्रकार के अपराधों का सभी दृष्टिकोण से अध्ययन किया जाता है। साथ ही अपराधों के कारणों एवं परिणामों की जाँच भी की जाती है। इस प्रकार के विस्तृत अध्ययन के परिणामस्वरूप अपराधी कानून भी बनाये जाते हैं। अपराध शास्त्र के नये-नये अध्ययनों एवं सर्वेक्षणों द्वारा अपराधी कानूनों एवं अपराध सम्बन्धी सिद्धान्तों में परिवर्तन किया जाता है। आधुनिकतम अध्ययनों को ध्यान में रखते हुए अब आत्म हत्या को अपराध न मानने की बात की जा रही है। कुछ लोगों का सुझाव है कि गर्भपात को भी अपराध नहीं मानना चाहिये। इस प्रकार स्पष्ट है कि अपराध सम्बन्धी कानूनों को परिस्थितियों के अनुकूल एवं समाज के लिए हितकर बनाने के लिए अपराध शास्त्र का अध्ययन महत्वपूर्ण है।

(3) **श्वेत वस्त्रधारी अपराधियों की जानकारी**—सामान्यतया कुछ विशेष प्रकार के अपराधों को ही अपराध माना जाता है। सामान्य व्यक्ति के लिये केवल चोरी, डकैती, हत्या तथा लूटमार आदि ही अपराध हुआ करते हैं। परन्तु वास्तव में अपराधों की संख्या एवं प्रकार इतने सीमित नहीं हैं। इन अपराधों के अतिरिक्त कुछ अन्य प्रकार के अपराध भी हुआ करते हैं। उदाहरण के लिये किसी को ब्लैक-मेल करना, व्यापार में तरह-तरह के हथकण्डे इस्तेमाल करना, झूठे प्रमाण पत्र देना आदि श्वेतवसना अपराध हैं। इन अपराधों का ज्ञान अपराध शास्त्र के अध्ययन द्वारा प्राप्त होता है। इस प्रकार के अपराधों का ज्ञान प्रत्येक व्यक्ति के लिए आवश्यक एवं लाभदायक होता है।

अपराध शास्त्र का व्यावहारिक महत्व

सैद्धान्तिक महत्व के साथ ही साथ अपराध शास्त्र का व्यावहारिक महत्व भी है। सदरलैंड ने अपराध शास्त्र के व्यावहारिक महत्व को इस प्रकार स्पष्ट किया है, "अपराध शास्त्र अपराध के सामाजिक नियन्त्रण के कार्यक्रमों पर ज्ञान के तुरन्त प्रयोग से सम्बन्धित है।"[1] अपराध शास्त्र के व्यवहारिक महत्व के कुछ विशिष्ट रूप इस प्रकार हैं—

(1) **अपराध-उन्मूलन**—समाज में व्याप्त अपराधों का उन्मूलन करना अपराध शास्त्र का एक विशिष्ट उद्देश्य है। अपराध शास्त्र प्रत्यक्ष तथा अप्रत्यक्ष दोनों प्रकार से अपराधों के उन्मूलन में सहायक होता है।

---

1. "Criminology is concerned with the immediate application of knowledge to programmes of social control of crime." —Sutherland

(2) **अपराधियों के मनोवैज्ञानिक अध्ययन में सहायक**—अपराध शास्त्र एक व्यावहारिक शास्त्र है। इसके ज्ञान के द्वारा अपराधियों की मनोवृत्तियों एवं अभिवृत्तियों का सरलता से अध्ययन किया जा सकता है। अपराध शास्त्र के अध्ययन द्वारा अपराधों के विभिन्न रूपों एवं कारणों का ज्ञान प्राप्त होता है। यह ज्ञान अपराधियों के व्यक्तिगत अध्ययनों में सहायक होता है। उदाहरण के लिये अपराध शास्त्र द्वारा अपराधों से सम्बन्धित विभिन्न परिस्थितियों का ज्ञान प्राप्त होता है। परिस्थितयों का ज्ञान प्राप्त हो जाने पर हम यह निश्चित कर सकते हैं कि किस व्यक्ति पर इन परिस्थितियों का क्या प्रभाव पड़ेगा। इस प्रकार स्पष्ट है कि अपराधियों के मनोवैज्ञानिक अध्ययन के लिये अपराध शास्त्र का अध्ययन विशेष सहायक होता है।

(3) **अपराधियों के सुधार के लिये**—अपराधों के उन्मूलन के साथ ही साथ समाज में उपस्थित अपराधियों का सुधार करना भी समाज का दायित्व है। अपराधियों के सुधार के लिये अपराध शास्त्र का व्यापक ज्ञान होना आवश्यक है। उदाहरण के लिये वेश्यावृत्ति में लगी हुई किसी महिला के सुधार के लिए यह जानना आवश्यक होगा कि कोई महिला वेश्यावृत्ति में क्यों और कैसे प्रवृत्त हो जाती है। यहँ ज्ञान अपराध शास्त्र के अध्ययन के द्वारा प्राप्त होता है।

(4) **दानवीय वृत्ति का निराकरण**—यह सत्य है कि समाज में सदैव ही दानवीय वृत्ति उपस्थित रहा करती है। दानवीय वृत्ति निस्संदेह समाज एवं व्यक्ति के लिये अहितकर होती है। समाज के लिये इस अहितकर तत्व का निराकरण करना आवश्यक है। इस निराकरण के लिये अपराध शास्त्र का अध्ययन एवं विशेष ज्ञान विशेष सहायक होता है।

उपरोक्त विवेचन द्वारा यह स्पष्ट होता है कि अपराध शास्त्र का बहुपक्षीय महत्व है। यह एक ऐसा शास्त्र है जिसका न केवल सैद्धान्तिक महत्व है, बल्कि व्यावहारिक महत्व भी है।

अभ्यास के लिए प्रश्न

1. अपराध शास्त्र की परिभाषा दीजिये तथा उसका विषय क्षेत्र बतलाइये।
2. अपराध शास्त्र के विषय क्षेत्र और पद्धतियों की विवेचना कीजिये।
3. अपराध शास्त्र की प्रकृति एवं क्षेत्र की विवेचना कीजिये।
4. अपराध शास्त्र क्या है? इसकी विवेचना कीजिये तथा समाज शास्त्र से इसका सम्बन्ध दिखलाइये।
5. अपराध के अध्ययन के लिये समाज शास्त्र के योगदान का वर्णन कीजिये।
6. समाज शास्त्रीय अध्ययन के अपराध के समाज शास्त्र के महत्व को भलीभाँति समझाइये।

26

अपराध शास्त्र के सम्प्रदाय
(Schools of Criminology)

जब से मनुष्य ने सामाजिक जीवन व्यतीत करना प्रारम्भ किया है तभी से समाज में विभिन्न प्रकार के अपराधों का भी अस्तित्व रहा है। मानव सभ्यता के विकास के साथ ही साथ अपराधों के विषय में विभिन्न प्रकार के चिन्तन भी विकसित होते रहे हैं। अपराध क्यों होते हैं? अपराधी कौन होता है? अपराध तथा अपराधी कितने प्रकार के होते हैं? किस अपराध के लिये क्या दण्ड देना चाहिए? आदि इस प्रकार के चिन्तन के मुख्य विषय रहे हैं। अपराध शास्त्र से सम्बन्धित इस चिन्तन के व्यवस्थित अध्ययन के पूरे चिन्तन-क्रम को अलग-अलग सम्प्रदायों में बाँटा गया है। इन सम्प्रदायों को अपराध शास्त्र के सम्प्रदाय (Schools of Criminology) कहा जाता है। प्रत्येक सम्प्रदाय के कुछ मुख्य समर्थक विद्वान हुए हैं। इन विद्वानों के विचार ही अपराध शास्त्र के सिद्धान्त (Theories of Criminology) कहलाते हैं। अपराध शास्त्र के अब तक विकसित मुख्य सम्प्रदाय निम्नलिखित हैं—

1. प्रेतशास्त्रीय सम्प्रदाय (Demonological School)
2. स्वतन्त्र इच्छा का सम्प्रदाय (School of Free Will)
3. शास्त्रीय सम्प्रदाय (Classical School)
4. परिस्थितिशास्त्रीय सम्प्रदाय (Ecological School)
5. भौगोलिक सम्प्रदाय (Geographical School)
6. प्रारूपवादी सम्प्रदाय (Typological School)
7. समाजवादी सम्प्रदाय (The Socialistic School)
8. मनोवैज्ञानिक सिद्धान्त (Psychological Theories)
9. समाजशास्त्रीय सम्प्रदाय (The Sociological School)

अब उपरोक्त मुख्य सम्प्रदायों का थोड़ा विस्तृत विवेचन भी आवश्यक है। इस विवेचन के अन्तर्गत प्रत्येक सम्प्रदाय के सिद्धान्त, सिद्धान्त के आधार, सिद्धान्त के समर्थकों के विचार तथा सिद्धान्त से सम्बन्धित दण्ड विधान का वर्णन किया जायेगा।

1. प्रेतशास्त्रीय सम्प्रदाय

अपराध शास्त्र के सम्प्रदायों में प्रेतशास्त्रीय सम्प्रदाय सबसे अधिक प्राचीन है। यह सम्प्रदाय वैज्ञानिक चिन्तन के प्रारम्भ होने से पहले का है। इस सम्प्रदाय के अन्तर्गत सभी अपराधों का कारण भूत-प्रेतों को माना गया है। इनका कहना है कि कोई व्यक्ति जब किसी भी प्रकार का अपराध करता है तो यह समझना चाहिये कि वह किसी भूत अथवा प्रेत के वश में हो गया है। इनकी व्याख्या के अनुसार जब कोई व्यक्ति किसी प्रेतात्मा से नियन्त्रित होने लगता है तब उसके हृदय में देवताओं अथवा भगवान का भय नहीं रहता। इस भय के अभाव में वह अपराध एवं अन्य अनुचित कार्य करने लगता है। इस व्याख्या के अन्तर्गत अपराधी व्यक्ति को अधिक दोषी नहीं माना जाता था, क्योंकि यह स्वीकार किया जाता था कि वास्तव में अपराधी अपनी इच्छा से अपराध नहीं करता; बल्कि केवल भूत अथवा प्रेत के द्वारा नियन्त्रित होने के कारण अपराध करता है। वास्तव में अपराधी व्यक्ति केवल अपराध करने में केवल साधन मात्र ही माना जाता था।

प्रेतशास्त्रीय दण्ड विधान

अपराध शास्त्र के प्रेतशास्त्रीय सम्प्रदाय के अन्तर्गत अपना एक दण्ड विधान भी था। परन्तु इस व्यवस्था के अर्न्तगत दण्ड का स्थायी सिद्धान्त नहीं था। इस स्थिति में दण्ड स्वेच्छाचारी था। कुछ स्थितियों में अपराध करने वाले व्यक्ति को अत्यधिक शारीरिक प्रताड़ना दी जाती थी। इस शारीरिक प्रताड़ना का उद्देश्य शरीर में घुस जाने वाली प्रेतात्मा को प्रताड़ित करना था। ऐसा समझा जाता था कि शरीर को प्रताड़ित करने से उसमें उपस्थित प्रेतात्मा उस शरीर से निकल जायेगी। आज भी कुछ ओझे तथा झाड़-फूँक करने वाले स्याने कुछ मानसिक रोगियों के उपचार के लिये तरह-तरह की प्रताड़ना के उपाय इस्तेमाल करते हैं।

प्रेतशास्त्रीय सम्प्रदाय की आलोचना

प्रेतशास्त्रीय सम्प्रदाय पूर्व-वैज्ञानिक युग के सिद्धान्तों का समर्थक है। इस सम्प्रदाय की आलोचना इस प्रकार की जा सकती है—

(1) **अवैज्ञानिक सिद्धान्त**—प्रेतशास्त्रीय सम्प्रदाय के सभी सिद्धान्त अवैज्ञानिक हैं। इस सम्प्रदाय के सिद्धान्तों की पुष्टि करने के लिए वैज्ञानिक पद्धति को इस्तेमाल नहीं किया गया। हम किसी वैज्ञानिक पद्धति द्वारा यह सिद्ध नहीं कर सकते कि मनुष्य द्वारा किये गये अपराधों का कारण प्रेत होते हैं।

(2) **अतार्किक**—अपराध शास्त्र का प्रेतशास्त्रीय सम्प्रदाय पूर्ण रूप से अतार्किक है। प्रेतात्माओं को अपराध का कारण घोषित करने से पूर्व यह आवश्यक है कि प्रेतआत्माओं का अस्तित्व प्रमाणित किया जाये, परन्तु वास्तव में ऐसा नहीं किया जाता। अतः पूरा का पूरा सिद्धान्त अतार्किक सिद्ध हो जाता है।

(3) **क्रूर दण्ड विधान**—प्रेतशास्त्रीय सम्प्रदाय की दण्ड-प्रणाली अति क्रूर एवं निदर्यतापूर्ण थी। यह प्रणाली सभ्य मानव समाज में किसी प्रकार से उचित नहीं मानी जा सकती।

2. स्वतन्त्र इच्छा का सम्प्रदाय

इस सम्प्रदाय का विकास 16वीं तथा 17वीं शताब्दी में हुआ था। इस सम्प्रदाय के सिद्धान्तों के निर्माण के समय मनुष्य की स्वतन्त्र इच्छा को सबसे अधिक महत्वपूर्ण माना जाता था। यह स्वीकार किया गया था कि मनुष्य अपनी इच्छा से अपराध करता है। इस दृष्टि से अपराधी व्यवहार सम्बन्धित व्यक्ति की अपनी आन्तरिक इच्छा का बाहरी प्रदर्शन होता है। इस सिद्धान्त के अन्तर्गत समाज अथवा सामाजिक पर्यावरण को कोई महत्व नहीं दिया गया। इस सिद्धान्त के अनुसार व्यक्ति स्वतन्त्र है, वह किन्हीं ज्ञात अथवा अज्ञात शक्तियों द्वारा नियन्त्रित नहीं होता। ऐसी स्थिति में व्यक्ति अपराधी कार्यों का चुनाव स्वयं अपनी इच्छा से करता है। इस सिद्धान्त के अन्तर्गत पागल व्यक्ति को अथवा उस व्यक्ति को जिसका अपने आप पर बौद्धिक नियन्त्रण नहीं होता था, अपराधी नहीं माना जाता था। वैसे अन्य सभी व्यक्तियों को उनके कार्यों के प्रति पूर्ण जिम्मेदार माना जाता था। इस सिद्धान्त के अन्तर्गत पशुओं और मृत व्यक्तियों पर भी मुकदमा चलाया जाता था।

स्वतन्त्र इच्छा सम्प्रदाय का दण्ड-विधान

इस सम्प्रदाय का दण्ड-विधान प्रतिशोधात्मक सिद्धान्त पर आधारित था। अपराधी व्यक्ति को बदला लेने के लिए दण्ड दिया जाता था। दण्ड कड़े से कड़ा दिया जाता था। प्राण दण्ड का भी पर्याप्त प्रचलन था। शरीर के अतिरिक्त शरीर से सम्बन्धित एक आत्मा का अलग से अस्तिव माना जाता था। अतः अपराधी व्यक्ति के मर जाने पर उसके शरीर पर मुकदमा चलाया जाता था तथा उसे फाँसी की सजा अथवा अन्य दण्ड दिये जाते थे।

सिद्धान्त की आलोचना

इस सिद्धान्त के अन्तर्गत अपराध के कारणों की समुचित व्याख्या नहीं की गई। वास्तव में अपराधी व्यवहार में केवल अपराधी मनुष्य का अधिक महत्व नहीं है। मनुष्य के सभी व्यवहारों के लिए समाज एवं पर्यावरण भी उत्तरदायी होते हैं। अतः इस सम्प्रदाय की अपराध के कारणों से सम्बन्धित व्याख्या एकांगी है। अपराध के कारणों के अतिरिक्त इसका दण्ड विधान भी उचित नहीं था। प्रतिशोधात्मक सिद्धान्त को आज के युग में अच्छा नहीं माना जाता। आज के आदर्शों के अनुसार दण्ड का प्रयोजन सुधार है न कि बदला। मृत शरीर को दण्डित करने की बात हास्यास्पद मालूम होती है। दण्ड की कठोरता भी सराहनीय नहीं है।

3. शास्त्रीय सम्प्रदाय

अपराध शास्त्र का शास्त्रीय सम्प्रदाय 19वीं शताब्दी की देन है। इस सिद्धान्त के निर्माण का आधार सुखवादी दर्शन है। इस सिद्धान्त के अन्तर्गत मुख्य रूप से यह स्वीकार किया जाता है कि अपराधी व्यक्ति को अपराध करने में अधिक सुख का अनुभव होता है। इस सम्प्रदाय के विचारों को पूर्ण रूप से समझने के लिए इस

सम्प्रदाय के मुख्य समर्थकों के विचारों को जानना आवश्यक है। इस सम्प्रदाय के मुख्य प्रतिपादक बैकेरिया, बेंथम तथा फ्यूअरबैक हैं।

(1) बैकेरिया का मत—बैकेरिया (Cesare Beccaria) इटली का निवासी था। इसे शास्त्रीय सम्प्रदाय का प्रमुख समर्थक माना जाता है। इसकी पुस्तक Crime and Punishment अपराध शास्त्र की महत्वपूर्ण पुस्तक मानी जाती है। बैकेरिया के सिद्धान्त पूर्ण रूप से सुखवाद पर आधारित थे। इनका विचार था कि व्यक्ति को अपराध करने में दु:ख की अपेक्षा सुख की अधिक अनुभूति होती है। प्रत्येक व्यक्ति अपने व्यवहार के लिए स्वयं जिम्मेदार है। परन्तु उसका व्यवहार सुख और दु:ख की अनुभूति से निर्देशित होता है।

अपराध के सिद्धान्त के अतिरिक्त बैकेरिया ने दण्ड-विधान का भी प्रतिपादन किया है। इसके अनुसार दण्ड में एकरूपता नहीं होनी चाहिये। भिन्न-भिन्न प्रकार के अपराधों के लिए भिन्न-भिन्न प्रकार के दण्डों की व्यवस्था होनी चाहिये। अधिक गम्भीर अपराध के लिए गम्भीर दण्ड होना चाहिये। दण्ड को केवल न्याय स्थापित करने का साधन मानना चाहिये। सभी अपराधी कानूनों का निर्माण सरकार द्वारा होना चाहिये।

(2) बैन्थम का मत—बैन्थम (Bentham) इंग्लैण्ड का निवासी था। उसका जीवनकाल 1748 से 1832 तक का था। अपराध शास्त्र एवं दण्डशास्त्र के सिद्धान्तों के निर्माण में वह सामाजिक कल्याण को विशेष महत्वपूर्ण मानता था। उसके अनुसार समाज में व्यवस्था एवं सार्वजनिक कल्याण बढ़ाने के लिए कानून का होना अनिवार्य था। कानून का प्रयोजन सामाजिक कल्याण माना गया था। यहाँ कल्याण किसी एक व्यक्ति का नहीं बल्कि अधिक से अधिक व्यक्तियों का कल्याण था। इस स्थिति में जो व्यक्ति पूर्व निर्धारित कानून का उल्लंघन करता था, उसे अपराधी माना जाता था। यहाँ यह स्पष्ट कर देना अनिवार्य है कि कानून का उल्लंघन व्यक्ति द्वारा चेतन अवस्था में ही होना चाहिए। अचेतन अथवा अनजाने में हुआ कानून का उल्लंघन अपराध नहीं माना जाता था।

बैन्थम ने अपने सिद्धान्त के अन्तर्गत दण्ड विधान का भी प्रतिपादन किया है। उसके अनुसार दण्ड अनिवार्य है और दण्ड का प्रयोजन समाज विरोधी कार्यों को रोकना है। दण्ड का प्रकार एवं गम्भीरता सम्बन्धित अपराध के अनुकूल होना चाहिये अर्थात् बड़े अपराध के लिये बड़ा दण्ड और छोटे अपराध के लिए छोटा दण्ड दिया जाना चाहिये। इसके अतिरिक्त किसी अपराधी का दण्ड घोषित करने से पहले उसके अपराध से सम्बन्धित सब परिस्थितियों पर भी विचार कर लेना चाहिए। यदि सामाजिक सुधार को उद्देश्य माना जाये तो दण्ड व्यवस्था कठोर होनी चाहिये। बैंथम के अनुसार बालकों, पागलों और वृद्धों को दण्ड नहीं दिया जाना चाहिये। उसके अनुसार दण्ड विधान को कठोर एवं अपरिवर्तनशील नहीं होना चाहिए, समय एवं परिस्थितियों के साथ-साथ दण्ड विधान में भी परिवर्तन होने चाहियें।

(3) फ्यूअरबैक का मत—फ्यूअरबैक (Feuerback) का जन्म सन् 1804 ई० में जर्मनी में हुआ था। फ्यूअरबैक के अपराधों से सम्बन्धित विचार अपने सम्प्रदाय के अन्य विचारकों के ही समान हैं। उनके अनुसार अपराधों की सही व्याख्या करने के लिए अपराधी कानूनों का निर्माण आवश्यक है। इसके साथ ही साथ दण्ड विधान भी होना आवश्यक है क्योंकि बिना दण्ड के अपराधी कानून का कोई मूल्य अथवा महत्व नहीं रहता। अपराधी कानूनों को व्यावहारिक रूप देने के लिए सुनिश्चित दण्ड-विधान होना अनिवार्य है। इस प्रकार स्पष्ट है कि अपराध, अपराधी कानून तथा दण्ड-विधान में पारस्परिक घनिष्ट सम्बन्ध है। फ्यूरबैक ने सामाजिक व्यवस्था एवं सामाजिक स्थायित्व के लिए दण्ड-विधान को आवश्यक माना है।

शास्त्रीय सम्प्रदाय की आलोचना

अपराध शास्त्र के सम्प्रदायों के इतिहास में शास्त्रीय सम्प्रदाय का विशेष स्थान है, परन्तु विभिन्न कारणों से इसकी आलोचना भी की गई है। इस सम्प्रदाय के अन्तर्गत अपराधों की केवल एकांगी व्याख्या की गई है। सुख की प्राप्ति सभी अपराधों का एक ही कारण नहीं हो सकता, बहुत से अपराध सुख की प्राप्ति के अभाव में भी हुआ करते हैं। अपराधों के अनेक कारणों का सम्बन्ध सामाजिक वातावरण से भी होता है, परन्तु इस सम्प्रदाय में इन सभी कारणों को महत्व नहीं दिया गया। इसमें अपराध के दुःख एवं घोर निराशा सम्बन्धी कारणों का विवेचन नहीं किया गया। इस सम्प्रदाय में केवल अपराधों का तथा उनके कारणों का विवेचन किया गया है। इसमें अपराधियों के विषय में अधिक विवेचन नहीं किया गया। शास्त्रीय सम्प्रदाय में कानूनों के निर्माण का एक मात्र उद्देश्य अधिकतम व्यक्तियों का अधिकतम सुख प्राप्त करना माना गया है, परन्तु वास्तव में प्रत्येक कानून इस बात की पूर्ति नहीं कर पाता। शास्त्रीय सम्प्रदाय का दण्ड-विधान भी आधुनिक परम्पराओं की अपेक्षा कठोर कहा जा सकता है।

4. परिस्थिति शास्त्रीय सम्प्रदाय

अपराधशास्त्र के परिस्थितिशास्त्रीय सम्प्रदाय में अपराधों का सम्बन्ध परिस्थितियों और पर्यावरण से स्थापित किया जाता है। इस सम्प्रदाय में सामाजिक संस्थाओं के ढांचे और व्यवहार को महत्व दिया जाता है। इसमें समाज की आर्थिक स्थिति का अध्ययन अति आवश्यक माना जाता है। अपराधों के अध्ययन के लिये जनसंख्या के घनत्व, मौसम के प्रकारों एवं नगरों के प्रकारों का भी अध्ययन आवश्यक माना जाता है। कहने का आशय यह है कि अपराधों का सम्बन्ध सब प्रकार की परिस्थितियों से है। परिस्थितिशास्त्रीय सम्प्रदाय का अध्ययन मुख्य रूप से वैज्ञानिक दृष्टिकोण पर आधारित है। तथा सामान्य अवलोकन, मानचित्रों, चार्टो और सांख्यकीय आँकड़ो द्वारा पुष्ट है। इस सम्प्रदाय के मुख्य समर्थक टार्डे, (Gabriel Tarde), कोर (Core), तुराती (Turati), बैटाग्लिया (Battaglia), लैफर्ग

(Lafargue), कोलाजनी (Colajani), हेनरी मेह्यू (Henry Mayhew), रासन (Rawsan), थ्रैसर और शा (Thrasher and Shaw) तथा लैकेसन (Lacassagne) थे। अब इन विचारकों के विचारों का संक्षिप्त विवेचन उपस्थित किया जायेगा।

टार्डे ने अपने विचारों को 'अनुकरण का सिद्धान्त' (Theory of Limitation) का नाम दिया है। उसके अनुसार अपराधों की वृद्धि अनुकरण द्वारा होती है, और अनुकरण की प्रक्रिया जनसंख्या के केन्द्रीयकरण द्वारा प्रबल होती है। जिस क्षेत्र में जनसंख्या का अधिक जमाव होता है वहीं प्राय: अपराधों की संख्या में भी वृद्धि होती है। वास्तव में अपराध भी अन्य व्यवसायों की तरह एक व्यवसाय है। यह भी एक प्रशिक्षित व्यवसाय है। जिन नगरों में अन्य प्रकार के औद्योगिक प्रशिक्षणों के केन्द्रों की संख्या अधिक होती है। वहाँ अपराधों की संख्या भी अधिक होती है। इसलिये औद्योगिक नगरों में अन्य नगरों की अपेक्षा अधिक अपराध करते हैं।

कोर के अनुसार अपराधों के लिये समाज की आर्थिक स्थिति जिम्मेदार होती है। आर्थिक विषमता अपराधों की संख्या में वृद्धि करती है। यदि किसी समाज में अत्यधिक आर्थिक विषमता हो तो वहाँ अपराधों का बढ़ना स्वाभाविक ही है। तूराती का मत भी कोर के समान ही है। वह दयनीय स्थिति को भी अपराधों की वृद्धि का कारण मानता है। यदि अधिकांश व्यक्ति आर्थिक दृष्टि से सम्पन्न हों तो अपराधों की संख्या बढ़ने की कम आशा रहती है। इटली का निवासी बैटाग्लिया भी आर्थिक कारणों को महत्वपूर्ण मानता था। उसके अनुसार भी अपराधों का मुख्य कारण आर्थिक व्यवस्था का जटिल एवं दोषपूर्ण होना ही है। फ्रांस के अपराध शास्त्री लैफर्ग ने अपने मत को गेंहूँ के भावों से सम्बन्धित किया। उसके अनुसार गेंहूँ के भावों के बढ़ने के साथ-साथ अपराधों की संख्या बढ़ती है तथा गेहूँ के भावों के घटने के साथ ही साथ अपराधों की संख्या भी घटती है। हेनरी मेह्यू ने अपराधों की संख्या का सम्बन्ध औद्योगिक एवं मनोरंजन की परिस्थितियों से स्थापित किया है। उसके अनुसार जिस क्षेत्र में मनोरंजन और उद्योग अधिक होते हैं वहाँ अन्य क्षेत्रों की अपेक्षा अधिक अपराध होते हैं। कहने का आशय यह है कि कारखानों, फैक्ट्रियों तथा कल्बों और सिनेमाघरों आदि वाले स्थानों पर अन्य स्थानों की अपेक्षा अधिक अपराध होते हैं। रासन ने नगरों के आकार को अपराधों की संख्या का कारण माना है। उसके अनुसार बड़े नगरों में छोटे नगरों की अपेक्षा सदैव ही अधिक अपराध हुआ करते हैं। थ्रैशर और शा ने भी अपराधों के कारणों का विस्तृत अध्ययन किया था। उन्होंने शिकागों में कुछ सर्वेक्षण किये और अपराधों के निम्नलिखित कारण देखे--

(1) मकान की दशायें और भीड़-भाड़,

(2) खेल और मनोरंजन के पर्याप्त साधनों का अभाव,

(3) होटल और फैक्ट्रियों में बाल श्रमिक,

(4) स्कूल से भागने वाले भगोड़ों की संख्या में वृद्धि,

(5) आवारा लड़कों का घर से भागना,
(6) प्रजातीय विभिन्नता,
(7) गतिशील जनसंख्या,
(8) औद्योगिक और मनोरंजनात्मक भीड़,
(9) निर्धनता।

लैकेसन ने अपराधों के विभिन्न प्रकारों का विवेचन किया है। उनके अनुसार अलग-अलग प्रकार के अपराध अलग-अलग मौसम में हुआ करते हैं। उसने मौसम को अपराधों का कारण माना है। लैकेसन का मौसम सम्बन्धी सिद्धान्त निम्नलिखित तालिका द्वारा स्पष्ट हो जाता है। इस तालिका को उसने अपराधी कैलेन्डर का नाम दिया है।

अपराधी कैलैन्डर

क्रम सं०	अपराध की प्रकृति	मौसम
1.	भ्रूण हत्या	जनवरी, फरवरी, मार्च, अप्रैल
2.	हत्या और गम्भीर अपराध	जुलाई
3.	पितृ हत्या	जनवरी, अक्टूबर
4.	प्रौढ़ों में बलात्कार	जुलाई, अगस्त
5.	युवकों में बलात्कार	जून
6.	सम्पत्ति के अपराध	दिसम्बर, जनवरी
7.	व्यक्ति के अपराध	मई, जून

परिस्थितिशास्त्रीय सम्प्रदाय की आलोचना

परिस्थितिशास्त्रीय सम्प्रदाय की व्याख्या अपराध की सन्तोषजनक व्याख्या नहीं है। सभी समाजों की परिस्थितियाँ एक समान नहीं होतीं। ऐसी स्थिति में अपराधों की सार्वभौमिक एवं सार्वकालिक व्याख्या प्रस्तुत करना सम्भव नहीं है। विज्ञान की प्रगति एवं मानव सभ्यता के विकास के साथ-साथ आधुनिक मानव क्रमशः बाहरी परिस्थितियों की दासता से मुक्त हो रहा है और परिस्थितियों पर काबू पा रहा है। ऐसे में परिस्थितियों को अपराधों का एक मात्र कारण मान बैठना उचित नहीं है।

5. भौगोलिक सम्प्रदाय

अपराध शास्त्र के भौगोलिक सम्प्रदाय के अनुसार सभी अपराधों का सम्बन्ध भौगोलिक परिस्थितियों से होता है। यहाँ भौगोलिक परिस्थितियों से तात्पर्य पूरे वातावरण अथवा पर्यावरण से है। सभी भौगोलिक परिस्थितियाँ व्यक्ति एवं समाज

के व्यवहार को विभिन्न प्रकार से प्रभावित करती हैं। भौगोलिक सम्प्रदाय का विवरण उपस्थित करते हुए टैफ्ट का कहना है कि, "भौगोलिक सम्प्रदाय व्यवहार पर जलवायु (ताप, आर्द्रता, बैरोमीटर दबाव, मौसम का परिवर्तन आदि), स्थल विज्ञान, प्राकृतिक स्रोतों और भौगोलिक स्थिति के प्रभाव को दिखाने का प्रयास करता है।[1] इस सम्प्रदाय के मुख्य समर्थक क्वेटलेट (Quetlet), ग्वेरी (Guerry), मान्टेस्क्यू (Montesquieu) तथा लोम्ब्रोसो (Lombroso) हैं।

इस सम्प्रदाय के मुख्य समर्थक क्वेटलेट और ग्वेरी ने अपने सिद्धान्त 'थरमिक लॉ, (Thermic Law) के अर्न्तगत विशिष्ट भौगोलिक परिस्थितियों को अपराधों का कारण सिद्ध करने का प्रयास किया है। इनके मतानुसार समाज के लिए अनुकूल भौगोलिक परिस्थितियों में अपराध कम होते हैं तथा प्रतिकूल भौगोलिक परिस्थितियों में अपराधों की संख्या बढ़ जाती है। भिन्न-भिन्न मौसमों में भिन्न-भिन्न प्रकार के अपराध अधिक होते हैं। गरम मौसम में प्राय: व्यक्तियों के विरुद्ध अधिक अपराध हुआ करते हैं। इसके विपरीत ठण्ड के मौसम में सम्पत्ति से सम्बन्धित अपराधों की संख्या बढ़ जाती है। मौसम के अतिरिक्त कुछ अन्य भौगोलिक परिस्थितियों को भी अपराधों का कारण बताया गया है। इनके अनुसार उपजाऊ भूमि वाले क्षेत्र में अपराधों की संख्या कम होती है तथा बंजर, रेतीली तथा बेकार भूमि वाले क्षेत्र में अपराधों की संख्या अधिक होती है। भूमि के अतिरिक्त वर्षा का प्रकार भी अपराधों को प्रभावित करता है। यदि किसी क्षेत्र में अनुकूल वर्षा होती है अर्थात् वर्षा लाभदायक होती है तो उस क्षेत्र में अपराधों की संख्या प्राय: कम होती है। प्रतिकूल अर्थात् हानिकारक वर्षा होने पर क्रमश: अपराधों की संख्या में वृद्धि होने लगती है। इस तथ्य का सम्बन्ध कृषि से भी है। वर्षा के साथ ही साथ प्रकृति से प्राप्त होनें वाले अन्य पदार्थों का भी महत्व होता है जिन क्षेत्रों में प्राकृतिक सुविधायें पर्याप्त होती हैं। वहाँ अपराध कम होते हैं।

मान्टेस्क्यू ने पृथ्वी के विभिन्न भागों का अध्ययन करके कुछ निष्कर्ष निकाले थे। उसके अनुसार भूमध्य रेखा पर और उसके आस-पास अधिक अपराध होते हैं। इसके साथ ही उसने यह भी बतलाया कि भूमध्यरेखा पर होने वाले अपराधों के प्रकार भी गम्भीर होते हैं। भूमध्य रेखा से यदि कर्क और मकर रेखा की ओर चला जाये तो क्रमश: अपराधों की संख्या और गम्भीरता कम होती जाती है। ध्रुव प्रदेशों में अपराधों की संख्या एवं गम्भीरता अत्यधिक कम हो जाती है। लोम्ब्रोसो ने बताया कि समतल भूमि वाले क्षेत्रों में अपराध कम होते हैं। तथा घाटियों, पठारों और पहाड़ों पर क्रमश: अधिक अपराध हुआ करते हैं।

6. प्रारूपवादी सम्प्रदाय

प्रारूपवादी अथवा प्रकार भेद स्कूल (Typological School) के अनुसार

1. "The geographical school attempts to show the influence upon behaviour of such factors as climate (including temperature, humidity, barometric pressure, change in the weather, and so on), topography, natural resources and geographical location." –Taft. D. R., *Criminology*, p. 83

अपराधी व्यक्ति विशेष प्रकार या टाइप (Type) का होता है। अपराधियों का यह प्रकार भेद मानवशास्त्रीय और मनोवैज्ञानिक दोनों आधारों पर किया गया है। लोम्ब्रोसो (Lombroso) ने अपने अध्ययन के आधार पर शारीरिक बनावट और मानसिक प्रवृत्तियों में बड़ा निकट सम्बन्ध माना है। उसके अनुसार अपराधी आदिम (Primitive) मनुष्य का प्रतिरूप है। वह नैतिक रूप से विक्षिप्त (Morally Insane) है। वह जन्म से ही एक विशेष प्रकार (Type) का होता है। इस "टाइप" की विशेषतायें अनेक शारीरिक विकृतियाँ जैसे असमान कपाल, अधिक बढ़ा हुआ निचला जबड़ा, फैली नासिका, तिरछी दाढ़ी आदि हैं। आमतौर से अपराधी टाइप के व्यक्ति अपराध करने से बच नहीं सकते जब तक कि उनकी परिस्थितियाँ बहुत ही अच्छी न हों। लोम्ब्रोसो ने केवल अपराधी को ही अलग टाइप नहीं माना है, बल्कि विभिन्न प्रकार के अपराधियों में अलग-अलग शारीरिक विकृतियाँ मानी हैं।

मानवशास्त्रीय मत परीक्षणों से निराधार सिद्ध हो चुका है। डाक्टर गोरिंग ने अपनी पुस्तक The English Convict में हजारों अपराधियों और निरपराधियों के अध्ययन के आधार पर यह सिद्ध किया कि इन दोनों प्रकार के व्यक्तियों की शारीरिक रचनाओं में विशेष अन्तर नहीं है। आधुनिक अपराध शास्त्रियों के अनुसार अपराधी प्रवृत्तियाँ जन्मजात न होकर अर्जित होती हैं। अतः मानवशास्त्रीय मत का अब केवल ऐतिहासिक महत्व रह गया है।

7. समाजवादी सम्प्रदाय

अपराध शास्त्र के समाजवादी सम्प्रदाय के मुख्य समर्थक मार्क्स, इंगेल्स तथा बोंजर थे। इस सम्प्रदाय के अन्तर्गत अपराधों का आर्थिक दशाओं से घनिष्ट सम्बन्ध स्थापित किया गया है। इस सम्प्रदाय के विकास का आधार आर्थिक निर्धारणवाद (Economic Determinism) है। समाजवादी सम्प्रदाय का परिचय टैफ्ट (Taft) ने अपने ग्रन्थ में इस प्रकार दिया है, "अपराध शास्त्र का समाजवादी सम्प्रदाय आर्थिक निर्धारणवाद के सिद्धान्तों पर आधारित है। आर्थिक दशायें अपराध से सीधी सम्बन्धित हैं। ये आर्थिक दशाएँ प्रत्यक्ष आर्थिक प्रयोजन, निर्धनता, आर्थिक शोषण के विरुद्ध क्रोध, व्यवसायीकृत मनोरंजन के प्रभाव, बेरोजगारी तथा व्यवहार प्रतिमान और सामाजिक सम्मान के आर्थिक आधार हैं।"[1] मार्क्स और इंगेल्स ने अपराधों के आर्थिक कारण माने हैं। उनके अनुसार समाज में आर्थिक भिन्नता के कारण अलग-अलग वर्ग बन जाते हैं। इन वर्गों में सदैव संघर्ष हुआ करते हैं। ये संघर्ष ही अपराधों में परिवर्तित हो जाते हैं। यदि किसी समाज में अत्यधिक आर्थिक विषमता हो जाये तो उस समाज में अपराधों की संख्या भी अधिक हो जाती है।

1. "The socialistic school of criminology is based on the principles of economic determinism. Economic conditions are more directly related to crime. These economic conditions are direct economic motivation, poverty, resentment over economic exploitation, the effects of commercialized entertainment, unemployment, the economic basis of social prestige and behaviour pattern."
—Taft, D. R., *Ibid*, p. 84

समाज की आर्थिक दशाएँ भी अपराधों के लिए जिम्मेदार हुआ करती हैं। प्रतिकूल आर्थिक दशाओं में अधिक अपराध पनपते हैं। अनुकूल आर्थिक दशाओं में अपराध और अपराधी प्रवृत्ति क्षीण होते हैं।

डच अपराधशास्त्री बोंजर (Bonger) ने भी आर्थिक कारकों को अपराधों का कारण माना है। उसके अनुसार व्यक्तियों एवं समाज की स्वार्थपरता की प्रवृत्ति विकसित होकर अपराधों को जन्म देती है। बोंजर ने पूँजीवाद को भी अपराधों के लिए उत्तरदायी माना है। उसके अनुसार वास्तव में पूँजीवादी अर्थव्यवस्था में सभी उत्पादन केवल लाभ प्राप्त करने के उद्देश्य के लिए किया जाता है। इस व्यवस्था में उपभोग को कम महत्वपूर्ण माना जाता है। पूँजीवादी व्यवस्था में प्रतिस्पर्धा के अवसर अधिक आते हैं। प्रतिस्पर्धा ही अनेक बार अपराधों का रूप ले लेती है। बोंजर ने विभिन्न प्रकार के अपराधों के विश्लेषण द्वारा सिद्ध किया है कि उन सब का सम्बन्ध किसी न किसी प्रकार से आर्थिक दशाओं से है।

8. समाजशास्त्रीय सम्प्रदाय

समाजशास्त्रीय सम्प्रदाय के अन्तर्गत अपराधों की समाजशास्त्रीय व्याख्या उपस्थित की गई है। इसमें अपराधों के सभी कारणों का सम्बन्ध सामाजिक कारकों से स्थापित किया जाता है। टैफ्ट ने इस सम्प्रदाय के सिद्धान्त का संक्षिप्त परिचय इस प्रकार दिया है, "समाजशास्त्रीय सम्प्रदाय समूह-जीवन, सामाजिक अभिवृत्ति, समूह के व्यवहार के प्रतिमान, व्यक्ति के सामाजिक पद एवं भूमिका तथा उसकी धारणा तथा अन्य अनेक सामाजिक स्थितियों एवं सामाजिक सम्बन्धों से सम्बन्ध रखता है।"[1] इस सम्प्रदाय के मुख्य समर्थक सदरलैंड (Sutherland), रैकलेस (Reckless), अब्राहमसन (Abrahamson), टैनन बाम (Tannon Bom), टेफ्ट (Taft), लोवेल कार (Lowell Carr), लैमर्ट (Lamert), कैवन (Cavan), तथा आगबर्न (Ogburn) हैं।

सदरलैण्ड अमेरिका का रहने वाला था। वह एक अपराधशास्त्री था। उसने अपराधों की व्याख्या करते हुए बताया कि अपराधों का प्रचलन संगति से होता है। कोई भी अपराधी स्वयं अपराधों का आविष्कार नहीं करता। अपराध सीखे जाते हैं। सीखने की ये प्रक्रिया सामाजिक प्रक्रिया है। व्यक्तिगत मित्रता, सार्वजनिक स्थलों पर भाषण और कार्य तथा क्लबों, गैंग तथा खेल और मनोरंजन के समूहों में अपराध सीखने की प्रक्रिया अधिक पनपती है। वास्तव में किसी भी प्रकार की संगति में अपराधी कार्यों एवं आदतों का सीखना सरल होता है। मनुष्य बुरी बात शीघ्र सीख लेता है। कुछ अपराधी गैंग अथवा संगठित दल जान-बूझकर व्यक्तियों को अपने दल में सम्मिलित करते हैं और उन्हें अपराधों की नियमित शिक्षा दी जाती

---

1. "The sociological approach is concerned with the effects of group life, social attitudes and group patterns of behaviour, as well as the social status, the role individual plays and his conceptions of it, and of various other types of social situations and relationships."
 --Taft. D. R. *Ibid.* p. 84

है। ये अपराधी गैंग मिलनसार व्यक्तियों अथवा लड़कों को शीघ्र ही अपने दल में शामिल कर लिया करते हैं। सामाजिक संगति के अतिरिक्त सामाजिक संगठन की प्रकृति भी अपराधों के लिए उत्तरदायी हुआ करती है। संगठित समाजों में अपराधों की संख्या कम होती है तथा विघटित समाजों में अपराध अधिक पनपते हैं।

रैकलेस ने भी सामाजिक वातावरण को अपराधों का कारण स्वीकार किया है। उसके अनुसार दुर्बल व्यक्तित्व वाले व्यक्ति अपराधी बन जाया करते हैं। इसका कारण यह है कि दुर्बल व्यक्तित्व वाले व्यक्ति समाज से सामंजस्य स्थापित नहीं कर पाते। सामाजिक सामंजस्य के अभाव में व्यक्ति समाज विरोधी कार्य अर्थात् अपराध करने लगता है। यहाँ पर यह स्पष्ट कर देना आवश्यक है कि व्यक्ति के व्यक्तित्व का निर्माण एवं विकास सामाजिक वातावरण के प्रभाव से होता है इसलिये हम कह सकते हैं कि व्यक्ति के दुर्बल व्यक्तित्व के लिए उसका सामाजिक वातावरण ही जिम्मेदार होता है।

अब्राहमसन ने सामाजिक प्रतिरोध एवं सामाजिक परिस्थितियों को अपराधों के विकास का कारण माना है। यदि किसी व्यक्ति के जीवन में सामाजिक परिस्थितियाँ किसी प्रकार का प्रतिरोध उपस्थित करती हैं और उनके विकास के प्रतिकूल होती हैं तो उस व्यक्ति की सामान्य प्रकृति समाज-विरोधी हो जाती है। समाज-विरोधी प्रवृत्ति ही अपराधों का कारण बन जाती है।

टैनन बाम सामाजिक समूहों को अपराधों के लिए उत्तरदायी मानता है। उसके अनुसार सामूहिक दशाएं एवं परिस्थितियाँ ही अपराधों का मूल कारण हैं। यदि परिवार विघटित है, पड़ौसी अच्छे नहीं हैं, नगरीकरण की प्रक्रिया ठीक नहीं है तो सम्भव है कि सम्बन्धित व्यक्तियों की प्रवृत्ति अपराधों की ओर बढ़ जाये।

टैफ्ट ने सामाजिक विघटन को अपराधों का मूल कारण माना है। यहाँ सामाजिक विघटन से आशय परम्परागत मूल्यों एवं आदर्शों का खण्डित हो जाना तथा सामान्य सामाजिक नियन्त्रण का क्षीण हो जाना है। लोवेलकार ने मनुष्य की प्रतिकूल सामाजिक प्रवृत्तियों को अपराधों का कारण माना है। लेमर्ट ने व्यक्ति के संस्कारों को अपराधों के लिए जिम्मेदार माना है। ये संस्कार व्यक्ति के सामाजीकरण द्वारा विकसित होते हैं। अनुचित सामाजीकरण द्वारा व्यक्ति के संस्कार दूषित हो जाते हैं। शिथिल संस्कारों वाले व्यक्ति अपराधों की ओर प्रवृत्त हो जाते हैं। ऑगबर्न ने सांस्कृतिक विलम्बना या सांस्कृतिक पिछड़ेपन को अपराधों का कारण माना है। सांस्कृतिक विलम्बना की स्थिति में सामान्य मूल्य एवं आदर्श क्षीण पड़ जाते हैं। मूल्यों के इस संक्रमण काल में सामाजिक अपराध पनपते हैं।

निष्कर्ष—वास्तव में अपराध के कारणों के विषय में उपर्युक्त सभी मत कुछ-न-कुछ महत्वपूर्ण प्रकाश डालते हैं। सभी अपराधों को किसी एक विशेष कारण से नहीं माना जा सकता चाहे वह कारण कितना ही महत्वपूर्ण क्यों न हो।

साइरिल बर्ट (Cyril Burt) के शब्दों में, "...अपराध...अनेक धाराओं के मिलने से होता है ...सब मिलाकर लगभग 100 विशिष्ट परिस्थितियाँ पाई गईं जिनमें से कोई भी बालक के अप्रत्याशित व्यवहार के लिये उत्तरदायी हो सकती है।" The Young Delinquent नामक पुस्तक में बर्ट ने अपराध के कम-से-कम चार प्रभावक कारण माने हैं-(1) मुख्य अथवा महत्वपूर्ण प्रभावक, (2) मुख्य सहायक प्रभावक, (3) अपराध को प्रेरित करने वाली छोटी-मोटी परिस्थितियाँ, (4) उपस्थित रहने पर क्रिया न करने वाली परिस्थितियाँ।

बहुकारणवाद अभी विकसित अवस्था में है। अतः इसके विरूद्ध नाना प्रकार के आक्षेप किये गये हैं। वास्तव में अपराध के कारणों की कोई भी व्याख्या पूर्ण नहीं हो सकती क्योंकि इसके लिये बड़े व्यापक ज्ञान की आवश्यकता है। परन्तु उपरोक्त विवेचन से इतना अवश्य स्पष्ट हो जाता है कि अपराध के कारण अनेक हैं।

मनोवैज्ञानिक सिद्धान्त (Psychological Theories)

(1) **सुखवाद** (Hedonism)-Essays on Crimes and Punishment के लेखक बैकेरिया ने सन् 1964 में अपराध के कारणों के विषय में सुखवादी मत उपस्थित किया। इस मत के अनुसार अपराधों को रोकने के लिये यह आवश्यक है कि अपराध से प्राप्त सुख उसके दण्ड यातना से कम हो। आगे चलकर इस मत के विचारकों ने बालकों और पागलों को किसी भी प्रकार का दण्ड देने का विरोध किया क्योंकि वे अपराध से प्राप्त सुख दुख की तुलना नहीं कर सकते। बैकेरिया के समान जेरेमी बेन्थम ने भी इस बात पर जोर दिया कि "अधिकतम सुख और न्यूनतम कष्ट अथवा दुख प्रत्येक समझदार व्यक्ति का आदर्श हैं।" बैकेरिया के अनुसार अपराध सुख की इच्छा से किये जाते हैं। अतः उनको रोकने के लिये समाज में सुख की मात्रा बढ़ाई जानी चाहिए। दण्ड अपराध के अनुपात में होना चाहिये और उसका उद्देश्य अपराध को रोकना होना चाहिए।

सुखवादी मत के सुधारवादी विचारों का सब कहीं स्वागत हुआ परन्तु आधुनिक अपराध शास्त्र में सुख प्राप्ति की इच्छाओं को अपराध का एक मात्र कारण नहीं माना जाता। ऐतिहासिक और मनोवैज्ञानिक दोनों दृष्टिकोणों सें सुखवाद असत्य सिद्ध हुआ है। कुछ अपराध सुख की इच्छा के कारण हो सकते हैं। परन्तु अपराध के अन्य कारण भी महत्वपूर्ण हैं।

(2) **मानसिक परीक्षकों का मत** (View of Mental Testers)-कुछ मानसिक परीक्षकों ने मन्द-बुद्धि को अपराध का कारण माना है। गोडार्ड (Goddard) के अनुसार 25 प्रतिशत अपराधी मन्दबुद्धि होते हैं। मानसिक परीक्षाओं के अधिक वैज्ञानिक हो जाने पर परीक्षण से यह देखा गया कि सभी अपराधी मन्द-बुद्धि नहीं होते और न सभी मन्दबुद्धि लोग अपराधी ही बन जाते हैं।

(3) **मनोचिकित्सकों का मत** (View of Psychiatrists)—फ्रॉयड, एडलर (Adler) और युंग (Jung) आदि मनोविश्लेषणवादियों ने अपराधी को मनोविकारग्रस्त व्यक्ति का एक विशेष टाइप माना। इस मत के अनुसार अपराधों का कारण व्यक्ति की दमित वासनायें (Repressed Desires), संवेगात्मक असन्तुलन तथा अनेक प्रकार के मानसिक रोग हैं।

साइकियाट्रिक मत आधुनिक अपराधशास्त्रियों में काफी लोकप्रिय है, परन्तु उसकी कमियाँ भी छीपी नहीं हैं। आधुनिक अपराधशास्त्री सभी प्रकार के अपराधों को असमान्य व्यवहार नहीं मान सकते। अपराधी एक विशेष प्रकार या "टाइप" का नहीं माना जा सकता। सामाजिक परिस्थितियों के प्रभाव से कोई भी सामान्य व्यक्ति अपराध की ओर प्रवृत्त हो सकता है।

अभ्यास के लिए प्रश्न

1. अपराध विज्ञान के प्रमुख सम्प्रदायों का संक्षिप्त विवेचन कीजिये।
2. अपराध के कारणों के मनोवैज्ञानिक सिद्धान्तों की समालोचना कीजिये।

27

अपराध: परिभाषा और वर्गीकरण

(Crime: Defination and Classification)

अपराध समाज और राज्य दोनों अथवा इनमें से किसी के विरुद्ध कोई कार्य है। यह आवश्यक नहीं है कि प्रत्येक समाज विरोधी कार्य राज्य के भी विरुद्ध माना जाए और राज्य उसके लिये दण्ड का विधान करे। इसी प्रकार यह भी आवश्यक नहीं है कि जिन कार्यों का राज्य ने निषेध किया हो अथवा जिनके करने पर राज्य दण्ड का विधान करे वे समाज विरोधी भी हों। उदाहरण के लिए अंग्रेजी राज्य में भारतीय देश-भक्तों द्वारा किये गये अनेक कार्य राज्य की दृष्टि से तो अपराध थे, परन्तु समाज की दृष्टि से सम्मानीय थे। इस प्रकार अपराध की धारणा की व्याख्या दो दृष्टिकोण से की जाती है—सामाजिक और वैधानिक।

अपराध का वैधानिक पहलू—वैधानिक पहलू में अपराध में वे सब काम आते हैं जिनका राज्य ने निषेध किया है और जिनके करने पर दण्ड दिया जाता है। अपराध की निम्नलिखित परिभाषाओं से भी यही स्पष्ट होता है।—

(1) **सेथना का मत**—एक अपराध "कोई भी कार्य अथवा त्रुटि है जो कि सम्बन्धित देश में उस समय प्रचलित कानून के अन्तर्गत दण्डनीय हो।"[1] इस प्रकार जो कार्य कानून द्वारा निषिद्ध होते हैं वे अपराध माने जाते हैं। यहाँ यह ध्यान देने की बात है कि अपराध की कानूनी परिभाषा सब देशों में और एक ही देश में भिन्न-भिन्न काल में एकसी नहीं रहती। उदाहरण के लिए प्राचीन रोम में पिता को अपनी सन्तान को मृत्यु-दण्ड तक देने का अधिकार था, परन्तु आज ऐसा करना भयंकर उपराध है जिसके बदले फाँसी या आजन्म कारावास का दण्ड दिया जाता है। यह तो हुई भिन्न-भिन्न काल की बात, परन्तु एक ही काल में भी भिन्न-भिन्न राज्यों में अपराध की परिभाषा भिन्न-भिन्न होती है। उदाहरण के लिए दक्षिण अफ्रीका में किसी काले पुरुष को किसी गोरी स्त्री से यौन-सम्बन्ध स्थापित करना कानूनी दृष्टि से भारी अपराध है। कहना न होगा कि इस प्रकार के सम्बन्ध संसार में किसी भी अन्य सभ्य देश में अपराध नहीं माने जाते।

---

1. "A crime is any act or omission which, under the law for the time being is force in the country concerned, is made puni hable." —M. J. Sethna.

(2) **बार्न्स तथा टीटर्स का मत**—"पारिभाषिक रूप से अपराध की धारणा का अर्थ एक समाज विरोधी व्यवहार से है जिसमें कि जनता की भावना का इतना अधिक उल्लंघन किया गया हो कि उसका विधान द्वारा निषेध किया गया हो।"[1] अपराध की इस परिभाषा में उसके कानूनी और सामाजिक पहलुओं में अन्तर नहीं किया गया है अतः यह परिभाषा एकांगी है। उदाहरण के लिए अंग्रेजी राज्य में भारत में ऐसे बहुत से काम स्वयं राज्य की ओर से किये जाते थे जो समाज विरोधी होते थे और जिनसे जनता की भावना को ठेस पहुँचती थी। दूसरी ओर, जनता द्वारा सम्मानित और प्रशंसित अनेक कामों को राज्य अपराध ठहराता था।

(1) **डैरो का मत**—"अपराध देश के नियम द्वारा निषिद्ध एक काम है जिसके लिए दण्ड निर्धारित है।"[2] अपराध की यह परिभाषा कानूनी दृष्टिकोण से अत्यन्त उपयुक्त है। साधारणतया अपराध कहलाने के लिये किसी कार्य में दो बातों की आवश्यकता है एक तो वह देश के कानून के विरुद्ध हो और दूसरे उसके करने पर दण्ड दिया जाये।

अपराध का सामाजिक पहलू—अपराध का सामाजिक पहलू उसके वैधानिक पहलू से अधिक विस्तृत है। सामाजिक दृष्टिकोण से सभी तरह के समाज विरोधी कार्य सामाजिक अपराध हैं। इस तरह के कार्यों के करने पर समाज भी सामाजिक बहिष्कार आदि के द्वारा व्यक्ति को दण्ड देता है। सामाजिक अपराध किसी सामाजिक मूल्य का उल्लंघन करते हैं और जैसा कि सदरलैंड ने ठीक ही कहा है—"ऐसे कार्य कानून के विरुद्ध न होने पर भी समाज उनका सदैव विरोध करता है।"[3] इस दृष्टिकोण से गैरोफैलो ने दया और सत्य की प्रचलित धारणाओं के विरुद्ध कार्यों को भी अपराध कह दिया है।[4] अपराध की इलियट और मैरिल द्वारा दी गई परिभाषा वास्तव में अपराध के सामाजिक पहलू पर लागू होती है। इलियट और मैरिल लिखते हैं, "एक अपराध में वस्तुतः एक सामाजिक सम्बन्ध में एक विघ्न और इस तरह के विघ्न की एक सामाजिक परिभाषा निहित है।"[5] इस तरह सामाजिक दृष्टिकोण से किसी भी सामाजिक सम्बन्ध में विघ्न डालने वाला कार्य अपराध है। सामाजिक दृष्टिकोण से अपराध की एक अत्यन्त उपयुक्त

---

1. "The term `Crime' technically means a form of anti-social behaviour that has violated public sentiment to such an extent as to be forbidden by statute."
—Barnes and Teeters. *New Horizons in Criminology,* Prentice Hall, (1959), p. 70
2. "Crime is an act forbidden by the law of the land and for which penalty is prescribed." —C. Darrow
—*Crime-its Causes and Punishment*, (1934)., p. 1.
3. E. H. Sutherland, *Principles of Criminology*, J. B. Lippincott Co., New York (1955), p. 14.
4. R. Garofalo, *Criminology,* Little Brown (Boston), p. 1.
5. "A crime ipso facto implies a disturbance in a social relationship and a social definition as to what such a disturbance is." —Elliott and Merrill, *Social Disorganization,* Harper & Bros, New York, (1950), p. 91.

परिभाषा डॉ० हैकरवाल ने उपस्थित की, "सामाजिक दृष्टि से अपराध या किशोरापराध में व्यक्ति का ऐसा व्यवहार सम्मिलित है जो कि मानव सम्बन्धों की व्यवस्था में बाधा डालती है जिनको समाज अपने अस्तित्व को मौलिक दशा मानता है।"[1]

अपराधियों का वर्गीकरण

अपराधियों के अनेक प्रकार होते हैं। वास्तव में भिन्न-भिन्न दृष्टिकोण से भिन्न-भिन्न प्रकार के व्यक्तियों को अपराधी कहा जा सकता है। ऐसी स्थिति में अपराधियों के पूर्ण एवं वैज्ञानिक अध्ययन के लिए अपराधियों का वर्गीकरण करना आवश्यक है। विभिन्न विद्वानों ने भिन्न-भिन्न दृष्टिकोणों से अपराधियों का वर्गीकरण किया है। कुछ मुख्य विद्वानों द्वारा वर्गीकरण निम्नलिखित हैं–

लोम्ब्रोसो (Lombroso) द्वारा वर्गीकरण–लोम्ब्रोसो ने अपराधियों के विभिन्न गुणों एवं लक्षणों के आधार पर उनके अलग-अलग वर्ग निर्धारित किये। उनके अनुसार अपराधियों के मुख्य प्रकार निम्नलिखित हैं–

(1) जन्मजात अपराधी–कुछ अपराधी इस प्रकार के होते हैं कि वे बिना किसी स्पष्ट कारण के ही अपराधी बन जाया करते हैं इन अपराधियों को जन्मजात अपराधी कहा जाता है। इनके विषय में कहा जा सकता है कि इनके पूर्व-जन्म के कुछ संस्कार ऐसे थे जिनके कारण वे अपराधी बन गये। इस प्रकार के अधिकांश अपराधियों के माता-पिता या परिवार के अन्य सदस्य भी प्राय: अपराधी हुआ करते हैं। अपराध करना इनके स्वभाव की विशेषता बन जाया करती है।

(2) आकस्मिक अपराधी–कुछ अपराधी इस प्रकार के होते हैं जो लगातार अथवा अधिकांश अवसरों पर अपराध नहीं करते, परन्तु कभी-कभी आकस्मिक रूप से अपराध अवश्य किया करते हैं। यह कहा जा सकता है कि इन्हें कुछ विशेष परिस्थितयों में अपराध करने की तलब उठती है। इस प्रकार के अपराधियों के विषय में पूर्ण जानकारी प्राप्त करने के लिए श्री लोम्ब्रोसो ने इनके तीन उपवर्ग भी बनाये हैं। ये उपवर्ग निम्नलिखित हैं–

(i) आदतन अपराधी–आदतन अपराधी बुरी आदतें पड़ जाने के कारण अपराधी बन जाते हैं। इनके संस्कार तो अपराधी नहीं होते, परन्तु कुछ विशिष्ट प्रकार की संगति एवं वातावरण के कारण ये अपराधी बन जाया करते हैं। इस प्रकार के अपराधी प्रारम्भ में अपराध करने में संकोच करते हैं, परन्तु क्रमश: इनका यह संकोच समाप्त हो जाता है और अवसर आने पर ये नि:संकोच अपराध में प्रवृत्त होते हैं। फिर भी बहुतसी बातों में ये जन्मजात अपराधियों से भिन्न हुआ करते हैं।

(ii) क्रिमिनालॉयड (Criminaloid)–आकस्मिक अपराधियों का दूसरा प्रकार क्रिमिनालॉयड है। ये भी जन्मजात अपराधियों से भिन्न ही होते हैं। ये वास्तव

1. "From the social point of view, crime or delinquency implies such behaviour of the individual as interferes with the order of human relationships which society regards as primary condition of its existence."
–Haikerwal.
Economic and Social Aspects of Crime in India.

में पक्के अपराधी और पूर्ण ईमानदार के मध्य में आते हैं। सामान्यतया इनका व्यवहार ईमानदार व्यक्ति का सा ही होता है, परन्तु किन्हीं अवसरों पर लोभ के वशीभूत होकर ये अपराध कर बैठते हैं। ये प्राय: अधिक गम्भीर अपराध नहीं किया करते।

(iii) नकली अपराधी (Pseudo Criminals)—ये अपराधी वास्तव में अपराधी नहीं होते। ये मजबूरी अथवा किसी विशिष्ट परिस्थिति के कारण अपराध कर बैठते हैं। ये आदतन अपराधी नहीं होते। अपराध करना इन्हें वास्तव में न तो पसन्द होता है और न ही इन्हें अपराध करने में आनन्द आता है। इसके विषय में कभी-कभी "मरता क्या न करता" की कहावत भी कही जाती है। उदाहरण के लिए कर्ज के बोझ से दब कर चोरी करने वाला व्यक्ति या निर्धनता से प्रेरित होकर अपने शरीर का सौदा करने वाली स्त्री इसी श्रेणी के अपराधी माने जाने चाहियें। कभी-कभी अपनी सामाजिक प्रतिष्ठा को बनाये रखने के लिये किसी भी व्यक्ति को किसी न किसी प्रकार का अपराध करना पड़ जाता है। नैतिक दृष्टिकोण से इस प्रकार के अपराधी कम दोषी माने जाते हैं।

(3) कामुक अपराधी (Sexual Criminals)—काम-वासना से प्रेरित होकर यौन अपराध करने वालों को कामुक-अपराधी कहा गया है। इस प्रकार के अपराधी काम-वासना के अति प्रबल होने पर अथवा आत्म-नियन्त्रण के अभाव में अनेक प्रकार के अपराध कर बैठते हैं। ये अपराधी बलात्कार से लेकर हत्या तक के विभिन्न अपराध कर बैठते हैं। इनमें कुछ अपराधी यौन विचलन एवं यौन विकारों के शिकार हुआ करते हैं।

(4) अपस्मारी अपराधी (Epileptic Criminals)—इस प्रकार के अपराधी वास्तव में मानसिक रोगी होते हैं। मानसिक रोग अपस्मार के कारण ही वे अपराधों में प्रवृत्त होते हैं। इन अपराधियों का मानसिक एवं बौद्धिक सन्तुलन बिगड़ जाया करता है। इनकी संकल्प शक्ति क्षीण एवं विचलित हो जाती है। संकल्प शक्ति के क्षीण होने के कारण वासनाओं एवं इच्छाओं पर बौद्धिक नियन्त्रण के क्षीण हो जाने के कारण इन व्यक्तियों के मस्तिष्क में तरह-तरह के फितूर एवं विकार तथा षड्यन्त्र पैदा होने लगते हैं। मस्तिष्क में पैदा होने वाले विकारों को ये रोगी व्यक्ति शीघ्र ही कार्य रूप में परिणित कर देते हैं। इन सब कारणों से ये व्यक्ति दिन पर दिन नये से नये अपराध किया करते हैं।

सदरलैण्ड द्वारा वर्गीकरण

सदरलैण्ड (Sutherland) ने अपराधियों का वर्गीकरण सामाजिक वर्गों के आधार पर किया है तथा सामाजिक वर्गों का मुख्य आधार आर्थिक स्थिति को स्वीकार किया है। इस प्रकर सदरलैण्ड ने समाज के दो वर्ग माने हैं। प्रथम वर्ग निम्न वर्ग है जो कि आर्थिक दृष्टि से गरीब एवं मजदूर है। दूसरा वर्ग आर्थिक दृष्टि से सम्पन्न है, उसके पास पर्याप्त आर्थिक साधन हैं। इसी आधार पर सदरलैण्ड ने अपराधियों का भी वर्गीकरण किया है। मुख्य वर्ग निम्नलिखित हैं—

(1) निम्नवर्गीय अपराध—आर्थिक दृष्टि से निम्न वर्ग वाले व्यक्तियों में से अपराध करने वाले व्यक्तियों को निम्नवर्गीय अपराधी कहा जाता है। इस प्रकार के अपराधी अपनी लाचारी के वशीभूत होकर अपराध करते हैं, परन्तु कानून की इन पर कड़ी नजर होती है। निम्नवर्गीय अपराधियों के लिए कानून से बच पाना सरल नहीं होता। इन अपराधियों के छोटे से छोटे अपराध की निन्दा की जाती है। इन्हें प्राय: सामाजिक एवं कानूनी दोनों ही दृष्टिकोणों से बुरा घोषित कर दिया जाता है।

(2) श्वेतवसना अपराधी—सदरलैण्ड ने दूसरे प्रकार के अपराधियों को श्वेतवसना अपराधी (White Collar Criminals) नाम दिया है। ये अपराधी उच्च एवं सम्पन्न आर्थिक वर्ग का प्रतिनिधित्व करते हैं। श्वेतवसना अपराधी प्राय: कानून की पकड़ में नहीं आते हैं। वे सभी अपराध अपनी सफेदपोशी में छिपा लिया करते हैं। व्यवसाय तथा राजनीतिक सम्बन्धों में इस प्रकार के अपराध अत्यधिक संख्या में पाये जाते हैं। सामाजिक दृष्टि से भी ये अपराधी अपने आपको बचा लिया करते हैं। ये अपराधी कुछ व्यक्तियों को डरा-धमकाकर चुप करा देते हैं तथा कुछ व्यक्तियों का मुँह पैसे द्वारा बन्द कर देते हैं। सदरलैंड ने श्वेतवसना अपराध को इस प्रकार परिभाषित किया है, "श्वेतवसना अपराध वह अपराध है जो प्रतिदिन एवं उच्च सामाजिक पद के लिए व्यक्ति द्वारा अपने व्यवसाय के काल में किया जाता है।"[1] श्वेतवसना अपराधियों को अपराध करने की विशेष सुविधायें उपलब्ध होती हैं। वे स्वयं सरकार एवं शासन सत्ता से सम्बन्धित होते हैं। इसलिये इन्हें कानून की पकड़ से बचना आता है।

वैज्ञानिक वर्गीकरण

विभिन्न विद्वानों ने अपराधियों का एक सामान्य वर्गीकरण किया है। इस वर्गीकरण को वैज्ञानिक वर्गीकरण कहा जाता है। इसका कारण यह है कि इस वर्गीकरण के आधार वैज्ञानिक हैं। इस वर्गीकरण के अन्तर्गत निम्नलिखित तीन प्रकार के अपराधी स्वीकार किये गये हैं—

(1) किशोर अपराधी (Delinquents)—कानून की दृष्टि में कम उमर वाले व्यक्तियों के अपराध को किशोर अपराध कहा जाता है। किशोर अपराधियों के वर्ग में प्राय: 18 वर्ष से कम आयु वाले सभी सामान्य अपराधियों को सम्मिलित किया जाता है। अधिकांश शासन प्रणालियों में बाल-अपराधियों के लिये अलग कानूनों एवं दण्डों की व्यवस्था होती है। प्राय: सभी अपराध शास्त्रियों का कहना है। कि बाल-अपराधियों को दण्डित करने की अपेक्षा सुधारने का प्रयास करना चाहिये।

1. "White collar crime is a crime committed by a person of respectability and high social status in the course of his occupation." --Sutherland

(2) दोषी (Offenders)—दोषी उस व्यक्ति को कहा जाता है जो पूर्ण रूप से अपराधी नहीं होता। प्रायः जो व्यक्ति अपराध करना शुरू ही करता है उसे दोषी कहा जाता है। दोषी व्यक्ति के अपराध न तो अधिक गम्भीर होते हैं और न ही उनकी संख्या अधिक होती है। कुछ राज्यों में दोषी व्यक्ति के लिए कुछ रियायती कानूनों की व्यवस्था होती है। कभी-कभी दोषी व्यक्ति को न्यायालय द्वारा केवल चेतावनी देकर ही छोड़ दिया जाता है।

(3) अपराधी (Criminals)—अपराधी उस व्यक्ति को कहा जाता है जो निरन्तर रूप से तथा जानबूझकर अपराध करता है। इनमें से अधिकांश अपराधों को करना ही अपना पेशा मानते हैं। कुछ सर्वेक्षणों द्वारा ज्ञात हुआ है कि ऐसे व्यावसायिक अपराधी अपराध करना बुरा नहीं समझते और उसे अन्य व्यवसायों की भाँति एक व्यवसाय स्वीकार करते हैं। कुछ अपराधी जातियों के सदस्यों का ऐसा ही विचार है।

हेज (Hayes) द्वारा वर्गीकरण

हेज ने एक भिन्न प्रकार से अपराधियों का वर्गीकरण किया है। उन्होंने यह स्वीकार किया है कि अपराधियों के अपराधी प्रवृत्ति के भिन्न-भिन्न स्तर होते हैं। उन्होंने इसी तथ्य को अपराधियों के वर्गीकरण का आधार माना है। सभी अपराधियों को उनके अपराध के स्तर के अनुसार चार वर्गों में विभाजित किया गया है। ये चार वर्ग निम्नलिखित हैं—

(1) प्रारम्भिक अथवा प्रथम अपराधी—इस वर्ग में केवल वे अपराधी सम्मिलित किये जाते हैं जिन्होंने जीवन में प्रथम बार अपराध किया हो। ऐसा प्रायः देखने में आया है कि जीवन में प्रथम बार किया गया अपराध अधिक गम्भीर नहीं होता।

(2) आकस्मिक अपराधी—श्री हेज के अनुसार अपराधियों का दूसरा वर्ग वह वर्ग है जिसके सदस्य कभी-कभी अपराध करने लगते हैं। वास्तव में यह अपराधवृत्ति का थोड़ा विकसित स्तर है। ये आकस्मिक अपराधी अपराध कला में पूर्ण दक्ष नहीं होते और अपराध करने में संकोच भी करते हैं। इनका सामान्य जीवन अपराधमय नहीं होता, हाँ केवल अवसर मिलने पर ये अपराध कर लिया करते हैं। इनके अपराध न गम्भीर ही होते हैं और न ही संख्या में अधिक होते हैं।

(3) आदतन अपराधी (Habitual Criminals)—आकस्मिक अपराधी की अपराधी प्रवृत्ति विकसित हो जाने पर अपराध की आदत परिवर्तित हो जाती है। आदतन अपराधी को अपराध करने की आदत पड़ जाती है। उसे अपराध करने में या तो किसी न किसी प्रकार के संतोष का अनुभव होता है और या उसे आनन्द आता है। इसीलिये वह अपराध का अवसर ढूंढा करता है।

(4) व्यावसायिक अपराधी (Professional Criminals)—अपराधी आदत विकसित होकर अपराधी व्यवसाय का रूप ग्रहण कर लेती है। ऐसे अपराधी पूर्ण

अपराधी कहे जा सकते हैं। ये अपराध करना अपना पेशा अथवा व्यवसाय मानते हैं। कुछ व्यावसायिक अपराधी अपराध करना बुरा भी नहीं मानते। वे अपराध को जीविकोर्पाजन का साधन मानते हैं। स्वेच्छा से वेश्यावृत्ति में संलग्न महिला को व्यावसायिक अपराधी कहा जा सकता है।

हेज द्वारा उपरोक्त विवेचन से अपराधियों के चार वर्ग स्पष्ट होते हैं, परन्तु हम कह सकते हैं कि ये वर्ग वास्तव में वर्ग नहीं बल्कि अपराधियों के विकास की विभिन्न स्थितियाँ हैं। एक ही व्यक्ति विभिन्न कालों में क्रमशः प्रारम्भिक, आकस्मिक, आदतन तथा व्यावसायिक अपराधी हो सकता है।

गैरोफेलो द्वारा वर्गीकरण

गैरोफेलो ने अपराधियों की प्रवृत्ति के आधार पर एक वर्गीकरण प्रस्तुत किया था। उनके वर्गीकरण के अनुसार अपराधियों के मुख्य चार प्रकार होते हैं। ये प्रकार निम्नलिखित हैं–

(1) **विचित्र अपराधी**–गैरोफेलों ने कुछ अपराधियों को विचित्र अपराधी नाम दिया है। उसके अनुसार विचित्र अपराधियों का स्वभाव विचित्र होता है। इनके स्वभाव में प्रायः दो मुख्य तत्व हुआ करते हैं। ये तत्त्व हैं–क्रूरता और अहं अथवा घमण्ड की भावना। विचित्र अपराधी इन्हीं तत्वों से प्रेरित होकर विभिन्न प्रकार के अपराध किया करते हैं। इन दो तत्त्वों के अतिरिक्त अधिकांश विचित्र अपराधी नैतिक मूल्यों के प्रति भी उदासीन होते हैं। अतः वे प्रायः सामान्य नैतिकता के नियमों का भी उल्लंघन किया करते हैं। ये अपराधी मनुष्यों की हत्या करने में भी संकोच नहीं करते। सामान्य दशाओं में इनका सुधार करना प्रायः असम्भव ही होता है।

(2) **खतरनाक अपराधी**–खतरनाक अपराधी भी अपराधियों का एक विशिष्ट वर्ग है। इस वर्ग के अपराधी सामान्यतया बदले की भावना, ईर्ष्या तथा वैमनस्य आदि के शिकार हुआ करते हैं। इन्हीं बुरी भावनाओं से प्रेरित होकर ये अपराध करते हैं। ये अपराधी खतरनाक इसलिये होते हैं क्योंकि ये सम्बन्धित व्यक्ति के प्रति सदैव शत्रुतापूर्ण रवैया रखते हैं और अवसर आने पर उसे अवश्य नुकसान पहुँचाते हैं।

(3) **निर्दयी एवं बेईमान अपराधी**–निर्दयी एवं बेईमान अपराधी जन्म-जात अपराधी होते हैं। इनका यह गुण इनके पूर्व संस्कारों के कारण होता है। ये न तो ईमानदार ही होते हैं और न ही इनके दिल में दया ही होती है। इन दोनों प्रकार के अभावों के कारण ये भिन्न-भिन्न प्रकार के अपराध किया करते हैं। ईमानदारी के अभाव के कारण ये प्रायः अन्य व्यक्तियों के धन-सम्पत्ति को नुकसान पहुँचाते हैं तथा हड़प जाते हैं। दया के अभाव के कारण ये व्यक्तियों को शारीरिक चोट पहुँचाते हैं तथा हत्याएं करते हैं।

(4) **लम्पट अथवा लोफर अपराधी**–अपराधियों की इस श्रेणी में वे अपराधी आते हैं जो प्राथमिक रूप से आवारा एवं लोफर होते हैं। अपनी आवारागर्दी

के दौरान ये विभिन्न प्रकार के अपराध करने लगते हैं। प्रारम्भिक स्तर पर ये स्कूल से अथवा घर से बिना सूचना के भाग जाया करते हैं। इसी भगेडूपन में वे चोरी चकारी तथा उठाईगीरी जैसे अपराध सीख जाते हैं। कुछ बड़े होने पर ये विभिन्न प्रकार के यौन अपराध भी करने लगते हैं।

हैवलोक ऐलिस (Havelock Ellis) द्वारा वर्गीकरण

डॉ० ऐलिस ने अपराधियों का दो प्रकारों में वर्गीकरण किया है। सर्वप्रथम तो उन्होंने सभी अपराधियों को दो मुख्य वर्गों में बाँट दिया है। ये वर्ग हैं—वास्तविक अपराधी तथा नामधारी अपराधी। इसके बाद उन्होंने अलग-अलग प्रकार के अपराधियों का विस्तार से अलग-अलग विवेचन किया है। वास्तविक अपराधी उसे कहा गया है जो पूर्णरूप से अपराधों में प्रवृत्त हो। ये अपराधी जान-बूझकर योजनाबद्ध ढंग से तरह-तरह के अपराध करना अपना व्यवसाय मानते हैं। इससे भिन्न नामधारी अपराधी वे अपराधी होते हैं जो किन्हीं विशिष्ट परिस्थितियों के कारण अपराध करने को मजबूर हो जाते हैं। इसके अतिरिक्त कभी-कभी कुछ व्यक्ति गलती से भी अपराध कर बैठते हैं और कानून की दृष्टि में अपराधी घोषित हो जाते हैं। संक्षेप में कहा जा सकता है कि नामधारी अपराधी वास्तव में अपराधी नहीं होते, परन्तु कुछ कारणों से समाज में अपराधी के रूप में माने जाने लगते हैं।

अपराधियों के गुणों के आधार पर डॉ० ऐलिस ने उनके मुख्य सात प्रकारों का वर्णन किया है। ये सात प्रकार निम्नलिखित हैं—

(1) राजनीतिक अपराधी—राजनीति के क्षेत्र में अनुचित व्यवहार करने वाले व्यक्ति राजनीतिक अपराधी कहलाते हैं। ये अपराधी गैर-कानूनी तरीकों द्वारा सत्ता प्राप्त करते हैं तथा अपने विरोधी व्यक्तियों एवं दलों को अनुचित तरीकों से क्षीण करते हैं।

(2) कामुक अपराधी—कामुक अपराधियों के अपराध काम-वासना एवं यौन-सम्बन्धों से सम्बन्धित हुआ करते हैं। सामान्यतया ये अपराधी सामान्य जीवन व्यतीत करते हैं, परन्तु कभी-कभी किसी तीव्र संवेग के करण अपराध कर बैठते हैं। ये वास्तव में आदतन अपराधी नहीं होते।

(3) पागल अपराधी—जैसा कि इनके नाम से स्पष्ट है, ये अपराधी मूल रूप से पागल हुआ करते हैं। ये केवल पागलपन के कारण ही अपराध करते हैं। इनके अपराधों को कानून की दृष्टि से क्षमा के योग्य माना जाता है। सरकार का दायित्व है कि वह इन्हें पागलखाने में अथवा मानसिक अस्पताल में रखकर ठीक करने का प्रयास करें।

(4) आकस्मिक अपराधी—आकस्मिक अपराधी वे अपराधी होते हैं जो कभी-कभी अपराध कर बैठते हैं। इनकी अपराधी प्रवृत्ति का कारण इनका दूषित वातावरण हुआ करता है। ये आकस्मिक अपराधी कुछ विशेष प्रकार की परिस्थितियों में फँस कर अपराध कर बैठते हैं।

(5) **पेशेवर अपराधी**—इन अपराधियों का पेशा ही अपराध करना होता है। ये प्राय: समाज द्वारा तिरस्कृत व्यक्ति हुआ करते हैं। इनकी अन्तरात्मा की आवाज शान्त हो जाती है। इनके लिए नैतिक मूल्यों एवं कानूनों का कोई महत्व नहीं रह जाता। अपराध द्वारा प्राप्त धन-सम्पत्ति को ये जीविका का साधन मान बैठते हैं।

(6) **आदतन अपराधी**—कुछ व्यक्तियों को अपराध करने की आदत पड़ जाती है। ऐसे व्यक्तियों का स्वभाव विशेष प्रकार का हो जाता है। उन्हें अपराध करना अच्छा लगता है। कुछ ऐसे उदाहरण देखने को मिलते हैं जिनमें चोरी करने वाले अपराधी के पास न तो धन की कमी होती है और न ही कोई बदले की भावना होती है। वे केवल आदतवश चोरी करते हैं।

(7) **मूल प्रवृत्तियों से अपराधी**—कुछ व्यक्ति मूल-प्रवृत्तियों से अपराधी हुआ करते हैं। इन व्यक्तियों का उचित विकास नहीं हुआ होता। एक प्रकार से इन्हें नैतिक पागल भी कहा जाता है। इनकी असामाजिक प्रवृत्तियाँ कभी-कभी अति प्रबल हो जाती हैं। असामाजिक प्रवृत्तियों के प्रबल हो जाने पर ये व्यक्ति नैतिक एवं सामाजिक मूल्यों एवं नियमों का उल्लंघन कर बैठते हैं।

अपराधों का वर्गीकरण

विभिन्न समाजों में अनेक भिन्न-भिन्न कार्यों को अपराध की संज्ञा दी जाती है। सभ्यता के विकास के साथ ही साथ अपराधों के प्रकारों में भी वृद्धि हो गई है। ऐसी स्थिति में अध्ययन की सुविधा के लिए अपराधों का वर्गीकरण करना आवश्यक हो जाता है। इसी प्रयोजन के लिए विभिन्न विद्वानों ने अपराधों के प्रकारों का वर्गीकरण किया है। कुछ मुख्य वर्गीकरण निम्नलिखित हैं—

कुछ प्राचीन व्याख्याओं के अनुसार सामान्य अपराधों को केवल दो मुख्य वर्गों में बाँटा गया है।

1. गम्भीर अपराध (Felonies)
2. साधारण अपराध (Misdemeanours)

इस वर्गीकरण के अपराधों में केवल अंशों का अन्तर देखा गया है। अपराधों की व्याख्या दण्ड के प्रकार द्वारा की जाती थी। प्राय: मृत्यु दण्ड तथा आजीवन कारावास से सम्बन्धित अपराधों को गम्भीर अपराध स्वीकार किया जाता था तथा छोटे-मोटे जुर्माने अथवा कुछ समय के लिए कारावास वाले अपराधों को साधारण अपराध स्वीकार किया जाता था। सदरलैण्ड के अनुसार, "अधिक जघन्य अपराध गम्भीर अपराध कहलाते हैं जो बहुधा प्राणदण्ड अथवा आजीवन कारावास से दण्डित होते हैं, कम गम्भीर, साधारण अपराध कहलाते हैं, जो बहुधा स्थानीय जेल में बन्द किये जाने की सजा या जुर्माने से दण्डित होते हैं।"[1]

1. "The more serious are called felonies and are usually punishable by death or by confinement in a state prison; the less serious are called misdemeanours and are usually punishable by confinement in a local prison or by fines." –Sutherland.

उपरोक्त वर्गीकरण की अनेक विद्वानों ने भिन्न-भिन्न प्रकार से आलोचना की है। इस वर्गीकरण की आलोचना की मुख्य बातें निम्नलिखित हैं—

(1) अस्पष्टता—यह वर्गीकरण अस्पष्ट है। इस वर्गीकरण के अन्तर्गत गम्भीर और असाधारण अपराधों के मध्य कोई स्पष्ट भेद करना प्रायः सम्भव नहीं होता। सर जेम्स स्टीफन ने इस वर्गीकरण की आलोचना की है। उन्होंने एक उदाहरण देकर अपनी आलोचना को पुष्ट किया है। इसके अनुसार यदि हम यह मान भी लें कि हत्या एक गम्भीर अपराध है, तब भी हम उस व्यक्ति के अपराध को किस वर्ग में रख सकते हैं जो अपने घर के आसपास अत्यधिक गन्दगी फैलाता है और उस गन्दगी के द्वारा कोई महामारी फैल जाती है तथा अनेकों व्यक्ति मर जाते हैं। सामान्य कानून के अनुसार उस व्यक्ति को केवल नगरपालिका के नियमों को भंग करने का अपराधी घोषित किया जायेगा और उसके अपराध को साधारण अपराध माना जायेगा। परन्तु उसके अपराध का परिणाम एक व्यक्ति की हत्या से भी अनेक गुना अधिक होता है।

(2) सार्वभौमिकता का अभाव—उपरोक्त वर्गीकरण का दूसरा दोष सार्वभौमिकता का अभाव है। प्रायः भिन्न-भिन्न राजनीतिक क्षेत्रों में एक ही प्रकार के कार्यों को भिन्न-भिन्न प्रकार का अपराध स्वीकार किया जाता है। एक ही अपराध के लिए भिन्न-भिन्न प्रकार के दण्ड दिये जाते हैं। कई एक स्थितियों में एक ही कार्य एक राज्य में अपराध माना जाता है तथा दूसरे राज्य में उसी कार्य को अपराध नहीं माना जाता। उदाहरण के लिए कुछ वर्ष पहले मद्रास में शराब पीना अपराध था, परन्तु उसी समय उत्तर-प्रदेश तथा अन्य राज्यों में शराब पीना अपराध नहीं था।

(3) अपराधियों का वर्गीकरण सम्भव नहीं—अपराधों के उपरोक्त वर्गीकरण के आधार पर अपराधियों का उचित वर्गीकरण सम्भव नहीं। इस सिद्धान्त के अनुसार गम्भीर अपराध करने वाला व्यक्ति गम्भीर अपराधी और साधारण अपराध करने वाला साधारण अपराधी कहलायेगा। परन्तु यह वर्गीकरण उचित नहीं है। ऐसी स्थिति में कभी गम्भीर और कभी साधारण अपराध करने वाले व्यक्ति को किस वर्ग में रखा जायेगा?

हेज (Hayes) द्वारा वर्गीकरण

श्री हेज ने अपराधों को तीन मुख्य वर्गों में बाँटा है। ये मुख्य वर्ग निम्नलिखित हैं—

(1) सम्पत्ति से सम्बन्धित अपराध—किसी अन्य व्यक्ति की किसी भी प्रकार की सम्पत्ति को लेना, चुराना अथवा नुकसान पहुँचाना अपराध है। इस प्रकार के सभी अपराधों को हेज महोदय ने एक वर्ग में स्थान दिया है। ये अपराध सरकार एवं समाज दोनों की दृष्टि से अपराध हैं। इस प्रकार के सामान्य अपराध हैं—चोरी, डकैती, गबन, जेब काटना आदि।

(2) व्यक्ति सम्बन्धी अपराध–इस वर्ग में हेज महोदय ने उन अपराधों को स्थान दिया है जिनका सम्बन्ध किसी व्यक्ति के शारीरिक पक्ष से हो। किसी व्यक्ति के शरीर पर किसी भी प्रकार का प्रहार करना अपराध है। प्राय: बलात्कार को भी इसी वर्ग में गिना जाता है।

(3) व्यवस्था से सम्बन्धित अपराध–सामाजिक एवं राजनीतिक व्यवस्था प्रत्येक व्यक्ति के लिए लाभदायक होती है। इस स्थिति में इसे भंग करने वाले को एक विशिष्ट प्रकार का अपराधी माना जाता है। इस वर्ग में नगरपालिका के नियमों को भंग करने वाले सभी अपराध सम्मिलित होते हैं।

बोन्जर का वर्गीकरण

बोन्जर (Bonger) ने भी अपराधों को वर्गीकृत किया। उन्होंने वर्गीकरण का आधार अपराधों के प्रयोजनों (Motives) को बनाया। उनके अनुसार अपराधों के मुख्य प्रकार निम्नलिखित हैं–

(1) राजनीतिक अपराध–राजनीतिक नियमों के विरुद्ध किये गये अपराध राजनीतिक अपराध कहलाते हैं, इन अपराधों में मुख्य रूप से राज्य के कार्यों में बाधा डालना, राज्य के खजाने को नुकसान पहुँचाना तथा शासन व्यवस्था को भंग करना होता है। अवैधानिक राजनीतिक दलों का संगठन एवं उन्हें प्रोत्साहन देना भी राजनीतिक अपराध ही कहलाता है।

(2) आर्थिक अपराध–दूसरे व्यक्तियों एवं समूहों की आर्थिक स्थिति को नुकसान पहुँचाना आर्थिक अपराध कहलाता है। इस प्रकार के अपराधों के विभिन्न रूप हो सकते हैं।

(3) यौन अपराध–इस वर्ग के अपराधों का सम्बन्ध यौन सम्बन्धों से होता है। बलात्कार, वेश्यावृत्ति आदि इसके मुख्य उदाहरण हैं। कुछ क्षेत्रों में समलिंगीय कामुकता को भी अपराध स्वीकार किया जाता है। परस्त्रीगमन भी यौन अपराध है। संक्षेप में, हम कह सकते हैं कि यौन सम्बन्धी सामाजिक मर्यादाओं को भंग करना ही यौन अपराध है।

श्री बोन्जर का अपराधों का वर्गीकरण कोई विशेष सराहनीय एवं वैज्ञानिक नहीं है। प्रथम तो यह एक अति सरलीकृत (Over Simplified) वर्गीकरण है। इसके साथ ही साथ उसमें प्रत्येक वर्ग के अपराध अच्छी प्रकार से परिभाषित नहीं हैं। इसकी आलोचना करते हुए सदरलैण्ड का कहाना है, "वर्गीकरण स्पष्टत: ही अपर्याप्त है।"[1]

लेमर्ट द्वारा वर्गीकरण

लेमर्ट ने भी अपराधों को तीन वर्गों में बाँटा है। उनके अनुसार ये वर्ग निम्नलिखित हैं–

---

1. "The classification is clearly inadequate." --Sutherland.

(1) **स्थितिगत अपराध**—लेमर्ट ने इस वर्ग में उन सब अपराधों को सम्मिलित किया है जो किसी विशिष्ट स्थिति के कारण उत्पन्न हुआ करते हैं। कभी-कभी ऐसी स्थिति उत्पन्न हो जाया करती है जबकि सम्बन्धित व्यक्ति न चाहते हुये भी अपराध करने को बाध्य हो जाता है। वास्तव में यदि नैतिक दृष्टि से देखा जाये तो इस प्रकार के कार्य अपराध नहीं कहे जाने चाहियें। परन्तु सामान्य कानून की दृष्टि में वे अपराध स्वीकार किये जाते हैं। ये अपराध केवल परिस्थितियों के दवाब में आकर किये जाते हैं। श्री लेमर्ट ने इस प्रकार के अपराधों को इन शब्दों में स्पष्ट किया है, "बाह्य दबाव वैयक्तिक संतुलन को विघटित कर देते हैं तथा व्यक्ति में तनाव पैदा करते हैं जो कि अपराधी व्यवहार में अभिव्यक्त होते हैं।"[1] प्राय: बेकारी एवं निर्धनता की स्थिति से बाध्य होकर किये जाने वाले अपराध इसी श्रेणी में गिने जाते हैं।

(2) **आयोजित अपराध**—ये अपराध ऐच्छिक एवं पूर्व आयोजित हुआ करते हैं। अपराधी स्वयं अपनी इच्छा से अपराध करता है उसे कोई बाध्य नहीं करता। ऐसे अपराधियों को अपराधी मनोवृत्ति वाले व्यक्ति माना जा सकता है। इस प्रकार के कुछ अपराधियों को अपराध करने में एक प्रकार का मजा आता है। वे केवल उस मजे के लिए ही अपराध किया करते हैं। इसके अतिरिक्त कुछ सामूहिक स्तर पर किये जाने वाले अपराध भी इसी श्रेणी में माने जाते हैं। कभी-कभी राज्य अथवा संस्था के विरुद्ध बगावत की जाती है। इस प्रकार की बगावत अथवा षड्यन्त्र भी आयोजित अपराध माने जाते हैं।

(3) **विश्वासघात सम्बन्धी अपराध**—कुछ अपराधों का सम्बन्ध विश्वासघात से हुआ करता है। इस प्रकार के अपराध उस क्षेत्र में हुआ करते हैं जहाँ सामान्य परिस्थितियों में पारस्परिक विश्वास द्वारा अनेक कार्य हुआ करते हैं। व्यापार आदि में प्राय: ऐसे अपराध हुआ करते हैं। मित्रों के बीच होने वाले अपराध भी इसी श्रेणी में आया करते हैं।

अभ्यास के लिए प्रश्न

1. अपराध की कानूनी तथा समाजशास्त्रीय परिभाषाओं का अन्तर स्पष्ट कीजिए।
2. अपराधियों के प्रमुख वर्गीकरणों का विवेचन कीजिये।
3. अपराध की परिभाषा कीजिये। अपराध का वर्गीकरण कीजिये।

---

1. "External stresses and strains temporarily disrupt a personal equilitensions, which are expressed in criminal behaviour." --Lemert.

28

अपराध के कारण
(Causes of Crime)

पिछले अध्याय में दिये गये विवरण से स्पष्ट होता है कि अपराध के कारण भौतिक, जैवकीय, मनोवैज्ञानिक तथा सामाजिक होते हैं। प्रस्तुत अध्याय में क्रमश: इन कारणों का संक्षिप्त वर्णन करना उपयुक्त होगा। मुख्य कारण निम्नलिखित हैं—

(अ) भौतिक कारण—भौगोलिकवादियों ने भौतिक कारणों और अपराध में बड़ा निकट और प्रत्यक्ष सम्बन्ध जोड़ने की चेष्टा की है। परन्तु भौतिक कारणों का अपराध की दरों पर केवल अप्रत्यक्ष प्रभाव पड़ता है। उदाहरण के लिए गर्मियों में लोगों का मिलना-जुलना बढ़ जाता है। अत: गर्मियों में मनुष्यों में आपस में सम्बन्ध आसानी से स्थापित किये जा सकते हैं।

(ब) जैवकीय कारण—अपराध के जैवकीय (Biological) कारणों में निम्नलिखित कारकों को अधिक महत्वपूर्ण माना गया है—

(1) आनुवंशिकता (Heredity)—बीसवीं शताब्दी के प्रारम्भ में अपराधी परिवारों के सर्वेक्षणों के आधार पर कुछ लेखकों ने यह दावा किया कि अपराधी जन्मजात होते हैं। इनमें ज्यूक परिवार का अध्ययन विशेष प्रसिद्ध है। गोडार्ड ने कालीकाक परिवार का अध्ययन किया।

इस बात से इन्कार नहीं किया जा सकता कि अन्य सामान्य व्यवहार के समान अपराधी व्यवहार में भी आनुवंशिकता का प्रभाव अवश्य है, परन्तु जिस तरह से अन्य व्यवहार में परिवेश का भी प्रभाव है उसी प्रकार अपराधी व्यवहार में भी परिवेश के कारणों का प्रभाव होना स्वाभाविक है।

(2) मानसिक विकार—मानसिक विकार व्यक्ति के अनुकूलन में बाधक होते हैं जिससे वह समाज विरोधी कामों की ओर प्रवृत्त होता है। मानसिक विकारों के कारण व्यक्ति को समाज में नीचा देखना पड़ता है और उसमें नाना प्रकार की मानसिक ग्रन्थियाँ बन जाती हैं। इन सब कारणों से उसमें अपराधी प्रवृत्ति उत्पन्न होने की सम्भावना बढ़ जाती है।

(3) शारीरिक दशा—आधुनिक अपराध शास्त्र में शारीरिक दशा को अपराध का कारण नहीं माना जाता।

(4) आयु—आयु का अपराध पर प्रभाव पड़ता है। विभिन्न अध्ययनों से यह देखा गया है कि पुरुषों में 12 या 13 वर्ष और स्त्रियों में 15 या 17 वर्ष की आयु में अपराध की सबसे अधिक सम्भावना रहती है। विभिन्न प्रकार के अपराध भिन्न-भिन्न आयु में अधिक होते हैं। औसत आयु से पहले शारीरिक विकास होने पर अपराध की सम्भावना बढ़ जाती हैं। अपराध की आयु निकल जाने पर अपराध बहुत कम होते हैं। संक्षेप में, आयु बढ़ने के साथ-साथ मनुष्य के व्यक्तित्व में परिवर्तन होता है। अतः आयु का अपराधी व्यवहार पर प्रभाव पड़ना स्वाभाविक है।

(5) अन्तःस्रावी ग्रन्थियाँ—मनुष्य के शरीर में जो अन्तःस्रावी (Endocrine) ग्रन्थियाँ होती हैं उनका उसके व्यक्तित्व पर भारी प्रभाव पड़ना स्वाभाविक है। उदाहरण के लिए यौन-ग्रन्थियों के अत्यधिक क्रियाशील हो जाने से मनुष्य में कामुकता बढ़ जाती है। इससे यौन अपराधों की सम्भावना बढ़ जाती है।

(स) मनोवैज्ञानिक कारण—अपराध के मुख्य मनोवैज्ञानिक कारण निम्नलिखित हैं—

(1) मनस्ताप (Neurosis)—मनस्तापी व्यक्ति अपनी वासनाओं पर नियन्त्रण नहीं रख पाता जिससे उसका व्यवहार विकृत (Pervert) हो जाता है और वह अपराध की ओर बढ़ने लगता है। Juvenile Dilinquency में टप्पन ने इस प्रकार के अपराधों का वर्णन करते हुए बतलाया है कि एक युवक प्रेमी एक मकान को आग लगाता हुआ पकड़ा गया। वह इससे पहले भी चार मकानों को आग लगा चुका था। युवक ने अपने बयान में बतलाया कि अपनी प्रेमिका से अलग होने के बाद वह एकाकीपन का अनुभव किया करता था। इस एकाकीपन को दूर करने के लिए और जीवन में कुछ उत्साह तथा गर्मी लाने के लिए वह आग लगा दिया करता था।

(1) मनोविकृति (Psychopathy)—विकृत व्यक्ति का मानसिक सन्तुलन ठीक नहीं होता । वह आत्मकेन्द्रित और आवारा होता है। वह असामाजीकृत (Unsocial), झगड़ालू, क्रूर, उद्दण्ड, शक्की, अतियौनिक (Hypersexual) और बदले की भावना से पूर्ण होता है। इस प्रकार के व्यक्ति का अपराधों में प्रवृत्त होना स्वाभाविक ही है।

(3) संवेगात्मक अस्थिरता (Emotional Instability)—अपराध के मनोवैज्ञानिक कारणों में सबसे अधिक व्यापक कारण मनोवैज्ञानिक अस्थिरता है। ऐसा व्यक्ति तिरस्कृत, हीन, असुरक्षित अनुभव करता है।

(द) सामाजिक कारण—अपराध के सबसे अधिक महत्वपूर्ण कारण सामाजिक हैं। मुख्य सामाजिक कारण निम्नलिखित हैं—

(1) सामाजिक विघटन—सामाजिक विघटन में सामाजिक सम्बन्ध विशृंखलित हो जाते हैं। विघटित समाज में व्यक्ति भी विघटन से नहीं बच सकता, क्योंकि उसके आदर्शों, मूल्यों तथा उद्देश्यों का सामंजस्य टूट जाता है। वह कत्तर्व्य-अकत्तर्व्य में अन्तर नहीं कर पाता। अतः अपराध बढ़ने लगते हैं।

(2) सामाजिक प्रतियोगिता—सामाजिक प्रतियोगिता अर्थात् सामाजिक पद और भूमिका की प्रतियोगिता में संघर्ष और प्रतिद्वन्द्विता बढ़ती है। ऊँचा पद पाने के लिए महत्वाकांक्षी व्यक्ति किसी भी प्रकार का अपराध करने से नहीं हिचकते। सामाजिक प्रतियोगिता में सांस्कृतिक प्रतियोगिता भी आती है। इसमें विभिन्न संस्कृतियों में संघर्ष और प्रतिद्वन्द्विता बढ़ने लगती है। अतः सामाजिक प्रतियोगिताओं से अपराधों को प्रोत्साहन मिलता है।

(3) गतिशीलता (Mobility)—गतिशीलता से व्यक्तिवाद बढ़ता है, संयुक्त परिवार और पड़ोस का नियन्त्रण समाप्त होता है। व्यक्तिगत नियन्त्रण का स्थान निर्वैयक्तिक नियन्त्रण जैसे पुलिस, न्यायालय, राज्य, कानून आदि ले लेते हैं। इससे व्यक्ति के व्यवहार का सन्तुलन और सामंजस्य बिगड़ जाता है। अतः अपराध बढ़ते हैं।

(4) संघर्ष—संघर्ष से सामाजिक सम्बन्धों की व्यवस्था बिगड़ जाती है। व्यक्तिगत अथवा सामूहिक सब प्रकार के संघर्ष क्रमशः हिंसात्मक रूप ग्रहण कर लेते हैं। जिससे अपराधों की संख्या में वृद्धि होती है।

(5) सामाजिक संस्थायें—सामाजिक संस्थाओं की व्यवस्था बिगड़ जाने से भी अपराध बढ़ते हैं। सामाजिक संस्थाओं में परिवार सबसे अधिक महत्वपूर्ण हैं। परिवार के विघटित हो जाने से परिवार के सदस्य अपराध की ओर प्रवृत्त होते हैं। किशोर अपराधियों की अपराधी प्रवृत्ति अधिकतर घर से ही शुरू होती है। माता-पिता का चरित्र, उनके आपस के सम्बन्ध, बालक से उनका व्यवहार तथा घर की आर्थिक स्थिति आदि अनेक कारक बालक को अपराध की राह पर ले जाते हैं।

(6) राजनीतिक संस्थायें—राजनीतिक संस्थाओं, राज्य, सरकार, कानून आदि के निर्बल और अव्यवस्थित होने से अपराध बढ़ते हैं। इनमें तेजी से परिवर्तन होने पर भी अपराधों की संख्या बढ़ती है, क्योंकि अत्यधिक परिवर्तन होने पर उनके प्रति जनता की आस्था नहीं रह पाती। दलबन्दी और भ्रष्टाचार फैलने पर राजनीतिक संस्थाओं का आदर और प्रभाव समाप्त हो ज़ाता है और उनके नियन्त्रण को कोई नहीं मानता। इससे अपराधों की बाढ़ सी आ जाती है।

(7) धार्मिक संस्थायें—जहाँ धर्म एक ओर लोगों को नैतिक मार्ग पर दृढ़ रखता है वहाँ दूसरी ओर, धार्मिक कट्टरता से ऐसे-ऐसे जघन्य अपराध होते हैं जिनका उदाहरण अन्यत्र मिलना कठिन है। भारत में हुए साम्प्रदायिक दंगे इस बात का उदाहरण हैं। कभी-कभी एक ही धर्म के विभिन्न सम्प्रदायों में भी खून-खराबी हो जाती हैं। किशोर अपराधियों के विषय में अनेक अध्ययनों से ज्ञात हुआ है कि धार्मिक संस्थायें अपराधों को रोकने में नितान्त असफल रही हैं।

(8) रीति-रिवाज—सामाजिक और धार्मिक रीति-रिवाज भी कभी-कभी अपराध का कारण होते हैं। उदाहरण के लिए, हिन्दुओं में दहेज की प्रथा, अन्तर्जातीय विवाह का निषेध आदि बुरी रीतियों से कितनी ही आत्म-हत्यायें हो जाती हैं। बाल

विवाह के कारण और विधवा विवाह के निषेध से समाज में व्यभिचार और वेश्यावृत्ति बढ़ती है। छुआछूत और रंग, जाति आदि के भेदों के कारण भी बहुत से अपराध होते हैं। आधुनिक कानूनों के बनने के पहले बाल-हत्या और सती-प्रथा से भयंकर अपराध होते थे। अब भी कभी-कभी देवी-देवता के सामने बालक को बलिदान करने की घटनायें सुनने में आ जाती हैं।

(9) शिक्षा संस्थाओं की कमियाँ—शिक्षा संस्थाओं के दोष, अरूचिकर शिक्षा, शिक्षा की गलत पद्धति आदि भी अपराध के कारण होते हैं। अधिकतर अपराधी निरक्षर होते हैं। स्कूल से भागने वाला बालक बहुधा अपराधी बन जाता है। सही ढंग की शिक्षा न होने पर पढ़े-लिखे लोग अपराध की ओर प्रवृत्त होते हैं जोकि निरक्षर अपराधियों से अधिक भयंकर सिद्ध होते हैं।

(10) मनोरंजन की संस्थायें—साधारणतया मनोरंजन के साधन अपराध के कारण नहीं होते परन्तु सिनेमा में अपराध सम्बन्धी चित्रों को बार-बार देखने से व्यक्ति में अपराधी प्रवृत्ति के जागृत होने की सम्भावना बढ़ जाती है। सस्ते जासूसी उपन्यास, अनियन्त्रित खेल, अपराधी व्यंग-चित्र आदि भी अपराधी व्यवहार को बढ़ावा देते हैं।

(11) सन्देशवहन के साधन—अखबारों में अपराधों के बयान सुर्खियों में छापे जाते हैं। कभी-कभी ये समाचार इस प्रकार छापे जाते हैं, जिससे अपराधियों के प्रति सम्मान प्रकट होता है। इससे अपराध को प्रोत्साहन मिलता है। कभी-कभी अखबारों से अपराधियों को पुलिस की गतिविधि का समाचार पहले ही मिल जाता है, जिससे वे सतर्क हो जाते हैं। इस प्रकार अप्रत्यक्ष रूप से सन्देशवहन के साधन भी अपराध बढ़ाते हैं।

(12) युद्ध—विभिन्न अध्ययनों में ये देखा गया है कि युद्धकाल और उत्तर युद्धकाल में अपराध बढ़ जाते हैं। इसका मुख्य कारण यह है कि युद्ध के समय में परिवार और समुदाय में तेजी से परिवर्तन होते हैं और नियन्त्रण कम होता है। वयस्क लोगों के युद्ध में लग जाने से किशोरों पर से अंकुश हट जाता है। युद्ध में पुरुषों के बड़ी संख्या में काम आने पर समाज में स्त्री-पुरुष का अनुपात बिगड़ जाता है, जिससे यौन सम्बन्धी अपराध बढ़ते हैं। युद्धकाल में संवेगात्मक तनाव बढ़ता है, जिससे अपराध विशेषकर किशोरापराध को प्रोत्साहन मिलता है। युद्धकाल में मुनाफाखोरी भी बढ़ जाती है।

(इ) आर्थिक कारण—सामाजिक कारणों के समान आर्थिक कारण भी अपराध के महत्वपूर्ण कारक हैं। मुख्य आर्थिक कारण निम्नलिखित हैं—

(1) आर्थिक प्रतियोगिता—आजकल धन का महत्व और भोगवाद बढ़ जाने से धन कमाने में उचित-अनुचित का विचार उठ गया है। आर्थिक प्रतियोगिता गलाकाट (Cut Throat) हो गई है, बेईमानी, भ्रष्टाचार, मिलावट तथा मुनाफाखोरी का बाजार गर्म है। अनाज के भाव बढ़ाने के लिए बहुतसा अनाज नष्ट कर दिया जाता है चाहे उसके अभाव में कुछ लोग भूखों ही क्यों न मर रहे हों। आर्थिक

महत्वाकांक्षायें सीमा से अधिक बढ़ गई हैं और शोषण के नये-नये उपाय निकलते जा रहे हैं। इस प्रकार आर्थिक प्रतियोगिताओं के कारण अपराधी व्यवहार को अत्यधिक प्रोत्साहन मिला है।

(2) **निर्धनता**—अनेक अपराधियों ने अपने अध्ययनों से यह सिद्ध किया है कि अपराध का सबसे बड़ा कारण निर्धनता है। निर्धनता को चाहे अपराध का सबसे बड़ा कारण न भी माना जाये, परन्तु फिर भी इस बात से इन्कार नहीं किया जा सकता कि वह अपराध का एक महत्वपूर्ण कारण है। इटली के वैज्ञानिक फोर्नासारी डिवर्सी ने अपने अध्ययनों से यह दिखलाया कि इटली के कुल अपराधियों की संख्या का 85 से 90 प्रतिशत भाग निर्धन जनता से उत्पन्न होता है। डच अपराध शास्त्री बोंगर के अनुसार, निर्धनता से मानसिक रोग, अन्तर्द्वन्द्व, शराबखोरी आदि बढ़ते हैं जिनसे अपराधी प्रवृत्तियों को प्रोत्साहन मिलता है। साइरिल बर्ट के अध्ययनों में 19 प्रतिशत किशोर अपराधी अत्यधिक निर्धन परिवार के सदस्य थे, जबकि 37 प्रतिशत किशोर अपराधी सामान्य रूप से निर्धन परिवार के सदस्य थे। इस प्रकार किशोर अपराधियों में आधे निर्धन पाये गये।

(3) **बेरोजगारी**—निर्धनता के समान बेरोजगारी भी अपराध को प्रोत्साहन देती है। टार्डे ने लिखा है, "कार्य स्वयं अपराध का शत्रु है"[1] कहावत है कि खाली दिमाग शैतान का कारखाना है। (**Empty mind is devil's workshop**) खाली बैठा आदमी इधर-उधर की व्यर्थ की बातें सोचता है। खासतौर से यदि युवावस्था में स्त्री-पुरुष को कोई काम न हो तो उनका अपराध की ओर प्रवृत्त होने का बड़ा खतरा है। रोजगार न मिलने से व्यक्ति में हीनता और निराशा की भावनायें घर करने लगती हैं। बेरोजगारी का निर्धनता से घनिष्ट सम्बन्ध है। ये दोनों मिलकर घर की सुख और शान्ति छीन लेते हैं। कुछ लोग तो लम्बी बेकारी से घबराकर आत्म हत्या कर बैठते हैं।

(4) **धन का लालच**—धन का लालच मनुष्य को अनेक अनुचित काम करने को प्रेरित करता है। धन के लालच की कोई सीमा नहीं होती। लालची व्यक्ति बराबर अधिक से अधिक धन एकत्रित करने की चिन्ता में लगा रहता है। लखपति करोड़पति बनना चाहता है। करोड़पति अरबपति बनना चाहता है और इसके लिए वे हजारों आदमियों के मुँह का कौर छीनने से नहीं हिचकते। घूँस, भ्रष्टाचार, गबन और चोरबाजारी, शोषण, जालसाजी आदि अपराधों का कारण यही धन का लालच है। अन्य कोई भी दोष न होने पर केवल धन का लालच ही व्यक्ति को अपराध की ओर ले जाने को पर्याप्त है।

(5) **बिना परिश्रम धन प्राप्त करने की इच्छा**—अपराधी परोपजीवी होता है। वह परिश्रम नहीं करना चाहता। बिना परिश्रम किये शीघ्रातिशीघ्र धनी बन जाने की इच्छा रखने वाले लोग अनुचित उपायों से धन एकत्रित करने में नहीं

---

1. "Work is itself the enemy of crime." —Gabriel Tarde.

हिचकते। बोगस फर्में बनाई जाती हैं, बैंकों का दिवाला निकाल दिया जाता है, लूटमार, डकैती और ब्लैकमेल की जाती है। अनेक भिखारी ऐसे मिल सकते हैं जो काम मिलने पर भी काम नहीं करना चाहते और भीख माँगना ही उत्तम समझते हैं।

(6) **अत्यधिक आवश्यकतायें**—भोगवादी व्यक्तियों में भोग की वासनायें बराबर बढ़ती ही जाती हैं और इन आवश्यकताओं के कारण उनको कभी सन्तोष नहीं रहता तथा वे अपराध में प्रवृत्त होते हैं। उदाहरण के लिए कुछ स्त्रियों और पुरुषों की यौन वासनायें इतनी उद्दाम और परिवर्तनशील होती हैं कि वे अपने वैवाहिक जीवन से सन्तुष्ट नहीं रहते और व्यभिचार से बाज नहीं आते। वास्तव में, मनुष्य की किसी भी इन्द्रिय की वासनायें सीमा से अधिक बढ़ जाने पर वह अपराध की ओर प्रवृत्त हो सकता है। नित्य नई कारें, बंगले, यौन आनन्द, भोग, विदेश यात्रा, सैर-सपाटे आदि के लिए पैसा जुटाने के लिए कितने ही सम्पन्न लोग भयंकर और जघन्य अपराध करते देखे जाते हैं।

(7) **नगरीकरण**—नगरीकरण भी अपराध का एक बड़ा कारण है। नगरीकरण से सामाजिक नियन्त्रण निर्बल हो जाता है। नगरों में अत्यधिक जनसंख्या होती है और उसके अनुपात में पर्याप्त मकान नहीं होते। अत: कभी-कभी पूरे परिवार को एक या दो कमरों में ही गुजर करनी पड़ती है। इससे विवाहित लोगों को एकान्त नहीं मिलता और उनके व्यवहार से अविवाहित सदस्यों तथा कच्ची उम्र के व्यक्तियों पर बुरा प्रभाव पड़ता है तथा यौन वासनाओं के भड़कने से वे यौन अपराध की ओर प्रवृत्त होते हैं। मकानों की कमी के कारण नगरों में गन्दी बस्तियाँ विकसित होती हैं जिनमें रोग के साथ-साथ अपराध के भी कीटाणु पलते हैं। दूसरे, नगरीय सम्बन्धों में एक प्रकार की निर्वैयक्तिकता होती है और किसी को किसी से मतलब नहीं रहता। इस कारण अपराधी व्यवहार पर नियन्त्रण कम रहता है। कोई भी अपराध करके व्यक्ति शहर के जनसमूह में गायब हो जाता है। नगर में इसी निर्वैयक्तिकता के कारण पारिवारिक नियन्त्रण भी कम रहता है और भग्न परिवार अधिक संख्या में पाये जाते हैं। नगरों में अपराध को प्रोत्साहन मिलता है। नगर का भड़कीला वातावरण भी अपराधी वृत्तियों को भड़काता है।

(8) **औद्योगीकरण**—नगरीकरण के साथ-साथ औद्योगीकरण भी अपराधी व्यवहार को प्रोत्साहित करता है। औद्योगीकरण से जहाँ एक ओर आर्थिक प्रतियोगिता बढ़ती है वहाँ दूसरी ओर, बेकारी, भ्रष्टाचार, चोरबाजारी घूँस, आदि बढ़ते हैं। धनिक निर्धनों का नाना प्रकार से शोषण करते हैं। मजदूर अपने परिवारों से दूर नगरों के भड़कीले वातावरण में गन्दे मकानों में रहते हैं। औद्योगीकरण से नगरों में स्त्रियों के अनुपात में पुरुषों की संख्या बढ़ जाती है। इन सब कारणों से विभिन्न प्रकार के अपराधों को प्रोत्साहन मिलता है।

(9) व्यापार चक्र–डच अपराध शास्त्री बोंगर ने यह सिद्ध किया है कि अनाज के भाव और अपराधों के बीच बड़ा निकट सम्बन्ध है। आर्थिक संकट के काल में सम्पत्ति के विरुद्ध अपराध बढ़ जाते हैं और समृद्धि के काल में इस प्रकार के अपराध कम हो जाते हैं। दूसरी ओर, समृद्धि काल में यौन अपराध बढ़ते हैं। इस प्रकार व्यापार चक्र से भी अपराधों की दर और प्रकार पर प्रभाव पड़ता है।

(10) फसलों की दशा–भारतवर्ष जैसे कृषि-प्रधान देशों में फसलों की दशा का भी अपराध की दरों और प्रकार पर पभाव पड़ता है। फसल खराब होने या मारे जाने पर अकाल और बेकारी फैल जाती है। जिससे सम्पत्ति के विरुद्ध अपराध बढ़ते हैं। डॉ॰ हैकरवाल के अनुसार, भारत में फसल की दशा अच्छी-बुरी होने से अपराध की दरें कम-ज्यादा होती हैं। डॉ॰ हैकरवाल ने अपने अध्ययनों से यह भी प्रमाणित करने की चेष्टा की है कि अप्रैल के अन्त में वर्षा ऋतु के आरम्भ होने तक सम्पत्ति के विरुद्ध अपराध अधिक होते हैं और वर्षा प्रारम्भ होने के साथ-साथ अपराधों की संख्या भी घटती है। डॉ॰ हैकरवाल के मत से चाहे सब अपराधशास्त्री न भी सहमत हों, परन्तु इससे कोई इन्कार नहीं कर सकता कि कृषि प्रधान देशों में फसलों की दशा का अपराध की दर पर प्रभाव पड़ता है।

अपराध के जिन कारणों का वर्णन अब तक किया गया है, उनको इस अध्याय में आगे दिये गये चार्ट से और भी आसानी से समझा जा सकता है।

युद्ध और अपराध

युद्ध और निर्धनता का बड़ा घनिष्ट सम्बन्ध है और जैसा कि पहले बतलाया जा चुका है, निर्धनता और अपराध में घनिष्ट सम्बन्ध है। इस प्रकार युद्ध निर्धनता बढ़ाकर भी अपराध बढ़ाता है। युद्ध में देश के युवा और बलिष्ठ व्यक्ति मारे जाते हैं तथा बमों आदि से कल-कारखाने और इमारतें नष्ट हो जाती हैं। इससे जहाँ मानव शक्ति की भारी कमी उपस्थित होती है वहाँ सम्पत्ति की भी भयंकर हानि होती है। अतः युद्ध से देश की आर्थिक दशा बड़ी खराब हो जाती है। इसमें कोई सन्देह नहीं है कि युद्ध की परिस्थितियों का लाभ उठाकर कुछ व्यापारी खूब पैसा कमाते हैं और कुछ चोर-डाकू अधिक समृद्ध हो जाते हैं। आर्थिक विषमता बढ़ती है, खड़ी फसलें उजड़ जाती हैं और कभी-कभी लोगों को भारी संख्या में अपना घर और सम्पत्ति छोड़कर भागने को मजबूर होना पड़ता है। इस प्रकार युद्ध से निर्धनता बढ़ती है। कारखाने नष्ट हो जाने से लाखों व्यक्ति बेकार हो जाते हैं। युद्ध समाप्त होने के बाद देश की आर्थिक दशा शोचनीय हो जाती है।

युद्ध का अपराध से घनिष्ट सम्बन्ध है। परोक्ष रूप से युद्ध गरीबी और बेकारी को बढ़ाकर अपराधों को प्रोत्साहित करता है। अपरोक्ष रूप से अनेक कारणों से युद्ध अपराधों को प्रोत्साहित करता है। इनमें से कुछ कारण निम्नलिखित हैं–

(1) युद्ध में बड़ी संख्या में युवा पुरुष मारे जाते हैं। इससे जहाँ युवती विधवाओं की संख्या बढ़ती है वहाँ देश में स्त्री-पुरुष की संख्या का अनुपात भी बिगड़ जाता है। पुरुषों से स्त्रियों की संख्या बढ़ जाने के कारण यौन अपराध फैलते हैं क्योंकि अधिकांश स्त्रियाँ पुरुषों की कमी के कारण व्याभिचार की ओर आसानी से प्रवृत्त हो जाती है।

(2) युद्ध से परिवार विश्रृंखलित हो जाते हैं, क्योंकि हजारों परिवारों में कमाने वालों की मृत्यु हो जाती है और हजारों परिवारों में अंग-भंग के कारण कमाने वाले बेकार हो जाते हैं। इससे परिवारों की दशा बिगड़ जाती है और लड़के-लड़कियाँ अपराध की ओर प्रवृत्त हो जाते हैं।

(3) युद्ध में पुरुष युद्धस्थल पर चले जाते हैं और स्त्रियाँ भी कारखानों में काम करने लगती हैं। इससे बालकों पर नियन्त्रण नहीं रह जाता। लम्बे वियोग से स्त्री-पुरुष भी यौन अपराधों की ओर प्रवृत्त होते हैं।

(4) युद्ध के दिनों में सेना की सारी शक्ति बाहर लग जाती है जिसका लाभ उठाकर कुछ लोग निरंकुश होकर अपराधों में जुट जाते हैं। युद्ध के दिनों में अपराध पर बहुत कम रोक-टोक हो पाती है।

(5) गोलाबारी अथवा सेना के आक्रमण के समय आक्रामक सैनिक तो लूटमार और बलात्कार आदि करते ही हैं, देश के बहुत से लोग भी अव्यवस्था का लाभ उठाकर जघन्य अपराधों में जुट जाते हैं।

(6) युद्ध के कारण लाखों परिवारों को अपने घर छोड़कर नये-नये स्थानों पर बसना पड़ता है। स्थानान्तरण से परिवारों और समुदायों में तेजी से परिवर्तन होते हैं और नियन्त्रण ढीले पड़ जाते हैं। इससे भी अपराध बढ़ते हैं।

(7) युद्ध के कारण हजारों स्त्रियाँ और बालक अनाथ हो जाते हैं जिनमें से बहुत से अपराध की ओर बढ़ जाते हैं।

इस प्रकार संक्षेप में युद्ध, निर्धनता और अपराध में बड़ा घनिष्ट सम्बन्ध है। यह आवश्यक नहीं है कि अपराध बढ़ने पर युद्ध और निर्धनता भी बढ़े, परन्तु यह कहा जा सकता है कि युद्ध और निर्धनता बढ़ने पर अपराध भी बढ़ते हैं और युद्ध तथा निर्धनता अपराध के महत्वपूर्ण कारण हैं।

विशेष आर्थिक अवस्थायें और अपराध

कुछ विचाराकों के अनुसार अपराध विशेष आर्थिक अवस्थाओं का परिणाम होते हैं। अपराध के कारणों का विवेचन समाप्त करने से पूर्व इस मत की समीक्षा भी उपयुक्त होगी।

अनेक अध्ययनों से यह ज्ञात हुआ है कि अपराधियों में एक बड़ी संख्या निर्धन परिवार से आये व्यक्तियों की होती है। इसमें अत्यन्त निर्धन और औसत रूप

से निर्धन दोनों ही प्रकार के परिवार सम्मिलित हैं। वेश्याओं में एक बड़ी संख्या निर्धन परिवार की स्त्रियों की मिलती है। इससे कुछ लोग यह निष्कर्ष निकालते हैं कि निर्धनता अपराध का कारण है अथवा आर्थिक स्थिति गिरने के साथ-साथ अपराध की दर बढ़ती है। दूसरी ओर, कुछ लोग इस सिद्धान्त का निराकरण करते हैं वे सफेदपोश धनिक अपराधियों की ओर संकेत करके यह बतलाते हैं कि धन की कमी या हीन आर्थिक अवस्था अपराध का कारण नहीं है, बल्कि धनी लोग ही आर्थिक अपराध करते हैं। दूसरे शब्दों में, धन का अत्यधिक बढ़ जाना अपराध की ओर ले जाना है। इन दोनों ही वर्गों ने विशेष आर्थिक परिस्थितियों और अपराध की दरों में अनविार्य सम्बन्ध माना है।

परन्तु विशेष आर्थिक अवस्थाओं तथा अपराध की दरों में अनिवार्य सम्बन्ध मानना उपयुक्त नहीं है, क्योंकि व्यवहार में यह नहीं जाना जा सकता कि धनिक या निर्धन होने से अपराधी होने में कोई आवश्यक सम्बन्ध है। इस बात से कोई भी विचारवान व्यक्ति इन्कार नहीं कर सकता कि आर्थिक परिस्थितियों का अपराधी प्रवृत्ति पर कुछ न कुछ प्रभाव अवश्य पड़ता है। परन्तु एक विशेष आर्थिक परिस्थिति में कुछ लोग अपराध करते हैं, जबकि दूसरे नहीं करते। बहुधा यह देखा जाता है कि एक स्त्री दाने-दाने को मोहताज होने पर भी व्यभिचार की ओर नहीं बढ़ सकती, जबकि दूसरी निर्धनता के कारण सहज ही वेश्यावृत्ति स्वीकार कर लेती है। सभी निर्धन युवक चोरी नहीं करते और न सभी निर्धन युवतियाँ व्यभिचार को ही तैयार हो जाती हैं। दूसरी ओर, धनिक परिवारों में लड़कियाँ बड़ी संख्या में अनैतिक यौन सम्बन्धों की ओर प्रवृत्त होती हैं, यद्यपि इससे यह नहीं कहा जा सकता कि धनी होने से मनुष्य अपराधी हो जाता है।

वास्तव में आर्थिक अवस्था अपराधी व्यवहार का एकमात्र कारण नहीं है। अपराधी प्रवृत्ति का मुख्य कारण मनौवैज्ञानिक है। कुछ व्यक्ति स्वभावतः इस प्रकार के होते हैं कि तनिक भी अवसर मिलने पर आसानी से अपराध की ओर बढ़ सकते हैं, जबकि कुछ अन्य व्यक्ति इस प्रकार के होते हैं कि बड़े से बड़ा प्रलोभन उनको सद्मार्ग से नहीं हटा सकता। इस मनोवैज्ञानिक कारक में पारिवारिक स्थिति का बड़ा भारी महत्व है। भग्न परिवारों तथा अनैतिक परिवारों के बालक-बालिकाओं के संस्कार इस तरह के होते हैं कि वे आसानी से अपराधी व्यवहार ग्रहण कर लेते हैं। सांस्कृतिक परिवेश भी व्यक्तियों के अपराधी व्यवहार पर बड़ा प्रभाव डालता है। उदाहरण के लिये, भारत में नागा लोगों में हत्या अथवा सिरों का शिकार अच्छा माना जाता है अतः उनमें शारीरिक अपराध खूब होते हैं। भारत में उत्तर प्रदेश के पासी, नट, डोम, कंजर, भांतू, हबूड़ा, बावरिया, बेड़िया, सांसिया, औथिया आदि; पंजाब के मीना, दुमना, रावल, बावरिया और धींवर, आदि; मध्यप्रदेश के बेहर, बरिया, बेदिया, भामता, गोपाल, कंजर, कोली, माल, मीना, सनेरिया; मद्रास के कल्लन, चेचूँ, भाटू, चपरबन्द; बम्बई के केकड़ी, घण्टी चोर, हरण शिकारी, कंजर,

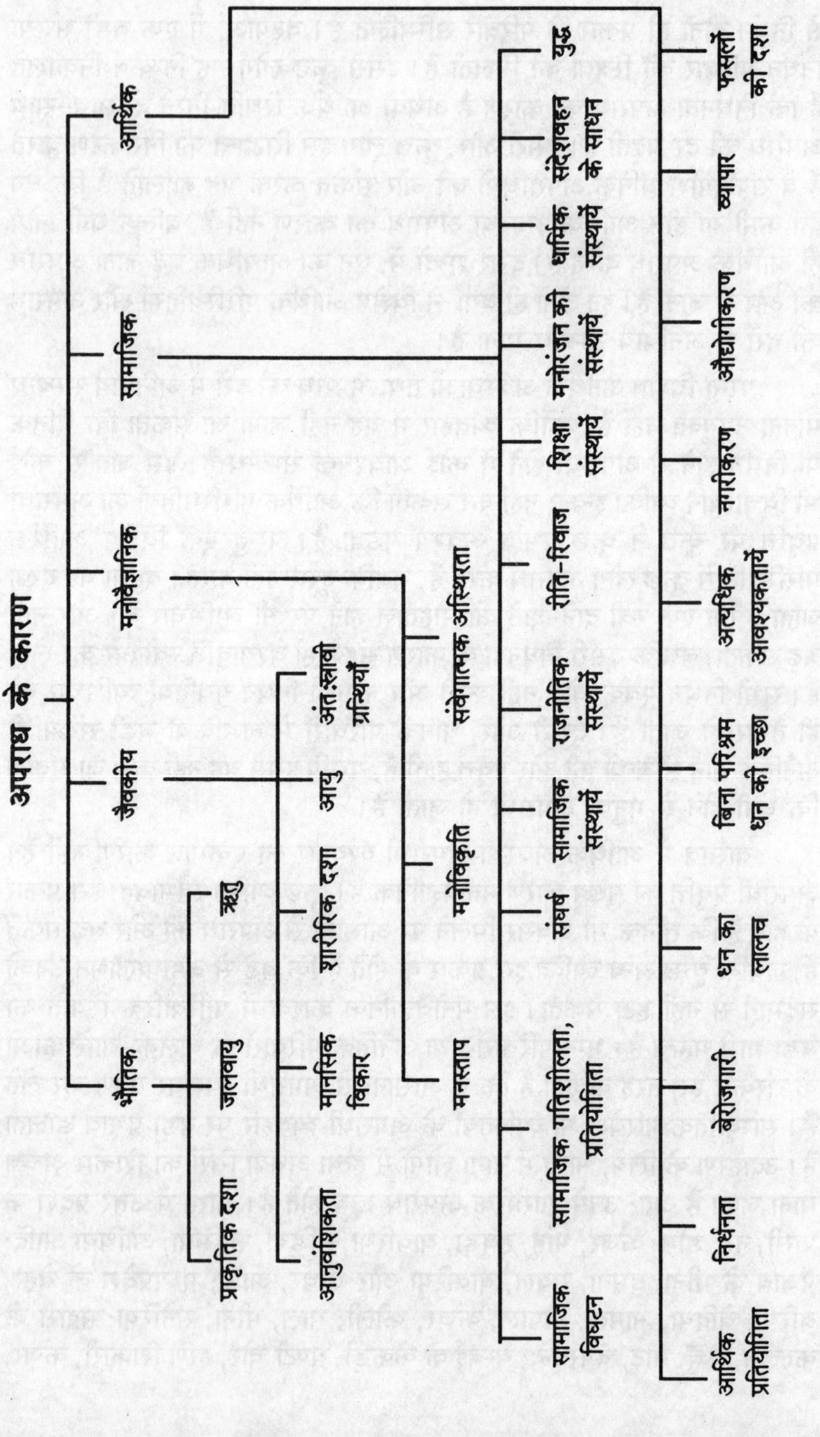
अपराध के कारण
भौतिक
जैवकीय
मनोवैज्ञानिक
सामाजिक
आर्थिक
प्राकृतिक दशा
जलवायु
ऋतु
आनुवंशिकता
मानसिक विकार
शारीरिक दशा
आयु
अंतःस्रावी ग्रन्थियाँ
मनस्ताप
मनोविकृति
संवेगात्मक अस्थिरता
सामाजिक विघटन
सामाजिक गतिशीलता, प्रतियोगिता
संघर्ष
सामाजिक संस्थायें
राजनीतिक संस्थायें
रीति-रिवाज
शिक्षा संस्थायें
मनोरंजन की संस्थायें
धार्मिक संस्थायें
संदेशवहन के साधन
युद्ध
आर्थिक प्रतियोगिता
निर्धनता
बेरोजगारी
धन का लालच
बिना परिश्रम धन की इच्छा
अत्यधिक आवश्यकतायें
नगरीकरण
औद्योगीकरण
व्यापार
फसलों की दशा

भाट, छपर बून्द, हूर घरल, मान, मामता और राजपूताना की बनरिया, सांसी, मीना कंजर, भील, अहेरिया, भाटू तथा नट आदि जातियाँ अपराधी जातियाँ हैं। इनमें अपराध करने का रिवाज है और सभी आर्थिक स्थिति के लोग अपराध करते हैं। अपराध के अनेक सामाजिक कारण आर्थिक कारणों से अधिक महत्वपूर्ण हैं। विवाह और परिवार की संस्था की अनेक कुरीतियाँ जैसे दहेज प्रथा, विधवा विवाह का निषेध, परिवार में स्त्रियों को दासी समझना आदि भारत में आत्म-हत्या के मुख्य कारण हैं। गलत शिक्षा मिलने पर धनिक व्यक्ति भी अपराध की ओर बढ़ते हैं और सही शिक्षा मिलने पर निर्धन अपराध को पाप समझते हैं। मनोरंजन का अभाव भी लोगों को अपराध की ओर ले जाता है। कुछ लोग शारीरिक विकार के कारण अपराधों की ओर बढ़ते हैं। मानसिक विकार भी कुछ लोगों को अपराधों की ओर प्रवृत्त करते हैं। भारत में अशिक्षा और समुचित शिक्षा की कमी अपराधी व्यवहार का एक बड़ा कारण है।

उपरोक्त विवेचन ये यह ज्ञात हो गया होगा कि विशेष आर्थिक अवस्थाओं में प्रत्येक व्यक्ति अपराध की ओर प्रवृत्त ओर नहीं हो सकता। अपराध की ओर प्रवृत्ति केवल आर्थिक कारणों पर ही नहीं, बल्कि भौतिक, जैवकीय, मनोवैज्ञानिक और सामाजिक कारणों पर भी निर्भर है।

वर्तमान नगरीय परिवर्तन और अपराध

वर्तमान समय में भारतीय नगरों में सामाजिक परिवेश में तेजी से परिवर्तन हो रहा है। इस परिवर्तन में निम्नलिखित कारक अपराध बढ़ाते हैं—

(1) **निजत्व** (Privacy) **की कमी**—नगरों में मकान बनते जाने पर भी किराया बराबर बढ़ता जा रहा है। अतः बड़े-बड़े नगरों में अल्प-वेतन पाने वाले मजदूर इतना बड़ा मकान नहीं ले पाते कि अपने परिवारों को साथ रख सकें। हजारों मजदूर अपने परिवारों से दूर अकेले नगर में रहते हैं। अन्य हजारों अपने पूरे परिवार के साथ एक कमरे में गुजर करते हैं। हजारों नगरों के गन्दे मौहल्लों की दूषित वायु में रहने को बाध्य हैं। हजारों बेघर फुटपाथ पर या सार्वजनिक स्थानों पर सोते हैं। मकानों की इस कमी से वैवाहिक और पारिवारिक जीवन का विघटन होता है और विवाहित व्यक्तियों को निजी स्थान नहीं मिल पाता। इससे घर के बालक-बालिकाओं को ऐसे दृश्य देखने को मिल जाते हैं जिनका उनके अपरिपक्व मस्तिष्क पर बुरा प्रभाव पड़ता है। इससे किशोरापराधों की संख्या बढ़ती है। बालक-बालिकायें यौन अपराधों की ओर प्रवृत्त होते हैं।

(2) सामाजिक नियन्त्रण की कमी—नगरों में सामाजिक पर्यावरण की एक दूसरी विशेषता सामाजिक नियन्त्रण की कमी है। नगरों में मौहल्लेदारी का प्रभाव बराबर कम होता जा रहा है। पड़ौस का नियन्त्रण बराबर घटता जा रहा है। बड़े नगरों में पड़ौसी-पड़ौसी को पहचानता भी नहीं। अतः अपराधों पर नियन्त्रण

कम हो गया है। परिवार का नियन्त्रण भी बराबर कम होता जा रहा है। आधुनिक परिवार में पति-पत्नी, पुत्र-पुत्री, सभी की अपनी सोसायटी और अपने प्रोग्राम होते हैं जिससे अनुचित यौन सम्बन्ध बढ़ते हैं।

(3) **सम्बन्धों में निर्वैयक्तिकता**—नगरों के सम्बन्धों में निर्वैयक्तिकता होती है और भाईचारे का अभाव होता है। इस निर्वैयक्तिकता से प्रत्येक पुरुष प्रत्येक स्त्री से पुरुष की हैसियत से मिलता है और प्रत्येक स्त्री के लिये अन्य पुरुष केवल 'पुरुष' होता है। अतः उन्हें एक दूसरे से यौन-सम्बन्ध बढ़ाने में झिझक नहीं होती। इससे व्यभिचार बढ़ता है। निर्वैयक्तिकता से व्यक्तिगत उत्तरदायित्व की भावना भी कम होती है। नगर की विशाल जनसंख्या में अपराधी कैसा भी अपराध करके भीड़ में मिल जाता है जहाँ उसे कोई नहीं पहचानता। इससे अपराधी व्यवहार को प्रोत्साहन मिलता है।

(4) **मूल्यों में परिवर्तन**—वर्तमान समय में नगरों में सामाजिक मूल्यों में द्रुत गति से परिवर्तन हो रहा है। धन और पद तथा शक्ति को आदर मिलता है चाहे व्यक्ति का निजी चरित्र कैसा भी हो। भोगवाद बढ़ता जाता है। इससे स्त्री-पुरुष उचित-अनुचित सभी उपायों से अपनी इच्छाओं को पूर्ण करने का प्रयास करते हैं।

(5) **स्त्री-पुरुष के सम्बन्धों में परिवर्तन**—नगरों के वर्तमान पर्यावरण में स्त्री-पुरुष के सम्बन्ध तेजी से बदल रहे हैं। सहशिक्षा से लड़के-लड़कियों को मिलने का अवसर अधिक आता है। सभी तरह की नौकरियों में और सभी स्थानों पर पुरुषों के साथ कुछ न कुछ स्त्रियाँ भी दिखाई पड़ती हैं। इस मेल-जोल से जहाँ कुछ लाभ भी हैं वहाँ अनुचित यौन-सम्बन्धों की संख्या बराबर बढ़ती जाती है। नगरों में होटलों, पार्कों तथा कारों में व्यभिचार के लिये स्थान भी मिल जाता है। अतः यौन अपराध तेजी से बढ़ रहे हैं। स्त्री-पुरुष के मेल-मिलाप से प्रेम सम्बन्धों की संख्या भी बढ़ती जाती है जिससे अनेक समस्यायें उत्पन्न होती हैं। गर्भपात, भ्रूण-हत्या से लेकर मारपीट, आत्महत्या तथा हत्या आदि तक बढ़ते हैं।

(6) **उत्तेजक वातावरण**—नगरों का वातावरण उत्तेजक होता है। फैशन-परस्ती की धूम होती है। स्त्रियों के वस्त्र दिनोंदिन उत्तेजक होते जा रहे हैं। बड़े-बड़े नगरों में लड़कियाँ पुरुषों जैसे वस्त्र तक पहनने लगी हैं। आधुनिक फैशन का उद्देश्य अंगों का अधिक से अधिक प्रदर्शन मालूम पड़ता है। इससे सेक्स की भावनायें उमड़ती हैं और व्यभिचार तथा अन्य अपराध बढ़ते हैं। फैशनपरस्ती से आवश्यकतायें भी बुरी तरह बढ़ गई हैं और लोग बिना मेहनत किये शीघ्र अधिक से अधिक मालामाल हो जाना चाहते हैं। इससे भ्रष्टाचार, चोर बाजारी, जालसाजी, चोरी, डकैती, अनियमित व्यापार आदि अपराध बढ़ रहे हैं। शहरों के वातावरण की उत्तेजकता में सिनेमा, जुए, और व्यभिचार के अड्डे तथा क्लबों और होटलों का बड़ा हाथ है और इनसे हर तरह के अपराध को प्रोत्साहन मिलता है।

उपरोक्त विवरण से वर्तमान समय में भारतीय नगरों में बदलते हुये पर्यावरण से व्यभिचार और अपराधों की वृद्धि पर कुछ प्रकाश पड़ता है। इस विषय में अन्य बहुत से कारकों को भी गिनाया जा सकता है।

अपराध के कारण विविध हैं

अपराध के कारणों के विवेचन से यह स्पष्ट मालूम पड़ता है कि अपराध का कोई एक कारण नहीं माना जा सकता। विभिन्न देशों में विभिन्न अपराधों के विभिन्न मनोवैज्ञानिक अथवा सामाजिक या आर्थिक कारण होते हैं। अपराध एक जटिल व्यवहार है। किसी एक कारण से उसकी व्याख्या करने में अत्यधिक सरलीकरण (Over Simplification) दोष है। 'Social Disorganisation' में इलियट और मैरिल (Elliott and Merrill) लिखते हैं, "किसी भी सन्तोषजनक विश्लेषण में अकेले अलग कारकों के योग के स्थान पर पूर्ण सम्बन्ध में कारकों का विचार किया जाना चाहिये.... व्यवहार व्यक्ति पर प्रभाव डालने वाली समस्त शक्तियों और उसके व्यक्तित्व की विशेषताओं का परिणाम है।"[1] इस प्रकार अपराधी व्यवहार में व्यक्ति के व्यक्तित्व और परिवेश दोनों के कारकों का हाथ होता है।

भारत में अपराध के कारण
(Causes of Crimes in India)

भारत में अपराध की वृद्धि

प्राचीन काल में भारत में अपराध की प्रवृत्ति बहुत कम थी। परन्तु समय बीतने के साथ अपराधों की संख्या बढ़ती गई। जहाँ गुप्त राजाओं के काल में मकानों में ताले लगाने की भी आवश्यकता नहीं पड़ती थी वहीं आजकल भारत में अपराधी प्रवृत्ति इतनी बढ़ गई है कि संसार के सभ्य देशों के सामने उसका मस्तक नीचे झुक जाता है।

सामान्य रूप से अपराध के जिन कारणों का पीछे वर्णन किया गया है वे भारत के विषय में भी लागू होते हैं। अतः यहाँ पर केवल उन कारणों का संक्षेप में वर्णन किया जायेगा जो विशेषतया भारत पर ही लागू होते हैं। भारतवर्ष में इस प्रकार के कारणों को आर्थिक, सामाजिक, धार्मिक, राजनीतिक तथा शिक्षा-सम्बन्धी और मनोरंजन सम्बन्धी वर्गों में बाँटा जा सकता है।

(1) आर्थिक कारण—जैसा कि पहले बतलाया जा चुका है, भारत में अपराध का सबसे महत्वपूर्ण कारण आर्थिक हैं। इनमें मुख्य कारण अग्रलिखित हैं—

---

1. "The factors in relation to the whole, rather than the sum of the single isolated factors, must be considered in any satisfcatory analysis.... The behaviour is a resultant of all the forces impinging upon the individual plus the characteristics of his personality."
—Elliott and Merrill.
Social Disorganisation, Harper & Bros., New York, (1960), p. 120.

(अ) खेती की बुरी दशा—भारतवर्ष एक कृषि प्रधान देश है। कृषि की हालत पर ही भारतीयों की समृद्धि निर्भर है। कृषि की दशा खराब हो जाने से लोग दाने-दाने को मोहताज हो जाते हैं और उन्हें काम भी नहीं रहता। अत: अपराध बढ़ सकते हैं। खेती की दशा खराब होने के अनेक कारण हो सकते हैं जैसे अतिवृष्टि, अनावृष्टि, सूखा, टिड्डी आदि कीड़ों का आक्रमण, बाढ़ आदि। इनके अतिरिक्त अनेक अन्य कारणों से भारतवर्ष में प्रति एकड़ अनाज की उपज बहुत कम है। इससे अनाज का भाव बढ़ता है और इस भाव के बढ़ने के साथ-साथ अपराध की दरें भी बढ़ती हैं। खेती की इस दशा के कारण जमीन का अत्यधिक बँटवारा, अनार्थिक जोत, अच्छे पशुओं, बीजों और अच्छी खाद का अभाव, खेती के पुराने तरीके, सिंचाई के साधनों का अभाव आदि हैं।

(ब) औद्योगीकरण और नगरीकरण—भारत में इन दिनों औद्योगीकरण और उसके साथ नगरीकरण बड़ी तीव्रता से बढ़ा है। इससे जहाँ आर्थिक अवस्था में कुछ सुधार हुआ है वहाँ किशोर अपराधों की संख्या बढ़ी है और व्यभिचार, मद्यपान, गबन, जालसाजी आदि अपराधों में भी वृद्धि हुई है।

(स) बेकारी और गरीबी—बेकारी और गरीबी का चोली दामन का साथ है और भारतवर्ष में दोनों ही भयंकर रूप में विद्यमान हैं। अशिक्षितों की तो बात ही क्या, शिक्षित लोग भी बहुत बड़ी संख्या में बेकार हैं। इन बेकारों में बहुत-से निराश होकर, बहुत-से प्रतिक्रियावश और बहुत-से आय का अन्य साधन न होने के कारण अपराध करते हैं। बेकारी के समान ही गरीबी भी भारतवर्ष में अपराधों का बड़ा कारण है। अत्यधिक निर्धन क्षेत्रों की स्त्रियाँ वेश्यावृत्ति के लिए बराबर अधिक समृद्ध क्षेत्रों में लाई जाती हैं। यौन-अपराधों में निर्धनता एक बड़ा कारण है।

(2) सामाजिक कारण—आर्थिक कारणों के बाद भारत में अपराधों के महत्वपूर्ण कारण सामाजिक हैं। मुख्य कारण निम्नलिखित हैं—

(अ) विवाह सम्बन्धी—भारतवर्ष में विवाह की संस्था के विषय में अनेक हानिकारक रिवाज अब भी प्रचलित हैं जिनसे अपराध को प्रोत्साहन मिलता है। बाल-विवाह और अनमेल विवाह के रिवाजों तथा विधवा विवाह और तलाक को बुरा समझा जाने से हजारों स्त्रियाँ बाध्य होकर व्यभिचार, वेश्यावृत्ति तथा आत्महत्या की ओर प्रवृत्त होती हैं। दहेज की प्रथा के कारण अनेक पिता अनुचित उपायों से धन कमाते हैं, बहुत-सी स्त्रियाँ आत्महत्या कर लेती हैं तथा अन्य अनेक को जीवन भर नाना प्रकार की यातनायें सहन करनी पड़ती हैं।

(ब) परिवार सम्बन्धी—विवाह की संस्था के समान ही भारत में परिवार की संस्था के विषय में भी अनेक दूषित रिवाज प्रचलित हैं। संयुक्त परिवार की प्रथा के कारण बाल अपराधियों की संख्या बढ़ती जाती है, क्योंकि संयुक्त परिवार में आये दिन के कलह और विवाहित व्यक्तियों के लिए एकान्त के अभाव का उनके

कच्चे मन पर बुरा प्रभाव पड़ता है। भारतीय परिवार में अभी स्त्री को पुरुष के बराबर दर्जा नहीं मिल पाया है। अतः स्त्रियों की आत्महत्या की घटनायें आये दिन सुनने को मिलती हैं। भारतीय परिवार में खानदान की नाक का बड़ा ध्यान रखा जाता है। इस कारण दुश्मनी पुस्तैनी चलती है और मारपीट के अपराध बढ़ते हैं। ऊँच-नीच की भावना से झगड़े के अवसर बढ़ते हैं।

(स) भेद-भाव—भारतवर्ष में जाति तथा धर्म के नाम पर भी भेद-भाव है जिससे कभी-कभी बड़े अमानुषिक अपराध घटित होते हैं। साम्प्रदायिक दंगे इस बात के प्रमाण हैं। अस्पृश्यता से मारपीट के अपराध होते हैं।

(3) धार्मिक कारण—भारतवर्ष एक धर्म-प्रधान देश है। जहाँ धर्म ने भारतवासियों में कुछ गुण पैदा किये हैं, वहाँ उसने ऐसे अनेक अवगुणों को भी प्रोत्साहित किया है जो कि उन्हें अपराध की ओर ले जाते हैं। मन्दिरों में देव-दासियाँ वेश्यावृत्ति करती हैं, मठों में स्त्रियाँ व्यभिचार की ओर प्रवृत्त होती हैं, देवता के आगे कभी-कभी मनुष्य को बलि चढ़ा दिया जाता है। जादू-टोने और धार्मिक अन्धविश्वासों में चोरी, व्यभिचार, हत्या आदि अपराधों की सृष्टि होती है। हिन्दू-मुस्लिम में बैर-भाव के कारण साम्प्रदायिक दंगे होते हैं।

(4) राजनीतिक कारक—धार्मिक कारण के समान ही राजनीतिक कारक भी अपराधों की संख्या बढ़ाते हैं। इस प्रकार के राजनीतिक कारक निम्नलिखित हैं—

(अ) राजनीतिक दल—राजनीतिक दल लोगों को आपस में लड़ाते हैं और अपना-अपना उल्लू सीधा करते हैं। चुनाव की लड़ाई में हर प्रकार के अपराधों का सहारा लिया जाता है। दलबन्दी के कारण ग्रामीण पंचायतें तक अपराध का कारण बन जाती हैं।

(ब) पुलिस, न्यायालय और जेल—पुलिस, न्यायालय और जेल अपराध को रोकते हैं, परन्तु भारत में ये अपराधों को बढ़ाते भी हैं। पुलिस में भ्रष्टाचार, घूँसखोरी आदि मिलती है। न्यायालय में न्याय शीघ्र, सही और सस्ता न होने के कारण अपराध की प्रवृत्ति बढ़ती है। जेलों से अपराधी और भी पक्के होकर निकलते हैं।

(5) शिक्षा सम्बन्धी कारक—भारत में शिक्षा की बड़ी कमी है और शिक्षा प्रणाली भी दूषित है। इससे एक ओर निपट गँवार और दूसरी ओर पढ़े-लिखे बेकार दिखाई पड़ते हैं जिसमें दोनों ही प्रकार के लोगों में अपराध की ओर बढ़ने की सम्भावना होती है।

(6) मनोरंजन सम्बन्धी कारक—भारतवर्ष में स्वस्थ मनोरंजन के साधनों का बड़ा अभाव है। शहरों में अधिकतर एक मात्र मनोरंजन सेक्स और अपराध की

भावना उभारने वाले चलचित्र हैं। निर्धनों के लिए मनोरंजन के साधनों की भारी कमी है। इन सब कारकों से वेश्यावृत्ति, मद्यपान और जुआ आदि को प्रोत्साहन मिलता है।

अभ्यास के लिए प्रश्न

1. कोई मनुष्य अपराधी क्यों बन जाता है? विवेचना कीजिये।
2. अपराध के सामाजिक, आर्थिक और मनोवैज्ञानिक कारकों की व्याख्या कीजिये।
3. अपराधी बनते हैं उत्पन्न नहीं होते। स्पष्ट कीजिये।
4. अपराध और समाज में क्या सम्बन्ध है? समझाइये।

29

श्वेतवसनापराध
(White Collar Crime)

वर्तमान पूँजीवादी व्यवस्था में सफेद कालर अपराधी का विशेष महत्व है। सामान्य रूप से सफेद कालर अपराधी का तात्पर्य ऐसे व्यक्तियों से है जो सभ्य अथवा श्वेत वस्त्र धारण करते हुए भी अपराध करते हैं और अपने आर्थिक स्तर की ओट में अपने अपराधों को छिपाये रहते हैं। इस वर्ग में धार्मिक अपराधी आते हैं। जहाँ कोई निर्धन व्यक्ति अपराध करने के बाद शीघ्र ही पकड़ लिया जाता है वहाँ दूसरी ओर, सफेद कालर अथवा श्वेत वस्त्रधारी अपराधी अपने हथकण्डों की सहायता से और धन के बल पर बहुत समय तक कानून के पंजे में नहीं आते। इस प्रकार आधुनिक पूँजीवादी देशों में श्वेत वस्त्रधारी अपराधी एक समस्या बन गये हैं। ये पूँजीवादी लोगों द्वारा समाज के शोषण के प्रतीक हैं।

श्वेतवसनापराध क्या है?

प्रसिद्ध अर्थशास्त्री सदरलैंड ने श्वेत वस्त्रधारी अपराधी की व्याख्या करते हुए लिखा है, "सफेद कालर अपराध सम्मानित और उच्च सामाजिक स्थिति के एक व्यक्ति द्वारा अपने व्यवसाय के दौरान में किया हुआ एक अपराध है।"[1] इस बात को और भी स्पष्ट करते हुए सदरलैंड ने लिखा है कि श्वेत कालर अपराधी अपनी आर्थिक क्रियाओं के काल में अपराध करता है। स्पष्ट है कि श्वेत वस्त्रधारी अपराध में किसी व्यक्ति के समस्त अपराध नहीं आते, बल्कि केवल वही अपराध आते हैं जो उसने अपने व्यवसाय अथवा आर्थिक क्रियाओं को करते हुए किये हैं। साधारणतया पूँजीवादी देशों में श्वेत वस्त्रधारी अपराध के लिये दण्ड नहीं दिया जाता। इसी कारण आधुनिक अपराध शास्त्रियों ने इस ओर विशेष रूप से संकेत किया है। इस दिशा में सदरलैण्ड का योगदान बड़ा महत्वपूर्ण है।

श्वेत वस्त्रधारी अपराध के उपरोक्त विवेचन से उसकी विशेषतायें स्पष्ट होती हैं। मुख्य विशेषतायें अग्रलिखित हैं–

---

1. "White collar crime is crime committed by a person of respectability and high social status in the course of his occupation." —E.H. Sutherland.

श्वेत वस्त्रधारी अपराध की विशेषतायें

(1) श्वेत वस्त्रधारी अपराध के सामान्य लक्षण अन्य अपराधों की तरह होते हैं—अपराध समाज विरुद्ध अथवा कानून विरुद्ध कार्य है। इसी प्रकार श्वेत वस्त्रधारी अपराध भी समाज और कानून के विरुद्ध होता है। स्पष्ट है कि यह भी अन्य अपराधों के समान दण्डनीय माना जाना चाहिये।

(2) श्वेत वस्त्रधारी अपराध दण्डनीय है—सदरलैंड ने श्वेत वस्त्रधारी अपराध के प्रत्यय के विषय में लिखा है, "वह केवल दण्ड पर जोर ही नहीं देता, बल्कि दण्डनीयता को सम्मिलित करता है।"[1] इस प्रकार स्पष्ट है कि अन्य अपराधों के समान श्वेत वस्त्रधारी अपराध भी दण्डशास्त्र की दृष्टि से महत्वपूर्ण है। सदरलैंड ने इस बात की आलोचना की है कि जब अन्य अपराधों के बदले में व्यक्ति को दण्ड दिया जाता है तो श्वेत वस्त्रधारी अपराध के बदले में लापरवाही क्यों बरती जाती है।

(3) श्वेत वस्त्रधारी अपराध विश्वासघात पर आधारित है—श्वेत वस्त्रधारी अपराध के प्रत्यय के विषय में सदरलैंड ने लिखा है, "श्वेत वस्त्रधारी अपराध विश्वास के उल्लंघन पर आधारित है।"[2] उदाहरण के लिए आजकल बहुत से विद्यालयों तथा अन्य संस्थाओं में और कारखानों में प्रबन्धक लोग जितने वेतन पर हस्ताक्षर कराते हैं उससे बहुत ही कम वेतन दिया जाता है। बहुत से सूदखोर लोग गाँवों में अनपढ़ और निर्धन लोगों को थोड़ा सा रुपया देकर उनसे अधिक रुपये के कर्ज का कागज लिखा लेते हैं। कभी-कभी तो गरीब मजदूर और किसान सादे स्टाम्प कागज पर हस्ताक्षर कर देता है और उसके सरल विश्वास का नाजायज फायदा उठाकर देनदार उस कागज पर उसका खेत, मकान, पशु आदि सब कुछ लिखकर अपने कब्जे में कर लेता है। अदालत में जाने पर यह देनदार साफ बच जायेगा और गरीब लुट जायेगा, परन्तु स्पष्ट है कि देनदार ने भयंकर अपराध किया है। यह श्वेत वस्त्रधारी अपराध है। सच तो यह है कि यह अपराध अन्य अपराधों से भी अधिक गिरा हुआ कार्य है क्योंकि इसमें विश्वास को तोड़ा जाता है जिससे समस्त सामाजिक व्यवस्था छिन्न-भिन्न हो जाती है।

(4) श्वेत वस्त्रधारी अपराध कानून के लागू करने में भेदभाव पर आधारित है—सदरलैंड के शब्दों में, "श्वेत वस्त्रधारी अपराध कानून के भेदभावपूर्ण लागू करने से सम्बन्धित है।"[3] प्रत्येक सभ्य राष्ट्र में सभी नागरिकों के लिये कानूनी समानता मिलनी अनिवार्य है। परन्तु पूँजीवादी देशों में बहुधा कानून को लागू करने में भेदभाव बढ़ता जाता है। परिणामस्वरूप श्वेतवस्त्रधारी अपराध बढ़ते हैं। इस

1. "It does not only emphasize punishment but includes punishability."
—E.H. Sutherland
2. "White collar crime is based on violation of trust." —E.H. Sutherland.
3. "White collar crime is related with differential implementation of laws."
—E.H. Sutherland.

भेदभाव का कारण एक तो यह है कि अपराधी बहुधा धनी होने के कारण समाज में ऊँचा पद रखता है। दूसरे, वह राजनीतिक क्षेत्र में भी दखल रखता है, उसकी पहुँच बड़े-बड़े सरकारी अफसरों और नेताओं तक होने के कारण सरकार भी उसके विरुद्ध कुछ नहीं कर सकती और चुप्पी साधे रहती है। तीसरे, वह अपराध छुपे रूप में चलता है और इसलिये उसका खुल्लमखुल्ला प्रतिरोध नहीं किया जाता। चौथे, यदि यह अपराध प्रकट भी हो जाता है तो भी अपराधी धन के बल पर बात को दबा देता है या रुपया देकर छूट जाता है।

उपरोक्त विवेचन से स्पष्ट है कि आधुनिक पूँजीवादी देशों में श्वेत वस्त्रधारी अपराध से कितनी बड़ी समस्या उठ खड़ी हुई है। इन अपराधों का उन्मूलन करने के लिए सरकार और राजनीतिक दलों से भ्रष्टाचार समाप्त होना आवश्यक है। न्यायाधीशों को इतना पर्याप्त वेतन मिलना चाहिये कि वे धन के प्रलोभन में न आयें। साथ ही साथ न्यायाधीश के पद पर बहुत ही ऊँचे चरित्र के व्यक्ति रखे जाने चाहियें। इस प्रकार गम्भीर कदम उठाने से श्वेत वस्त्रधारी अपराध बहुत हद तक रोके जा सकते हैं। परन्तु पूँजीवादी तथा उनके एजेण्ट ही सरकार बनाते हैं। इनको तो उसी देश में दूर किया जा सकता है जहाँ पर व्यक्तियों के हाथ में पूँजी जमा होने पर कुछ न कुछ बन्धन हो। साम्यवादी देशों में जहाँ धन के समान वितरण पर जोर दिया जाता है वहाँ धनिक तो होते हैं, परन्तु पूँजीवादी नहीं होते। अतः इन देशों में श्वेत वस्त्रधारी अपराध भी कम दिखलाई पड़ते हैं। सच तो यह है कि इन अपराधों के मूल में आर्थिक शोषण की समस्या है। जब तक आर्थिक शोषण रहेंगे तब तक श्वेत वस्त्रधारी अपराध भी रहेंगे। उनका उन्मूलन करने के लिये समाज से आर्थिक शोषण ही समाप्त करना पड़ेगा। इस दिशा में श्रम सम्बन्धी अधिनियम और कर्ज सम्बन्धी अधिनियम विशेष रूप से महत्वपूर्ण है। भारत में इस प्रकार के अधिनियमों ओर उनके कठोरतापूर्वक पालन से श्वेतवस्त्रधारी अपराधों को रोकने की दिशा में महत्वपूर्ण कार्य हो सकता है।

अभ्यास के लिए प्रश्न

1. सफेद पोश अपराध की संकल्पना की विवेचना कीजिये।
2. संक्षिप्त टिप्पणी लिखिये—सफेद वस्त्रधारी अपराध।

30

डाकू गिरोह
(Dacoit Gangs)

चम्बल घाटी में डाकू गिरोह

भारतवर्ष में अपराधों के विवरण में डकैतों की समस्या की ओर भी ध्यान दिलाना आवश्यक है। इस सम्बन्ध में चम्बल घाटी में स्थित डाकू दलों ने सम्पूर्ण देश में विशेष नाम प्राप्त किया है। भारत में चम्बल घाटी डाकुओं का घर बनी रही है क्योंकि भौगोलिक दृष्टि से यहाँ का क्षेत्र इस प्रकार का है कि इसमें डाकू अपने छिपने के स्थान सहज ही बना लेते हैं और पुलिस को उनका पीछा करने में बड़ी कठिनाई होती है। इस घाटी में डाकू दलों के सदस्यों को हथियारों के इस्तेमाल में आधुनिकतम प्रशिक्षण दिये जाने के उदाहरण मिलते हैं। यहाँ पर बने अनेक दलों के नेताओं में जबर्दस्त संगठन शक्ति दिखलाई पड़ी है। इस प्रकार के डकैत नेताओं में सूरतराम (1875), गंगाप्रसाद सिंह (1885), छत्रा गूजर (1888), मोहन काछी (1889), सुल्तान सिंह (1894), नजबा मुल्ला (1918), मन्नू राजा (1926), जबरसिंह (1933), डोंगर बत्री (1940), चरना मुल्ला (1953), मानसिंह (1955), अमृतलाल (1958), रूपा (1959), पन्ना (1960), लाखन सिंह (1960), मोहरसिंह (1972) और माधोसिंह (1972) उल्लेखनीय हैं। इन डकैत सरदारों में मानसिंह और माधोसिंह के नाम विशेष प्रसिद्ध हुए हैं।

डाकू सरदार मानसिंह

डाकू सरदार मानसिंह भारत में डकैती के इतिहास में सबसे अधिक विशिष्ट स्थान रखता है। उसके चरित्र में एक ओर भयंकर अपराधी प्रवृत्तियों और दूसरी ओर धार्मिक और दया की प्रवृत्तियों का विचित्र समन्वय दिखलायी पड़ा है। चम्बल की घाटी में मानसिंह का नाम इतना प्रसिद्ध हुआ कि आज भी यह घाटी उसी के नाम से जानी जाती है। अपने सम्पूर्ण डकैत जीवन में उसके दल ने 1,112 डकैतियाँ डालीं और 185 हत्यायें कीं। इस दल की पुलिस से 90 मुठभेड़ें हुईं जिनमें 32 पुलिस मैन और डाकू गिरोह के 15 सदस्य मारे गये। बन्धकों के बदले में इस डाकू दल ने लगभग 5 लाख रुपया वसूल किया।

मानसिंह का जन्म दक्षिणी आगरा जिले के एक गाँव में एक क्षत्रिय परिवार में हुआ था। इसके पिता के यहाँ चोर, डकैत आते-जाते थे। इसके परिवार का एक ब्राह्मण परिवार से झगड़ा था जो कि क्रमशः अत्यधिक बढ़ गया। मानसिंह ने इस ब्राह्मण परिवार के दो सदस्यों की हत्या कर दी और अपने बड़े पुत्र, भाई और भतीजे के साथ चम्बल के बीहड़ों में जा छिपा। कुछ दिनों बाद उसे गिरफ्तार कर लिया गया और आजन्म कारावास का दण्ड दिया गया। सन् 1939 में वह जेल से छूट गया, किन्तु जेल में रहने से उसकी प्रवृत्ति नहीं बदली। कुछ ही दिनों बाद उसने अपने शत्रु ब्राह्मण परिवार के दो अन्य सदस्यों को मार डाला और अन्त में उनके पिता की भी हत्या कर दी। ये हत्यायें करके उसने फिर से बीहड़ों की शरण ली। अब वह डाकू दल का संगठन करने लगा। उसके दल में अधिकतर उसके अपने सगे सम्बन्धी ही थे। बहुधा इनकी संख्या 8 या 10 तक ही सीमित रही। इन सदस्यों को विभिन्न प्रकार के हथियारों के इस्तेमाल की पूर्ण शिक्षा दी गयी। ये खाकी वर्दी पहनते थे और डकैती के आधुनिकतम हथियार प्रयोग करते थे। इस दल की संख्या सीमित होने के कारण उसको डकैती डालकर भाग जाने में आसानी होती थी।

अपने सुसंगठित छोटे दल की सहायता से मानसिंह लम्बे समय तक चम्बल की घाटी में आतंक के रूप में छाया रहा। उसने धनिक व्यक्तियों को जबरदस्ती उठा ले जाकर उनको बन्धक बनाकर उन्हें छोड़ने के बदले में रुपया माँगने की तरकीब अपनायी। क्रमशः लूटपाट और हत्याओं से मानसिंह का आतंक इतना फैल गया कि सन् 1945 में उसे पकड़ने के लिए मध्य प्रदेश राज्य की ओर से पुलिस के सिपाहियों के अतिरिक्त फौज के सैनिकों की भी सहायता ली गयी। मानसिंह ने समस्त घाटी में यह अफवाह फैला रखी थी कि वह अजेय है। स्थानीय जनता का समर्थन प्राप्त करने के लिए उसने सरकार से समानान्तर अपना प्रशासन चलाने का प्रयास किया। वह गाँव के छोटे-मोटे झगड़ों को सुलझाता, जरूरतमंदों की सहायता करता, निर्धनों की कन्याओं का विवाह करता और सब में खुले-आम रुपया-पैसा बाँटता था। उसके इन कामों से वह गाँव के लोगों में राजा मानसिंह के नाम से जाना जाता था किन्तु इन कामों के साथ-साथ उसके द्वारा की जाने वाली हत्यायें और डकैतियाँ भी कम नहीं हुईं। देश को स्वतन्त्रता मिलने के पश्चात् जमींदारी उन्मूलन हुआ और अनेक जमींदारों ने सरकार से नाराज होकर डाकू दलों को सहायता देनी शुरू की। इससे मानसिंह का दल और भी मजबूत हो गया। सन् 1948 में आगरा पुलिस ने मानसिंह के गिरोह को समाप्त करने का भारी प्रयास किया किन्तु कोई विशेष परिणाम नहीं निकला। सन् 1953 में चम्बल की घाटी से लगे 3 राज्यों की पुलिस ने मिलकर इस दल के विरुद्ध अभियान किया। सन् 1954 में पुलिस से एक मुठभेड़ में इटावा में मानसिंह का सबसे छोटा पुत्र घायल हुआ और गिरफ्तार कर लिया गया। मानसिंह ने 11 नागरिकों और 12 पुलिस के सिपाहियों की हत्या करके इस हानि का बदला लिया। इसके अतिरिक्त उसके पुत्र के विरुद्ध गवाही में पेश किये जाने की सम्भावना वाले अन्य 14 व्यक्ति भी उसने मौत के घाट उतार दिये। किन्तु उसके भाग्य का सितारा डूबने लगा था। 25 अगस्त,

1955 को भिंड में उसके गिरोह के एक वृक्ष के नीचे विश्राम करते समय पुलिस ने घेरा डाल दिया। दोनों ओर से गोलियाँ चलीं। मानसिंह का दायाँ हाथ रूपा तथा अन्य सदस्य भाग निकले किन्तु मानसिंह और उसका बड़ा पुत्र सूबेदार सिंह पुलिस की गोली के शिकार हुए। इस प्रकार चम्बल की घाटी में डाकू गिरोह के इतिहास में सबसे प्रसिद्ध डाकू गिरोह का अन्त हो गया।

माधोसिंह और उसका गिरोह

यदि मानसिंह चम्बल के डाकुओं के इतिहास में सर्वोच्च शिखर था तो माधोसिंह का नाम उन डकैतों में लिया जा सकता है जिनके बाद से बड़े डकैतों की परम्परा लगभग समाप्त हो गयी। अन्य शब्दों में, चम्बल के प्रसिद्ध डाकू सरदारों की नामावली में माधोसिंह का नाम सबसे अन्त में आता है। दक्षिणी आगरा के एक छोटे से गाँव में सन् 1933 में माधोसिंह का जन्म हुआ। उसका परिवार भदोरिया क्षत्रिय वंश में गिना जाता था। यह अच्छा खाता-पीता परिवार था और गाँव में इसे सम्मानित स्थान प्राप्त था। आठवीं कक्षा पास करने के बाद विद्यालय की पढ़ाई छोड़कर माधोसिंह फौज में शामिल हो गया। उसने 6 वर्षों तक राजपूत राइफल्स में काम किया और हवलदार का पद प्राप्त किया। इस काल में भी उसकी गतिविधियाँ भले आदमियों की सी नहीं थीं। वह समय-समय पर वेश्यालयों में जाता रहता था। 6 वर्ष के सेवा काल के बाद फौज से छूटकर उसने चिकित्सा का काम करना शुरू किया किन्तु उसकी गतिविधियों का क्षेत्र अत्यन्त व्यापक था। नीम हकीम का व्यवसाय करने के साथ-साथ वह एक समाजवादी राजनीतिक दल का सदस्य था, वेश्यालयों में नियमित रूप से जाता था और क्षत्रिय गिरोहों से सम्पर्क रखता था। इन्हीं दिनों उसके जीवन में एक ऐसी घटना हुई जिससे वह डाकू बन गया। ग्राम पंचायत के चुनावों में उसके भाई की हार हुई। एक नाचने वाली को भगा ले जाने के अपराध में उसे पुलिस ने पकड़ लिया किन्तु वह भाग निकला। पुलिस से भागकर सन् 1960 तक वह चम्बल के बीहड़ों में विभिन्न गिरोहों के साथ काम करता रहा। क्रमशः उसने अपना स्वतन्त्र दल बना लिया। वह ठाठ से रहता था और समय निकाल कर दिल्ली और बम्बई जैसे बड़े नगरों के प्रसिद्ध होटलों में सुरा और सुन्दरी के बीच भी समय बिताता था। अपने क्षेत्र में भी उसका राम कटोरी नाम की एक विधवा से अवैध सम्बन्ध था।

माधोसिंह ने 12 वर्ष तक चम्बल की घाटी में अपराधों की धूम मचाये रखी। वह अचूक निशानेबाज था। उसमें संगठन की अद्‌भुत शक्ति थी। उसके गिरोह में 25 से लेकर 70 तक आदमी रहते थे। उसके साथियों के पास रिवाल्वर और बन्दूकों के अतिरिक्त ब्रेन गन, स्टेन गन और टोमी गन जैसे आधुनिकतम फौजी हथियार और टेप रिकार्डर, बाइनोकुलर, ट्रांजिस्टर जैसे यन्त्र थे। माधोसिंह के गिरोह के लोग फौजी वर्दी पहनते थे। वह स्वयं फौजी वर्दी के साथ-साथ सर्किल इन्स्पैक्टर का बैज लगाता था। उसके दल में छोटी-छोटी टुकड़ियों का नेतृत्व करने वाले अनेक

उपनेता थे। कभी-कभी तो उसने 300 डकैतों तक के कार्यों का संचालन किया। भिंड, मोरैना और आगरा जिलों में उसकी धाक थी। उसने अपने दल के सदस्यों की गतिविधियों के विषय में कठोर नियम लागू कर रखे थे। उदाहरण के लिये काम करते समय कोई भी सदस्य यौन सम्बन्धी किसी काम में प्रवृत्त नहीं हो सकता था, पुलिस के मुखबिरों के प्रति दया नहीं दिखायी जाती थी इत्यादि। माधोसिंह के गिरोह ने हत्या, लूटपाट और डकैतियों के अतिरिक्त बन्धक के रूप में धनिक व्यक्तियों को भगाने का कार्य किया। सन् 1965 में इस गिरोह ने धनिक वर्ग के 30 लड़कों, एक शिक्षक और एक पटवारी के एक पूरे दल को भगा ले जाकर सारे देश में सनसनी फैला दी। उसके दल की पुलिस से सैंकड़ों बार मुठभेड़ हुई। सन् 1968 की एक मुठभेड़ में 26 घन्टों के मुकाबले के बाद उसके बहुत से साथी मारे गये। उसको ज़ीवित या मृत पकड़ने के लिए घोषित पुरस्कार की राशि बढ़ती रही और अन्त में वह एक लाख तक पहुँच गयी। सन् 1965 के भारत पाक संघर्ष के समय माधोसिंह ने सरकार से कहा कि वह अकेला ही अपने दल के साथ शत्रु को खदेड़ सकता है। सन् 1968 में उसने कुछ शर्तों पर समर्पण करने का इरादा प्रकट किया। दो वर्ष बाद उसने अपने इस निमन्त्रण को फिर से दोहराया। इसी बीच मध्य प्रदेश में सर्वोदय अधिकारियों की ओर से डाकुओं के क्षेत्र में शान्ति अभियान चला। सर्वोदय नेताओं ने डाकुओं को पुलिस के सामने समर्पण करने की सलाह दी और यह वायदा किया कि सरकार उनसे अच्छा सलूक करेगी। मध्य प्रदेश सरकार ने भी सर्वोदय नेताओं के आह्वान का समर्थन किया। सन् 1971 में माधोसिंह ने दिल्ली और पटना में सर्वोदय नेताओं से भेंट की। इस भेंट के परिणामस्वरूप 16 अप्रैल सन् 1972 को माधोसिंह ने अपने 69 साथियों के साथ सरकार के सामने आत्म-समर्पण कर दिया। माधोसिंह के दल के इस समर्पण से चम्बल की घाटी में बड़े डकैत दलों की परम्परा समाप्त हो गयी।

किन्तु सरकार और सर्वोदय नेताओं के प्रयत्न को भारी सफलता मिलने के बावजूद चम्बल घाटी के डाकुओं की समस्या के सुलझने में अभी कुछ समय लगेगा। समर्पण करने वाले डकैतों के परिवारों को अच्छे नागरिक परिवार बनाने के लिए सरकार को सब प्रकार से सहायता करनी पड़ेगी। डकैतों के साथ भी कुछ न कुछ रियायत से पेश आना पड़ेगा जिससे उन्हें समर्पण में खेद न हो। इस दृष्टि से यदि सरकार ने सर्वोदय नेताओं की सलाह पर पूरी तरह से अमल किया तो सम्भवतया भविष्य में फिर कभी चम्बल घाटी में भयंकर डाकू गिरोहों के इतिहास को फिर से दोहराये जाने का अवसर न आये।

अभ्यास के लिए प्रश्न

1. भारत में डाकू गिरोह पर एक निबन्ध लिखिये।

31

महिला अपराधी तथा महिला उत्पीड़न (Women Criminals and Crimes against Women)

विभिन्न देशों के उपलब्ध आँकड़ों से स्पष्ट होता है कि पुरुष अपराधों की तुलना में महिला अपराधियों की संख्या अत्यधिक कम होती है। भारतवर्ष में स्वतन्त्रता प्राप्ति के पश्चात् महिला अपराधियों की संख्या में अपार वृद्धि हुई है। फिर भी पाश्चात्य समाजों की तुलना में भारतीय समाज में महिला अपराधियों की संख्या नगण्य है।

स्त्री वर्ग द्वारा किये गये समाज-विरोधी अथवा गैर कानूनी कृत्य को ही महिला अपराध और इनसे सम्बन्धित अपराधियों को महिला अपराधी कहा जाता है। भारतवर्ष में महिला अपराध से सम्बन्धित आँकड़ों के अध्ययन से पता चलता है कि अपराधी महिलाओं की संख्या अभी तक बहुत कम है। विश्व के समस्त देशों में न्यूनाधिक यही पाया ज़ाता है कि बालिकायें, बालकों की तुलनाकृत अत्यधिक कम संख्या में अपराध करती हैं। इसका सर्वप्रमुख कारण यह है कि इन पर सामाजिक नियन्त्रण, पारिवारिक उत्तरदायित्व और मान-मर्यादा का प्रभाव अपेक्षाकृत अधिक पड़ता है, जिसके फलस्वरूप उनको अपराध करने के अवसर कम प्राप्त होते हैं।

महिलाओं में अपराधिक प्रवृत्ति

सुप्रसिद्ध समाजशास्त्री **रेकलैस** (Rackless) के मतानुसार ''लड़कियाँ प्रमुख रूप से नियन्त्रणहीनता, भगौड़ापन तथा यौन सम्बन्धी अपराध करती हैं, जबकि इसके ठीक विपरीत लड़के प्राय: मारपीट और सम्पत्ति सम्बन्धी अपराध अधिक करते हैं।'' **प्रो० बार्कर** तथा **ऐडम्स** के मतानुसार—"लड़कियाँ नियन्त्रणहीनता के अपराध लड़कों की तुलनाकृत अधिक करती हैं तथा लड़के सम्पत्ति सम्बन्धी

अपराध अधिक करते हैं।''

प्रख्यात समाजशास्त्री **डाक्टर रूथ मौरिस** ने 56 अपराधी बालकों तथा 56 अपराधी बालिकाओं का एक समान अध्ययन करके महिलाओं में पाये जाने वाले अपराधों की विशिष्ट प्रकृति का उल्लेख किया है। लड़कों की तुलनाकृत लड़कियों में अपने अपराधों के लिये अत्यधिक खेद, लज्जा और पश्चाताप की भावना पाई जाती है तथा अन्य व्यक्तियों के अपराधिक कृत्यों के प्रति उनका दृष्टिकोण भी लड़कों की तुलनाकृत अधिक प्रतिरोधात्मक होता है। इसी प्रकार लड़कियाँ लड़कों की तुलना में कम मित्रता करती हैं। **डाक्टर एस॰ एम॰ क्लार्क** ने अमेरिका के ओहियो नामक शहर के 7,426 अपराधी बालकों और 200 अपराधी लड़कियों का एक तुलनात्मक अध्ययन करके यह निष्कर्ष प्रतिपादित किया है कि लड़कों तथा लड़कियों की अपराधिक-प्रवृत्ति में कोई विशेष महत्वपूर्ण अन्तर नहीं पाया जाता है, फिर भी लड़कियों में नियन्त्रणहीनता और यौनापराध अधिक मात्रा में पाया जाता है।

विश्व के सभी समाजों में महिला अपराध की दर बढ़ी है। इसका प्रमुख कारण औद्योगीकरण तथा नगरीकरण की प्रक्रिया है। सामान्यतया महिलाओं में पाये जाने वाले अपराध की प्रवृत्ति इस प्रकार की होती है कि उनका निरूपण सम्भव नहीं होता है। महिलाओं में यौन अनैतिकता और कामुकता सम्बन्धी अपराध इसलिये भी प्रकट नहीं हो पाते, कि वे प्रायः अत्यधिक गुप्त, सुरक्षित और एकान्त स्थानों में किए जाते हैं। इस प्रकार के अपराधों का पता पुलिस और अन्य व्यक्तियों को ही नहीं, अपितु परिवारजनों को भी नहीं चल पाता है। इसके बावजूद भी यदि परिवारजनों को इनका पता चल भी जाता है तो वे लोकलाज और सामाजिक प्रतिष्ठा की हानि के भय से उनको दबाने अथवा छिपाने का प्रयास करते हैं।

महिला उत्पीड़न

सरकार द्वारा महिलाओं का स्तर ऊँचा करने के लिए किये गये अनेक प्रयासों के बावजूद हाल के वर्षों में महिलाओं के प्रति अपराध में काफी वृद्धि हुई है।

वर्ष 1991 में देशभर में 2,448 महिलाएं दहेज की बेदी पर बलि चढ़ीं अथवा चढ़ा दी गयीं, जबकि 5,916 महिलायें बलात्कार की शिकार हुईं। महिलाओं से छेड़खानी के 12,902 मामले और 7,116 अपहरण के मामले दर्ज किये गये।

यह तो सरकारी आँकड़ा है। महिलाओं के प्रति अपराध की वास्तविक संख्या तो इससे कहीं अधिक होगी, क्योंकि ऐसे बहुत से मामले सामाजिक कारणों से छुपा लिये जाते हैं।

अपेक्षाकृत कम साक्षरता दर वाले हिन्दी भाषी राज्यों में महिलाओं के प्रति अपराध की संख्या अधिक है। अकेले उत्तर प्रदेश में 2,074 महिलायें दहेज और

बलात्कार की शिकार हुईं। मध्य प्रदेश में जुलाई, 1991 तक बलात्कार के 245 और छेड़खानी के 4,117 मामले प्रकाश में आये।

बड़ी हैरानी की बात यह है कि राजधानी दिल्ली में महिलाओं के प्रति अपराध के सर्वाधिक 3186 मामले दर्ज किये गये। इनमें 111 दहेज मृत्यु, 182 बलात्कार और 196 छेड़खानी के मामले शामिल हैं। महिलाओं पर पति अथवा सास, सुसर के अत्याचार के 384 मामले दर्ज किये गये।

महिला दक्षता समिति की उपाध्यक्ष सुश्री रंजना कुमारी ने कहा कि "हमारे पारम्परिक रीति-रिवाजों से भी महिलाओं पर अत्याचार को बढ़ावा मिलता है।"

उन्होंने कहा कि दहेज प्रथा को बढ़ावा देने में लड़की के माँ-बाप भी काफी हद तक जिम्मेदार हैं। वे अपनी पुत्रियों की शादी के समय दी जाने वाली वस्तुओं की सूची न रखकर गलती करते हैं। हमारे देश में कानून बिल्कुल सही हैं, लेकिन उन्हें सही ढंग से लागू नहीं करने की वजह से समस्या ज्यों की त्यों बनी हुई है। सबूत की कमी और न्याय मिलने में देरी के कारण ऐसे मामले उलझ जाते हैं। उत्तराधिकार कानून सिर्फ कागजी है, व्यवहार में माँ-बाप की सम्पत्ति में लड़की को हिस्सा नहीं मिलता। सम्पत्ति के अधिकार के सम्बन्ध में स्पष्ट नीति वर्तमान विवाह प्रणाली की पुनर्समीक्षा और महिलाओं के प्रति पुरुषों के दृष्टिकोण में बदलाव से इस दिशा में कुछ सफलता हासिल की जा सकती है।

इस सम्बन्ध में पुलिस का रवैया संतोषजनक नहीं है। दिल्ली पुलिस अपराध (महिला) प्रकोष्ठ की पुलिस उपायुक्त श्रीमति यानिन हजारिका के अनुसार, 'चाहे एक महिला की हत्या नकद के लिए हो अथवा एक रंगीन टी॰ वी॰ के लिए, इसका मुख्य कारण उपभोक्तावादी संस्कृति का हावी होना है। 'हमारे कानून में कोई कमी नहीं है।' उनके अनुसार 1990 की तुलना में 1991 में महिलाओं के प्रति अपराध में कमी आयी। कुछ मामलों में शिकायतकर्ता भावनात्मक एवं वित्तीय कारणों से अपने मामले वापस ले लेते हैं। सुश्री हजारिका ने कहा कि हमारी भी कोशिश लोगों को आपस में मिलाने की होती है न कि उन्हें अलग करने की, कि हालांकि हमारी इस भूमिका की कई लोग निंदा भी करते हैं। लड़कियों के अभिभावकों का विचार होता है कि लड़की का स्थान पति के घर में होता है और लड़की कहीं कोई आसरा न पाकर अपना जीवन समाप्त कर लेती है। इन्हीं बातों को ध्यान में रखते हुए दिल्ली पुलिस ने ऐसी महिलाओं की मदद की दिशा में कदम उठाया है।

सरकार ने महिलाओं के प्रति अपराध पर नियंत्रण करने के लिए मौजूदा कानून को अधिक प्रभावी बनाने का प्रयास किया है। दहेज विरोधी कानून के तहत किये गये अपराध को गैर जमानती घोषित कर दिया गया है। भारतीय दण्ड संहिता में एक नयी धारा जोड़कर किसी महिला पर उसके पति तथा सास-ससुर द्वारा किये गये अत्याचार को गम्भीर अपराध घोषित किया गया है।

महिला अपराधियों के प्रेरक कारण

(1) भौतिकता का दृष्टिकोण (Materialistic Approach)—वर्तमान युग भौतिकवादी युग है। इस युग में पुरुषों की ही भाँति महिलायें भी भौतिकवादी दृष्टिकोण अपनाने लगी हैं। प्रायः महिलायें झूठी शान-शौकत, फैशनपरस्ती और विलासिता सम्बन्धी निरर्थक आवश्यकताओं पर अपने परिवार की गाढ़ी कमाई का अपव्यय करती हैं। जब कभी कतिपय महिलाओं को इन वस्तुओं की प्राप्ति नहीं हो पाती, तब वे इनको अनुचित विधियों से प्राप्त करने का प्रयास करने लगती हैं। इस प्रकार की भौतिकवादी विचारधारा के फलस्वरूप प्रायः यौन अनैतिकता, भ्रष्टाचार, वेश्यावृत्ति, तस्करी और चोरी-उठाईगिरी जैसे अपराधों में फँस जाती हैं।

(2) विवशतापूर्ण परिस्थितियाँ (Compelling Circumstances)—विभिन्न प्रकार की विवशतापूर्ण परिस्थितियों में फंसकर भी बहुत सी महिलायें अपराधोन्मुखी हो जाती हैं। पति का आकस्मिक देहान्त, अत्यधिक विपन्नता या दारिद्रयता, बलात्कार या दुर्घटना, पति का क्रूर व्यवहार, बेसहारा हो जाना आदि विशेष परिस्थितियों के परिणामस्वरूप अनेक महिलायें विभिन्न प्रकार के यौनापराध, हत्या, चोरी, उठाईगिरी, तस्करी तथा आत्म-हत्या जैसे अपराधों में लिप्त हो जाती हैं।

(3) उपेक्षा तथा अपमान (Negligence and Insult)—जब किसी महिला को अपना परिवार समुचित आदर, श्रद्धा, स्नेह, मान-सम्मान आदि प्राप्त नहीं होता, अपितु इसके स्थान पर उसे उपेक्षा, अपमान, तिरस्कार तथा ह्रास आदि का शिकार बनना पड़ता है तो वे विभिन्न प्रकार के अपराधों में फंस जाती है। इस प्रकार के अपराध के मूल में वस्तुतः प्रतिशोध लेने की भावना निहित होती है। महिला डकैत—सुन्दरी पुतलीबाई, हसीना, मीरा ठाकुर, फूलनदेवी आदि के अपराधी बनने का मूल कारण यही था कि वे परिवार और समाज द्वारा उपेक्षित थीं।

(4) फैशन की आदत (Habits of Fashion)—वर्तमान युग में सर्वत्र भोग-विलास और फैशनपरस्ती का साम्राज्य है, जिसके परिणामस्वरूप बहुत सी महिलायें विभिन्न प्रकार के अपराधों में लिप्त हो जाती हैं। अनेक महिलायें फैशनपरस्ती के कारण इतना अधिक पदच्युत हो जाती हैं कि कालान्तर में वे इनकी पूर्ति हेतु विभिन्न प्रकार के अनैतिक आचरणों में फंस जाती हैं। वर्तमान जटिल समाजों में प्रचलित कार्लगर्ल नामक वेश्यावृत्ति का सर्वप्रमुख कारण यही फैशनपरस्ती ही है।

(5) पारिवारिक कुसमायोजन (Familial Mal-adjustment)—पारिवारिक कुसमायोजन भी महिलाओं में अपराध प्रवृत्ति को प्रोत्साहित करता है। प्रायः देखा जाता है कि सौतेले माता-पिता के दुर्व्यवहार के कारण बहुत सी लड़कियाँ घर से भागकर अपराधोन्मुखी हो जाती हैं। विभिन्न प्रकार की विवाहित महिलायें भी अपनी ससुराल में सास-ससुर, ननदों, और जेठानियों आदि द्वारा जब अधिक सताई

जाती हैं तो वे या तो आत्म-हत्या कर लेती हैं अथवा गृहत्याग कर बैठती हैं। इस प्रकार के पारिवारिक कुसमायोजन के परिणामस्वरूप गृहत्याग करने वाली बहुत सी महिलायें बुरे व्यक्तियों के जाल में फंसकर विभिन्न प्रकार के अपराधों में लिप्त हो जाती हैं।

(6) आधुनिकता की प्रवृत्ति (Tendency of Modernization)—वर्तमान जटिल समाजों की महिलाओं में सर्वत्र आधुनिकता की प्रवृत्ति उत्तरोत्तर बढ़ती ही जा रही है। औद्योगीकरण और नगरीकरण का प्रभाव तथा शैक्षिक प्रचार-प्रसार के परिणामस्वरूप वर्तमान युग की नारी घर की चारदीवारी की कैद से विमुक्त होकर स्वतन्त्र रूप से धनोपार्जन करने लगी है। इस प्रकार की सामाजिक-आर्थिक स्वतंत्रता के कारण आधुनिक महिलायें स्वच्छन्द यौनाचार, परपुरुष गमन, अविवाहित मातृत्व, गर्भपात तथा तस्करी आदि के अपराधों में संलग्न पाई जाती हैं।

(7) औद्योगीकरण तथा नगरीकरण (Industrialization and Urbanization)—वर्तमान जटिल समाजों में सर्वत्र औद्योगीकरण तथा नगरीकरण की प्रक्रिया देखी जाती है। बड़े बड़े औद्योगिक केन्द्रों तथा महानगरों में महिलायें नौकरी करती हैं और प्रायः दुष्चरित्र और असामाजिक तत्वों के प्रभाव में फंसकर स्वयं भी अपराध करने लगती हैं। इस प्रकार की दुष्चरित्र महिलायें अन्यान्य महिलाओं को भी अपने जाल में फांस लेती हैं।

(8) विफल विवाहित जीवन (Failed Marital Life)—वर्तमान युग में सामाजिक-आर्थिक परिस्थितियाँ इतनी जटिल हो गयी हैं कि प्रायः स्त्री-पुरुष अपने वैवाहिक जीवन को सुस्थिर नहीं रख पाते हैं। प्रेम-विवाह प्रायः कुछ समय पश्चात् विफल होने लगते हैं और इनके परिणामस्वरूप प्रायः महिलाओं में घुटन, कुण्ठा और नैराश्य भावना का विकास होने लगता है। इसके आधार पर बहुतसी महिलायें विभिन्न प्रकार के अपराधों में संलिप्त हो जाती हैं।

(9) असामाजिक वातावरण (Unsocial Environment)—प्रायः देखा गया है कि जिन परिवारों का पास-पड़ौस असामाजिक या आपराधिक होता है, वहाँ की लड़कियाँ और महिलायें भी कालान्तर में अपराध प्रवृत्ति का शिकार हो जाती हैं। गन्दी बस्तियों में निवास करने वाली महिलायें और लड़कियाँ इसी के परिणामस्वरूप अनैतिक आचरण, यौनाचार, वेश्यावृत्ति, मद्यपान और दुर्व्यसन, चोरी, उठाईगिरी तथा अन्य अपराधों की दोषी पाई गयी हैं।

(10) अश्लील साहित्य और चलचित्र (Vulgar Literature and Cinema)—विभिन्न प्रकार का अश्लील साहित्य और सिनेमा भी महिला अपराध का एक उत्तरदायी कारण है। अश्लील साहित्य पढ़कर कोमल मनो-मस्तिष्क वाली युवतियाँ अतिशीघ्र पदच्युत हो जाती हैं और कालान्तर में दुष्चरित्र और बुरे अपराधी व्यक्तियों के जाल में फंसकर विभिन्न प्रकार के अपराधों में लिप्त हो जाती हैं। इसी

प्रकार सिनेमा में प्रदर्शित अश्लील प्रेम दृश्य और बलात्कार आदि के दृश्यों में महिला अपराध को बढ़ावा मिलता है।

(11) सामाजिक दुष्प्रथायें (Social Evils)—बाल-विवाह, विधवा विवाह निषेध, बेमेल विवाह तथा दहेज-प्रथा आदि दुष्प्रथायें भी विभिन्न प्रकार के महिला अपराधों की जन्मदात्री हैं। बाल-विवाह के परिणामस्वरूप प्राय: पति के निधनोपरान्त जब बालिका विधवा हो जाती है तो युवावस्था में वह अपनी दैहिक क्षुधा की परिपूर्ति हेतु विभिन्न प्रकार की यौन अनैतिकता का शिकार बनकर अपराधोन्मुखी हो जाती है। इसी प्रकार विधवा विवाह निषेध, दहेज की कुप्रथायें भी समाज में विभिन्न प्रकार के महिला अपराधों के लिए उत्तरदायी होती हैं। बेमेल विवाह के परिणामस्वरूप जब एक नवयुवती किसी प्रौढ़ या दृढ़ व्यक्ति से विवाह के लिये विवश की जाती है तो उससे यौन-नैतिकता की आशा रखना व्यर्थ की बात प्रतीत होती है। दहेज-प्रथा के कारण हमारे समाज में प्रतिवर्ष हजारों लड़कियाँ या तो अवांछित यौनाचार में फंस जाती हैं अथवा बुरे व्यक्तियों के प्रभाव में फँसकर तस्करी, वेश्यावृत्ति जैसे अपराध प्रारम्भ कर देती हैं। स्पष्ट है कि विभिन्न प्रकार की सामाजिक कुप्रथायें भी महिला अपराध के जन्म हेतु उत्तरदायी होती हैं।

(12) मनोवैज्ञानिक कारण (Psychological Causes)—मनोवैज्ञानिक कारण भी लड़कियों और महिलाओं में आपराधिक प्रवृत्ति को प्रोत्साहित करते हैं। प्रत्येक लड़की अपने अहम् की सन्तुष्टि चाहती है अर्थात् वह अपने मित्र समूह से प्रशंसा की कामना करती है। बड़े-बड़े महानगरों में प्रचलित सहशिक्षा प्राप्त करने वाली आधुनिक नवयुवतियाँ प्राय: अपने साथ पढ़ने वाले लड़कों को इसी अहम् की सन्तुष्टि हेतु विभिन्न प्रकार से आकर्षित करने का प्रयास करती हैं।

महिला अपराधियों के सुधार-सम्बन्धी उपाय

भारतीय समाज में महिला अपराध की समस्या ने अभी तक कोई विशेष उग्र स्वरूप नहीं धारण किया है, इसलिये इस दिशा में थोड़े से उपायों द्वारा ही महिला अपराधियों का सुधार किया जा सकता है। महिला अपराध की रोकथाम हेतु निम्नांकित उपाय उपयोगी सिद्ध होंगे।

(1) समुचित शिक्षा की व्यवस्था (Management of Proper Education)—अत्यधिक प्रारम्भ से ही अल्पवयस्क बालिकाओं को सामान्य शिक्षा के साथ-साथ सामाजिक मूल्यों, गुणों, आदर्शों तथा नैतिकता सम्बन्धी विचारों की शिक्षा-दीक्षा प्रदान की जाये, जिससे अपने भावी जीवन में कदापि पथभ्रष्ट न हो सकें। इसी प्रकार उनमें गृहोपयोगी-शिक्षा तथा सद्व्यवहार करने का महत्व बताया जाये, जिससे अपने भावी वैवाहिक जीवन में वह ससुरालजनों से समुचित सामंजस्य स्थापित कर अपनी गृहस्थी का सफल संचालन कर सकें। इस प्रकार की समुचित शिक्षा की व्यवस्था के परिणामस्वरूप निश्चय ही महिला अपराध की दर में ह्रास होगा।

(2) सामाजिक कुप्रथाओं की समाप्ति (Abolition of Social Evils)—चूँकि भारतीय समाज में महिला अपराध का अत्यधिक प्रबल कारण दहेज-प्रथा, जाति प्रथा, विधवा विवाह निषेध, बाल विवाह तथा बेमेल विवाहादि दुष्प्रथायें हैं, इसलिये हमें अविलम्ब इनके उन्मूलन का भगीरथ प्रयास आरम्भ कर देना चाहिये।

(3) अश्लील साहित्य तथा सिनेमा पर नियन्त्रण (Control over Vulgar Literature and Cinema)—वर्तमान युग में सर्वत्र नारी देह और सौन्दर्य का व्यापारिक शोषण किया जाता है। विभिन्न प्रकार के सौन्दर्य साधनों के निर्माता ही नहीं, अपितु खाद्य पदार्थों तक के उत्पादों पर महिला के अश्लील और भद्दे चित्र छापे जाते हैं। फिल्मों में तो इनको एक विशेष आकर्षक ढंग से प्रस्तुत किया जाता है। इससे सामान्य जनमानस यही अनुभव करता है कि नारी मात्र मनोरंजन का ही साधन है। इस प्रकार की भद्दी और कुत्सित विज्ञापनबाजी का असर मात्र लड़कों पर ही नहीं, अपितु कोमलांगियों पर भी पड़ता है। विभिन्न सर्वेक्षणों से यह प्रमाणित हो चुका है कि अश्लील साहित्य व चलचित्र महिला अपराध में अपार वृद्धि करते हैं, इसलिये इन पर तुरन्त कड़ा प्रतिबन्ध लगाया जाना चाहिये।

(4) पारिवारिक समायोजन की व्यवस्था (Management of Familial Adjustment)—विभिन्न महिला अपराधियों के व्यक्तिगत जीवन के अध्ययन से यह ज्ञात हआ है कि वस्तुतः उनको पारिवारिक कुसमायोजन सम्बन्धी परिस्थितियाँ ही अपराधोन्मुखी बनाती हैं। वैवाहिक जीवन में पति से अनबन रहना अथवा सास-ससुर या ननद-भौजाई से वाक् युद्ध और विवाद करना ही शनैः-शनैः महिलाओं को अपराध की ओर अग्रसर करता है। इस अवस्था में यह अत्यावश्यक है कि उनमें पारिवारिक समायोजन की आदत का समुचित विकास किया जाये।

(5) नैतिक मूल्यों का विकास (Development of Moral Values)—महिला अपराध के विरोध हेतु यह भी आवश्यक होगा कि उनमें नैतिक गुणों, आदर्शों तथा मूल्यों का समुचित विकास भी किया जाये। महिलाओं को बाल्यावस्था से ही सदाचार, सद्व्यवहार, परोपकार, सहिष्णुता, दया, ममत्व, स्नेह तथा सेवा भावना से ओतप्रोत किया जाये तो उनके अपराधी बनने का प्रश्न ही नहीं उठता।

(6) भौतिकतावादी दृष्टिकोण में परिवर्तन (Change in Materialistic Approach)—महिला अपराध का एक बड़ा कारण फैशनपरस्ती, आधुनिकता, पश्चिमीकरण की प्रक्रिया है। बड़े-बड़े महानगरों में रहने वाली बहुत सी नवयुवतियाँ फैशनपरस्ती और घूमने-फिरने की स्वतन्त्रता से पथभ्रष्ट होकर अपराध में संलग्न हो जाती हैं।

(7) अपराधी वातावरण की समाप्ति (Abolition of Criminal Environment)—महिला अपराध गंदी बस्तियों और आपराधिक वातावरण द्वारा उत्पन्न होता है। इसलिये सरकार के साथ मिलकर इनको जड़ से उखाड़ फैंकना चाहिये।

(8) सुधारात्मक उपाय (Reformative Measures)—डा॰ लबानिया के अनुसार—महिला अपराधियों को कारागार में कैद न रखकर किसी सुधारात्मक संस्था में रखा जाये। अपराधी महिलाओं को एक ही स्थान पर रखा जाय। उन्हें अपने नातेदारों से मिलने के अवसर दिये जायें। सुधार संस्थाओं में रहने वाली महिलाओं को सम्मान की दृष्टि से देखा जाये।

अभ्यास के लिये प्रश्न

1. महिला अपराधियों के बारे में एक लेख लिखिये।
2. महिलाओं में अपराधिक प्रवृत्ति की प्रमुख विशेषताओं, कारणों तथा निवारण सम्बन्धी उपायों की विवेचना कीजिये।
3. भारत में बढ़ते महिला उत्पीड़न पर संक्षिप्त टिप्पणी लिखिये।

32

किशोरापराध
(Juvenile Delinquency)

आधुनिक सभ्य देशों में किशोरापराधियों को पापी या बुरा व्यक्ति न समझकर एक मानसिक रोगी और परिस्थिति से बाध्य व्यक्ति समझा जाता है। एक समय था जबकि अपराध करने पर छोटे-छोटे बालकों को भी कठोर दण्ड दिया जाता था। परन्तु जैसे-जैसे मनोवैज्ञानिकों ने किशोरापराध के कारणों की ओर, सभ्य जगत का ध्यान आकर्षित किया, वैसे-वैसे किशोरापराधी को दण्ड देने का रिवाज कम हुआ और उसके सुधार का रिवाज बढ़ा। आजकल सभी सभ्य देशों में किशोरापराधी के सुधार की चेष्टा की जाती है। रिफार्मेट्री स्कूल, प्रोबेशेन तथा अन्य उपायों से किशोरापराधियों को फिर से समाज के स्वस्थ नागरिक बनाने का प्रयत्न किया जाता है।

किशोरापराध की कानूनी परिभाषा

कानून की दृष्टि से किशोरापराधी 15 से 21 वर्ष का वह बालक है जो कि समाज विरोधी काम करता है। ओहायो कोड (Ohio Code U.S.A.) ने किशोरापराध की परिभाषा इस तरह की है, "किशोरापराधी वह है जो कानून भंग करता है, आवारा-गर्दी करता है, आज्ञा का उल्लंघन करने में अभ्यस्थ है, जिसके व्यवहार से उसका अपना तथा दूसरों का नैतिक जीवन खतरे में पड़ता है, अथवा जो अपने माता-पिता या अभिभावकों की अनुमति के बिना विवाह करने की कोशिश करता है।" यहाँ यह ध्यान रखने की बात है कि किशोरापराधी कहलाने वाले बालकों की आयु सभी देशों में एकसी निश्चित नहीं की गई है। कहीं यह आयु 18 वर्ष है तो कहीं 16 वर्ष, कहीं 20 है तो कहीं 21 वर्ष। साधारणतया 17 वर्ष की आयु के बालक किशोरापराधी माने जाते हैं। भारतवर्ष में प्रचलित किशोर अधिनियमों में किशोरापराधी की अधिकतम आयु 16 वर्ष निश्चित की गई है। ये अधिनियिम उत्तर प्रदेश, मध्य प्रदेश, महाराष्ट्र, तमिलनाडु, मैसूर, देहली, पश्चिमी बंगाल, उड़ीसा तथा पूर्वी पंजाब में बनाये जा चुके हैं। जिन राज्यों में किशोर अधिनियम नहीं बना है या लागू नहीं हुआ है, उनमें 1897 का रिफार्मेट्री स्कूल अधिनियम लागू है। इसमें

किशोरापराधी की अधिकतम आयु 15 वर्ष निश्चित की गई है। महाराष्ट्र तथा मध्य प्रदेश में यह आयु 16 वर्ष है। रिफार्मेट्री स्कूल अधिनियम के अनुसार 15 वर्ष से कम आयु का बालक जिसे किसी अपराध के कारण कारावास या काले पानी की सजा मिली है, युवक अपराधी (Youthful Offender) कहा जायेगा।

किशोरापराध की मनोवैज्ञानिक परिभाषा

किशोरापराध की मनोवैज्ञानिक परिभाषा उसकी कानूनी परिभाषा से भिन्न है, क्योंकि मनोविज्ञान ने किशोरापराध के कारणों पर जोर दिया है। कानून की दृष्टि से ऐसे अपराधी छूट जाते हैं जो पकड़े न जायें, परन्तु मनोवैज्ञानिक दृष्टिकोण से ये सभी अपराधी हैं। इस तरह किशोरापराध की मनोवैज्ञानिक परिभाषा उसकी कानूनी परिभाषा से अधिक विस्तृत है। मनोविज्ञान के अनुसार 15 से 18 वर्ष के वे सभी किशोर बालक-बालिकायें किशोरापराधी कहे जायेंगे, जिन्होंने कोई अपराध किया है चाहे वे पकड़े जायें या कानून से बच निकलें। इस तरह किशोरापराधी वह बालक है जो दूसरों की सम्पत्ति छीनता है, या उसे हानि पहुँचाता है, असामाजिक कार्य करता है, दूसरों की जिन्दगी के लिए खतरा पैदा करता है या दूसरों के कार्यों में बाधा डालता है। इस तरह किसी मोटर के शीशे में पत्थर मारकर भाग जाने वाला, कहीं आग लगा देने वाला, केवल हँसी के लिए किसी की जान को खतरा पैदा कर देने वाला, ये सभी बालक मनोवैज्ञानिक दृष्टिकोण से किशोरापराधी हैं।

किशोरापराध की परिभाषा करते हुए डॉ० सेथना ने लिखा है, "किशोरापराध में एक स्थान विशेष पर उस समय लागू कानून द्वारा निर्धारित एक निश्चित आयु के बालक अथवा युवक व्यक्ति द्वारा किये गये अनुचित कार्य सम्मिलित हैं।"[1] न्यूमेयर ने इस बात को इन शब्दों में लिखा है, "एक किशोरापराधी निर्धारित आयु से कम आयु वाला वह व्यक्ति है जो समाज विरोधी कार्य करने का दोषी है और जिसका दुराचार कानून का उल्लंघन है।"[2]

अपराध और किशोरापराध में अन्तर

(1) आयु का अन्तर—किशोरापराध की उपरोक्त व्याख्या से प्रकट होता है कि किशोरापराधी और अपराधी में विशेषतया आयु का अन्तर है। दोनों ही समाज विरोधी काम करते हैं। दोनों ही के काम सामाजिक सम्बन्धों तथा कार्यों में बाधा डालते हैं। डॉ० हैकरवाल के शब्दों में, "सामाजिक दृष्टिकोण से अपराध या किशोरापराध व्यक्ति का ऐसा व्यवहार है जो उन मानवीय सम्बन्धों की व्याख्या में

---

1. "Juvenile delinquency involves wrong doing by a child or young person who is under an age specified by the law (for the time being in force) of the place concerned."

–Dr. Sethana.

2. "A delinquent is a person under age who is guilty of antisocial act and whose misconduct is an infraction of law."

–Newmeyer.

बाधा डालता है जिनको समाज अपने अस्तित्व की मौलिक दशा मानता है। इस तरह यदि अपराधी एक निश्चित आयु से कम है तो वह किशोरापराधी कहा जायेगा और यदि कानून द्वारा निश्चित आयु से अधिक है तो वह अपराधी कहा जायेगा।

(2) **कामों का अन्तर**—परन्तु कभी-कभी अपराधी और किशोरापराधी में केवल आयु का नहीं, बल्कि कुछ विशेष कामों का भी अन्तर होता है। इस तरह कानून विरोधी काम न करने पर भी कुछ विशेष प्रकार के काम न करने वाले बालक किशोरापराधी मान लिये जाते हैं। आवारा, दुष्ट, उद्दण्ड और आवाराओं, वेश्याओं, शराबियों, जुआरियों आदि के साथ घूमने वाले तथा माता-पिता की आज्ञा के बिना घर से बहुत समय तक गायब रहने वाले अथवा बहुत रात बीते तक सड़कों पर घूमने वाले बालक और युवक बहुधा किशोरापराधी मान लिये जाते हैं। यहाँ यह ध्यान रखने की बात है कि ये सब काम कानून के विरुद्ध नहीं है। अतः ऐसे काम करने वाला किशोरापराधी सामान्य अपराधियों की श्रेणी में नहीं आता। कभी-कभी तो बे-घरबार और व्यर्थ घूमने वाला या भीख माँगने वाला बालक भी किशोरापराधियों में सम्मिलित कर लिया जाता है और उसको किशोर न्यायालयों के सामने पेश करके उसके सुधार की चेष्टा की जाती है।

(3) **विशेषताओं का अन्तर**—कोहेन ने कुछ विशेषताओं के आधार पर अपराधियों और किशोरापराधियों में अन्तर किया है। ये विशेषतायें निम्नलिखित हैं—

(i) किशोरापराध निरुपयोगी होता है। किशोरापराधी ऐसे-ऐसे काम करता है जिनसे उसका कोई लाभ नहीं होता जैसे सड़कों पर व्यर्थ घूमना-फिरना। दूसरी ओर अपराधी केवल ऐसे ही काम करता है जिनसे उसे लाभ हो। कभी-कभी किशोरापराधी अपने कार्य के लक्ष्य तक को नहीं जानता।

(ii) कभी-कभी किशोरापराधी केवल हँसी के लिये अपराध करता है जैसे किसी मोटरकार का शीशा तोड़ देना, रेल की पटरी पर पत्थर रख देना या किसी को छल से पानी में ढकेल देना। अपराधी इस तरह के कार्य नहीं करता।

(iii) किशोरापराधी अधिकतर योजना बनाकर अथवा संगठित रूप से कार्य नहीं करता। दूसरी ओर, अपराधी योजना बनाकर तथा संगठित रूप से कार्य करता है।

संक्षेप में, अपराधियों और किशोरापराधियों में मुख्य अन्तर आयु, कार्यों के प्रकार, कार्यों के उद्देश्य, कार्यों की विधि आदि का है। परन्तु आमतौर से उम्र के भेद से ही अपराधियों और किशोरापराधियों में अन्तर किया जाता है।

किशोरापराध के कारण

कारणों का वर्गीकरण

आधुनिक अपराधशास्त्र की नई विचारधारा के अनुसार किशोरापराध के कारणों को दो भागों में बाँटा गया है—व्यक्तिगत कारण और सामाजिक कारण।

अपराध में दो विशेष कारक काम करते हैं—आन्तरिक और बाह्य। आन्तरिक कारकों में शारीरिक और मनोवैज्ञानिक कारक आते हैं तथा बाह्य कारकों में सामाजिक कारक गिने जाते हैं। अमरीकी अपराधशास्त्री लिण्ड स्मिथ (Lynd Smith) और डुनहैम (Dunhem) ने अपराधियों को दो भागों में बाँटा है—(1) सामाजिक अपराधी, (2) व्यक्तिगत अपराधी। सामाजिक अपराधी खासतौर से सामाजिक परिस्थिति के कारण पैदा होते हैं। व्यक्तिगत अपराधी असामाजिक और व्यक्तिगत कारकों से उत्पन्न होते हैं। वाल्टर रैकलैस (Walter Recklace) ने अपराध के दो विशेष कारण बतलाये हैं—(1) रचनात्मक, और (2) परिस्थिति सम्बन्धी। कुछ अन्य अपराधशास्त्रियों ने अपराध के कारणों को दो भागों में बाँटा है—(1) समाज प्रेरित (Sociogenic), (2) मनोविज्ञान प्रेरित (Psychogenic)। यहाँ पर किशोरापराध के कारणों को तीन वर्गों में बाँटकर उनका अध्ययन किया जायेगा—(1) सामाजिक कारण, (2) मनोवैज्ञानिक कारण, और (3) आर्थिक कारण।

(1) सामाजिक कारण

किशोरापराध के कारणों में से सबसे अधिक व्यापक सामाजिक कारण हैं। इनमें मुख्य हैं—(1) परिवार, (2) स्कूल, (3) अपराधी क्षेत्र, (4) बुरी संगति, (5) मनोरंजन, (6) युद्ध, (7) सामाजिक विघटन, (8) स्थानान्तरण।

(1) परिवार—किशोरापराध के कारणों में इलियट और मैरिल ने दूषित पारिवारिक प्रभाव को सबसे अधिक महत्वपूर्ण माना है। हीली और ब्रोनर ने शिकागो तथा बोस्टन के 4000 किशोरापराधियों में 50 प्रतिशत विश्रृंखलित घरों से आये हुए किशोरों को पाया। परिवार के सम्बन्ध में मुख्य परिस्थितियाँ हैं—(अ) भग्न परिवार, (ब) माता-पिता का रुख, (स) माता-पिता का चरित्र व आचार, (द) अपराधी भाई-बहनों का प्रभाव। किशोरापराध में परिवार के महत्व को पूरी तरह समझने के लिये इन सभी कारकों को समझना आवश्यक है।

(i) **भग्न परिवार** (Broken Families)—किशोरापराध के अध्ययन से पता चला है कि अधिकतर किशोरापराधी भग्न परिवारों से आते हैं। भग्न परिवार, जैसा कि उसके नाम से स्पष्ट है, ऐसा परिवार है जिसमें पारिवारिक सम्बन्ध टूट चुके हैं। परिवार का अर्थ केवल कुछ व्यक्तियों का एकत्रित रहना मात्र नहीं है बल्कि उनका परस्पर घनिष्ठ सम्बन्ध है। इस घनिष्ठता की अनुपस्थिति में परिवार विश्रृंखलित हो जाता है और विश्रृंखलित परिवार में किशोरापराधी उत्पन्न होते हैं। भग्न परिवार में बालक की देखभाल नहीं हो पाती। कुछ विशेषज्ञों के अनुसार, विश्रृंखलित परिवार लड़कों की अपेक्षा लड़कियों में अपराधवृत्ति के लिए अधिक सहायक होता है। 1947 में बम्बई में बाल सहायता समाज के अधीन 386 लड़के तथा 169 अन्धी लड़कियाँ थीं। इनमें दो लड़के और दो लड़कियों के माता-पिता किसी न किसी अपराध के कारण जेल में सजा काट रहे थे, 2 लड़के और 5 लड़कियाँ कठोर व्यवहार से ग्रसित थीं, 6 लड़के और 9 लड़कियाँ अनैतिक असुरक्षा के शिकार थे।

भग्न परिवार में पति-पत्नी, माता-पिता और बालक तथा भाई-बहन के सम्बन्ध स्वस्थ नहीं रहते। अतः यह स्वाभाविक है कि बालक-बालिकायें भ्रष्ट मार्ग पर चल पड़ें।

(ii) **माता-पिता का रुख**—किशोरापराध की पारिवारिक परिस्थिति में बालक और माता-पिता के सम्बन्ध अत्यन्त महत्वपूर्ण हैं। Women of the Street नामक लन्दन की वेश्याओं पर किये गये एक खोजपूर्ण प्रबन्ध के भूमिका लेखक के अनुसार वेश्या की समस्या माता-पिता और बालक के सम्बन्ध से आरम्भ होती है। बहुधा जब बालक को माता-पिता का प्रेम नहीं मिलता और बात-बात में कठोर दण्ड मिलता है तो उसमें विद्रोह और क्षोभ बढ़ता जाता है जिससे अवसर मिलने पर वह घर से भाग जाता है और अपराध में पड़ जाता है। माता-पिता के तिरस्कार से बच्चे असहाय और अकेला अनुभव करते हैं जिससे उनमें अनेक मानसिक ग्रन्थियाँ बन जाती हैं। यदि माता-पिता अपनी बहुत सी बातों को बालक से छिपाने की कोशिश करते हैं तो इससे भी बालक में अपराधवृत्ति बनती है। उदाहरण के लिए अधिकतर बालक बहुधा अपने माता-पिता से यह पूछते हैं कि वे कहाँ से आये अथवा उनके छोटे भाई-बहन कहाँ से आये। जब माता-पिता उनसे झूठ बोलते हैं और वे अपने साथियों अथवा घर के नौकरों से सही बात का पता पा जाते हैं तो उनमें असुरक्षा की भावना उत्पन्न होती है, उनको यह जानकर भारी आघात लगता है कि उनके माता-पिता बहुत से ऐसे काम करते हैं जो वे उनको बतलाना नहीं चाहते। यह असुरक्षा की भावना बहुधा बालकों को यौन अपराध की ओर ले जाती है।

(iii) **माता-पिता का चरित्र व आचार**—माता-पिता के चरित्र व आचार का बालकों के व्यक्तित्व पर बड़ा प्रभाव पड़ता है। ऐसे बालक बहुत कम हैं जो अपने माता-पिता को झूठ बोलते और मक्कारीपूर्ण व्यवहार, यौन अनैतिकता तथा चोरी करते देखते हुए भी अपना व्यवहार सामाजिक मूल्यों और मान्यताओं के अनुसार बना पाते हैं। मिस इलियट के अध्ययन में 67 प्रतिशत विशृंखलित और 44 प्रतिशत अविशृंखलित परिवारों में माता-पिता अनैतिक व्यवहार में लगे हुए थे। यदि परिवार में माता वेश्यावृत्ति में लिप्त हो तो उसकी लड़कियों को भी उसका अनुसरण करने में संकोच न होगा और वे भी व्यभिचार की ओर बढ़ेंगी।

(iv) **भाई-बहनों का प्रभाव**—केवल माता-पिता और बालकों के सम्बन्ध का ही नहीं बल्कि भाई-बहनों के व्यक्तित्व का भी बालकों के व्यक्तित्व पर बड़ा प्रभाव पड़ता है। वह प्रभाव लड़कियों पर अधिक देखा जाता है क्योंकि उन पर लड़कों की अपेक्षा बाहर के कारकों का प्रभाव पड़ने का अवसर बहुत कम आता है। यदि घर के बड़े बालक अपराधी व्यवहार करते हैं तो उनका असर छोटे भाई-बहनों पर जरूर पड़ता है। यदि बड़ी बहन अपराधी हो या अनैतिक व्यवहार में लगी हुई हो तो उसकी छोटी बहन भी उसके अनुसार चलने लगती है।

उपरोक्त विस्तृत विवेचन से यह स्पष्ट है कि पारिवारिक परिस्थिति का बालकों को अपराधी बनाने में भारी हाथ है। परन्तु जैसा कि पहले बतलाया जा चुका है इससे यह निष्कर्ष नहीं निकाला जाना चाहिए कि भग्न परिवार के सभी बालक अपराधी होते हैं। हीली और ब्रोनर के अध्ययन में 372 भग्न परिवारों में केवल 20 प्रतिशत परिवारों में से एक बालक अपराधी था। 6 बच्चे वाले 336 परिवारों में केवल 12 प्रतिशत बालक अपराधी व्यवहार में लगे हुए थे।[1] इस अध्ययन में यह तो जान पड़ता है कि परिवार का विशृंखलन किशोरापराध का एक मात्र कारण नहीं है परन्तु कोई अपराधशास्त्री इस बात से इन्कार नहीं करता कि वह निश्चय ही सबसे बड़ा कारण है।

(2) **स्कूल**—परिवार के बाद बालक के व्यक्तित्व पर उसके स्कूल का प्रभाव पड़ता है। स्कूल से भाग जाना एक मुख्य किशोरापराध है। विलियमसन ने 1947 में अपने अध्ययन में यह देखा कि किशोरापराध में स्कूल से भागना, चोरियाँ तथा यौन अपराध सबसे मुख्य थे और इसमें भी स्कूल छोड़कर भाग जाना और स्कूल के बाहर नगर में घूमना-फिरना सबसे अधिक पाये गये। विलियमसन ने स्कूल से भागने के मुख्य कारण माता-पिता द्वारा उपेक्षा, अपराधियों के गिरोह में सम्मिलित होना, अध्यापक द्वारा दण्ड, विषय में कमजोरी तथा शिक्षा स्तर का योग्यता से अधिक होना पाये हैं। स्कूल से भागने वाले बालक अपना सारा समय बुरी संगति में बिताते हैं और तरह-तरह के अपराध करते हैं। आजकल अध्यापक के सामने यह एक बड़ी समस्या है। इसके लिए बड़े-बड़े नगरों में विद्यार्थियों को मैटनी शो में जाने से रोक दिया गया है। परन्तु इस तरह रोकने मात्र से समस्या हल नहीं होती। आजकल की बढ़ी हुई अनुशासनहीनता का मुख्य कारण यह है कि शिक्षा न तो मनोरंजक है और न रुचिकर तथा वह चरित्र निर्माण करने की अपेक्षा सूचनाओं को मस्तिष्क में भरने पर अधिक जोर देती है। कहना न होगा कि इन्हीं कारणों से बालक का स्कूल में मन नहीं लगता और वह स्कूल जाने से डरता है तथा नाना प्रकार के अपराधों में फंस जाता है।

(3) **अपराधी क्षेत्र**—क्लिफोर्ड, शॉ और मैक्के के अध्ययन के अनुसार कुछ क्षेत्र बालकों के स्वस्थ विकास के लिये उपयुक्त नहीं होते। यह एक सामान्य बात है कि पड़ौस और मौहल्लों का बालकों पर बड़ा प्रभाव पड़ता है। सांख्यिकीय विधि का प्रयोग करके मालर ने यह निष्कर्ष निकाला कि न्यूयार्क शहर में किशोरापराधी उस क्षेत्र में अधिक थे जहाँ रहन-सहन का स्तर बहुत नीचा था, बाल मृत्यु अधिक होती थी, मनोरंजन का कोई साधन नहीं था, बस्ती अस्थिर थी तथा औद्योगिक केन्द्र था। अस्थिर बस्तियों में कोई स्थायी सामाजिक नियम नहीं होता। उदाहरण के लिये धर्मशालाओं, सरायों तथा होटलों के आसपास पाकेटमार अधिक पाये जाते हैं क्योंकि वहाँ आने-जाने वालों का क्रम बराबर लगा रहता है। क्लिफोर्ड, शॉ और मैक्के ने

1. Healy and Bronner, *Delinquents and Criminals; Their making and unmaking,* The Macmillan Co. (New York), pp. 121-125.

लगभग 35 शहरों में किशोरापराध का अध्ययन करके यह देखा कि अपराध की दरें नगर के केन्द्रीय भाग में सबसे अधिक और अन्तिम छोर पर सबसे कम थीं। इससे उन्होंने यह निष्कर्ष निकाला कि पिछड़े हुए और निम्न आर्थिक स्तर वाले क्षेत्र की सामाजिक परम्परायें अपराध के प्रतिमानों को साधारण समूह से अलग करती हैं। ये प्रतिमान किशोरापराधी समूह में बनाये रखे जाते हैं। इस तरह बड़े-बड़े शहरों में कुछ क्षेत्र ऐसे हैं जहाँ अपराधियों की भरमार होती है। ये ही क्षेत्र अपराधी क्षेत्र कहलाते हैं। अपराधी क्षेत्र किशोरापराध का महत्वपूर्ण कारण हैं। यहाँ यह ध्यान रखने की बात है कि शॉ और उसके सहयोगी हेनरी मैक्के ने निवास-स्थान को अपराध का कारण नहीं माना है बल्कि यह दिखलाने की चेष्टा की है कि अपराधी वहाँ अधिक पाये जाते हैं जहाँ निर्धनता, मानसिक विकार, पारिवारिक विघटन, रोग, शिशु, मृत्यु आदि विघटन की परिस्थितियाँ बराबर बनी रहती हैं। अपराधी क्षेत्र में स्थानान्तरण की प्रवृत्ति भी अधिक पाई जाती है। शॉ और मैक्के ने शिकागो तथा अन्य नगरों के अध्ययन के आधार पर निम्नलिखित निष्कर्ष निकाले—

(i) भिन्न-भिन्न बस्तियों में किशोरापराध की दरें भिन्न-भिन्न रहती हैं। कुछ क्षेत्रों में लड़के गिरफ्तार नहीं होते जबकि कुछ क्षेत्रों में वर्ष में कुल लड़कों की संख्या का पाँचवाँ भाग पकड़ा जाता है।

(ii) सर्दियों में अपराध की दरें नगर के केन्द्र के निकट कल और कारखाने वाले क्षेत्रों में सबसे अधिक पाई जाती हैं। केन्द्र से दूरी के अनुपात से अपराध की दर घटती जाती है।

(iii) जिन क्षेत्रों में स्कूल छोड़कर भागने की प्रवृत्ति अधिक पाई जाती है वहाँ किशोरापराध की दरें भी अधिक होती हैं।

(iv) सन् 1930 में जिन क्षेत्रों में अपराध की दरें अधिक थीं वहाँ सन् 1900 में भी अधिक अपराधी दर थी यद्यपि इन वर्षों में जनसंख्या के आकार और स्वरूप में बहुत परिवर्तन हुए हैं।

(4) **बुरी संगत**—प्रमुख अपराधशास्त्री एडविन एच० सदरलैंड के अनुसार अपराधी व्यवहार दूसरे व्यक्ति की अन्तःक्रिया द्वारा सीखे जाते हैं। सदरलैंड के शब्दों में, "कानून के उल्लंघन में बाधक परिभाषाओं की अपेक्षा अधिकता हो जाने के कारण एक व्यक्ति अपराधी हो जाता है।"[1] बालकों में किसी को बुरी और किसी को अच्छी संगति मिलती है। बुरी संगति में पड़ने पर बालक अपराध की ओर बढ़ता है जबकि अच्छी संगति से वह आगे चलकर समाज का योग्य सदस्य बनता है। मनुष्य के व्यवहार पर उसके साथियों का पर्याप्त प्रभाव पड़ता है। बालकों में वृहत् समुदाय की मान्यताओं और मूल्यों को मानने की भावना उत्पन्न करने के लिए उनके चारों ओर, एक ऐसे वातावरण की आवश्यकता है जहाँ उन्हें समाज के विरूद्ध काम करने की प्रेरणा कम से कम मिले।

1. Sutherland, F.H. *Principles of Criminology*, New York (1955),

(5) **स्वस्थ मनोरंजन का अभाव**—बालकों के विकास के लिए मनोरंजन के साधनों का भी बड़ा महत्व है। स्कूल के बाद शेष समय में स्वस्थ क्रियायें करने की प्रेरणा उन्हें अच्छे वातावरण में ही मिल सकती है। खाली समय का सदुपयोग न होना भी अपराधी व्यवहार को प्रेरित करता है। बालकों के समाजीकरण और नैतिक प्रशिक्षण में खेलकूद प्रमुख तत्व हैं। अपर्याप्त और अनियन्त्रित मनोरंजन नगर में किशोरापराध का महत्वपूर्ण कारण है। थर्सटन के एक अध्ययन में 2507 किशोरापराधियों के खाली समय का दुरुपयोग हुआ था।

आधुनिक नगरों में छोटे-बड़े सभी मनोरंजन का प्रमुख साधन सिनेमा है। सिनेमा किशोरापराध और समाज विरोधी व्यवहार के लिए बहुत उत्तरदायी है। एडवेंचर और रोमांस के दृश्यों के द्वारा सिनेमा अपराध के नये-नये प्रतिमान प्रस्तुत करता है। कुछ फिल्मों का किशोर बालकों पर इतना प्रभाव देखा गया कि उनको दिखाये जाने के बाद नगर में तरह-तरह के किशोरापराधों की दरें अत्यधिक बढ़ गई। परन्तु सिनेमा के प्रति बालकों की प्रतिक्रिया अधिकतर उनके पड़ौस के तथा घरेलू प्रतिमानों द्वारा निर्देशित होती है। भिन्न-भिन्न बालकों पर उसका प्रभाव भी भिन्न-भिन्न मात्रा में पड़ता है। वैज्ञानिक अध्ययनों से यह प्रमाणित हो चुका है कि बालकों के व्यवहार पर सिनेमा का प्रत्यक्ष प्रभाव बहुत कम होता है। वास्तव में, सिनेमा से अधिक महत्वपूर्ण बालक की सिनेमा के प्रति प्रतिक्रिया होती है जो उसके पिछले अनुभवों और सामाजिक तथा सांस्कृतिक परिस्थितियों के प्रति प्रतिक्रिया के आधार पर काम करती रहती है।

(6) **युद्ध**—युद्धकाल और युद्धोत्तर काल में किशोरापराध की दरें बढ़ी पाई गई हैं। युद्ध में सम्मिलित होने वाले देशों के बालकों की स्कूल की पढ़ाई में बहुत सी बाधायें पड़ती हैं। बहुधा पिता लड़ाई के मैदान में रहता है और माता कारखाने में काम करती है। अतः बच्चे की देखभाल ठीक तरह से नहीं हो पाती। नियन्त्रण के अभाव के कारण लड़के-लड़कियों के मिलने-जुलने की बहुत स्वतन्त्रता होती है जिसके कारण यौन-अपराध बढ़ते हैं। युद्धकाल में जहाँ बम गिराये जाते थे वहाँ टूटे-फूटे मकानों में किशोर व्यक्ति ही अधिक लूटमार करते थे। अतः युद्धकाल की स्थिति अपराधी प्रवृत्तियों को स्पष्ट रूप से बढ़ाती है।

(7) **सामाजिक विघटन**—सामाजिक विघटन से व्यक्ति का विघटन होता है। समाज के विघटित होने पर अपराधियों की संख्या बढ़ जाती है। अतः सामाजिक विघटन भी किशोरापराध का एक कारण है। आधुनिक औद्योगिक समाज में समन्वय और समानता का बड़ा अभाव होता है। इससे तनाव बढ़ता है और युवक-युवतियाँ अपराध की ओर बढ़ते हैं।

(8) **स्थानान्तरण**—स्थानान्तरण का भी किशोरपराध पर प्रभाव पड़ता है। स्टुअर्ट ने बर्कले नगर के अध्ययन में देखा कि किशोरापराधी ऐसे क्षेत्र में अधिक

रहते थे जहाँ स्थानान्तरण अधिक था परन्तु अपने परिवार की अपेक्षा वे स्वयं बहुत कम गतिशील होते थे।

(2) मनोवैज्ञानिक कारण

अब तक किशोरापराध के सामाजिक कारणों का वर्णन किया गया था। इस विषय पर अधिकतर खोज सांख्यिकीय विधि के आधार पर की गई है। किशोरापराध के कारणों की खोज करने की अन्य दो विधियों जीवनवृत्त विधि तथा मनोविश्लेषण विधि के आधार पर खोज से किशोरापराध के मनोवैज्ञानिक कारणों पर प्रकाश पड़ा है। अपराध के सम्बन्ध में मनोविश्लेषणवादी सिद्धान्त आइसलर ने विकसित किया है। अपराध के मनोवैज्ञानिक कारणों में मुख्य कारण निम्नलिखित हैं–

(1) बौद्धिक दुर्बलता, (2) मानसिक रोग, (3) व्यक्तित्व के लक्षण, (4) संवेगात्मक अस्थिरता।

इन मनोवैज्ञानिक कारणों का वर्णन करने से पहले इस मत की परीक्षा भी आवश्यक होगी कि शारीरिक विशेषतायें अपराध का कारण हैं।

इटली के सैनिक डॉ० सीजन लोम्ब्रोसो ने कुछ शारीरिक लक्षणों के आधार पर अपराधी को एक विशेष टाइप या आदर्श माना है। लोम्ब्रोसो ने 5907 अपराधियों के शारीरिक अध्ययन के बाद निष्कर्ष निकाला कि अपराधों के कारण उनकी शारीरिक विशेषतायें होती हैं जो उन्हें वंश परम्परा से प्राप्त होती हैं। लोम्ब्रोसो के अनुसार ये शारीरिक लक्षण निम्नलिखित हैं[1] –

(अ) दबा हुआ तथा पीछे की ओर झुका हुआ ललाट।

(ब) मोटी गोल पीठ।

(स) भारी जबड़ा।

(द) वन जातियों जैसी ठुड्डी।

(इ) शरीर पर अधिक बाल।

लोम्ब्रोसो के इस मत का परीक्षण और खण्डन किया जा चुका है। ब्रिटेन की राजकीय जेल के डॉ० चार्ल्स गोरिंग ने लगभग 3000 कैदियों के शारीरिक निरीक्षण द्वारा यह निष्कर्ष निकाला कि शारीरिक बनावट अथवा लक्षणों को अपराध का कारण नहीं ठहराया जा सकता। 1939 में हूटन ने अपनी पुस्तक Crime and Man में लोम्ब्रोसो के सिद्धान्त को फिर से सिद्ध करने की चेष्टा की परन्तु उसका मत मानवीय नहीं हो सका।[2] सदरलैंड ने इस मत का खण्डन करते हुये संकेत किया है कि इस परीक्षण में जिस प्रकार का नमूना लिया गया था वह ठीक नहीं था और व्यक्तित्व के गुणों का वर्गीकरण भी दोषपूर्ण था।

---

1. Caesar Lombroso, *Crime, Its Causes and Remedies,* Little Brown. & Co. Boston (1911)
2. Hootan, E. A., *Crime and the Man*, Harvard University Press, (1936).

(1) **बौद्धिक दुर्बलता**—डाक्टर गोरिंग ने लोम्ब्रोसो के मत का खण्डन करके यह मत उपस्थित किया कि अपराध का कारण बुद्धि दोष है। परन्तु बौद्धिक दुर्बलता को अपराध का कारण मानने वाले मत के मुख्य प्रवर्त्तक गोडार्ड थे। उन्होंने अपनी पुस्तक Mental Efficiency and Levels of Intelligence में लिखा है, "अपराध का सबसे बड़ा एकमात्र कारण बौद्धिक दुर्बलता है।"[1] हीली तथा ब्रोनर ने 4000 बालकों की बुद्धि परीक्षा के बाद यह निष्कर्ष निकाला कि 13 प्रतिशत बालकों की बुद्धि लब्धि 70 से नीची थी।[2] Unraveling Juvenile Delinquency नामक पुस्तक में ग्ल्यूक और ग्लयूक ने सन् 1934 में 1000 अपराधी बालकों के अध्ययन से यह निष्कर्ष निकाला कि 13 प्रतिशत बालकों की बुद्धि लब्धि 70 से कम थी।[3]

उपरोक्त मत में यह दोष दिखलाया गया है कि वह उन्हीं किशोरापराधियों के अध्ययन पर आधारित है जो न्यायालयों में उपस्थित किये जाते थे। कहना न होगा कि चतुर और बुद्धिमान किशोरापराधी मन्द बुद्धि किशोरापराधियों की अपेक्षा बहुत कम पकड़े जायेंगे। मैन और मैन ने अपने एक अध्ययन में इस तथ्य का समर्थन करते हुये यह दिखलाया है कि 90 से कम बुद्धि लब्धि वाले बालकों की तीव्र बुद्धि वाले बालकों की अपेक्षा पकड़े जाने की अधिक सम्भावना होती है। इन्होंने 1061 अपराधियों की बुद्धि लब्धि का मध्यमान निकाला। इसमें लड़कों की बुद्धि लब्धि 84.88 तथा लड़कियों की बुद्धि लब्धि 83.77 पाई गई।[4] सन् 1947 में मैरिल ने अपनी पुस्तक Problems of Child Delinquency में अपराधी बालकों की बुद्धि लब्धि का संशोधन बिना परीक्षण के आधार पर मध्यमान निकाला। यह मध्यमान 2.5 था। 2904 स्वस्थ बालकों की बुद्धि लब्धि 101.8 पाई गई। इन दोनों अध्ययनों से मैरिल ने यह निष्कर्ष निकाला कि कम बुद्धि को अपराध का कारण नहीं माना जा सकता, क्योंकि अपराधियों का बौद्धिक स्तर सामान्य बालकों से स्पष्ट रूप से अलग नहीं होता। इस बात से इन्कार नहीं किया जा सकता कि मन्द बुद्धि वाले बालक आसानी से बहकाये जा सकते हैं, परन्तु बुद्धिमान और चतुर बालक भी अपराधों में पड़ सकते हैं।

(2) **मानसिक रोग**—कुछ अपराधशास्त्रियों ने मानसिक रोग और अपराध में घनिष्ठ सम्बन्ध दिखाने की चेष्टा की है। किशोरापराधियों पर किये गये कुछ अध्ययनों में अनेक मानसिक रोगी पाये गये। इस मत के अनुसार अपराधी एक प्रकार का मानसिक रोगी है और उसको दण्ड की नहीं बल्कि इलाज की आवश्यकता

1. Goddard, H. H., *Mental Efficiency and Levels of Intelligence*, Princeton University Press, (1936).
2. Healy W., Bronner, A. F., *New light on Delinquency and its Treatment,* Yale University Press (1936).
3. Glueck, S. T., and Glueck, E. T. *Unraveling Juvenile Delinquency*, Harvard University Press, (1940), p. 356.
4. Mann, C. W. & Mann, H. P. *Age and Intelligence of Group of Juvenile Delinquents,* Journal of Abnormal & Social Psychology (1939) Vol. 34, pp. 315-360,

है। कुछ मानसिक चिकित्सक साइकोपैथिक व्यक्ति (Psychopathic Personality) को अपराध का कारण मानते हैं। साइकोपैथिक बालक ऐसे परिवार में उत्पन्न होते हैं जहाँ प्रेम और स्नेह और नियन्त्रण का अभाव है। साइकोपैथिक बालक के लिए टप्पन ने लिखा है, ''वह अत्यधिक असमाजीकृत, झगड़ालू, प्रकृति तथा निर्दय, उद्दण्ड, शक्की, आत्म-केन्द्रित (Self Centred), मित्रता रहित, बदले की भावना से पूर्ण, पिछड़ा हुआ अति यौनिक (Hyper-sexual) अथवा यौन व्यवहार में अनियन्त्रित बालक होता है। अत्यधिक बढ़े हुए दोष में वह सहानुभूति की क्षमता में पूर्ण असमर्थता रखता है। अपने निर्दय कार्यों तथा दूसरों के कष्ट के प्रति वह पूर्णरूप से पश्चाताप रहित होता है।'' वह साइकोपैथिक बालक अपने घर में एक बिना बुलाये मेहमान की तरह रहता है। उससे कोई प्रेम नहीं करता बल्कि सभी सदैव उसका तिरस्कार करते हैं। ऐसे व्यवहार से यह स्वाभाविक ही है कि बालक में निर्बाध उद्दंडता और हिंसात्मकता के रूप में प्रतिक्रिया जागृत होती है Juvenile Delinquency में टप्पन ने आइसाक नामक एक साइकोपैथिक बालक का वर्णन किया है। आइसाक 14 वर्ष का एक अत्यन्त बुद्धिमान बालक था। उस पर चोरी करने, स्कूल से भागने (Truancy), अप्राकृतिक यौन व्यवहार तथा अन्य सामान्य अनुशासनहीनता के दोष लगाये गये। वह एक सुन्दर बालक था जो पूर्णतया अजनबी व्यक्तियों को भी प्रभावित करता था। वह अपने परिवार में अकेला बालक था। उसके बचपन में ही माता की मृत्यु हो गई थी। उसके पिता ने उसे 2 वर्ष की आयु में ही छोड़ दिया था। कुछ समय तक वह एक सम्बन्धी से दूसरे सम्बन्धी के पास निरुत्साह से पाला जाता रहा। अन्त में वह एक अनाथालय में भर्ती कर दिया गया। इन सब कारणों से उसमें बाल्य अवस्था में ही बहुत से विकार दिखाई पड़ने लगे।

आइसाक ने दैनिक कार्यक्रम और अनुशासन का कभी पालन नहीं किया। अपने व्यवहार से वह सदैव कटुता और उद्दण्डता का परिचय देता था। उसने बहुत सी असम्भव और असंगत माँगें उपस्थित कीं। जिन दो व्यक्तियों को वह बहुत पसन्द करता था उनके प्रति भी उसका व्यवहार इसी तरह का था। इन दो व्यक्तियों में एक किसान और एक सामाजिक कार्यकर्त्ता ने उसके सुधार के लिए बहुत परिश्रम किया। धीरे-धीरे उसको उसके व्यवहार के बारे में सचेत किया गया। खेती में उसकी अभिरुचि को बढ़ावा दिया गया। कुछ समय के सहानुभूतिपूर्ण व्यवहार से ये दो व्यक्ति उसके बहुत निकट आ गये। ये किसान और सामाजिक कार्यकर्त्ता आगे चलकर उसके आदर्श बन गये यहाँ तक कि उन्होंने उसकी आत्मचेतना का रूप ले लिया। उसमें ग्लानि की भावना पैदा हो गई तथा उसने हर एक काम में इन दोनों व्यक्तियों की सलाह लेना आरम्भ कर दिया। जब आइसाक ने इस तरह समंजन (Adjustment) की प्रवृत्ति दिखानी शुरू की तो उसके सामने क्रमशः उच्चतर व्यवहार के आदर्शों को रखा जाने लगा। सुधारकों के आत्मविश्वास और लगे रहने के परिणामस्वरूप आइसाक अपने भविष्य का पुनर्गठन करने में क्रियाशील हो गया।

21 वर्ष की आयु में 1941 में वह संयुक्त राज्य की वायु सेना में भर्ती कर लिया गया।

कुछ अपराधशास्त्रियों और मनोवैज्ञानिकों ने साइकोपैथिक अपराधियों के अध्ययन की आलोचना की है। सदरलैंड लिखता है कि एक मानसिक चिकित्सक ने इलीनौज राज्य के बन्दीगृह के कैदियों का अध्ययन किया। चिन्ह्लें के आधार पर उसने 98 प्रतिशत कैदियों को साइकोपैथिक पाया। जब इसी बन्दीगृह का कुछ दूसरे मानसिक चिकित्सकों ने अध्ययन किया तो उन्होंने केवल 5 प्रतिशत बन्दी ही साइकोपैथिक पाए। वास्तव में विभिन्न मानसिक चिकित्सकों ने इस शब्द का प्रयोग इतने अधिक भिन्न-भिन्न रूपों और भिन्न-भिन्न चिन्हों के आधार पर किया है कि इनका कोई विशिष्ट अर्थ नहीं रह गया है जो वैज्ञानिक व्याख्याओं में प्रयोग किया जा सके।

(3) **व्यक्तित्व के लक्षण**—व्यक्तित्व के लक्षणों तथा अपराध की प्रवृत्ति में भी बहुत निकट सम्बन्ध पाया गया। व्यक्तित्व व्यक्ति के परिवेश से अनुकूलन करने का ढंग है। अपराधी बालक इस अनुकूलन में अपराधी कार्यों का प्रयोग करते हैं। अतः अपराधी बालकों में व्यक्तित्व के कुछ विशेष लक्षण पाये गये हैं जिनसे किशोरापराध के कारणों पर प्रकाश पड़ता है। ग्लयूक ने अपनी पुस्तक Unraveling Juvenile Delinquency में किशोरापराधियों में सामान्य बालक की अपेक्षा स्वच्छन्दता, विद्रोह, हिंसात्मक प्रवृत्ति, सन्देहशीलता, असंयम, दूसरों को दुःख देने में सुख लेना, संवेगात्मक और सामाजिक असमंजन, बहिमुखी स्वभाव आदि कहीं अधिक पाए। संवेग की अपरिपक्वता अथवा संवेगात्मक असंतुलन आदि सामान्य बालक की अपेक्षा आठ गुना अधिक पाया गया। सामान्य बालक नम्र, शांत, नियम पालन करने वाला तथा सामाजिक होता है। इसके विपरीत अपराधी बालक उद्दण्ड, अशान्त, नियम भंग करने वाला और असामाजिक पाया गया। ग्लयूक ने किशोरापराधी और सामान्य बालकों के मनोरंजन के साधनों में भी पर्याप्त अन्तर पाया। अपराधी बालक अधिकतर साहसिक कार्यों में रूचि लेता था, उसमें सिनेमा देखने की लत बहुत अधिक पाई गई। उसके मनोरंजन के प्रमुख साधन सिगरेट पीना, जुआ खेलना, घर से बाहर रहना, तोड़-फोड़ करना तथा सरकारी गाड़ियों में चुपके से चढ़ जाना आदि पाए गए। ब्रहुधा वह किसी न किसी गिरोह का सदस्य होता था। इसके विपरीत सामान्य बालक खेलों से मनोरंजन करते देखे गए। ड्यूरिया और असम ने भी अपने अध्ययन से यह सिद्ध किया कि अपराधी बालिकाओं में संवेगात्मक अपरिपक्वता बहुत अधिक पाई गई।

(4) **संवेगात्मक अस्थिरता**—इस प्रकार संवेगात्मक अस्थिरता अपराध के मनोवैज्ञानिक कारणों में सबसे अधिक महत्वपूर्ण है। प्रेम और सहानुभूति की कमी, संवेगात्मक असुरक्षा, कठोर अनुशासन, अपर्याप्तता (Insufficiency) तथा हीनता की भावना और विद्रोह की प्रतिक्रिया बालक के व्यक्तित्व को असंतुलित बना देती है जिससे उसे अपराधी व्यवहार की प्रेरणा मिलती है। हीली और ब्रोनर ने अपने

अध्ययनों में 93 प्रतिशत किशोरापराधी ऐसे देखे जिनमें संवेगात्मक असंतुलन उपस्थित था। इन अपराधियों का विस्तार से विश्लेषण करने पर उनमें जो संवेगात्मक प्रभाव देखने को मिले वे निम्नलिखित हैं—

(1) 46 अपराधियों में असुरक्षित, अस्वीकृत, अत्यधिक तिरस्कृत, हीनता की तथा ठीक न समझे जाने की भावना उपस्थित थी।

(2) 28 अपराधियों में स्नेह की कमी के कारण उनकी सामान्य और असामान्य इच्छाओं का निरोध किये जाने की भावना उपस्थित थी।

(3) 46 अपराधियों में स्कूल, पारिवारिक जीवन, साथियों या खेलकूद में हीनता अथवा अपर्याप्तता की भावना उपस्थित थी।

(4) 34 अपराधियों में माता-पिता के बुरे व्यवहार, पारिवारिक जीवन की परिस्थितयों अथवा माता-पिता की गलतियों और पारिवारिक संतुलन के कारण संवेगात्मक असंतुलन पाया गया।

(5) 31 अपराधियों में अन्य साथी बालकों के प्रति द्वेष की कटु भावना उपस्थित थी।

(6) 17 अपराधियों में अप्रसन्न जीवन की भ्रान्ति पाई गई जिनके कारण कुछ पिछले अनुभव ही हो सकते हैं।

(7) 8 अपराधियों में पहले अपराधी व्यवहार के कारण चेतन या अचेतन रूप में आत्मग्लानि अथवा अपराधी भावना उपस्थित थी।

(3) आर्थिक कारण

निर्धनता और अपराध का बड़ा घनिष्ट सम्बन्ध है। शॉ और मैके तथा इलियट के अध्ययन से यह ज्ञात हुआ कि किशोरापराधियों में अकुशल मजदूरों की सन्तान की संख्या बहुत अधिक थी। बौंगर तथा फोर्नासिरी डिवर्सी ने भी इस मत का समर्थन किया कि निर्धनता अपराध की प्रवृत्तियों को बढ़ावा देती है। इन किशोरापराधियों के बारे में मैरिल ने लिखा है कि परिवार की आय कम होने के कारण बालकों को भी काम करना पड़ता है और उनकी शिक्षा नहीं हो पाती। कारखानों का परिवेश बालक-बालिकाओं को अपराध की राह पर ले जाता है। कभी-कभी बालकों को दूसरों के घर संदेश ले जाने का कार्य सौंपा जाता है जिससे उनको नाना प्रकार के यौन व्यवहार देखने को मिलते हैं। इसका उन पर बुरा प्रभाव पड़ता है और वे अपराध की ओर प्रवृत्त होते हैं। गणना से देखा गया है कि अपराधी बालकों में काम करने वालों की संख्या काम न करने वालों से लगभग 10 गुनी होती है। होटलों या उपहारगृहों में काम करने वाली लड़कियाँ यौन अपराध की ओर शीघ्र प्रवृत्त हो जाती है क्योंकि एक तो उनको वेतन बहुत कम मिलता है, दूसरे उनका निवास स्थान गन्दा तथा काम के घण्टे अधिक होते हैं तथा तीसरे उनको यौन अपराधों की ओर ले जाने वालों की संख्या कम नहीं होती। वास्तव में गरीब परिवार के बालक-बालिकाओं

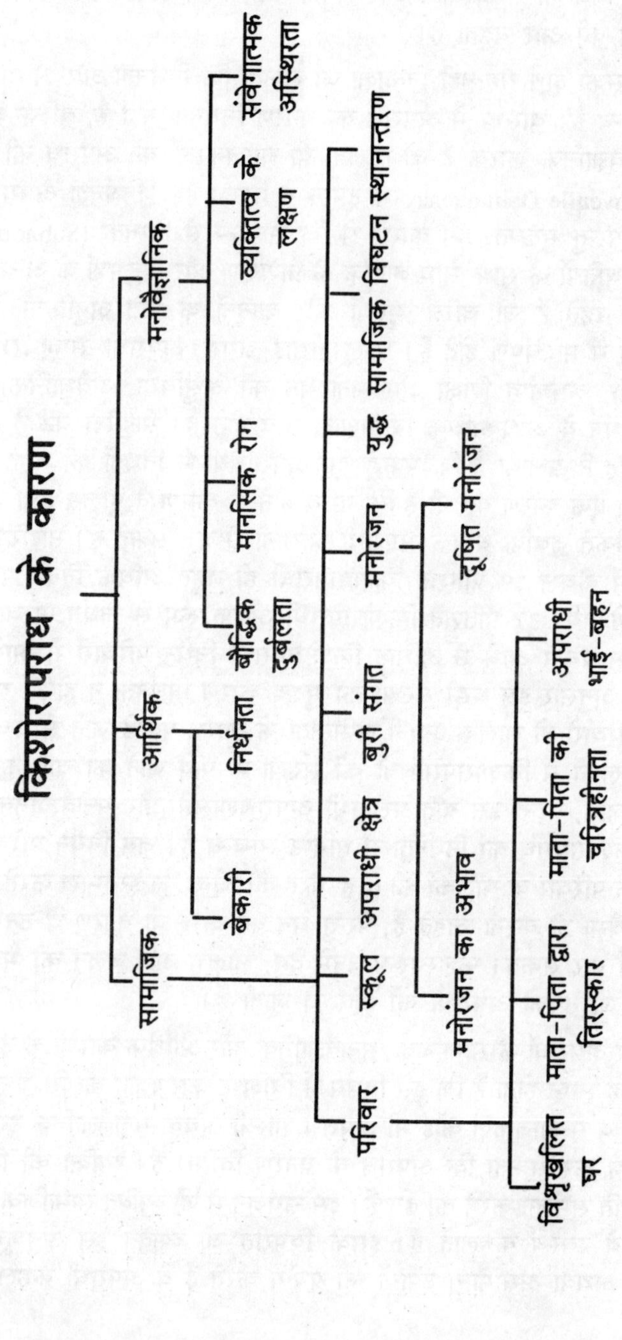
किशोरापराध के कारण
सामाजिक
आर्थिक
मनोवैज्ञानिक
बेकारी
निर्धनता
बौद्धिक दुर्बलता
मानसिक रोग
व्यक्तित्व के लक्षण
संवेगात्मक अस्थिरता
परिवार
स्कूल
अपराधी क्षेत्र
बुरी संगत
मनोरंजन
युद्ध
सामाजिक विघटन
स्थानान्तरण
मनोरंजन का अभाव
दूषित मनोरंजन
विशृंखलित घर
माता-पिता द्वारा तिरस्कार
माता-पिता की चरित्रहीनता
अपराधी भाई-बहन

की अनेक इच्छाएँ अतृप्त रह जाती हैं जिनको तृप्त करने के लिये वे अपराधों का सहारा लेते हैं। निर्धनता से असंतोष और हीनता की भावना उत्पन्न होती है, जिससे व्यक्ति अपराध की ओर बढ़ता है।

परन्तु इसका अर्थ यह नहीं निकाला जा सकता कि निर्धनता और अपराध में अनिवार्य सम्बन्ध है। वास्तव में अपराध का कारण निर्धनता नहीं है, बल्कि उसमें उत्पन्न वे मनोवैज्ञानिक कारक हैं जो बालक या बालिकाओं को अपराध की ओर ले जाते हैं। Juvenile Delinquency में टप्पन ने लिखा है, ''निर्धनता अपराध से सम्बन्धित है, परन्तु मुख्यत: इस कारण से कि सामान्य से निम्नतर (Subnormal) आर्थिक परिस्थितियों के साथ--साथ बालक के प्रशिक्षण और अनुभवों के अन्य तत्व भी क्रियाशील रहते हैं जो चरित्र, मूल्यों और कानूनों के प्रति अनुक्रियाओं को निर्धारित करने में महत्वपूर्ण होते हैं। घरेलू लड़ाई-झगड़े, अपराधी-समूह (Delinquent Gangs), अपर्याप्त शिक्षा और मनोरंजन की असुविधा, अवैधानिकता के उपस्थित प्रलोभन ये अधिकाधिक क्रियाशील तत्व होते हैं। साइरिल बर्ट ने अपने अध्ययन से यह दिखलाया है कि पकड़े हुए अपराधियों में निर्धनों की बहुत बड़ी संख्या होने का एक कारण यह भी है कि गरीब होने के कारण वे पुलिस तथा कानून से नहीं बच सकते जबकि धनिक अपराधी आसानी से बच सकते हैं। साइरिल बर्ट के अध्ययन में केवल 19 प्रतिशत किशोरापराधी ही बहुत अधिक निर्धन परिवार के सदस्य पाये गये। 37 प्रतिशत किशोरापराधी औसत रूप से निर्धन परिवारों के सदस्य थे। इस प्रकार आधे से अधिक किशोरापराधी निर्धन परिवारों से आये थे। परन्तु बर्ट के अनुसार इस बड़ी संख्या का मुख्य कारण निर्धनता न होकर यह था कि धनिक परिवारों के बालक अपनी सम्पन्नता के कारण पकड़े जाने से बच जाते हैं। निर्धन बालकों में किशोरापराधियों की संख्या के पाये जाने का चाहे कुछ भी कारण माना जाय, परन्तु इस बात पर सभी अपराधशास्त्री और मनोवैज्ञानिक एक मत हैं कि किशोरापराध का निर्धनता से घनिष्ट सम्बन्ध है। जब निर्धन परिवार के बालक धनिक परिवार के बालकों को तरह-तरह की चीजों का इस्तेमाल करते देखते हैं तो वे भी वैसा ही करना चाहते हैं, परन्तु धन की कमी के कारण वे उन चीजों को प्राप्त नहीं कर सकते। फलस्वरूप उनमें द्वेष, लालच और जलन की भावनायें पैदा होती हैं जो उनको अपराधों की ओर ले जाती हैं।

किशोर अपराधों के सामाजिक, मनोवैज्ञानिक और आर्थिक कारणों के उपरोक्त विवेचन से यह स्पष्ट होता है कि इस विषय में विशिष्ट कारणवाद का सिद्धान्त ठीक नहीं है। वास्तव में आजकल कोई भी अपराध शास्त्री अथवा मनोवैज्ञानिक इस तथ्य से इन्कार नही कर सकता कि अपराध के कारण विविध हैं। व्यक्ति की क्रियायें परिवेश के प्रति समंजन करने का ढंग हैं। इस समंजन में जो व्यक्ति सामाजिक उपाय अपनाते हैं, वे स्वस्थ कहलाते हैं। इसके विपरीत जो व्यक्ति इस अनुकूलन में असामाजिक अथवा असामान्य उपायों का प्रयोग करते हैं वे अपराधी कहलाते हैं।

इस तरह किसी बालक के अपराधी बनने में सामाजिक और व्यक्तिगत घरेलू, मनोवैज्ञानिक और आर्थिक सभी कारणों का हाथ है। अतः किशोर अपराधी को फिर से समाज का स्वस्थ नागरिक बनने के लिए इन सब कारणों को समझकर इनको दूर करने की जरूरत है। हर्ष है कि इस तथ्य को आजकल सभी प्रगतिशील देशों में अनुभव किया गया है और इसलिए सब कहीं किशोरापराधी को दण्ड देने के स्थान पर उसके सुधार करने की चेष्टा की जाती है।

अभ्यास के लिए प्रश्न

1. अन्तर स्पष्ट कीजिये—अपराध और बाल अपराध।

2. भारतवर्ष में बाल अपराध के क्या कारण हैं? बाल अपराध किस प्रकार रोका जा सकता है?

3. किशोरापराध के कारणों का विवेचन कीजिए। उसके उपचार के लिए आप क्या सुझाव देंगे?

4. क्या नगरीकरण और बाल अपराध के मध्य कोई सम्बन्ध है? अपने उत्तर के सहायतार्थ तर्क प्रस्तुत कीजिए।

5. संक्षिप्त टिप्पणी लिखिए—बाल अपराध निरोध।

33

यौन अपराध और वेश्यावृत्ति
(Sex Crimes and Prostitution)

अपराधशास्त्र में वैज्ञानिक अध्ययन के लिये अपराध (Crime), पाप (Sin), दुराचार (Vice), वैयक्तिक-अधिकार-अपहरण (Tort) तथा अनैतिकता (Immorality) में अन्तर किया जाता है। जैसा कि पिछले अध्याय में बतलाया गया है, अपराध समाज अथवा कानून या इन दोनों के विरुद्ध कोई ऐसा काम है, जिसके लिये दण्ड का विधान होता है। अपराध की इस परिभाषा को ध्यान में रखकर अपराध का इन अन्य सब धारणाओं से अन्तर समझ लेना लाभदायक होगा।

अपराध और पाप—पाप में वे सब कार्य सम्मिलित होते हैं जिनका धर्म द्वारा निषेध होता है। इस प्रकार पाप दैवी नियमों का उल्लंघन है। उसका आधार धर्म है, जबकि अपराध का आधार कानून है। पाप की धारणा रूढ़िवादी होती है और बहुत कम बदलती है। इसके विषय में अन्तिम निश्चय धर्मग्रन्थ करते हैं जबकि अपराध का फैसला न्यायालय में किया जाता है। डैरो ने पाप की अत्यन्त उपयुक्त परिभाषा उपस्थित की है। उसके शब्दों में, ''पाप...ईश्वर के विरुद्ध एक अपराध, दैवी कानून का अतिक्रमण और उस कानून के विरुद्ध कोई भी विचार, इच्छा, शब्द कार्य अथवा त्रुटि है।[1]

अपराध और दुराचार—बहुधा दुराचार अपराध में सम्मिलित होते हैं, परन्तु कभी-कभी उनमें अनेक अपराध नहीं माने जाते। दुराचार (Vice) और अपराध के उद्देश्य में अन्तर है। अपराध दूसरों को हानि पहुँचाता है जबकि दुराचारी अपने को ही हानि पहुँचाता है। उदाहरण के लिये जुआ, मद्यपान, वेश्यावृत्ति, वेश्यागमन आदि दुराचार स्वयं व्यक्ति को ही हानि पहुँचाते हैं। परन्तु क्योंकि व्यक्ति की किसी भी हानि से अप्रत्यक्ष रूप में समाज की भी हानि होती है, इसलिये समाज अधिकतर दुराचारों का निषेध करता है और बहुधा उनके लिये दण्ड का भी विधान करता है।

---

1. "Sin...is an offence against God, a transgression against the divine law and is any thought, desire, word, act or omission against that law."

--Darrow

Crime--Its Causes and Punishment, (1934), p. 1.

अपराध और टार्ट—टार्ट (Tort) में वे सब काम आते हैं जिनमें व्यक्तिगत अधिकारों का अपहरण किया जाता है। अन्डरहिल (Underhill) ने इसमें निम्नलिखित अपहरण सम्मिलित किये हैं—(1) दूसरे के स्वतन्त्र अधिकारों का अपहरण जिनका वह अधिकारी है। (2) दूसरे के अधिकारों का ऐसा अपहरण जिससे उसे हानि हो। (3) व्यक्ति के सार्वजनिक अधिकारों का अपहरण। टार्ट में वे हानियाँ आती हैं जिनको हर्जाना देकर पूरा किया जा सकता हो। इसमें हर्जाना दिया जाता है जबकि अपराध में दण्ड दिया जाता है। टार्ट में हानि उठाने वाला पक्ष न्यायालय से हर्जाना दिलवाये जाने की प्रार्थना करता है। अपराध में स्वयं राज्य ही अपराधी को दण्ड देता है। किसी को झूठ-मूठ बदनाम करने वाले वक्तव्य अथवा लेख और किसी के मकान में जबर्दस्ती घुस जाना आदि टार्ट के कुछ उदाहरण हैं।

अपराध और अनैतिकता—अनैतिकता में वे सब कार्य सम्मलित हैं, जो नीति विरुद्ध अथवा अनुचित माने जाते हैं। यह आवश्यक नहीं है कि सभी अनैतिक कामों को अपराध घोषित किया जाये। उदाहरण के लिए झूठ बोलना सदैव अपराध नहीं होता, परन्तु अनुचित होता है। अनैतिकता का निश्चय किसी काम के परिणाम से नहीं, बल्कि उसके अभिप्राय (Intention) से किया जाता है। अपराध का निश्चय काम को देखकर ही किया जाता है।

अनैतिकता का विस्तृत विवेचन नीतिशास्त्र का विषय है। टार्ट का अध्ययन कानून के अर्न्तगत आता है। पाप की व्याख्या धर्मशास्त्र का विषय है। अत: यहाँ पर केवल दुराचार का विवेचन किया जायेगा। दुराचार में भी समाजशास्त्रीय दृष्टि से यौन दुराचार का अध्ययन सबसे अधिक महत्वपूर्ण है क्योंकि सामाजिक विघटन में इसका बहुत अधिक भाग है।

यौन प्रवृत्ति का विश्लेषण—यौन प्रवृत्ति मनुष्य की एक स्वाभाविक प्रवृत्ति है। इस प्रवृत्ति के कारण भिन्न लिंगीय व्यक्तियों में आकर्षण पाया जाता है। यह आकर्षण अवसर मिलने पर क्रमश: घनिष्टता का रूप ले लेता है। इस घनिष्टता से परस्पर प्रेम बढ़ता है। यह प्रेम बहुधा स्त्री-पुरुष के यौन सहवास में समाप्त होता है। जब ऐसा संभव नहीं होता तो प्रेम आदर्शवादी, कलात्मक या अन्य कोई रूप ग्रहण कर लेता है। स्त्री-पुरुष के इस परस्पर प्रेम को समाज में अनियन्त्रित नहीं छोड़ा जा सकता, क्योंकि बात केवल उन्हीं तक सीमित नहीं रहती। अधिकतर प्रेम के परिणामस्वरूप हुये यौन प्रसंग से सन्तानोत्पत्ति की नौबत आ जाती है। इस सन्तान को बड़े होकर समाज का एक स्वस्थ और उत्तरदायी सदस्य बनना है। इसके लिये उसके समुचित पालन-पोषण की आवश्यकता है। यह पालन-पोषण जितना अच्छा परिवार में हो सकता है उतना किसी भी अन्य संस्था में नहीं हो सकता। इस प्रकार यौन प्रवृत्ति को नियन्त्रित रखने और बच्चों के पालन-पोषण की समुचित व्यवस्था के लिए परिवार की संस्था बनी। अनुभव से यह देखा गया कि अनियन्त्रित यौन प्रवृत्ति मानव के व्यक्तितव को विघटित करती है और समाज में अनेक समस्यायें उत्पन्न करती है। दूसरी ओर, उसमें दमन से हिंसा और क्रूरता की प्रवृत्तियाँ उत्पन्न

होती हैं। अतः न तो यौन प्रवृत्ति को अनियन्त्रित छोड़ा जा सकता है और न उसका पूर्ण दमन ही उचित है। फिर यौन प्रवृत्ति चाहे मानव-पशु की प्रवृत्ति हो परन्तु वही सुसंस्कृत और विकसित रूप में प्रेम का रूप ग्रहण करती है जिसको कि मनुष्य का सर्वश्रेष्ठ मनोभाव माना गया है। अतः यौन प्रवृत्ति के समुचित विकास और अभिव्यक्ति के लिए प्रत्येक समाज में किसी न किसी रूप में विवाह की संस्था स्थापित हुई।

यौन दुराचार—मानव की हर एक मूल प्रवृत्ति (Instinct) के दो रूप होते हैं—स्वस्थ और विकृत। स्वस्थ रूप में वह व्यक्ति और समाज दोनों के विकास के लिए लाभदायक और शुभ है। स्वस्थ रूप में वह सदाचार में सम्मिलित है। स्वस्थ रूप में और वैवाहिक बन्धनों की सीमा में प्रेम और यौन सुख का आनन्द लेने वाले स्त्री-पुरुष सदाचारी कहे जाते हैं। परन्तु विकृत (Perverted) रूप में प्रत्येक मूल प्रवृत्ति व्यक्ति और समाज दोनों के लिए हानिकारक है। मूल प्रवृत्ति हमारी संरचना का अंग है। उसकी अभिव्यक्ति से हमें स्वाभाविक सुख मिलता है। परन्तु उसको विकृत रूप में अभिव्यक्त करने से व्यक्ति और समाज दोनों की हानि होती है। अतः सभी तरह की यौन विकृतियों या प्रेम की अनुपस्थिति में किसी अन्य आधार को लेकर यौन सम्बन्धों को यौन दुराचार कहा जाता है। इस तरह के यौन दुराचार का सबसे मुख्य उदाहरण वेश्यावृत्ति और वेश्यागमन है। इसमें स्त्री-पुरुष के यौन सहवास का आधार प्रेम न होकर केवल धन अथवा लैंगिक सुख होता है। मनोवैज्ञानिक दृष्टि से अनेक लैंगिक विकृतियाँ भी व्यापक अर्थ में यौन दुराचार कहीं जायेंगी।

उपरोक्त सभी यौन दुराचार व्यक्तिगत विघटन उत्पन्न करते हैं और क्योंकि इनमें सदैव एक से अधिक व्यक्ति सम्मिलित होते हैं इसलिये ये सामाजिक विघटन भी उत्पन्न करते हैं। इनमें से वेश्यागमन के अतिरिक्त और सब अधिकतर असामान्य मनोविज्ञान के अध्ययन का विषय हैं और उनमें मानसिक उपचार की जरूरत होती है। अतः यहाँ पर केवल वेश्यावृत्ति का ही विस्तृत विवेचन किया जायेगा।

वेश्यावृत्ति क्या है—जी० आर० स्कॉट के शब्दों में, "एक व्यक्ति (पुरुष या स्त्री) जो कि किसी प्रकार के नवीन (आर्थिक या अन्य प्रकार के) अथवा किसी अन्य प्रकार के निजी संतोष के लिए और एक अल्प समय या पूर्ण समय के व्यवसाय के रूप में समलिंगीय अथवा भिन्नलिंगीय विभिन्न व्यक्तियों से सामान्य अथवा असामान्य यौन सहवासं स्थापित करता है वह वेश्या है"[1] जैसा कि इस परिभाषा से स्पष्ट होता है।

1. "An individual (male or female) who for some kind of new (monetary or otherwise) or for some other form of personal satisfaction and as a part of full time profession, engages in normal or abnormal sexual intercourse with various persons who may be of the some sex, or the opposite sex, is prostitute".
–G. R. Scott, *"A History of Prostitution."*

जब कोई स्त्री केवल रुपये के बदले किसी पुरुष से यौन सम्बन्ध स्थापित करती है, तो यह अनैतिक कार्य वेश्यावृत्ति कहलाता है, और इस प्रकार स्त्री के शरीर का रुपये के बदले उपभोग करने वाला पुरुष वेश्यागामी कहलाता है। वेश्यावृत्ति और वेश्यागमन अनैतिक इसलिए माना जाता है क्योंकि इसमें यौन सम्बन्ध को जो कि स्त्री-पुरुष के प्रेम की चरम परिणति है और जिस पर परिवार और विवाह की संस्थायें टिकी हुई हैं, पैसे और व्यावसायिक वृत्ति पर आधरित कर दिया जाता है। इससे परिवार और विवाह की संस्थाओं को भारी आघात लगता है जो कि समाज के लिए बड़ा हानिकारक है। इससे स्त्री-पुरुष के सम्बन्ध पाशविक स्तर पर आ जाते हैं। अत: आजकल सभी सभ्य देशों में वेश्यावृत्ति को रोकने का प्रयास किया जा रहा है। भारत में भी वेश्यावृत्ति को अपराध घोषित किया गया है और इससे प्रत्यक्ष अथवा अप्रत्यक्ष रूप से सम्बन्धित व्यक्ति दण्ड के भागी होते हैं।

वेश्यावृत्ति के कारण—वेश्यावृत्ति के विषय में जो वैज्ञानिक खोजें की गई हैं उनमें यह प्रकट हुआ है कि भिन्न-भिन्न स्त्रियाँ भिन्न-भिन्न कारणों से वेश्यावृत्ति ग्रहण करती हैं। भारत में कानपुर की वेश्याओं पर की गई खोज से स्पष्ट हुआ है कि यद्यपि अधिकांश वेश्यायें निर्धनता तथा किसी अन्य वृत्ति के अभाव के कारण वेश्यावृत्ति ग्रहण करती हैं परन्तु अनेक वेश्यायें गुण्डों के चक्कर में पड़कर तथा अनेक अपनी इच्छा से वेश्या बनती हैं। वेश्यावृत्ति के समान वेश्यागमन के भी अनेक कारण हैं। सबसे बड़ा कारण यौन-सम्बन्ध में विविधता (Variety) की इच्छा है। विविधता की अदम्य इच्छा रखने वाले पुरुष और स्त्रियाँ अवश्य अवैध यौन सम्बन्ध स्थापित करते हैं और इनका सबसे सरल उपाय वेश्यावृत्ति और वेश्यागमन है। विविधता की इच्छा के अतिरिक्त वेश्यागमन के कुछ और भी कारण हैं। Sex Behaviour in Human Male नामक अपनी प्रसिद्ध खोजपूर्ण रिपोर्ट में अमेरिकन विद्वान् किन्से (Kinsey) ने लिखा है कि वेश्यागमन का मुख्य कारण है कि वह विवाह, रखैल रखने तथा अवैध सम्बन्ध स्थापित करने से अधिक सस्ता और सुरक्षित है क्योंकि इसमें कोई उत्तरदायित्व नहीं होता और न कोई समाज का भय होता है।

वेश्यावृत्ति के मुख्य कारण निम्नलिखित वर्गों में रखे जाते हैं—

(1) आर्थिक कारण (Economic Causes)

(2) सामाजिक कारण (Social Causes)

(3) मनोवैज्ञानिक कारण (Psychological Causes)

(4) जैवकीय कारण (Biological Causes)

(5) धार्मिक तथा सांस्कृतिक कारण (Religious & Cultural Causes)

(1) **आर्थिक कारण**—वैश्यावृत्ति के कारणों में सबसे अधिक व्यापक कारण आर्थिक कारण है यद्यपि यह कहना गलत है कि निर्धनता ही वेश्यावृत्ति का एकमात्र कारण है क्योंकि यह आवश्यक नहीं है कि प्रत्येक निर्धन युवती रुपये के

बदले यौन सम्बन्ध को करने को तैयार हो जाय और धनिक लोगों में वेश्यवृत्ति न पाई जाती हो। भारतवर्ष में बहुत सी वेश्यायें अपनी निर्धनता के कारण वेश्या का जीवन बिताने को बाध्य हैं। परन्तु वेश्यावृत्ति के आर्थिक कारणों में निर्धनता ही एकमात्र कारण नहीं है। संक्षेप में आर्थिक कारण हैं—(i) निर्धनता, (ii) कम आयु में नौकरी, (iii) नौकरी की खराब दशायें, (iv) औद्योगिक केन्द्रों का दूषित वातावरण, और (v) स्त्रियों और बच्चों का अनैतिक व्यापार।

(i) निर्धनता—जैसा कि पहले कहा जा चुका है, निर्धनता वेश्यावृत्ति का मुख्य आर्थिक कारण है। सब ओर से आजीविका के मार्ग बन्द होने पर और अपने अथवा अपने बच्चों के जीवन निर्वाह का कोई साधन न होने पर अनेक स्त्रियाँ वेश्यावृत्ति को बाध्य हो जाती हैं। बेपढ़ी-लिखी स्त्रियों को एक तो नौकरी मिलती ही नहीं और यदि मिलती भी है तो अनेक खतरों का सामना करना पड़ता है। अतः बाध्य होकर अनेक स्त्रियाँ वेश्या बन जाती हैं और बहुत से माता-पिता अपनी लड़कियों से वेश्यावृत्ति कराते हैं। अनेक गरीब लड़कियाँ जब किसी भी तरह से अपने अरमान पूरे नहीं कर पातीं तब वे वेश्यावृत्ति की ओर बढ़ जाती हैं।

(ii) कम आयु में नौकरी—निर्धन अनाथ लड़कियों को छोटी और अपरिपक्व आयु में घरों में, कारखानों में और होटलों में या दुकानों पर नौकरी करनी पड़ती है या किसी अन्य काम पर मजदूरी करनी पड़ती है। लड़कियों को थोड़े से रुपयों का लालच दिखाकर या डरा-धमकाकर आसानी से पतन की राह पर ले जाया जा सकता है क्योंकि न तो उनमें भला-बुरा समझने की बुद्धि होती है और न बुराई का विरोध करने का बल होता है।

(iii) नौकरी की खराब दशायें—भारतवर्ष में स्त्री श्रमिकों की दशा बड़ी खराब है। अनेक कारखानों तथा अन्य कामों में स्त्रियों की भर्ती पुरुष एजेन्टों या दलालों के माध्यम से होती है। अतः मजदूर स्त्रियों को पहले दलाल को 'खुश' करना पड़ता है। जहाँ दलालों का काम स्त्रियाँ करती हैं, वहाँ वे अपने मालिकों को खुश करने के लिए स्त्री श्रमिकों को कुमार्ग पर चलने के लिए बाध्य करती हैं।

(iv) औद्योगिक केन्द्रों का दूषित वातावरण—भारत के औद्योगिक केन्द्रों में श्रमिकों में मकान की समस्या बड़ी विकट है। मकान या तो मिलते ही नहीं या गन्दी ब्रस्तियों में एक कमरे के मकान मिलते हैं। मकान न मिलने के कारणों से हजारों मजदूर अपने परिवार से अलग नगर में रहने को बाध्य होते हैं। अधिक दिन तक परिवार से दूर रहने, शोषण के कारण, भविष्य से निराश होने तथा शहर के भड़कीले वातावरण को देखकर उनका नैतिक पतन होने लगता है और वे वेश्यागमन में पड़ जाते हैं। भारत में ऐसे औद्योगिक केन्द्रों में बड़ी संख्या में वेश्यायें पाई जाती हैं। एक कमरे के मकानों में पूरे परिवार के रहने से अविवाहित लड़कियों को ऐसे दृश्य देखने पड़ जाते हैं जिनका उनके मन पर बुरा प्रभाव पड़ता है और वे यौन अपराधों में पड़ जाती हैं। गन्दी बस्तियों का वातावरण भी चरित्र का पतन करने वाला होता है।

(v) स्त्रियों और बच्चों का अनैतिक व्यापार (Immoral Traffic in Children and Women)—भारतवर्ष में नगरों में अनेक ऐसे गिरोह और अड्डे हैं जो कि अबोध लड़कियों को घरों से उड़ाकर वेश्यावृत्ति के लिए बेच देते हैं तथा अनेक उपायों से स्त्रियों को बहकाकर वेश्यावृत्ति की राह पर ले जाते हैं। आजकल भारत सरकार ने इस दिशा में कड़ी कार्यवाही करनी आरम्भ कर दी है और इस अपराध में लगे लोगों को कठोर दंड दिया जाता है। परन्तु फिर भी इस प्रकार के लोग छिपे तौर से बराबर काम कर रहे हैं और गुप-चुप वेश्यावृत्ति को आगे बढ़ा रहे हैं। कहीं-कहीं पुलिस भी इन लोगों से मिली होती है।

(2) सामाजिक कारण—वेश्यावृत्ति के कारणों में सामाजिक कारण सबसे अधिक मौलिक (Basic) कारण है। सामाजिक कारणों में मुख्य हैं—(i) परिवार से सम्बन्धित कारण, (ii) विवाह से सम्बन्धित कारण, (iii) दूषित पड़ौस, (iv) अवैध मातृत्व।

(i) परिवार से सम्बन्धित कारण—लन्दन की वेश्याओं पर किये गये एक खोजपूर्ण सर्वेक्षण Women of the Street के भूमिका लेखक के अनुसार वेश्याओं की समस्या परिवार में माता-पिता और बच्चों के सम्बन्ध (Parent Child Relation) से शुरू होती है। अधिकांश वेश्यायें भग्न (Broken) अथवा अपराधी (Criminal) परिवारों से आती हैं। परिवार में माता-पिता या अन्य सम्बन्धियों की उपेक्षा अथवा अत्याचार से घबराकर अनेक लड़कियाँ घर से भाग जाती हैं और वेश्यावृत्ति में पड़ जाती है। परिवार में माता-पिता के आपस के सम्बन्ध खराब होने, उनमें किसी के विशेषतया माता के दुश्चरित्र होने, परिवार में बराबर लड़ाई-झगड़ा और क्लेश बने रहने और भाई-बहनों के दुश्चरित्र होने अथवा निकट सम्बन्धियों की कामवासना का शिकार होने पर बहुतसी लड़कियाँ यौन अपराधों की ओर बढ़ती हैं और क्रमशः वेश्यावृत्ति करने लगती हैं।

(ii) विवाह से सम्बन्धित कारण—भारतवर्ष में विवाह की संस्था के अनेक दोष भी स्त्रियों को वेश्यावृत्ति पर बाध्य करते हैं। इसमें सबसे मुख्य है, विधवा विवाह का निषेध अथवा उसका बुरा समझा जाना। दोनों ही दशाओं में विधवा के सम्बन्धी उसको विवाह नहीं करने देते और न आसानी से कोई पुरुष विधवा से विवाह करने को तैयार ही होता है। युवती विधवा या तो अपने सम्बन्धियों द्वारा ही खराब कर दी जाती है या फिर अपनी वासना की आग बुझाने के लिए स्वयं घर के बाहर किसी न किसी से अवैध सम्बन्ध स्थापित करती है। अवैध यौन सम्बन्ध से क्रमशः उसके चरित्र का पतन हो जाता है और वह वेश्यावृत्ति पर उतर आती है। बाल विधवाओं के लिए तो अपने को नियन्त्रण में रखना और भी कठिन हो जाता है। इस प्रकार विधवा पुनर्विवाह निषेध के साथ-साथ बाल-विवाह भी वेश्यावृत्ति का ही एक कारण है। विवाह की संस्था से सम्बन्धित वेश्यावृत्ति का एक अन्य कारण बेमेल विवाह भी है। बूढ़े, दुर्बल, नपुंसक या अत्यधिक कुरूप, अपंग पुरुष से विवाह कर दिये जाने से स्त्री को यौन सुख नहीं मिल पाता और वैध उपाय न

होने पर वह अवैध उपायों से यौन सुख प्राप्त करने की चेष्टा करती है। अनेक स्त्रियाँ चोरी-छिपे यौन सम्बन्ध स्थापित करती हैं। अनेक घर छोड़कर भाग जाती हैं। विवाह से सम्बन्धित वेश्यावृत्ति का चौथा कारण दहेज की प्रथा है। दहेज की प्रथा के कारण बहुत सी लड़कियों के विवाह बहुत देर से होते हैं और बहुतसी लड़कियों के विवाह हो ही नहीं पाते। दोनों दशाओं में लड़कियाँ अवैध यौन सम्बन्धों की ओर बढ़ सकती हैं और घर से भाग जाने पर वेश्यावृत्ति में पड़ सकती हैं।

(iii) **दूषित पड़ौस**—गन्दी बस्तियों, अपराधी क्षेत्रों तथा वेश्यालयों के आसपास रहने वाली लड़कियों को वेश्यावृत्ति एक साधारण सी बात मालूम पड़ती है और बचपन से ही वह उसको देखने की ऐसी अभ्यस्थ होती हैं कि उनको इस राह पर जाने में कोई हिचक नहीं होती। वेश्यालय चलाने वाले बहुधा ऐसे पड़ौस में रहने वाली लड़कियों को फँसाते हैं।

(iv) **अवैध मातृत्व** (Illegitimate Maternity)—भारत में गर्भपात अवैध है। अतः अवैध यौन सम्बन्धों से गर्भ रह जाने पर स्त्री का समाज में तिरस्कार होता है। कभी-कभी इस प्रकार की माताओं को लुक-छिप कर रहने पर बाध्य होना पड़ता है, जिससे उनमें से अनेक समाज के दरवाजे बन्द पाकर वेश्यावृत्ति के असामाजिक काम में लग जाती है।

(3) **मनोवैज्ञानिक कारण**—वेश्यावृत्ति के कारण मनोवैज्ञानिक भी होते हैं। इनमें मुख्य हैं अत्यधिक उद्दाम यौन वासना और बुद्धिहीनता। अत्यधिक उद्दाम यौन वासना वाली स्त्रियाँ न तो विवाह तक यौन सम्बन्धों से बची रह सकती हैं और न विवाह के बाद वैवाहिक जीवन के यौन सम्बन्धों से सन्तुष्ट हो पाती हैं। ऐसी अनेक स्त्रियाँ वेश्यावृत्ति करने लगती हैं। बुद्धिहीन लड़कियाँ बड़ी आसानी से गलत राह पर ले जाई जा सकती हैं और एक बार पतन के गर्त में गिरकर फिर उससे निकलना कठिन हो जाता है तो उनमें से अनेक वेश्या बन जाती हैं।

(4) **जैवकीय कारण**—कुछ स्त्रियाँ जैवकीय कारण से भी वेश्यावृत्ति करती हैं। जैसे कुछ पुरुषों में विविधता की इच्छा प्रबल होती है वैसे ही कुछ स्त्रियों में भी यौन सम्बन्धों में विविधता की इच्छा प्रबल होती है। इसी प्रकार कुछ स्त्रियों में समलिंगीय (Homo-sexual) प्रवृत्ति तथा अन्य विकृतियाँ (Perversions) होती हैं। ऐसी स्त्रियों को वैवाहिक जीवन के यौन सुख में आनन्द नहीं आंता और वे वेश्यावृत्ति में पड़ जाती हैं।

(5) **धार्मिक-सांस्कृतिक कारण**—भारत में वेश्यावृत्ति के धार्मिक और सांस्कृतिक कारण भी कम महत्वपूर्ण नहीं हैं। भारतवर्ष में प्राचीन काल से ही वेश्या की संस्था चली आ रही है। प्राचीन तथा मध्यकालीन भारत में गणिका अथवा वेश्या का काफी सम्मान था और उन्हें समाज तथा राज्य की ओर से स्वीकृति प्राप्त थी। इसके अलावा मंदिरों में देव-दासियाँ वेश्यावृत्ति करती थीं। बम्बई राज्य में अनेक मंदिरों में ऐसी देव-दासियाँ हैं जिनकी पुत्रियाँ भी देव-दासियाँ होती हैं और अनैतिक जीवन व्यतीत करती हैं। दक्षिण भारत में अनेक स्थानों पर लड़कियों को देवी-देवता

की सेवा के लिए मन्दिर में समर्पित कर देने की प्रथा है। इस समर्पण से यह समझा जाता है कि देवी-देवता उस परिवार पर कृपा करेंगे। बहुधा जिन परिवारों में बच्चे जीवित नहीं रहते वे देवी-देवताओं को खुश करने के लिए ऐसा करते हैं। इस प्रकार भारत में वेश्यावृत्ति का एक कारण सांस्कृतिक व धार्मिक भी है।

वेश्यावृत्ति के उपरोक्त कारण सभी देशों में न्यूनाधिक रूप से वेश्यावृत्ति फैलाते हैं। उपरोक्त कारणों में सबसे अधिक महत्वपूर्ण कारण आर्थिक है। फिर वेश्याओं की लड़कियाँ वेश्या ही बनती हैं और वह संस्था बनी चली आती है। जार्ज राइल स्कॉट ने लिखा है, "अनेक बार माता स्वयं वेश्या होती है, पिता दलाल होता है और वे बिना अनुताप के अपनी कन्या को गलियों में भेज देते हैं और बहुधा स्वयं उसको यौन सम्बन्ध के लिए प्रेरित करते हैं।"[1]

भारत में वेश्या की समस्या

भारतवर्ष में वेश्या की संस्था अति प्राचीन काल से पायी जाती है। वेदों में वेश्यावृत्ति का वर्णन मिलता है। वात्स्यायन ने अपने काम सूत्र में वेश्याओं के रंग ढ़ंग, तौर तरीके, आचार आदि के विषय में विस्तारपूर्वक लिखा है। कौटिल्य ने अपने अर्थशास्त्र में वेश्याओं से होने वाली आय पर पलने वाले दलालों पर कर लगाया जाना उचित माना है। शताब्दियों से दक्षिणी भारत के बहुतसे मन्दिरों में देवदासी की प्रथा के रूप में वेश्यावृत्ति की संस्था पायी जाती है। इन देवदासियों को नाचने-गाने की शिक्षा मिलती थी। ये मन्दिरों की सेविकायें मानी जाती थीं। क्रमशः इनका वेश्याओं के रूप में प्रयोग होने लगा। श्रीमती लाल के शब्दों में, "भारत में वेश्यावृत्ति के इतिहास में देवदासी व्यवस्था का महत्वपूर्ण स्थान है। देवीदासी शब्द का शाब्दिक अर्थ ईश्वर की दासी अथवा सेवक है और सम्भवतया मूल रूप में इसका तात्पर्य स्त्रियों के एक ऐसे वर्ग से था जो कि धार्मिक सेवा और तपस्याओं के जीवन के लिए स्वयं को अर्पित कर देती थीं। वे देव दासियाँ जो कि विवाह के बन्धन में नहीं बँधती थीं बहुधा मंदिर की गायिकायें, नाचने वालियाँ, रखैल और वेश्याओं का काम करती थीं।"[2]

देवदासी की प्रथा का वेश्यावृत्ति से धनिष्ठ सम्बन्ध सन् 1934 में पारित बम्बई देवदासी निरोध अधिनियम (Bombay Devadasi Prevention Act, 1934) से

1. "In many cases the mother is a prostitute herself, the father is a pimp and they send their daughter on the streets without the slightest compunction, often themselves initiating her in sexual intercourse."
—George Ryle Scott, *A History of Prostitution,* p. 32
2. "The Devadasi system has a significant place in the history of prostitution in India. The term Devadasi literally means servant (slave) of God and perhaps originally denoted a class of women who gave themselves to a life of religious services and austerities. These devadasis who were not supposed to enter the bond of matrimony often functioned as temple singers, dancers, concubines and prostitutes."
–Mrs. S. Lall, Moral and Social Hygiene, *Encyclopaedia of Social Work in India,* Vol. II., Publication Division (1968), pp. 10-12.

स्पष्ट होता है। इस अधिनियम में स्पष्ट लिखा गया है कि देवदासियाँ वेश्या का जीवन व्यतीत करती हैं। अस्तु, यह अधिनियम किसी भी स्त्री को उसकी मर्जी के बिना किसी भी मंदिर में देवदासी के रूप में अर्पित करने का विरोध करता है। इस अधिनियम से किसी भी देवदासी के विवाह अथवा विवाह से होने वाली सन्तान को अवैध नहीं कहा जा सकता। इसी प्रकार का अधिनियम मद्रास में सन् 1947 में मद्रास देवदासी अधिनियम (Madras Devadasi Act, 1947) के नाम से पारित हुआ। इस अधिनियम में भी देवदासियों की वेश्यावृत्ति की चर्चा की गई थी। इस अधिनियम से किसी भी स्त्री को देवदासी के रूप में अर्पित किया जाना अवैध घोषित किया गया। इसके अनुसार इस प्रकार अर्पण में भाग लेने वाला 16 वर्ष की आयु से अधिक का प्रत्येक व्यक्ति 6 महीने के कारावास और 500 रु॰ जुर्माना अथवा दोनों का भागी होगा। इन अधिनियमों के बावजूद कुछ सर्वेक्षणों में यह पाया गया है कि दक्षिण के अनेक मंदिरों में आज भी देव दासी की प्रथा चलती है। श्री जे॰ जे॰ पानकलाल और डा॰ एस॰ डी॰ पुनेकर के संयुक्त निर्देशन में पूरे किये गये एक अनुसन्धान आयोजन में यह देखा गया कि दक्षिण के अनेक जिलों में यह समस्या अब भी विद्यमान है। बम्बई नगर में वेश्याओं पर किये गये एक अध्ययन में भी यह निष्कर्ष निकाला गया कि आज भी वेश्यावृत्ति करने वाली स्त्रियों में देवदासियों की संख्या बड़ी मात्रा में मौजूद है। इस सर्वेक्षण के लेखक एस॰ डी॰ पुनेकर और कमलाराव के शब्दों में, ''यह देखा गया कि पिछड़े वर्गों विशेषतया ग्रामीण क्षेत्र में हरिजनों में आज भी कन्याओं को मंदिर में अर्पण करने की प्रथा प्रचलित है—यह भी देखा गया कि वेश्यावृत्ति देवदासी के जीवन में इतनी अधिक स्वीकृत है कि वे न केवल पृष्ठभूमि के कारकों के होते हुये भी उसमें शामिल होती हैं, बल्कि यह भी दावा करती हैं कि उन्हें वेश्यावृत्ति का अधिकार है।''[1]

भारत में वेश्यावृत्ति निरोध—उपरोक्त अधिनियमों के अतिरिक्त भारतवर्ष में वेश्यावृत्ति के निरोध के लिए अनेक अन्य अधिनियम पारित किये गये। इण्डियन पेनल कोड (Indian Penal Code) के अनुसार वेश्यावृत्ति में किसी भी प्रकार से भाग लेने वाले अथवा सहायक स्त्री-पुरुष दण्ड के भागी होंगे। भारत में विभिन्न राज्यों ने वेश्यावृत्ति के नियन्त्रण के लिए अधिनियम पास किये हैं। उत्तर प्रदेश नायक कन्या सुरक्षा अधिनियम (U. P. Naik Girls Protection Act) के अनुसार जिला मजिस्ट्रेट को 18 वर्ष की और उससे अधिक आयु की नायक कन्याओं के संरक्षकों से उनकी गतिविधि के विषय में जबाब-तलब करने का अधिकार है। इस अधिनियम से किसी भी स्त्री को वेश्यावृत्ति के लिये बाध्य करने के अपराध का भागी पाये जाने वाले

1. "It was observed that dedication of girls was still prevalent among the backward communities, predominantly the Harijans in the rural areas...It is also noticed that prostitution has been so much the accepted way of life with the Devadasi that they not only enter it irrespective of other background factors, but also claim that they have a right to prositutute."
–Punekar S. D. and Rao Kamala, *A Study of Prostitutes in Bombay*, Bombay, Lalvani Publishing house. 1967, pp. 78-79.

व्यक्ति को 6 माह का कारावास अथवा जुर्माना या दोनों का दण्ड दिया जा सकता है। सन् 1929 में उत्तर प्रदेश अल्पवयस्क कन्या सुरक्षा अधिनियम (U. P. Minor Girls Protection Act, 1929) में भी इसी प्रकार का विधान किया गया। इस अधिनियम से स्पष्ट है कि इन क्षेत्रों में अल्पवयस्क कन्याओं को उनके घरों से निकाल कर सुदूर क्षेत्रों में वेश्यावृत्ति के अड्डों पर बेच देने की घटनायें पायी जाती हैं। अल्पवयस्क बालिकाओं के प्रति इस प्रकार के अपराध को रोकने के लिए बालकों से सम्बन्धित अधिनियमों में भी विधान किया गया है।

देश के स्वतन्त्र होने के बाद से नेताओं ने बराबर यह अनुभव किया कि वेश्यावृत्ति की संस्था नितान्त अनावश्यक और अवांछनीय है। अस्तु, देश के बड़े-बड़े नगरों में वेश्यावृत्ति को अवैध घोषित किया गया। अनेक स्त्रियाँ अपने घरों को लौट गयीं। कुछ अन्य व्यवसायों में लग गयीं। कुछ अन्य को स्त्रियों के शरणालयों में स्थान मिल गया। इस प्रकार वेश्यालयों के बन्द होने के बावजूद यौन सम्बन्धी अपराधी अथवा अवैध वेश्यावृत्ति के अपराधों में विशेष वृद्धि नहीं हुई। किन्तु इससे यह निष्कर्ष नहीं निकाला जा सकता कि इन अधिनियमों से देश में वेश्यावृत्ति की पूर्ण रोकथाम हो गयी।

भारत सरकार ने वेश्यावृत्ति की रोकथाम के लिए कठोर कदम उठाये हैं किन्तु यहाँ यह ध्यान रखा जाना चाहिये कि पिछले वर्षों में देश में गैर कानूनी रूप से चलने वाले वेश्यावृत्ति के अड्डों को अधिकतर पुलिस की सुरक्षा प्राप्त होती रही है इस प्रकार खुलेआम वेश्यावृत्ति की भले ही रोकथाम हुई हो किन्तु छिपे तौर से वेश्यावृत्ति करने वाली स्त्रियों की संख्या अत्यधिक बढ़ी है। आज बड़े नगरों के बड़े-बड़े धनाढ्य मोहल्लों में वेश्यायें आम नागरिकों के समान घरों में रहती हैं और वेश्यावृत्ति करती हैं। सन् 1947 के बाद सरकार ने यह नोट किया कि वेश्यावृत्ति की रोकथाम के लिये अब तक बनाये गये कानून विशेष रूप से प्रभावशाली नहीं हैं। अस्तु सन् 1956 में इस इस विषय में एक विशेष अधिनियम पारित किया गया। सन् 1956 के Suppression of Immoral Traffic in Women and Girls Act से भारत सरकार ने सम्पूर्ण देश में वेश्यालय रखना, किसी स्त्री या लड़की को इस पेशे के लिए बहकाना या इस हेतु बेचना अथवा बाहर से देश में लाना दण्डनीय अपराध घोषित कर दिया। इस वैधानिक कार्यवाही के अतिरिक्त देश में 80 रक्षा-गृह (Rescue Homes) और 330 रक्षा शरणालय (Rescue Shelters) हैं। तृतीय पंचवर्षीय योजना में उत्तर प्रदेश में वेश्याओं के लिए पाँच नये रक्षा गृह खोले गये। इसके अतिरिक्त इस देश में निम्नलिखित संस्थायें भी वेश्यावृत्ति के निरोध के लिये प्रयत्नशील हैं-स्त्री सदन, मद्रास; श्रद्धानन्द अनाथ महिला आश्रम, बम्बई; दी गुड शेफर्ड होम, मद्रास; क्रिस्पिन्स होम, पूना; दी सालवेशन आर्मी होम, बंगाल; दी फ्यूडल होम, बंगाल; ऑल बंगाल वीमेन्स यूनियन होम, बंगाल; खुशालबाग मिशन आर्फेनेज, गोरखपुर (यू० पी०); महिला अनाथालय, वाराणसी। परन्तु वेश्यावृत्ति की रोक-थाम के ये प्रयत्न अभी पर्याप्त नहीं हैं। इस दिशा में सरकार और जनता दोनों को मिलकर

भरकस प्रयास करना पड़ेगा। सन् 1967 में भारत सरकार के समाज कल्याण विभाग की ओर से श्रीमती रक्षा शरण की अध्यक्षता में एक समति बनायी गई जिसका उद्देश्य नैतिक और सामाजिक आरोग्य के क्षेत्र में आवश्यकताओं का अध्ययन करना था। इस समिति ने अपने सर्वेक्षण के आधार पर अनेक महत्वपूर्ण सुझाव दिये। इस रिपोर्ट से यह पता चला कि महिला सुरक्षा गृहों से निकली हुई स्त्रियों को सामान्य समाज में आवास और जीविकोपार्जन की सुविधायें प्राप्त करने में बड़ी कठिनाई होती हैं।[1] वास्तव में समाज आज भी इन स्त्रियों को वापस लेने के लिए पूरी तरह तैयार नहीं है। सच तो यह है कि वेश्याओं की संख्या बहुत कुछ समाज की माँग और पूर्ति की मात्रा पर निर्भर है। यही कारण है कि अधिकतर नगरीय क्षेत्रों में यह समस्या अधिक व्यापक रूप में पायी जाती है। इस सम्बन्ध में जो कानून बनाये गये हैं उनकी पकड़ में न आने के लिए भी बहुत से उपाय निकाल लिये गये हैं।

भारत में वेश्यावृत्ति की स्थिति के विषय में उपरोक्त संक्षिप्त सर्वेक्षण से यह स्पष्ट होता है कि यह कहना उचित नहीं होगा कि देश में यह समस्या किसी प्रकार से पहले से कम हो गयी है। भले ही कानून की पकड़ में आने वालों की संख्या कम दिखलायी पड़ती है। अस्तु, सरकार और जनता को इस ओर अधिक यथार्थवादी दृष्टिकोण रखने की आवश्यकता है।

अभ्यास के लिए प्रश्न

1. संक्षिप्त टिप्पणी लिखो—वेश्यावृत्ति।
2. संक्षिप्त टिप्पणी लिखो—भारत में वेश्यावृत्ति के कारण।

---

1. India Government, Department of Social Welfare, *Women and Girls in Moral Danger*, New Delhi, Central Bureau of Correctional Services. 1971.

34

आत्महत्या

(Suicide)

आत्महत्या की परिभाषा

1. अपने जीवन को समाप्त करना आत्महत्या कहलाता है—एन्साईक्लोपीडिया ब्रिटेनिका के अनुसार "आत्महत्या आत्महनन का स्वैच्छिक एवं प्रयोजनात्मक कार्य है।"[1] इस परिभाषा के द्वारा स्पष्ट होता है कि आत्महत्या में व्यक्ति स्वयं अपने शरीर को समाप्त करता है और इस कार्य को वह अपनी इच्छा से करता है, किसी बाध्यता से नहीं। इसके अतिरिक्त उपरोक्त परिभाषा से अन्य बात भी स्पष्ट होती है, वह यह कि आत्महत्या का कोई न कोई प्रयोजन अवश्य होता है अर्थात् बिना प्रयोजन के केवल इच्छा होने के कारण कोई भी व्यक्ति आत्महत्या नहीं करता। रूथ केवन ने आत्महत्या की परिभाषा इन शब्दों में दी है, "आत्महत्या अपने आप स्वेच्छा से जीवन-लीला समाप्त करने हेतु अथवा मृत्यु द्वारा आतंकित होने पर अपने जीवन को बचाने में असमर्थता की क्रिया है।"[2]

2. आत्महत्या एक ऐसी घटना है जिससे व्यक्ति विशेष के साथ-साथ पूरा समाज प्रभावित होता है—यदि कोई व्यक्ति आत्महत्या कर लेता है तो उसका परिवार तथा अन्य सम्बन्धी एवं पूरा समाज उन लाभों से वंचित हो जाता है जो इन सबको उससे मिलते थे या मिलने की सम्भावना थी। ऐसा देखा गया है कि बहुत से ऐसे व्यक्ति भी आत्महत्या किया करते हैं जो समाज एवं राष्ट्र के लिए विशेष लाभदायक होते हैं।

3. आत्महत्या व्यक्तिगत विघटन का प्रतीक है—जब किसी व्यक्ति का व्यक्तित्व पूर्णरूप से विघटित हो जाता है तब प्रायः वह आत्महत्या किया करता है। व्यक्तिगत विघटन की स्थिति में व्यक्ति विशेष के सभी मूल्य, आदर्श खण्डित हो जाते हैं उनका मानसिक, आध्यात्मिक, मनोवैज्ञानिक एवं शारीरिक संतुलन समाप्त

---

1. "Suicide is the act of voluntary and intentional self-destruction."
   -*Encyclopaedia Brittannica*
2. "Suicide is the intentional taking of one's life or the failure when possible to save one's self when death threatens."
   -Ruth S, Cavan, *Suicide*, p.3.

हो जाता है। जब व्यक्ति की पलायन प्रकृति चरम सीमा पर पहुँच जाती है तब वह आत्महत्या किया करता है।

4. आत्महत्या सामाजिक विघटन का प्रतीक है—जहाँ एक ओर आत्महत्या को व्यक्तिगत विघटन का प्रतीक माना जाता है, वहाँ उसे समाज के विघटन का भी प्रतीक माना जाता है। व्यक्ति समाज की इकाई है और व्यक्ति समाज पर निर्भर करता है तथा गम्भीर रूप से प्रभावित होता है। समाज का कार्य है कि सभी व्यक्तियों को सामान्य जीवन व्यतीत करने के लिए आवश्यक सुविधायें उपलब्ध कराये। समाज का कार्य है कि इस प्रकार की परिस्थितियाँ उत्पन्न करे जिनसे व्यक्तियों की विघटनकारी प्रवृत्तियों का नाश हो। इस प्रकार स्पष्ट है कि समाज का सुसंगठित रूप आत्महत्या जैसी प्रवृत्तियों को निरुत्साहित करता है। इसके विपरीत यदि समाज विघटित हो अर्थात् समाज में विघटनकारी प्रवृत्तियों का बोलबाला अधिक हो तब आत्महत्या जैसी घटना अधिक होती हैं। अधिक संख्या में आत्महत्याएँ होना सदैव समाज के विघटन का प्रतीक है।

भारत में आत्महत्यायें—भारत में बीते एक दशक के भीतर आत्महत्याएं बड़ी तेजी से बढ़ी हैं। 1980 में 41,663 आत्महत्याओं की तुलना में 1990 में 73,911 लोगों ने अपनी इहलीला समाप्त की। इस अवधि में आत्महत्या में बढ़ोतरी का प्रतिशत सर्वाधिक 6·2 प्रतिशत सालाना रहा, जबकि आबादी वृद्धि दर इस दौरान 2·1 प्रतिशत रही।

आत्महत्याएं बढ़ रही हैं, लेकिन दिलचस्प तथ्य यह है कि इसके लिए इस्तेमाल हो रहे तौर-तरीके आमतौर पर पारंपरिक ही हैं। केन्द्रीय गृह मंत्रालय के अधीन आने वाले राष्ट्रीय अपराध रिकार्ड ब्यूरो की अद्यतन रिपोर्ट में तौर-तरीकों के बारे में बड़ी ही दिलचस्प जानकारियाँ हैं। आत्महत्या के कारणों से लेकर अन्य पहलुओं पर इस रिपोर्ट में बारीकी से पड़ताल की गई है। अद्यतन रिपोर्ट 1990 की स्थितियों को दर्शाती है। विभिन्न राज्यों से समय से पर्याप्त सूचनाएँ न मिल पाने की वजह से ब्यूरों की रिपोर्ट देर से तैयार होती है, फिर भी इसमें कई तरह की विशिष्ट जानकारियाँ हैं।

ब्यूरों की 1987, 1988 और 1990 की रिपोर्टों के आधार पर जाँच पड़ताल से पता चलता है कि नए-नए तौर-तरीकों के आने के बावजूद सर्वाधिक लोकप्रिय तरीका विषपान ही है। बीते 3 साल में विषपान के माध्यम से 63,222 लोगों ने अपनी जिंदगी खत्म की। यह संख्या 1988 में हुई कुल आत्महत्याओं के बराबर है। तौर-तरीकों में विभिन्न राज्यों के बारे में भी अजीबो-गरीब जानकारियाँ हैं। सर्वाधिक परेशानियों से घिरे राज्यों में आत्महत्याओं की संख्या खुशहाल राज्यों के मुकाबले में कम ही हैं।

मोटे तौर पर आत्महत्या के लिए अपनाए जा रहे 11 तरीके हैं। इनमें जहर, आग, डूबकर मरना, फाँसी लगाना, हथियार, आग्नेयास्त्र, मशीन, रेलवे पटरियों पर छलांग लगाने व नींद की गोली खाना और बिजली के तार छूने के तरीके प्रमुख

हैं। लेकिन जहर खाना सर्वाधिक मामलों में अपनाया जाने वाला तरीका है। 1990 में 24,541 लोगों ने जहर खाकर आत्महत्या की। यह उस वर्ष हुई कुल 73,911 आत्महत्याओं का 33.3 प्रतिशत है। जहर से 1987 में 18,295 लोगों ने (31.2 प्रतिशत) तथा 1988 में 20,286 लोगों ने (31.6 प्रतिशत) अपनी जीवन लीला समाप्त की। 1990 में जहर खाकर जान देने वालों में 14,360 पुरुष और 10,281 महिलाएँ थीं। ऊ प्र० में इस तरीके से 482 आत्महत्याएं हुई इनमें 245 पुरुष तथा 237 महिलाएं थीं। ऊ प्र० के मुकाबले प० बंगाल में 2,600 तथा तमिलनाडु में 1,422 महिलाओं ने जहर खाया। महानगरों में अति-आधुनिक मद्रास में 299 लोगों ने तथा बेंगलूर में 295 लोगों ने आत्महत्या की जहर खाकर। कानपुर में 13 पुरुषों के मुकाबले 26 महिलाओं ने जहर खाया तथा लखनऊ में कुल 19 लोगों ने इस तरीके से आत्महत्या की। जहर खाने वालों में ऊ प्र० का प्रतिशत बहुत कम है।

विभिन्न राज्यों में हुई आत्महत्याओं के समग्र प्रतिशत में ऊ प्र० का प्रतिशत मात्र 4.2 है। लेकिन 1990 में प० बंगाल, तमिलनाडु, कर्नाटक, केरल और महाराष्ट्र में 60 प्रतिशत से अधिक आत्महत्याएं हुई। इन मामलों में 48 प्रतिशत का कारण अज्ञात ही रहा। रिपोर्ट में 1989 के मुकाबले आत्महत्या की संख्या में 7.5 प्रतिशत की बढ़ोत्तरी में बताई गयी है। वहीं लखनऊ में 330.9 प्रतिशत बढ़ोत्तरी और मद्रास में 53.3 प्रतिशत गिरावट रिकार्ड की गई है। रिपोर्ट में इस धारणा को भी झुठलाया गया है कि महिलाओं ने अधिक आत्महत्या की ओर अग्रसर हैं। 1990 में पुरुषों की 43,451 संख्या के मुकाबले 30,460 महिलाओं ने आत्महत्या की। ऊ प्र० में कानपुर में 237 (167 महिला) तथा लखनऊ में 729 (303 महिला) लोगों ने आत्महत्या की। रिपोर्ट में दिया गया है कि 18-30 आयु वर्ग के लोगों ने कुल आत्महत्या का 44.2 प्रतिशत आत्महत्या की। रिपोर्ट में इसे गंभीर बताया गया है कि बड़ी संख्या में 18 वर्ष से कम आयु के बच्चे आत्महत्या की ओर अग्रसर हो रहे हैं। इसमें भी लड़कों के मुकाबले लड़कियां अधिक हैं।

राष्ट्रीय अपराध रिकार्ड ब्यूरो की रिपोर्ट के अनुसार 1985 में 52,811, 1986 में 54,357, 1987 में 58,568, 1988 में 64,270, 1989 में 68,744 और 1990 में 73,911 लोगों ने आत्महत्या की। आत्महत्या का एक ही तरीका हर राज्य में लोकप्रिय हो ऐसा नही है। रेल की पटरियों पर 1990 में 3,121 लोगों ने अपनी जान दी। कुल आत्महत्या का यह 4.2 प्रतिशत है, पर रेल की पटरियों पर जान देने वालों में सर्वाधिक 55.3 प्रतिशत लोग पंजाब के थे। आत्महत्या के तरीके के क्रम में रेलवे का नंबर पांच है।

जहर के बाद आत्महत्या का दूसरा सर्वाधिक लोकप्रिय तरीका फाँसी का फंदा है। फंदा लगाकर मरने वालों की संख्या 1987 में 14,687, 1988 में 16,051 और 1990 में 17,937 है। औसतन यह प्रतिशत तीनों साल 25 के आसपास रहा। 1990 में फंदा लगाने वालों में 11,964 पुरुष और 5,973 महिलाएं थी। ऊ प्र० में 474 लोगों ने इस तरीके से अपनी जान दी, पर इनमें महिलाओं की संख्या 207 थी, जो

पुरुषों से कम थी। अलबत्ता कानपुर में 30 पुरुष के मुकाबले 35 महिलाओं ने इस तरीके से अपनी जान दी। फंदा लगाकर मरने वालों में, महानगरों में सर्वाधिक लोग मद्रास के 276 थे, जबकि दिल्ली में 200 और लखनऊ में 10 रही।

आत्महत्या का तीसरा तरीका डूबना है। इस तरीके से 1987 में 6,748, 1988 में 7,830 और 1990 में 8,314 लोगों ने अपनी जान दी। 1990 में डूबने वालों में 4,311 पुरुष और 4,003 महिलाएं थी, इनमें भी ऊ प्र० के 138 लोग (56 महिलाएं) थे। लेकिन समंदर के तट पर बसे बंबई में केवल 22 लोग डूबकर मरे। यह विधि मद्रास के 20 और कलकत्ता के 15 लोगों ने अपनाई। इस विधि से कानपुर में 11 (6 औरत) तथा लखनऊ 42 (17 औरत) मरे, पर नगरों में सर्वाधिक आत्महत्या बेंगलूर में 271 हुई।

चौथे लोकप्रिय पर कठोर तरीके से आग लगाकर जान देने में 1987 में 5,470, 1988 में 5,965 और 1990 में 6,953 लोग थे। आग लगाकर मरने में 1990 में 2,069 पुरुष के मुकाबले 4,884 महिलाएं आगे रहीं। ऊ प्र० में भी 55 पुरुषों के मुकाबले 160 महिलाएं प्रकाश में आई। कई राज्यों में यह प्रवृत्ति नजर आई। पुरुष इस कठोर मौत से डरते हैं। महाराष्ट्र में 447 पुरुषों के मुकाबले 1,009 महिला तथा तमिलनाडु में 350 पुरुष के मुकाबले 609 महिलाओं ने अपनी जान दी। कानपुर में 32 महिलाओं के मुकाबले 3 पुरुषों ने और बंबई की 237 महिलाओं के मुकाबलें 121 पुरुषों ने आग लगाकर जान दे दी। बेंगलूर में भी यह विधि अपनाने वाले 137 लोगों में 105 औरतें थीं।

रेल से कटकर जान देने वालों की संख्या 1990 में 3,121 रही तथा कुल आत्महत्या में यह 4.2 प्रतिशत है। 1987 में 2,654 लोग और 1988 में 2,793 लोग रेल की पटरियों पर कटकर मरे। 1990 में यह विधि चुनने वालें में 2,211 पुरुष और 897 महिलाएं थी। यह तरीका ऊ प्र० के लोगों ने आजमाया। इनमें 122 महिलाएं थी। रेल पटरियों पर जान देने वालों में महिलाओं की सर्वाधिक संख्या पं० बंगाल में 188 थी। इस तरीके को मौत के लिए चुनने वालों की सर्वाधिक संख्या पंजाब में 55.3 प्रतिशत तथा हरियाणा में 19.6 प्रतिशत रही। ऊ प्र० में इसका प्रतिशत केवल 9.7 प्रतिशत रहा। लेकिन महानगरों में इस विधि से सर्वाधिक मौतें कानपुर में 15 प्रतिशत तथा लखनऊ में 8.4 प्रतिशत हुईं।

आत्महत्या के अन्य तरीकों में बंदूक-पिस्तौल और हथियार हैं। 1987 में आग्नेयास्त्रों से 422 और हथियारों से 530 लोग मरे। 1988 में यह संख्या क्रमशः 526 और 337 और 1990 में 535 और 437 रही। कुल आत्महत्या में यह संख्या बहुत बढ़ी तो नहीं, लेकिन बढ़ जरूर रही है। ऊ प्र० में आग्नेयास्त्रों से 7.1 प्रतिशत लोग मरे। महानगरों में सर्वाधिक लखनऊ (8.4 प्रतिशत) रहा। अन्य हथियारों से 1990 में ऊ प्र० में 15 लोगों ने आत्महत्या की। इनमें भी 30 महिलाएं थीं। ऊ प्र०

तथा बिहार में यह तरीका काफी चला। जान देने के तरीके आधुनिक समाज में काफी नए-नए निकल रहे हैं, लेकिन आत्महत्या करने वालों के लोकप्रिय तरीके परंपरागत ही हैं।

आत्महत्या के विभिन्न रूप

आत्महत्या करने वाले व्यक्तियों के व्यक्तित्व की विभिन्नता के आधार पर दुर्खीम ने आत्महत्याओं को भी विभिन्न रूपों अथवा प्रकारों में वर्गीकृत किया है। उसने मुख्य रूप से आत्महत्या के निम्नलिखित तीन रूप माने हैं—

1. आत्मश्लाघी (Egoistic)
2. परार्थी (Altruistic)
3. अव्यवस्थित (Anomique)

उपरोक्त वर्णित तीनों प्रकार की आत्महत्याओं का मुख्य कारण प्रायः सामाजिक विशृंखलन (Social Break Down) ही हुआ करता है। जब व्यक्ति अपने व्यक्तित्व के समाज के साथ होने वाले तादात्म्य का अभाव अनुभव करता है, तब वह आत्महत्या करने को प्रेरित होता है। आत्महत्या के विभिन्न रूपों का संक्षिप्त विश्लेषण निम्नलिखित है—

(1) **आत्मश्लाघी आत्महत्या**—अहंवादी व्यक्तियों द्वारा की गई आत्महत्याओं को आत्मश्लाघी आत्महत्या कहा जाता है। अहंवादी व्यक्ति अपनी प्रकृति के ही कारण क्रमशः समाज तथा सामाजिक कार्यों से दूर होने लगते हैं। इस प्रकार समाज एवं अहंवादी व्यक्ति के बीच एक अलगाव की स्थिति उत्पन्न हो जाती है। इस अलगाव के बढ़ने के साथ-साथ सम्बन्धित व्यक्ति अपने आप को समाज की दृष्टि में उपेक्षित अनुभव करने लगता है। वास्तव में प्रत्येक मनुष्य सामाजिक प्राणी है, अतः इस उपेक्षित दशा में उसके सामाजिक संवेग को ठेस पहुंचती है। इस उपेक्षित एवं संवेगात्मक ठेस के विकास की चरम सीमा आत्महत्या में परिणित हो जाती है। वास्तव में अहंवादी व्यक्ति एक स्थिति आने पर अपने आप को समाज की दृष्टि में हीन एवं व्यर्थ अनुभव करने लगता है। इसी हीनता की भावना के परिणामस्वरूप आत्महत्या होती है।

आत्महत्याओं के इस प्रकार को दुर्खीम ने विभिन्न उदाहरणों द्वारा स्पष्ट किया है। दुर्ख़ीम के अनुसार वे लोग अधिक संख्या में आत्महत्या करते हैं जिनके संवेगात्मक लगाव कम होते हैं। प्रायः विवाहितों की अपेक्षा अविवाहित स्त्री-पुरुष अधिक संख्या में आत्महत्या करते हैं। विधुर और विधवा स्त्री-पुरुष सामान्य वैवाहिक जीवन व्यतीत करने वाले स्त्री-पुरुषों से अधिक संख्या सें आत्महत्या किया करते हैं। इसके अतिरिक्त निस्सन्तान लोग सन्तान वाले लोगों की अपेक्षा अधिक संख्या में आत्महत्या किया करते हैं। इसी तथ्य को परिवार के अतिरिक्त अन्य क्षेत्रों

में भी पुष्ट किया गया है। दुर्खीम ने आत्महत्या के युद्ध सम्बन्धी कारकों को भी सामाजिक कारक सिद्ध करने का प्रयास किया है। उसका कहना है कि यह सत्य है कि युद्ध समाप्त होने के बाद आत्महत्याओं की दर बढ़ जाती है। इसका मुख्य कारण सम्बन्धित व्यक्तियों के सामाजिक सम्बन्धों का समाप्त होना होता है। युद्ध के दौरान सैनिकों में एक विशिष्ट प्रकार के पारस्परिक घनिष्ट सामाजिक सम्बन्ध स्थापित हो जाते हैं। युद्ध समाप्त हो जाने पर सभी सैनिक अलग-अलग स्थानों पर चले जाते हैं। ऐसे में उनके सामाजिक सम्बन्ध समाप्त हो जाते हैं। विशिष्ट सम्बन्धों के अभाव में कभी-कभी कुछ सैनिक आत्महत्या कर लिया करते हैं।

दुर्खीम द्वारा किये गये आत्महत्या के उपरोक्त विश्लेषण द्वारा स्पष्ट होता है कि आत्मश्लाघी आत्महत्याओं के मुख्य कारण सामाजिक होते हैं। साथ ही इससे यह भी स्पष्ट होता है कि इस प्रकार की आत्महत्याओं के लिए व्यक्ति नहीं समाज उत्तरदायी है। व्यक्ति में उत्पन्न होने वाले विरक्ति के भावों के लिए भी समाज उत्तरदायी है।

(2) **परार्थी आत्महत्या**—दुर्खीम के अनुसार आत्महत्या का दूसरा प्रकार परार्थी आत्महत्या है। इस प्रकार की आत्महत्या एक विशिष्ट व्यक्तित्व वाले व्यक्ति करते हैं। दुर्खीम के अनुसार इस प्रकार के व्यक्ति मुख्य रूप से वे होते हैं जो सामाजिक नियन्त्रण को अधिक महत्व देते हैं। इस प्रकार व्यक्ति समाज और सामाजिक नियमों द्वारा आवश्यकता से अधिक दब जाते हैं। इस स्थिति में वे समाज के हितों को अधिक महत्व देने लगते हैं तथा समाज की तुलना में अपने अस्तित्व को कम महत्वपूर्ण मानने लगते हैं। इस प्रकार की अभिवृत्ति के अधिक विकसित हो जाने पर व्यक्ति समाज के बिना किसी विशेष संकोच के अपने अस्तित्व को समाप्त कर देता है। वास्तव में इस प्रकार के व्यक्तियों की वैयक्तिकता अपनी निगाहों में समाप्त हो जाती है। इस प्रकार की आत्महत्याओं के स्पष्टीकरण के लिए दुर्खीम ने सैनिकों द्वारा की जाने वाली आत्महत्याओं का उदाहरण प्रस्तुत किया है। दुर्खीम के अनुसार सैनिकों की आत्महत्याओं का कारण प्रायः अत्यधिक कठोर नियन्त्रण हुआ करता है। भारतीय समाज में व्याप्त सती प्रथा का मुख्य कारण भी इस दृष्टि से अतिरिक्त सामाजिक नियन्त्रण ही माना जा सकता है।

(3) **अव्यवस्थित आत्महत्या**—दुर्खीम के अनुसार आत्महत्या का तीसरा रूप अव्यवस्थित आत्महत्या है। इस प्रकार की आत्महत्याओं का सम्बन्ध सामाजिक विघटन अथवा असंतुलन से होता है। सामाजिक विघटन के समय समाज एवं व्यक्ति से पारस्परिक सम्बन्ध छिन्न-भिन्न हो जाते हैं। इसमें समाज एवं व्यक्ति दोनों के ही सामाजिक एवं नैतिक मूल्य डांवाडोल हो जाते हैं। ऐसी स्थिति में व्यक्ति का जीवन के प्रति दृष्टिकोण अकस्मात शीघ्रता से परिवर्तित हो जाता है। इस प्रकार के आकस्मिक परिवर्तन का परिणाम प्रायः भयानक हुआ करता है। इस तथ्य को पुष्ट करने के लिए दुर्खीम ने आर्थिक असन्तुलन का उदाहरण प्रस्तुत किया है। दुर्खीम के अनुसार यह सत्य है कि आकस्मिक अर्थिक सम्पन्नता एवं आकस्मिक आर्थिक

विपन्नता दोनों ही आत्महत्या की दर को बढ़ाने वाली होती हैं। उनके अनुसार आर्थिक सम्पन्नता एवं विपन्नता दोनों ही पूर्ण विपरीत स्थितियाँ हैं। अतः इन दोनों में से कोई भी एक स्थिति अपने आप में आत्महत्या का एक मात्र कारक नहीं हो सकती। वास्तव में इन दोनों स्थितियों के पीछे उपस्थित रहने वाला अन्य कोई कारक महत्वपूर्ण है। दुर्खीम के अनुसार वह कारक है आकस्मिक सामाजिक अव्यवस्था। आर्थिक विपन्नता एवं आर्थिक सम्पन्नता दोनों ही स्थितियों में सामाजिक असन्तुलन उत्पन्न हो जाता है। इस प्रकार दुर्खीम ने यह सिद्ध करने का प्रयास किया है कि वास्तव में आत्महत्या का कारण आर्थिक न होकर सामाजिक ही है। प्रत्यक्ष रूप में आर्थिक कारक दिखाई देने वाले कारक के पीछे भी मुख्य कारक असन्तुलन होता है।

उपरोक्त विवरण से दुर्खीम द्वारा किया गया आत्महत्या का विश्लेषण स्पष्ट होता है। दुर्खीम ने आत्महत्या के सभी कारकों को सामाजिक सिद्ध करने का प्रयास किया है। उसके अनुसार आत्मश्लाघी आत्महत्याओं का मुख्य कारक सामाजिक सम्बन्धों एवं संवेगों का अभाव एवं शिथिलता है। परार्थी आत्महत्याओं के पीछे अतिरिक्त सामाजिक नियन्त्रण मुख्य कारक है। अव्यवस्थित आत्महत्याओं के बढ़ने के लिए सामाजिक असंतुलन उत्तरदायी है।

दुर्खीम के सिद्धान्त की आलोचना

दुर्खीम ने आत्महत्या के कारकों के विश्लेषण के अन्तर्गत एक मात्र सामाजिक कारकों को महत्वपूर्ण माना है। वास्तव में दुर्खीम का यह विचार एकांगी है। आत्महत्या के पीछे सामाजिक कारक का महत्व होते हुए भी उसे एकमात्र कारक नहीं कहा जा सकता। सामाजिक कारक के साथ-साथ अन्य कारक जैसे कि आर्थिक, शारीरिक तथा धार्मिक आदि कारक भी महत्वपूर्ण स्थान रखते हैं। मनोवैज्ञानिक कारकों को भी शास्त्रीय दृष्टि से सामाजिक कारकों से पृथक् ही रखना चाहिए। इस प्रकार हम यह कह सकते हैं कि दुर्खीम का मत सत्य होते हुये भी न तो पूर्ण है और न ही सर्वांग हैं।

आत्महत्या के मुख्य कारक

कोई भी व्यक्ति आत्महत्या बहुत ही जटिल परिस्थितियों में किया करता है। अनेक कारणों से जब व्यक्ति की स्थिति अति दयनीय हो जाती है तब वह आत्महत्या करने के लिए तैयार हो जाता है। इस प्रकार स्पष्ट है कि कोई व्यक्ति किसी एक-आध कारण से प्रभावित होकर आत्महत्या नहीं करते। आत्महत्या करने के लिए विभिन्न कारण हुआ करते हैं। किसी व्यक्ति के लिए कोई एक कारक अधिक प्रभावशाली होता है और किसी अन्य व्यक्ति के लिए अन्य कारण अधिक महत्वपूर्ण होता है। आत्महत्या के सभी सम्भावित कारणों का अध्ययन करना सरल नहीं है। आत्महत्या में कुछ मुख्य कारक निम्नलिखित हैं—

(1) आत्महत्या के मानसिक कारक

आत्महत्या के कारकों में मानसिक कारकों का विशेष स्थान है। अधिकाँश आत्महत्याओं के पीछे मानसिक असमानताओं का विशेष हाथ होता है। आत्महत्या से सम्बन्धित मुख्य कारकों को हम निम्नलिखित रूप से वर्गीकृत कर सकते हैं—

(i) **असामान्य भावनायें**—विभिन्न प्रकार की असामान्य भावनाओं के प्रबल हो जाने पर कुछ व्यक्ति आत्महत्या कर लिया करते हैं। ये भावनायें भय, चिन्ता, भग्नाशा, घृणा, हिंसा, प्रतिशोध, हीनता की भावना तथा अन्य उग्र उत्तेजनाओं के रूप हो सकती हैं।

(ii) **बौद्धिकता का उच्च स्तर**—सामान्य बौद्धिक स्तर वाले व्यक्तियों की अपेक्षा उच्च बौद्धिक स्तर वाले व्यक्ति अधिक संख्या में आत्महत्या किया करते हैं। प्रायः देखा जा सकता है कि उच्चस्तरीय डाक्टर, वैज्ञानिक एवं साहित्यकार अधिक संख्या में आत्महत्या करते हैं। इसका कारण यह है कि बौद्धिकता के स्तर के विकास के साथ-साथ जीवन की जटिलताओं का भी विकास हुआ करता है। इन्हीं जटिलताओं के फलस्वरूप असामान्य परिस्थितियाँ उत्पन्न होती हैं और व्यक्ति आत्महत्या कर लेते हैं।

(iii) **विशिष्ट व्यक्तित्व**—आत्महत्या करने वाले व्यक्तियों के विषय में किये गये विभिन्न सर्वेक्षणों से ज्ञात हुआ है कि अन्तर्मुखी (Introvert) व्यक्तित्व वाले व्यक्ति बर्हिमुखी (Extrovert) व्यक्तित्व वाले व्यक्तियों की अपेक्षा अधिक संख्या में आत्महत्या किया करते हैं। इसका कारण यह है कि अन्तर्मुखी व्यक्तित्व वाले व्यक्तियों की यह आदत होती है कि वे अपने संवेगों, भावनाओं एवं उत्तेजनाओं का प्रदर्शन नहीं करते। इस प्रकर की प्रवृत्ति के कारण कुंठाएँ बढ़ती जाती हैं और व्यक्तित्व का विघटन हो जाता है।

(iv) **मानसिक रोग**—अनेक बार विभिन्न गम्भीर मानसिक रोग भी आत्महत्या के कारक सिद्ध होते हैं। मानसिक रोगों के कारण प्रायः मानसिक संतुलन बिगड़ जाता है और कुंठाएँ प्रबल हो जाती हैं। मुख्य मानसिक रोग विभिन्न प्रकार के उन्माद, दुबर्लता (Imbecility), अपस्मार, विक्षोभ (Melancholia) तथा तीव्र मानसिक असंतुलन (Acute Paranoia) हैं।

(2) भौगोलिक कारक

बहुतसे विचारक भौगोलिक स्थितियों को भी आत्महत्या का कारक मानते हैं। इनके अनुसार गर्म जलवायु में ठंडी जलवायु की अपेक्षा अधिक आत्महत्याएँ हुआ करती हैं। इस मत को पुष्ट करने के लिए विभिन्न विचाराकों ने अलग-अलग तर्क स्थापित किये हैं।

(3) आत्महत्या के आर्थिक कारक

मनुष्य की आर्थिक स्थिति विभिन्न प्रकार से आत्महत्या का कारण हुआ करती है। धन के साथ विभिन्न प्रकार के कारक जुड़े रहते हैं। सामाजिक प्रतिष्ठा

भी धन के साथ घटा-बढ़ा करती है। संसार भर में होने वाली आत्महत्याओं में से अधिकतम का किसी न किसी प्रकार से आर्थिक समस्याओं से सम्बन्ध होता है। निम्नलिखित विवेचन द्वारा आत्महत्या के विभिन्न आर्थिक पहलुओं का परिचय प्राप्त हो जायेगा–

(i) **व्यापारियों की आत्महत्याएँ**–व्यापार का सम्बन्ध आर्थिक पहलुओं से होता है। विभिन्न व्यापारी अपने व्यापार से प्रभावित होकर आत्महत्या किया करते हैं। व्यापार की विभिन्न दशाएँ भिन्न-भिन्न प्रकार से सम्बन्धित व्यक्ति को आत्महत्या करने के लिए प्रेरित किया करती हैं। व्यापार में अत्यधिक हानि होने पर व्यक्ति प्रायः आत्महत्या कर लेते हैं। इस प्रकार की आत्महत्याओं के विभिन्न कारण होते हैं। व्यापार में अत्यधिक हानि होने से जहाँ एक ओर धन का अभाव होता है वहाँ दूसरी ओर समाज में पूर्व-अर्जित प्रतिष्ठा भी प्रायः समाप्त हो जाती है। इस सामाजिक अपमान को सहन करने की क्षमता के अभाव में भी व्यक्ति आत्महत्या कर लेता है। बहुत से आत्मसम्मानी व्यापारी दिवालिया घोषित होने की अपेक्षा आत्महत्या करना ही पसन्द करते हैं। व्यापार के क्षेत्र में ही गबन आदि सामाजिक एवं वैधानिक अपराधों को करने वाले व्यक्ति भी प्रायः आत्म-सम्मान की हानि होने की स्थिति में आत्महत्या कर लिया करते हैं। व्यापार में गिरावट आने पर सम्बन्धित व्यक्ति को अपने सभी ऐश और आराम छोड़ने पड़ते हैं। इन सब ऐश्वार्यों को छोड़कर उसे तरह-तरह की आत्म-ग्लानि हुआ करती है। इस आत्म-ग्लानि को सहन करने की असमर्थता की दशा में प्रायः सम्बन्धित व्यक्ति आत्महत्या कर लिया करते हैं। कभी-कभी कुछ व्यक्ति भविष्य की आर्थिक असुरक्षा के भय से भी आत्महत्या कर लेते हैं। वे सोचते हैं कि यदि इसी प्रकार व्यापार में हानि होती रही तो हमें एक दिन सड़क पर भीख माँगनी पड़ेगी। इस कल्पित दुर्दशा से छुटकारा पाने के लिये वे आत्महत्या कर लिया करते हैं।

(ii) **विशिष्ट व्यवसाय और आत्महत्या**–कुछ विशिष्ट व्यवसाय इस प्रकार के होते हैं कि इन व्यवसायों के करने वाले आसानी से आत्महत्या करने के लिए तैयार हो जाते हैं। प्रायः गतिशील व्यवसाय करने वाले व्यक्ति आसानी से आत्महत्या कर लेते हैं। एक सर्वेक्षण की विज्ञप्ति के अनुसार इंगलैंड के होटल चलाने वाले व्यक्तियों में आत्महत्या का अत्यधिक प्रचलन है। उनकी आत्महत्या का कारण इनके व्यवसाय का अत्यधिक गतिशील एवं परिवर्तनशील होना है। गतिशील व्यवसायों के अतिरिक्त उन व्यवसायों के व्यक्ति भी अधिक संख्या में आत्महत्या किया करते हैं, जिनमें आत्म-सम्मान की भावना अधिक होती है। ऐसे व्यवसायिओं के आत्म-सम्मान को थोड़ी सी भी ठेस लगने पर वे आत्महत्या की ओर प्रवृत्त होते हैं। इसके अतिरिक्त उन व्यवसायों के व्यक्ति भी आसानी से आत्महत्या कर लेते हैं जिन व्यवसायों में आत्महत्या के साधन आसानी से उपलब्ध हों। उदाहरण के लिए सैन्य व्यवसाय के व्यक्तियों के पास सदैव ही आत्महत्या के आसान साधन उपलब्ध रहा करते हैं। किसी कारक के थोड़ा-सा प्रभावशाली होते ही प्रायः सैनिक आत्महत्या कर लिया करते हैं।

(iii) **बेरोजगारी की आत्महत्या**—बेरोजगारी एक आर्थिक समस्या है। कुछ दशाओं में यह समस्या अति भीषण रूप धारण कर लेती है । उदाहरण के लिए एक पढ़े लिखे योग्य व्यक्ति के लिए बेरोजगारी सबसे बड़ा अभिशाप होती है । प्रायः प्रशिक्षित एव निपुण कारीगरो को बेरोजगारी की विशेष रूप से असहनीय होती है। कुशल एव प्रशिक्षित कारीगर बेरोजगार होने पर आसानी से आत्महत्या कर लिया करते है। भारत में इस प्रकार की आत्महत्याओं की संख्या बढ़ रही है।

(4) आत्महत्या के परिवार सम्बन्धी कारक— आत्महत्या के लिए प्रेरित करने वाले बहुत से कारकों का विभिन्न रूपों में परिवार से सम्बन्ध है। परिवार का आशय परिवार के सभी पहलुओं और सोपानों से है। परिवार से सम्बन्धित आत्महत्या के कारकों को पूर्ण रूप से समझने के लिए इस प्रकार की आत्महत्याओं के विभिन्न रूपों का विश्लेषण करना आवश्यक है। निम्नलिखित विवेचन द्वारा इस प्रकार के मुख्य रूप से स्पष्ट हो जायेगें—

(i) **प्रेम सम्बन्ध और आत्महत्या**—सृष्टि के आरम्भ से ही युवक-युवतियों में प्रेम सम्बन्ध स्थापित होते आये हैं । प्रेम का संवेग अति प्रबल एवं अन्धा होता है। जटिल समाजों में प्रायः प्रेम के पूर्ण रूप से सफलता प्राप्त करने में विभिन्न प्रकार की परेशानियों का सामना करना पड़ता है। प्रेम के क्षेत्र में प्रायः प्रेमियों को भिन्न-भिन्न प्रकार की निराशाओं का सामना करना पड़ता है। कई बार एक प्रेमी प्रेमिका को धोखा देता है या प्रेमिका अपने प्रेमी से विश्वासघात करती है । ऐसी स्थिति में भावुक प्रेमियों की भावनाओं को ठेस पहुँचती है। उनके काल्पनिक महल खण्ड-खण्ड हो जाते हैं। ऐसी दशा में इनके लिए यह संसार व्यर्थ प्रतीत होने लगता है । इस असह्य वेदना में पलायन करने के लिए ऐसे निराश प्रेमी प्रायः आत्महत्या कर लिया करते है। इससे भिन्न कभी-कभी प्रेमियों को समाज एवं जाति अथवा समूह या समुदाय के साथ भी संघर्ष करना पड़ता है। ऐसे संघर्षों में हार होने पर भी कभी-कभी प्रमियों को आत्महत्या करनी पड़ जाती है।

(ii) **विवाह की समस्या और आत्महत्या**—भारत में विवाह की समस्या भी कभी-कभी बहुत ही उग्र रूप धारण कर लिया करती है। परम्परा के अनुसार लड़की वालों को लड़की की शादी करने के लिए दहेज देना पड़ता है। प्रायः लड़के वाले अधिक से अधिक दहेज की माँग किया करते हैं। गरीब माँ बाप अपनी बेटियों के लिए अधिक दहेज नहीं जुटा पाते। ऐसी स्थिति में सम्बन्धित लड़कियों की शादी की समस्या विकट हो जाया करती है। यह समस्या उस समय और भी उग्र रूप धारण कर लेती है जबकि लड़की कम सुन्दर अथवा असुन्दर हो। भारतीय समाज में यदि किसी लड़की की बड़ी आयु तक शादी नहीं होती तो उसे प्रायः नीची दृष्टि से देखा जाने लगता है। उसे तरह-तरह के ताने भी दिये जाते हैं। ऐसे में कभी-कभी लड़की के मन में हीन भावना घर कर जाया करती है। इस हीन भावना के उग्र रूप धारण करने पर कुछ लड़कियाँ जहर खाकर या आग से जलकर आत्महत्या कर लिया करती हैं। दहेज न दे पाने की स्थिति में कभी-कभी कुछ माँ-बाप अपनी

युवा बेटियों की शादी अधेड़ आयु के विधुर अथवा किसी अन्य दृष्टिकोण से बेकार पुरुष के साथ कर दिया करते है या करना चाहते हैं। ऐसी स्थिति में भी कभी-कभी या तो विवाह से पूर्व ही लड़कियाँ आत्महत्या कर लेती है या विवाह के बाद दुखों से छुटकारा पाने के लिए आत्महत्या कर लिया करती है।

(iii) **वैवाहिक जीवन में आत्महत्या**—वैवाहिक जीवन में भी प्रायः आत्महत्या के कुछ अवसर आ जाते हैं। भारत में परम्परा के अनुसार विवाह के सम्बन्ध में सम्मिलित होने वाले अधिकांश पति-पत्नि विवाह से पूर्व प्रायः अनजान ही हुआ करते है। ऐसे दोनों एक दूसरे के स्वभाव एवं आदतों से बिल्कुल भी परिचित नहीं हुआ करते। विवाह के बाद आदतों एवं स्वभाव में पर्याप्त अन्तर होने के कारण इनमें प्रायः लड़ाई-झगड़ा। हुआ करता है। कई बार यह लड़ाई-झगड़ा एवं मन-मुटाव अति उग्र रूप धारण कर लेता है। इस उग्र रूप के मन मुटाव का परिणाम कभी-कभी आत्महत्या भी हुआ करता है। इसके अतिरिक्त कुछ संख्या में ऐसी आत्महत्यायें भी हुआ करती हैं जिनका सम्बन्ध यौन-सम्बन्धों से हुआ करता है। यदि पति का किसी अन्य स्त्री से ऐसा अनुचित सम्बन्ध हो और पत्नी को यह पसन्द न हो तो कभी-कभी यह समस्या उग्र रूप धारण कर लेती है और सम्बन्धित व्यक्तियों को आत्महत्या का सहारा लेना पड़ता है।

(iv) **परिवारिक कारणों से स्त्रियों की आत्महत्या**—अनेक भारतीय परिवारों में स्त्रियों की सामान्य स्थिति अधिक अच्छी नहीं होती। अनेक परिवारों में स्त्रियों के साथ दुर्व्यवहार किया जाता है। प्रायः सास-बहु के झगड़े बहु के लिए अति कष्टदायक हो जाया करते हैं। इन झगड़ों एवं अपमान से छुटकारा पाने के लिए कभी-कभी कुछ स्त्रियाँ आत्महत्या कर लिया करती हैं। भारतीय परम्परा के अनुसार अधिकांश दशाओं में विधवा विवाह को अच्छा नहीं माना जाता। यही नहीं, विधवा को सामान्य जीवन व्यतीत करने में भी तरह-तरह के कष्टों का सामना करना पड़ता है। इस स्थिति में बाल विधवाओं के अतिरिक्त कभी-कभी पुत्रहीन अथवा सन्तान रहित स्त्रियों को भी आत्महत्या करने के लिए मजबूर होना पड़ता है। भारतीय समाज में पुत्ररहित स्त्री को तरह-तरह के ताने सुनने पड़ते हैं। एसी स्थिति में निर्दोश बांझ स्त्री को केवल आत्महत्या का ही सहारा मिल पाता है।

(5) **आत्महत्या के शारीरिक कारक**—बहुत से व्यक्ति विभिन्न शारीरिक कारकों से प्रभावित होकर भी आत्महत्या कर लिया करते हैं। शारीरिक कारकों में सबसे पहले यह स्पष्ट कर देना आवश्यक है कि भारतीय समाज में पुरुषों की अपेक्षा स्त्रियाँ आत्महत्या करने के प्रयास अधिक करती हैं, भले ही इनके ये प्रयास सफल न हो पायें। लिंग के अतिरिक्त आयु सम्बन्धी कारक भी विशेष महत्व रखते हैं। विभिन्न सर्वेक्षणों के आधार पर यह निष्कर्ष निकाला गया है कि प्रायः 15 या 25 वर्ष की आयु वाले आत्महत्या के अधिकतम प्रयास किया करते है। इसका कारण शायद बुद्धि की अपरिपक्वता एवं भावनाओं का चंचल होना होता है। इन कारणों के अतिरिक्त कभी-कभी लम्बे काल तक चलने वाले असाध्य रोग भी

आत्महत्या के कारण बन जाया करते हैं। उदाहरण के लिये तपेदिक, कैंसर तथा नपुंसकता (Impotency) आदि असाध्य रोगों से पीड़ित व्यक्ति प्रायः रोग से तंग आकर आत्महत्या कर लिया करते हैं। रोगों के अतिरिक्त कुछ शारीरिक दोष भी आत्महत्या के कारक बन जाते हैं। उदाहरण के लिए अन्धापन, बहरापन अथवा अति कुरूपता कभी-कभी व्यक्तियों को आत्महत्या करने लिए प्रेरित कर दिया करते हैं।

(6) आत्महत्या के धार्मिक कारक—आत्महत्या के कुछ कारक धार्मिक भी हैं। वास्तविक धर्म सदैव आत्महत्या के आवेग को क्षीण करता है। विभिन्न धर्मो के अनुसार आत्महत्या करना जघन्य पाप माना है। आधुनिक काल में सामान्य व्यक्तियों का धर्म में विश्वास एवं आस्था क्रमशः कम होती जा रही है। इसके परिणामस्वरूप धर्म द्वारा लगे नियन्त्रण भी क्षीण होते जा रहे हैं।

(7) आत्महत्या के सामाजिक एवं सांस्कृतिक कारक—सामाजिक संरचना एवं सांस्कृतिक व्यवस्था का व्यक्ति के जीवन पर बहुत अधिक प्रभाव पड़ता है। सामाजिक संतुलन एवं संबन्ध व्यक्ति को सामान्य जीवन व्यतीत करने में सहायक होते है। इसके विपरीत सामाजिक असंतुलन प्रायः व्यक्ति के सामान्य जीवन को छिन्न-भिन्न कर दिया करते हैं। संस्कृति का भी व्यक्ति के जीवन पर विशेष प्रभाव पड़ता है। सांस्कृतिक विलम्बना (Cultural Lag) की स्थिति में व्यक्ति के सामान्य सांस्कृतिक जीवन को आघात पहुँचता है। इस आघात के परिणाम कभी-कभी बहुत ही भंयकर होते हैं। आत्महत्या के सामाजिक एवं सांस्कृतिक कारकों को भली-भाँति समझने के लिए इन करकों से सम्बन्धित कुछ विशिष्ट स्वरूपों का विवेचन करना आवश्यक है।

(i) **सामाजिक विघटन और आत्महत्या**—सामाजिक विघटन की अवस्था में प्रायः सभी सामाजिक मूल्य समाप्त हो जाते हैं। समाज में विभिन्न प्रकार के अपराध बढ़ जाते हैं। नशा, वेश्यावृत्ति, चोरी-डकैती, तथा हत्यायें एवं अन्य प्रकार की हिंसाओं में वृद्धि हो जाती है। इस प्रकार के सामाजिक वातावरण में व्यक्ति का सामान्य जीवन भी विघटित हो जाता है। व्यक्तिगत विघटन की चरम अवस्था प्रायः आत्महत्या ही हुआ करती है।

(ii) **नगरीयकरण एवं आत्महत्या**—प्राचीन भारत गाँवों का देश था। अब क्रमशः तीव्र गति से नगरों का विकास हो रहा है। नगरों के विकास के साथ-साथ पुराने मूल्य समाप्त होते जा रहे है । नगरो में प्रायः प्राथमिक सम्बन्धों एवं सामुदायिक भावनाओं का अभाव होता हैं। इन सम्बन्धों के अभाव में व्यक्ति के व्यवहार में औपचारिकता एवं कृत्रिमता की वृद्धि हो जाती है। व्यवहार की कृत्रिमता से व्यक्ति का आन्तरिक जीवन क्रमशः खोखला होने लगता है तथा उसमें तरह तरह की कुंठाएँ जागृत हाने लगती हैं। इन कुंठाओं के अत्यधिक विकसित हो जाने पर व्यक्ति आत्महत्या करने को बाध्य हो जाता है।

(iii) **युद्ध और आत्महत्या**—युद्ध से भी आत्महत्याओं पर प्रभाव पड़ता है। युद्ध के दौरान एक अदम्य उत्साह का संवेग जागृत हो जाता है । युद्ध के समाप्त होने पर उस संवेग की पूर्ति भलीभाँति नहीं हो पाती। ऐसी स्थिति में कभी-कभी हताशा जागृत हो जाती है । इस प्रकार की भावना पराजित पक्ष के सदस्यों में विशेष रूप से बढ़ने लगती है। पराजित पक्ष के वीर व्यक्तियों में ऐसे में प्रायः हीन भावना एवं कुंठा जागृत हो जाती हैं। इस हीन भावना के परिणामस्वरूप कभी-कभी आत्महत्या कर ली जाती है। कभी-कभी विजयी पक्ष के तरह-तरह के अत्याचार भी आत्महत्या की दर को बढ़ाने के लिए सहकारी कारक की भूमिका निभाया करते है।

(iv) **असन्तुलित सामाजीकरण और आत्महत्या**—आत्महत्या का सम्बन्ध व्यक्ति के सामाजीकरण से भी है। यदि बच्चे का सामाजीकरण उचित ढंग से न हो तो उसका मानसिक एवं भावनात्मक तथा संवेगात्मक विकास भी समुचित नहीं हो पाता। ऐसी स्थिति में सम्बन्धित व्यक्ति का व्यक्तित्व भी असन्तुलित हो जाता है। कुछ व्यक्ति ऐसे में अत्यधिक अर्न्तमुखी हो जाया करते हैं, उन्हें कभी-कभी आत्महत्या करने के अवसर आ जाया करते हैं।

उपरोक्त विवेचन द्वारा आत्महत्या के कुछ मुख्य कारक स्पष्ट होते हैं। वास्तव में आत्महत्या की घटना एक बहुत ही जटिल घटना है। इसके पीछे कार्य करने वाले कारक भी अनेक प्रकार के हो सकते हैं। यह भी नहीं कहा जा सकता कि कौन सा कारक सबसे अधिक प्रभावशाली होगा। वास्तव में आत्महत्या का सम्बन्ध अलग-अलग व्यक्तियों के विषय में अलग-अलग कारक से हुआ करता है। एक विशिष्ट प्रकार का व्यक्ति प्रेमिका के बिछुड़ जाने को बहुत बड़ा अभाव मानता हैं तथा घोर निराशा में डूबकर आत्महत्या करने को तैयार हो सकता है। दूसरी ओर एक अन्य व्यक्ति एक प्रेमिका का बिछुड़ना अच्छा समझता है, वह एक प्रेमिका का बिछुड़ना दूसरी प्रेमिका से मिलने की शुरूआत मानता है। इस प्रकार आत्महत्या के कारक विभिन्न हैं और भिन्न-भिन्न व्यक्तित्व वाले व्यक्तियों के सम्बन्ध में उनका प्रभाव भी अलग-अलग हुआ करता है।

आत्महत्या निवारण के सुझाव
(Suggestions for Remedies of Suicide)

आत्महत्या की समस्या समाज एवं व्यक्ति के लिए विशेष भयंकर समस्या है। समाज के जटिल होने के साथ-साथ आत्महत्या की दर में भी वृद्धि हुआ करती है। भारतीय समाज में औद्योगीकरण एवं आधुनिकीकरण के साथ-साथ आत्महत्याओं की संख्या बढ़ रही है। आत्महत्याओं की संख्या में वृद्धि होने से समाज एवं राष्ट्र की अत्यधिक हानि होती है। बहुतसे ऐसे व्यक्ति भी आत्महत्या कर लिया करते हैं जो कि समाज एवं राष्ट्र के लिए अत्यधिक लाभदायक होते हैं। बड़े-बड़े

वैज्ञानिक, कलाकर, साहित्यकार तथा राजनीतिक नेता इसी श्रेणी में आते हैं। ऐसी स्थिति में समाज एवं राष्ट्र का कर्त्तव्य एवं दायित्व है कि वे आत्महत्या की समस्या का निवारण करें। आत्महत्या की समस्या के निवारण के लिए इन अवसरों एवं घटनाओं को कम करना होगा जिनसे प्रेरित होकर व्यक्ति आत्महत्या करने को तैयार हो जाते हैं। आत्महत्या की समस्या के निवारण के लिए कुछ व्यावहारिक सुझाव निम्नलिखित हैं जिन्हें समाज एवं राष्ट्र व्यवहार में ला सकता है।

(1) **सामाजिक विघटनकारी तत्वों का उन्मूलन**—विघटित समाज में आत्महत्याओं की दर बढ़ जाती है। अतः समाज एवं राष्ट्र का कर्त्तव्य है कि वे विघटनकारी तत्वों को निरन्तर रूप से शक्तिहीन करते रहें। समाज में अपराधों को बढ़ने से रोका जाना चाहिए । प्रायः हिंसा, चोरी, डकैती, अत्यधिक नशाबाजी तथा यौन अपराध व्यक्ति एवं समाज को विघटित करते हैं। आत्महत्या की समस्या के निवारण के लिए इन अपराधों को दबाना आवश्यक होता है।

(2) **आर्थिक सुधार**—आत्महत्याओं के पीछे आर्थिक कारक भी विशेष महत्वपूर्ण स्थान रखते हैं । आर्थिक विषमता तथा आर्थिक संकट प्रायः सम्बन्धित व्यक्तियों को आत्महत्या करने के लिए मजबूर करते हैं। ऐसी स्थिति में समाज एवं राष्ट्र का कार्य है कि वे ध्यान रखें कि किसी व्यक्ति को अत्यधिक आर्थिक परेशानी न हो। समाज में अत्यधिक आर्थिक विषमता नहीं होनी चाहिए। उच्च वर्ग एवं निम्न वर्ग में अत्यधिक अन्तर नहीं होना चाहिए। बेरोजगारी की समस्या को समाप्त करने के प्रयास किये जाने चाहियें।

(3) **धार्मिक संस्थाओं द्वारा प्रचार**—वास्तविक धर्म सदैव आत्महत्या के संवेग को क्षीण करता है। आधुनिक समाज में धर्म एवं धार्मिक भावना कम हो रही है। ऐसे में आत्महत्या की समस्या के निवारण के लिए यह आवश्यक है कि पुनः धर्म एवं धार्मिक प्रवृति को प्रबल किया जाये। यह कार्य धार्मिक संस्थाओं द्वारा ही संभव है। धार्मिक संस्थाओं द्वारा समय-समय पर ऐसे सार्वजनिक प्रवचनों का आयोजन किया जाना चाहिए जिनके द्वारा आत्महत्या के संवेग प्रबल न हो सकें।

(4) **विवाह की संस्था में सुधार**—आत्महत्याओं को कम करने लिए विवाह की पारम्परिक संस्थाओं में भी सुधार करना आवश्यक है। भारतीय समाज में विवाह की संस्था अन्य समाजों से पर्याप्त भिन्न है। भारत में प्रचलित बाल विवाह, बेमेल विवाह तथा माता-पिता द्वारा तय किये गये विवाह प्रायः सफल नहीं रहा करते हैं। असफल विवाह प्रायः आत्महत्या के कारक हुआ करते हैं। अतः आत्महत्याओं को कम करने के लिए विवाह की संस्था के उन दोषों का उन्मूलन करना आवश्यक है।

(5) **अविवाहित संख्याओं में वृद्धि**—भारतीय समाज में विवाह को एक सामाजिक अनिवार्यता माना जाता है। परन्तु बहुतसी समाजिक एवं व्यक्तिगत कठिनाइयों के कारण अनेक युवक युवतियों के लिए विवाह करना या तो सम्भव ही नहीं होता अथवा वे विवाह करना ही नहीं चाहते । इस स्थिति में उन्हें समाज

में रहने के लिए अनेक कठिनाइयों एवं परेशानियों का सामना करना पड़ता है। उन्हें तरह-तरह के आक्षेपों का शिकार होना पड़ता है। समाज एवं राष्ट्र को चाहिए कि कुछ ऐसी संस्थाओ का चलन प्रारम्भ करे जिनके अन्तर्गत रहकर अविवाहित व्यक्ति भी सम्मानपूर्वक सामान्य जीवन व्यतीत कर सकें। अविवाहित युवतियों के लिए इस प्रकार का विशेष प्रबन्ध होना आवश्यक है।

(6) सामाजिक कुरीतियों एवं कुप्रथाओं में सुधार—प्रत्येक समाज में कुछ सामाजिक रीतियाँ एवं प्रथायें समय के साथ-साथ कुरीतियों एवं कुप्रथाओं का रूप धारण कर लेती हैं। ये कुरीतियाँ एवं कुप्रथायें व्यक्ति की मानसिक शांति एवं व्यक्तित्व के संतुलन को विघटित करती हैं। उदाहरण के लिए भारतीय समाज में व्याप्त दहेज प्रथा, विधवा विवाह निषेध, छुआ-छूत,जाति-प्रथा तथा शिक्षा प्रणाली के सन्तुलन को समाप्त करते हैं तथा मानसिक तनाव में वृद्धि करते हैं। समाज एवं राष्ट्र को चाहिये कि इन कुरीतियों एवं कुप्रथाओं को समाप्त करे। इन कुरीतियों एवं कुप्रथाओं को समाप्त करने के लिए सामाजिक नियमों एवं वैधानिक कानूनों में सुधार करना आवश्यक है।

(7) स्वस्थ मनोरंजन के साधनों का विकास—अन्य मूल आवश्यकताओं के साथ-साथ मनोरंजन भी व्यक्ति के लिए आवश्यक है। यदि व्यक्ति को स्वस्थ मनोरंजन के पर्याप्त साधन उपलब्ध हों तो उसकी अनेक कुंठाओं का उन्मूलन होता रहता है। स्वस्थ मनोरंजन प्राप्त हाने से व्यक्ति निराशा तथा उदासीनता से बच जाता है। इसलिए राष्ट्र एवं सामाजिक संस्थाओं को चाहिए कि वे समाज के विभिन्न स्तरों एवं वर्गों के लिए अलग-अलग प्रकार के स्वस्थ मनोरंजन के साधनों को विकसित करें।

उपरोक्त विवरण द्वारा आत्महत्या की समस्या के उन्मूलन के कुछ व्यावहारिक साधन स्पष्ट होते हैं। वास्तव में आत्महत्या अधिकतर व्यक्तित्व के विघटित एवं असन्तुलित होने पर ही की जाती है। अतः हर प्रकार से ऐसे प्रयास करने चाहियें जिनके फलस्वरूप व्यक्ति के जीवन में ऐसे अवसर कम से कम आयें जिनके द्वारा व्यक्तित्व के विघटन की आशंका हो।

अभ्यास के लिए प्रश्न

1. आत्महत्या की परिभाषा कीजिए। आत्महत्या के प्रमुख कारक क्या-क्या हैं?
2. टिप्पणी लिखिये - आत्महत्या
3. आत्महत्या के कारणों की विवेचना कीजिए।
4. आत्महत्या तथा मानसिक रोग में क्या सम्बन्ध है? आत्महत्या करने वाला क्या वातावरण का शिकार है या उसका व्यक्तित्व असंगठित है? संक्षेप में लिखिए।
5. दुर्खीम के आत्महत्या के सिद्धान्त की आलोचना कीजिए।

35

भिक्षावृत्ति

(Beggary)

भिक्षावृत्ति की समस्या

यूँ तो भिक्षावृत्ति किसी भी समाज के लिए एक अभिशाप है परन्तु भारत जैसे निर्धन देश में तो वह जनता पर एक भारी बोझ भी है। आज भारत में लगभग पाँच लाख भिखारी हैं। ये लोग कुछ काम नहीं करते और इस तरह देश में निर्धनता बढ़ाते हैं, परन्तु भिखारियों की समस्या केवल आर्थिक समस्या ही नहीं है। भिक्षावृत्ति का एक सामाजिक पहलू भी है। साधारणतया भिखारियों में नाना प्रकार की भयंकर बीमारियाँ और दुराचरण पाये जाते हैं। इस प्रकार वे समाज के स्वास्थ्य तथा शांति और व्यवस्था के शत्रु हैं । वे समाज के उस अंग का प्रतिनिधित्व करते हैं जो कि सड़-गल चुका है और जिसके शीघ्र उपचार करने की आवश्यकता है। हमारे देश के भिखारियों के फोटो पश्चिमी देशों में ले जाकर अनेक लोगों ने भारतीय समाज की बदनामी की और उपहास उड़ाया। प्राचीन काल में जब कि देश में खाद्य-समाग्री और जीवन की अन्य आवश्यकतायें प्रचुर मात्रा में थी उस समय भी देश में भिखारी थे, परन्तु उस समय के भिखारियों में और आजकल के भिखारियों में बड़ा अन्तर है। प्राचीन काल में अधिकतर भिक्षुक धार्मिक लोग थे जो कि धर्म और अध्यात्म की खोज में समय बिताते थे और पेट पालने. के लिए भीख माँग लाते थे। हिन्दू धर्मशास्त्रों में संन्यासियों और ब्रह्मचारियों के लिए भिक्षा माँग कर खाने का विधान था, परन्तु आज कल भीख माँगना एक व्यवसाय बना लिया गया है और भीख मागने वाले अपना समय घोर अनैतिक कामों में बिताते हैं। इसके अलावा आजकल देश में काम करने वालों को भी जीवन की आवश्यक वस्तुयें ठीक प्रकार से नहीं मिल पातीं। स्पष्ट है कि आज देश में ऐसे लोगों को कुछ नहीं मिलना चाहिए जो काम न करें। अतः यद्यपि कुछ धार्मिक रूढ़िवादी लोग भिक्षा देना अच्छा समझते हैं तथापि प्रत्येक समझदार व्यक्ति यह जानता है कि ऐसा करना समाज के इस कोढ़ को बनाये रखने की चेष्टा करना है । भिक्षावृत्ति के समाजिक और आर्थिक पहलुओं पर एक दृष्टि डालने के बाद उसका समूल उन्मूलन आवश्यक जान पड़ता है।

भिक्षावृत्ति की परिभाषा

भारत में भिक्षावृत्ति का विस्तार से अध्ययन करने से पहले भिक्षावृत्ति की परिभाषा करना आवश्यक है। कुछ परिभाषायें निम्नलिखित हैं–

(1) "एक व्यक्ति जिसके जीवन-यापन का कोई साधन नहीं है और जो इधर-उधर घूमता रहता है या सार्वजनिक स्थानों में पाया जाता है अथवा भीख माँगने के लिये अपना प्रदर्शन स्वीकार करता है।"[1] इस परिभाषा के अनुसार भिखारी में तीन बातें देखी जाती हैं – (i) जीविकोपार्जन के प्रत्यक्ष साधन का न होना, (ii) सार्वजनिक स्थानों पर भीख माँगना, (iii) भीख माँगने के लिये अपनी बीमारी तथा घावों आदि का प्रदर्शन करना। भिक्षावृति की अन्य परिभाषाओं से भी उसमें ये ही बातें दिखाई पड़ती हैं।

(1) "भीख माँगने में दर-दर घूमना, भिक्षा माँगना, घावों, शारीरिक पीड़ाओं अथवा दोषों का प्रदर्शन करना अथवा भिक्षा प्राप्त करने के लिए दया उत्पन्न करने हेतु उनके झूठे बहाने बनाना सम्मिलित है।"[2] भिक्षावृत्ति की इस परिभाषा में वे ही बातें आवश्यक मानी गई हैं जो पहली परिभाषा में दी गई हैं।

सन् 1951 की जनगणना के अनुसार भारत में 4,87,857 भिखारी और आवारा लोग थे। इनमें से 3,44,216 पुरुष थे और 1,43,641 स्त्रियाँ थीं। देश में जिन स्थानों पर जनसंख्या अधिक है वहाँ भिखारियों की संख्या भी अधिक है। साधारणतया ये भिखारी मन्दिर, मस्जिद, रेलवे स्टेशन, बस स्टेशन, बाजार, होटल, मेला, पार्क, स्नानघाट इत्यादि सार्वजनिक स्थानों पर दिखाई पड़ते हैं जहाँ लोगों का आना-जाना आधिक होता है। इन भिखारियों में बहुत से संगठित रूप से भिक्षावृत्ति करते हैं। कहीं-कहीं पर भिन्न-भिन्न मौहल्ले भिन्न-भिन्न भिखारियों में बाँट दिये जाते हैं। ये मौहल्ले बराबर बदलते भी रहते हैं। अधिकतर ये भिखारी गन्दी बस्तियों, सार्वजनिक स्थानों पर या नगर अथवा गाँव के बाहर रहते हैं। भिखारी नगर और गाँव दोनों जगह पाये जाते हैं।

भीख माँगने के तरीके

भिखारियों में भीख माँगने के बहुत से तरीके पाये जाते हैं। कुछ स्त्रियाँ अपनी असहायता को लिखित प्रमाण-पत्र लिए घूमती हैं और उसको दिखाकर भीख माँगती हैं। कुछ भिखारी किसी अन्धे, अपाहिज या बालक को लिये घूमते हैं और उसकी

---

1. "A person without means of subsistance and wandering about or found in public places or allowing himself to be used as an exhibit for the purpose of begging is covered by the definition."

- The Bombay Beggary Act, XXIII of 1945.

2. "Begging includes wandering from door to door, soliciting alms, exhibiting or exposing sores, wounds, bodily ailments or deformities, or making false pretence of them for excieting pity for securing alms."

-The Mysore Prohibition of Beggary Act, XXXIII of 1944.

सहायता के नाम पर भीख माँगते हैं। भिखारियों में अपाहिजों की एक बड़ी संख्या पाई जाती है, परन्तु अनेक स्थानों पर सर्वेक्षण से सपंगु भिखारियों की संख्या अपाहिजों से अधिक दिखलाई पड़ी है। उदाहरण के लिए मद्रास स्कूल ऑफ सोशल वर्क के एक सर्वेक्षण में 5000 भिखारियों में 2/3 अथवा 3,335 भिखारी सपंगु थे और शेष अपाहिज थे। ये अपाहिज भिखारियों की आय का स्रोत्र होते हैं अतः कभीं -कभी यह भी देखा गया है कि भिखारी अपनी सन्तान को जन्म के साथ ही अन्धा या अपाहिज बना देते हैं अथवा बीमार हो जाने पर उसकी दवा नहीं करते ताकि वह अपंगु हो जाय। कहीं-कहीं पर कुछ लोग अपंगु अन्धा या गूंगा होने का बहाना करके भी भीख माँगते हैं।

भिखारियों का वर्गीकरण

जैसा कि पीछे बतलाया गया है, आजकल भारतवर्ष में अनेक नगरों में भिखारियों का सर्वेक्षण किया गया है । इन अध्ययनों से भिखरियों के प्रकारों तथा भिक्षावृत्ति के कारणों का पता चलता है। भारत में पाये जाने वाले भिखारियों को स्थूल रूप में निम्नलिखित वर्गों में बाँटा जा सकता है-

(1) **धार्मिक भिखारी**– इसमें साधू, वैरागी,संन्यासी, जोगी, दरवेश आदि आते हैं।

(2) **नकली धार्मिक भिखारी**– इसमें ऐसे भिखारी आते है जिनका किसी धर्म अथवा पंथ से सम्बन्ध नहीं है परन्तु फिर भी वे सन्यासी या फकीर बने फिरते हैं।

(3) **जनजातीय भिखारी** (Tribal Begger)–इसमे पेशेवर जनजातीय भिखारी आते हैं जो लोकगीत गाकर अथवा तरह-तरह के स्वाँग रचकर भीख माँगते है।

(4) **सपंगु भिखारी** (Able Bodied Beggars)–ये बिल्कुल स्वस्थ और काफी हट्टे-कट्टे दिखाई पड़ते हैं। इसमें से अनेक दिन में भीख माँगते हैं और रात में चोरी करते है।

(5) **अपंगु भिखारी** (Physically Defective Beggars)– इसमें कोई न कोई शारीरिक दोष होता है और उसी की दुहाई देकर ये भीख माँगते है।

(6) **रोगी भिखारी**– इसमें कोढ़, तपेदिक आदि कोई न कोई न्यूनाधिक स्थायी रोग होता है।

(7) **मानसिक रोगी भिखारी**– इसमें पागल, विक्षिप्त आदि मानसिक रोग से ग्रस्त भिखारी आते हैं।

(8) **बाल भिक्षुक** - बहुधा भिखारी लोग बालकों से भीख मँगवाते हैं और उनमें से अधिकतर स्वयं ले लेते हैं। अनेक भिखारी तो लड़के-लड़कियों को उठा ले जाते हैं और उनसे भीख मँगवाते हैं।

(9) व्यावसायिक भिक्षुक– इस प्रकार बालकों तथा अपंगु लोगों को भीख माँगने के लिये नौकर रखने वाले लोग व्यावसायिक भिक्षुक कहलाते हैं।

(10) काम करने वाले भिक्षुक– इस वर्ग में ऐसे भिखारी आते हैं जो रात में कहीं काम करते हैं और दिन में भीख माँगते हैं।

भिक्षावृत्ति के कारण

भारत में भिक्षावृत्ति के मुख्य कारण निम्नलिखित हैं–

(1) आर्थिक कारण– भिक्षावृत्ति के सबसे मुख्य कारण आर्थिक हैं । इसमें मुख्य हैं निर्धनता और बेकारी । बहुत से ऐसे भिखारी हैं जो बेकार होने के कारण भीख माँगते हैं और काम मिलने पर भिक्षावृत्ति छोड़ सकते हैं । इस तरह अधिकतर भिखारी निर्धनता के कारण भीख माँगते हैं।

(2) धार्मिक कारण – भारतवर्ष में भिक्षावृत्ति के इतने अधिक बढ़ने का मुख्य कारण यह है कि धार्मिक विचारों के लोग भिखारियों को दान देकर उनकी सहायता करते हैं । तीर्थ स्थानों पर भिखारियों को अच्छी खासी आय हो जाती है। कितने ही भिखारी तो इतना पैसा पा जाते है कि वे निर्धन नहीं कहे जा सकते ।

(3) शारीरिक कारण– भारत में अन्धे, लंगड़े, लूले और अपाहिजों तथा रोगियों के कल्याण के लिए पर्याप्त प्रबन्ध नहीं है । अतः वे लोग भिक्षावृत्ति करने के लिए बाध्य हैं।

(4) सामाजिक कारण– अनेक सामाजिक कारण भी भिखारियों को उत्पन्न करते हैं। उदाहरण के लिए नीची जातियों में विधवा अथवा परित्यक्त स्त्रियाँ भीख माँगती हैं।

(5) मानसिक कारण– अनेक मानसिक रोगी अथवा किसी प्रकार के भयंकर मानसिक संघर्ष से ग्रस्त व्यक्ति आवारा बन जाते हैं और भीख माँगकर जीवन यापन करते हैं।

(6) विपत्तियों से ग्रस्त व्यक्ति– बाढ़, भूचाल या अकाल आदि विपत्तियों से हजारों लोग बे घरबार और असहाय हो जाते हैं तथा भीख माँगने लगते हैं। अनाथ बालक-बालिकायें भी भीख माँगते हैं। कमाने वाले की मृत्यु भी कभी-कभी घर के स्त्री-बच्चों को भिखारी बना देती हैं।

भारत में भिक्षावृत्ति

इस समय भारत में पाँच लाख से अधिक भिक्षुक हैं इनकी सबसे अधिक संख्या उत्तर प्रदेश, महाराष्ट्र ,पश्चिमी बंगाल, राजस्थान, आन्ध्र प्रदेश, मैसूर और मध्य प्रदेश में पाई जाती है। बम्बई में इनकी संख्या 54,000 कलकत्ता में 30,000 मद्रास में 25,000 तथा दिल्ली में 12,000 है।

इन भिक्षुकों में विभिन्न प्रकार के विकलांग, रोगी ,वृद्ध और सन्यासी पाए जाते हैं। देश में एक लाख व्यक्ति वृद्धावस्था के कारण भीख माँगने का व्यवसाय करते हैं, इनमें से बहुत थोड़े व्यक्तियों को सहायता हेतु केन्द्रो में जगह मिल पाती है। सन् 1968 में वृद्ध जन सम्मान समिति ने वृद्ध व्यक्तियों के पुर्नवास के लिए 40 करोड़ रुपये के अनुमानित व्यय की एक योजना बनाई थी जिससे एक वर्ष के अन्दर इस प्रकार के भिक्षुक समाप्त किए जा सकते थे। भिक्षुकों में विकलांग व्यक्तियों की संख्या सबसे अधिक है। इस समय देश में आठ लाख अन्धे, तीन लाख गूंगे, बहरे और एक लाख पागल व्यक्ति हैं। इनमें से एक बहुत बड़ी संख्या भीख माँगने का काम करती है । रोग के कारण भीख माँगने वालों में सबसे बड़ी संख्या कोढ़ियों की है। इस समय देश में डेढ़ लाख कोढ़ी हैं जिनमें से अधिकतर भीख माँगते हैं।

भिखारियों का पुनर्वास

भिखारियों के पुनर्वास की समस्या को सुलझाने में अनेक कठिनाइयाँ हैं। देश को स्वतन्त्रता मिलने के बाद से अनेक राज्यों में भिखारियों के पुनर्वास की ओर ध्यान दिया गया है। इण्डियन क्रिमिनल प्रोसीजर कोड की धारा 109 ब के अनुसार भिक्षावृत्ति गैर कानूनी है। इसी की धारा 133 के अनुसार जो व्यक्ति भीख माँगने के लिए अनुचित प्रदर्शन करते पाये जायेंगे वे दण्ड के भागी होंगे। इण्डियन रेलवे एक्ट के अनुसार रेलवे स्टेशनों और ट्रेनों में भीख माँगने वाले व्यक्ति दण्ड के भागी होंगे। उत्तर प्रदेश में म्युनिस्पेलिटी अधिनियम नगर की सीमाओं में भिक्षावृत्ति का निषेध करता है। पंजाब में सन् 1949 के पंजाब बाल अधिनियम के अनुसार भीख माँगने वाले बालक किशोर न्यायालय के सुपुर्द किये जायेंगे। सन् 1971 के पंजाब भिक्षावृत्ति निरोधक अधिनियम के अनुसार सार्वजनिक स्थान पर भीख माँगने वाले व्यक्तियों को बिना वारन्ट गिरफ्तार किया जा सकता है। मध्य प्रदेश में सन् 1969 से भिक्षावृत्ति का निषेध है। इनके अतिरिक्त बम्बई में 1945 में मैसूर में 1944 में बंगाल में 1943 में मद्रास में 1945 में, ट्रावनकोर में 1945 में तथा भोपाल में 1917 में और हरियाणा में 1971 में भिक्षावृत्ति निरोधक अधिनियम बनाये गए।

उपरोक्त अधिनियमों के बावजूद देश में भिखारियों की संख्या में किसी प्रकार की कमी नहीं हुई है, बल्कि उनकी संख्या बढ़ती ही गई है। भिक्षावृत्ति उन्मूलन के मार्ग में मुख्य रूप से निम्नलिखित बाधायें हैं-

(1) लाभदायक आर्थिक व्यवसाय - भारत में बहुत से लोग धार्मिक कारणों से भिखारियों को दान देते हैं। मन्दिरों, मस्जिदों, गिरजाघरों और तीर्थस्थानों के आसपास सब कहीं भिखारियों की भीड़ दिखाई पड़ती है जिसकी रोकथाम के लिए सरकार कुछ नहीं कर सकी है। इनमें से अधिकतर की दैनिक आय उससे कहीं अधिक है जो कि वे काम करके पैदा करते । जबकि एक अन्धा व्यक्ति काम करके दिन भर में केवल पाँच रुपये कमा सकता है, भीख माँगने से उसे पन्द्रह रुपये

प्रतिदिन की आय होती है जबकि एक अवकाश प्राप्त विकलांग सैनिक को केवल पैंतालीस रुपया महीना पैंशन मिलती है भीख माँगकर वह दस रुपये रोज कमा सकता है। औसत रूप से एक विकलांग भिखारी चार रुपये रोज कमा लेता है जो कि वह मजदूरी करके नहीं कमा सकता। इस प्रकार भिक्षावृत्ति आर्थिक दृष्टि से एक अच्छा व्यवसाय है।

(2) **मुफ्त भोजन-वस्त्र का वितरण**—भारतवर्ष में धर्मशालाओं, मुसाफिरखानों, मन्दिरों, मस्जिदों और गुरुद्वारों में भिखारियों को मुफ्त भोजन और वस्त्र बाँटे जाते हैं। इससे इनके चारों ओर भिखारियों की एक बड़ी संख्या पलती रहती है जिनमें से अधिकतर काम करना नहीं चाहते। दिल्ली में 15 हजार भिखारियों पर किये गये एक सर्वेक्षण में केवल पाँच प्रतिशत जीविकोपार्जन के काम करने को तैयार पाये गए। इसी प्रकार के एक केरल विश्वविद्यालय द्वारा किए गये सर्वेक्षण में केरल में पचास प्रतिशत भिखारी काम को तैयार थे।

देश में भिखारियों में सिख, पारसी, एंग्लो-इण्डियन भिखारी कुल भिखारियों में एक प्रतिशत हैं। सबसे अधिक संख्या हिन्दू भिखारियों की है। मुस्लिम भिखारियों की संख्या इनका पाँचवा भाग है। 1,15,500 भिखारी 14 वर्ष से कम आयु के हैं। भिखारियों में 3 या 4 प्रतिशत साक्षर हैं। अधिकतर बाल भिखारी अनाथ या अपाहिज होते हैं। बहुत से गुण्डों द्वारा जबरदस्ती भिक्षावृत्ति में लगाये जाते हैं।

भिखारियों में विभिन्न प्रकार के नशों का सेवन प्रचलित है। एक सर्वेक्षण में 95 प्रतिशत भिखारियों ने शराब पी थी। लगभग सभी भिखारी धूम्रपान करते हैं।

देश को स्वतन्त्रता मिलने के बाद से सरकार की ओर से भिखारियों के पुनर्वास के लिए सब कहीं प्रयास किए गए हैं यद्यपि इससे समस्या सुलझती दिखाई नहीं पड़ती। मध्य प्रदेश में 40 म्युनिस्पैलिटियों में और 264 पंचायतों में भिखारियों के पुनर्वास के लिए कर लगाये गए। हरियाणा से बीस लाख के व्यय से दो भिक्षुक केन्द्र बनाये गये जिनमें 1,600 भिखारियों को रखा जा सकता है। इन पर बारह लाख रुपया प्रति वर्ष खर्च आता है। तमिलनाडू में दो भिक्षुक गृह हैं तथा चार और बनने वाले हैं। जिनमें से प्रत्येक पर सात लाख रुपया खर्च आयेगा और प्रत्येक में 750 भिखारियों को स्थान मिलेगा। इस समय देश में कोढ़ियों के लगभग सौ शरणालय हैं।

भिक्षावृत्ति की रोकथाम के लिए सुझाव

भारत में भिक्षावृत्ति की रोकथाम के लिए निम्नलिखित सुझाव दिये जा सकते हैं—

(1) **बेकारी और गरीबी का निवारण**—भिक्षावृत्ति को दूर करने के लिए देश में गरीबी और बेकारी का निवारण किया जाना चाहिये। इसके बिना सभी उपाय अधूरे सिद्ध होंगे। बेकार लोगों की बेकारी के समय में भी जीवन यापन के लिए सरकार की ओर से सहायता मिलनी चाहिये।

(2) भिक्षावृत्ति की कानूनी रोकथाम—प्रत्येक राज्य में भिक्षावृत्ति के विरुद्ध कानून बनाकर उसको अवैध घोषित करना जरूरी है।

(3) रोगियों के इलाज की सुरक्षा—देश की स्वास्थ्य सेवाओं को और भी व्यापक रूप देकर कोढ़ियों तथा तपेदिक आदि भयंकर रोगों के इलाज की सुविधा प्रत्येक देशवासी को दी जानी चाहिये।

(4) अनाथों और अपाहिजों की सुरक्षा—सरकार को अनाथालय तथा शरणालय स्थापित करके अनाथ स्त्री-बच्चों और अपाहिजों को कोई काम सिखाने तथा जीविकोपार्जन करने योग्य बनाने की व्यवस्था करनी चाहिये।

(5) मानसिक रोगियों का इलाज—देश में मानसिक उपचार की सुविधा बढ़ाकर पागलों तथा विक्षिप्तों का उपचार सुलभ करना चाहिये।

(6) विपदग्रस्त व्यक्तियों की सहायता—विपदग्रस्त स्त्री-पुरुषों के पुनर्वास (Rehabilitation) में सरकार को पूरी सहायता करनी चाहिये।

(7) भिक्षावृत्ति के विरुद्ध जनमत का निर्माण—अन्त में, सबसे अधिक जरूरी यह है कि भारतीय जनता में भिक्षावृत्ति के विरुद्ध जनमत निर्माण किया जाये जिससे लोग कम से कम सपंगु भिखारियों को तो भिक्षा न दें। भीख न मिलने पर वे लोग मजबूर होकर मेहनत करेंगे।

हर्ष है कि भारत सरकार उपरोक्त सुझावों पर अमल कर रही है और देश से भिक्षावृत्ति के कलंक को समूल मिटा देने के लिए प्रयत्नशील है।

अभ्यास के लिए प्रश्न

1. भिक्षावृत्ति भारत में एक सामाजिक एवं आर्थिक समस्या है। इस कथन पर विचार प्रकट कीजिये।

36

दण्ड के सिद्धान्त
(Theories of Punishment)

दण्ड के मूल में निम्नलिखित दो बातें निहित होती हैं—

(i) समाज विरोधी-कार्यों का विनाश करना।

(ii) समाज की क्षतिपूर्ति करने की इच्छा।

इस प्रकार दण्ड वह कार्य है, जिसके माध्यम से किसी व्यक्ति के अधिकारों को छीन लिया जाता है। किन्तु यह अधिकार उन्हीं व्यक्तियों के लिये है जो कि दूसरे व्यक्तियों और समाज के अधिकारों का हनन करते हैं।

लोक-न्याय के रूप में दण्ड (Public-Justice)—लोक-न्याय के रूप में दण्ड के इस विचार के मूल में वस्तुतः निम्नलिखित 2 तत्व निहित होते हैं।

(1) प्रत्येक समाज अपने स्थायी या अस्थायी सदस्यों को ही दण्डित करता है। इसलिये युद्धकाल में विदेशियों अथवा आक्रान्ताओं को दिया गया कष्ट और शारीरिक प्रताड़ना दण्ड नहीं होता है।

(2) दण्ड एक ऐसी पीड़ा होती है जो किसी मूल्य के द्वारा उचित मानी जाती है।

दण्ड विकास की द्वितीय अवस्था में सामाजिक प्रतिशोध पर विशेष जोर प्रदान किया गया। क्योंकि समाज किसी भी विरोधी कार्य पर प्रतिघात नहीं करता था, इसलिये अपराध को पाप की संज्ञा प्रदान की गई। मनोवैज्ञानिकों ने दण्ड व्यवस्था को हिंसात्मक एवं यौन सम्बन्धी मूल प्रवृत्तियों को सन्तुष्ट करने वाली सर्वोत्तम विधि घोषित की। इसी प्रकार प्राणीशास्त्रीय सिद्धान्तानुसार दण्ड का उद्देश्य वस्तुतः सामाजिक कल्याण और सुधार तथा अपराधी का सुधार करना माना गया है। प्राचीन भारतीय सामाजिक व्यवस्था में यद्यपि अपराध के लिए उत्तरदायी कारणों पर विशेष ध्यान नहीं दिया गया, किन्तु प्रतिशोध अथवा प्रायश्चित अथवा प्रतिरोध का कम और न्यूनाधिक सुधारवादी भावना का यत्र-तत्र उल्लेख किया गया है।

दण्ड की परिभाषायें

(1) डी॰ आर॰ टैफ्ट–"दण्ड को हम एक ऐसा अवांछनीय अनुभवों वाला कष्ट कह सकते हैं, जो कि समाज की शाति भंग करने वाले व्यक्ति को दिया जाता है। यह कष्ट सदैव उस व्यक्ति के हितार्थ ही नहीं होता है।"[1]

(2) एम॰ जे॰ सेथना–"दण्ड एक प्रकार का सामाजिक नियन्त्रण है, जिसमें शारीरिक उत्पीड़न होना आवश्यक नहीं होता है।"[2]

(3) वेस्टरमार्क–"दण्ड वह पीड़ा है, जो समाज के नाम पर निश्चित विधि से अपराधी को प्रदान की जाती है, जोकि उसी समाज का स्थायी अथवा अस्थायी सदस्य होता है।"[3]

दण्ड के उद्देश्य

प्रत्येक राज्य सरकार को अनिवार्य रूप से अपनी जनता की सुरक्षा तथा सामाजिक कल्याण हेतु दण्ड व्यवस्था का सहारा लेना पड़ता है। दण्ड के आधार पर ही राज्य और समाज की प्रोन्नति और सुधारात्मक कार्य निर्भर होते हैं। प्रारम्भ से ही मानव समाज में दण्ड दिये जाने का आधार निम्नलिखित तीन प्रमुख तत्वों पर निर्भर करता आया है–

(1) किसी भी व्यक्ति को दण्ड उसके द्वारा किये गये अपराधों के लिये नहीं अपितु सामाजिक सुख-शान्ति और सुरक्षा कायम करने के लिए प्रदान किया जाता है।

(2) दण्ड राज्य द्वारा प्रदत्त मात्र प्रतिशोध हेतु ही नहीं, अपितु अपराधी नागरिक को अच्छा नागरिक बनाने लिये दिया जाता है।

(3) प्रत्येक अपराधी को दिया गया दण्ड वस्तुतः उसके द्वारा किये गये कार्य की गम्भीरतानुसार ही प्रदान किया जाता है।

प्रसिद्ध यूनानी दार्शनिक चिन्तक प्लेटो ने अपराधों की रोकथाम के सन्दर्भ में न्यायपूर्ण दण्ड के औचित्य का समर्थन किया है। प्रख्यात समाजशास्त्री **ए॰ डब्ल्यू ग्रीन॰** ने उचित ही लिखा है कि..."दण्ड का प्रमुख उद्देश्य अपराधी को प्रतिदण्ड़ित करना नहीं, अपितु उनके मस्तिष्क में भय उत्पन्न कर देना होता है, जो अपराध करने के लिए लालायित होते हैं।"

---

1. "We may define punishment as the conscious implication upon a disturbing individual of undesired experience not solely in the interest of his welfare."
—*D. R. Taft*
2. "Punishment is some sort of social presure and not necessarily the involving of physical pain. —*M. J. Sethna.*
3. "Punishment is suffering as is inflicted upon the offender in definite way by, or in the name of the society of which he is a permanent or temporary member."
—*Westermark.*

दण्ड के विभिन्न स्वरूप

वर्तमान समाजों में दण्ड के निम्नलिखित स्वरूप सार्वभौमिक रूप में प्रचलित हैं—

(1) शारीरिक उत्पीड़न (Physical Torture)।

(2) देश से निष्कासन (Banishment)।

(3) सामाजिक अपमान (Socal Degradation)।

(4) अर्थ दण्ड (Cash Punishment)।

(5) कारावास (Imprisonment)।

(6) मृत्युदण्ड (Death Penalty)।

मानव समाज में दण्ड का उद्विकास

ऐतिहासिक दृष्टिकोण से मानव समाज में दण्ड के उद्विकास को निम्नलिखित तीन युगों में विभाजित किया जा सकता है—

(1) आदिम समाज में दण्ड व्यवस्था (Penological System in Primitive Society)—विभिन्न समाजशास्त्रीय विद्वान इस तथ्य पर सहमत नहीं हैं कि आदिम मानव समाज में किसी प्रकार की दण्ड व्यवस्था प्रचलित थी। सुप्रसिद्ध मानवशास्त्रीय विद्वान **मेलिनोवस्की** के अनुसार आदिम समाज में दण्ड का प्रचलन नहीं था तथा भूत-प्रेतों को ही सभी प्रकार के अपराधों का उत्तरदायी समझा जाता था। मानवशास्त्री **लोवी** का मत इसके विपरीत है, उनका कथन है कि दोषपूर्ण कृत्यों के लिए प्राचीन समाजों में सामूहिक और व्यक्तिगत प्रतिक्रिया इस प्रकार की जाती थी, जिसे दण्ड ही कहा जा सकता है। **प्रो॰ सदरलैंड** का मत है कि आदिम समाज में दण्ड का प्रचलन नहीं था, तथापि निम्नलिखित 3 प्रकार की प्रतिक्रियायें की जाती थीं—

(i) प्रथम प्रतिक्रिया में सभी दोषपूर्ण कृत्य सम्मिलित होते थे जो कबीले तथा पवित्र वस्तुओं के विरुद्ध होते थे। इसके दण्डस्वरूप या तो अपराधी को मार दिया जाता था अथवा निष्कासित कर दिया जाता था।

(ii) द्वितीय प्रतिक्रिया में वे सभी दोषपूर्ण कृत्य सम्मिलित थे, जिनको व्यक्ति के विरुद्ध माना जाता था जैसे हत्या अथवा दूसरों पर आक्रमण कर देना।

(iii) तृतीय प्रतिक्रिया में वे दोषपूर्ण कृत्य सम्मिलित होते थे जो एक ही परिवार के सदस्यों द्वारा दूसरे सदस्यों के विरुद्ध किये जाते थे।

(2) मध्यकालीन समाज में दण्ड-व्यवस्था (Penological System in Medieval Society)—मध्य युगीन सामाजिक व्यवस्था में प्रचलित दण्ड व्यवस्था धार्मिक व्यवस्था से सम्बन्धित और निर्देशित होती थी। यूरोप में ईसाई समाज में चर्च और पोप को सर्वोपरि माना जाता था तथा सभी प्रकार के दोषपूर्ण कृत्यों के

लिये चर्च द्वारा ही दण्ड दिया जाता था। भारतीय समाज में इस युग में मुस्लिम शासक शासनारूढ़ थे। इस युग में आपराधिक विधि (Criminal Law) का विकास नहीं हुआ था क्योंकि इस युग में अनेक ऐसे दोषपूर्ण कृत्यों को केवल अपकृत्य ही समझा जाता था जिन्हें वर्तमान युग में अपराध कहा जाता है।

(3) **आधुनिक समाज में दण्ड व्यवस्था** (Penological System in Modern Society)—आधुनिक युग के जटिल समाजों में अपराधों के सन्दर्भ में दण्डात्मक प्रतिक्रिया का प्रचलन स्पष्ट होता है। दण्ड के अन्तर्गत कतिपय निश्चित उद्देश्यों तथा मूल्यों को सम्मिलित किया जा चुका है। **प्रो॰ सदरलैण्ड** के मतानुसार आधुनिक समाज में दण्ड की नीतियों एवं विधियों के सन्दर्भ में निम्नलिखित तीन प्रकार के सम्प्रदायों का विकास हुआ है—

(i) **शास्त्रीय सम्प्रदाय** (Classical School)—इस सम्प्रदाय के विचारकों में **सीकर बेकारिया, रूसो, बेन्थम, मान्टेस्क्यू** तथा **वाल्टेयर** आदि सर्वप्रमुख हैं। इस सम्प्रदाय की दृढ़ मान्यता है कि व्यक्ति किसी भी कृत्य को उससे प्राप्त होने वाले सुख-दुख के आकलन के आधार पर ही क्रियान्वित करता है। यह सम्प्रदाय सुखवादी सिद्धान्त पर आधारित था। इसके विचारकों का दृढ़ मत था कि प्रत्येक अपराध को परिभाषित होना चाहिये। तथा प्रत्येक प्रकार के आपराधिक कृत्य के लिए दण्ड भी निश्चित होना चाहिये।

(ii) **नवशास्त्रीय सम्प्रदाय** (Neo-Classical School)—यह सम्प्रदाय शास्त्रीय सम्प्रदाय द्वारा प्रतिपादित सिद्धान्तों का परिवर्द्धित स्वरूप है। जहाँ एक ओर शास्त्रीय सम्प्रदायवादी सभी के लिये एक समान दण्ड प्रदान किये जाने के समर्थक हैं वहीं दूसरी ओर नवशास्त्रीय सम्प्रदायवादी सभी को एक समान अपराधों के लिये एक समान दण्ड देने के समर्थक नहीं हैं। नवशास्त्रीय सम्प्रदाय के अनुसार बच्चों, पागलों, मानसिक रूप से मन्द व्यक्तियों को समान रूप से दण्डित नहीं किया जाना चाहिये, क्योंकि इनकी मानसिक अवस्था ऐसी नहीं होती कि वे आपराधिक कृत्य से प्राप्त होने वाले सुख-दुख का आकलन कर सकें। नवशास्त्रीय सम्प्रदाय की इस महत्वपूर्ण मान्यता के परिणामस्वरूप राज्य द्वारा अपराध की मनोवैज्ञानिकता और सामाजिकता पर ध्यान दिया जाना प्रारम्भ हुआ।

(iii) **प्रकारवादी सम्प्रदाय** (Typological School)—इस सम्प्रदाय के प्रमुख विद्वानों में **लोम्ब्रोसो, गैरोफेलो** तथा **फेरी** आदि महत्वपूर्ण माने जाते हैं। ये सभी विद्वान अपराध को एक स्वाभाविक घटना मानते हैं। इनका मत है कि कुछ व्यक्तियों में कतिपय ऐसे विशिष्ट शारीरिक लक्षण निहित होते हैं जो कि उनको अपराध के लिए प्रेरित करते हैं। इस प्रकार प्रकारवादी सम्प्रदाय अपराध के लिये व्यक्तिगत दायित्व को स्वीकार नहीं करता है। इस प्रकार की नई मान्यता की स्थापना के परिणामस्वरूप दण्ड शास्त्र की विचारधारा में अपराध की तुलना में अपराधी को विशेष महत्व प्रदान किया जाना प्रारम्भ हुआ। सर्वत्र अपराधी व्यक्ति के उपचार और सुधार से सम्बन्धित विधियों को प्रस्तुत किया जाने लगा।

आधुनिक दण्डशास्त्रीय विचारधारा

आधुनिक दण्ड शास्त्रीय विचारधारा में अपराध के बजाय अपराधी को महत्वपूर्ण माना जाता है। इसके परिणामस्वरूप सभी वर्तमान समाजों में अपराधियों के उपचार तथा सुधार से सम्बन्धित नई-नई विधियों का विकास किया गया है। **प्रोफेसर डी॰ आर॰ टैफ्ट** ने दण्ड शास्त्र की इस उपचारात्मक और सुधारात्मक विचारधारा को **"आधुनिक दण्ड शास्त्र"** की संज्ञा प्रदान की है। आधुनिक दण्डशास्त्रीय विचारधारा की प्रमुख विशेषतायें निम्नलिखित हैं–

(1) दण्डशास्त्र में उपचारात्मक नीतियों तथा विधियों को सम्मिलित किया गया है तथा अपराध का आपराधिक परिस्थितियों के सन्दर्भ में आकलन किया जाने लगा है।

(2) उपचार की विधि को अपराधी व्यक्ति की वैयक्तिक आवश्यकताओं के अनुसार प्रयोग किया जाता है।

(3) प्रोबेशन, पेरोल तथा सुधारगृहों आदि को सम्मिलित कर एक विशिष्ट नीति का प्रयोग होता है।

(4) अपराधी व्यक्ति को अपने सुधार का अवसर प्राप्त होता है जिससे कालान्तर में वह पुनः समाज का एक उपयोगी सदस्य बनता है।

दण्ड के प्रमुख सिद्धान्त

दण्ड का अर्थ उस कष्ट अथवा पीड़ा से होता है जिसे कानूनी प्रावधानों के अनुसार न्यायिक निर्णय के द्वारा उस व्यक्ति को प्रदान किया जाता है, जिसको अपराधी घोषित किया जा चुका हो। दण्डशास्त्र में अपराधी व्यक्ति को दण्डित करने वाले विभिन्न सिद्धान्त प्रचलित रहे हैं, जिसमें से प्रमुख निम्नलिखित हैं–

(1) प्रतिशोधात्मक सिद्धान्त (Retributive Theory)

(2) निरोधात्मक सिद्धान्त अथवा प्रतिरोधात्मक सिद्धान्त (Preventive or Deterrent Theory)

(3) सुधारात्मक सिद्धान्त (Reformative Theory)

(4) प्रायश्चित का सिद्धान्त (Expiation Theory)

(5) आदर्शवादी सिद्धान्त (Idealistic Theory)

(1) दण्ड का प्रतिशोधात्मक सिद्धान्त

दण्ड के इस सिद्धान्त का मूलाधार **"जैसा को तैसा"** Tit for Tat है। अपराधी को उसके द्वारा पहुँचाई गई क्षति के बदले में दण्डित किया जाना चाहिये। **सिजविक** ने लिखा है कि दण्ड का व्यवस्थापन सामाजिक सुरक्षा हेतु किया गया है तथा इस सन्दर्भ में प्रतिशोधात्मक सिद्धान्त सर्वश्रेष्ठ सिद्धान्त है। जर्मन दण्ड

व्यवस्था में भी "**आँख के बदले आँख**" तथा "**दाँत के बदले दाँत**" का नियम पाया जाता है। सुप्रसिद्ध जर्मन विचारक **कान्ट** ने इस सिद्धान्त का समर्थन किया है, क्योंकि इस सिद्धान्तानुसार अपराधी को राज्य के द्वारा अपनी सामूहिक क्षमता में प्रदत्त दण्ड, किसी व्यक्ति की ओर से किया गया प्रतिशोध अथवा प्रतिकार है। आपराधिक कार्य एक ऐसी आपत्ति है, जिसका हिस्सेदार वह स्वयं होता है। इससे स्पष्ट होता है कि इस सिद्धान्त का प्रमुख आधार नैतिक न्याय है तथा इसके अनुसार "**अच्छे कार्य के लिये पुरस्कार तथा बुरे कार्य के लिए दण्ड**" प्रदान किया जाना चाहिये। उदाहरण के लिये यदि किसी व्यक्ति ने दूसरे व्यक्ति की हत्या की है, तो उसको प्राणदण्ड दिया जाता है। यदि किसी ने दूसरे व्यक्ति की पत्नी या पुत्र की हत्या की है, तो उसकी पत्नी या पुत्र की हत्या की जाती है। इस प्रकार प्रतिशोधात्मक अथवा प्रतिकारात्मक सिद्धान्त की प्रमख विशेषता यह है कि दण्ड के द्वारा अपराधी के अपने आपराधिक कृत्य के द्वारा दूसरे व्यक्ति के जिन अधिकारों का हनन या अतिक्रमण किया गया है उसको उसी प्रकार के अधिकारों से वंचित कर दिया जाये। **ब्रैडले** ने लिखा है कि . . . "**हम दण्ड इसलिये भुगतते हैं कि हम इसके पात्र है, इसका कोई दूसरा कारण नहीं है।**" एक अन्य विद्वान **हीगल** ने लिखा है कि . . . "**प्रतिकार अपराधी को उसी (अपराध) की ओर मोड़ता है, अपराधी के कार्य ही स्वयं अपना न्याय करते हैं।**"

दण्ड के इस स्वरूप में अपराधी जब यह देखता और अनुभव करता है कि दण्ड उसी के आपराधिक कृत्य का प्रतिफल है, तो वह अपराधी से और अपराध से घृणा करने लगता है। प्रतिशोधात्मक सिद्धान्त दण्ड के प्रारम्भिक विकास के युग में यह दिखलाता है कि मानव समाज में दण्ड का प्रारम्भ किस प्रकार हुआ। मनोवैज्ञानिक रूप से यह स्वाभाविक है कि प्रत्येक मनुष्य यह चाहता है कि जो व्यवहार उसके साथ किया गया है, वह वही व्यवहार दूसरों के साथ करे। इससे स्पष्ट होता है कि प्रतिशोधात्मक सिद्धान्त का उद्‌गम मनुष्य की मूल प्रवृत्ति में निहित है। मानव सभ्यता के प्रारम्भिक चरण में दण्ड बदले या प्रतिकार की भावनावश प्रदान किया जाता था।

दण्ड के प्रतिशोधात्मक सिद्धान्त की निम्नलिखित आलोचना की जाती है—

(1) यह सिद्धान्त इसलिये सर्वमान्य नहीं है क्योंकि इसमें अपराध के अनुपात का निर्धारण करना सम्भव नहीं है। यदि अपराध के अनुपात से अधिक दण्ड दिया जाता है तो यह एक अनुचित और अन्यायपूर्ण कार्य होता है, जबकि अपराध के अनुपात से कम मात्रा में दिया गया दण्ड भी उचित नहीं माना जा सकता।

(2) यह सिद्धान्त धर्म के विरुद्ध है, चूँकि इस सिद्धान्त में दया, सहानुभूति तथा मानवीय भावनाओं का अभाव है, इसलिये ईसाई धर्मानुयाइयों को यह कभी स्वीकार नहीं हुआ।

(3) दण्ड के इस सिद्धान्त में अपराध से सम्बन्धित विशेष परिस्थितियों पर कोई ध्यान नहीं दिया जाता है।

(4) सुधारवादी विद्वानों का मत है कि इस सिद्धान्त का प्रमुख लक्ष्य अपराधी को कष्ट मात्र प्रदान करना है, जो कि एक सर्वथा अनुचित, कष्टप्रद और अमानवीय कृत्य है। एक अनुचित कार्य से दूसरे अनुचित कार्य का निराकरण कोई अच्छी बात नहीं होती।

(5) इस सिद्धान्त के परिणामस्वरूप अपराधों की संख्या में कमी के बजाय वृद्धि हो जाती है, क्योंकि इसके अनुसार अपराध को अपराधी पर पुनः दोहराया जाता है, जिससे अपराधों की संख्या कम से कम दो गुनी तो हो ही जाती है।

(2) दण्ड का निरोधात्मक अथवा प्रतिरोधात्मक सिद्धान्त

इस सिद्धान्त का मूलाधार दण्ड के द्वारा अपराधों की रोकथाम और निवारण करना है। **जेरेमी बेन्थम** नामक उपयोगितावादी ब्रिटिश विचारक ने इस सिद्धान्त का प्रबल समर्थन किया है। इसके समर्थकों के अनुसार दण्ड के द्वारा व्यक्ति आपराधिक कृत्यों से बचते हैं। **रूसो** ने लिखा है **''विधि का मूल्य इसमें आंकना चाहिये कि उसने कितने अपराधों को घटित होने से रोका, न कि इस बात से कि उसने कितने अपराधियों को दण्डित किया।''** मनुस्मृति के अनुसार **''दण्ड के भयवश, संसार न्यायपथ से विचलित नहीं होता।''** उपयोगितावादी दृष्टिकोण के अनुसार मनुष्य प्रत्येक कार्य सुख-दुख के आकलन के आधार पर करता है। वह उस कार्य को अधिक मात्रा में करता है जिसमें उसको दुख की बजाय सुख प्राप्त होने की आशा अधिक हो। इसलिये यदि सार्वजनिक रूप से कठोर दण्ड दिये जायें तो अन्य व्यक्ति आपराधिक कृत्यों से भयभीत होकर अपराध नहीं करेंगे। इसलिये प्राचीन और मध्य युग में अपराधी व्यक्ति को शहर के चौराहों अथवा अन्य किसी सार्वजनिक स्थानों पर दण्डित किया जाता था ताकि अन्य लोग दण्ड से भयभीत हों और भविष्य में इस प्रकार के अपराधों से विरत रहें। इस सिद्धान्त के अनुसार दण्ड देने वाला निर्णायक निम्नलिखित नियम का अनुकरण करते हुए अपना निर्णय देता था **''तुम्हें भेड़ों को चुराने के लिये दण्ड नहीं दिया जा रहा है, अपितु इसलिये दण्ड दिया जा रहा है कि भविष्य में भेड़ों की चोरी न हो।''**

दण्ड के इस सिद्धान्त की आलोचना निम्नलिखित कारणों से की जाती है—

(1) कतिपय ऐसे भी अपराधी होते हैं जिन्हें दण्ड की कोई चिन्ता नही होती है, जैसे-मानसिक दौर्बल्य तथा तनाव से पीड़ित अपराधी।

(2) इस सिद्धान्त के अनुसार साधारण अपराधों के लिये कठोर दण्ड प्रदान किये जाने की व्यवस्था है, इससे जन मानस में आतंक और विद्रोह की भावना उत्पन्न होती है।

(3) दूसरे व्यक्तियों को अपराध करने से रोकने के उद्देश्यवश कभी-कभी अपराधी को अपराध की आवश्यकता से कहीं अधिक सजा प्रदान की जाती है, जो नैतिक और मानवीय दृष्टि से भी सर्वथा अनुचित है।

(3) दण्ड का सुधारात्मक सिद्धान्त

दण्ड का सुधारात्मक सिद्धान्त अपराधी के सुधार-उपचार के लिये तथा दण्ड द्वारा उसको तथा समाज को शिक्षित करने की भावना पर आधारित माना जाता है। दण्ड के इस सिद्धान्त का उद्देश्य न तो प्रतिकार है और न ही अपराध की पुनरावृत्ति की रोकथाम करना है। उसका प्रमुख उद्देश्य अपराधी का सुधार करना है। **''दण्ड का उद्देश्य दण्ड के लिये नहीं, अपितु सुधार के लिये है।''** दण्ड का मुख्य उद्देश्य भविष्य में अनुचित व आपराधिक कृत्यों की रोकथाम नहीं, अपितु अपराधी व्यक्ति की मानसिक प्रवृत्तियों तथा उसके चरित्र में स्थायी परिवर्तन उत्पन्न करके उसे समाज का उत्तरदायी, उपयोगी और सम्माननीय सदस्य बनाना है। आधुनिक युग में इस सिद्धान्त को प्रबल समर्थन प्राप्त हुआ है, क्योंकि यह सिद्धान्त अन्य सिद्धान्तों के अपेक्षा मानवीय भावनाओं के अत्यधिक सन्निकट है।

दण्ड का सुधारात्मक सिद्धान्त यह मानता है कि अपराधी पर दयालु, सहानुभूतिपूर्ण तथा मानवोचित व्यवहार का दण्ड से कहीं अधिक अच्छा प्रभाव पड़ता है। यदि अपराधी से पर्याप्त मात्रा में सहानुभूति प्रदर्शित की जाये तथा उसको समझा-बुझाकर उचित दिशा में चलाने का प्रयास किया जाये, तो वह भविष्य में अपराध मार्ग पर अग्रसर न होगा। अपराधी व्यक्ति के चारित्रिक और आचरण सम्बन्धी लक्षण जन्मजात नहीं होते हैं, इसलिये समुचित अवसर प्राप्त करने से उनमें वांछित परिवर्तन लाये जा सकते हैं। **इविंग** ने लिखा है **''सुधारात्मक दण्ड वह होता है, जिससे दण्ड की प्रक्रिया स्वमेव व्यक्ति में सुधारात्मक दिशा की ओर परिवर्तन लाती है।''** ईसाई धर्म ग्रन्थ **बाइबिल** के अनुसार **''वे धन्य हैं जो अपराधी को सुधारते हैं, न कि उनका अन्त करते हैं, वे धन्य हैं, जो पापी व्यक्ति को एक गुणी व्यक्ति बनाते हैं।''** भारतीय समाजशास्त्री **एम0 जे0 सेथना** के अनुसार भी ''सुधारात्मक दण्ड व्यक्तिगत रूप से ध्यान देकर किये गये उपचार और पुर्नशिक्षा के आधार पर आश्रित दण्ड व्यवस्था पर ही आधारित है। अपराधी को एक स्वस्थ तथा अनुकूल परिवेश में ही रखकर सुधारा जा सकता है। यह सिद्धान्त अपराध के लिये अपराधियों को ही नहीं, अपितु पर्यावरण, दशाओं तथा समाज को भी समान रूप से दोषी मानता है।''

दण्ड के सुधारात्मक सिद्धान्त की आलोचना निम्नलिखित त्रुटियों के आधार पर की जाती है–

(1) यद्यपि यह सिद्धान्त अपराधी के प्रति दयालुता और स्नेहपूर्ण मानवीय दृष्टिकोण अवश्य रखता है, तथापि व्यावहारिकता की कसौटी पर यह खरा नहीं सिद्ध होता है।

(2) यद्यपि यह निराधार तथ्य नहीं है कि प्रायः अपराध सामाजिक विषमता तथा अव्यवस्था के कारण घटित होते हैं, किन्तु यह मान लेना भी सदैव सत्य नहीं होता कि अपराध मात्र मानसिक असन्तुलन और सामाजिक अन्याय के परिणाम स्वरूप होते हैं। प्रत्येक समाज में ऐसे व्यावसायिक अपराधी भी पाये जाते हैं, जो बार बार अपराध करते रहते हैं। इनका सुधार करना सम्भव नहीं है।

(3) इस सिद्धान्त में एक कमी यह है कि यदि अपराधी को कठोर दण्ड न दिया गया हो तो अपराधों की जनसंख्या में बढ़ोत्तरी होगी और व्यक्ति अपराधोन्मुखी होते जायेंगे। आधुनिक जटिल समाजों में कारागार में नियोजित सुख-सुविधायें बाहरी नारकीय जीवन की तुलना में अधिक आकर्षक सिद्ध हो रही हैं तथा जेलें एक पर्यटक केन्द्र के रूप में परिणित होती जा रही हैं।

(4) कुछ विद्वानों के मतानुसार सुधारात्मक दण्ड व्यवस्था को वस्तुतः दण्ड की श्रेणी में रखा ही नहीं जा सकता, क्योंकि उसमें दण्ड देने की कोई व्यवस्था निहित होती है।

(4) दण्ड का प्रायश्चित सिद्धान्त

यह सिद्धान्त भी दण्ड सम्बन्धी एक प्राचीनतम सिद्धान्त है। अत्यन्त प्राचीन युग से ही मानव समाज में यह अवधारणा प्रचलित रही है कि जब कोई व्यक्ति बुरा अथवा गैर कानूनी कार्य करता है, तो उसको अपने समाज की प्रचलित रीति-रिवाजों तथा मान्यताओं के अनुसार प्रायश्चित करना पड़ता है। प्रायश्चित सम्बन्धी यह विधान ईश्वरीय होता है अथवा राज्य या समाज द्वारा प्रतिस्थापित कानूनों द्वारा निर्धारित होता है। इस प्रकार के प्रायश्चित का विधान अत्यधिक कठोर होता है। वर्तमान समय में विश्व के कतिपय पिछड़े समाजों में दण्ड का निर्धारण प्रायश्चित के सिद्धान्त पर ही आधारित होता है।

(5) दण्ड का आदर्शवादी सिद्धान्त

दण्ड के आदर्शवादी सिद्धान्तानुसार किसी अपराधी व्यक्ति को मात्र इसी कारणवश दण्डित नहीं किया जाता कि उसके द्वारा घटित अपराध का बदला लेना है अथवा उसे प्रदत्त दण्ड के आधार पर अन्य व्यक्ति अपराधों से डरेंगे, अपितु इसलिये प्रदान किया जाता है कि अपराधी ने अनैतिकता के वशीभूत होकर एक निन्दनीय और अनैतिक कृत्य किया है। प्रत्येक राज्य और समाज कतिपय विशिष्ट परिस्थितियों में व्यक्तियों के लिये दण्ड का विधान करता है जिस समय वह अपनी नैतिक इच्छा का स्वतन्त्रतापूर्वक उपयोग करने में असफल सिद्ध होता है। आदर्शवादी दण्ड के समर्थकों का मत है कि दण्ड की मात्रा व्यक्ति द्वारा सम्पन्न अनैतिकता के अनुपात में प्रदान की जानी चाहिये। इस प्रकार दण्ड एक घृणित या अनैतिक कार्य नहीं अपितु नैतिकता सम्बन्धी एक सक्रिय पोषक तत्व होता है। यह एक ओर तो यह व्यक्ति को नैतिक इच्छा से कार्य करने की स्वतन्त्रता प्रदान करता है, तो वहीं

पर दूसरी ओर व्यक्ति की अनैतिक इच्छा को आघात पहुँचाकर उसका सुधार भी करता है। इस प्रकार से प्रदान किया गया दण्ड अत्याचार अथवा कठोरता का प्रतीक नहीं, अपितु नैतिकता का सम्बल बन जाता है।

आदर्शवादी सिद्धान्त की निम्नलिखित कारणों से आलोचना की जाती है।

(1) यह एक सर्वथा अव्यावहारिक सिद्धान्त है, क्योंकि उसमें अपराध के परिणामस्वरूप होने वाली नैतिक क्षति का सही-सही अनुमान लगाना सम्भव नहीं है। अतः प्रदत्त दण्ड का अनुपात भी निश्चित नहीं होता है।

(2) इस सिद्धान्तानुसार दण्ड को नैतिकता पर आधारित मानकर उसे व्यक्ति के आन्तरिक पक्ष से सम्बन्धित माना जाता है, जबकि अपराध तथा दण्ड का सम्बन्ध जितना व्यक्ति के आन्तरिक पक्ष से होता है, उतना ही व्यक्ति के बाह्य पक्ष से भी होता है। इसलिये यह अपूर्ण सिद्धान्त माना जाता है।

दण्ड से सम्बन्धित उपर्युक्त सिद्धान्तों में से प्रत्येक सिद्धान्त में कुछ न कुछ गुण और दोष सम्मिलित हैं। सुप्रसिद्ध विचारक **हीगल, कान्ट, ब्रैडले तथा मेकेन्जी** के मतानुसार प्रतिशोधात्मक सिद्धान्त ही सर्वाधिक सन्तोषप्रद और अत्युतम सिद्धान्त है। आधुनिक विचारकों के मतानुसार सुधारात्मक सिद्धान्त ही सर्वोत्तम है। अन्त में यह कहा जा सकता है कि दण्ड का सर्वोत्तम सिद्धान्त तो वही हो सकता है, जिसमें उपर्युक्त वर्णित सभी सिद्धान्तों का अधिकतम समन्वय हो सके।

अभ्यास के लिए प्रश्न

1. 'दण्ड' को परिभाषित कीजिए तथा इसमें निहित उद्देश्यों को स्पष्ट करते हुए इससे सम्बन्धित विभिन्न सिद्धान्तों की समीक्षा कीजिए।

37

प्रोबेशन (परिवीक्षा), पैरोल (कारावकाश) एवं उत्तर संरक्षण सेवायें

(Probation, Parole and After Care Services)

'प्रोबेशन' शब्द लैटिन भाषा के शब्द प्रोबेट (Probate) से निकला है जिसका अर्थ परीक्षण (To Test) अथवा प्रमाणित करना (To Prove) होता है। प्रोबेशन में अपराधी के साथ सहानुभूति रखते हुए, उसे सजा न देकर उसे सुधारात्मक उपचार दिया जाता है। सामान्य भाषा में प्रोबेशन का अर्थ किसी अपराधी की सजा को अच्छे आचरण के आश्वासन पर कुछ अवधि के लिये स्थापित करना है। यदि अपराधी परिवीक्षा अधिकारी की आज्ञाओं का उल्लंघन करता है अथवा पुनः अपराध की ओर गतिशील होता है तो उसे पुनः दण्ड का भागी होना पड़ेगा। दूसरे शब्दों में, परिवीक्षा अवधि में यदि अपराधी आपराधिक गतिविधियों में गतिशील होता है तो उसे बन्दी बनाकर पुनः न्यायालय में उपस्थित किया जा सकता है।

प्रोबेशन की परिभाषायें

(1) **सदरलैंड**—"प्रोबेशन दोषी घोषित किये गये अपराधी के दण्ड के निरीक्षण काल की वह अवस्था है जिसमें उसे सद्व्यवहार की शर्तों पर स्वतन्त्रता दी जाती है, जिसमें राज्य व्यक्तिगत निरीक्षण द्वारा सद्व्यवहार बनाये रखने में उसे सहायता देने का प्रयास करता है।"

(2) **टैफ्ट**— "परिवीक्षा में अपराध से सम्बन्धित लिये जाने वाले अन्तिम निर्णय को कुछ समय के लिये टालने की प्रक्रिया में अपराधी को एक अवसर प्रदान किया जाता है कि वह अपना चरित्र सुधारे और समाज के साथ पुनः अपना सामंजस्य स्थापित करे। प्रायः अपराधी न्यायालय की शर्तों एवं परिवीक्षा अधिकारी के मार्ग-दर्शन एवं संरक्षण के आधीन रहता है।

(3) रीनमैनन— "प्रोबेशन अपराधियों को सुधारने का एक तरीका है जिसमें अदालत द्वारा लगाई गयी शर्तों के अनुसार सदाचार करने पर वे मुक्त किये जाते हैं और प्रोबेशन अधिकार में रखे जाते हैं।"

(4) इलियट— प्रोबेशन इस प्रकार दण्ड देने वाली संस्था से इस शर्त पर मुक्ति मिलने को कहते हैं कि अपराधी अच्छा व्यवहार करेगा।

(5) रिचर्ड चैपल— (i) परिवीक्षा दण्ड से बचने का उत्तम साधन है।

(ii) परिवीक्षा एक प्रकार की उदारता है जिसमें अपराधी के प्रति सहानुभूति दिखाई जाती है।

(iii) परिवीक्षा का अर्थ पुलिस-निरीक्षण की विधि के रूप में भी लगाया जाता है।

(iv) परिवीक्षा का अर्थ उपचार की एक विधि के रूप में भी लगाया जाता है।

प्रोबेशन के उद्देश्य

(1) दण्ड को कुछ समय के लिये स्थगित करके अपराधियों के प्रति सहानुभूति प्रकट करना ताकि वे अपने को सुधार लें।

(2) अपराधी को भय या चेतावनी दिखाकर अपराधियों का सुधार करना।

(3) अपराधी बच्चों की सामाजिक व मनोवैज्ञानिक आवश्यकताओं की पूर्ति करना।

(4) अपराधी में अपने-आपको सुधारने की शक्ति व सूझबूझ उत्पन्न करना।

यह विधि प्रोबेशन अधिकारी तथा अपराधी के मध्य सहानुभूति व सद्‌भावनापूर्ण सम्बन्ध को अपनाकर इस उद्देश्य की पूर्ति करती है।

प्रोबेशन की शर्तें

(1) अपराधी को सुधारने के लिये एक निश्चित अवधि तक छोड़ा जाता है।

(2) अपराधी से इस अवधि में सद्‌व्यवहार रखने के लिये इकरारनामा (Bond) भरवाया जाता है।

(3) आवश्यकतानुसार अपराधी से नकद या व्यक्तिगत जमानत भी ली जाती है।

(4) अपराधी को नष्ट किये या चुराये गये धन या सम्पत्ति को लौटाने के लिये या क्षतिपूर्ति के लिये बाध्य किया जाता है।

(5) अपराधी के व्यक्तित्व की देख-रेख रखी जाती है।

(6) अपराधी को समय-समय पर प्रोबेशन अधिकारी से मिलना होता है एवं उसके सभी आदेशों का पालन करना होता है।

प्रोबेशन अधिकारी के कार्य

(1) प्रोबेशन प्राप्त अपराधियों को अपने संरक्षण में रखना।

(2) अपराधियों की व्यक्तिगत जीवनी तैयार करके, प्रत्येक अपराधी में अपराध-प्रवृति पनपने के कारणों का पता लगना।

(3) दोषियों को सुधारने का प्रयास करना।

(4) दोषियों को समाज का अच्छा नागरिक बनाना।

(5) जीविकोर्पाजन की दृष्टि से दोषियों को रोजगार दिलाने का प्रयास करना।

(6) अच्छा व्यवहार न करने पर दोषी को कारावास पहुँचा देना।

(7) प्रोबेशन की शर्तों व उसके पालन के महत्व को अपराधी के दिल व दिमाग में बैठने का प्रयास करना।

(8) अपराधी को शर्तों के पालन में सहायता प्रदान करना।

(9) अपराधी को उन परिस्थितियों में लौटने से बचाना जिनके कारण उसने अपराध किया है।

(10) अपराधी को जन सद्भावना व सहानुभूतिपूर्ण व्यवहार से जीतने का प्रयास करना।

(11) समय-समय पर अपराधी के व्यवहार के बारे में न्यायालय की रिपोर्ट प्रस्तुत करना।

(12) अपराधी के आने-जाने, घूमने-फिरने आदि के स्थानों पर जाकर व्यवहार करने के ढंग का पता लगाना।

प्रोबेशन से लाभ

(1) अपराधी को मानसिक जीवन की वास्तविक परिस्थितियों में रखकर चारित्रिक विकास व जीवन की अवस्थाओं से अनुकूलन करने का अच्छा अवसर प्राप्त हो जाता है।

(2) अपराधी को योग्य, कुशल व चरित्रवान बनाया जाता है और इस प्रकार वह समाज की प्रगति में योगदान देने में समर्थ हो जाता है।

(3) अपराधी स्वयं सामाजिक उत्पादन-कार्य में भाग लेता है, परिणामस्वरूप वह समाज पर भार न बनकर समाज की उन्नति में सहायक होता है।

(4) अन्य सुधार संस्थाओं की तुलना में यह कहीं अधिक सस्ती प्रणाली है।

(5) अपराधियों के परिवार आर्थिक बरबादी से बच जाते हैं। सामाजिक दृष्टि से यह पर्याप्त लाभदायक स्थिति है।

(6) साधारण अपराधियों को बड़ें अपराधियों से दूर रखकर बड़े अपराधियों की संख्या में वृद्धि को रोका जाता है।

(7) अपराधी व्यक्ति के लिए भी प्रोबेशन के निम्नलिखित लाभ हैं:–

(i) अपराधी के सामाजिक पद में कोई कमी नहीं आती। (ii) अपराधी अपने परिवार को आर्थिक सहायता प्रदान करने में सफल रहता है। (iii) मानसिक असंतोष जैसी स्थिति उत्पन्न होने की सम्भावना कम हो जाती है। (iv) बच्चों को अपने माता-पिता का प्रेम तथा स्नेह पूर्णतः मिलता रहता है।

प्रोबेशन से हानियाँ

(1) प्रोबेशन पर छोड़ देने से अपराधी के मन में दण्ड के प्रति रहने वाला भय समाप्त हो जाता है और वह पुनः अपराध की ओर प्रवृत्त हो जाता है।

(2) अपराधी को पारिवारिक व सामुदायिक परिस्थितियों में लौटा दिये जाने के कारण, उनका सुधार कठिन हो जाता है, क्योंकि ये परिस्थितियाँ ही उसमें अपराधी प्रवृत्ति के लिये पहले उत्तरदायी रही हैं।

(3) प्रोबेशन अधिकारी अनेक कठिनाइयों से बचने के लिये, अपराधियों के सुधारने पर विशेष ध्यान नहीं दे पाते। ऐसी स्थिति में अपराधी सुधरने के बजाय और अधिक बिगड़ जाते हैं।

(4) प्रोबेशन अधिकारियों में योग्यता, प्रशिक्षण तथा लगन आदि की कमी के कारण यह प्रणाली ठीक से संचालित नहीं हो पाती।

(5) कभी-कभी राजनीतिक दबाव के कारण भयंकर अपराधियों को प्रोबेशन पर छोड़ दिया जाता है जो समाज के लिये अधिक हानिकारक होते हैं।

परिवीक्षा व्यवस्था को प्रभावी बनाने हेतु सुझाव

(1) परिवीक्षा पद्धति को प्रभावी बनाने हेतु यह अत्यन्त आवश्यक है कि परिवीक्षा पर छोड़ने से पूर्व अपराधी को पूरी जाँच-पड़ताल की जाए एवं उसका विशेषज्ञों द्वारा मानसिक परीक्षण किया जाये। केवल मुकदमें में एकत्र सबूत पर निर्भर करना भूल होगी।

(2) परिवीक्षा अधिकारियों के चयन में निष्पक्षता एवं सावधानी से कार्य किया जाना चाहिये।

(3) परिवीक्षा पर छोड़ने से पूर्व किशोर अपराधियों की पारिवारिक दशाओं का अध्ययन किया जाना चाहिये, क्योंकि परिवार का प्रभाव किशोरों पर अत्यधिक पड़ता है। विपरीत परिस्थितियों में उसे परिवार के मध्य नहीं भेजना चाहिये।

(4) परिवीक्षा कार्य को राष्ट्रीय स्तर पर तथा कुशल प्रशिक्षित अधिकारियों की सेवाओं को प्राप्त करके किया जाना चाहिये। परिवीक्षा कार्य में धार्मिक एवं

सामाजिक संस्थाओं का सहयोग प्राप्त करना वांछनीय होगा।

(5) परिवीक्षा पद्धति में सुधार हेतु समय-समय पर राष्ट्रीय सेमिनार आयोजित किये जाने चाहिये, जिसमें विश्व के अन्य देशों में प्रचलित परिवीक्षा व्यवस्था के गुणों का तुलनात्मक अध्ययन किया जाये जिससे सुधार हेतु उचित सुझाव प्रस्तुत किये जा सकें।

(6) परिवीक्षाधीन व्यक्ति के ऊपर कठोर नियंत्रण उसके मन में विद्रोह पैदा करते हैं और उसे खुली छूट भी नहीं दी जा सकती। अतः यह आवश्यक है कि अपराधी को विश्वास में लेकर उस पर यथाशक्ति नियन्त्रण कम करके उस पर निगरानी रखी जाये। उसे हर समय उपदेश देने के बजाय उसे समझाया जाय और आवश्यक होने पर ही निर्देश दिये जायें। इससे उसमें आत्म-विश्वास, स्वाभिमान एवं आत्मनिर्भरता बढ़ेगी।

(7) परिवीक्षा अधिकारियों की सेवाओं को अधिक आकर्षक बनाना चाहिये जिससे योग्य व्यक्ति इस ओर आकर्षित हो सकें। समय-समय पर उनके कार्य का मूल्यांकन भी किया जाना चाहिये।

(8) वाल्टर सी० रेकलेस के अनुसार परिवीक्षा पर से कानूनी पाबन्दी हटा देनी चाहिये और न्यायालय को पूर्ण अधिकार दिया जाय कि वह समाज के लिए जोखिम एवं अपराधी के गुण-दोषों के आधार पर यह निश्चित करे कि उसे परिवीक्षा पर छोड़ा जाय या नहीं।

(9) परिवीक्षा पर छोड़ने के निर्णय की प्रक्रिया में जनसहयोग भी प्राप्त किया जाना चाहिये जैसा कि अमेरिका के कुछ राज्यों में किया जाता है जिससे कुछ सभ्य नागरिक भी अपराधी के सुधार में रुचि ले सकें।

भारत में प्रोबेशन प्रणाली

परिवीक्षा सेवायें सबसे पहले अमरीका में अनौपचारिक रूप से सन् 1841 से और विधिपूर्वक 1869 से प्रारम्भ हुईं। 1966 में अमरीका के सभी राज्यों में परिवीक्षा सेवायें विधिपूर्वक आरम्भ हो गईं।

भारत में सर्वप्रथम सन् 1937 में मद्रास में परिवीक्षा अधिनियम बना जिसकी देख-रेख का कार्य मद्रास राज्य के मुक्तबन्दी समाज को सौंपा गया। बाद में इसे इन्सपेक्टर जनरल आफ प्रिजन्स के आधीन कर दिया गया। परिवीक्षा अधिनियम, सन् 1938 में उत्तर प्रदेश, 1940 में बम्बई और 1956 में पश्चिमी बंगाल में लागू किये गये। दिल्ली में 1951 में उत्तर प्रदेश का प्रथम अपराधी परिवीक्षा कानून लागू किया गया। भारत में 16 वर्ष से कम आयु के बाल-अपराधियों के लिए परिवीक्षा बाल-अधिनियम (Probation of Children Act) बम्बई, मद्रास, आन्ध्र प्रदेश और दिल्ली में कार्यान्वित किया गया है।

प्रोबेशन आफ आफेण्डर्स एक्ट 1958

1958 में परिवीक्षा अधिनियम में संशोधन करके यह सुविधा वयस्क अपराधियों को दी जाने लगी है। इस प्रकार 1958 में अपराधी परिवीक्षा अधिनियम (Probation of Offenders Act) पारित हो जाने के पश्चात् भारत में लगभग सभी राज्यों में परिवीक्षा व्यवस्था लागू हो गई है। बम्बई, मद्रास, मैसूर, केरल, बिहार, उड़ीसा, राजस्थान, असम और पंजाब राज्यों में परिवीक्षाधीन अपराधियों को निवास हेतु आवासगृहों की भी व्यवस्था है परन्तु उत्तर प्रदेश, मध्य प्रदेश, पश्चिमी बंगाल और गुजरात में यह व्यवस्था नहीं है। यद्यपि आवास गृहों की व्यवस्था से परिवीक्षा अधिकारी का कार्य सरल हो सकता है। परन्तु इस प्रकार की व्यवस्था में अपराधी एक दूसरे की संगति में आकर अधिक दुराचारी बन सकते हैं और साथ ही समाज के साथ सामंजस्य करने के प्रशिक्षण में भी अधूरे रह जायेंगे।

भारतीय परिवीक्षा अधिनियम, 1958 के अनुसार न्यायालय किसी वयस्क अपराधी को भी परिवीक्षा पर छोड़ सकता है परन्तु ऐसा करने से पूर्व न्यायालय को परिवीक्षा अधिकारी से उस अपराध के बारे में दण्ड-पूर्व रिपोर्ट (Pre-Sentence Report) प्राप्त कर लेना अनिवार्य है। 21 वर्ष से कम आयु के अपराधी के मामले में इस प्रकार की रिपोर्ट प्राप्त करना आवश्यक नहीं होता। यदि रिपोर्ट प्रस्तुत कर दी गई हो तो उस पर विचार करना अवश्य होता है। न्यायालय 21 वर्ष से कम आयु के अपराधियों को तब तक कारावास में नहीं भेजेगा जब तक कि परिवीक्षा अधिकारी से रिपोर्ट प्राप्त करके उस पर विचार नहीं कर लेता। यदि न्यायाधीश उसे कारावास का दण्ड देते हैं तो उन्हें परिवीक्षा अधिकारी की रिपोर्ट न मानने के कारण बताने चाहियें और इस निर्णय के विरुद्ध केवल एक प्रार्थना-पत्र देकर परिवीक्षा अधिकारी सत्र-न्यायाधीश के यहाँ अपील करने का अधिकारी है। परिवीक्षा अधिकारी द्वारा प्रस्तुत की गई दण्ड-पूर्व रिपोर्ट वही होनी चाहिये उसमें अपराध घटित होने की परिस्थितियाँ तथा अपराधी के परिवार, पूर्व-पेशा, वैवाहिक जीवन, धर्म, आर्थिक, शैक्षणिक तथा सामाजिक स्थिति के बारे में विस्तृत जानकारी दी जानी चाहिये।

परिवीक्षा अधिकारी से रिपोर्ट प्राप्त प्राप्त करने के पश्चात् अथवा परिवीक्षा पर अपराधी को छोड़ने से पूर्व न्यायालय परीवीक्षा की अवधि तय करता है। किसी अपराधी को अनावश्यक समय तक परिवीक्षा पर न रहना पड़े इसलिये अनियत परिवीक्षा की विधि अपनाई जाती है। इस प्रकार अपराधी में सन्तोषजनक प्रगति होते ही उसका परिवीक्षा काल समाप्त कर दिया जाता है और उसे स्वतन्त्र छोड़ दिया जाता है। अनियत परिवीक्षा काल 3 वर्ष से अधिक नहीं होता है। इस अनियतकाल में परिवीक्षाधीन व्यक्ति परिवीक्षा अधिकारी के विवेक पर छोड़ दिया जाता है। इससे परिवीक्षा अधिकारी से यदि कोई त्रुटि होती है तो उसका परिणाम अपराधी को भुगतना पड़ता है। साथ ही परिवीक्षा पर छोड़े गये अपराधी यह अनुभव करते हैं कि उनके साथ भेदभाव बरता जा रहा है। इन सबसे बचने के लिए न्यायालय प्रायः

परिवीक्षा की न्यूनतम और अधिक अवधि निर्धारित कर देता है। उस अवधि के बीच सुधार की तेजी के आधार पर अपराधी यथाशीघ्र मुक्ति पा जाता है।

अपराधी परिवीक्षा अधिनियम (Probation of Offenders Act, 1985) इसके अन्तर्गत परिवीक्षा अधिकारी को निम्नलिखित कार्य सौंपे गये–

(i) न्यायालय के निर्देशानुसार किसी अभियुक्त के घर के वातावरण एवं परिस्थितियों की छानबीन कर अपराधी का उपचार करने के ढंग निश्चित करने की दृष्टि से न्यायालय की रिपोर्ट प्रस्तुत करना,

(ii) परिवीक्षाधीन अपराधियों की देख-रेख करना एवं जहाँ आवश्यकता हो उन्हें उचित रोजगार दिलाने में मदद करना,

(iii) न्यायालय द्वारा प्रदत्त क्षतिपूर्ति अथवा मूल्य के भुगतान में परिवीक्षाधीन व्यक्ति को सलाह एवं सहयोग देना,

(iv) न्यायालय इस अधिनियम द्वारा निर्धारित मामलों में परिवीक्षाधीन व्यक्ति को निर्धारित ढंग से सलाह एवं सहयोग देगा,

(v) अन्य वे कर्त्तव्य पूरे करना, जो निर्धारित किये गये हो।

इस प्रकार परिवीक्षाधिकारी का कार्य ''सलाह देना, सहयोग देना एवं मित्रवत् व्यवहार करना है।''

पैरोल
(Parole)

''पैरोल वह व्यवस्था है जिसमें कुल दण्डअवधि का एक निश्चित भाग (अधिकांशतः एक तिहाई हिस्सा) जेल अथवा सुधारात्मक संस्था में काटने पर अपराधी को अच्छे व्यवहार संधारण करने सम्बन्धी कुछ शर्तों पर समाज में रहने के लिये मुक्त किया जाता है। रिहाई की शर्तों के उल्लंघन पर प्रारम्भिक दण्ड पुनः प्रत्यावर्तित किया जाता है।'' आहूजा गार्डियन के शब्दों में ''पैरोल उन व्यक्तियों की सशर्त मुक्ति की विधि है जो दण्ड या सुधार संस्थाओं में रखे गये हैं और न्यायालय प्रदत्त दण्ड का कुछ भाग भुगत चुके हैं।

पैरोल की परिभाषा

(1) **सदरलैण्ड** (Sutherland)–''पैरोल किसी दण्ड अथवा सुधार संस्था से, जिसमें कि अपराधी अधिकाँश दण्ड भुगत चुका है, अच्छा व्यवहार बनाये रखने और जब तक पूर्ण रिहाई न मिल जाये, इस संस्था अथवा राज्य स्वीकृत मुक्ति की स्थिति में रखने की प्रक्रिया है।''

(2) **इलियट** (Elliot)–''पैरोल अपराधी के कारागार या सुधारालय से उसकी समयाविधि से पूर्व ही मुक्ति को कहते हैं, ऐसा पैरोल अधिकारी की सिफारिश पर होता है।''

(3) गार्डियनो (Guardiano)—''पैरोल उन व्यक्तियों के सशर्त मुक्ति की विधि है जो दण्ड या सुधार संस्थाओं में रखे गये हैं और न्यायालय प्रदत्त दण्ड के कुछ भाग को भुगत चुके हैं।''

(4) बेल (Bell)—''पैरोल किसी संस्था से अपराधी को मुक्ति देने के लिये चुनाव करने की प्रक्रिया है, जबकि अभी उसकी सजा की पूरी अवधि समाप्त न हुई हो और शेष अवधि में उसे पैरोल अधिकारी द्वारा निर्धारित दशाओं में रहना पड़ता है।''

इस प्रकार, ''पैरोल सजा का कुछ भाग समाप्त कर लेने के बाद दी गई सशर्त रिहाई है।''

पैरोल के तत्व

(i) पैरोल का उद्देश्य सुधारात्मक होता है। दूसरे शब्दों में यह अपराधियों के सुधार की एक संस्था है।

(ii) पैरोल में अपराधी अपनी सजा का कुछ भाग समाप्त कर लेने के बाद पैरोल पर छोड़ा जाता है।

(iii) यह रिहाई केवल उसी व्यक्ति को प्रदान की जायेगी जिसने सजा की अवधि में अच्छा व्यवहार किया हो और अपने को अनुशासनबद्ध रखा हो।

(iv) पैरोल पर छोड़ने पर व्यक्ति के ऊपर कुछ शर्तें रखी जाती हैं और पैरौली से ऐसी आशा की जाती है कि वह इन शर्तों का पालन करेगा।

(v) पैरोल की अवधि में पैरोली पैरोल अधिकारी की आज्ञा का पालन करेगा।

(vi) यदि वह आज्ञा का पालन नहीं करेगा और निर्धारित-शर्तों की उपेक्षा करेगा तो उसे फिर से दंड देने की व्यवस्था की जाती है।

(vii) इसलिये उसे सजा समाप्त होने के पूर्व अपराधी को दी गई रिहाई भी कहा जाता है।

पैरोल की शर्तें

जब अपराधी पैरोल पर छोड़े जाते हैं तो उन्हें अनेक शर्तों का पालन करते हुए रहना पड़ता है, अन्यथा उन्हें फिर जेल लौटने के लिए बाध्य किया जाता है। सामान्यतः इसके लिए निम्नलिखित शर्तें होती हैं—

(1) उसे नशीले पदार्थों से दूर रहना चाहिये।

(2) मुक्त होने पर उसे अपना पता ठीक से लिखाना चाहिये और बगैर पैरोल अधिकारी की अनुमति लिये हुए उसे बदलना नहीं चाहिये।

(3) उसे बिना अनुमति अपनी नौकरी नहीं बदलनी चाहिये।

(4) उसे अपनी स्थितियों की लिखित रिपोर्ट बराबर देते रहना चाहिये।

(5) पैरोली को किसी भी दशा में कानून का उल्लंघन नहीं करना चाहिये।

(6) उसे बिना अनुमति लिए विवाह भी नहीं करना चाहिये ताकि कोई स्त्री धोखे से पूर्व-अपराधियों से विवाह न कर ले। बिना अनुमति किया गया विवाह पैरोली के लिये वैवाहिक दृष्टि से दुःखदायक होगा।

(7) पैरोली को बगैर अनुमति लिए कोई वाहन नहीं चलानी चाहिये। यह नियम इसलिए बनाया गया है कि नियम भंग करने वाले को बिना किसी प्रमाण के गिरफ्तार किया जा सके कि वाहन चुराया गया है अथवा किसी अपराध के सम्बन्ध में उसका प्रयोग किया गया है। पैरोली को वाहन में पायी गयी बन्दूक या पिस्तौल के लिए भी दोषी ठहराया जा सकता है चाहे उसकी उपस्थिति का उसको ज्ञान न भी हो।

(8) पैरोली को अन्य पैरोली लोगों अथवा पूर्व-अपराधियों से मिलने का निषेध होता है।

(9) पैरोली को बिना अनुमति अपने राज्य से बाहर जाने का भी अधिकार नहीं रहता है।

(10) उसे किसी भी प्रकार का हथियार नहीं रखना चाहिए।

(11) उसे किसी भी निद्राकारी पदार्थ का प्रयोग नहीं करना चाहिए।

(12) बताये गए समय पर उसे घर पर रहना चाहिए।

(13) बिना अनुमति उसे किसी से धन उधार नहीं लेना चाहिए।

पैरोल के लाभ

(1) पैरोल के द्वारा समाज पर व्यक्तियों का भार कम हो जाता है।

(2) पैरोल जेल जीवन की लम्बी अवधि को कम करता है और इस प्रकार पैरोली के प्रति सहानुभूतिपूर्ण दृष्टिकोण अपनाकर इसके सुधार तथा सामाजिक समायोजन की नींव रखता है।

(3) पैरोल अपराधी का अनापराधी में परिवर्तन है। इसकी सहायता से व्यक्ति को आदती अपराधी से बचाया जा सकता है।

(4) पैरोल अपराधी की सजा की समाप्ति से पूर्व मुक्ति है। इस प्रकार राज्य का आर्थिक भार कम हो जाता है।

(5) पैरोल पर उन्हीं अपराधियों को छोड़ा जाता है, जिनका जेल जीवन अच्छा रहता है। इस प्रकार पैरोल अपराधियों को जेल में अच्छे व्यवहार की प्रेरणा देता है।

(6) पैरोली व्यक्ति में अपराधी प्रवृत्तियों के विकसित होने में बाधा उत्पन्न करता है, इसके दो कारण हैं।

(i) पैरोली के व्यवहार का निरीक्षण किया जाता है तथा उससे सदव्यवहार की आशा की जाती है।

(ii) पैरोली अपने समुदाय और परिवार के साथ रहता है।

(7) पैरोली व्यक्ति आर्थिक कठिनाइयों को दूर करने का प्रयास करता है।

पैरोल पर छूटने पर व्यक्ति व्यापार व्यवसाय का सम्पादन करता है।

पैरोल की सीमायें

1. देश की समकालीन परिस्थितियों के कारण भी पैरोल की सफलता में बाधा उत्पन्न होती है। ये परिस्थितियाँ हैं—नौकरशाही, भाई-भतीजावाद, सिफारिश तथा पहुँचवाद, आदि।

2. प्रायः यह देखा गया है कि समाज में अपराधियों के पुनर्वास की पर्याप्त व्यवस्था नहीं होती है। इस कारण भी इसमें अनेक दोष उत्पन्न हो जाते हैं।

3. अनेक अवसरों पर पैरोल पर अपराधियों के चुनाव में सावधानी नहीं रखी जाती है। इसके परिणामस्वरूप भी पैरोल व्यवस्था की सफलता में बाधा उत्पन्न होती है।

4. राजनीतिक हस्तक्षेप पैरोल का सबसे महत्वपूर्ण दोष है। इस राजनीतिक हस्तक्षेप के कारण इसमें अनेक दोष उत्पन्न हो जाते हैं। इससे लाभ के बदले हानि की सम्भावना रहती है।

5. प्रशासनिक दृष्टि से पैरोल की दो प्रमुख सीमायें हैं—

(i) अधिकारियों में प्रशिक्षण का अभाव

(ii) अधिकारियों में कर्त्तव्यनिष्ठा का अभाव।

6. अधिकतर यह देखा जाता है कि पैरोल अधिकारियों के निरीक्षण में रखे गये पैरोलियों की संख्या अधिक होती है। इससे भी यह व्यवस्था पर्याप्त सफलता प्राप्त नहीं कर पाती है।

प्रोबेशन और पैरोल में अन्तर

प्रोबेशन	पैरोल
(1) प्रोबेशन पर छोड़े जाने पर अपराधी को जेल में एक दिन की भी सजा नहीं काटनी पड़ती।	(1) पैरोल में जेल या सुधार संस्था में सजा काटने के बाद अपराधी को छोड़ा जाता है।
(2) प्रोबेशन अपराधी की आयु, चरित्र, परिस्थिति आदि के अनुसार स्वीकृत होता है।	(2) पैरोल की स्वीकृति प्रायः जेल में अच्छा व्यवहार रखने के कारण होती है।
(3) प्रोबेशन प्रायः न्यायालय द्वारा स्वीकृत होता है।	(3) पैरोल प्रायः प्रशासकीय बोर्ड या अधिकारी द्वारा स्वीकृत होता है।
(4) प्रोबेशन में सुधार की भावना प्रधान होती है।	(4) पैरोल में दण्ड के साथ सुधार भी मिलता रहता है।
(5) प्रोबेशन में अपराधी अच्छा आचरण रखने पर पूर्ण मुक्त हो जाता है।	(5) पैरोल में अपराधी पूर्ण मुक्त नहीं होता है।

प्रोबेशन	पैरोल
(6) प्रोबेशन कम खर्चीली प्रणाली है।	(6) पैरोल प्रोबेशन की अपेक्षा अधिक खर्चीली प्रणाली है।
(7) प्रोबेशन विधि प्राय: बाल अपराधियों के प्रयोग में लाई जाती है।	(7) पैरोल विधि प्राय: वयस्क अपराधियों के प्रयोग में लाई जाती है।
(8) प्राय: प्रथम अपराधी ही इसका लाभ उठा सकते हैं।	(8) कुछ विशेष अपराधों को छोड़कर प्राय: सभी अपराधी इससे लाभ प्राप्त कर सकते हैं।

उत्तर संरक्षण सेंवायें
(After Care Services)

परिभाषा

उत्तर संरक्षण कार्यक्रम (After-Care Programme) तीन शब्दों से मिलकर बना है। किसी भी योजनाबद्ध कार्य को 'प्रोग्राम' अथवा कार्यक्रम के नाम से जाना जाता है। संरक्षण, सुरक्षा करने से सम्बन्धित है। इस प्रकार संरक्षण कार्यक्रम का अर्थ सुरक्षा प्रदान करने की योजना से सम्बन्धित है। उत्तर का अर्थ है बाद में। जेल से छूटने के बाद जो कार्यक्रम बनाया जाता है, उसे उत्तर-संरक्षण कार्यक्रम नाम से जाना जाता है। उत्तर-संरक्षण को फेयरचाइल्ड ने इस प्रकार परिभाषित किया है—"सुधार संस्था या चिकित्सा से मुक्त किये गये व्यक्ति को समाज सेवा कार्यक्रम की आवश्यकता होती है।"

उत्तर-संरक्षण सलाहकार समिति

"उत्तर-संरक्षण शब्द का प्रयोग सामान्यत: उन योजनाओं और सेवाओं की ओर निर्देश करते हुए किया जाता है, जिनका संगठन पूर्व-कैदियों (Ex-Prisoners) और अल्प-वयस्क अपराधियों के पुनर्वास के लिये होता है, परन्तु उपर्युक्त सन्दर्भ-पद (Terms of Reference) से स्पष्ट हो जाता है कि कमेटी का कार्य-क्षेत्र और भी अधिक विस्तृत था जो साधारणतया उत्तर-संरक्षण शब्द से नहीं समझा जा सकता।" कमेटी के विचार में उत्तर-संरक्षण एक व्यापक परिकल्पना है जिसको, उन विशेष योजनाओं और सेवाओं तक ही सीमित करने की आवश्यकता नहीं है जिनका संगठन सुधारालयों से मुक्त व्यक्तियों के पुनर्वास के लिये किया जाता है। वस्तुत: उत्तर-संरक्षण शब्द का प्रयोग उन योजनाओं और सेवाओं के लिये किया जा सकता है जिनका

संगठन अक्षम व्यक्तियों (Handicapped) या समूहों के पुनर्वास की प्रक्रिया को पूरी करने के लिये किया जाता है जो किसी संस्था में प्रारम्भ होकर एक निश्चित सीमा तक पहुँच चुकी होती हैं। इस प्रकार कोई भी सेवा, जिसमें निम्नलिखित विशेषताएँ पाई जाती हों, उत्तर-संरक्षण सेवा कही जा सकती हैं—

(1) यह एक ऐसे व्यक्ति या व्यक्तियों के लिये है जो किसी संस्था में एक निश्चित अवधि तक चर्या (Care) या प्रशिक्षण (Training) प्राप्त कर चुके हैं।

(2) इसमें व्यक्ति या व्यक्ति समूह को किसी सामाजिक, शारीरिक या मानसिक अवरोध (Handicap) के कारण विशेष चर्या की आवश्यकता है।

(3) यह एक व्यक्ति के पुनर्वास की प्रक्रिया को पूरी करने के लिये है जिससे कि उसकी निर्भरता का जीवन व्यतीत करने की सम्भावनाओं का अन्त किया जा सके। इसमें व्यक्ति के नैतिक व भावात्मक तन्तुओं को पुष्ट करने और उसके जीवन के किसी भी दाग को दूर करने का प्रयास होता है।

उत्तर संरक्षण का उद्देश्य

डॉ॰ सी॰ बी॰ मामोरिया के शब्दों में—"उत्तर-संरक्षण का उद्देश्य अपराधी के सामाजिक और व्यावसायिक पुनर्वास की समस्या का हल प्राप्त करना होना चाहिये। अपराधी को स्वयं उसके पैरों पर खड़ा करके उसको ईमानदारी और स्वतन्त्रता की जिन्दगी बसर करने योग्य बना देना चाहिये।"

इस प्रकार किसी भी संस्था या शासन के आधीन अपराधियों के समाज के साथ सामंजस्य की प्रक्रिया को उत्तर-संरक्षण कार्यक्रम के नाम से जाना जाता है।

उत्तर संरक्षण कार्यक्रम के तत्व

(1) इसका भौतिक तत्व 'रक्षा' है। यदि इस कार्यक्रम से रक्षा के तत्व को हटा दिया जाता है, तो इस कार्यक्रम की आत्मा ही समाप्त हो जाती है।

(2) यह रक्षा उन व्यक्तियों से सम्बन्धित है, जो जेल से छूटकर आते हैं।

(3) इस रक्षा का तात्पर्य यह है कि कैदी व्यक्ति का समाज के साथ सामंजस्य कराया जाये। यह कार्यक्रम सामंजस्य की ही आधारशिला पर खड़ा है।

(4) इस कार्यक्रम के अन्तर्गत अपराधी के पुनर्वास के प्रयास किये जाते हैं और पुनर्वास ही व्यक्ति को समाज के साथ सामंजस्य करा सकता है।

उत्तर-संरक्षण सेवाओं का महत्व

उत्तर-संरक्षण कार्यक्रम का व्यक्ति तथा समाज दोनों दृष्टियों से अत्यधिक महत्व है। संक्षेप में इसका महत्व निम्नलिखित है।

(1) उत्तर-संरक्षण कार्यक्रम के द्वारा मानव-कल्याण की योजना प्रस्तुत की गई है।

(2) उत्तर-संरक्षण कार्यक्रम मानवीयकरण की योजना प्रस्तुत करता है।

(3) अपराध एक प्रकार की बीमारी है और उत्तर-संरक्षणं कार्यक्रम इस बीमारी का उपचार है।

(4) उत्तर-संरक्षण कार्यक्रम के माध्यम से अपराधी शीघ्र ही समाज, परिवार तथा अन्य संस्थाओं के साथ सामंजस्य कर लेता है।

(5) उत्तर-संरक्षण कार्यक्रम के माध्यम से अपराधी के पुनर्वास में सहायता मिलती है।

(6) उत्तर-संरक्षण कार्यक्रम एक ऐसा कार्यक्रम है, जिसके माध्यम से अपराधी को पाप और पुण्य तथा उचित और अनुचित का ज्ञान हो जाता है।

उत्तर-संरक्षण से पुनर्वास

उत्तर संरक्षण कार्यक्रम के अन्तर्गत तीन प्रकार के व्यक्तियों का पुनर्वास किया जाता है—

(1) जिन्हें समाज-विरोधी कार्यों के लिये दण्ड दिया गया था और जो जेल से छूटकर आये हैं।

(2) जो या तो अनाथ हैं या विधवा हैं तथा जिन्हें किसी का भी संरक्षण नहीं है।

(3) अन्धे, बहरे और गूँगे व्यक्ति जो संस्थाओं से अलग किये गये हैं।

भारत में उत्तर-संरक्षण कार्यक्रम

भारत में उत्तर-संरक्षण कार्यक्रम विभिन्न राज्यों में अलग-अलग चलाया जा रहा है।

1. राजस्थान— राज्य में कोई मुक्त बन्दी सहायता समिति नहीं है। समाज कल्याण विभाग की ओर से 1971 तक उदयपुर में एक उत्तर रक्षा गृह चलाया जाता था जो अब बन्द कर दिया गया है।

2. तमिलनाडु— राज्य में उत्तर-संरक्षण कार्यक्रम अत्यन्त विकसित अवस्था में है। ''मद्रास मुक्तबन्दी सहायता समाज'' सन् 1926 में स्थापित हुआ था। इसके साथ-साथ वहाँ जिला समितियाँ और संघ इस कार्य को सुचारू रूप से संचालित कर रहे हैं। 'उत्तर आर्कोट मुक्तबन्दी सहायता समाज' (North Arcot Discharged Prisoners Aid Society) अत्यन्त ही प्रशंसनीय कार्य कर रहा है। इस संस्था के अन्तर्गत परिवीक्षा अधिकारी नियुक्त हैं जो अपराधियों की देखभाल तथा रोजगार दिलाने में उनकी मदद करते हैं। तमिलनाडु राज्य में अन्य प्रमुख संस्थायें अग्रलिखित हैं—

(i) बेलारी बन्दी मुक्ति सहायता समिति।
(ii) चित्तूर जिला बन्दी सहायता समिति।
(iii) कोयम्बटूर जिला बन्दी सहायता समिति।
(iv) गोदावरी जिला बन्दी सहायता समिति।
(v) कोरापुट जिला बन्दी सहायता समिति।
(vi) मालाबार जिला बन्दी सहायता समिति।
(vi) सालेम जिला बन्दी सहायता समिति।
(vii) तिन्नेवली जिला बन्दी सहायता समिति।
(xi) त्रिचनापल्ली जिला बन्दी सहायता समिति तथा अन्य

3. महाराष्ट्र— राज्य में, उत्तर-संरक्षण कार्यक्रम सुचारू रूप से चल रहा है। वहाँ सन् 1946 तक 'बम्बई प्रदेश मुक्त बन्दी सहायता समिति' (Bombay Presidency Discharged Prisoners Aid Society) कार्यरत थी, जो केन्द्रीय संस्था थी। इस संस्था में परिवीक्षा अधिकारी थे जो मुक्त बन्दियों की सहायता करते थे और जब तक उन्हें रोजगार नहीं मिल जाता था, तब तक उन्हें निःशुल्क भोजन एवं निवास की सुविधा समिति की ओर से दी जाती थी। अप्रैल, सन् 1946 को उसे 'बम्बई प्रदेश परिवीक्षा उत्तर-संरक्षण' में मिला दिया गया।

बम्बई में 1908 से ही इस दिशा में प्रयत्न होते रहे हैं। साल्वेशन आर्मी, सेवा-सदन सोशल-सर्विस लीग भी मुक्त बन्दी सहायता में संलग्न रही है। सन 1914 में उत्तर-संरक्षण कार्यक्रम हेतु 'मुक्त बन्दी सहायता समिति' (Released Prisoners Aid Society) की स्थापना हुईं। गरीबों को निःशुल्क कानूनी सहायता देने हेतु 'लीगल ऐड सोसाइटी, बम्बई' कार्य कर रही है। इसके अतिरिक्त बम्बई प्रदेश परिवीक्षा एवं उत्तर-संरक्षण संघ (Probation and Aftercare Association) की स्थापना हो चुकी है जो अत्यन्त ही महत्वपूर्ण भूमिका निभा रहा है। 'साल्वेशन आर्मी' के द्वारा बम्बई में मुक्त बन्दियों के लिए एक गृह (Home) का संचालन किया जा रहा है। इसी प्रकार के सहायता गृह जिलों में है, जैसा पूना मुक्त बन्दी सहायता समिति, अहमदाबाद मुक्त बन्दी सहायता समिति आदि।

4. मध्य प्रदेश— राज्य में उत्तर-संरक्षण कार्यक्रम को 1959-60 की योजना में स्वीकार किया गया है। प्रदेश में 'समाज कल्याण परिषद्' द्वारा रक्षा-गृह तथा आश्रम-गृहों की स्थापना की गई है। पुरुषों तथा स्त्रियों के लिये पृथक-पृथक सुधारात्मक तथा अन्य उपयोगी संस्थायें खोली गई हैं। राज्य में उत्तर संरक्षण कार्यक्रम के तहत राज्य के तीन रक्षागृह भोपाल, जबलपुर तथा ग्वालियर में खोले गये हैं। प्रत्येक में 100 व्यक्तियों के लिए स्थान है। इसके अतिरिक्त अनेक जिलों में जिला आश्रय गृह हैं। अनेक महिला कल्याण संस्थायें, बाल-कल्याण संस्थायें भी सुचारू रूप से कार्य चला रही हैं। नैतिक तथा सामाजिक स्वास्थ्य की दृष्टि से कुछ संस्थायें वेश्याओं के पुनर्वास के प्रयोजन से भी खोली गई हैं जो इन्दौर,

ग्वालियर, मुरैना, सतना, जबलपुर तथा बुरहानपुर में हैं।

5. उत्तर प्रदेश— राज्य में उत्तर-संरक्षण कार्यक्रमों को संचालित करने हेतु उत्तर-संरक्षण संघ है। लगभग प्रत्येक जिले में मुक्त बन्दियों की सहायतार्थ समितियों के साथ यह कार्य सर्वोदय समिति के कार्यकर्त्ता एवं अपराध निरोधक समिति के लोग कर रहे हैं। अपराध निरोधक समितियों का जाल पूरे प्रदेश में फैला हुआ है। उत्तर प्रदेश प्रथम दोषी परिवीक्षा अधिनियम तथा पैरोल की व्यवस्था द्वारा बन्दियों को उत्तर-संरक्षण के लिये प्रशिक्षण दिया जाता है। उत्तर प्रदेश की जेलों में अनेक प्रकार के उद्योगों का प्रशिक्षण देकर भी बन्दियों को उनके भावी जीवन के लिए तैयार किया जाता है। कपड़े, कम्बल तथा कई मामलों में उत्तर प्रदेश की जेलों को आत्म-निर्भरता प्राप्त है। प्रत्येक जिले में एक परिवीक्षा अधिकारी नियुक्त किया गया है, जो उत्तर संरक्षण कार्यक्रम की सफलता हेतु हर सम्भव प्रयास करता है। बाल-कल्याण परिषद् तथा अन्य संस्थायें भी अपना पूर्ण सहयोग प्रदान करती हैं। राज्य में निराश्रित लोगों एवं असमर्थ वृद्ध लोगों को रखने हेतु एक आश्रय गृह खोला गया है। बाल अपराधियों के लिए अनेक सुधार संस्थायें कार्यरत हैं।

भारत में उत्तर-संरक्षण कार्यक्रम की असफलता के कारण

(1) उत्तर संरक्षण कार्यक्रम की असफलता का सर्वप्रमुख कारण उसमें राजनीतिक हस्तक्षेप है। कार्यक्रम की स्थापना, नीतियाँ एवं परिवर्तन सभी कुछ राजनीतिक आधारों पर किये जाते हैं। परिणाम यह होता है कि अधिकारी कोई ठोस कार्य नहीं कर पाते हैं।

(2) भारत में सरकारी नीति के सिद्धान्त और व्यवहार में अन्तर है। अतः उत्तर संरक्षण कार्यक्रम भी केवल सिद्धान्त पर ही अधिक ध्यान देता है, व्यवहार पर नहीं। व्यावहारिक दृष्टिकोण के अभाव में कार्यक्रम असफल हो जाते हैं।

(3) सेवारत व्यक्तियों में अपने कर्त्तव्य के प्रति निष्ठा की कमी है। वे अपने कर्त्तव्य के प्रति जागरूक न रहकर केवल कन्धों पर पड़ा बोझ टालते हैं।

(4) देश में व्याप्त भ्रष्टाचार से उत्तर-संरक्षण भी अछूता नहीं बचा है।

(5) बन्दीगृहों में अपराधियों का वैज्ञानिक वर्गीकरण नहीं किये जाने के कारण उत्तर संरक्षण के कार्य के लिये उचित पृष्ठभूमि तैयार नहीं मिलती है।

(6) समाज अपराधी को ग्रहण करने के बजाय उसे हीन एवं सन्देहास्पद मानता है जिसकी प्रतिक्रिया स्वरूप पूर्व अपराधी फिर विद्रोही हो उठता है।

(7) कार्यक्रम के लिए उत्तरदायी व्यक्तियों का व्यवहार सहानुभूतिपूर्ण तथा अपनत्व का नहीं है।

(8) कर्मचारियों की उदासीनता एवं उनका प्रतिरक्षित न होना भी उत्तर-संरक्षण कार्य में बाधक है।

(9) अपराधियों में अशिक्षा के कारण वे इस कार्यक्रम को अपना पूर्ण सहयोग नहीं दे पाते हैं।

(10) कारागारों में अपराधियों के साथ जो व्यवहार किया जाता है वह आदर्श व्यवहार नहीं होता। इससे अपराधी के मन में भय का वातावरण बन जाता है, वह हर तरह से सरकारी अफसरों से दूर भागना चाहता है।

(11) मुक्त बन्दियों को व्यवसाय अथवा नौकरी मिलने में बाधायें संरक्षण कार्यक्रम को असफल बनाती हैं।

(12) सुधारात्मक संस्थायें उनमें नैतिक एवं आध्यात्मिक मूल्यों की स्थापना में असमर्थ रही हैं।

(13) अपराधियों के संरक्षक उत्तर-संरक्षण कार्यक्रमों में अपना सहयोग नहीं देते हैं।

(14) आश्रय-गृहों में स्थान अत्यन्त सीमित होने से मुक्त अपराधियों को कुछ समय प्रतीक्षा करनी पड़ती है। प्रतीक्षा का कठिन समय उन्हें फिर अपराधिकता की ओर मोड़ देता है।

(15) कार्यकर्त्ताओं की उदासीनता भी कार्यक्रम की असफलता का एक कारण है। कार्यकर्त्ता मुक्त बन्दियों से मिलकर उनके कष्टों का पता लगाने के बजाय कार्यालय में बैठकर आराम करना या गप्प मारना उचित समझते हैं।

(16) धनाभाव के कारण भवन, आवास आदि की कमी है।

(17) सरकार की मुक्त बन्दियों को रोजगार दे सकने की असमर्थता भी इस कार्यक्रम की असफलता के लिये दोषी है।

संक्षेप में, भारत में उत्तर-संरक्षण कार्यक्रम की असफलता का कारण बेरोजगारी, कर्मचारियों की उदासीनता, समाज का असहयोग, विरोधी रुख एवं अपराधियों में अशिक्षा के कारण प्राप्त सुविधाओं का लाभ उठा सकने की अक्षमता है।

अभ्यास के लिए प्रश्न

1. परिवीक्षा (प्रोबेशन) को परिभाषित कीजिये। परिवीक्षा के महत्व का आलोचनात्मक मूल्यांकन कीजिए।
2. प्रौढ़-अपराधियों के सुधार हेतु 'प्रोबेशन' व्यवस्था की विवेचना कीजिये तथा इस प्रणाली के सुधारात्मक महत्व एवं सीमाओं का उल्लेख कीजिये।
3. पैरोल (कारावास) व्यवस्था से आप क्या समझते हैं ? इस व्यवस्था का अपराधियों के सुधार में क्या महत्व माना जा सकता है।
4. पैरोल की परिभाषा दीजिये। इसके लाभ व हानियों की विवेचना कीजिये।
5. परिवीक्षा (प्रोबेशन) एवं कारावकाश (पैरोल) में अन्तर स्पष्ट कीजिये।
6. उत्तर संरक्षण सेवाओं की संक्षेप में व्याख्या कीजिये और भारत में उत्तर संरक्षण सेवा पर परिचयात्मक टिप्पणी लिखिये।
7. भारत में उत्तर-संरक्षण सेवाओं का आलोचनात्मक विवरण दीजिये।

38

बन्दीगृह और बन्दीगृह सुधार
(Prison and Prison Reforms)

प्रत्येक समाज में प्रत्येक काल में किसी न किसी रूप में अपराध अवश्य ही उपस्थित रहे हैं। अपराध को सदैव बुरा माना जाता रहा है तथा अपराधों को समाप्त करने के भिन्न-भिन्न प्रयास किये जाते रहे हैं। कुछ विचारधाराओं के अनुसार अपराधी को समाप्त करने के लिए अपराधी को ही समाप्त कर देना उचित साधन माना जाता था। इस विचारधारा के समर्थक कानून एवं दण्ड प्रणाली के अन्तर्गत मृत्यु दण्ड एवं देश-निष्कासन जैसे दंडों को प्रोत्साहन देते थे। एक अन्य विचारधारा के अन्तर्गत अपराधों के उन्मूलन के लिए अपराधियों के सुधार की विभिन्न योजनाओं को अधिक महत्वपूर्ण माना गया। इस विचारधारा के अन्तर्गत ही बन्दीगृह की व्यवस्था की गई। बन्दीगृह को 'कारागार' तथा 'जेल' के नाम से भी जाना जाता है। यह एक 'अपराधी-सुधार' संस्था है। एक संस्था के विषय में पूर्ण ज्ञान प्राप्त करने के लिए एक संस्था की एक निश्चित परिभाषा निर्धारित करनी भी आवश्यक है।

बन्दीगृह की परिभाषा

बन्दीगृह एक विशिष्ट गृह अथवा रहने का स्थान है जहाँ केवल विशिष्ट व्यक्तियों अर्थात् विभिन्न प्रकार के अपराधियों को निश्चित अवधि के लिए अपने परिवार के अन्य सदस्यों से अलग करके कुछ विशिष्ट परिस्थितियों में बरबस रखा जाता है। इस गृह में रहने की अवधि एवं परिस्थितियाँ भिन्न-भिन्न व्यक्ति के लिए तथा भिन्न-भिन्न दंड-प्रणालियों के अन्तर्गत भिन्न-भिन्न हो सकती हैं। विभिन्न दंडशास्त्रियों ने 'बन्दीगृह' की भिन्न-भिन्न परिभाषायें उपस्थित की हैं। कुछ मुख्य परिभाषायें निम्नलिखित हैं—

(1) **सेथना द्वारा परिभाषा**—सेथना (Sethna, M. J.) ने बन्दीगृह की

परिभाषा इस प्रकार प्रस्तुत की है, "बन्दीगृह (अर्थात् कैदखाना) कारावास के लिए होते हैं। वे व्यक्ति भी, जिन पर मुकदमा चल रहा होता है, बन्दीगृह में रखे जाते हैं। इन स्थानों में अपराधी को सुधार के लिए रखा जाता है।"[1] सेथना की इस परिभाषा से स्पष्ट होता है कि बन्दीगृह एक विशिष्ट स्थान है जहाँ अपराधियों को रखा जाता है। इस संस्था का उद्देश्य अपराधियों को सुधारना होता है।

(2) 1894 के अधिनियम के अनुसार—इस अधिनियम के अन्तर्गत बन्दी गृह की परिभाषा इस प्रकार निर्धारित की गई थी, "बन्दीगृह राज्य सरकार द्वारा निर्धारित वह स्थान है, जहाँ बन्दियों को स्थायी अथवा अस्थायी रूप में रखा जाता है।" इस परिभाषा से स्पष्ट होता है कि बन्दीगृह का संचालन एवं व्यवस्था राज्य सरकार द्वारा होती है।

(3) फेयरचाइल्ड द्वारा परिभाषा—फेयरचाइल्ड (Fairchild) के अनुसार बन्दीगृह, "एक दंड देने वाली संस्था है जिसका संचालन या तो राज्य अथवा संघीय सरकार करती है और जिसका उपयोग केवल प्रौढ़ अपराधियों के लिए होता है, जिनकी सजा एक वर्ष से अधिक होती है।"[2]

फेयरचाइल्ड की उपरोक्त परिभाषा द्वारा बन्दीगृह की तीन विशेषतायें स्पष्ट होती हैं। पहली विशेषता यह है कि इस संस्था का संचालन राज्य द्वारा होता है। दूसरी विशेषता यह है कि बन्दीगृह में केवल प्रौढ़ अपराधियों को रखा जाता है। तीसरी विशेषता यह है कि बन्दीगृह में केवल उन बन्दियों को रखा जाता है जिनके दंड की अवधि एक वर्ष से अधिक होती है।

बन्दीगृह के मुख्य तत्व एवं विशेषतायें

बन्दीगृह की उपरोक्त परिभाषाओं के आधार पर हम कह सकते हैं कि बन्दीगृह की मुख्य विशेषतायें निम्नलिखित हैं—

(1) शासन सत्ता द्वारा संचालित संस्था—बन्दीगृह का संचालन एवं उसकी व्यवस्था सदैव सम्बन्धित शासन-सत्ता द्वारा हुआ करती है। इसका कारण यह है कि दंड-संहिता एवं दंड-प्रणाली सदैव शासन सत्ता के हाथ में होती है।

(2) अपराधियों का निवास स्थान—बन्दीगृह सरकार द्वारा निर्धारित अपराधियों का निवास स्थान होता है। इस स्थान पर अपराधी स्थायी अथवा अस्थायी अवधि के लिए रखे जाते हैं।

---

1. "A prison (meaning a `cage') is a place for detection, prisons are places for detention of undertrials also. They are places where the offender can be lodged for his reformation." --Sethna, M.J., *Society and the Criminal*, p. 273.
2. "A penal institution operated by either the State or the Federal Government and used only for adult offenders whose sentences exceed one year." --Fairchild, H.P., *Dictionary of Sociology*, p. 232.

(3) दण्ड-संस्था—बन्दीगृह एक दंड संस्था है। इस संस्था का कार्य समाज-विरोधी एवं अपराधी व्यक्तियों को दंड देना होता है। इस संस्था के अन्तर्गत अपराधियों को परिवार से अलग करके, नियन्त्रित करके तथा कभी-कभी कठोर परिश्रम करवा कर दंडित किया जाता है।

(4) सुधार संस्था—दंड-संस्था के साथ बन्दीगृह सुधार-संस्था की रूप में भी कार्य करती है। वास्तव में वर्तमान नीतियों के अनुसार बन्दीगृह का मुख्य उद्देश्य अपराधियों का सुधार करना ही है। इस उद्देश्य की पूर्ति के लिए बन्दीगृहों से सम्बन्धित विभिन्न योजनायें बनाई जा रही हैं।

बन्दीगृह के विकास के उद्देश्य

दंड के अनेक प्रकार एवं रूप हैं। दंड के प्रत्येक प्रकार के विकास के पीछे कोई न कोई उद्देश्य अवश्य हुआ करता है। अब प्रश्न उठता है कि दंड-संहिता में बन्दीगृह को क्यों स्थान दिया गया? बन्दीगृह की संस्था के विकास के मुख्य उद्देश्य क्या थे? बन्दीगृह के महत्व एवं उपयोगिता को जानने के लिये इन सब बातों को जानना आवश्यक है। बन्दीगृह के विकास के मुख्य उद्देश्य निम्नलिखित हैं—

(1) राज्य की शक्ति का प्रदर्शन—बन्दीगृहों की स्थापना का एक मुख्य उद्देश्य राज्य की शक्ति का सार्वजनिक प्रदर्शन करना है। बन्दीगृहों की स्थापना एवं उनके परिचालन द्वारा राज्य पूरी जनता को आतंकित करने का कार्य करता है।

(2) सामान्य भय उत्पन्न करना—बन्दीगृहों की सार्वजनिक स्थापना से सामान्य जनता में भय पैदा होता है। बन्दीगृह के नाम के साथ ही अनेक प्रकार की शारीरिक यातनाओं का चित्र लगा रहता है। इस भय का उद्देश्य व्यक्ति को अपराधों से रोकना होता है। शारीरिक यातनाओं के अतिरिक्त बन्दीगृह की संस्था के साथ एक प्रकार की सामाजिक घृणा एवं हीनता की भावना भी जुड़ी रहती है। प्राय: प्रत्येक समाज में बन्दीगृह को बुरा माना जाता है।

(3) मानसिक कष्ट देना—मानव एक विचारशील प्राणी है। वह अपने मान-सम्मान के विषय में सचेत रहता है। सम्मान को हानि होने से उसे मानसिक कष्ट या वेदना का अनुभव होता है। बन्दीगृह का सम्बन्ध अपमान से जुड़ा हुआ है। अत: किसी अपराधी को बन्दीगृह में रखने का उद्देश्य उसका अपमान करके उसे मानसिक कष्ट देना भी होता है।

(4) गम्भीर दण्डों को समाप्त करने के लिए—पहले कुछ अपराधों के लिए बहुत ही गम्भीर दण्डों का प्रचलन था। ये दंड थे—मृत्युदंड और देशनिष्कासन का दंड। मानवतावादी दृष्टिकोण के विकसित होने पर इन दंडों को समाज एवं मानवता के लिए अहितकर समझा जाने लगा। इस स्थिति में इन दंडों को समाप्त या कम करने के लिये बन्दीगृहों का विकास किया गया। अब प्राय:

जिसे पहले मृत्यु दंड दिया जाता था उस प्रकार के अपराधी को केवल दीर्घ अवधि के लिये कारावास का दंड दिया जाता है।

(5) अपराधियों के सुधार के लिये—अपराध शास्त्र के अनेक सम्प्रदायों के अनुसार सामान्य अपराधी समाज में रहकर अपराधी बनते हैं। वे जन्मजात अपराधी नहीं होते। इन सम्प्रदायों के ही अनुसार अपराधियों को सुधारा जा सकता है। बन्दीगृहों के विकास का एक मुख्य उद्देश्य अपराधियों को सुधारना भी है। वर्तमान बंदीगृह दंड की कठोरता के स्थान पर अपराधियों के सुधार को अधिक महत्व देते हैं।

(6) अपराधियों की रक्षा करना—बन्दीगृहों का एक उद्देश्य अपराधियों की रक्षा करना भी है। अपराधियों के सभी कार्य प्राय: समाज-विरोधी हुआ करते हैं। इस स्थिति में समाज अपराधियों का विरोधी एवं शत्रु बन जाता है। इस स्थिति में यदि सरकार इन अपराधियों की रक्षा न करे तो समाज उन्हें मार डाले या अत्यधिक सताए। इस प्रकार स्पष्ट है कि बन्दीगृहों का एक उद्देश्य अपराधियों की रक्षा करना भी है।

उपरोक्त विवरण द्वारा स्पष्ट हो जाता है कि बन्दीगृहों के विकास के विभिन्न उद्देश्य हैं। वास्तव में बन्दीगृह दण्ड, सुधार एवं संरक्षण प्रदान करने वाली राजकीय संस्था है।

बन्दीगृह का इतिहास

मानव समाज में अपराधों के विकास के साथ ही साथ दंडों का भी विकास हुआ है। दण्ड के विभिन्न रूप एवं प्रकार रहे हैं। बन्दीगृह भी दंड का एक विशेष महत्वपूर्ण प्रकार है। अति प्राचीनकाल में बन्दीगृहों की व्यवस्था नहीं थी। हम कह सकते हैं कि 'आखेट युग' एवं 'पशु पालन युग' में बन्दीगृहों की बिल्कुल भी व्यवस्था नहीं थी। कृषि काल में भी कोई व्यवस्थित बन्दीगृह नहीं थे। इस काल तक वास्तव में बन्दीगृहों की आवश्यकता ही नहीं थी।

इतिहास पर दृष्टि डालने से ज्ञात होता है कि सबसे पहला बन्दीगृह सन् 1597 में स्थापित हुआ था। इस काल के बन्दीगृह आज के बन्दीगृहों के समान नहीं थे। वे अत्यन्त भयंकर एवं कष्टदायक हुआ करते थे। इस काल के बन्दीगृहों का उद्देश्य केवल अपराधी को कष्ट देना था। अपराधियों के सुधार की ओर कोई ध्यान नहीं दिया जाता था। यही कारण था कि उस समय के बन्दीगृह वास्तव में अपराधियों की अपराध वृत्ति को बढ़ाने वाले सिद्ध हुआ करते थे। अपराधियों में प्रतिशोध की भावना घर कर जाती थी। मध्यकालीन बन्दीगृहों की कठोरता एवं क्रूरता का वर्णन इस प्रकार किया गया है, "कारागार पूर्णतया अप्रकाशित, शीत और सीलन तथा

कीड़ों से भरे हुए होते थे, उनमें सफाई की कमी तथा फर्नीचर का पूरी तरह अभाव रहता था। वे वास्तव में कब्र की ओर ले जाने वाले कमरे होते थे।''[1]

आरम्भ में बन्दीगृहों में कोई अच्छी व्यवस्था नहीं थी। सभी वर्गों के अपराधियों को बिना किसी विभेदीकरण अथवा वर्गीकरण के एक साथ ही कोठरी में भर दिया जाता था। स्त्री, पुरुष और बच्चे सभी एक साथ बन्द किये जाते थे। परन्तु बाद में क्रमशः मानवतावादी दृष्टिकोण के विकास एवं सामाजिक आन्दोलनों के प्रभाव से बन्दीगृहों में अनेक सुधार किये गये।

भारत में बन्दीगृह का इतिहास

भारत में अति प्राचीन काल से ही सामाजिक न्याय को विशेष महत्व दिया जाता रहा है। सामाजिक न्याय प्राप्त करने के लिये तथा अपराधों के दमन के लिये सदैव दण्ड व्यवस्था की जाती रही है। भिन्न-भिन्न प्रकार के अपराधों के लिए भिन्न-भिन्न प्रकार के दंडों की व्यवस्था की जाती रही है। परन्तु लगभग प्रत्येक काल में बन्दीगृह और कारावास दंड के महत्वपूर्ण साधन रहे हैं। भारतीय बन्दीगृहों के ऐतिहासिक विकास को पूर्ण रूप से जानने के लिये निम्नलिखित कालगत विवेचन उचित होगा—

1. वेदकालीन बन्दीगृह—वेदकालीन न्याय-दण्ड एवं अपराधों के विषय में ज्ञान प्राप्त करने के लिए केवल वेद ही एक मात्र साधन हैं। वेद साहित्य में आजकल जैसी दण्ड-संहिता उपलब्ध नहीं है। उस काल में न्याय को बहुत ऊँचा स्थान दिया गया था। न्याय करना परमात्मा का कार्य माना जाता था। स्वर्ग-नरक की कल्पना को महत्व दिया जाता था। मरने के बाद अच्छे-बुरे परिणामों के मिलने की आशा की जाती थी। इस काल में कोई लौकिक जेल या बन्दीगृह नहीं थे। परन्तु एक अलौकिक बन्दीगृह अर्थात् नरक की धारणा विशेष महत्वपूर्ण मानी जाती थी। ऐसा माना जाता था कि बुरे कार्य एवं अपराध करने पर मृत्यु के पश्चात् नर्क मिलता है और नर्क में तरह तरह की यातनाएँ भोगनी पड़ती हैं।

2. स्मृतिकालीन बन्दीगृह—स्मृतिकाल में लौकिक दण्ड संहिता का निर्माण हो गया था। इस काल में अपराधों एवं दण्ड-विधानों का परिचय मनुस्मृति द्वारा मिलता है। मनु ने धर्म और अधर्म में अन्तर किया था। सामाजिक एवं मानव हित करने वाले कार्य धर्म माने जाते थे। अकल्याणकारी कार्यों को अधर्म माना जाता था। अधर्म का आशय अपराध से था। भिन्न-भिन्न प्रकार के अधर्मों अथवा अपराधों के लिए अलग-अलग दण्डों की व्यवस्था थी। इस काल में धर्म, जाति एवं वर्ण तथा वर्ग के सापेक्ष दण्डों की व्यवस्था थी। इस काल में बन्दीगृहों एवं

---

1. Prisons were totally unlighted and unwarmed, damp, vermin infested, devoid of sanitation and quite bare of furniture; they were veritable anti-chambers of the grave." --Sethna, M.J., *Society and the Criminal,* p. 275.

कारावास की व्यवस्था तो थी परन्तु बन्दीगृहों के प्रकार एवं विस्तृत विवरण उपलब्ध नहीं हैं।

3. महाकाव्यकालीन बन्दीगृह—महाकाव्यों का काल रामायण और महाभारत का काल कहलाता है। इस काल में बन्दीगृह होते थे तथा कारावास को दण्ड का मुख्य साधन माना जाता था। श्रीकृष्ण का जन्म बन्दीगृह में ही हुआ था। महाभारत के अतिरिक्त रामायण काल में भी बन्दीगृह थे।

4. बुद्धकालीन बन्दीगृह—बुद्ध के काल एवं उससे पूर्व के काल में भारत में बन्दीगृहों का पर्याप्त विकास हो गया था। इस काल के बन्दीगृहों की कठोरता का परिचय डॉ० सेथना (Dr. M.J. Sethna) के इन शब्दों से मिलता है, "भारतवर्ष में बुद्ध के समय से पूर्व के बन्दीगृह निश्चित रूप से भयंकर होते थे। इस काल में जेल-कोठरियां होती थीं और बन्दियों को जंजीरों और भारी वजनी पदार्थों से बाँध कर रखा जाता था और उन्हें किसी भी साधारण बहाने पर कोड़े लगाये जाते थे।"[1]

5. मध्यकालीन बन्दीगृह—चन्द्रगुप्त मौर्य के काल में बन्दीगृहों का प्रचलन था। इस काल में प्राय: पुराने एवं युद्ध की दृष्टि से बेकार एवं महत्वहीन किलों को बन्दीगृहों के रूप में इस्तेमाल किया जाता था। 'अर्थशास्त्र' में कौटिल्य ने उस काल के बन्दीगृहों का वर्णन किया है। उसका सुझाव था कि अधिकांश बन्दीगृह सड़कों के पास तथा अन्य सार्वजनिक स्थानों के पास होने चाहियें। इसका कारण यह था कि वह चाहता था कि सामान्य जनता में कारावास की भयंकरता का आतंक छाया रहना चाहिए। उसका विश्वास था कि इस भय के कारण अपराधों की संख्या नहीं बढ़ेगी। इस काल में दण्ड-विधान अति कठोर था, न्याय को प्राथमिकता दी जाती थी। बन्दीगृहों में कठोर नियन्त्रण रखा जाता था। अपराधियों को विभिन्न यातनायें दी जाती थीं।

हर्षवर्धन के काल में भी न्याय को प्राथमिकता दी जाती थी। गम्भीर अपराधों के लिये कठोर कारावास का दण्ड निर्धारित था। राजद्रोह तथा अन्य गम्भीर अपराधों के लिये आजीवन कारावास दिया जाता था। शेरशाह सूरी, मुगल सम्राटों तथा मराठा पेशवाओं के काल में भी बन्दीगृह एवं कारावास का विधान था। इन सभी कालों में बन्दीगृह को केवल दण्ड के कठोर साधन के रूप में इस्तेमाल किया जाता था। अपराधी सुधार की ओर कोई ध्यान नहीं दिया जाता था।

बन्दीगृह सुधार समितियाँ

यह सत्य है कि भारतीय बन्दीगृहों का एक लम्बा इतिहास है परन्तु इसके साथ-साथ यह भी सत्य है कि एक लम्बी अवधि तक बन्दीगृहों के सुधार की ओर

1. "In India the prisons of the pre-Buddhist times were terrible indeed. There were dungeons, and the prisoners were kept under chains and heavy loads and whipped on the slightest pretext." –Dr. Sethna, M.J., *Society and the Criminal,* p. 275.

कोई ध्यान नहीं दिया गया। भारतीय बन्दीगृहों की दशा बहुत दिनों तक खराब एवं व्यवस्था-रहित थी। सन् 1886 के बाद भारतीय बन्दीगृहों में सुधार करने की प्रवृत्ति जागृत हुई। इसके बाद समय-समय पर भिन्न-भिन्न समितियाँ बनाई गईं तथा अलग-अलग अधिनियम पास किये गये जिनका उद्देश्य बन्दीगृहों में सुधार करना तथा बन्दियों के जीवन को सुधार कर सामान्य बनाना था। इस प्रकार की कुछ मुख्य समितियों एवं अधिनियमों का विवरण निम्नलिखित है।—

(1) **सन् 1836 की सुधार समिति**—सन् 1836 में बन्दीगृहों के सुधार के लिए एक समिति गठित की गई। इस समिति का नाम था, "बन्दीगृह सुधार समिति 1836" (Prison Reform Committee, 1836)। इस समिति ने बन्दीगृहों के सुधार के लिए निम्नलिखित सुझाव दिये थे।—

बन्दियों से सड़कों एवं अन्य सार्वजनिक स्थानों वाले कार्य नहीं करवाने चाहिएं। प्रत्येक बन्दीगृह का समय-समय पर निरीक्षण होना चाहिये। बन्दीगृहों में हर प्रकार की सफाई तथा स्वच्छता रखनी चाहिये। इसका उद्देश्य हैजा आदि महामारियों को रोकना था। बन्दीगृहों में योग्य अधिकारियों की नियुक्ति होनी चाहिये। वास्तव में इससे पूर्व अधिकांश बंदीगृह अधिकारी अयोग्य एवं भ्रष्टाचारी हुआ करते थे। वे न तो बन्दीगृह में सुव्यवस्था कायम रखते थे और न ही सरकार के आदेशों का पालन करते थे। इन सुझावों के अतिरिक्त स्त्रियों और पुरुषों के लिये अलग-अलग निवास-स्थानों की व्यवस्था की भी प्रबल सिफारिश की गई थी। इस सुविधा के अभाव में अनेक प्रकार के अपराधों एवं व्यभिचारों के पनपने कीआशंका रहा करती थी।

(2) **प्रथम बन्दीगृह सुधार समिति**—सन् 1836 की सुधारसमिति के गठन के बाद सरकार ने अनुभव किया कि बन्दीगृहों के सुधार के लिए निरन्तर प्रयास करने आवश्यक हैं। इस उद्देश्य के लिये समय-समय पर पाँच समितियाँ स्थापित की गईं। ये समितियाँ क्रमशः प्रथम, द्वितीय, तृतीय, चतुर्थ तथा पंचम बन्दीगृह सुधार समिति के नाम से जानी जाती हैं। प्रथम बन्दीगृह सुधार समिति (First Jail Reform Committee 1838) सन् 1838 में गठित की गई । इस समिति के गठन में लार्ड मैकाले का विशेष हाथ था। इस समिति ने जेलों की दूषित स्थिति को सुधारने के लिए विभिन्न महत्वपूर्ण सुझाव उपस्थित किये। इस समिति की सिफारिश थी कि एक केन्द्रीय बन्दीगृह स्थापित किया जाये। इस केन्द्रीय बन्दीगृह में केवल उन्हीं अपराधियों के लिए स्थान था जिनके कारावास की अवधि एक वर्ष से अधिक होती थी। इसके अतिरिक्त इस केन्द्रीय बन्दीगृह में केवल एक हजार बन्दियों को रखने की व्यवस्था थी। केन्द्रीय बन्दीगृह के अतिरिक्त प्रत्येक प्रान्त के प्रान्तीय बन्दीगृहों के सुधार की ओर भी इस समिति ने ध्यान दिया। इस समिति के द्वारा प्रस्तावित नियमों के अनुसार प्रत्येक प्रान्तीय बन्दीगृह में एक निरीक्षक का होना

अनिवार्य था। इस निरीक्षक का कार्य बन्दीगृह का निरीक्षण करना तथा हर प्रकार की सुव्यवस्था बनाये रखना था। बन्दीगृहों में बन्दियों के रहने और खाने-पहनने की व्यवस्था में भी सुधार किये गये।

(3) द्वितीय बन्दीगृह सुधार समिति—बन्दीगृहों के सुधार के लिए सन् 1862 में पुनः एक सुधार समिति गठित की गई। इस समिति को 'द्वितीय बन्दीगृह सुधार समिति' (Second Jail Reform Committee) के नाम से जाना जाता है। इस समिति के गठन का उद्देश्य बन्दीगृहों में फैलने वाले गम्भीर रोगों के विषय में सर्वेक्षण करना तथा रोकथाम के उपाय करना था। इस समिति ने विस्तृत सर्वेक्षण करने के बाद सुझाव प्रस्तुत किये कि बन्दीगृहों में सफाई की व्यवस्था होनी अति आवश्यक है। सफाई के अतिरिक्त अच्छे भोजन, वस्त्र तथा बिस्तरों की व्यवस्था भी अनिवार्य है। इस प्रकार की सुविधाओं के अतिरिक्त चिकित्सा सम्बन्धी सुविधाओं को भी आवश्यक समझा गया। इस उद्देश्य के लिये प्रत्येक बन्दीगृह में एक चिकित्सक की नियुक्ति का भी सुझाव प्रस्तुत किया गया। रोगों की रोकथाम के इन उपायों के अतिरिक्त इस समिति ने बन्दियों के विस्तृत वर्गीकरण का भी सुझाव प्रस्तुत किया। इस वर्गीकरण का आधार पूर्णतया वैज्ञानिक था। बन्दियों के अपराधों की गम्भीरता एवं प्रकार के आधार पर उन्हें विभिन्न वर्गों में बाँटा जाता था। भिन्न-भिन्न वर्ग के बन्दियों के लिये नियम एवं सुविधायें भी अलग-अलग हुआ करते थे।

(4) बन्दीगृह अधिनियम—पाँच सुधार समितियों के गठन के बाद सरकार ने एक अधिनियम पास किया। इस अधिनियम का नाम 'बन्दीगृह अधिनियम' (Prison Act of 1894) था। इस अधिनियम का उद्देश्य पूरे भारत के सभी बन्दीगृहों को समान बनाना था। प्रत्येक बन्दीगृह में एक ही प्रकार के नियम लागू करने की राय दी गई। नियमों के अतिरिक्त बन्दियों को दी जाने वाली सुविधाओं को भी समरूप बनाने का प्रयास किया गया। इसके अतिरिक्त अपराधियों के वर्गीकरण पर और अधिक जोर दिया गया। इन सुधारों के साथ ही साथ बन्दीगृहों में बन्दियों को दिये जाने वाले दण्डों में भी परिवर्तन किए गए। कठोर शारीरिक यातनाओं को समाप्त करने का प्रस्ताव रखा गया। विशेष रूप से कोड़े मारना अनुचित ठहराया गया।

(5) भारतीय बन्दीगृह समिति 1919-20—इस समिति को 'कार्ड्यू समिति' भी कहा जाता है क्योंकि इस समिति के अध्यक्ष सर अलेक्जेंडर कार्ड्यू (Sir Alexander Cardew) थे। इस समिति के सभी सदस्यों ने मिलकर भारत के अतिरिक्त इंग्लैण्ड, हांगकांग, बर्मा, फिलीपाइन तथा जापान आदि विभिन्न देशों के सभी बन्दीगृहों का अध्ययन एवं सर्वेक्षण करके कुछ महत्वपूर्ण निष्कर्ष निकाले। इन निष्कर्षों का सार यह था कि भारतीय बन्दीगृह सुधार अभियानों के द्वारा बन्दियों

इन निष्कर्षों का सार यह था कि भारतीय बन्दीगृह सुधार अभियानों के द्वारा बन्दियों के केवल रहन-सहन तथा भोजन में ही सुधार हुए हैं। इसके विपरीत बन्दियों के चरित्र एवं व्यवहार की ओर कोई ध्यान नहीं दिया गया। इस समिति का सुझाव था कि "जब तक बन्दी बन्दीगृह में हैं, उन पर ऐसे प्रभाव डाले जाने चाहियें, जो उन्हें आगे केवल अपराध करने से ही न रोकें, बल्कि उनके चरित्र पर सुधारात्मक प्रभाव भी डालें—यह हमारा द्वितीय सिद्धान्त है, जिसे हम समझते हैं, कि स्वीकार किया जाना चाहिए।"[1]

इस समिति का सुझाव था कि बन्दियों और अपराधियों का सुधार केवल कठोरता द्वारा नहीं हो सकता। इस समिति का दृष्टिकोण मानवतावादी था। इसका मुख्य उद्देश्य अपराधी को यह अनुभव करवाना था कि उसका कार्य अनुचित है। इस कार्य के लिए कुछ व्यावहारिक सुझाव प्रस्तुत किये गये। यह आवश्यक रूप से निश्चित कर दिया गया कि प्रत्येक बन्दीगृह का निरीक्षक योग्य एवं प्रशिक्षित होना चाहिये। इस प्रकार अनुभवी पुलिस अधिकारियों को बन्दीगृह अधिकारी का पद सौंपा जा सकता था। पुलिस के अतिरिक्त सेना के डाक्टर भी इस पद के योग्य स्वीकार किये गये। प्रत्येक बन्दीगृह में पर्याप्त चिकित्सा सुविधाओं की भी व्यवस्था करनी आवश्यक बताई गई। बन्दीगृहों के द्वारपाल या अन्य कर्मचारी भी अच्छे एवं कुशल होने चाहियें। आकस्मिक अपराधियों और आदतन अपराधियों को अलग-अलग वर्ग में रखना चाहिये। बन्दियों को आपस में मिलने-जुलने तथा बात करने की सुविधा दी जानी चाहिए। बन्दियों से अनावश्यक परिश्रम नहीं करवाना चाहिये। परिश्रम की मात्रा अधिक नहीं होनी चाहिये तथा परिश्रम उत्पादक एवं सुधारात्मक होना चाहिये। शारीरिक यातनाओं को तथा कोड़े लगाये जाने को अनुचित एवं अमानवीय ठहराया गया। छः माह या अधिक अवधि के कारावास वाले बन्दियों के लिये कुछ अतिरिक्त रियायतें सुझाई गईं। प्रत्येक बन्दी को समय-समय पर अपने सम्बन्धियों को पत्र लिखने तथा उनके पत्रों को प्राप्त करने की सुविधा भी दी जानी चाहिये। पत्रों के अतिरिक्त समय-समय पर बन्दियों के परिवार के सदस्य तथा मित्र उनसे मुलाकात भी कर सकते थे। बन्दियों के लिए अच्छे साहित्य एवं स्वस्थ समाचार पत्रों की भी व्यवस्था होनी चाहिये। बन्दियों को पर्याप्त वस्त्र एवं अच्छा पौष्टिक भोजन दिया जाना चाहिये। इसी समिति ने कुछ शर्तों पर बन्दियों को पैरोल पर छोड़ने की भी राय दी। इस समिति का सुझाव था कि प्रत्येक बन्दी को उसके कारावास की अवधि समाप्त होने पर कुछ न कुछ धन भी मदद के रूप में देना चाहिये। बाल-अपराधियों के लिए अलग से बन्दीगृहों की व्यवस्था होनी चाहिये जिसमें सामान्य शिक्षा की समुचित व्यवस्था हो। देश

1. "That prisoners while in prison should be brought under such influences which not only deter them from committing further crimes but will also have a reforming influence on their character. This is the next principle, which should, we conceive, be accepted."

निष्कासन के दण्ड को कम करना चाहिये।

इसके बाद निरन्तर रूप में बन्दीगृहों में सुधार के लिए प्रस्ताव एवं सुझाव प्रस्तुत किये जाते रहे। महात्मा गाँधी ने भी अपराधियों एवं बन्दियों के सुधार एवं कल्याण की ओर विशेष ध्यान दिया। उनका कहना था कि, "अपराधियों की चिकित्सा करने और उन्हें उचित रास्ते पर लाने के लिये बन्दीगृहों को चिकित्सालय में बदल दिया जाना चाहिए। बन्दीगृह अधिकारी चिकित्सकों के रूप में बदल दिये जाने चाहिएँ। बन्दी को ऐसा अनुभव होना चाहिये कि बन्दीगृह अधिकारी उसके मित्र हैं।"[1]

अभ्यास के लिए प्रश्न

1. अपराधी को सुधारने में बन्दीगृह का क्या महत्व है ? सुधार के लिये आवश्यक सुझाव दीजिये।
2. भारतवर्ष में बन्दीगृह सुधार पर एक संक्षिप्त निबन्ध लिखिए।
3. "एक प्रगतिशील तथा स्वस्थ समाज में कारागृह दाण्डिक केन्द्र के बजाय मानसिक चिकित्सालय की भाँति होने चाहियें एवं उनमें रहने वालों के साथ व्यवहार तथा उनका प्रशिक्षण उस दुनिया के पूर्ण ज्ञान के साथ किया जाना चाहिये जिसमें यहाँ से मुक्त होने के उपरान्त उन्हें जाकर रहना हैं।" इस कथन की व्याख्या कीजिये।

---

1. "Jails must be converted into hospitals for their treatment and cure. The Jail staff should be transformed into physicians. The prisoner should be made to feel that they are his friends."
--M.K. Gandhi.

39

सामाजिक पुनर्गठन
(Social Reorganisation)

सामाजिक पुनर्गठन का अर्थ

वर्तमान जटिल समाजों में अनेक विरोधी संस्थायें क्रियाशील हैं। उनके कारण सामाजिक ढाँचे में एक असन्तुलन की स्थिति (State of Disequilibrium) उत्पन्न हो जाती है। वर्तमान समय में सामाजिक परिवर्तन की गति भी बहुत तीव्र है, इस कारण भी असन्तुलन की स्थिति उत्पन्न हो जाती है। इससे सामाजिक विघटन की प्रक्रिया अधिक स्पष्ट हो जाती है और अनेक सामाजिक समस्यायें स्वस्थ सामाजिक जीवन में बाधक बनकर खड़ी हो जाती हैं। इन **बाधाओं को दूर करके सामाजिक ढाँचे को फिर से संगठित और व्यवस्थित करना ही सामाजिक पुनर्गठन है। इस निर्माण को किन आधारों पर आयोजित किया जाये इस सम्बन्ध में साधारण नियम सामाजिक पुनर्गठन के सिद्धान्त कहलाते हैं।** सामाजिक पुनर्गठन का उद्देश्य उपस्थित विघटित अवस्थाओं को सुधार कर एक उच्चतर तथा अधिक सम्पूर्ण सामाजिक जीवन का विकास करना है। इसी में राज्य या समाज की अन्य आधारभूत संस्थाओं के अस्तित्व की सार्थकता है।

इस सम्बन्ध में यह ध्यान रखना आवश्यक है कि सामाजिक पुनर्गठन की अवधारणा स्थिर (Static) नहीं बल्कि गतिशील (Dynamic) है, क्योंकि सामाजिक ढाँचे में असन्तुलन या सामाजिक समस्याओं का स्वरूप प्रत्येक समय में और प्रत्येक समाज में भिन्न-भिन्न है। यहाँ भारतीय समाज के सन्दर्भ में सामाजिक पुनर्गठन की रूपरेखा प्रस्तुत की जायेगी।

भारत में सामाजिक पुनर्गठन की रूपरेखा

सामाजिक पुनर्गठन का कोई भी कार्य तब तक सफल नहीं हो सकता जब तक कि सामाजिक विघटन को उत्पन्न करने वाले कारकों या शक्तियों पर रोक लगा देने की व्यवस्था न की जाये। उदाहरण के लिये भ्रष्टाचार, भिक्षावृत्ति, बीमारी तथा

अपराध को तब तक नहीं रोका जा सकता जब तक कि विरोधी सामाजिक परिस्थितियों को समाप्त न कर दिया जाये जो कि नगरों के औद्योगिक विकास, ग्रामीण उद्योगों और कृषि में अवनति के फलस्वरूप उत्पन्न सामाजिक असन्तुलन का परिणाम है। सामाजिक पुनर्गठन बहुत ही सोच-विचार कर बुद्धिमत्तापूर्वक सामाजिक व आर्थिक नियोजन (Social and Economic Planning) द्वारा किया जाना चाहिये जिससे साधारण जनता के दु:ख दैन्य दूर हो सकें और वे विघटन को उत्पन्न करने वाली सामाजिक संस्थाओं के पंजों से विमुक्त हो सकें।

पुनर्गठन की रूपरेखा

(1) सामाजिक स्थिति तथा कार्यों की स्पष्ट परिभाषा (Clear-cut Definition of Social Status and Roles)—भारतवर्ष में सामाजिक विघटन की अनेक परिस्थितियाँ इस कारण उत्पन्न होती हैं कि व्यक्ति तथा समूह की स्थितियों तथा कार्यों के सम्बन्ध में स्पष्ट परिभाषायें उपलब्ध नहीं हैं। जब तक समाज की प्रमुख स्थितियों के विषय में इस प्रकार की परिभाषायें उपलब्ध होंगी, तब तक गड़बड़ी की स्थिति भी उत्पन्न होती रहेगी। अतः यह आवश्यक है कि प्रत्येक आधारभूत स्थिति तथा उससे सम्बन्धित कार्यों की सामाजिक परिभाषायें सम्पूर्ण तथा स्पष्ट हों और सामाजिक नियन्त्रण के साधनों का विकास तथा संगठन इस भाँति हो कि उक्त परिभाषाओं के अनुसार समाज की प्रत्येक इकाई को एक सामाजिक व्यवस्था के अन्तर्गत रखना सम्भव हो।

(2) नये सामाजिक मूल्यों तथा अभिवृत्तियों का विकास (Development of New Social Values and Attitudes)—सामाजिक विघटन को रोकने के लिये यह आवश्यक है कि ऐसे नये सामाजिक मूल्यों तथा अभिवृत्तियों को विकसित किया जाये जिससे कि नई परिवर्तित परिस्थितियों से उनका अनुकूलन सरलता से हो जाये। जब नई और पुरानी सामाजिक अभिवृत्तियों व मूल्यों में संघर्ष होता है, या जब परिवर्तित परिस्थिति से उनका अनुकूलन नहीं होता है तभी सामाजिक विघटन की स्थिति उत्पन्न होती है। स्वतन्त्रता के पश्चात् भारत की सामाजिक परिस्थितियों में अनेक परिवर्तन हो गये हैं। अतः यदि उनसे सामाजिक मूल्यों और अभिवृत्तियों का अनुकूलन न हुआ तो सामाजिक असन्तुलन की स्थिति उत्पन्न हो जायेगी। हमें परिवर्तित परिस्थितियों के अनुरूप सामाजिक मूल्यों और अभिवृत्तियों को भी बदलना होगा। उदाहरण के लिये पहले अपराधी से घृणा की जाती थी और उसे कठोर से कठोर दण्ड देकर समाज की प्रतिक्रिया को व्यक्त किया जाता था, पर अब बदली हुई परिस्थितियों के अनुसार ये दोनों ही मूल्य और मनोवृत्तियाँ अनुचित हैं। अपराधी से घृणा नहीं सहानुभूति होनी चाहिये, उसे कठोर दण्ड देने

में नहीं, अपितु सुधारने में समाज की सफलता होती है। आज अन्धे, लंगड़े, अपाहिज, पागल और मूक के प्रति सामाजिक उत्तरदायित्व को यह कहकर टाला नहीं जा सकता कि उसकी यह अवस्था उनके ही पिछले जन्म के कर्मों का परिणाम हैं। आज तो उन्हें जीवन में प्रतिष्ठित कराने की मनोवृत्ति को पनपाना होगा। उसी प्रकार परिस्थितिवश जो स्त्रियाँ भ्रष्ट हो गयी हैं, जो वेश्याएँ हैं, जो कुमारी माताएँ हैं, जिनके अवैध बच्चे हैं, उन सबके प्रति भी पुराने सामाजिक मूल्यों को बदलकर नए मूल्यों और मनोवृत्तियों को विकसित करना होगा जिसमें दया होगी, सहानुभूति होगी, पतितों के प्रति प्रेम भाव होगा और उन्हें फिर से जीवन में बसाने की सद्‌भावना होगी। हरिजनों के प्रति, विधवाओं के प्रति और भिखारियों के प्रति जो अवहेलना और घृणा आज भी है उसके स्थान पर उनकी समस्याओं के प्रति सहानुभूतिपूर्ण मनोभाव और उन्हें हल करने के लिए मानवोचित सत्प्रयत्नों को विकसित करने की आवश्यकता है। आज इस विश्वास को विकसित करने की आवश्यकता है कि विज्ञान, वैज्ञानिक विधियाँ तथा प्रेम व सहानुभूति अधिकतर समस्याओं को हल करके सामाजिक सन्तुलन की स्थिति को बनाए रखने में सहायक हो सकते हैं।

(3) जातिवाद और अस्पृश्यता का उन्मूलन (Elimination of Casteism and Untouchability)—भारतीय सामाजिक विघटन के दो प्रमुख कारण जातिवाद और अस्पृश्यता हैं। ये दोनों ही जाति-व्यवस्था के माथे पर कलंक हैं जिसको मिटाना जरूरी है। विभिन्न जातियों में आर्थिक और सांस्कृतिक असमानताएँ, उनमें सामाजिक दूरी, पारस्परिक द्वेष और प्रतियोगिता को जन्म देती हैं जिसकी अभिव्यक्ति जातिवाद और अस्पृश्यता के रूप में होती है। इन्हें समाप्त करने के लिए उनमें आर्थिक और सांस्कृतिक समानताएँ लानी होंगी ताकि इस समानता के आधार पर ही वे एक-दूसरे के निकट आ सकें और सामाजिक तनाव और संघर्ष की स्थिति कम से कम उत्पन्न हो। यह कार्य सामाजिक और आर्थिक प्रगति के द्वारा ही किया जा सकता है जिससे कि औद्योगिक दृष्टि से परिपक्व समाज का निर्माण किया जा सके और एक ऐसी सन्तुलित सामाजिक व्यवस्था स्थापित की जा सके जिसे सभी नागरिकों को समान अवसर प्राप्त हों। इस प्रक्रिया के दौरान सामाजिक रिवाजों और संस्थाओं में आमूलचूल परिवर्तन करने होंगे और पुरानी परम्परागत व्यवस्था के स्थान पर एक गतिशील सामाजिक व्यवस्था को विकसित करना होगा तथा केवल उत्पादन के विभिन्न साधनों में ही नहीं अपितु सम्पूर्ण सामाजिक जीवन में विभिन्न सामाजिक समस्याओं को सुलझाने की प्रविधियों (Techniques) में भी विज्ञान के दृष्टिकोण एवं परीक्षण के महत्व को स्वीकार करना पड़ेगा। कुछ सीमा तक, पिछली पीढ़ियों में सामाजिक पुनर्गठन का यह दोहरा पहलू भारतीय विचारधारा में विद्यमान रहा है, भले ही उसकी व्यावहारिक अभिव्यक्ति न हुई हो। यही प्रयत्न होना चाहिये कि धीरे-धीरे यह अधिक मूर्त रूप धारण करे।

(4) सामाजिक कुरीतियों के अन्त करने का सामूहिक प्रयत्न (Collective Efforts to end Social Evils)—दहेज-प्रथा, बाल-विवाह प्रथा, कुलीन विवाह-प्रथा, विधवा विवाह-विच्छेद पर प्रतिबन्ध आदि सामाजिक कुरीतियों का अन्त करने के लिये सामूहिक प्रयत्न किये बिना भारतीय समाज का सन्तुलित विकास सम्भव नहीं हो सकता। इसके लिए हिन्दू विवाह संस्था में आमूल परिवर्तन करने की आवश्यकता है और यह काम तभी हो सकता है जबकि विवाह के प्रति सामाजिक मनोभाव को बदला जाए। परम्परागत आदर्शों, मूल्यों तथा मनोभावों को बदले बिना सामाजिक असंतुलन की स्थिति को सुधारा नहीं जा सकता। इसे सुधारने के लिये अन्तर्जातीय विवाह, विवाह-विच्छेद, विधवा पुनर्विवाह, उचित आयु में विवाह के अनुकूल मनोभावों और मूल्यों को विकसित करने की आवश्यकता है। इस विषय में स्त्रियों का सहयोग प्राप्त करना भी आवश्यक है। इसके लिये स्त्री-शिक्षा का अधिकाधिक विस्तार होना चाहिये।

(5) सामाजिक भ्रष्टाचार का उन्मूलन (Elimination of Social Corruption)—घूसखोरी, मिलावट, कालाबाजारी, चोरी-छिपे माल ले जाना-ले आना आदि ऐसे भ्रष्टाचार हैं जो कि सामाजिक व्यवस्था को खोखला बना देते हैं। इनसे पीछा छुड़ाए बिना सामाजिक पुनर्संगठन का कोई भी कार्यक्रम सफल नहीं हो सकता। समाज के जीवन में भ्रष्टाचार का विष घोलने वाले राष्ट्र के शत्रु हैं। उनका विनाश किसी भी मूल्य पर होना चाहिये। घूसखोर, मिलावट और काला बाजारी करने वालों को पकड़े जाने पर किसी भी अवस्था में क्षमा नहीं करना चाहिये। उक्त भ्रष्टाचारों को समाप्त करने के लिये नये सामाजिक मूल्यों और मनोभावों को विकसित करने की आवश्यकता है। उदाहरण के लिये इन भ्रष्टाचारों का समाज कल्याण व प्रगति पर कितना बुरा प्रभाव पड़ता है, इसका मूल्यांकन करने के योग्य मनोभाव को विकसित करना होगा। किसी भी अवस्था में घूस नहीं देंगे या कालाबाजार से सामान नहीं खरीदेंगे इस प्रकार के दृढ़ संकल्पों को क्रियान्वित करने से समाज में भ्रष्टाचार का उन्मूलन हो जायेगा।

(6) उद्योगों का विकेन्द्रीकरण (Decentralization of Industries)—पाश्चात्य देशों में यह देखा गया है कि उद्योगों के विकेन्द्रीकरण से न केवल नगरों में जनसंख्या का दबाव घटा है, बल्कि मकानों की समस्या सुलझ गयी है, बच्चों के लिए पार्कों का निर्माण सम्भव हुआ है जिसके कारण केवल अपराध, बाल-अपराध और व्यभिचार ही कम नहीं हुए हैं अपितु मानसिक और सामाजिक असंतुलनों में भी पर्याप्त कमी हो गयी है। इसी आधार पर यह सुझाव दिया जा सकता है कि इस देश में भी उद्योगों का विकेन्द्रीकरण किया जाये ताकि यह देश गन्दे शहरों के आधिक्य से छुटकारा पा सके। उचित यही होगा कि उद्योगों को एक स्थान पर केन्द्रित होने न देकर उन्हें शहर से दूर विभिन्न स्थानों पर छिटका दिया जाये ताकि

वे न तो शहर से और न गाँव से बहुत दूर हों । इन छिटके हुए औद्योगिक संस्थानों के बीच पारस्परिक सम्बन्धों को बनाये रखने के लिये तथा श्रमिकों और कच्चे मालों के आने-जाने के लिये यातायात और संचार के साधनों को पर्याप्त विकसित करने की आवश्यकता है। ऐसा हो जाने पर गाँव के लोगों को गाँव में ही अपने आत्म-परिजनों के बीच रहते हुए भी औद्योगिक संस्थानों में काम करने का अवसर मिलेगा, उनकी आर्थिक स्थिति सुधरेगी, उन पर परिवार तथा पंचायत का नियन्त्रण होगा और वे घने बसे औद्योगिक केन्द्रों के प्रलोभनों, जैसे जुआ, शराब, वेश्यावृत्ति, आदि से अपनी रक्षा कर सकेंगे। इससे न केवल उनका पारिवारिक जीवन सुखी और समृद्धिशाली होगा बल्कि समाज में अपराध, बाल-अपराध, वेश्यावृत्ति, जुए के अड्डे आदि भी कम हो जायेंगे। फलतः सामाजिक विघटन की स्थिति समाप्त होकर सामाजिक पुनर्गठन का पथ प्रशस्त होगा।

(7) बड़े उद्योगों तथा ग्राम उद्योगों में सहयोग (Coordination between Big and Village Industries)—भारतवर्ष में जो बेरोजगारी तथा निर्धनता है उसका एक प्रमुख कारण यह है कि इस देश के बड़े उद्योगों तथा ग्राम उद्योगों के बीच कोई निश्चित श्रम-विभाजन तथा सहयोग नहीं है अपितु उनमें प्रतिस्पर्द्धा होती रहती है। इसके फलस्वरूप ग्राम उद्योग उचित ढंग से पनप नहीं पाता और देश में रोजगार का क्षेत्र विस्तृत नहीं हो पाता जिसके कारण बेरोजगारी और निर्धनता बढ़ती है और इससे सामाजिक विघटन की स्थिति उत्पन्न होती है। इसलिये यह आवश्यक है कि पाश्चात्य देशों की भाँति इस देश में भी बड़े उद्योगों तथा ग्राम उद्योगों में श्रम-विभाजन तथा सहयोग हो। बड़े उद्योग व्यापारिक मालों का जबकि ग्राम उद्योग रोज के व्यवहार की चीजों का उत्पादन करें। ग्राम उद्योगों को विकसित करना वर्तमान अवस्था में भारत के लिये सरल भी होगा और उससे अधिक संख्या में बेरोजगार व्यक्तियों को काम मिल सकेगा। गाँव की आर्थिक स्थिति सुधरेगी और नगरों में भीड़भाड़ कम होगी क्योंकि नौकरी की तलाश में गाँव से शहर को भागने वाले लोगों की संख्या कम हो जायेगी।

(8) गन्दी बस्तियों की सफाई (Slum Clearance)—भारत में सामाजिक विघटन को उत्पन्न करने में प्रौद्योगिक केन्द्रों में पाई जाने वाली गन्दी बस्तियों का प्रमुख हाथ है। मानव को जीवित रहने के लिये कितना दुख, कष्ट और दर्द सहना पड़ता है इसका ज्वलन्त उदाहरण ये गन्दी बस्तियाँ हैं। इसीलिये श्री जवाहरलाल नेहरू ने कानपुर की गन्दी बस्तियों को देखकर कहा था, "ये गन्दी बस्तियाँ मानवीय पतन की चरम सीमा का प्रतिनिधित्व करती हैं।.... मेरे विचार में इन सब गन्दी बस्तियों को जला दिया जाये ताकि विकास अधिक तेजी से हो सके। यदि गन्दी बस्तियों को साफ कर दिया जाय और श्रमिकों को रहने के लिये अच्छे मकान दिये

जायें तो उन्हें भयंकर रोगों से छुटकारा मिलेगा, उनका नैतिक पतन कम हो जायेगा और उत्पादन बढ़ेगा। मैं चाहता हूँ कि अस्पतालों में व्यय किया जाने वाला सम्पूर्ण धन गन्दी बस्तियों की सफाई पर व्यय किया जाये।" श्रमिकों को अच्छे मकान मिलने से उनके स्वास्थ्य का स्तर ऊँचा उठेगा और उनमें कुशलता बढ़ेगी। उसी के अनुसार उनकी आय में भी वृद्धि होगी और उत्पादन भी बढ़ेगा। इससे भी बड़ी बात यह है कि गन्दी बस्तियों के वातावरण में रहने से श्रमिकों में चोरी, शराब पीने तथा जुआ खेलने की जो आदतें पड़ जाती हैं वे अच्छे मकानों में रहने से विकसित नहीं होती हैं। गन्दी बस्तियों की सफाई का अर्थ न केवल अच्छे मकान बल्कि बच्चों के खेलने के उत्तम पार्क और वयस्कों के लिये स्वस्थ मनोरंजन की व्यवस्था होगी। इससे अपराध तथा बाल-अपराध दोनों ही कम हो जायेंगे। घर में गोपनीय स्थान की कमी होने से जो यौन सम्बन्धी व्यभिचार फैलते हैं वह भी न फैल सकेंगे।

(9) कृषि में विकास (Development in Agriculture)—भारत कृषि प्रधान देश है। इसलिये भारत के पुनर्गठन की किसी योजना में कृषि की उन्नति सबसे महत्वपूर्ण है। कृषि की उन्नति होने से गाँव की बेरोजगारी दूर होगी, ग्रामीण ऋणग्रस्तता की समस्या का समाधान होगा, ग्रामीण जनता के लिये जीवित रहने का संघर्ष सरल हो जायेगा और उनके पास सांस्कृतिक तथा बौद्धिक उन्नति करने के लिए खाली समय निकल आयेगा। अपनी निर्धनता के कारण ही वे अपने बच्चों को शिक्षा नहीं दे पाते हैं। कृषि की उन्नति हो जाने से इस समस्या का समाधान हो सकेगा। ग्रामीण समुदाय में शिक्षा का विस्तार होने से अन्ध-विश्वास और कुसंस्कार से उसका पीछा छूट जायेगा और सामाजिक कुरीतियों को दूर करने के लिये एक स्वस्थ वातावरण का निर्माण सम्भव होगा।

(10) ग्राम पंचायतों का विकास (Developmemt of Village Panchayats)—ग्रामीण पुनर्गठन में पंचायतों के महत्व को सभी लोग स्वीकार करते हैं। भारत में गाँव पंचायत ग्रामीण गणतन्त्र के रूप में बहुत प्राचीन काल से चली आ रही है और भारतीय ग्रामीण जीवन में उसका महत्वपूर्ण स्थान रहा है। गाँधी जी ने अपने आर्थिक आदर्शों में गाँव-पंचायत को ही ग्रामीण जीवन की उन्नति का आधार माना था। उनका कथन था कि भारतीय ग्रामीण जीवन का पुनर्गठन गाँव पंचायतों के पुनर्गठन के बिना असम्भव है। गाँव पंचायत गांव के स्वास्थ्य स्तर को उन्नत करने का प्रयत्न करती है, रोग और उसकी चिकित्सा की व्यवस्था करती है, स्वस्थ आमोद-प्रमोद का आयोजन करती है, अकाल, बाढ़ आदि में सहायता का प्रबन्ध करके ग्रामीण जीवन के आर्थिक विघटन को रोकती है, खेती में सुधार करती है, उद्योग-धन्धों का संगठन करती है, शिक्षा की व्यवस्था करती है, नशाखोरी को रोकती है, नागरिकता की शिक्षा देती है, माताओं और शिशुओं की देखरेख करती

है तथा शान्ति और सुरक्षा की व्यवस्था करती है। इन सभी कार्यों को गाँव पंचायत तभी कर सकती है जबकि उसका उचित विकास किया जाय। ग्रामीण समुदायों का विकास और पुनर्गठन ग्राम पंचायतों के विकास पर ही निर्भर है।

(11) जनसंख्या पर रोक (Check on Population)—भारत के लिये अति जनसंख्या एक अभिशाप है। इसके कारण देश की आर्थिक प्रगति शीघ्रता से नहीं हो पाती है। निर्धनता व बेरोजगारी की समस्या गम्भीर होती जा रही है। कृषि की उन्नति में बाधा हो रही है तथा जनता का स्वास्थ्य-स्तर गिरता जा रहा है। इन सब विघटनात्मक तत्वों के उन्मूलन के लिये बढ़ती हुई जनसंख्या पर रोक लगाना परम आवश्यक है। इसके बिना समाज का पुनर्गठन नहीं किया जा सकता। परन्तु जनसंख्या की वृद्धि को तभी रोका जा सकता है जबकि देर से विवाह (Late Marriages) हों, शिक्षा का अधिकाधिक प्रसार हो ताकि लोग अति-जनसंख्या के दुष्परिणामों के सम्बन्ध में सचेत रहें। परिवार नियोजन (Family Planning) कार्यक्रम की लोकप्रियता बनायी जाये तथा देश में सर्वांगीण आर्थिक विकास के कार्यक्रम को क्रियान्वित किया जाय। स्मरण रहे कि केवल जन्म-दर पर नियन्त्रण करने से ही जनसंख्या की समस्या का समाधान न हो सकेगा। इसके लिये यह आवश्यक है कि देश में उपलब्ध समस्त प्राकृतिक तथा मानवीय साधनों का सर्वोत्तम उपयोग हो सके ताकि देश की खाद्यान्न समस्या का समाधान हो, महत्वपूर्ण उद्योगों के लिए कच्चा माल पर्याप्त मात्रा में उपलब्ध हो और छोटे-बड़े सभी प्रकार के उद्योगों का संतुलित विकास हो। इसलिये यह कहा गया है कि "अति जनसंख्या की समस्या निरपेक्ष रूप से केवल लोगों की संख्या की समस्या नहीं वरन् देश के प्राकृतिक साधनों के पूर्ण विकास से सम्बन्धित समस्या भी है।"

(12) शिक्षा प्रणाली में सुधार (Reform in Educational System)—भारत की शिक्षा-प्रणाली अनेक दोषों से भरपूर है। देश में सामाजिक समस्याओं का वास्तविक हल तब तक नहीं हो सकता है जब तक इन दोषों को दूर न किया जाय जिससे कि शिक्षा के द्वारा जीविकोपार्जन का उद्देश्य, बौद्धिक विकास का उद्देश्य, नैतिक विकास और व्यक्तित्व के विकास का उद्देश्य पूरा हो सके। शिक्षा सामाजिक प्रगति और पुनर्गठन-कार्य का एक प्रमुख साधन है। शिक्षा द्वारा व्यक्ति और समाज को बाह्य और आन्तरिक शक्ति मिलती है जो उसकी प्रगति को गति प्रदान करती है। शिक्षा वह साधन है जिससे न केवल परिस्थितियों तथा वातावरण पर विजय प्राप्त की जाती है, बल्कि एक ऐसे नए सामाजिक परिवेश की रचना भी की जा सकती है जिसमें सामाजिक समस्याओं के प्रति जनता की जागरूकता बढ़ती है और उन समस्याओं को हल करने के लिये क्रियात्मक कदम उठाये जाते हैं।

(13) भाषा तथा धर्म के आधार पर होने वाले संघर्षों की रोकथाम (Restriction of the Conflicts based on Language and Religion)—भारत में

सामाजिक पुनर्गठन का कार्यक्रम तब तक सफल नहीं हो सकता जब तक कि इस देश में भाषा तथा धर्म के आधार पर होने वाले संघर्षों को खत्म न कर दिया जाय। भारत एक धर्म-निरपेक्ष (Secular) राज्य है। यहाँ पर राज्य की ओर से किसी धर्म को विशेष मान्यता नहीं दी जाती है। फिर भी देश में विभिन्न धर्मों को मानने वाले समूहों में धार्मिक भिन्नता के आधार पर तनाव उत्पन्न हो जाता है। शिक्षा तथा प्रचार के द्वारा लोगों के धार्मिक अन्धविश्वासों तथा संकीर्णताओं को दूर करना सरल होगा। उदाहरणार्थ, बाल-विवाह प्रथा, विधवा विवाह पर रोक, अस्पृश्यता आदि धार्मिक अन्धविश्वासों पर ही आधारित है। इन अन्धविश्वासों को दूर करना आवश्यक है। हिन्दी को राष्ट्रभाषा का स्थान दिया जाये बशर्ते कि उससे दूसरी किसी भी भाषा के विकास में बाधा उत्पन्न न हो।

(14) अपराधी तथा बाल-अपराधियों का सुधार—अपराधी तथा बाल-अपराधियों को कठोर दण्ड देने से ही इनसे सम्बन्धित समस्याओं से छुटकारा नहीं मिल सकता है, इस सत्य को आज सभी प्रगतिशील देशों में अधिकाधिक स्वीकार किया जा रहा है। अतः सामाजिक पुनर्गठन के लिये इनके प्रति एक मानवीय सुधारात्मक दृष्टिकोण तथा कार्यक्रम को विकसित करने का प्रयत्न करना होगा। आज मानव की महानता अपराधी व बाल-अपराधी को दण्ड देने में नहीं वरन् सुधारने में है ताकि वे अपनी अपराधी आदतों को त्याग कर अच्छे नागरिक बनें और राष्ट्र निर्माण के कार्य में हाथ बटाएँ।

(15) भिखारी, वेश्याओं एवं शारीरिक व मानसिक दृष्टिकोण से असमर्थ लोगों का पुनर्वास—आज भिखारी, वेश्याओं तथा मानसिक व शारीरिक तौर पर असमर्थ लोगों को हटा देने का युग चला गया है। अब तो इनको भी इस प्रकार फिर से बसाने का युग आया है कि वे समाज के अकर्मण्य और दूषित अंग न रहकर उपयोगी अंग बन सकें।

(16) राजनैतिक गुटबन्दी का उन्मूलन (Elimination of Political Groupism)—देश के विकास और एकता के रास्ते में राजनैतिक गुटबन्दी अत्यन्त घातक सिद्ध हुई है। इसका सबसे बड़ा प्रभाव जनता पर पड़ता है। जब वे यह देखते हैं कि देश के नेतागण ही गुटबन्दी करके अपने-अपने समूह के स्वार्थों की पूर्ति कर रहे हैं तो वे भी उसी रास्ते पर चलने लगते हैं। इस प्रवृत्ति को समाप्त किये बिना सामाजिक पुनर्गठन का कोई भी कार्यक्रम सफलता प्राप्त नहीं कर सकता। इसके लिये राजनैतिक दलों के विभिन्न गुटों को यह अनुभव करना चाहिये कि एक गुट का स्वार्थ उतना महत्वपूर्ण नहीं है जितना कि सम्पूर्ण देश का स्वार्थ महत्वपूर्ण है। शासक दल के नेताओं को सबसे पहले इस आदर्श की स्थापना करनी चाहिये जिससे कि अन्य लोगों के द्वारा भी उस आदर्श का अनुसरण करना सरल हो जाये।

(16) युद्ध के खतरे को कम करना (To Eliminate Danger of War)—वर्तमान परिस्थितियों में सबसे बड़ी राष्ट्रीय विपदा युद्ध है। कम्युनिस्ट चीन तथा पाकिस्तान आपस में साँठ-गाँठ करके इसकी सम्भावना बढ़ाते हैं। फिर भी हम किसी भी शक्ति या धमकी के सामने झुककर अपने देश की अखण्डता को खतरे में नहीं डाल सकते। हम उसकी पूरी तरह रक्षा करेंगे। पर उसके लिये भारत के प्रत्येक नागरिक को, प्रति पल तैयार रहना होगा, निरन्तर प्रयत्नशील बनना पड़ेगा।

अभ्यास के लिए प्रश्न

1. भारतीय समाज का विघटन और पुनर्गठन पर एक निबन्ध लिखिए।
2. एक विघटित समाज का किस प्रकार पुनर्गठन किया जा सकता है?

40

अपराधशास्त्र की प्रणालियाँ

(Methods of Criminology)

व्यवस्थित एवं वैज्ञानिक अध्ययन की सफलता के लिए विषय के उपयुक्त अध्ययन पद्धतियों को इस्तेमाल करना आवश्यक होता है। अध्ययन पद्धतियों का चुनाव अध्ययन के विषय की प्रकृति के अनुकूल होना चाहिए। इसके साथ-साथ अधिक से अधिक वैज्ञानिक एवं तटस्थ पद्धतियों को इस्तेमाल करना लाभदायक होता है। इससे एक तो निश्चित परिणाम प्राप्त होते हैं और दूसरे, अध्ययन में सुगमता होती है। अपराधशास्त्र भी एक वैज्ञानिक अध्ययन है। इसके अध्ययन के लिये भी विभिन्न वैज्ञानिक पद्धतियों को इस्तेमाल किया जाता है। इस विषय की अध्ययन पद्धतियों को दो भागों में विभाजित किया जा सकता है, जो कि निम्नलिखित हैं—

(1) सामान्य पद्धतियाँ (General Methods)

(2) विशिष्ट पद्धतियाँ (Specific Methods)

(1) सामान्य पद्धतियाँ—अपराधशास्त्र समाजशास्त्र की ही एक शाखा है। अतः समाजशास्त्र के अध्ययन की सभी पद्धतियाँ अपराधशास्त्र की भी अध्ययन पद्धतियाँ हैं। फिर भी ये सभी पद्धतियाँ मुख्य रूप से समाजशास्त्र की पद्धतियाँ हैं और उसी के लिये उपयुक्त हैं। अस्तु, ये सामान्य पद्धतियों अपराधशास्त्र के विशेष अध्ययन के प्रयोजन को पूरा नहीं करतीं। अतः अपराधशास्त्र के अध्ययन के प्रसंग में इन सामान्य पद्धतियों का विस्तृत वर्णन करना आवश्यक नहीं है।

(2) विशिष्ट पद्धतियाँ—अपराधशास्त्र के विशेष अध्ययन के लिए कुछ विशिष्ट अध्ययन पद्धतियाँ इस्तेमाल की जाती हैं। ये पद्धतियाँ अपराधशास्त्र के अध्ययन के लिये अधिक उपयुक्त होती हैं। इन पद्धतियों के विषय में श्री सदरलैंड का कहना है कि, "यह पद्धति प्रथम प्रकार की पद्धति से अधिक निश्चित एवं वैज्ञानिक है।"[1] अपराधशास्त्र की मुख्य विशिष्ट अध्ययन पद्धतियाँ अग्रलिखित हैं—

---

1. "This methodology is more precise and scientific than the first." —Sutherland.

1. अपराध की सांख्यिकी
2. अपराधियों के लक्षणों एवं दशाओं की सांख्यिकी
3. व्यक्तिगत केस अध्ययन पद्धति
4. प्रयोगात्मक पद्धति
5. अपराधियों का खुले वातावरण में अध्ययन करने वाली पद्धति

अब उपरोक्त अध्ययन पद्धतियों का थोड़ा विस्तृत विवरण देना भी आवश्यक है।

अपराध की सांख्यिकी
(Statistics of Crime)

अपराधशास्त्र की इस पद्धति के अन्तर्गत अपराधों और उनके कारकों में सम्बन्ध स्थापित किया जाता है। उदाहरण के लिए पुलिस द्वारा जिन अपराधियों का रिकार्ड तैयार किया जाता है उन अपराधियों के अपराधी बनने के कारणों का पता लगाया जाता है और अपराध तथा सम्बन्धित कारक में साहचर्य सम्बन्ध स्थापित किया जाता है। कुछ विद्वानों ने समाज की आर्थिक स्थिति और समाज में होने वाले अपराधों में साहचर्य सम्बन्ध स्थापित करने का प्रयास किया है। अच्छी आर्थिक स्थिति होने पर अपराधों की दर घट जाती है किन्तु दूसरी ओर पूंजीवादी अर्थ-व्यवस्था में साम्यवादी अर्थ-व्यवस्था की अपेक्षा अधिक अपराध होते हैं। अर्थ-व्यवस्था के अतिरिक्त अनके विद्वानों ने समाज में जनसंख्या के घनत्व, मौसम, बेरोजगारी, आदि से अपराधों का सहचर्य दिखाने के विभिन्न प्रयास किये हैं यह पद्धति अपराधशास्त्र के क्षेत्र में विभिन्न तथ्यों का समुचित ज्ञान प्राप्त करने में सहायक होती है।

अपराध की सांख्यिकी के दोष—यह सत्य है कि अपराधशास्त्र के क्षेत्र में 'अपराध की सांख्यिकी' नामक पद्धति अनेक प्रकार से लाभदायक होती है, परन्तु इस पद्धति के कुछ दोष भी हैं। मुख्य दोष निम्नलिखित हैं—

(1) अपराध समंकों की कमी—अपराधशास्त्र के विश्वसनीय अध्ययन के लिए अपराधों से सम्बन्धित विश्वसनीय समंकों का उपलब्ध होना अति आवश्यक है। परन्तु वास्तव में सामान्यतया ऐसा नहीं होता। पुलिस तथा अन्य स्रोतों द्वारा अपराधों से सम्बन्धित जो सूचनायें प्राप्त होती हैं वे प्रायः पूर्ण रूप से विश्वसनीय नहीं हुआ करतीं। इस प्रकार अविश्वसनीय सूचनाओं के आधार पर प्राप्त किये गये परिणाम भी प्रायः अविश्वसनीय एवं अतथ्यात्मक हुआ करते हैं।

(2) विशिष्टता की कमी—इस पद्धति के अन्तर्गत अपराध एवं अपराध के कारकों के बीच सहचर्य सम्बन्ध स्थापित करके निष्कर्ष प्राप्त किये जाते हैं। इस प्रकार प्राप्त होने वाले निष्कर्ष प्रायः सामान्य हुआ करते हैं। ये परिणाम या निष्कर्ष कभी-कभी विशेष विषयों के प्रति सही नहीं हुआ करते। इस प्रकार स्पष्ट है कि इस विधि में विशिष्टता की कमी है।

अपराधियों के लक्षणों एवं दशाओं की सांख्यिकी
(Statistics of Traits and Conditions of Criminals)

सभी प्रकार के अपराधियों के .अपने कुछ विशिष्ट लक्षण होते हैं। अपराधों की पुनरावृत्ति द्वारा ये लक्षण अधिक विकसित हो जाते हैं। इसके अतिरिक्त सामान्य मनुष्यों को अपराधी बनाने में कुछ दशाओं एवं परिस्थितियों का भी हाथ होता है। अपराधशास्त्र का ज्ञान प्राप्त करने के लिये इन दशाओं एवं परिस्थितियों को जानना आवश्यक होता है। इन दशाओं एवं परिस्थितियों तथा अपराधियों के विशिष्ट लक्षणों को जानने एवं समझने के लिये तुलनात्मक पद्धति को इस्तेमाल किया जाता है। तुलनात्मक पद्धति के अन्तर्गत अपराधियों के लक्षणों, उनकी दशाओं एवं परिस्थितियों की तुलना क्रमशः सामान्य व्यक्तियों के लक्षणों, दशाओं एवं परिस्थितियों से की जाती है। अपराधियों के व्यक्तित्व की तुलना सामान्य व्यक्तियों के व्यक्तित्व से की जाती है। इसी प्रकार विघटित परिवारों से आने वाले अपराधियों और सामान्य घरों से आने वाले अपराधियों के विभिन्न लक्षणों की भी तुलना की जाती है। विभिन्न प्रकार के अपराधियों के लक्षणों का विश्लेषण करके अपराधशास्त्र के विभिन्न सिद्धान्तों का निर्माण किया जाता है। इस प्रकार स्पष्ट है कि अपराधशास्त्र के अध्ययन की यह पद्धति अपराधियों के लक्षणों एवं दशाओं द्वारा विभिन्न प्रकार का ज्ञान प्राप्त करती है। यह पद्धति सैद्धान्तिक दृष्टि से विशेष महत्त्वपूर्ण है।

उपरोक्त विवरण से इस पद्धति की रूपरेखा स्पष्ट हो जाती है। निम्नलिखित विवेचन से इस पद्धति के गुण-दोषों का मूल्यांकन हो जायेगाः—

(1) इसमें कैदी को ही अपराधी माना जाता है—उपरोक्त वर्णित पद्धति के अन्तर्गत अपराधी और गैर-अपराधी के लक्षणों की तुलना करके अपराधशास्त्र के सिद्धान्तों को ज्ञात किया जाता है। परन्तु इस पद्धति के अन्तर्गत अपराधी केवल उसी व्यक्ति को माना जाता है जो कानून द्वारा अपराधी घोषित होता है अर्थात कैदी होता है, परन्तु समाज में बहुत से व्यक्ति वास्तव में अपराधी होते हुए भी कैदी नहीं बन पाते। इसके विपरीत बहुत से कैदी होते हुए भी अपराधी नहीं होते। इस प्रकार इस आधार पर प्राप्त किये गये सिद्धान्त पूर्ण रूप से विश्वसनीय नहीं होते। इसी तथ्य को श्री सदरलैंड ने इन शब्दों में स्पष्ट किया है, ''कैदी तो अपराधियों का एक घटा हुआ या चुना हुआ दल है और इनके लक्षणों एवं दशाओं की गणना निःसन्देह ही सम्पूर्ण अपराधियों के लक्षणों एवं दशाओं की गणना से भिन्न परिणाम प्रस्तुत करती है। वह एक ऐसी कठिनाई है जो कि अपराधियों के अध्ययन करने वाली किसी भी पद्धति में निहित है।''[1]

1. "Prisoners are a selected group of criminals and an enumeration of traits of conditions of prisoners would, presumably; yield results different from an enumeration of the same traits or conditions of all criminals. This is a difficulty that confronts any method of studying criminals. —Sutherland.

(2) अपर्याप्त एवं अविश्वसनीय आंकड़े—कैदियों और अपराधियों के विषय में पर्याप्त आंकड़े सरलता से प्राप्त नहीं हो पाते और जो आंकड़े प्राप्त भी होते हैं, उनकी विश्वसनीयता सदैव संदेहास्पद ही होती है। अपराधियों के परिवार, घर एवं अन्य प्रकार की सूचनायें प्रायः सरलता से नहीं मिल पातीं। अपराधियों और कैदियों के चरित्र एवं व्यक्तित्व का विकास किस प्रकार होता है, यह भी इस पद्धति द्वारा ज्ञात नहीं हो पाता।

(3) विशिष्टता का अभाव—उपरोक्त वर्णित पद्धति द्वारा अपराध सम्बन्धी जो ज्ञान प्राप्त होता है वह सामान्य ज्ञान होता है। इस पद्धति द्वारा विषय का विशिष्ट ज्ञान प्राप्त नहीं हो पाता। इसी तथ्य को श्री सदरलैंड ने इन शब्दों में व्यक्त किया है, "यह उस विचार-प्रक्रिया की व्याख्या नहीं करती जो अपराध का उत्पादन करती है।"[1] उदाहरण के लिए इस पद्धति द्वारा हम केवल यह जान सकते हैं कि विघटित परिवारों कें बच्चे अपराधी बन जाते हैं, परन्तु हम यह नहीं जान सकते कि उनके अपराधी बनने के पीछे कौन-सा कारक मुख्य था। क्या बच्चों के माता-पिता का आपस में झगड़ा होता था? क्या घर का ढीला अनुशासन उनके अपराधी बनने का कारण था? क्या घर की बिगड़ी हुयी आर्थिक स्थिति उनके विचलन का कारण थी? इस प्रकार स्पष्ट है कि सांख्यिकी पद्धति अपराध के सामान्य कारकों का परिचय देती है। इससे विशिष्ट एवं सूक्ष्म कारकों का पता नहीं चलता।

(4) प्रत्ययों की अस्पष्टता—अपराधियों के लक्षणों एवं दशाओं की सांख्यिकी द्वारा अपराधशास्त्र के सिद्धान्तों को ज्ञात करने में एक अन्य कठिनाई यह आती है कि इस प्रकार के अध्ययन के अन्तर्गत सम्बन्धित प्रत्ययों का अर्थ पूर्णतया स्पष्ट नहीं होता। उदाहरण के लिए हम कहा करते हैं, 'दूषित घरेलू वातावरण', 'भग्न परिवार' अथवा 'मनोवैज्ञानिक तनाव' ये सब प्रत्यय सब कहीं एक ही अर्थ का प्रतिनिधित्व नहीं करते। अतः भिन्न-भिन्न प्रसंगों में भिन्न-भिन्न अर्थ होने के कारण निश्चित एवं विश्वसनीय परिणाम नहीं प्राप्त हो पाते।

व्यक्तिगत केस अध्ययन पद्धति
(Individual Case Study Method)

इस पद्धति के अन्तर्गत अपराधी विशेष के पूरे जीवन का विस्तृत अध्ययन किया जाता है। इस प्रकार के अध्ययन के लिये जीवन इतिहास का विश्लेषण किया जाता है। सम्बन्धित अपराधी के निजी अभिलेखों, पत्रों, डायरियों आदि के माध्यम से उसके जीवन के विभिन्न चरणों के विषय में ज्ञान प्राप्त किया जाता है। मित्रों तथा अन्य सम्बन्धित व्यक्तियों से भी अभीष्ट अपराधी के विषय में जानकारी प्राप्त की जाती है। इस पद्धति के अन्तर्गत अध्ययन का केन्द्र व्यक्ति विशेष हुआ करता

1. "It does not explain the machanisms by which criminality is produced."
—Sutherland.

है। सम्बन्धित परिस्थितियों एवं अन्य बातों का अध्ययन केवल प्रसंगवश किया जाता है। अध्ययन की इस प्रक्रिया के अन्तर्गत अपराधी के संवेगात्मक तनावों, असन्तोषों, विभिन्न प्रकार के दबावों, मानसिक दोषों आदि का अध्ययन किया जाता है। इस पद्धति द्वारा व्यक्ति-विशेष के विषय में पर्याप्त विस्तृत ज्ञान प्राप्त करना सम्भव होता है।

अनेक विशेषतायें होते हुए भी उपरोक्त पद्धति में कुछ दोष हैं। मुख्य दोष निम्नलिखित हैं–

(1) **निष्पक्षता की कमी**–इस पद्धति में प्राय: पक्षपात हो जाने की आशंका रहती है। अध्ययनकर्त्ता की अपराधियों के विषय में अपनी पूर्वधारणायें एवं कुछ विश्वास हुआ करते हैं। वह अपने निर्णयों को इन्हीं पूर्व-धारणाओं से प्रभावित होकर दिया करते हैं। इसके अतिरिक्त अध्ययनकर्त्ता की अकुशलता एवं अयोग्यता भी वास्तविक निर्णयों को प्राप्त करने में बाधक होती है। तथ्यों को घटा-बढ़ाकर देखा जाता है। इस विषय में श्री सदरलैंड का कहना है कि, "खतरा इस बात का रहता है कि वह उन कारकों को अधिक तूल दे सकता है जो कि वास्तव में अमहत्त्वपूर्ण है और जो वस्तुत: अधिक महत्त्वपूर्ण हैं उन्हें छोड़ सकता है।"[1]

(2) **उपदेशात्मक दृष्टिकोण**–व्यक्तिगत केस अध्ययन पद्धति को इस्तेमाल करने वाले अधिकांश अध्ययनकर्त्ता किसी न किसी सुधारात्मक या अन्य प्रकार की संस्था से सम्बन्धित हुआ करते हैं। ऐसी स्थिति में इन अध्ययनकर्त्ताओं का दृष्टिकोण सुधार की ओर अधिक हो जाता है। इस प्रवृत्ति के कारण अध्ययन की वैज्ञानिकता एवं वस्तुनिष्ठता में कमी आ जाती है।

प्रयोगात्मक पद्धति
(Experimental Method)

अन्य विज्ञानों की भाँति अपराधशास्त्र में भी प्रयोगात्मक पद्धति को अध्ययन के लिये इस्तेमाल किया जाता है। इस पद्धति के अन्तर्गत अपराध के विभिन्न कारकों को नियन्त्रित करके किसी एक कारक का विस्तृत अध्ययन किया जाता है। इस पद्धति के द्वारा कभी-कभी बहुत ही उपयोगी निष्कर्ष प्राप्त हुआ करते हैं। परन्तु इस पद्धति के अन्तर्गत अध्ययन के दौरान बहुत ही अधिक सावधानी बनाये रखने की आवश्यकता होती है। वास्तव में सामाजिक समस्याओं के पीछे विभिन्न कारक एक साथ मिलकर कार्य किया करते हैं। इन सबको भली प्रकार से नियन्त्रित करना कभी-कभी सम्भव नहीं होता। उदाहरण के लिये मान लीजिये कि हम अपराधियों पर इनके घर के प्रभाव का अध्ययन करना चाहते हैं, ऐसे में हम अन्य

1. "Consequently there is danger of making much of factors which are really insignificant and neglecting factors that are very significant."
—Sutherland.

प्रभावों जैसे सामाजिक, आर्थिक, शारीरिक एवं भौगोलिक आदि प्रभावों को पूर्ण रूप से न तो नियन्त्रित कर सकते हैं और न ही समाप्त कर सकते हैं।

अपराधियों का खुले वातावरण में अध्ययन करने वाली पद्धति

इस पद्धति के अन्तर्गत अपराधियों का बहु–पक्षीय अध्ययन किया जाता है। इस पद्धति में अन्य पद्धतियों से अन्तर है। इस पद्धति के अन्तर्गत अपराधियों का खुले वातावरण में अध्ययन किया जाता है अर्थात् अपराधियों को कैद किये बिना किसी निश्चित स्थान पर बुलाकर उनका अध्ययन किया जाता है। इसमें अपराधियों की सामान्य गतिविधियों का स्वाभाविक अवलोकन किया जाता है। उदाहरण के लिये यदि जेब–कतरों का अध्ययन करना हो तो उनका अध्ययन जेब काटते समय या इधर–उधर जेब काटने की ताक में घूमते या बातें करते हुए करना चाहिये। इसी प्रकार वेश्याओं का अध्ययन बिना किसी सूचना के उनके ठिकानों पर जाकर किया जा सकता है। यह पद्धति सहभागी अवलोकन एवं साहचर्य पर आधारित होती है। कभी–कभी अपराधियों के अध्ययन करने के लिए अध्ययनकर्त्ता को स्वयं भी अपराधियों का–सा व्यवहार करना पड़ता है। इस पद्धति का परिचय श्री सदरलैंड ने इन शब्दों में दिया है, ''इसका तात्पर्य यह है कि अन्वेषक को उनके (अपराधियों के) साथ उन्हीं की भाँति रहना चाहिये और इनके जीवन और दशाओं को उसी प्रकार देखना चाहिए जिस प्रकार वे स्वयं देखते हैं। इस प्रकार वह उनकी मनोवृत्तियों, लक्षणों एवं प्रक्रियाओं का अध्ययन कर सकता है जो किसी दूसरी पद्धति से कठिनता से ही सम्भव है।''[1]

अभ्यास के लिये प्रश्न

1. अपराधी व्यवहार का अध्ययन करने के लिये अपराधशास्त्रियों द्वारा प्रयोग में लायी जाने वाली पद्धतियों की समीक्षा कीजिये।
2. उन विभिन्न पद्धतियों का विवेचन कीजिये जिन्हें अपराधशास्त्र के अध्ययन में इस्तेमाल किया जा सकता है।

---

1. "By this is meant that the investigator must associate with them as one of them, seeing their lives and conditions as the criminals themselves see them. In this way he can make observations on attitudes, traits and processes which can hardly be made in any otherway." —Sutherland.

41

असन्तुलन, अनोमी और परकीकरण

(Disequilibrium, Anomie and Alienation)

असन्तुलन
(Disequilibrium)

असन्तुलन क्या है?

अपराधी व्यवहार के मूल में एक प्रमुख मनोवैज्ञानिक और सामाजिक तत्त्व असन्तुलन है। यह असन्तुलन मानसिक अव्यवस्था, निर्णय की शक्ति का अभाव, कर्त्तव्याकर्त्तव्य का निश्चय न कर सकना, आत्म नियन्त्रण का अभाव, आत्म विश्वास की कमी, स्वयं को शक्तिहीन, असहाय और शोषित अनुभव करना तथा अपनी आवश्यकताओं और जीवन लक्ष्यों को प्राप्त करने में निराशा अनुभव करना इत्यादि अनेक मनोवैज्ञानिक लक्षणों में देखा जा सकता है। जहाँ असन्तुलन मानसिक रोगों की ओर ले जाता है वहाँ वह अपराधी व्यवहार का भी एक प्रमुख कारण है। अनोमी और परकीकरण असन्तुलन उत्पन्न करते हैं और स्वयं असन्तुलन के परिणाम हैं। इनका विवरण आगे दिया जायेगा। इनके अतिरिक्त असन्तुलन का एक बड़ा परिणाम विचलित (Deviant) व्यवहार है। विचलित व्यवहार से तात्पर्य समाज सम्मत व्यवहार के प्रतिमानों से हटकर या उनके विरुद्ध व्यवहार है। इससे अनेक प्रकार की समस्यायें उत्पन्न होती हैं। विचलित व्यवहार करने वाले व्यक्ति अपने छोटे से दायरे में विचलित व्यक्तियों के समूह में एक उपसंस्कृति (Sub culture) बना लेते हैं और उसी के अनुसार व्यवहार करते हैं। इस प्रकार की उपसंस्कृति के उदाहरण वेश्याओं, आवाराओं, नशेबाजों, जुआरियों, चरित्रभ्रष्टों, मानसिक रोगियों आदि के समूहों में देखे जा सकते हैं। ये समूह सामान्य सामाजिक व्यवहार के प्रतिमान के अनुसार व्यवहार नहीं करते। व्यक्तिगत विघटन भी असन्तुलन का सीधा परिणाम

है और उसके कारण होने वाले सभी प्रकार के अपराध असन्तुलन में गिने जा सकते हैं। आवारागर्दी भी असन्तुलन का परिणाम है। मद्यपान और तरह-तरह के नशों का सेवन असन्तुलन बढ़ने की मात्रा के साथ बढ़ता जाता है और स्वयं भी असन्तुलन बढ़ाता है। अन्य सब प्रकार का अव्यवस्थित आचरण भी असन्तुलन में आता है। अधिकतर किशोर अपराधी व्यक्ति सामाजिक रूप से असन्तुलित होते हैं। अस्तु, यह कहा जा सकता है कि असन्तुलन बढ़ने के साथ-साथ अपराध बढ़ते हैं।

असन्तुलन के कारण और उपचार

असन्तुलन के कारणों का विवेचन करने से इसमें मनोवैज्ञानिक, सामाजिक और आर्थिक तीनों प्रकार के कारकों का योगदान दिखलाई पड़ता है। मनोवैज्ञानिक कारकों में व्यक्तित्व की विशेषतायें, बुद्धि की न्यून मात्रा तथा नैतिक परिष्कार का अभाव मुख्य है। मनोवैज्ञानिक के अतिरिक्त असन्तुलन के अनेक कारण सामाजिक भी हैं जैसे भारतवर्ष में अस्पृश्यता असन्तुलन बढ़ाने वाला सामाजिक कारक है। किन्तु असन्तुलन बढ़ाने में सबसे अधिक योगदान आर्थिक कारकों का होता है क्योंकि आर्थिक दृष्टि से अत्यन्त निम्न स्तर होने पर व्यक्ति अपनी और अपने परिवार की आवश्यकताओं को पूरा नहीं कर पाता। वह शिक्षा प्राप्त नहीं कर पाता और चरित्र तथा आचार का परिष्कार नहीं कर सकता। वह मानवसुलभ जीवन स्तर प्राप्त नहीं कर पाता। उसके परिवार में निरन्तर अभाव और तनाव बने रहते हैं। उसे भविष्य की कोई आशा नहीं होती और कदम-कदम पर मिलने वाले दुर्व्यवहार से उसका आत्म विश्वास समाप्त हो जाता है। यही कारण है कि संसार में सब कहीं निम्न आर्थिक परिस्थितियों में अपराधियों की संख्या अधिक पायी जाती है। कहना न होगा कि असन्तुलन का उपचार करने के लिए मनोवैज्ञानिक, सामाजिक और आर्थिक सभी उपाय अपनाने पड़ेंगे।

अनोमिया
(Anomie)

अनोमी क्या है?

अपराध में एक महत्त्वपूर्ण कारक अनोमी या अनोमिया है। अनोमी की परिभाषा करते हुए मायर और बेल ने लिखा है, ''जब व्यक्ति जीवन लक्ष्यों को प्राप्त करने के साधनों को प्राप्त नहीं कर पाते तो उसका परिणाम अनोमिया होता है।''[1] मायर और बेल ने 21 वर्ष की आयु और उससे अधिक आयु के पुरुषों का सानफ्रांसिसको नगर के 4 क्षेत्रों में इण्टरव्यू किया और यह देखा कि निम्न स्तर के श्रमिक वर्ग में लक्ष्यों को प्राप्त करने के साधन बहुत कम दिखलाई पड़ते हैं। कम आयु के पुरुषों की तुलना में अधिक आयु के पुरुषों में अधिक अनोमिया दिखलाई

1. "Anomie results when individuals lack access to means for the achievement of life goals."
—Meier and Bell.

पड़ा। अनोमिया के पैमाने के लक्ष्यों को प्राप्त करने के साधनों के बोध के प्राप्तांकों से सम्बन्धित करने पर यह पता चला कि जिन व्यक्तियों ने अनोमिया में अधिक प्राप्तांक पाये थे उनके सफलता के प्राप्तांक उतने ही कम थे। दूसरे शब्दों में, सफलता के साधनों में ऊँचे प्राप्तांक निराशा दिखलाने वाले व्यक्तियों में नीचे प्रतिशत से सम्बन्धित होते हैं। दूसरी ओर सफलता प्राप्त करने में नीचे प्राप्तांक निराशा दिखलाने वाले व्यक्तियों में ऊँचे प्राप्तांकों से सम्बन्धित हैं।

अनोमी और आत्महत्या

जब व्यक्ति अपने लक्ष्यों को प्राप्त नहीं कर पाता अथवा उसे लक्ष्यों को प्राप्त करने के साधन नहीं मिलते तो वह अपराध अथवा आत्महत्या का सहारा लेता है। आत्महत्या के अनेक अध्ययनों से यह तथ्य सिद्ध हुआ है। फ्रेंच समाजशास्त्री एमाइल दुर्खीम ने आत्महत्या के तीन प्रकार माने हैं—अहम्वादी (Egoist), परोपकारवादी (Altruist) और अनोमिक (Anomic)। अहम्वादी आत्महत्या समाज में व्यक्ति के संकलन के अभाव का परिणाम है। परोपकारवादी आत्महत्या समाज की कुछ ऊँची माँगों का परिणाम है जैसे कि भारतवर्ष में पति की चिता पर पत्नी का सती हो जाना ऊँचा नैतिक व्यवहार माना जाता था। अनोमिक आत्महत्या व्यक्ति की आवश्यकताओं और सन्तुष्टियों पर समाज के नियमन अथवा नियन्त्रण के अभाव के कारण होती है। इन मामलों में व्यक्ति की आकांक्षा का स्तर सीमा से बहुत अधिक बढ़ जाता है और इसलिए वह आत्महत्या करने के लिए बाध्य होता है।

अनोमी का उपचार

उपरोक्त विवेचन से स्पष्ट है कि यदि अनोमी के कारण समाज में अपराधों और आत्महत्याओं को रोकना हो तो व्यक्तियों के जीवन लक्ष्यों और आकांक्षा स्तरों तथा इन्हें प्राप्त करने के साधनों में बहुत अधिक अन्तर नहीं होना चाहिये। यदि व्यक्ति अपने सामने ऐसे जीवन लक्ष्य रख लेता है जिनको वह अपने साधनों के द्वारा प्राप्त नहीं कर सकता तो जाहिर है कि वह उन्हें प्राप्त करने के लिए अनुचित साधन अपनायेगा और अपराधी व्यवहार का सहारा लेगा। यदि वह ऐसा नहीं कर पायेगा तो वह निराश होकर आत्महत्या कर लेगा। अस्तु, जहाँ एक ओर व्यक्तियों को स्वयं ऐसे ही जीवन लक्ष्य बनाने चाहियें जिनको प्राप्त करना उनके साधनों की सामर्थ्य के अन्तर्गत आता हो वहाँ दूसरी ओर सरकार और समाज को बराबर यह ध्यान देना चाहिये कि विभिन्न वर्गों के स्त्री-पुरुषों को ऐसे साधन प्राप्त हों जिनसे वे अपने जीवन के सामान्य लक्ष्यों को प्राप्त कर सकें। जैसा कि पीछे बतलाया जा चुका है, जीवन लक्ष्यों, आकांक्षा स्तरों और उनको प्राप्त करने के साधनों में भारी विषमता हो जाने की स्थिति अनोमी कहलाती है। अनोमी की इस स्थिति को व्यक्ति, समाज और सरकार सभी के सहयोग से दूर किया जा सकता है।

परकीकरण
(Alienation)

परकीकरण क्या है?

आधुनिक जटिल समाजों में अपराधों और आत्महत्याओं का एक अन्य प्रमुख कारण परकीकरण है। परकीकरण, जैसा कि इसके नाम से स्पष्ट है, समाज में अपने व्यवहार के नियमों और प्रतिमानों को छोड़कर अन्य लोगों के नियमों और प्रतिमानों का अपनाना है। परकीकरण में व्यक्ति उन नियमों का पालन नहीं करता जिनके पालन की उससे आशा की जाती है। इसमें सामाजिक नियमों और संस्थाओं से व्यक्ति के जीवन का संकल्प कम होता जाता है। इसी प्रकार परकीकरण बढ़ने के साथ-साथ व्यक्ति का उन व्यक्तियों और समूहों से भी सम्पर्क कम होता जाता है जो सामाजिक नियमों और संस्थाओं को बनाये रखते हैं। स्पष्ट है कि परकीकरण के परिणामस्वरूप व्यक्ति अनियन्त्रित, अलग-थलग और नियमविहीन हो जाता है। समाज सम्मत नियमों को छोड़कर वह अपराधी व्यवहार अथवा विचलित व्यवहार का सहारा लेता है। उदाहरण के लिये परकीकरण चोरी, डकैती, बलात्कार, हत्या, मारपीट आदि समाज-विरुद्ध कामों में दिखलाई पड़ता है। बहुधा परकीकरण का एक प्रमुख कारण बुरी संगति होता है। इसमें पड़कर व्यक्ति अपने सामान्य समूह के नियमों का पालन करना छोड़ देता है।

परकीकरण की प्रकृति

पिछले कुछ वर्षों में समाज-शास्त्रियों ने समाज में परकीकरण की दशा अथवा प्रक्रिया के अध्ययन की ओर अधिक से अधिक ध्यान दिया है। अधिकतर समाजशास्त्री विद्वान कार्ल मार्क्स के साथ परकीकरण को पूँजीवाद का परिणाम मानते हैं। पूंजीवाद में सर्वहारा जन के उत्पादन के साधनों से परकीकरण होने के कारण वह निराश, असहाय और शक्तिहीन हो जाता है। क़िन्तु अधिकतर समाजशास्त्री मार्क्स की इस सीमित व्याख्या से सहमत नहीं हैं। इनके अनुसार परकीकरण एक सामान्य प्रक्रिया है। वाल्टर सी॰ रैकलैस के शब्दों में, "आजकल, फिर भी, परकीकरण को एक न्यूनाधिक सामान्य प्रक्रिया अथवा दशा माना जाता है जो कि व्यक्ति के नियमों, लक्ष्यों, व्यक्तियों और समाज के अन्तर्गत समूहों से सम्बन्ध का संकेत करती है। अत्यधिक मात्रा में परकीकरण आधुनिक, नगरीय, गतिशील, निर्वैयक्तिक जगत में एक प्रकार का समाजशास्त्रीय रोग है।"[1] परकीकरण को और भी स्पष्ट करते हुए रैकलेस ने लिखा है, "एक प्रक्रिया के रूप में, परकीकरण

---

1. "Today, however, alienation is viewed as a more or less general process or condition and refers to man's relationship to the norms, goals, persons and groups with in society. A high degree of alienation is a kind of sociological sickness in the modern, urban, mobile, impersonal world."
—Walter, C. Reckless, *The Crime Problem*, Appleton Century Crofts, p. 465.

समूहों के अन्तर्गत सक्रिय होने से भागने की प्रवृत्ति है, और सामाजिक नियमों और सामाजिक लक्ष्यों का परित्याग करने की प्रवृत्ति है। इसकी विरोधी प्रवृत्ति नियमों, लक्ष्यों, व्यक्तियों, समूहों की ओर बढ़ने की प्रवृत्ति है।''[1] इस व्याख्या से स्पष्ट है कि परकीकरण की दशा में व्यक्ति अपने समूह और समाज के नियमों को नहीं मानता। यह पलायन की स्थिति है जिसमें व्यक्ति अपने कर्त्तव्यों का पालन नहीं करता और संस्थाओं, नियमों, व्यक्तियों और समूहों से दूर भागता है। प्रक्रिया और दशा होने के साथ-साथ परकीकरण में एक आत्मगत कारक भी है। यह परकीकरण का मनोवैज्ञानिक पहलू है जो कि व्यक्तिगत विघटन, नैतिक पतन, नैतिक तटस्थता, अवैध व्यवहार आदि चरित्र से सम्बन्धित अवगुणों में देखा जा सकता है। ये सब आत्मगत कारक के विभिन्न पहलू हैं। इस प्रकार परकीकरण एक विशेष प्रकार का आत्म-प्रत्यक्ष (Self-perception) है।

परकीकरण के घटक

सीमान (Seeman) ने परकीकरण में निम्नलिखित पाँच घटक माने हैं—

(1) शक्तिहीनता (Powerlessness)—परकीकरण में व्यक्ति शक्तिहीन अनुभव करता है। उसे यह विश्वास नहीं रहता कि वह स्वयं अपने व्यवहार से घटनाओं को परिवर्तित कर सकता है अथवा अपने जीवन लक्ष्यों को प्राप्त कर सकता है।

(2) अर्थहीनता (Meaninglessness)—परकीकरण में व्यक्ति आत्मविश्वास के साथ विकल्पों में चुनाव नहीं कर सकता। वह परिस्थितियों और विकल्पों के अर्थ को नहीं समझ सकता और निर्णय नहीं ले सकता।

(3) नियमहीनता (Normlessness)—परकीकरण के शिकार व्यक्ति को ऐसा अनुभव होता है कि समाज सम्मत नियम प्रभावशाली नहीं रहे और इसलिए वह उन्हें छोड़कर जीवन लक्ष्यों को प्राप्त करने के लिए अनुचित साधनों का सहारा लेता है।

(4) पृथक्करण (Isolation)—परकीकरण का शिकार व्यक्ति समाज सम्मत लक्ष्यों और विश्वासों को मूल्यवान नहीं पाता और इसलिए दूसरों से अलग-थलग अनुभव करते हुए समाज सम्मत उत्तरदायित्वों और कार्यों का पालन न करते हुए अपराधी व्यवहार अपनाता है।

(5) आत्म-अलगाव (Self-estrangement)—परकीकरण का शिकार व्यक्ति आत्म-अलगाव का शिकार हो जाता है। उसे ऐसे काम नहीं सूझते जिनसे पुरस्कार अथवा सामाजिक सफलता और सम्मान मिल सकते हैं।

1. "As a process, alienation is a tendency to retreat from active involvement with groups, and a tendency to reject society's norms and social goals. Its opposite is a reaching out or moving towards norms, goals, persons, groups." —Ibid.

परकीकरण और अपराध

परकीकरण के उपरोक्त घटकों के कारण उसका शिकार व्यक्ति अपराध और आत्महत्या की ओर बढ़ता है। इस सम्बन्ध में अध्ययन करने के लिए नैटलर (Nettler) ने 1956-57 में संयुक्त राज्य अमरीका में कैलीफोर्निया के 515 वयस्क व्यक्तियों को प्रश्नावली परीक्षा दी। इस प्रश्नावली में 17 परकीकरण पद थे जिनमें प्राप्तांक निर्धारित थे। इनके अतिरिक्त इसमें 37 ऐसे पद थे जो कि अपराधी आचार संहिता के उल्लंघन से सम्बन्धित थे। नैटलर ने इन वयस्क व्यक्तियों को परकीकरण की मात्रा के अनुसार उच्च, मध्यम और शून्य वर्गों में विभाजित किया। उसके अध्ययन से यह पता चला कि मध्यम मात्रा में परकीकरण के शिकार व्यक्तियों ने अधिक संख्या में अपराधी कार्यों अथवा अपराधी व्यवहार को मन्जूर किया। औसत परकीकरण का शिकार व्यक्ति अपने समाज में न तो मैत्रीपूर्ण और न अपरिचित ही था। अत्यधिक परकीकरण के शिकार व्यक्तियों में अपराधों के स्वीकार की मात्रा उपरोक्त वर्ग से कम देखी गयी। परकीकरण विहीन व्यक्तियों में अपराधी व्यवहार को मानने की मात्रा न्यूनतम थी। हो सकता है कि यदि नैटलर अपनी प्रश्नावली में सामाजिक विचलन के अन्य प्रकारों को सम्मिलित कर लेता तो उसे यह पता चलता कि अत्यधिक परकीकरण के शिकार व्यक्तियों में विचलित व्यवहार भी अधिक दिखलाई पड़ता है। असामान्य यौन प्रक्रियायें, आत्महत्या के प्रयास, नशों का सेवन इत्यादि का भी परकीकरण की मात्रा से उसी प्रकार का सम्बन्ध दिखलायी पड़ता है जैसा कि अपराध का सम्बन्ध देखा जाता है। नैटलर के अध्ययन में जुआ खेलने का परकीकरण से कोई अनिवार्य सम्बन्ध दिखलायी नहीं पड़ा। दूसरी ओर परकीकरण के अत्यधिक शिकार व्यक्तियों में सबसे अधिक मद्यपान दिखलायी पड़ा।

उपरोक्त विवेचन से स्पष्ट है कि परकीकरण का अपराधी व्यवहार में महत्त्वपूर्ण योगदान है। यह परकीकरण अन्य कारकों के अतिरिक्त सबसे अधिक आधुनिक जटिल नगरीय सामाजिक आर्थिक परिस्थितियों का परिणाम है। इसीलिये यह बड़े-बड़े नगरों के निम्न वर्ग के व्यक्तियों में अधिक पाया जाता है। इसके प्रभाव को दूर करने के लिए नगरीय जीवन एवं आर्थिक विषमता के दोषों को दूर करना पड़ेगा।

अभ्यास के लिये प्रश्न

1. संक्षिप्त टिप्पणी लिखो–(1) असन्तुलन, (2) अनोमी।
2. परकीकरण क्या है? अपराध से उसका सम्बन्ध बताइये।

42

युद्ध
(War)

मानव समाज में युद्ध एक प्राचीन संस्था है। युद्ध सदा से होते आये हैं। किम्बाल यंग के शब्दों में, "युद्ध मनुष्य का मानवीय संघर्ष का सबसे अधिक हिंसक रूप है, वह प्राचीनतम मानवीय संस्थाओं में से भी एक है।"[1]

युद्ध एक राजनीतिक घटना है परन्तु मुख्य रूप से वह एक विशेष प्रकार का मानव व्यवहार है। अतः उसके राजनीतिक अध्ययन से अधिक उसके मनोवैज्ञानिक अध्ययन की आवश्यकता है। समाज मनोविज्ञान, सामाजिक परिस्थितियों में और सामूहिक रूप में मनुष्य के व्यवहार का अध्ययन है। अतः समाज मनोविज्ञान युद्ध का भी मनोवैज्ञानिक अध्ययन करता है। इस मनोवैज्ञानिक अध्ययन का उद्देश्य उन मूल मनोवैज्ञानिक कारणों का पता लगाना है जिसके कारण युद्ध होते हैं। यूं तो युद्ध के अनेक कारण हैं और बहुधा कुछ राजनीतिक घटनाओं से युद्ध शुरू होते हैं, परन्तु मूल रूप से दो राष्ट्रों में युद्ध उनके बीच तनाव का परिणाम है। वास्तव में युद्ध एकदम नहीं छिड़ जाते बल्कि वे संघर्ष और तनाव की एक लम्बी स्थिति का परिणाम होते हैं। युद्ध तभी हो सकता है जबकि दोनों पक्ष उसमें भाग लें और उसके लिये तैयार हों। कुछ विचारकों का मत है कि मनुष्य में आक्रामकता की मूल प्रवृत्ति के कारण युद्ध होते हैं और इसीलिये युद्ध बन्द नहीं किये जा सकते। युद्ध के समाज मनोविज्ञान के विवेचन से जहाँ उसके मनोवैज्ञानिक कारकों पर प्रकाश पड़ेगा यहाँ यह भी ज्ञान होगा कि युद्ध अनिवार्य है या नहीं। युद्ध अनिवार्य है या नहीं, इसके मूल में यह प्रश्न है कि युद्ध जिन मनोवैज्ञानिक कारणों से होते हैं उनको कहाँ तक बदला जा सकता है। इस सम्बन्ध में कुछ मानवशास्त्रियों ने महत्त्वपूर्ण खोजें की हैं जिनको ध्यान में रखना आवश्यक है।

---

1. Young, K., *A Handbook of Social Psychology*, p. 589.

युद्ध के मनोवैज्ञानिक कारण

यूं तो युद्ध के बहुत से तात्कालिक कारण हो सकते हैं परन्तु मूल रूप से उसके मनोवैज्ञानिक कारण निम्नलिखित हैं–

(1) आक्रामकता (Aggression) **और युयुत्सा** (Combat) **की प्रवृत्तियाँ**–जैसा कि संकेत किया जा चुका है, कुछ विचारकों का मत है कि युद्ध आक्रामकता की मूल प्रवृत्ति के कारण होते हैं। कुछ मनोवैज्ञानिकों ने मनुष्यों में युयुत्सा की मूल प्रवृत्ति को युद्ध का कारण बतलाया है। परन्तु अनेक मानवशास्त्रियों के अध्ययनों से यह प्रमाणित हुआ है कि आक्रामकता की प्रवृत्ति जन्मजात और सार्वभौम नहीं है। उदाहरण के लिये न्यूगिनी के अरापेश लोग बहुत ही शान्त प्रकृति के होते हैं। फिर युद्ध आक्रामकता और युयुत्सा की अभिव्यक्ति का एकमात्र साधन नहीं कहा जा सकता है। आधुनिक मनोविज्ञान में किसी भी मूल प्रवृत्ति को अपरिवर्तनीय नहीं माना जाता। मानव की हर एक प्रवृत्ति को बड़ी सीमा तक बदला जा सकता है। यदि लोग आज तक युद्ध करते रहें हों तो इससे यह निष्कर्ष नहीं निकलता कि युद्ध अनिवार्य है। The Causes and the Prevention of War में डनलप ने लिखा है, "मूल प्रवृत्ति के दृष्टिकोण से हमारे जन जातीय पूर्वजों में स्नान न करने की मूल प्रवृत्ति थी परन्तु यद्यपि स्नान आज भी उतना लोकप्रिय नहीं है जितना उसे होना चाहिये, हम लोगों ने न नहाने की मूल प्रवृत्ति को दूर करने में पर्याप्त सफलता प्राप्त की है और नहाने की मूल प्रवृत्ति ने उसका स्थान ले लिया है। एक हज़ार साल पहले यह कहना उतना ही मूर्खतापूर्ण था कि क्योंकि मनुष्य साधारणतया गन्दे रहे हैं अतः इस बात की कोई आशा नहीं कि वे कभी भी साफ सुथरे होंगे जितना कि तीस साल पहले यह कहना कि क्योंकि मनुष्य हमेशा युद्ध करते रहे हैं इसलिये कोई भी शक्ति इन्हें शान्तिपूर्ण व्यक्तियों में नहीं बदल सकती।"[1]

(2) शक्ति का संकल्प (Will to power) **और प्रभुत्व का प्रेरक** (Mastery motive)– नीत्शे (Nietzsche) ने मनुष्य में शक्ति के संकल्प को सार्वभौम माना है। एडलर (Adler) मनुष्य में प्रभुत्व की मूल प्रवृत्ति को सबसे अधिक महत्त्वपूर्ण मानता है। इस मूल प्रवृत्ति के परिणामस्वरूप प्रतिद्वन्द्विता और प्रतियोगिता बढ़ती है तथा युद्ध होते हैं। परन्तु अनेक मानवशास्त्रीय अध्ययनों से यह ज्ञात हुआ है कि प्रभुत्व का प्रेरक न तो सार्वभौम है और न जन्मजात। उदाहरण के लिये जूनी और होपी भारतीयों में प्रभुत्व की प्रवृत्ति बहुत कम दिखाई पड़ती है। वास्तव में अनेक प्रयोगों से यह सिद्ध हो चुका है कि युद्ध में व्यवहार के सीखे हुए प्रतिमान (Pattern) सम्मिलित हैं। यह ठीक है कि मनुष्य के आत्म सम्मान को चोट पहुंचने पर वह उसका प्रतिकार करना चाहता है परन्तु यह आवश्यक नहीं है कि इस प्रतिकार के लिये वह हिंसा ही करे।

---

1. Dunlap K., *The Causes and the Prevention of War.*
—Jr. of Abnormal and Social Psychology, (1940), p. 481.

(3) युद्ध की मूल प्रवृत्ति (Instinct of War)—कुछ विचारकों ने स्वयं युद्ध को ही एक मूल प्रवृत्ति मान लिया है। चीटियों तथा कुछ अन्य जीवों की जातियों में युद्ध पाया जाता है। परन्तु मानव जाति में युद्ध को जन्मजात नहीं कहा जा सकता। अपनी प्रसिद्ध पुस्तक Social Psychology of War and Peace में मार्क (Mark A. May) लिखता है कि युद्ध और शान्ति दोनों की प्रवृत्तियाँ मनुष्य के परिवेश की दशाओं और उसकी आदतों पर निर्भर हैं। अनेक विचारकों का यह मत है कि जिस तरह मनुष्य युद्ध करना सीख लेते हैं उसी तरह युद्ध न करना भी सीख सकते हैं।

(4) निहित स्वार्थ (Vested Interests)—यह एक मनोवैज्ञानिक तथ्य है कि मनुष्य स्वार्थी होता है और अपने स्वार्थ के लिये दूसरों की हानि की भी परवाह नहीं करता। इस बात को लेकर कुछ लोगों का यह विचार है कि युद्ध सामग्री बनाने वाले व्यापारी तथा बैंकर्स आदि अपने स्वार्थ सिद्ध करने के लिये युद्ध छिड़वाते हैं। इसमें कोई सन्देह नहीं कि युद्ध बहुधा निहित स्वार्थों से छेड़े जाते हैं परन्तु इससे यह निष्कर्ष नहीं निकाला जा सकता कि ऐसा होना अनिवार्य है। देखा जाता है कि युद्ध से अर्थ व्यवस्था को भारी चोट पहुँचती है और इसलिये बहुत से व्यापारी उसका विरोध भी करते हैं।

(5) उत्तेजना (Excitement) **की आवश्यकता**—मनुष्य एक से जीवन से ऊब जाता है। वह जीवन में परिवर्तन और उत्तेजना चाहता है। कुछ लोगों का विचार है कि इसीलिये युद्ध होते हैं। Men Like War में रोस्टन से लिखा है "सेनायें वर्दी की उत्तेजना, पदों के चिन्हों का दंभ और शूरता के पदकों का गर्व प्रदान करती है। वहाँ नगाड़ों की अनिवार्य उत्तेजना होती है और सैनिक बैंड का नशीला सुख होता है। वहाँ झण्डों, जुलूसों, परेडों, जोरदार भाषणों के नाटकीय भाव होते हैं और माताओं, प्रेयसियों तथा जनता के द्वारा पूजित होने के यश की उत्तेजना भी होती है जो कि सेना के निकलने पर सड़कों के दोनों ओर खड़े रहते हैं।"[1] युद्ध से निस्सन्देह सैनिकों को इस प्रकार की उत्तेजनायें मिलती हैं। युद्ध के समय में कुछ लोगों को यश प्राप्त होता है। युद्ध में खतरे होते हैं और लोगों को खतरों से जूझने का आनन्द आता है। युद्ध के समय में बहुत से ऐसे काम सामान्य मान लिये जाते हैं जिनका शान्ति के समय में निषेध होता है। परन्तु युद्ध से जो हानि, खून खराबा, गरीबी और कष्ट फैलते हैं उनकी तुलना में यह उत्तेजना कुछ भी नहीं है और उनको देखते हुए कोई भी समझदार और भावुक व्यक्ति इनका स्वागत नहीं करेगा।

---

1. "The army offers the thrill of uniform, the vanity of chevrons, the pride of decorations for bravery. There is the irresistible excitement of the drums and the intoxicating pleasure of the military band. There is the melodrama of flags, pageants, parades, extravagant oratory, and the glorious thrill of being worshipped by mothers, sweethearts and the multitudes that line the boulevards."
—Rosten, L.C., *Men like War*, p. 191.

(6) मनोवैज्ञानिक संकेत (Psychological Suggestions)—युद्ध के मूल में एक अन्य मनोवैज्ञानिक कारण यह संकेत भी है कि युद्ध होना अनिवार्य है। जब यह संकेत अधिकांश जनता में फैल जाता है तो लोग युद्ध के लिए उत्तेजित हो उठते हैं और हर प्रकार के त्याग के लिये तैयार हो जाते हैं।

(7) अन्य मनोवैज्ञानिक कारण—समाज मनोवैज्ञानिक ब्रिट (Britt) ने संकेत किया है कि प्रत्येक व्यक्ति के बारे में यह सच है कि नये अनुभवों, सुरक्षा, शूरता, नेतृत्व आदि की इच्छायें उसके युद्धकालीन व्यवहार को प्रभावित करती हैं। इस प्रकार युद्ध के मूल में अनेक प्रकार के मनोवैज्ञानिक कारण हो सकते हैं। कभी-कभी युद्ध के व्यवहार में लोगों में दबी हुई घृणा अभिव्यक्त होती है। युद्ध के मूल में कुछ पूर्वाग्रह (Prejudices) और रूढ़युक्तियाँ (Stereotypes) भी काम करती हैं। युद्ध संकट के प्रति एक प्रक्रिया है। देश पर संकट आने पर देश के सभी लोग हर प्रकार के कार्य के लिए प्रस्तुत हो जाते हैं। ऐसे समय में युद्ध का विकल्प उपस्थित होने पर सभी लोग उसका समर्थन करते हैं। युद्ध के मूल में एक मनोवैज्ञानिक कारण भय भी है। दूसरी ओर कभी-कभी कुछ नेताओं का प्रजातीय अथवा राष्ट्रीय दम्भ भी युद्ध का कारण बन जाता है। साम्राज्यवादी प्रवृत्ति युद्ध का एक सर्वविदित कारण है।

युद्ध के अन्य कारण

समाज मनोविज्ञान युद्ध के मनोवैज्ञानिक कारणों पर विचार करता है। अतः युद्ध के बहुत से कारण समाज मनोविज्ञान के विवेचन में छूट जाते हैं। युद्ध एक जटिल प्रक्रिया है। मनोवैज्ञानिक के अलावा उसके कारण राजनीतिक, आर्थिक तथा जैवकीय आदि भी हो सकते हैं। उदाहरण के लिए राजनीतिक लक्ष्यों को प्राप्त करने के लिए बहुधा युद्ध छेड़े जाते हैं। इसी प्रकार देश की आर्थिक व्यवस्था खराब होने पर जनता का ध्यान दूसरी ओर मोड़ने के लिये अनेक शासक युद्ध छेड़ देते हैं। सामाजिक संरचना में अत्यधिक भेद-भाव होने से वर्ग संघर्ष बढ़ता है जिसके परिणामस्वरूप गृहयुद्ध छिड़ सकते हैं। प्रसिद्ध अर्थशास्त्री माल्थस के अनुसार जनसंख्या ज्यामितीय क्रम (Geometrical Progression) से और खाने-पीने के साधन गणितीय क्रम (Arithmetical Progression) से बढ़ते हैं। इस प्रकार कभी न कभी जनसंख्या आवश्यकता से अधिक हो जाती है। ऐसा होने पर यदि मनुष्यों की ओर से कोई उपयुक्त कदम न उठाये गये तो फिर युद्ध होते हैं। इस प्रकार उच्च जन्म दर भी युद्ध का कारण हो सकता है। अनेक सामाजिक, आर्थिक समस्यायें जैसे बेकारी, निर्धनता, दुराचार, घूसखोरी, महँगाई आदि से भी युद्ध की भावना को प्रोत्साहन मिलता है। यह एक सामान्य कहावत है कि जर, जमीन और जन युद्ध के कारण होते हैं। जमीनों के लिये युद्ध आज भी होते हैं और जर (धन) के लिये भी। मध्यकाल में स्त्रियों (जन) के लिए भी युद्ध होते थे।

इस प्रकार युद्ध के कारण अनेक हैं और उनसे बचने के लिए सभी ओर से प्रयास किये जाने चाहियें। समाज मनोविज्ञान युद्ध की समस्या को स्पष्ट करता है और युद्ध रोकने के विषय में सुझाव देता है यद्यपि इन सुझावों पर अमल करना राजनीतिज्ञों और नेताओं के करने की बात है।

युद्ध रोकने के उपाय

युद्ध को रोकने के लिए सामान्यतया वे सब उपाय काम में लाये जाने चाहियें जिनसे अन्तर्राष्ट्रीय तनाव दूर होते हैं।

Psychological Bulletin में प्रकाशित आलपोर्ट के प्रसिद्ध निबन्ध Human Nature and the Peace में अमरीकन समाचार पत्रों में दस सिद्धान्तों के एक वक्तव्य का उल्लेख किया है जिसमें द्वितीय महायुद्ध के समय दो हजार से अधिक अमरीकन मनोवैज्ञानिकों ने हस्ताक्षर किये थे। इस वक्तव्य के सिद्धान्तों का सारांश निम्नलिखित है[1]—

(1) युद्ध अनिवार्य नहीं है—युद्ध से बचा जा सकता है क्योंकि वह जन्मजात नहीं होता। कोई भी प्रजाति राष्ट्र या सामाजिक समूह अनिवार्य रूप से युद्ध-प्रेमी नहीं होता। युद्धों के मूल में कुछ हताशायें और स्वार्थों के संघर्ष होते हैं। शिक्षा और सामाजिक दशाओं के सुधार से युद्ध के कारणों को दूर किया जा सकता है।

(2) शांति की योजना में भावी पीढ़ी का महत्त्व—शान्ति की योजना भावी पीढ़ी पर आधारित होनी चाहिये क्योंकि उसका स्वभाव नमनीय होता है। बालक सरलता से एकता के सिद्धान्तों को समझ सकते हैं और ऐसा व्यवहार अपना सकते हैं जिसमें साम्राज्यवाद, पक्षपात, असुरक्षा और अज्ञानता के दुर्गुण कम से कम हों।

(3) घृणा और पक्षपात पर नियंत्रण—शिक्षा और अनुभव के द्वारा मनुष्यों के राष्ट्रीय, प्रजातीय और सामूहिक पूर्वाग्रहों और घृणा को नियन्त्रित किया जा सकता है। मनुष्य यह जान सकते हैं कि सभी प्रजातियों, राष्ट्रों और समूहों के सदस्य एक से होते हैं और उनमें एक सी ही समस्यायें, आशायें, आकांक्षायें और आवश्यकतायें भी होती है। इस बात को जानने से लोगों में पूर्वाग्रह दूर हो सकते हैं।

(4) समानता का प्रचार—युद्ध को रोकने और स्थायी शान्ति की स्थापना के लिए हर प्रकार का भेद-भाव दूर किया जाना चाहिये। धर्म, प्रजाति, राष्ट्र अथवा किसी भी अन्य भेद पर आधारित पृथक्करण की नीति से तनाव बढ़ते हैं।

---

1. Allport, G.W., *Human Nature and the Peace..* —Psychological Bulletin (1945).

(5) स्वशासन में अनावश्यक हस्तक्षेप का प्रभाव—शान्ति के लिए यह आवश्यक है कि विभिन्न राष्ट्रों के लोगों को स्वशासन का अधिकार दिया जाये और साथ ही उसमें अन्य देशों की ओर से कम से कम हस्तक्षेप हो। ऐसा न होने पर जनता में अन्दर-अन्दर विद्रोह की आग सुलगती रहती है जो स्थाई शान्ति के लिए भारी खतरा है।

(6) उचित दण्ड और पुरस्कार—युद्ध में हारे हुए और युद्ध के दोषी व्यक्तियों को दण्ड और पुरस्कार देने में बड़ी बुद्धिमता से काम लेने की जरूरत है जिससे केवल दोषी व्यक्तियों को ही दण्ड मिले और निर्दोष व्यक्ति के साथ सख्ती न हो।

(7) आत्म-सम्मान बनाये रखते हुए पुनर्वास—युद्ध के दोषी राष्ट्र अथवा समूहों के समर्पण करने के बाद उनका पुनर्वास किया जाना चाहिये और उनके आत्म-सम्मान को चोट नहीं लगनी चाहिये। आत्म-सम्मान को चोट लगने पर कभी न कभी उनके विद्रोह का खतरा उपस्थित हो जाता है। आत्म-सम्मान से आत्म-निर्भरता और आत्म-विश्वास उत्पन्न होते हैं जो सहयोग के लिये बड़े आवश्यक हैं। कोई भी सहायता भीख या घूस के रूप में नहीं दी जानी चाहिये और न ही किसी प्रकार से आत्म-सम्मान को चोट पहुँचनी चाहिये।

(8) साधारण व्यक्ति का ध्यान और सम्मान—स्थाई शान्ति जनता पर आधारित है इसलिए उसकी योजना में सर्वसाधारण लोगों की इच्छाओं को सन्तुष्ट करने का ध्यान रखना जरूरी है।

(9) सामूहिक सुरक्षा के लिए बड़ी-बड़ी इकाइयाँ—मानव सम्बन्धों का दायरा जितना ही अधिक विस्तृत होगा विश्व शान्ति उतनी ही अधिक स्थाई हो सकती है। यदि राष्ट्रों की सीमाओं के ऊपर क्षेत्रीय या अन्तर्राष्ट्रीय सरकारों की स्थापना हो सके तो इससे सामूहिक सुरक्षा अधिक सम्भव हो सकेगी।

(10) वायदों की सच्चाई—युद्ध के बाद की प्रतिक्रियाओं को सही दिशा में मोड़ने के लिए यह आवश्यक है कि युद्ध के दिनों में जो वायदे किए जायें उन पर बाद में अमल किया जाये। यदि ऐसा नहीं होता तो अविश्वास बढ़ता है और फिर से युद्ध छिड़ने की सम्भावना उत्पन्न हो जाती है।

शान्ति के अन्य सुझाव

स्थाई शान्ति स्थापित करने के लिए उपरोक्त सुझावों के अलावा इस सम्बन्ध में कुछ और बातों का ध्यान रखना भी जरूरी है। ये बातें निम्नलिखित हैं—

(1) शान्ति की शिक्षा—जिस तरह मनुष्य युद्ध करना सीखता है उसी तरह वह शान्ति से रहना भी सीख सकता है। इसके लिए जनता को विशेषतया नई पीढ़ी

के युवक-युवतियों को शान्ति की शिक्षा देनी होगी जिससे कि वे अपने को विश्व का नागरिक समझें और अन्तर्राष्ट्रीय संगठन के सदस्य के रूप में कार्य करें।

(2) अन्तर्राष्ट्रीय सम्बन्धों का विकास—युद्ध के मूल में उपस्थित पूर्वाग्रहों, रूढ़युक्तियों आदि को दूर करने के लिए अन्तर्राष्ट्रीय सम्बन्धों का अधिक से अधिक विकास किया जाना चाहिये। इसके लिये प्रत्येक क्षेत्र में अधिक से अधिक अन्तर्राष्ट्रीय संस्थायें बनाई जानी चाहियें। इससे अन्तर्राष्ट्रीय सहयोग बढ़ेगा और लोग एक दूसरे के सम्पर्क में आयेंगे। इससे अन्तर्राष्ट्रीय लक्ष्य उपस्थित होंगे जिनसे एकता बढ़ेगी।

(3) सामाजिक और आर्थिक कल्याण—संसार से युद्ध को स्थाई रूप से हटाने के लिये यह जरूरी है कि दुनिया में कभी भी सामाजिक और आर्थिक विषमतायें, गरीबी, असुरक्षा, हताशायें आदि न रहें। संसार के हर एक राष्ट्र में लोगों का सामाजिक और आर्थिक कल्याण किया जाना चाहिये।

उपरोक्त विवेचन से स्पष्ट है कि युद्ध को दूर करने के लिए सामाजिक, आर्थिक, राजनीतिक सभी दिशाओं में प्रयत्न करने की आवश्यकता है। यह ठीक है कि सबसे अधिक प्रयत्न मनोवैज्ञानिक क्षेत्र में करना पड़ेगा। इस दिशा में समाज मनोविज्ञान के सुझाव बड़े महत्त्वपूर्ण हैं।

युद्ध और अपराध
(War and Crimes)

युद्ध और निर्धनता

युद्ध और निर्धनता का बड़ा घनिष्ठ सम्बन्ध है और जैसा कि पहले बतलाया जा चुका है निर्धनता और अपराध में घनिष्ठ सम्बन्ध है। इस प्रकार निर्धनता बढ़ाकर भी युद्ध अपराध बढ़ाता है। युद्ध में देश के युवा और बलिष्ठ व्यक्ति मारे जाते हैं तथा बमों आदि से कल कारखाने और इमारतें नष्ट हो जाती है। इससे जहाँ मानव शक्ति की भारी कमी उपस्थित होती है वहाँ सम्पत्ति की भी भयंकर हानि होती है। अतः युद्ध से देश की आर्थिक दशा बड़ी खराब हो जाती है। इसमें कोई सन्देह नहीं है कि युद्ध की परिस्थितियों का लाभ उठा कर कुछ व्यापारी खूब पैसा कमाते हैं और कुछ चोर-डाकू अधिक समृद्ध हो जाते हैं परन्तु इससे केवल आर्थिक विषमता ही बढ़ती है, खड़ी फसलें उजड़ जाती हैं और कभी-कभी लोगों को भारी संख्या में अपना घर और सम्पत्ति छोड़ कर भागने को मजबूर होना पड़ता है। इस प्रकार युद्ध से निर्धनता बढ़ती है। कारखाने नष्ट हो जाने से लाखों व्यक्ति बेकार हो जाते हैं। युद्ध समाप्त होने के बाद देश की आर्थिक दशा शोचनीय हो जाती है।

युद्ध और अपराध

युद्ध का अपराध से भी घनिष्ठ सम्बन्ध है। परोक्ष रूप से युद्ध गरीबी और बेकारी को बढ़ा कर अपराधों को प्रोत्साहित करता है। अपरोक्ष रूप से अनेक कारणों से युद्ध अपराधों को प्रोत्साहित करता है। इनमें से कुछ कारण निम्नलिखित हैं–

(1) युद्ध में बड़ी संख्या में युवा पुरुष मारे जाते हैं। इससे जहाँ युवती विधवाओं की संख्या बढ़ती है वहाँ देश में स्त्री-पुरुष की संख्या का अनुपात भी बिगड़ जाता है। पुरुषों से स्त्रियों की संख्या बढ़ जाने के कारण यौन अपराध फैलते हैं क्योंकि अधिकांश स्त्रियाँ पुरुषों की कमी के कारण व्यभिचार की ओर आसानी से प्रवृत्त हो जाती हैं।

(2) युद्ध से परिवार विशृंखलित हो जाते हैं क्योंकि हजारों परिवारों में कमाने वालों की मृत्यु हो जाती है और अंग भंग के कारण हजारों परिवारों में कमाने वाले बेकार हो जाते हैं। इससे परिवारों की दशा बिगड़ जाती है और लड़के-लड़कियाँ अपराध की ओर प्रवृत्त हो जाते हैं।

(3) युद्ध में पुरुष युद्धस्थल पर चले जाते हैं और स्त्रियाँ भी कारखानों में काम करने लगती हैं। इससे बालकों पर नियन्त्रण नहीं रह जाता है। लम्बे वियोग से स्त्री-पुरुष भी यौन अपराधों की ओर प्रवृत्त होते हैं।

(4) युद्ध के दिनों में सेना की सारी शक्ति बाहर लग जाती है जिसका लाभ उठाकर कुछ लोग निःशंक होकर अपराधों में जुट जाते हैं। युद्ध के दिनों में अपराध पर बहुत कम रोक-टोक हो पाती है।

(5) गोलाबारी अथवा सेना के आक्रमण के समय आक्रामक सैनिक तो लूटमार और बलात्कार आदि करते ही हैं देश के बहुत से लोग भी अव्यवस्था का लाभ उठाकर जघन्य अपराधों में जुट जाते हैं।

(6) युद्ध के कारण लाखों परिवारों को अपने घर छोड़कर नये-नये स्थानों पर बसना पड़ता है। स्थानान्तरण से परिवारों और समुदायों में तेजी से परिवर्तन होते हैं और नियन्त्रण ढीले पड़ जाते हैं। इससे भी अपराध बढ़ते हैं।

(7) युद्ध के कारण हजारों स्त्रियाँ और बालक अनाथ हो जाते हैं जिनमें से बहुत से अपराध की ओर बढ़ जाते हैं।

इस प्रकार संक्षेप में युद्ध, निर्धनता और अपराध में बड़ा घनिष्ठ सम्बन्ध है। यह आवश्यक नहीं है कि अपराध बढ़ने पर युद्ध और निर्धनता भी बढ़े परन्तु यह कहा जा सकता है कि युद्ध और निर्धनता बढ़ने पर अपराध भी बढ़ते हैं और युद्ध तथा निर्धनता अपराध के महत्त्वपूर्ण कारण हैं।

युद्ध अपराध
(War Crimes)

अपराधशास्त्र में युद्ध के विवेचन में युद्ध अपराधों का विवेचन अत्यन्त आवश्यक है। द्वितीय विश्व युद्ध के पश्चात् प्रमुख अपराधियों के विरुद्ध चलाये गये मुकदमों से अपराधशास्त्र और दण्डशास्त्र के क्षेत्र में अनेक महत्त्वपूर्ण प्रश्न उपस्थित हुये। क्या युद्ध में भाग लेने वाले किसी राज्य के आदेश से लड़ने वाले व्यक्तियों को युद्ध अपराधी माना जा सकता है? क्या केवल व्यक्तिगत प्रेरणा से युद्ध करने वाले व्यक्तियों को ही युद्ध अपराधी माना जाना चाहिये? यह देखा गया है कि जिन लोगों ने युद्ध आरम्भ किया उनके स्थान पर उन लोगों को युद्ध का अपराधी ठहराया गया, जिन्होंने युद्ध के दौरान जघन्य हत्यायें की थीं या सामान्य आचार के नियमों का तोड़ा था। साधारण अपराध करने में उसका समस्त उत्तरदायित्व अपराधी व्यक्ति पर होता है किन्तु युद्ध के दौरान अपराध करने वाले व्यक्ति नेताओं के आदेश के कारण अपराध करते हैं। अस्तु, युद्ध अपराधियों की समस्या जटिल हो जाती है। सदरलैंड के अनुसार जो अधिकारी किसी कम्पनी के लिये अपराधी कार्य करते हैं उन्हें उनके उत्तरदायित्व से माफ नहीं किया जा सकता। इसी प्रकार युद्ध अपराधियों के विषय में यह कहा जा सकता है कि जो सैनिक अधिकारी युद्ध के दौरान जघन्य अपराध करते है या उसें आयोजित करते हैं उन्हें युद्ध अपराधी माना जाना चाहिये भले ही उन्होंनै वरिष्ठ अधिकारियों के आदेश से ऐसा किया हो।

अब यदि युद्ध के दौरान हुये अपराधों को अपराध मान लिया जाये तो यह प्रश्न उपस्थित होता है कि युद्ध समाप्त हो जाने के पश्चात् युद्ध अपराधियों को दण्ड देने का अधिकार किसको है? जब युद्ध चलता रहता है तो शुत्र के पकड़े गये व्यक्तियों को सैनिक अधिकारी स्वयं दण्ड देते हैं। इसी प्रकार शुत्र के गुप्तचरों के पकड़े जाने पर उन्हें भी दण्ड दिया जा सकता है, युद्ध में भाग लेने वाले व्यक्तियों को इस प्रकार दण्डित किया जा सकता है किन्तु भाग न लेने वाले नागरिकों को इस प्रकार दण्ड नहीं दिया जा सकता। इसी तरह जैसे युद्ध के दौरान सेनाधिकारी दण्ड देते रहते हैं वैसे ही युद्ध जीत जाने के बाद विजेता राष्ट्र विजित राष्ट्र के नागरिकों पर दण्ड लागू नहीं कर सकता।

टाफ्ट ने यह कहा है कि युद्ध अपराधियों के विरुद्ध कार्यवाही उचित नहीं है चाहे उन्होंने युद्ध आरम्भ किया हो या दूसरों के आदेश से युद्ध किया हो। इसके लिये टाफ्ट ने अनेक तर्क दिये हैं। एक तो यह कि ऐसी दशा में अपराधी व्यक्ति स्वयं यह अनुभव करता है कि दण्ड देने वाले भी कम अपराधी नहीं हैं। दूसरे, इससे युद्ध की सम्भावना बढ़ जाती है। तीसरे, विजेता राष्ट्र के नागरिकों को युद्ध अपराधी नहीं माना जाता। चौथे, हो सकता है कि युद्ध अपराधी किसी विशेष दल के सदस्य होने के कारण युद्ध में प्रवृत्त हुये हों। किन्तु टाफ्ट के तर्कों को अन्य अपराधशास्त्री

नहीं मानते। 8 अगस्त सन् 1945 में लन्दन में जर्मनी के समर्पण के पश्चात् एक सैनिक अदालत बनी जिसने युद्ध अपराधियों पर मुकद्दमा चलाने कें लिये कुछ नियम बनाये। 6 अक्तूबर, 1945 को बर्लिन में हुये एक समझौते में इस प्रकार की सैनिक ट्रिब्यूनल अदालत की रचना और काम करने के नियम इत्यादि निर्धारित किये गये। आक्षेप होने के बावजूद नाजी अधिकारियों द्वारा की गयी भयंकर हत्याओं और जघन्य अपराधों की अवहेलना नहीं की जा सकती थी। अस्तु, जो नाजी अधिकारी पकड़े गये उन पर अभियोग लगाये गये और मुकदमें चलाये गये। ट्रिब्यूनल ने चार्टर के अनुसार उन पर मुकदमा चलाया और नाजी व्यवस्था के बड़े समूहों और संगठनों को अपराधी ठहराया। इस प्रकार जर्मनी में नाजी व्यवस्था चलाने वाले संगठन को अपराधी घोषित किया गया। इस संगठन के व्यक्तियों पर अभियोग चलाये गये। बड़े युद्ध अपराधियों पर मुख्य रूप से चार प्रकार के अभियोग लगाये गये—षड्यंत्र अथवा सामान्य योजना बनाना, शान्ति के विरुद्ध अपराध, युद्ध अपराध और मानवता के विरुद्ध अपराध। युद्ध अपराधियों के कारनामों को इन चार वर्गों में विभाजित करके उन पर मुकदमे चलाये गये और अभियोग सिद्ध हो जाने पर उन्हें प्राण दण्ड दिये गये। अनेक अपराधी युद्ध समाप्त होने से पहले ही जर्मनी से इधर उधर खिसक गये थे। कितने ही वर्षों के बाद जब कभी इनमें से कोई भी पकड़ा गया तो उस पर अभियोग लगाया गया और युद्ध अपराधी के रूप में उस पर मुकदमा चलाया गया तथा दण्ड दिया गया।

युद्ध अपराधियों पर मुकदमा चलाने की समस्या का एक उदाहरण कुछ वर्षों पूर्व पाकिस्तान के बंगला देश से युद्ध के परिणामस्वरूप देखने में आया। पाकिस्तानी सैनिकों के आत्म समर्पण के पश्चात् बंगला देश की सरकार ने अपने देश में भयंकर रूप से बलात्कार और हत्यायें करने के जिम्मेदार पाक सैनिकों को युद्ध अपराधी मानकर उन पर मुकदमा चलाने का निश्चय किया। इसको लेकर संसार में अनेक देशों में काफी शोर मचा किन्तु बंगला देश की सरकार ने युद्ध अपराधियों का फैसला करने के लिये ट्रिब्यूनल निर्माण कर लिया और मुकदमा चलाने के लिये कृत संकल्प है। इस सम्बन्ध में अन्तिम रूप क्या होगा यह भविष्य की बात है।

अभ्यास के लिये प्रश्न

1. युद्ध और अपराध का सम्बन्ध बताइये।
2. संक्षिप्त टिप्पणी लिखो—युद्ध अपराधी।

43

दण्डशास्त्र : परिभाषा, क्षेत्र और सम्प्रदाय

(Penology : Definition, Scope and Schools)

'दण्डशास्त्र' का अंग्रेजी पर्यायवाची शब्द 'पेनोलोजी' (Penology) है। 'दण्डशास्त्र' दो शब्दों 'दण्ड' और 'शास्त्र' से मिलकर बना है। इसका अर्थ हुआ कि दण्डशास्त्र दण्ड का शास्त्र है अर्थात वह शास्त्र है जिसमें दण्ड का पूर्ण अध्ययन किया जाये। दण्डशास्त्र में दण्ड क्या है? दण्ड की विधियाँ क्या हैं? दण्ड का प्रयोजन क्या है? दण्ड के सिद्धान्त क्या हैं? दण्ड का महत्त्व क्या है? आदि बातों का अध्ययन किया जाता है। दण्डशास्त्र के विषय में पूर्ण ज्ञान प्राप्त करने के लिये दण्डशास्त्र की एक निश्चित परिभाषा निर्धारित करनी आवश्यक है।

दण्डशास्त्र की परिभाषा

कुछ विद्वानों ने दण्डशास्त्र की निम्नलिखित परिभाषायें उपस्थित की हैं—

(1) लायबर द्वारा परिभाषा—फ्रांसिस लायबर (Francis Lieber) ने दण्डशास्त्र को अपराधशास्त्र की एक विशिष्ट शाखा माना है। इनके अनुसार यह "अपराधशास्त्र की वह शाखा है जो अपना सम्बन्ध अपराधी को दण्ड देने से रखती है अथवा उसे रखना चाहिये।"[1] यह परिभाषा दण्डशास्त्र की एक सीमित परिभाषा है। वास्तव में दण्डशास्त्र का सम्बन्ध केवल दण्ड देना ही नहीं वरन् दण्ड से सम्बन्धित अन्य अनेक पहलुओं का अध्ययन करना भी है।

(2) सेन द्वारा परिभाषा—डॉ० पी० के० सेन (Dr. P.K. Sen) ने दण्डशास्त्र की परिभाषा निर्धारित करने के लिये दण्डशास्त्र का क्षेत्र स्पष्ट किया है। उसके

1. "That branch of criminal science which occupies itself, or ought to do so with the punishment of the criminal." —F. Lieber.

अनुसार, दण्डशास्त्र का उद्देश्य "उन मूलभूत सिद्धान्तों का विधान करना है जिनको राज्य को अथवा प्रभुत्व सत्ता को अपने दण्ड की योजना बनाने में पथ-प्रदर्शन करना चाहिए।"[1] इस परिभाषा से स्पष्ट होता है कि दण्डशास्त्र का सम्बन्ध प्रभुत्व सम्पन्न राजनैतिक सत्ता से है। यह शास्त्र राजनैतिक सत्ता को अपने क्षेत्र में निर्देशित करता है।

(3) फेयरचाइल्ड द्वारा परिभाषा—फेयरचाइल्ड (Fairchild) ने दण्डशास्त्र की एक बहुत ही अच्छी परिभाषा निर्धारित की है। उसने दण्डशास्त्र को व्यावहारिक समाजशास्त्र की एक शाखा घोषित करते हुये कहा है कि, "यह व्यावहारिक समाजशास्त्र की वह शाखा है जो अपराध की दण्ड-प्रणाली और सिद्धान्तों की विवेचना करती है।"[2] यह परिभाषा एक विस्तृत परिभाषा है। इससे दण्डशास्त्र का क्षेत्र स्पष्ट हो जाता है।

उपरोक्त परिभाषाओं के आधार पर हम कह सकते हैं कि दण्डशास्त्र ज्ञान की एक विशिष्ट शाखा है जिसका व्यावहारिक उपयोग है। इस शास्त्र का सम्बन्ध दण्ड-विधान से है, जिसका निर्माण प्रभुत्व सम्पन्न राजनैतिक सत्ता द्वारा होता है।

दण्डशास्त्र की विशेषतायें

दण्डशास्त्र के विषय में पूर्ण ज्ञान प्राप्त करने के लिये इसकी विशेषतायें जानना अति आवश्यक है। टैफ्ट (D.R. Taft) ने दण्डशास्त्र की मुख्य विशेषताओं का विवरण इस प्रकार उपस्थित किया है[3]—

(1) दण्डशास्त्र दंड एवं उपचार की एक पद्धति है।

(2) दण्डशास्त्र का कार्य सामाजिक रक्षा एवं सुरक्षा के लिए आवश्यक निर्माणक विधियाँ उपस्थित करना है। इन विधियों का प्रयोजन समाज विरोधी एवं हानिकारक अपराधी व्यक्तियों का दमन करना है।

(3) दण्डशास्त्र सुधारात्मक संस्थाओं का संगठन एवं परिचालन करता है।

(4) दण्डशास्त्र उपचार के साथ ही साथ सामाजिक सामंजस्य स्थापित करने का भी प्रयास करता है।

(5) दण्डशास्त्र व्यक्ति एवं समाज के उपचार के लिये कुछ सामूहिक सिद्धांत बनाता है तथा उनको लागू करता है।

---

1. "To lay down the fundamental principles that should guide the state, or the sovereign authority, in framing its scheme of punishment."
—Dr. P.K. Sen.
2. "That field of applied sociology which deals with the theory and methods of punishment for crime."
—Fairchild, H.P., *Dictionary of Sociology*, p. 217.
3. Taft, D.R., *Criminology*, p. 360.

दण्डशास्त्र एवं अपराधशास्त्र

वास्तव में दण्डशास्त्र अपराधशास्त्र की एक शाखा है। अपराधशास्त्र अपराधों का अध्ययन करता है। अपराधशास्त्र द्वारा ही यह निर्धारित किया जाता है कि कौन-सा व्यवहार अपराध है और कौन-सा व्यवहार अपराध नहीं है। अपराधशास्त्र अपराधों और अपराधियों के प्रकारों का विवरण उपस्थित करता है। अपराधों के प्रकारों का निर्धारण करने के बाद इन अपराधों के लिए दण्ड का निर्धारण किया जाता है। यह कार्य भी अपराधशास्त्र का ही है। निर्धारित दण्ड को लागू करना एवं उसके विषय में व्यावहारिक सिद्धान्त बनाना दण्डशास्त्र का कार्य है। दण्डशास्त्र दण्ड की विधियों का अध्ययन भी करता है। सेथना का कहना है कि, "दण्डशास्त्र दण्ड की विधियों एवं सिद्धान्तों से सम्बन्ध रखता है।"[1]

इस प्रकार स्पष्ट है कि अपराधशास्त्र और दण्डशास्त्र का पारस्परिक घनिष्ठ सम्बन्ध है। अपराधशास्त्र भी अपने सैद्धान्तिक अध्ययन में दण्डशास्त्र के अध्ययन की सहायता लेता है। दण्डशास्त्र के अध्ययनों द्वारा ज्ञात होता है कि किस दण्ड का क्या प्रभाव होता है। दण्ड के प्रभावों एवं परिणामों के आधार पर अपराधशास्त्री अपने सिद्धान्तों में संशोधन करते हैं। दण्डशास्त्र को भी अपने क्षेत्र में सफलतम पद्धतियों को अपनाने के लिये अपराधशास्त्र के अध्ययनों एवं सिद्धान्तों की सहायता लेने की आवश्यकता होती है। इसलिये सेथना के शब्दों में हम कह सकते हैं कि, "अपराधशास्त्र का अध्ययन दण्ड-विज्ञान के अध्ययन के लिए एक आवश्यक पूरक है।"[2]

दण्डशास्त्र के सम्प्रदाय
(Schools of Penology)

जब भी किसी शास्त्र का पर्याप्त विकास हो जाता है तब उस शास्त्र के अन्तर्गत विभिन्न सम्प्रदाय अथवा मत पैदा हो जाया करते हैं। इन सम्प्रदायों का आधार सम्बन्धित विद्वानों के विभिन्न मत हुआ करते हैं। दण्डशास्त्र भी एक पर्याप्त विकासमान शास्त्र है। इस शास्त्र में दण्ड के उद्देश्य, दण्ड के सिद्धान्त और दण्ड की विधियों आदि से सम्बन्धित प्रश्नों को लेकर विद्वानों में मतभेद है। इसी मतभेद के कारण दण्डशास्त्र के कुछ सम्प्रदाय संगठित हो गये हैं। दण्डशास्त्र के मुख्य सम्प्रदाय निम्नलिखित हैं–

(1) शास्त्रीय सम्प्रदाय (Classical School)

(2) सकारवादी सम्प्रदाय (Positive School)

---

1. "Penology deals with the principles and methods of punishment."
—Sethna.

2. "The study of criminology is a necessary complement to the study of penology."
—Sethna.

शास्त्रीय सम्प्रदाय

दण्डशास्त्र के क्षेत्र में शास्त्रीय सम्प्रदाय का विशेष महत्त्वपूर्ण स्थान है। इस सम्प्रदाय का संगठन एवं प्रचलन 18वीं शताब्दी में हुआ था। इस काल में दण्ड-विधान के क्षेत्र में बहुत ही अन्यायपूर्ण रिवाज प्रचलित थे। इन्हीं के विरोध में इस सम्प्रदाय का जन्म हुआ। इस काल मे न्यायाधीशों को स्वविवेक बुद्धि द्वारा काम लेने की छूट थी। इस छूट का उद्देश्य तो अच्छा था परन्तु बाद में इसी छूट के कारण न्याय के क्षेत्र में अव्यवस्था एवं भ्रष्टाचार का समावेश हो गया था। इन कारणों के फलस्वरूप दण्डशास्त्र के शास्त्रीय सम्प्रदाय का जन्म हुआ। शास्त्रीय सम्प्रदाय के मुख्य समर्थक रूसो (Rousseau), बकेरिया (Baccaria), बेन्थम (Bentham), फ्यूअरबैक (Feurbach) तथा माड्सले (Maudsley) थे। इन विचारकों के मत एवं विचार इस प्रकार हैं—

1. **रूसो के विचार**—रूसो शास्त्रीय सम्प्रदाय का समर्थक था। उसके विचार उसके अपने ही सिद्धान्त "सामाजिक समझौते का सिद्धान्त" पर आधारित थे। दण्ड की प्रथा की उत्पत्ति के विषय में रूसो का कहना है कि क्योंकि सामूहिक दृष्टि से व्यक्ति दण्ड को उचित एवं समाज अथवा समूह के लिये हितकर समझते हैं, इसलिये दण्ड प्रथा की उत्पत्ति हुई। रूसो ने दण्डशास्त्र के शास्त्रीय सम्प्रदाय को विकसित करने के लिये तथा लोकप्रिय बनाने के लिये तीन बातों का प्रतिपादन किया। उसने कानून के एक विशिष्ट दर्शन का प्रतिपादन किया। कानून के दर्शन के साथ ही साथ उसने स्वतन्त्र इच्छा के सिद्धान्त का भी प्रतिपादन किया। इस सिद्धान्त के अनुसार व्यक्ति अपनी इच्छा से अपराध करता है। अपराध करने में कोई बाध्यता नहीं होती। रूसो ने जो तीसरी बात प्रसारित की वह अधिक महत्त्वपूर्ण थी। यह तीसरी बात थी व्यक्ति की अपने कार्यों के प्रति नैतिक जिम्मेदारी। इस सिद्धान्त के प्रचार एवं प्रसार का उद्देश्य व्यक्तियों में नैतिक-बोध को पैदा करना था। रूसो ने दण्ड के अस्तिव के विषय में भी अपने विचार प्रगट किये हैं। उसके अनुसार मानव समाज पर दण्ड थोपा या लादा नहीं गया। वास्तव में व्यक्ति ने दण्ड को लाभदायक जानकर स्वयं स्वीकार किया है। रूसो के अनुसार व्यक्ति अपराध भी जान-बूझ कर करता है और वह समझता है कि अपराध अनुचित कार्य है। इस स्थिति में अनुचित कार्य अर्थात् अपराध को समाप्त करने अथवा रोकने के लिए दण्ड का होना अनिवार्य है। इसीलिये व्यक्ति और समाज दण्ड को स्वीकार करता है।

(2) बकेरिया के विचार—दण्डशास्त्र सम्बन्धी विचार प्रगट करने के लिए बकेरिया के विचारों को भी स्पष्ट करना उचित है। उसके अनुसार अपराध का निर्धारण कानून द्वारा होता है। कानून का निर्माण प्रभुत्व सम्पन्न राजनैतिक सत्ता के विधायकों द्वारा होता है। इसके साथ ही साथ उन्होंने बताया कि दण्ड का सम्बन्ध

कानून से है। दण्ड का प्रयोजन समाज के हितों की रक्षा होता है। बकेरिया के अनुसार प्रत्येक दण्ड को सामान्य न कि व्यक्तिगत होना चाहिए। वे दण्ड को समाज के लिए आवश्यक मानते थे। उसके अनुसार दण्ड-व्यवस्था इस. प्रकार की होनी चाहिए कि उसका प्रभाव तत्काल ही हो। बकेरिया ने दण्ड के प्रकार एवं गम्भीरता के विषय में भी अपने विचार प्रकट किये हैं। उसके अनुसार प्रत्येक दण्ड को सम्बन्धित अपराध के अनुपात में गम्भीर होना चाहिए। दण्ड देने का विशिष्ट उद्देश्य होता है। दण्ड के दो मुख्य उद्देश्य होते हैं, प्रथम है—अपराधी को अपराध करने से रोकना, दूसरा है समाज को अपराधों की ओर बढ़ने से रोकना। दण्ड वास्तव में समाज से अपराध निवारण की एक प्रक्रिया है।

(3) **बेन्थम के विचार**—बेन्थम भी दण्ड शास्त्र के शास्त्रीय सम्प्रदाय का समर्थक था। बेन्थम का अपना दृष्टिकोण उपयोगितावादी था। उसके विचारों का मूल-भूत आधार सुखवादी दर्शन था। वह कानून को अधिक से अधिक व्यक्तियों के अधिक से अधिक सुख को प्राप्त करने का साधन मानता था। सामान्य सुख एवं शान्ति को स्थापित रखने के लिये दण्ड की व्यवस्था होनी चाहिए। उसके अनुसार दण्ड का उद्देश्य सामाजिक अपराधों को कम करना एवं जघन्य कार्यों को रोकना है। दण्ड-व्यवस्था के अन्तर्गत कार्य सरलता से एवं कम खर्चे द्वारा हो जाते हैं। उसके अनुसार भी दण्ड की गम्भीरता अपराध की गम्भीरता के अनुपात में ही होनी चाहिए। इसके अतिरिक्त दण्ड घोषित करते समय अपराध एवं अपराधी की सभी परिस्थितियों को भी ध्यान में रखना चाहिये।

(4) **फ्यूअरबैक के विचार**—फ्यूअरबैक जर्मनी का निवासी था। वह दण्ड को कानून भंग करने का निश्चित परिणाम मानता था। कानून का प्रयोजन व्यवस्था बनाये रखना है। कानूनों का उल्लंघन सामाजिक व्यवस्था के लिए खतरनाक होता है। फ्यूअरबैक अपराधशास्त्र और दण्डशास्त्र को परस्पर पूरक मानता था। उसके अनुसार कानून के बिना दण्ड का कोई अस्तित्व नहीं और दण्ड के बिना कानून का कोई महत्त्व नहीं।

(5) **माड्सले के विचार**—माड्सले के दण्डशास्त्र से सम्बन्धित अपने मौलिक विचार थे। उसने दण्ड के उद्देश्य के विषय में कहा कि दण्ड का उद्देश्य न तो बदले की भावना है और न सम्बन्धित अपराधी का सुधार। दण्ड का वास्तविक प्रयोजन यह है कि अन्य व्यक्ति अपराधों की ओर अग्रसर न हों। अपराधी को दिया गया दण्ड अन्य व्यक्तियों के लिए उदाहरण होता है। दण्ड सामान्य जनता के लिए चेतावनी का कार्य करता है। माड्सले के अनुसार अपराधों से सम्बन्धित न्याय एवं दण्ड की घोषणा बहुत ही शीघ्र एवं कठोर होनी चाहिये। दण्ड सामान्य जनों में भय उत्पन्न करने का साधन है। दण्ड का उद्देश्य वास्तव में कल्याणकारी होता है। यहाँ यह स्पष्ट कर देना आवश्यक है कि एक व्यक्ति को दण्ड देकर पूरे समाज का कल्याण होता है।

सकारवादी सम्प्रदाय
(Positive School)

दण्डशास्त्र का दूसरा प्रमुख सम्प्रदाय सकारवादी सम्प्रदाय है। इस सम्प्रदाय का उदय शास्त्रीय सम्प्रदाय के सिद्धान्तों की प्रतिक्रिया के फलस्वरूप हुआ था। इस सम्प्रदाय की विशेषता यह थी कि इसके सिद्धान्त अनुसन्धानों पर आधारित थे। इस सम्प्रदाय के सभी समर्थकों ने दण्डशास्त्र के सिद्धान्तों के निर्माण के लिए अपराधों की अपेक्षा अपराधियों के अध्ययन को अधिक महत्त्व दिया है। दण्ड-विधान भी अपराधियों की प्रकृति के अनुसार होना चाहिये। सकारवादी संम्प्रदाय के मुख्य समर्थक तीन थे। इनके नाम इस प्रकार हैं–

(1) **लोम्ब्रोसो** (Caesare Lombroso)

(2) **गैरोफेलो** (Garofalo)

(3) **फेरी** (Enrico Ferrie)

लोम्ब्रोसो के विचार–लोम्ब्रोसो के अनुसार दण्ड विधान समाज के लिए अनिवार्य है। दण्ड का उद्देश्य समाज में व्यवस्था बनाना एवं समाज-विरोधी कार्यों को रोकना है। दण्ड के पीछे सदैव सामाजिक कल्याण की भावना होनी चाहिए। अलग-अलग प्रकार के अपराधियों के लिए अलग-अलग प्रकार के दण्ड की व्यवस्था होनी चाहिए। अपराधियों के वर्गीकरण के लिए लोम्ब्रोसो ने शारीरिक विशेषताओं को आधार बनाया था। लोम्ब्रोसो ने मुख्य अपराधों के लिए दण्ड के प्रकार भी बताये हैं। उसके अनुसार आदतन हत्याएँ करने वालों को प्राय: प्राण-दण्ड से दण्डित करना चाहिये। यौन अपराधियों को कठोर दण्ड नहीं देना चाहिए, उन्हें पश्चाताप करने का मौका देना चाहिए तथा उनकी परिस्थितियों एवं वातावरण में सुधारात्मक परिवर्तन करने चाहिये। पागलों को किसी भी प्रकार का दण्ड नहीं देना चाहिए। पागलों को संरक्षण में रखकर सुधारने का प्रयास करना चाहिये।

लोम्ब्रोसो का सुझाव था कि कारावास अथवा कैद की सजा नहीं होनी चाहिये। इस प्रकार की सजा के स्थान पर देश निकाला दे देना चाहिए।

गैरोफेलो और फेरी के विचार–गैरोफेलो ने दण्डशास्त्र के विषय में लोम्ब्रोसो के समान ही विचार प्रगट किये हैं। गैरोफेलो का विचार था कि गम्भीर अपराध करने वाले अपराधियों को समाप्त कर देना चाहिये। हत्या आदि अपराध करने वाले व्यक्तियों को प्राणदण्ड से दंडित करना चाहिये। प्राणदण्ड के अतिरिक्त देशनिकाला तथा आजीवन कारावास भी दण्ड के रूप हैं। कम गम्भीर अपराधों के विषय में थोड़ा सहानुभूतिपूर्ण रवैया अपनाना चाहिए। ऐसे में अपराधी को क्षतिपूर्ति के लिए बाध्य करना चाहिये। इस स्थिति में या तो कुछ धन जुर्माने के रूप में राज्य को देना होगा या उस व्यक्ति को जो क्षतिग्रस्त हुआ हो।

फेरी लोम्ब्रोसो का शिष्य था। वह भी सकारवादी सम्प्रदाय का सदस्य था। वह अपराधियों के लिये दण्ड को अति आवश्यक मानता था। वास्तव में सामान्य जनता को अपराध एवं दुर्व्यवहार से रोकने के लिए तथा भयभीत करने के लिए दण्ड की व्यवस्था अति आवश्यक है। फेरी अपराधों के निवारण के लिए सम्बन्धित सामाजिक परिस्थितियों में परिवर्तन करने का सुझाव देता है। उसके अनुसार वास्तव में अपराध और अपराधी का सीधा सम्बन्ध सामाजिक परिस्थितियों से होता है।

अभ्यास के लिये प्रश्न

1. दण्डशास्त्र से आप क्या समझते हैं? दण्डशास्त्र के मुख्य सम्प्रदायों का संक्षिप्त परिचय दीजिए।
2. दण्ड का उद्देश्य क्या होना चाहिए? विवेचना कीजिये।
3. दण्ड के प्रमुख सिद्धान्तों की व्याख्या कीजिए। दण्ड के किस सिद्धान्त को आप सबसे अधिक पसन्द करते हैं?
4. दण्ड के सिद्धान्त की आधुनिक उपपत्तियों का विवेचन कीजिये।
5. दण्ड के विभिन्न सिद्धान्तों की विवेचना कीजिये।
6. दण्ड शास्त्र के संस्थापक सम्प्रदाय के अंशदानों का मूल्यांकन कीजिये।

44

भारतीय दण्ड व्यवस्था
(Indian Penal Code)

सामाजिक व्यवस्था बनाये रखने के लिये कुछ सामान्य नियम बनाने आवश्यक होते हैं। इन नियमों के अन्तर्गत उन सब कार्यों को अनुचित ठहराया जाता है जो सामान्य जनता के लिए अहितकर समझे जाते हैं। इन नियमों का कार्य सामाजिक संगठन एवं नियन्त्रण होता है। सभ्यता के अविकसित अथवा अल्पविकसित स्तर पर ये नियम प्राय: अलिखित हुआ करते हैं तथा प्रथाओं, जन-रीतियों, परम्पराओं, धार्मिक विश्वासों तथा रूढ़ियों आदि के माध्यम से सामाजिक नियन्त्रण का कार्य करते हैं। परन्तु सभ्यता के विकास के साथ-साथ ये अलिखित नियम जटिल एवं प्रगतिशील समाजों के समुचित नियन्त्रण के लिए पर्याप्त नहीं रहते। इस स्थिति में अनेक व्यक्ति इन अलिखित नियमों की बाध्यता को स्वीकार नहीं करते। वे अपने व्यक्तिगत हितों को अधिक महत्त्व देने लगते हैं। इसके फलस्वरूप सामाजिक व्यवस्था छिन्न-भिन्न होने लगती है। इस प्रकार की सामाजिक व्यवस्था को समाप्त करने के लिए लिखित एवं प्रभावशाली नियमों की व्यवस्था करनी पड़ती है। यह कार्य प्रत्येक देश अथवा राष्ट्र की प्रभुत्व सम्पन्न राजनीतिक सत्ता द्वारा होता है। इस प्रकार के लिखित नियमों को कानून (Law) कहा जाता है। इन कानूनों में यह स्पष्ट किया जाता है कि कौन-कौन सा कार्य अपराध है तथा किस अपराध के लिए क्या दण्ड होगा। भारत में भी इस प्रकार के लिखित कानून की व्यवस्था है। भारत की इस लिखित कानून संहिता को ''भारतीय दण्ड संहिता''' (Indian Penal Code) का नाम दिया गया है।

भारतीय दण्ड संहिता में भारत राष्ट्र की सीमा में लागू होने वाले कानूनों का पूर्ण विवरण है। इसके अन्तर्गत अपराधों का वर्गीकरण किया गया है तथा सम्बन्धित दण्डों का भी वर्णन है। भारतीय दण्ड संहिता का निर्माण भारतीय शासन-सत्ता द्वारा हुआ है तथा इसे पुलिस एवं न्यायालय के माध्यम से लागू किया जाता है। भारतीय दण्ड संहिता का उद्देश्य सामाजिक सुरक्षा, कल्याण एवं सामाजिक व्यवस्था स्थापित करना है। इस उद्देश्य के लिए समय-समय पर इसमें परिवर्तन एवं संशोधन करने का भी प्रबन्ध है।

भारतीय दण्ड-संहिता में अपराध

भारतीय दण्ड-संहिता में प्रत्येक उस कार्य को अपराध माना गया है जिसके द्वारा प्रत्यक्ष अथवा अप्रत्यक्ष रूप में व्यक्ति अथवा समूह का किसी भी प्रकार का अहित होता है। यह अहित शारीरिक, मानसिक, सम्मान अथवा सम्पत्ति से सम्बन्धित हो सकता है। सामान्य सामाजिक व्यवस्था एवं शान्ति को भंग करना भी अपराध कहलाता है। भारतीय दण्ड-संहिता में वर्णित अपराधों को सात मुख्य वर्गों में बांटा जा सकता है। ये वर्ग निम्नलिखित हैं—

(अ) मानव शरीर से सम्बन्धित अपराध

मानव-शरीर को किसी भी प्रकार का नुकसान पहुँचाना अपराध है। इस वर्ग के अन्तर्गत निम्नलिखित कार्य अपराध माने गये हैं—

(1) मानव हत्या (Homicide)—किसी व्यक्ति को जान से मार डालना मानव हत्या है। जब यह हत्या जान-बूझकर की जाती है तब इसे अपराध माना जाता है। दुर्घटनावश अथवा वास्तव में अचेतन रूप से हुयी हत्या अपराध नहीं है। इस वर्ग में आत्म-हत्या भी अपराध ही मानी जाती है।

(2) भ्रूण हत्या—अधिकांश स्थितियों में भ्रूण-हत्या और गर्भपात को भी अपराध माना गया है। कुछ स्थितियों में गर्भपात को अपराध नहीं माना जा सकता, उदाहरण के लिए जब कि गर्भवती स्त्री का स्वास्थ्य अथवा जान खतरे में हो अथवा विकलांग शिशु उत्पन्न होने की आशंका हो। इसके अतिरिक्त बलात्कार द्वारा धारित गर्भ को समाप्त करना भी अपराध नहीं है।

(3) शारीरिक चोट—व्यक्ति के शरीर को साधारण अथवा गम्भीर किसी भी प्रकार की चोट पहुँचाना अपराध है। भारतीय दण्ड-संहिता में कुछ गम्भीर चोटों का विशिष्ट रूप से विवरण दिया गया है। ये चोटें हैं—बन्ध्याकरण करना, आँख को स्थायी रूप से बेकार कर देना, किसी की कान की सुनने की शक्ति समाप्त कर देना, किसी अंग को अलग कर देना या बेकार कर देना, दांत अथवा किसी भी हड्डी को तोड़ देना या अपने स्थान या जोड़ से अलग कर देना तथा अन्य असह्य पीड़ा देने वाली सब प्रकार की चोटें।

(4) अनुचित बन्धन—किसी व्यक्ति को बिना उसकी अनुमति के किसी स्थान पर बांध देना अपराध है। बांधने के अतिरिक्त किसी स्थान पर बरबस बन्द कर देना अथवा सीमित स्थान में रोक देना भी अपराध है।

(5) आक्रमण करना—किसी व्यक्ति पर जानबूझकर पूर्व-योजना एवं तैयारी द्वारा हमला करना आक्रमण कहलाता है। इस हमले का उद्देश्य शारीरिक कष्ट अथवा नुकसान पहुँचाना होता है।

(6) व्यक्ति को भगाना—यदि किसी व्यक्ति को उस की अथवा उसके संरक्षक की अनुमति के बिना किसी चालाकी अथवा धूर्तता के साधन द्वारा उसके घर अथवा स्थायी स्थान से अन्यत्र ले जाया जाये तो यह क्रिया भगाना कहलाती है। यह अपराध प्रायः नाबालिगों के प्रति हुआ करता है। नाबालिग लड़कियों को भगाना विशेष अपराध होता है।

(7) अपहरण—किसी व्यक्ति को बरबस शक्ति द्वारा अपने स्थान से ले जाना अपहरण कहलाता है। अपहरण भगाने की क्रिया से भिन्न है। भगाने में धूर्तता, चालाकी और फुसलाने की क्रियाओं को साधन बनाया जाता है। इसके विपरीत अपहरण में शक्ति, धमकी एवं भय को साधन बनाया जाता है।

(8) बलात्कार (Rape)—किसी स्त्री के साथ विशिष्ट दशाओं में स्थापित किये गये यौन सम्बन्धों को बलात्कार कहा जाता है। ये दशाएँ हैं स्त्री की इच्छा के विपरीत, स्त्री की स्वेच्छा से अनुमति के बिना, भय एवं धमकी में आकर यौन सम्बन्धों को अनुमति की दशा में, विवाह करने का झूठा वायदा करके यौन सम्बन्ध स्थापित करना परन्तु बाद में विवाह नहीं करना, अल्प आयु अर्थात् 12-13 वर्ष से कम आयु वाली लड़की के साथ यौन सम्बन्ध स्थापित करना इत्यादि।

(ब) सम्पत्ति से सम्बन्धित अपराध

भारतीय संविधान में प्रत्येक व्यक्ति को अपनी निजी संम्पत्ति रखने का अधिकार है। इस प्रकार प्रत्येक व्यक्ति को अपनी सम्पत्ति के उपयोग एवं क्रय-विक्रय का पूर्ण अधिकार है। इस स्थिति में यदि कोई व्यक्ति किसी अन्य व्यक्ति की सम्पत्ति को छीनता है या नुकसान पहुँचाता है तो उसका इस प्रकार का कार्य अपराध कहलायेगा। भारतीय दण्ड-संहिता में निम्नलिखित कार्य सम्पत्ति सम्बन्धी अपराध कहलाते हैं।

(1) चोरी—किसी व्यक्ति की किसी भी चल-सम्पत्ति को बिना उसकी अनुमति के तथा बिना सूचित किये उठा लेना चोरी कहलाता है।

(2) लूट एवं डकैती—लूट एवं डकैती भी सम्पत्ति सम्बन्धी अपराध हैं। इस अपराध के अन्तर्गत जिस व्यक्ति की सम्पत्ति को उठाया जाता है या छीना जाता है उसे शारीरिक चोट अथवा भय भी दिखाया जाता है। प्रायः पाँच अथवा पाँच से अधिक व्यक्तियों द्वारा हिंसात्मक साधनों द्वारा की गई सम्पत्ति की चोरी डकैती कहलाती है। डकैती और चोरी में अन्तर है। चोरी प्रायः छुपकर तथा सम्पत्ति के मालिक की आँख बचाकर की जाती है परन्तु डकैती सम्पत्ति के मालिक की उपस्थिति में की जाती है। डकैती मालिक की डरा-धमका कर अथवा जान से मारकर की जाती है।

(3) विश्वासघात—विश्वासघात भी अपराध है। यह अपराध उस समय होता है जब कोई व्यक्ति किसी अन्य व्यक्ति को किसी वायदे पर किसी सम्पत्ति

का कुछ समय के लिए अधिकार दे देता है और निश्चित समय पर वापिस माँगता है। इस स्थिति में यदि दूसरा व्यक्ति अपने वायदे से हट जाता है और वायदे के अनुसार कार्य नहीं करता तो उसके इस कार्य को विश्वासघात कहा जायेगा।

(4) चुराई हुयी सम्पत्ति लेना या खरीदना—यदि कोई व्यक्ति जान-बूझ कर वह सम्पत्ति लेता है या खरीदता है जो किसी अन्य व्यक्ति की चुराई हुई है तो उस व्यक्ति का यह सम्पत्ति लेना या खरीदना भी अपराध माना जायेगा।

(5) धोखा एवं कपट—जान-बूझकर किसी व्यक्ति की सम्पत्ति को नुक्सान पहुँचाने की क्रिया को धोखा कहा जाता है। कोई भी ऐसी चेतन क्रिया धोखा कहलाती है जिसके द्वारा किसी अन्य व्यक्ति की सम्पत्ति नष्ट होती है या उसकी बाजार कीमत अथवा उपयोगिता कम होती है। धोखे के अतिरिक्त कपट भी अपराध है। कपट वह क्रिया है जिसके द्वारा कोई व्यक्ति किसी अन्य व्यक्ति का नुक्सान कर दे या अपना फायदा कर ले। झूठ बोलना, गलत हस्ताक्षर करना, अनुचित फार्म आदि भरना, ब्याज की गलत गणना करना, सम्पत्ति के बँटवारे में अनुचित नियमों को लागू करना आदि कार्य कपट कहलाते हैं।

(6) अपराधी अतिक्रमण (Criminal Trespass)—किसी व्यक्ति की अचल सम्पत्ति में बरबस प्रवेश करना अपराधी अतिक्रमण कहलाता है। अपराधी अतिक्रमण के अन्तर्गत सम्पत्ति को नुक्सान पहुँचाना, सम्पत्ति के मालिक का अपमान करना, सम्पत्ति से सम्बन्धित कार्यों में बाधा पहुँचाना आदि भी सम्मिलित हैं। किसी व्यक्ति के मकान या जमीन. जायदाद में बरबस घुसना अपराधी अतिक्रमण है।

(स) आलेख सम्बन्धी अपराध

आलेखों (Documents) का अनुचित प्रयोग करना आलेख सम्बन्धी अपराध कहलाता है। आलेख सम्बन्धी मुख्य अपराध निम्नलिखित हैं—

(1) जाली कार्य करना—कोई जाली कार्य करना अपराध है। किसी भी प्रकार का जाली या नकली प्रमाण-पत्र प्रस्तुत करना अपराध है। चैक पर किसी व्यक्ति के हस्ताक्षर कर लेना, झूठे वायदे पर पैसा उधार ले लेना आदि भी जाली कार्य है। अपने या किसी अन्य व्यक्ति के प्रमाण-पत्र में परिवर्तन करना या बिना अधिकार के संशोधन करना भी जाली कार्य है।

(2) सम्पत्ति चिन्ह का अनुचित प्रयोग—प्रत्येक चल सम्पत्ति जैसे मोटर-कार आदि का एक निश्चित चिन्ह हुआ करता है। यह चिन्ह नम्बर भी होता है। नम्बर का अनुचित प्रयोग करना अपराध है। उदाहरण के लिये अपनी मोटर पर गलत या किसी अन्य व्यक्ति की मोटर का नम्बर लगा लेना सम्पत्ति-चिन्ह सम्बन्धी अपराध है।

(3) व्यापार चिन्ह का अनुचित प्रयोग—प्रत्येक व्यापारी अपनी फर्म का एक व्यापार चिन्ह (Trade Mark) निर्धारित करता है। इस स्थिति में किसी व्यक्ति द्वारा अन्य व्यापारी के व्यापार-चिन्ह को इस्तेमाल करना अपराध है।

(द) मस्तिष्क से सम्बन्धित अपराध

जिन कार्यों द्वारा किसी व्यक्ति के मस्तिष्क पर बुरा प्रभाव पड़े वे भी अपराध कहलाते हैं। इस प्रकार के मुख्य अपराध निम्नलिखित है—

(1) मान-हानि करना—किसी व्यक्ति की झूठी निन्दा करना तथा बदनामी करना अपराध है। यह कार्य लिखकर, प्रकाशित करवाकर अथवा भाषण द्वारा हो सकता है। किसी व्यक्ति के चरित्र अथवा व्यक्तित्व पर झूठा लांछन लगाना उसकी मान-सम्मान की हानि करना है।

(2) धमकी देना—किसी व्यक्ति को किसी प्रकार के नुकसान पहुँचाने की धमकी देना भी अपराध है। उदाहरण के लिये यदि कोई व्यक्ति किसी इज्जतदार व्यक्ति को लिखकर या जबानी कहता है कि वह उसकी बेटी की बदनामी करेगा या उसकी सम्पत्ति को आग लगा देगा तो उसका यह कथन अपराध माना जायेगा।

(3) वेदना या पीड़ा पहुँचाना—किसी व्यक्ति को किसी ढंग से मानसिक वेदना अथवा पीड़ा पहुँचाना अपराध है।

(इ) समाज को प्रभावित करने वाले अपराध

कुछ कार्य इस प्रकार के होते हैं जिनका पूरे समाज पर बुरा प्रभाव पड़ता है। ये कार्य समाज-विरोधी कार्य होते हैं। इन्हें भी अपराध माना गया है। ये एक भिन्न वर्ग के अपराध माने जाते हैं। ये अपराध व्यक्ति के प्रति और राज्य के प्रति अपराधों के मध्य में आते हैं। इन अपराधों से सामान्य सामाजिक व्यवस्था एवं शान्ति भंग होती है। इस प्रकार के अपराध सामान्य सामाजिक सुरक्षा, स्वास्थ्य, नैतिकता तथा सामान्य जीवन को प्रभावित करते हैं। इस वर्ग के मुख्य अपराध निम्नलिखित हैं—

(1) वर्ग संघर्ष को बढ़ावा देना—प्रत्येक समाज में अनेक भिन्न-भिन्न वर्ग हुआ करते हैं। इन वर्गों में साधारणतया कटुता एवं संघर्ष की भावना रहती है। सामान्य स्थितियों में यह संघर्ष की भावना कानून आदि के भय से दबी रहती है परन्तु यदि किसी व्यक्ति द्वारा इस भावना को उत्तेजित किया जाये तो शीघ्र ही वह प्रबल हो उठती है तथा भयंकर रूप धारण कर लेती है। इसलिये वर्ग संघर्षों को बढ़ावा देने वाले तथा उत्तेजित करने वाले कार्य अपराध कहलाते हैं। उदाहरण के लिये श्रमिकों को उद्योगपतियों के विरुद्ध भड़काना एवं संघर्ष करने के लिये उत्तेजित करना एक सार्वजनिक अपराध है।

(2) दंगा करना या करवाना—किसी भी प्रकार का दंगा करना या करवाना अपराध है। साम्प्रदायिक, धार्मिक, भाषागत, क्षेत्रगत अथवा प्रांतगत दंगे

इसी वर्ग के अपराध हैं। इस प्रकार के दंगे भड़काने वाली क्रियाओं अर्थात् भाषण आदि द्वारा प्रारम्भ हुआ करते हैं। इसके अतिरिक्त कोई भी ऐसा कार्य करना अपराध है जिससे किसी सम्प्रदाय, धर्म अथवा भाषा के अनुयायियों की भावनाओं को ठेस पहुँचे जैसे गैर कानूनी गौ हत्या अथवा मन्दिर या मस्जिद का अपमान करना इत्यादि।

(3) सार्वजनिक स्थानों पर झगड़ा करना—यदि दो या दो से अधिक व्यक्ति किसी भी सार्वजनिक स्थान पर झगड़ा या कोई अन्य अवांच्छनीय कार्य करते हैं तो उनकी यह क्रिया अपराध कहलाती है। उदाहरण के लिये सिनेमा घर में, पार्क या क्लब में तथा स्टेशन आदि स्थानों पर गाली गलौज करना, मार-पीट करना या अन्य व्यक्तियों के कार्यों में बाधा डालने वाला कोई भी कार्य करना अपराध है।

(4) गैर कानूनी संघ स्थापित करना या उनका सदस्य बनना—प्रत्येक समाज में अनेक प्रकार के संघ और समितियाँ रहा करते हैं। इन संघों और समितियों पर कोई-टोक नहीं होती। इन्हें कानूनी मान्यता प्राप्त होती है। परन्तु कुछ समितियाँ एवं संघ ऐसे होते हैं जिनके उद्देश्य एवं लक्ष्य अच्छे नहीं होते। ऐसे संघों को गैरकानूनी संघ कहा जाता है। ये संघ व्यक्ति, समाज अथवा राज्य के विरुद्ध षड्यन्त्र रचा करते हैं तथा सार्वजनिक अहित किया करते हैं। ये संघ प्रायः कानूनों को भंग करते या करवाते हैं, व्यक्तियों को दिखाकर अनुचित कार्य करने के लिये बाध्य किया करते हैं। ऐसे संघों को स्थापित करना तथा ऐसे संघों की सदस्यता ग्रहण करना अपराध है।

(5) गैरकानूनी लाटरी अथवा जुआ केन्द्र स्थापित करना—लाटरी एवं जुआ दोनों ही व्यक्ति एवं समाज के लिये अहितकर माने जाते हैं। अतः अनेक स्थितियों में इन्हें चलाना अपराध होता है। सट्टा, दड़ा आदि इसी प्रकार के कार्य हैं।

(उ) राजकीय सेवकों के अपराध

सरकारी सेवकों के कुछ कार्य भी अपराध की श्रेणी में आते हैं। यदि कोई सरकारी व्यक्ति गैरकानूनी ढंग से कोई पुरस्कार प्राप्त करता है या कोई सम्पत्ति प्राप्त करता है या किसी को प्राप्त करवाता है तो उसका यह कार्य अपराध माना जायेगा। गैरकानूनी प्रमाण-पत्र प्राप्त करना या किसी को ऐसा प्रमाण-पत्र देना दोनों ही अपराध हैं। अपनी सरकारी सेवा की अवधि के दौरान कोई अन्य व्यापार करना या किसी सम्पत्ति को बिना अनुमति के खरीदना अपराध है।

(फ) राज्य के विरुद्ध अपराध

वैसे तो प्रत्येक अपराध का सम्बन्ध राज्य से है परन्तु कुछ विशिष्ट अपराधों को एक अलग वर्ग में रखा गया है। इन अपराधों का सम्बन्ध राज्य से है। इनसे सामान्य व्यक्ति या कोई समूह प्रभावित नहीं होता। ये अपराध हैं राज्य के विरुद्ध युद्ध करना या करवाना अर्थात् किसी वर्ग को राज्य के विरुद्ध युद्ध करने के लिये

प्रेरित एवं उत्तेजित करना, राजद्रोह एवं गदर करना, जाली नोट, टिकट या अन्य कोई सरकारी वस्तु तैयार करना और व्यवहार में लाना, किसी भी कानून की स्पष्ट अवहेलना करना तथा अदालत में झूठी गवाही देना इत्यादि।

भारतीय दण्ड विधान का इतिहास

जब से मानव समाज संगठित हुआ है तब से ही अपराध और अपराध के लिये दण्ड, ये दो तत्त्व समाज में किसी न किसी रूप में उपस्थित रहे हैं। समय और परिस्थितियों के अनुसार अपराधों के रूप में परिवर्तन होता रहा है। अपराध के रूप के परिवर्तन के साथ ही साथ दण्ड-विधान एवं दण्ड प्रणाली में भी परिवर्तन करना अनिवार्य होता है। भारतीय दण्ड-विधान के इतिहास के पूर्ण अध्ययन के लिये पूरे इतिहास को विभिन्न कालों में विभाजित करना आवश्यक है। अध्ययन की सुविधा के लिये पूरे भारतीय इतिहास को हम निम्नलिखित कालों में विभाजित कर सकते हैं–

1. वैदिक काल
2. पूर्व बौद्ध काल
3. स्मृति काल
4. प्राचीन काल
5. मध्य काल
6. मराठा काल
7. आधुनिक काल
8. स्वतन्त्रता का काल

1. वैदिक काल

चारों वेदों के काल को वैदिक काल कहा जाता है। यह भारत के इतिहास का प्राचीनतम काल है। इस काल के दण्ड-विधान का परिचय वैदिक साहित्य द्वारा मिलता है। इस साहित्य के अध्ययन से ज्ञात होता है कि उस काल में भी अपराध हुआ करते थे। यह सत्य है कि उस काल के अपराध आज के अपराधों के समान विशेषीकृत नहीं थे। उस काल के मुख्य अपराध चोरी, डकैती और सेंध लगाना थे। वैदिक काल में सामाजिक अपराध बहुत ही कम होते थे। सामान्य रूप से सब कहीं सामाजिक संगठन एवं व्यवस्था थी।

वैदिक काल में न्याय का बोल-बाला था। न्याय शुद्ध एवं पक्षपात रहित हुआ करता था। न्याय का कार्य राजा के हाथ में था, परन्तु राजा अपने सहयोगियों के परामर्श भी सुना करता था। राजा के सभी सहयोगी न्याय-शास्त्र के विद्वान होते थे। इस काल में न्याय एंव कानून की व्यवस्था करते समय जन-कल्याण को विशेष

महत्त्व दिया जाता था। दण्ड व्यवस्था कठोर नहीं थी। दण्डों कें प्रकारों का कोई स्पष्ट वर्णन नहीं मिलता।

2. पूर्व बौद्ध काल

इस काल में अपराधों की संख्या बढ़ गयी थी। इस काल के मुख्य अपराधों को आर्थिक अपराध की संज्ञा दी जा सकती है, अर्थात् चोरी करना, डकैती डालना या किसी के धन का अपहरण करना। इस काल में बलात्कार को गम्भीर अपराध माना जाता था।

पूर्व बौद्ध काल में भी न्याय को प्रधानता दी जाती थी। न्याय एवं व्यवस्था स्थापित करना राज्य का कार्य था। राजा ही प्रधान न्यायाधीश हुआ करता था। राजा बहुत ही चिन्तन मनन के बाद निर्णय दिया करता था। राजा प्राय: राज्यदरबार में सबके सामने मुकदमों की सुनवाई किया करता था। यह सुनवाई सुबह के समय हुआ करती थी। यदि राजा स्वयं दरबार में नहीं होता था तो उस अवस्था में राजा द्वारा अधिकार प्राप्त मन्त्री न्याय किया करता था। सभी न्याय सम्बन्धी निर्णयों को छपवाया जाता था। कुछ विशेष सराहनीय निर्णयों को स्वर्ण-पत्रों पर छपवाया जाता था। लिखित कानून की व्यवस्था नहीं थी। न्यायाधीश अपनी सूझबूझ एवं विवेक के द्वारा निर्णय दिया करते थे।

इस युग में दण्ड विधान भी कुछ विकसित हो चुका था। भिन्न-भिन्न प्रकार के अपराधों के लिये भिन्न-भिन्न दण्ड दिये जाते थे। गम्भीर अपराधों के लिये गम्भीर दण्डों की व्यवस्था थी। बलात्कार को विशेष गम्भीर अपराध माना जाता था। इस अपराध के लिये मृत्युदण्ड भी दिया जाता था। दण्ड घोषित करने के पूर्व अपराधी की परीक्षा ली जाती थी। इस प्रकार की परीक्षा जल अथवा अग्नि के माध्यम से ली जाती थी। इस काल के मुख्य दण्ड थे—देश-निष्कासन, जुर्माना, कोड़े मारना, कारावास, अंग-भंग करना तथा अपहरण। इन दण्डों के अतिरिक्त क्षति-पूर्ति की भी व्यवस्था थी। क्षति-ग्रस्त व्यक्ति को क्षति-दायक व्यक्ति द्वारा पूर्ण मुआवजा दिलवाया जाता था। कभी-कभी शराबी व्यक्ति पर भी जुर्माना किया जाता था।

3. स्मृति काल

स्मृति काल में भारत में अपराध-शास्त्र के विभिन्न पहलुओं के विषय में व्यवस्थित अध्ययन हुआ है। इस काल में अपराधों का अध्ययन करके कानूनों का निर्माण किया गया था। इस काल के कानूनों के निर्माण में धर्म शास्त्र को आधार बनाया गया था। इस काल के कानूनों का स्पष्ट प्रतिपादन मनु-स्मृति द्वारा होता था। मनु-स्मृति में दण्ड-शास्त्र, अपराधशास्त्र तथा विधानशास्त्र तीनों का विस्तृत विवरण है।

मनुस्मृति में कानूनों को दो भागों में बांटा गया है—प्रथम प्रकार के कानूनों का सम्बन्ध सामान्य जीवन सम्बन्धी व्यवहारों से है। इस वर्ग के कानूनों के विषय

ऋण लेना-देना, जमा और रहन, साझेदारी, बिक्री, मजदूरी न देना, वायदे से मुकरना, पशुओं से सम्बन्धित झगड़े, क्षेत्रीय सीमाओं के झगड़े, पुरुष-स्त्री सम्बन्ध, तथा बंटवारे से सम्बन्धित हुआ करते थे। दूसरे वर्ग में अपराधी कानून आते हैं। मुख्य अपराधी कानूनों का तात्पर्य निन्दा, आक्रमण, जुआ खेलना, बलात्कार, चोरी और लूट से हुआ करता था।

मनु-स्मृति के अनुसार दण्ड देने का अधिकार विशेष योग्य व्यक्ति को दिया जाना चाहिए। न्यायाधीश को आसक्त, अज्ञानी, लोभी एवं मूर्ख नहीं होना चाहिए। केवल कुशाग्र बुद्धि वाले, शुद्ध एवं सत्य-प्रतिज्ञ व्यक्ति को न्याय एवं दण्ड का अधिकार होना चाहिए।

मनु-स्मृति के दण्ड विधान के अनुसार घूँसखोर सरकारी अधिकारी को देश से बाहर निकाल देना चाहिए तथा उसकी पूरी सम्पत्ति जब्त कर लेनी चाहिए। दण्ड का निर्णय देने से पूर्व सभी परिस्थितियों का पूर्ण अध्ययन करना अनिवार्य था। दण्ड की घोषणा के समय अपराध की प्रकृति के साथ ही साथ अपराधी की प्रकृति पर भी ध्यान रखना चाहिए। गुणी एवं योग्य व्यक्ति के लिए अलग नियमों की व्यवस्था थी। यदि गुणी व्यक्ति का प्रथम अपराध हो तो उसे केवल चेतावनी देकर छोड़ देना चाहिए। अपराध पर उसे धिक्कारना चाहिए। तीसरे अपराध पर जुर्माना अर्थात् आर्थिक दण्ड देना चाहिए। इसके बाद यदि गुणी व्यक्ति चौथा अपराध भी करता है तो उसके लिये कोई रियायत नहीं करनी चाहिए। इस स्थिति में उसे उसके अपराध के अनुसार कोड़े मारने, अंग-भंग करने या प्राण-दण्ड से दण्डित करना चाहिए। मनु-स्मृति में चोरी को विशेष अपराध माना गया है। यदि राजा चाहे तो चोर को हाथी द्वारा मरवा सकता है। कुएं की रस्सी, घड़ा आदि सार्वजनिक लाभ की वस्तुओं को चुराने वाले को एक माशा सोने का दण्ड देना चाहिए। सोने की वस्तुएँ, कपड़े आदि कीमती वस्तुओं की चोरी करने वाले के लिए मृत्यु दण्ड का विधान था। सामान्य व्यवहार की वस्तुओं की चोरी करने वाले को चोरी पर गई वस्तुओं के मूल्य से दुगना जुर्माना करना चाहिए। चोरी के अतिरिक्त मिलावट भी अपराध था। इस अपराध के लिए भी कठोर दण्ड निर्धारित था। छल-कपट अर्थात् झूठ-फरेब द्वारा किसी की सम्पत्ति को हथियाने वाले को कोड़ों की मार मारी जाती थी। यदि कोई व्यक्ति किसी अन्य व्यक्ति की स्त्री चुरा ले जाये तो उसे मृत्यु दण्ड दिया जाता था। झूठी गवाही देने वाले को देश-निष्कासन का दण्ड दिया जाता था। पर स्त्री सम्भोग भी गम्भीर अपराध था। ऐसे व्यक्ति को नाक, कान तथा ओठ विहीन करके देश से बाहर निकाल दिया जाता था। इसके अतिरिक्त पर-पुरुष गामी स्त्री को कुत्तों से नुचवाया जाता था। यदि कोई स्त्री मद्य सेवन करके नाच-गायन करे तो उसे भी दण्डित किया जाता था। जुआ खेलने वाले व्यक्ति को भी दण्ड दिया जाता था। यदि कोई व्यक्ति कपटपूर्ण ढंग से राजा की आज्ञा लिख ले तो उसे प्राणदण्ड से दण्डित किया जाता था। राजकोष को चुराने वाले के लिए हाथ-पैर तथा जीभ काटने

का दण्ड निर्धारित था। सेंध लगाने वाले के हाथ तथा गिरहकट की उँगलियाँ काट ली जाती थीं। सुनार द्वारा सोने की चोरी विशेष अपराध था। ऐसे अपराध में सुनार की बोटी-बोटी काटने का दण्ड था। खेती के औजार चुराना भी अपराध था। चोरी करने के साथ ही साथ चोरों को आश्रय देना भी गम्भीर अपराध था। ऐसे व्यक्ति के वध कर देने का विधान था।

4. प्राचीन काल

मुगलों के भारत में आगमन से पूर्व का काल प्राचीन काल कहलाता है। इसी काल में भारत में मेगास्थनीज आया था। भारत में इस काल में बहुत ही सुचारु दण्ड व्यवस्था थो। इसी कारण इस काल में अपराधों की संख्या अधिक नहीं थी। इस दृष्टि से भारत पूरे विश्व में विख्यात था। विदेशी यात्रियों एवं इतिहास वेत्ताओं ने तत्कालीन भारत की प्रशंसा की है। इस काल के दण्ड विधान के व्यवस्थित अध्ययन के लिए पूरे काल को निम्नलिखित कालों में विभाजित किया जा सकता है–

(अ) सूत्र साहित्य काल

(ब) कौटिल्य का काल

(स) अशोक का काल

(द) हर्ष का काल

(अ) सूत्र-साहित्य काल–इस काल में राजा ही प्रधान न्यायाधीश होता था। राजा दरबार में अपराधों की जाँच पड़ताल किया करता था। इस काल में चोरी-डकैती के साथ-साथ हत्या के अपराध भी हुआ करते थे। इस काल में प्रायः सभी अपराधों के लिए जुर्माना ही दण्ड हुआ करता था। यदि कोई व्यक्ति क्षत्रिय की हत्या कर देता था तो उस पर 1000 गायों का जुर्माना हुआ करता था। वैश्य और शूद्र की हत्या के लिए क्रमशः 100 और 10 गायों का जुर्माना निर्धारित था। यह जुर्माना वास्तव में क्षतिपूर्ति के लिए किया जाता था। जिस व्यक्ति की हत्या की जाती थी उसके परिवार को ये गायें दे दी जाती थीं। गायों के अतिरिक्त रुपये-पैसे में भी जुर्माना किया जाता था। कभी-कभी जुर्माने के रूप में अपराधी की सम्पूर्ण सम्पत्ति तक जब्त कर ली जाती थी।

इस काल में अपराधियों का विभिन्न प्रकार से परीक्षण किया जाता था। ये परीक्षाएँ बहुत ही कठोर हुआ करती थीं। अपराधियों के परीक्षण के कुछ मुख्य रूप निम्नलिखित हैं–

(i) पीपल के पत्ते द्वारा–किसी व्यक्ति के अपराधी होने का निर्णय करने के लिए पीपल के पत्तों द्वारा उसकी परीक्षा ली जाती थी। इस क्रिया के लिए प्रायः दो एक से पीपल के पत्ते लिये जाते थे। एक पत्ते को सफेद और दूसरे को काले रंग में रंग लिया जाता था। सफेद पत्ते को सत्य अथवा न्याय का प्रतीक माना जाता

था और काले पत्ते को झूठ या अन्याय का प्रतीक माना जाता था। इसके बाद दोनों पत्तों को एक पानी के घड़े में डाला जाता था तथा शंकित व्यक्ति को उनमें से एक पत्ता निकालने का आदेश दिया जाता था। यदि सफेद पत्ता निकले तो सम्बन्धित व्यक्ति सच्चा एवं ईमानदार मान लिया जाता था, इसके विपरीत काला पत्ता निकलने की स्थिति में उस व्यक्ति को झूठा एवं अपराधी स्वीकार किया जाता था।

(ii) **जल द्वारा परीक्षण**—जल भी अपराधी परीक्षण का एक मुख्य माध्यम था। इस परीक्षण के अन्तर्गत शंकित व्यक्ति को नि:संकोच जल में डाल दिया जाता था। तैर कर ऊपर आने वाला व्यक्ति सच्चा तथा डूबे रहने वाला व्यक्ति झूठा एवं अपराधी मान लिया जाता था।

(iii) **अग्नि द्वारा परीक्षा**—अग्नि परीक्षा के अन्तर्गत एक सोने की सींख को गरम किया जाता था, तब सम्बन्धित शंकित व्यक्ति को आदेश दिया जाता था कि वह उस गरम सींख को हाथ से छूए। यदि वह व्यक्ति सोने की गरम सींख से जल जाये तो उसे अपराधी घोषित कर दिया जाता था अन्यथा छोड़ दिया जाता था।

(iv) **तौल द्वारा परीक्षण**—अपराधी व्यक्ति के अपराध सम्बन्धी निर्णय के लिये उसे थोड़े समय के अवकाश पर क्रमश: दो बार तौला जाता था। यदि दूसरी बार किये गये वजन में कुछ कमी होती थी तो उस व्यक्ति को अपराधी मान लिया जाता था और यदि दोनों बार एक बराबर वजन आता था तो उसे मुक्त कर दिया जाता था।

(v) **विष द्वारा परीक्षण**—यह भी एक कठोर परीक्षा थी। इस परीक्षा के अन्तर्गत सम्बन्धित व्यक्ति को सबके सामने विष खाने का आदेश दिया जाता था। यदि व्यक्ति विष खाने पर भी नहीं मरे तो उसे शुद्ध रूप से निर्दोष माना जाता था अन्यथा अपराधी माना जाना था।

(ब) कौटिल्य का काल—कौटिल्य चन्द्रगुप्त मौर्य का समकालीन था। इस काल में दण्ड विधान बहुत ही कठोर था। न्याय-व्यवस्था को विशेष महत्त्व दिया जाता था। राजा सर्वोच्च न्यायाधीश हुआ करता था। वैसे भिन्न-भिन्न नगरों में अलग से न्यायाधीशों की व्यवस्था थी। इन छोटे न्यायाधीशों को राजुक कहा जाता था। इस काल में राजद्रोह को गम्भीरतम अपराध माना जाता था। राजद्रोह के बाद फौजदारी एवं हत्या जैसे अपराधों को बुरा माना जाता था। यदि कोई व्यक्ति शाही खजाने को लूटने का प्रयास करता था या राष्ट्र के विरुद्ध कोई षड्यन्त्र रचता था तो उसे जिन्दा जला देने का विधान था। हत्या करने वाले को या हत्या का प्रयास करने वाले को भी मृत्यु दण्ड दिया जाता था। पुत्र या पति की हत्या करने वाली स्त्री को सांड़ द्वारा मरवा दिया जाता था। राज्य में झूठी अफवाह फैलाना भी गम्भीर अपराध था। इस अपराध के लिए मृत्यु दण्ड ही हुआ करता था। किसी का मकान नष्ट करना, बांध तोड़ना और पशु चुराना भी अपराध थे, ऐसे अपराधों के लिये कठोर दण्ड दिया जाता था। सेना में असन्तोष फैलाने वाले गद्दार को आग में जिन्दा

ही जला दिया जाता था। साधारण अपराधों में साधारण दण्ड दिये जाते थे। ये दण्ड अपराधी की निन्दा करना, जुर्माना करना, कारावास में डालना तथा अंग-भंग जैसे हुआ करते थे।

(स) अशोक एवं हर्ष का काल—ये दोनों राजा विशेष न्याय प्रिय थे। इस काल में राजा ही सर्वोच्च न्यायाधीश हुआ करता था। इस काल में कारावास का दण्ड विशेष प्रचलित था। कारावास प्रायः अत्यधिक कठोर होता था। किन्हीं अपराधों में अंग-भंग तथा अन्य प्रकार की शारीरिक पीड़ा भी दी जाती थी। राजा हर्ष अपने राज्य में कुछ अपराधों के लिए केवल जुर्माने का ही दण्ड दिया करते थे। वे बलात्कार तथा अन्य यौन अपराध करने वालों को कड़ा दण्ड देते थे। ऐसे पुरुषों के नाक, कान काटने का दण्ड निर्धारित था। राज्य के विरुद्ध कार्य करने वालों को प्रायः उमर कैद हुआ करती थी।

5. मध्यकाल

मध्यकाल में भारत में मुगलों का शासन था। दण्ड-विधान मुगलों के ही हाथ में था। अधिकांश मुगल सम्राट धर्म के प्रति कट्टर थे। इस काल में न्याय की व्यवस्था तो थी परन्तु न्याय एवं दण्ड का आधार धर्म था। धर्म से आशय इस्लाम धर्म से है। इसलिए न्याय सम्बन्धी एवं दण्ड सम्बन्धी कानून कुरान पर आधारित थे। इसलिए इस काल की न्याय-प्रणाली दूषित एवं पक्षपातपूर्ण थी। हिन्दुओं के साथ अन्याय होता था। मुहम्मद तुगलक तथा फीरोजशाह तुगलक के काल में विशेष अव्यवस्था थी। इस काल में कठोर दण्ड की व्यवस्था थी परन्तु फिर भी राज्य में शान्ति एवं व्यवस्था का अभाव था। इसका मुख्य कारण शायद न्याय प्रणाली का पक्षपातपूर्ण होना ही था। इस काल में तरह-तरह के भ्रष्टाचारों का बोल-बाला था। तुगलक वंश के बाद शेरशाह सूरी का काल आया। इस काल में न्याय एवं दण्ड की व्यवस्था पक्षपात रहित थी। किसी कुल विशेष या पद के आधार पर किसी व्यक्ति को किसी प्रकार की रियायत नहीं दी जाती थी। दण्ड-व्यवस्था अत्यधिक कठोर थी। प्राण-दण्ड का प्रचलन था। दण्ड का उद्देश्य सामान्य जनता में आतंक पैदा करना था। इस काल में अपराधियों के सुधार की दिशा में कोई कदम नहीं उठाया गया। अकबर के काल में भी न्याय-व्यवस्था समुचित थी। वह स्वयं मुकदमों की सुनवाई किया करता था। उसने भिन्न-भिन्न श्रेणियों के न्यायाधीश नियुक्त किये हुए थे। मुख्य न्यायाधीशों के पद इस प्रकार थे—'काजी उल कजात,' काजी, मुफ्ती और मीर अदल। सामान्य कानून कुरान के अनुसार थे परन्तु हिन्दुओं के विशिष्ट मुकद्दमों का निर्णय हिन्दू धर्म के नियमों, प्रथाओं और प्रचलनों के आधार पर किया जाता था। इस काल में व्यवस्था कठोर थी। शारीरिक एवं आर्थिक दण्डों का प्रचलन था। विद्रोह एवं व्यक्ति की हत्या जैसे गम्भीर अपराधों के लिए प्राण-दण्ड का भी विधान था परन्तु प्राण-दण्ड केवल सम्राट की अनुमति द्वारा ही

घोषित किया जा सकता था। शाहजहाँ एवं औरंगजेब के काल में भी दण्ड-विधान कठोर था। औरंगजेब कट्टर मुसलमान था। अतः उसने दण्ड-विधान को भी पक्षपातपूर्ण बना दिया था।

6. मराठा काल

मराठा काल में दण्ड-विधान शुद्ध एवं पक्षपात रहित था। इस काल में सामान्य परम्पराओं और सामाजिक रीति-रिवाजों को ही न्याय का आधार माना जाता था। इस काल में कोई लिखित दण्ड संहिता नहीं थी। राज्य का सर्वोच्च अधिकारी पेशवा हुआ करता था। पेशवा स्वयं ही न्याय करता था। वह मुकदमों की सुनवाई अपने दरबार में भी करता था तथा स्वयं राज्य के विभिन्न क्षेत्रों में घूम-घूम कर भी वास्तविक अपराधों एवं अपराधियों का पता लगाया करता था। किसी भी अपराधी को दण्ड देने के पूर्व पूर्ण रूप से जाँच कर ली जाती थी। इस उद्देश्य के लिए सम्बन्धित व्यक्तियों की तरह-तरह की कठोर परीक्षाएँ ली जाती थीं। इस काल में मृत्यु-दण्ड का चलन प्रायः नहीं था। आमतौर पर जुर्माना, सम्पत्ति जब्त करना तथा कारावास जैसे दण्ड दिये जाते थे। चोरी और डकैती अपराध के लिए शारीरिक दण्ड अर्थात् अंग-भंग कर देने का दण्ड निर्धारित था। बलात्कार को बुरा काम एवं निन्दनीय अपराध स्वीकार किया जाता था। इस अपराध को करने वाले को दास या गुलाम माना जाता था और उसे दण्ड दिया जाता था कि वह दास का कार्य करे। जादू करना भी बुरा कार्य एवं अपराध माना जाता था। इस अपराध के लिए प्रायः अपराधी को देश से बाहर निकाल दिया जाता था। कुछ स्थितियों में केवल जुर्माना करके या कुछ अवधि के लिए कारावास दे दिया जाता था।

7. आधुनिक काल

आधुनिक काल से यहाँ आशय ब्रिटिश काल से है। यह काल भारत की स्वतन्त्रता से पूर्व का काल है। भारत का इस काल का दण्ड-विधान ब्रिटिश नीति के अनुसार था। ब्रिटिश प्रशासक लार्ड मैकाले ने भारतीय दण्ड-विधान को संग्रहित किया। उसने बहुत सी प्रचलित परम्पराओं को समाप्त करने के लिए उन्हें अपराध घोषित किया। उदाहरण के लिए प्रचलित कुप्रथा सती-प्रथा को हत्या के अपराध के वर्ग में रखा गया तथा इसके लिए कठोर दण्ड निर्धारित किये गये। भ्रूणहत्या को भी अपराध घोषित किया गया। उस काल में मानव बलिदान की कुप्रथा भी प्रचलित थी। इस कुप्रथा के साथ तरह-तरह के अंधविश्वास जुड़े हुए थे। ब्रिटिश प्रशासकों ने इस प्रकार के बलिदान को भी अपराध घोषित कर दिया। भारत के तत्कालीन राजपूतों में बाल-कन्याओं की हत्या का भी प्रचलन था। इस पर भी कठोर बन्धन लगाये गये।

लार्ड विलियम बैंटिङ्ग ने न्याय व्यवस्था को सुव्यवस्थित किया। इस उद्देश्य के लिए उन्होंने स्थान-स्थान पर दीवानी और फौजदारी की अदालतें स्थापित कीं।

इन अदालतों में योग्य मजिस्ट्रेटों एवं जजों की भी नियुक्ति की गंई। लार्ड बैंटिङ्ग ने दण्ड-विधान में भी परिवर्तन किया। उसने शारीरिक प्रताड़ना जैसे दण्डों को समाप्त कर दिया। इस काल में पिंडारी बहुत प्रबल एवं आतंककारी हो रहे थे। इन ठगों के दमन के लिए तथा शान्ति स्थापित करने के लिए विशेष व्यवस्था की गई। इनके लिए कठोर दण्ड-विधान बनाया गया। प्राय: इन ठगों को मृत्यु-दण्ड अथवा कठोर कारावास का दण्ड दिया जाता था। कुल मिलाकर हम कह सकते हैं कि आधुनिक काल का दण्ड-विधान एंव न्याय-व्यवस्था सराहनीय थी।

8. स्वतन्त्रता का काल

भारत के स्वतन्त्र होने के बाद न्याय एवं दण्ड-विधान में पर्याप्त अन्तर एवं परिवर्तन हुए। अब भारत की लिखित दण्ड-संहिता है। इस दण्ड संहिता का निर्माण पूर्ण पक्षपात रहित ढंग से हुआ है। इसमें जाति, वर्ग अथवा पद को कोई महत्त्व नहीं दिया जाता। भारतीय दण्ड संहिता में सभी अपराधों का स्पष्ट विवरण एवं उनके लिए निर्धारित दण्डों का भी वर्णन है। इन तथ्यों का वर्णन 'भारतीय दण्ड-संहिता में अपराध' नामक शीर्षक में किया गया है। अपराधों की रोकथाम एवं अपराधियों का पता लगाने के लिए विभिन्न विभागों की स्थापना की गई है।

वर्तमान भारतीय दण्ड-विधान का दृष्टिकोण बिल्कुल नवीन है। अब अपराध निषेध की अपेक्षा इस बात पर ध्यान दिया जाता है कि अपराधी का सुधार कैसे हो। इस उद्देश्य के लिए विभिन्न सुधारात्मक संस्थाओं की स्थापना भी की गई है। बन्दीगृहों में भी सुधार किया गया है। अब बन्दीगृह पूर्ण रूप से दण्ड की संस्थाएँ नहीं रहीं; अब बन्दीगृह का कार्य अपराधियों को सुधारना है।

अभ्यास के लिये प्रश्न

1. भारतीय दण्ड संहिता के विषय में आप क्या समझते हैं? इसमें व्यक्ति के किस-किस कार्य को अपराध स्वीकार किया गया है?
2. भारतीय दण्ड विधान के इतिहास का संक्षिप्त वर्णन कीजिये।

45

दंड के प्रकार

(Types of Punishment)

भारतीय दण्ड संहिता में विभिन्न अपराधों के विवरण के साथ ही साथ उन अपराधों के लिए निर्धारित दण्डों का भी विवरण उपस्थित किया गया है। मुख्य निम्नलिखित हैं–

(1) मृत्यु दण्ड (Capital Punishment)।

(2) देश निष्कासन (Transportation)।

(3) दासत्व (Penal Servitude)।

(4) कारागार (Imprisonment)।

(5) सम्पत्ति दण्ड (Forfeiture of Property)।

(6) जुर्माना (Fine)।

(7) कोड़े लगाना (Whipping)।

1. मृत्यु-दण्ड

मृत्यु दण्ड सबसे बड़ा दण्ड है। यह दण्ड गम्भीरतम अपराधों के लिए दिया जाता है। प्राय: हत्या करने वाले व्यक्ति को मृत्यु दण्ड दिया जाता है। किसी बालक, पागल या नशे में अचेतन व्यक्ति को आत्महत्या के लिए उकसाने का अपराध केवल तभी लागू होता है जबकि सम्बन्धित व्यक्ति उकसाने में आकर आत्महत्या कर बैठे। डकैती के दौरान यदि एक या अधिक हत्याएँ हो जायें तो ऐसे में हत्या करने वाले डाकू के अतिरिक्त अन्य डाकुओं को भी मृत्यु दण्ड दिया जा संकता है, जिन्होंने डकैती में हिस्सा लिया हो। शासन सत्ता को समाप्त करने का प्रयास करना भी घोर अपराध है। इसके अतिरिक्त शाही सेना में गदर की या बगावत की भावना भड़काने वाले को भी मृत्यु दण्ड दिया जाता है।

2. दासत्व एवं देश निष्कासन

ये दोनों प्रकार के दण्ड भारत के स्वतन्त्र होने से पूर्व तक ही लागू होते थे। इस दण्ड के अनुसार व्यक्ति को देश से बाहर निकाल दिया जाता था या देश के अन्दर ही रखकर जेलखाने में दास का कार्य करवाया जाता था। यह दण्ड भारत के स्वतन्त्र होने से पूर्व 'काले पानी की सजा' के नाम से विख्यात था।

3. कारागार

कम गम्भीर अपराधों के लिए कारागार का दण्ड दिया जाता है। कारागार की अवधि एवं प्रकार अपराध की गम्भीरता के अनुसार हुआ करते हैं। कारागार के दण्ड को दो भागों में बाँटा जा सकता है।

(i) **कठोर कारावास**—कठोर कारावास की अवधि लम्बी होती है। इस प्रकार के कारावास के अन्तर्गत बन्दी पर सख्त निगरानी रहती है तथा उससे कठोर परिश्रम करवाया जाता है। यह दण्ड उस व्यक्ति को दिया जाता है जो प्रायः झूठी गवाही देता हो या देश निकाले की सजा से किसी आधार पर वापिस आया हो। इसके अतिरिक्त यदि किसी व्यक्ति ने वह अपराध करने का प्रयास किया हो जिसके लिए मृत्यु-दण्ड निर्धारित है तो उसे भी कठोर कारावास का दंड दिया जाता है।

(ii) **साधारण कारावास**—कठोर कारावास के अतिरिक्त कारावास का दूसरा प्रकार साधारण कारावास है। यह दंड साधारण अपराधों के लिए निर्धारित है। इसमें सख्ती एवं परिश्रम कम होता है। यह दंड केवल अग्रलिखित अपराधों के लिए दिया जाता है—यदि कोई सरकारी सेवक अनुचित व्यवसाय करे और बिना अनुमति एवं सूचना के सम्पत्ति अर्जित करे, सरकारी सम्मन लेने से इन्कार करना या फरार हो जाना, आवश्यक प्रमाण-पत्रों को सरकार के सामने प्रस्तुत करने से इन्कार करना, जिस स्थान या कार्य में शपथ ग्रहण करने की परम्परा हो वहाँ शपथ ग्रहण करने से इन्कार करना, जेल से फरार होना, सरकारी आज्ञाओं को न मानना, अदालत में न्यायिक अधिकारियों का अपमान करना, अर्थात् अदालत का अपमान करना, सामान्य सामाजिक व्यवस्था में बाधा उत्पन्न करना, किसी व्यक्ति की बदनामी करना या किसी स्त्री को ऐसे शब्द कहना जो कि स्त्रियों को नहीं कहे जाने चाहिए, शराब अथवा किसी अन्य नशे की अवस्था में सार्वजनिक स्थानों पर गाली-गलौज करना एवं दुर्व्यवहार करना इत्यादि।

4. सम्पत्ति दण्ड

सम्पत्ति दण्ड भी एक मुख्य दण्ड है। यह दण्ड प्रायः राजनीतिक अपराधियों को दिया जाता है। इस दण्ड का रूप भी भिन्न-भिन्न प्रकार के अपराधों के सन्दर्भ में भिन्न-भिन्न हुआ करता है। कुछ अपराधों के लिए सम्बन्धित व्यक्ति की पूर्ण सम्पत्ति जब्त कर ली जाती है। इस प्रकार के अपराध हैं—राज्य के विरुद्ध बगावत करना, शासन-सत्ता को समाप्त करने के लिए युद्ध की तैयारी करना अर्थात्

व्यक्तियों और हथियारों का संचय करना। पूर्ण सम्पत्ति जब्त करने के अतिरिक्त एक अन्य प्रकार से भी कुछ अपराधियों को सम्पत्ति दण्ड दिया जाता है। जब कभी किसी अपराधी को छः या छः से अधिक वर्षों की सजा दी जाती है तो कभी-कभी उस व्यक्ति की सम्पत्ति से प्राप्त होने वाले लाभ अर्थात् किराया अथवा ब्याज या व्यापार का लाभ सरकार जब्त कर लेती है। सम्पत्ति का इस प्रकार का जब्त करना केवल सीमित समय के लिए होता है। इस अवधि का निर्णय न्यायालय द्वारा हुआ करता है।

5. जुर्माना

बहुत ही साधारण अपराधों के लिए जुर्माना किया जाता है। उदाहरण के लिए सड़क के नियमों का उल्लंघन करना, किसी प्रकार का कर न देना या देर से देना। कभी-कभी अल्प-काल के कारावास के बदले में भी जुर्माना कर दिया जाता है।

6. कोड़े मारना

यह एक साधारण दण्ड है जो कि पुलिस द्वारा दिया जाता है।

अभ्यास के लिए प्रश्न

1. भारतीय दण्ड संहिता में वर्णित दण्डों की व्यवस्था की व्याख्या कीजिये।

46

प्राणदण्ड

(Capital Punishment)

प्राणदण्ड क्या है?

प्राणदण्ड, जैसा इसके नाम से स्पष्ट है, दण्ड के रूप में अपराधी के प्राण ले लेने को कहते हैं। प्राचीन रोम में पिता को अपने बालकों को प्राणदण्ड तक देने का अधिकार था। आजकल प्राणदण्ड का अधिकार राज्य के अलावा अन्य किसी भी समिति को नहीं है। वास्तव में प्राचीन काल में अपराधी व्यक्ति को अपराधी के साथ-साथ, एक बुरा-व्यक्ति और पापी भी समझा जाता था। आजकल अपराधी को पापी न समझकर एक मार्ग भ्रष्ट और परिस्थितियों से मजबूर व्यक्ति समझा जाता है। इसीलिये आजकल प्राणदण्ड बहुत ही सीमित और गिने-चुने अपराधों की दशा में दिया जाता है। आजकल बहुत से विचारक प्राणदण्ड को अनुचित मानते हैं। अनेक लोग तो प्राणदण्ड को बिल्कुल ही निकाल देने का मत उपस्थित करते हैं। प्राणदण्ड राज्य द्वारा व्यक्ति की हत्या न होकर उसके अनुचित कामों का नकारात्मक पुरस्कार (Negative reward) है। कानून हत्या के बदले प्राणदण्ड की व्यवस्था करता है। यदि किसी व्यक्ति ने जान-बूझकर हत्या की है तो वह जानता है कि इसका पुरस्कार प्राणदण्ड ही होगा और यह पुरस्कार उसको मिलता भी है।

प्राणदण्ड के अपराध

प्राणदण्ड किन अपराधों पर दिया जा सकता है, या किन अपराधों पर दिया जाना चाहिये, इसके विषय में कोई एक मत नहीं है। भिन्न-भिन्न विचारकों ने भिन्न-भिन्न अपराधों को प्राणदण्ड के योग्य माना है। भिन्न-भिन्न राज्यों में अलग-अलग अपराधों पर प्राणदण्ड दिया जाता है। उदाहरण के लिये कुछ देशों में बलात्कार के अपराध के बदले में प्राणदण्ड का विधान है। इंडियन पीनल कोड के अनुसार हत्या अथवा राज्य-द्रोह के अपराध सिद्ध होने पर प्राणदण्ड दिया जाता

है। प्रत्येक हत्या करने वाले को प्राणंदण्ड नहीं दिया जाता, परन्तु यदि आजीवन कारावास का कैदी दोबारा कोई हत्या कर दे तो उसको अवश्य प्राणदण्ड दिया जायेगा। दण्ड के इतिहास में प्राणदण्ड के अपराध क्रमशः बराबर घटते गये हैं। आज के व्यक्तियों को यह जानकर आश्चर्य होगा कि सन् 1800 ई० में कुछ देशों में लगभग 200 अपराधों पर प्राणदण्ड दिया जाता था।

फांसी के त्योहार

प्राणदण्ड देने के लिये भिन्न-भिन्न देश काल में भिन्न-भिन्न विधियों का प्रयोग किया गया है। प्राचीन काल में लोगों का विश्वास था कि अपराधी को जितनी ही कष्टदायक विधि से प्राणदण्ड दिया जायेगा उसको देखकर लोग अपराध करने से उतना ही भय खायेंगे। इसी विश्वास के कारण कुछ स्थानों पर प्राणदण्ड का एक उत्सव सा मनाया जाता था। सभ्यता में अग्रणी इंग्लैंड में 18वीं शताब्दी में किसी व्यक्ति को फांसी देने के अवसर को एक त्योहार की तरह मनाया जाता था। इस प्रकार के त्योहार पर पचासों प्रमुख व्यक्तियों को जेल के निरीक्षक की ओर से दावत दी जाती थी। झुंड के झुंड लोग दूर-दूर से फांसी देखने आते थे, नाचते-गाते थे और लड़ते-झगड़ते थे। फाँसी के इस त्यौहार का वर्णन करते हुए सन् 1864 में लन्दन के 'टाइम्स' पत्र ने श्रूसबेरी की एक जेल में, फाँसी के एक समाचार के विषय में छापा था कि लोग इस अवसर पर बढ़िया से बढ़िया कपड़े पहन कर आये थे। दूर-दूर से लोग तमाशा देखने आये थे। सन् 1807 में एक फाँसी के अवसर पर त्योहार मनाती हुई भीड़ में दंगा हो गया और फाँसी के बाद सौ व्यक्तियों की लाशें सड़क पर बिखरी दिखाई पड़ीं। परन्तु फाँसी के ये त्यौहार क्रमशः खत्म होते गये क्योंकि इनसे जहाँ रक्तपात होता था वहाँ जेल के निरीक्षक को दावत आदि में काफी पैसा खर्च करना पड़ता था। फिर, इससे फाँसी के सार्वजनिक प्रदर्शन का असली मतलब सिद्ध नहीं होता था क्योंकि लोग फाँसी को देखकर भय नहीं खाते थे बल्कि और भी हिंसक हो जाते थे। आजकल किसी भी देश में फाँसी के अवसर पर इस तरह के सार्वजनिक त्योहार मनाने का विधान नहीं है।

प्राणदण्ड की विधियाँ

इसी प्रकार प्राचीन काल में कुछ देशों में प्राणदण्ड के लिए बड़ी भयंकर विधियाँ इस्तेमाल की जाती थीं। उदाहरण के लिए अपराधी को खोलते तेल के कड़ाह में डाल दिया जाता था या लोहे की गर्म लाल सलाखों से बेधकर मार दिया जाता था। कहीं पर अपराधी को शिकारी कुत्तों से नुचवा दिया जाता था तो कहीं पर उसको खूनी हाथी के पैरों तले रौंदवा दिया जाता था। इस प्रकार की भयंकर विधियों से यह समझा जाता था कि लोग अपराध करने से बाज आयेंगे। परन्तु इनको देखकर भी लोग अपराध करने से बाज नहीं आते थे। इंग्लैंड में कितने ही अभियुक्तों

को फाँसी देने वाला जान प्राइस नाम का जल्लाद स्वयं उसी अपराध में पकड़ा गया और उसको फाँसी मिली। अत: आजकल क्रमश: प्राणदण्ड की विधि को शीघ्र और कम से कम कष्टदायक बनाने का प्रयत्न किया जा रहा है। आजकल प्राणदण्ड की निम्नलिखित विधियाँ इस्तेमाल की जाती हैं–

(1) फाँसी पर लटकाना (Hanging)–कुछ देशों में अपराधी को फाँसी के तख्ते पर मृत्यु पर्यन्त लटका दिया जाता है। भारत में इसी विधि से प्राणदण्ड दिया जाता है।

(2) शिरोच्छेद (Beheading)–कुछ देशों में किसी शस्त्र के द्वारा गर्दन काट दी जाती है। फ्रेन्च राजक्रान्ति के दिनों में फाँसी का दण्ड देने के लिये गिलोटीन नाम का यन्त्र इस्तेमाल किया जाता था जो अपराधी के सर को उसके धड़ से अलग कर देता था।

(3) गोली मार देना (Shooting)–युद्ध के दिनों में फाँसी लगाने के लिये बहुधा अपराधियों को गोली मार दी जाती है। कुछ देशों में फाँसी देने का यही उपाय अपनाया जाता है।

(4) घातक गैस (Lethal Gas)–घातक गैस, जैसा कि उसके नाम से स्पष्ट है, एक ऐसी गैस है जिसमें व्यक्ति का दम घुट जाता है। कुछ देशों में फाँसी देने के लिये यही उपाय अपनाया जाता था। हाल ही में अमरीका में चैसमान को बलात्कार के अपराध में इसी उपाय से प्राणदण्ड दिया गया था। इसमें अपराधी को एक कमरे में बन्द करके उसमें गैस छोड़ दी जाती है, जिससे दम घुटकर व्यक्ति के प्राण निकल जाते हैं।

(5) बिजली की कुर्सी (Electric Chair)–आजकल अंनेक देशों में प्राण दण्ड देने के लिए अपराधी को बिजली की कुर्सी पर बिठला कर उसमें करेन्ट छोड़ दिया जाता है, जिससे शीघ्र ही अपराधी की मृत्यु हो जाती है। इस विधि को चलाने वाले लोगों का यह विचार था कि इसमें कष्ट नहीं होता है, परन्तु बाद में यह विचार निर्मूल सिद्ध हुआ। बिजली की कुर्सी सबसे पहले अमेरिका में सिंगसिंग जेल में 1889 में आई। 1890 में ऑबर जेल में इस कुर्सी के द्वारा प्राण लेने में पहली बार तीस मिनट लगे। तब से इस कुर्सी में बराबर सुधार किया गया है। आजकल इससे तीन मिनट में अपराधी के प्राण निकल जाते हैं।

प्राणदण्ड देने की उपरोक्त विधियों में घातक गैस की विधि सबसे अधिक खर्चीली है। अन्य सभी विधियों में अपेक्षाकृत कम खर्च होता है। परन्तु वास्तव में प्राणदण्ड की विधि में खर्च का प्रश्न बिल्कुल महत्त्वपूर्ण नहीं है। असली बात तो यह है कि क्या अपराधी के प्राण लेने की कोई भी विधि मानवीय कही जा सकती है? क्या राज्य को किसी विधि से अपराधी के प्राण लेने का अधिकार है? यदि अपराधी को आजन्म कारावास देने से अधिक खर्चा भी हो तो भी क्या वह प्राणदण्ड से बेहतर नहीं है?

प्राणदण्ड के पक्ष में तर्क

अतः प्राणदण्ड के विवेचन में उसके पक्ष और विपक्ष में दिए गये तर्कों की विवेचना सबसे अधिक आवश्यक है। इस विवेचन से यह ज्ञात होगा कि प्राणदण्ड कहाँ तक उपयुक्त है। प्राणदण्ड के पक्ष में मुख्य तर्क निम्नलिखित हैं—

(1) प्राणदण्ड अपराधों का निश्चित प्रतिरोध (Deterrent) है—प्राणदण्ड के समर्थकों की सबसे जबर्दस्त दलील यह है कि प्राणदण्ड से अन्य लोग ऐसे अपराध करने से बाज आते हैं। लोम्ब्रोसो (Lombroso) ने इसी कारण प्राणदण्ड को एक अच्छी धमकी कहा है।

परन्तु वास्तव में तथ्यों से यह धमकी गलत ही साबित हुई है। अमरीका में सन् 1828 से 1889 तक सिंग-सिंग जेल में प्राणदण्ड के दो हजार अपराधी आये जिनको भिन्न-भिन्न जेलों में फाँसी दी गई। परन्तु इससे प्राणदण्ड पाने वालों की संख्या किसी प्रकार भी कम नहीं हुई बल्कि बढ़ती ही गई।

(2) प्राणदण्ड एक नैतिक युद्ध (Moral War) है—लोम्ब्रोसो के शिष्य गैरोफैलो (Garofalo) के अनुसार प्राणदण्ड समाज की भलाई के लिए एक नैतिक युद्ध है। प्राणदण्ड लोगों को हत्या आदि अनैतिक कर्म करने से रोकता है।

जैसा कि पीछे बतलाया जा चुका है, तथ्यों से यह सिद्ध हुआ है कि प्राणदण्ड लोगों को भयंकर अपराधों से रोक नहीं सकता। ब्रिस्टल जेल के पादरी ने इंगलैंड में सन् 1886 में शाही कमीशन के सामने गवाही देते हुए कहा था कि वहाँ के जेलों में प्राणदण्ड की सजा पाये हुए 167 अपराधियों में 164 अपराधी ऐसे थे जो दूसरों को प्राणदण्ड पाते हुए और फाँसी पर लटकते देख चुके थे।

(3) प्राणदण्ड एक सामाजिक आवश्यकता (Social Need) है—प्रसिद्ध अपराधशास्त्री विक्टर ह्यूगो (Victor Hugo) के अनुसार प्राणदण्ड एक सामाजिक आवश्यकता है, अर्थात् सामाजिक व्यवस्था को कायम रखने के लिये प्राणदण्ड नितान्त आवश्यक है। इसके अभाव में लोग खुले आम हत्या करने लगेंगे।

आजकल अनेक देशों में प्राणदण्ड को बिल्कुल ही निकाल दिया गया है और यह देखा गया है कि इससे अपराध बढ़े नहीं हैं बल्कि कहीं-कहीं पर कम ही हुए हैं। इंग्लैंड में सन् 1934-48 के बीच में हत्या के अपराध में 129 अपराधियों को प्राणदण्ड न देकर आजन्म कारावास दिया गया। जब ये लोग जेल से सजा पूरी करके छूटे तो इसमें से अधिकतर लोग समाज के स्वस्थ सदस्यों की तरह रहने लगे। इनमें 27 स्त्रियाँ भी थीं।

(4) प्राणदण्ड एक चुनाव की प्रक्रिया (Selective Process) है—प्रसिद्ध दार्शनिक हैकेल (Haeckel) के अनुसार प्राणदण्ड चुनाव की एक प्रक्रिया है अर्थात् उसके द्वारा समाज से ऐसे व्यक्तियों को चुनकर निकाल दिया जाता है जो कि समाज

में भयंकर अपराध करते हैं और जिनसे समाज को हानि होती है। प्लेटो (Plato) ने लिखा है, ''यदि कोई व्यक्ति नींद के अतिरिक्त और किसी भी समय अहानिकारक नहीं हो सकता तो उसके लिए जीवित रहने से मरना ही श्रेस्कर है।''[1]

यह मत भी तथ्यों से निराधार सिद्ध हो चुका है। यदि किसी व्यक्ति ने हत्या की है तो उसको समाज से निकाल देने से कोई लाभ नहीं है, उल्टे इसमें कई कठिनाइयाँ हैं। एक तो यदि प्राणदण्ड पाने के बाद वह व्यक्ति निरपराध सिद्ध हुआ तो उससे एक बहुत बड़ा अन्याय होगा जिसे किसी भी प्रकार से दूर नहीं किया जा सकता। दूसरे, यदि प्राणदण्ड की अपेक्षा अपराधी को आजन्म कारावास दिया जाय तो उससे यह आशा रहती है कि वह जेल से छूटकर फिर से समाज का एक स्वस्थ सदस्य बन सकता है और यह आशा तथ्यों से सही सिद्ध भी हुई है। इंग्लैंड में सन् 1928 से 1948 तक 194 व्यक्तियों को प्राणदण्ड न देकर आजन्म कारावास दिया गया। उनमें से 112 पूरी सजा भोगकर जेल से बाहर आये और समाज में स्वस्थ लोगों की तरह रहने लगे। इनमें से केवल एक व्यक्ति वाल्टर ग्राहम रोलैंड हत्या के अपराध में दोबारा पकड़ा गया और उसको प्राणदण्ड की सजा हुई। उसको फाँसी दिये जाने के बाद यह मालूम हुआ कि वह निरपराध था परन्तु क्या राज्य अथवा समाज रोलैंड को उसका अमूल्य जीवन वापस दे सकता था?

(5) प्राणदण्ड एक कानूनी माँग (Legal demand) है—प्राणदण्ड के समर्थकों ने प्राणदण्ड को कानून की माँग कहा है। यदि हत्या करने वाले व्यक्ति को जीवित छोड़ दिया जाये तो इससे देश में कानून का सम्मांन घटता है और अव्यवस्था फैलती है क्योंकि वह तो आगे अपराध करेगा ही। मृत व्यक्ति के सम्बन्धी अथवा मित्र लोग भी बदले की भावना से उसकी हत्या कर सकते हैं। प्राणदण्ड देकर राज्य इन सब दुर्घटनाओं को रोक सकता है। जैसा कि पीछे बतलाया जा चुका है, प्राणदण्ड के पक्ष में यह दलील एकदम निरर्थक सिद्ध हो चुकी है। कानूनी माँग तो तभी होगी जबकि कानून किसी अपराध के बदले में प्राणदण्ड की घोषणा करे। प्राणदण्ड को निकाल देने पर तो वह कानूनी माँग रह नहीं जाती और जब एक व्यक्ति आजन्म कारावास का दण्ड पाता है तो उसके द्वारा मारे गये व्यक्तियों के सम्बन्धियों अथवा मित्रों को कुछ न कुछ सन्तोष तो हो ही सकता है।

(6) प्राणदण्ड में आर्थिक बचत (Economic Saving)—प्राणदण्ड के समर्थकों का एक तर्क यह भी है कि प्राणदण्ड दिये जाने से सरकार का वह सब खर्चा बच जाता है जो कि उस अपराधी को आजन्म कारावास का दण्ड देकर खिलाने पिलाने में व्यय करना पड़ता है।

यह दलील नितान्त तर्कहीन है क्योंकि कुछ न कुछ खर्चा तो प्राणदण्ड में भी होता ही है। इंग्लैंड में हर एक फांसी पर लगभग 150 रुपया खर्च होता है। दूसरे,

1. "If a man can not be harmless otherwise than in sleep, it is better to him to die than live." —Plato

आजन्म कारावास के कैदी को सरकार खाली बैठे तो खिलाती नहीं। कैदी जेल में काम करता है अथवा कराये जाने पर कर सकता है। फिर, उस पर खर्च का सवाल ही कहाँ से उठता है? तीसरे, यदि कैदी पर कुछ खर्चा करना भी पड़ता है तो उस खर्च को बचाने के लिये प्राणदण्ड देना वैसी ही दलील है जैसी कि देश की खाद्य समस्या को सुलझाने के लिये देश के बूढ़ों, अपाहिजों आदि को समाप्त कर देने की दलील है। पैसा एक साधन मात्र है। मानव जीवन के सामने उसका कोई मूल्य नहीं है। किसी को जीवित रखने के लिये चाहे उस पर कितना ही खर्च किया जाय उसका कोई विचार नहीं होना चाहिये।

(7) प्राणदण्ड एक दम मानवीय (Humanitarian) **है**—प्राणदण्ड के समर्थकों ने केवल उसको आर्थिक बचत कहकर ही सन्तोष नहीं किया बल्कि उसको एकदम मानवीय भी कह दिया है। प्राणदण्ड इस अर्थ में मानवीय है कि उससे हत्यारों के हाथों से मानव जीवन की रक्षा होती है। यदि प्राणदण्ड एकदम निकाल दिया जाय तो आतताई लोग समाज में मनमानी करने लगेंगे।

प्राणदण्ड के पक्ष में यह मत भी अन्य तर्कों के समान निराधार है क्योंकि, जैसा कि पीछे बार-बार दिखलाया जा चुका है, प्राणदण्ड का विधान होने से देश में हत्या के अपराध कम नहीं होते। जिन देशों ने प्राणदण्ड समाप्त कर दिया है उनमें हत्या के अपराध बढ़े नहीं हैं बल्कि घटे ही हैं। इस विषय में एक महत्त्वपूर्ण बात यह है कि प्राणदण्ड बन्द करके राज्य स्वयं अहिंसा की दिशा में एक महत्त्वपूर्ण कदम उठाता है। राज्य के इस नैतिक कार्य से अन्य लोगों को भी अहिंसा का उपदेश मिलता है। जैसा कि 19 मार्च 1937 के हरिजन में महात्मा गांधी ने लिखा था, "मैं प्राणदण्ड को अहिंसा के विरुद्ध मानता हूँ ... केवल वही जीवन लेता है जो इसे देता है ...।"[1] अत: वास्तव में प्राणदंण्ड को मानवीय न कहकर अमानवीय कहना ही अधिक उपयुक्त होगा।

(8) प्राणदण्ड एक निश्चित दण्ड (Definite Punishment) **है**—प्राणदण्ड के पक्ष में एक अन्य तर्क यह है कि वह कारावास की अपेक्षा अधिक निश्चित है, क्योंकि इसमें बांस ही नहीं रहता जो बांसुरी बजने का सवाल उठे।

प्राणदण्ड के पक्ष में यह तर्क ऐसा है जिसमें समस्या को समाप्त करके समस्या सुलझाने की बात कही गई है। समस्या सुलझाने से सुलझती है समाप्त करने से नहीं।

(9) प्राणदण्ड अत्यन्त सरल (Very Easy) है—प्राणदण्ड के पक्ष में एक अन्य तर्क यह है कि प्राणदण्ड अपराधी के लिये आजन्म कारावास की अपेक्षा कहीं अधिक सरल है। जीवन भर कारावास में दु:ख भुगतने की अपेक्षा एक बार फांसी

---

1. "I do regard death sentence as contrary to Ahimsa....only he takes life who gives it....."
—M. K. Gandhi.

पर चढ़ जाना अपराधी को अधिक सरल मालूम पड़ेगा। दूसरी ओर समाज भी एक हत्यारे से मुक्त हो जायेगा। प्राणदंड के पक्ष में यह तर्क भी ठीक नहीं है। Meet the Murderer नामक पुस्तक में लुइस (Lewis) ने लिखा है "यदि आदमी जीवित है तो वह कैद में चाहे एक, पाँच, दस, बीस, पचास वर्ष तक ही क्यों न पड़ा रहे, उसका दृष्टिकोण एक दम निराशापूर्ण नहीं रहता, यदि कभी आगे चलकर उसका निर्दोष होना सिद्ध हो गया तो चाहे क्षतिपूर्ति कितनी भी कम हो, कुछ तो हो ही सकती है। वह, कम से कम, बंधन-मुक्त हो सकता है, उसे कुछ ठोस प्राप्ति भी हानि के एवज में हो सकती है और कम से कम वह एक वरदान के लिये सदा कृतज्ञ रहेगा—बेचारा जीवित तो है।"

(10) दण्ड व्यवस्था में प्राणदण्ड आवश्यक है—क्लियरैन्स डैरो (C. Darrow) ने लिखा है कि प्राणदण्ड का तब तक उन्मूलन नहीं किया जा सकता जब तक मनुष्य का दंड में विश्वास है। प्राणदण्ड के समर्थक यह दलील पेश करते हैं कि जो परिणाम प्राणदण्ड के होते हैं थोड़े बहुत अन्तर से वे ही परिणाम तो हर एक दंड के होते हैं। उदाहरण के लिये हर एक दंड से कष्ट होता है तथा अपराधी के परिवार को कठिनाई होती है इत्यादि।

इस दलील में यह बात एक दम भुला दी गई है कि व्यक्ति को कोई भी दंड और प्राणदण्ड में जमीन आसमान का अन्तर है। माना कि हर एक दंड में अपराधी को और उसके परिवार को कष्ट होता है, परन्तु क्या इससे सब दंड एक बराबर हो जाते हैं? वास्तव में सच तो यह है कि प्राणदण्ड, दंड व्यवस्था को एक मूर्खतापूर्ण सीमा (Reductio ad absurdum) तक ले जाता है। किसी व्यक्ति की जान ले लेना वास्तव में हत्या है, दण्ड नहीं। आधुनिक काल में दण्ड के मूल में सुधारवादी मत को माना जाता है। क्या प्राणदण्ड से अपराधी के सुधार का प्रश्न समाप्त नहीं हो जाता? आज के सभ्य समाज में राज्य का कर्त्तव्य अपराधी को दण्ड देना नहीं बल्कि समाज में सुख शान्ति रखना समझा जाता है। देखना यह है कि प्राणदण्ड से यह सुख शान्ति बढ़ती है या कम होती है। फिर सबसे ऊपर यह तथ्य है कि मनुष्य एक साध्य है साधन नहीं। दूसरों को रोकने के लिये या समाज में एक उदाहरण कायम रखने के लिए किसी भी व्यक्ति की जान लेकर उसको दूसरों के लाभ के लिये साधन के रूप में इस्तेमाल किया जाना नितान्त अनैतिक है।

(11) अपराधी से अन्य लोगों की सुरक्षा—प्राणदण्ड के पक्ष में कभी-कभी यह तर्क दिया जाता है कि हत्यारे अथवा देशद्रोही को छोड़ देना समाज के उन लोगों के साथ खिलवाड़ करना है जिनको उससे खतरा उत्पन्न होता है।

प्राणदण्ड के पक्ष में तर्क किसी भी तरह उपयुक्त नहीं कहा जा सकता क्योंकि अपराधी को आजन्म कारावास में रखने से भी लोगों को वही सुरक्षा मिल सकती है जो कि उसको प्राणदण्ड देने से मिलती। दूसरी ओर आजन्म कारावास देने से

अपराधी के सुधार और पश्चाताप की भी आशा की जा सकती है। तीसरे, हो सकता है कि बाद में वह निरापराध ही साबित हो।

प्राणदण्ड के विपक्ष में तर्क

प्राणदण्ड के पक्ष में दिये गये विभिन्न तर्कों और उनकी आलोचना तथा मूल्यांकन के पीछे दिये गये विवरण से स्पष्ट है कि प्राणदण्ड के पक्ष में कोई भी ऐसी दलील नहीं है जो कि एक दम सही सिद्ध होती है। दूसरी ओर प्राणदण्ड के विपक्ष में अनेक ऐसे तर्क दिये जा सकते हैं जो एक दम सही मालूम पड़ते हैं। अब प्राणदण्ड के विपक्ष में दिये गये महत्त्वपूर्ण तर्कों पर विचार किया जायेगा। इनमें से मुख्य निम्नलिखित हैं–

(1) प्राणदण्ड से कभी-कभी भारी अन्याय हो सकता है–जैसा कि पहले बतलाया जा चुका है। कभी-कभी यह देखने में आता है कि प्राणदण्ड के अपराधी के फाँसी पाने के बाद यह मालूम पड़ता है कि वह निरापराध था। यह ठीक है कि ऐसे मामले अपवाद ही होते हैं। परन्तु अपवाद समझकर उनको छोड़ा नहीं जा सकता क्योंकि मानव जीवन अमूल्य है। लुइस के अनुसार सिंग-सिंग जेल में 1889 से 1927 तक 38 वर्ष की अवधि में प्राणदण्ड पाने वाले 406 व्यक्तियों में से 50 व्यक्ति ऐसे पाये गये जो फाँसी पाने के बाद निरापराध साबित हुये। स्पष्ट है कि यदि इन व्यक्तियों को प्राणदण्ड न देकर आजन्म कारावास दिया जाता तो यह भारी अन्याय बच सकता था। प्राणदण्ड के विषय में हेन्टिग ने ठीक ही लिखा है, ''यह दण्ड का एक सामाजिक रूप से अपर्याप्त साधन है जिसके साथ में न्याय सम्बन्धी गलती की सम्भावना भी जोड़ी जानी चाहिये जिसको कि निकाला नहीं जा सकता।''[1]

(2) प्राणदण्ड से अपराधी के पश्चाताप की सम्भावना नहीं रहती–आजकल दण्ड का लक्ष्य अपराधी से बदला लेना नहीं बल्कि उसका सुधार करना होता है। प्राणदण्ड में सुधार या पश्चाताप की किसी भी प्रकार से गुंजाइश ही नहीं रह जाती। सच तो यह है कि प्राणदण्ड में अपराधी को समाज में अव्यवस्था रोकने और जनता के सामने एक उदाहरण कायम करने का साधन बनाया जाता है। अपराधी होते हुये भी प्रत्येक व्यक्ति स्वयं साध्य है। उसको दूसरों के लाभ का साधन नहीं बनाया जाना चाहिए। नैतिक दृष्टि से यह नितान्त अनुचित है। अपराध के कारणों पर विचार करने से ज्ञात होता है कि यद्यपि अपराधी बहुत कुछ स्वयं भी अपराध के लिए जिम्मेदार होता है परन्तु उसको अपराधी बनाने में सामाजिक, धार्मिक, राजनीतिक तथा अन्य परिस्थितियों का भी महत्त्वपूर्ण हाथ होता है। अतः

1. "It is a socially insufficient means of punishment to which must be added the possibility of judicial error, which one cannot exclude." —Henting

यह एक दम अन्याय पूर्ण है कि किसी अपराध के बदले में अपराधी की जान ले ली जाय जबकि अपराध का पूरा उत्तरदायित्व अकेले उस पर नहीं है।

(3) प्राणदण्ड से बुरे व्यक्तियों का चुनाव नहीं होता—यह कहना गलत है कि प्राण दण्ड के द्वारा समाज में से बुरे लोग चुन लिए जाते हैं। आज की सामाजिक और राजनीतिक व्यवस्था में सफेद कालर वालें अपराधी (White Collar Criminals) बड़े-बड़े भयंकर अपराध करते हैं और साफ छूट जाते हैं। पैसे के जोर से वे न्याय को खरीद लेते हैं। अच्छे वकील करके वे सही को गलत और गलत को सही साबित कर सकते हैं। सच तो यह है कि बहुधा धनी, समृद्ध और प्रभावशाली लोग रुपये का लालच देकर धनहीन गुण्डों से हत्या करवाते हैं। हत्या पकड़े जाने पर हत्यारा दण्ड पाता है और वे साफ छूट जाते हैं। क्या यह सरासर अन्याय नहीं है? क्या इस प्रकार के मामलों में हत्यारे को प्राणदण्ड मिलना चाहिए और उसको प्रेरित करने वाले व्यक्ति को छोड़ देना चाहिये? प्राणदण्ड पाने वाले लोगों के अध्ययन से यह ज्ञात होता है कि उनमें से अधिकतर निर्धन थे। धनिक हत्यारे साफ बच जाते हैं और निर्धन फस जाते हैं क्योंकि न तो वे कानूनी दांव-पेचों से परिचित होते हैं और न उनके पास मुकदमा लड़ने के लिए पर्याप्त धन ही होता है।

(4) प्राणदण्ड से आर्थिक बचत नहीं होती—जैसा कि पहले कहा जा चुका है प्राणदण्ड किसी भी प्रकार से कम खर्चीला नहीं है। सबसे पहले तो प्राणदण्ड की व्यवस्था होने पर उसका मुकदमा लड़ने में बहुत सा धन बर्बाद होता है। अमरीका में तो प्राणदण्ड के मुकद्दमे में हजार जूरियों की परीक्षा करके उनमें से बारह छांटे जाते हैं। स्पष्ट है कि इसमें काफी धन खर्च होगा। इंग्लैंड में पहले फाँसी के अवसरों पर जो उत्सव मनाये जाते थे उनमें जेल निरीक्षकों का इतना पैसा खर्च होता था कि वे फाँसी के ही विरुद्ध हो गये थे। दूसरी ओर यह दलील भी गलत है कि आजन्म कारावास प्राणदण्ड से अधिक खर्चीला है क्योंकि कैदियों पर होने वाला खर्च उनसे काम लेकर पूरा किया जा सकता है। अन्त में यह भी कहा जा सकता है कि यदि प्राणदण्ड में कुछ थोड़ी बहुत बचत हो भी जाय तो अपराधी के और उसके परिवार वालों के हित को सम्मुख रखते हुये राज्य को इस बचत का विचार नहीं करना चाहिये।

(5) प्राणदण्ड अनैतिक है—नैतिक दृष्टिकोण से समाज में प्रत्येक व्यक्ति को उसके व्यक्तित्व के विकास के पूरे अवसर दिए जाने चाहिए। किसी भी व्यक्ति को दूसरे के कल्याण के लिये साधन रूप में प्रयोग नहीं किया जाना चाहिए। कोई भी व्यक्ति जन्म से ही अच्छा या बुरा नहीं होता। उसके अच्छा या बुरा होने में उसकी परिस्थितियों का भी बहुत कुछ हाथ होता है। फिर वह कितना ही बुरा क्यों न हो जाय उसके भले बनने की आशा सदैव रखी जा सकती है। अतः नैतिक दृष्टिकोण से प्राणदण्ड एकदम अनुचित है।

(6) प्राणदण्ड अधार्मिक है—धार्मिक मत के अनुसार ईश्वर ही लोगों को जीवन देता है और केवल उसे ही जीवन लेने का अधिकार है। राज्य अथवा समाज किसी को भी किसी के प्राण लेने का अधिकार नहीं है। इसका तात्पर्य यह नहीं है कि देश की रक्षा के लिए लड़ा गया युद्ध भी अनैतिक है। तात्पर्य केवल यह है कि यह बात ध्यान में रखी जाय कि हर एक व्यक्ति में चाहे वह कितना भी भयंकर अपराधी क्यों न हो कुछ न कुछ दैवी अंश होता है और यदि कोशिश की जाय तो इस दैवी अंश को उकसा कर उसको अच्छा आदमी बनाया जा सकता है।

(7) प्राणदण्ड अपराधों को दूर करने का निश्चित उपाय नहीं है—प्राणदण्ड से अपराध दूर नहीं होते क्योंकि जैसा कि पीछे बतलाया जा चुका है, अभ्यस्थ और सम्पन्न अपराधी अपराध करके भी छूट जाते हैं। किसी हत्यारे को प्राणदण्ड देने मात्र से हत्या की सम्भावना खत्म नहीं हो सकती क्योंकि यदि वह हत्यारा किराये का आदमी था अर्थात् रुपये के जोर से कोई व्यक्ति उससे हत्या करा रहा था तो उस हत्यारे के मरने के बाद वह रुपये के जोर से दूसरे व्यक्ति से हत्या करायेगा। दूसरे, बहुधा कुशल वकील तरह-तरह के तर्क करके अपराधियों को भी प्राणदण्ड से साफ बचा लेते हैं। दूसरी ओर कुशल वकील की अनुपस्थिति में निरापराध लोग भी प्राणदण्ड पा जाते हैं।

प्राणदण्ड के विपक्ष में दिये गये उपरोक्त तर्कों से स्पष्ट होता है कि प्राणदण्ड उपयुक्त नहीं है। आजकल सभी प्रगतिशील देशों में धीरे-धीरे यह मत फैलता जा रहा है। यूरोप में 13 देशों में प्राणदण्ड समाप्त कर दिया गया है। दक्षिणी अमरीका में 11 देशों में प्राणदण्ड नहीं दिया जाता है। उत्तरी अमरीका में 6 राज्यों में प्राणदण्ड समाप्त कर दिया गया है। नेपाल में 1931 से प्राणदण्ड समाप्त कर दिया गया है। भारतवर्ष में अभी प्राणदण्ड समाप्त नहीं किया गया है। लंका में प्राणदण्ड समाप्त कर दिया गया था परन्तु प्रधान मन्त्री भंडारनायके की हत्या के बाद फिर से शुरू कर दिया गया। इंगलैंड में 'डेली मिरर' नामक लन्दन के प्रसिद्ध दैनिक पत्र ने गैलप मत संग्रह प्रणाली के द्वारा कई बार प्राणदण्ड के विषय में जनमत संग्रह करके यह दिखलाया कि जनता में अधिकतर लोग प्राणदण्ड के विपक्ष में हैं। सन् 1938 में 50 प्रतिशत जनता ने प्राणदण्ड के विपक्ष में मत दिया। सन् 1948 में 68 प्रतिशत ने प्राणदण्ड के पक्ष में मत दिया। परन्तु सन् 1955 में 78 प्रतिशत लोगों ने प्राणंदण्ड के विरुद्ध मत दिया।

जघन्य अपराध के कारण

प्राणदण्ड के औचित्य को निश्चित करने में सबसे पहले इस बात पर विचार करना जरूरी है कि व्यक्ति ऐसे भयंकर अपराध करता ही क्यों है जिन पर प्राणदण्ड दिया जाता है। इस विषय में तथ्यों को देखने से यह स्पष्ट होगा कि अधिकतर लोग सोच-समझकर और जानबूझकर नहीं बल्कि भावावेश में अन्धे होकर ऐसे अपराध

करते हैं। कोर्ट के मास्टर सर जान मैक्डोनल ने इंगलैंड में सन् 1886 से 1905 तक के हत्या सम्बन्धी घटनाओं के विवरण एकत्रित किये। इस जाँच से यह मालूम हुआ कि हत्याकारियों में 90 प्रतिशत पुरुष थे। इनमें दो-तिहाई हत्यारों ने अपनी पत्नियों, प्रेयसियों या रखेलों की हत्या की थी। स्पष्ट है कि इन हत्याओं में मूल कारण काम-वासना, क्रोध अथवा बदले की भावना थी। 30 प्रतिशत हत्यायें नशे की दशा में, विवाद में या अत्यधिक क्रोध की दशा में की गई थीं। ईर्षा, द्वेष या काम-वासना के कारण की गई हत्यायें 40 प्रतिशत थीं। इंग्लैंड में आज भी सबसे अधिक हत्यायें शनिवार को रात के आठ बजे से लेकर 2 बजे तक के बीच में होती हैं। इससे स्पष्ट है कि हत्याओं में सोच-विचार कम और आवेश अधिक होता है। इस मत की पुष्टि इस तथ्य से भी होती है कि दूसरों को फांसी पर लटकते हुए देखकर भी बहुत से लोग स्वयं वे ही अपराध करने से बाज नहीं आते। अधिकतर अपराधशास्त्री यह मानते हैं कि अधिकतर हत्यायें बिना किसी आयोजन के होती हैं। इसके अलावा बहुत सी हत्यायें पागलों और मानसिक रोगियों के द्वारा भी की जाती हैं। वास्तव में हरएक व्यक्ति हत्या करने का साहस नहीं कर सकता। जो व्यक्ति क्रोध में हत्या कर सकता है उसका क्रोध निश्चय ही असामान्य है और उसके उपचार की आवश्यकता है। सैलीन (Sellin) ने ठीक ही लिखा है, "बहुधा हत्यारा मानसिक दृष्टि से इतना अधिक अक्षम होता है कि वह अपने कामों के परिणामों को नहीं समझता है।"[1] क्रोध या भावावेश की दिशा में मनुष्य को अच्छा-बुरा कुछ भी नहीं सूझता और वह भयंकर से भयंकर अपराध कर बैठता है। उसको फांसी का कोई भय नहीं होता बल्कि एक प्रकार से यह उसके लिये तैयार सा ही रहता है। जैसा कि टाफ्ट (Taft) ने लिखा है, "हत्या का मुख्य कारण प्राणदण्ड की उपस्थिति या अनुपस्थिति नहीं है बल्कि उस काम के पहले तनाव उत्पन्न करने वाले सामाजिक सम्बन्धों का अथवा किसी को मार्ग से हटा देने की जबर्दस्त इच्छा का होना या न होना है।"[2]

प्राणदण्ड और अपराधी

अपराधी के मनोविज्ञान के उपरोक्त विवेचन से स्पष्ट है कि प्राणदण्ड से अपराध को रोका नहीं जा सकता। जो लोग किसी मानसिक विकास के कारण हत्या करते हैं उनके रुकने का तो कोई प्रश्न ही नहीं उठता। दूसरी ओर जो पेशेवर हत्यारे हैं उनके लिये हत्या या तो एक सामान्य बात है और या एक बहादुरी का अथवा सराहनीय कार्य है। तीसरे, जो लोग तीव्र संवेगों के कारण हत्या करते हैं वे उस समय

---

1. "The murderer is frequently mentally incapacitated to such a degree that he does not understand the consequences of his actions." —Thorstien Sellin.
2. "The major cause of murder is not the presence or absence of the death penalty, but social relations conducive to tensions preceding the act, or strong desires to have some one out of the way." —Taft.

पागल की सी दशा में होते हैं। इनमें से किसी भी वर्ग के हत्यारे को प्राणदण्ड के भय से हत्या से रोका नहीं जा सकता। 21 जून, 1877 को पैन्सिलवेनिया में 10 व्यक्तियों को प्राणदण्ड दिया गया, उनके प्राणदण्ड के दूसरे ही रोज उनके मुकद्दमे मे विपक्ष में गवाही देने वाले दो व्यक्तियों की हत्या कर दी गई और 15 दिन के अन्दर-अन्दर उसके मुकद्दमे से सम्बन्धित पाँच पुलिस अफसरों की हत्या कर दी गई। इसमें न्यूयार्क हैरल्ड की यह आशा दुराशा ही साबित हुई कि प्राणदण्ड के इस उदाहरण से भविष्य में कोई हत्या करने का साहस नहीं करेगा। कुछ लोग यह समझते हैं यदि प्राणदण्ड की यह विधि काफी कष्टदायक हो तो शायद उससे लोग हत्या बन्द कर दें। परन्तु जैसा कि पीछे बतलाया जा चुका है, यह मत भी निराधार सिद्ध हो चुका है।

प्राणदण्ड और समाज

प्राणदण्ड से एक व्यक्ति की जान ही नहीं जाती बल्कि उससे जल्लाद, जेलर तथा आम जनता पर भी कोई अच्छा प्रभाव नहीं पड़ता। यह एक सामान्य बात है कि हत्या और प्राणदण्ड के समाचार बड़े चाव से पढ़े जाते हैं और समाचार पत्र उनको सुर्खियों में छापते भी हैं। प्राणदण्ड देते समय बहुत से आत्म चेतन न्यायाधीशों को भी बड़ी कठिनाई होती है और कभी-कभी जब मालूम पड़ता है कि जिस अपराधी को उन्होंने प्राणदण्ड दिया था वह मरने के बाद निरापराधी सिद्ध हुआ तब तो न्यायाधीश के पश्चाताप की सीमा ही नहीं होती। अनेक घटनाये ऐसी हुई हैं कि प्राणदण्ड देने के बाद जल्लाद ने या जेलर ने आत्म हत्या कर ली है। जैसा कि गाँधी जी ने ठीक ही कहा है हिंसा से हिंसा ही उत्पन्न होती है। प्राणदण्ड देकर राज्य हिंसा का उदाहरण उपस्थित करता है। तब फिर उससे जनता को अहिंसा सिखाने की आशा कैसे की जा सकती है? सच तो यह है कि यदि राज्य प्राणदण्ड को समाप्त करके जनता के सामने अहिंसा का उदाहरण उपस्थित करे तो हत्या आदि की घटनायें अपेक्षाकृत कम हो सकती हैं। प्राणदण्ड का अपराधी के बाल-बच्चों और पत्नी पर तो बहुत बुरा प्रभाव पड़ता है। अपराध तो अपराधी करता है परन्तु उसका परिवार कभी-कभी उससे भी अधिक दण्ड भोगता है। अपराधी के परिवार के विघटन से समाज में दुःख और अनैतिकता बढ़ती है। इससे अपराधी के बाल-बच्चे भी अपराधी बन सकते हैं। दूसरी ओर यह दलील भी एक दम लचर है कि प्राणदण्ड हटा देने से जनता कानून अपने हाथ में ले लेगी। यह देखा गया है कि जिन देशों में प्राणदण्ड का उन्मूलन कर दिया गया वहाँ हत्या के अपराध किसी भी प्रकार से नहीं बढ़े। वास्तव में आजकल अधिकतर जनता स्वयं प्राणदण्ड के विरुद्ध है। 2 मई, 1960 को कैलीफोर्निया में चैसमान नामक जिस प्रतिभाशाली बंदी को प्राणदण्ड दिया गया उसके प्राणदंड को रोकने के लिये कैलिफोर्निया के गवर्नर के पास काफी दिन तक नित्य लगभग 10,000 तार प्रतिदिन आये। ब्राजील में ही

लगभग दो लाख लोगों ने इस प्राणदंड के विपक्ष में दस्तखत करके भेंजे। पश्चिमी योरोप, अमरीका, अफ्रीका, आस्ट्रेलिया आदि से गर्वनर के पास कितने ही फोन आये। श्रीमति रूजवेल्ट, ऑल्डस हक्सले, बेल्जियम की रानी तथा इटली की संसद के डैमोक्रेट सदस्यों ने व्यक्तिगत रूप से कैलिफोर्निया के गवर्नर को चैसमान को मृत्यु दंड न देने का अनुरोध किया। खेद है कि फिर भी उसको प्राणदंड दे दिया गया।

मानवता और दया की अपील

वस्तुतः प्राणदण्ड के उन्मूलन के पक्ष में सबसे बड़ी दलील मानवता और दया की अपील है। इस सम्बन्ध में क्लैरेन्स डैरो ने शिकागो की एक अदालत में जस्टिस कैवरली के सामने एक हत्या के अपराधी की ओर से बहस करते हुए जो शब्द कहे थे उनसे न केवल वे अपराधी छोड़ दिये गये बल्कि वे शब्द प्राणदंड की समस्या पर विचार करने वालों के लिये अत्यन्त विचारोत्तेजक हैं। डैरो ने कहा था, "अपराध का कारण होता है। आज वैज्ञानिक इसी कारण का अध्ययन कर रहे हैं। अपराधशास्त्री इस विषय में अनुसंधान कर रहे हैं। पर हम वकील लोग, हम कानूनदाँ लोग इनको दंड देते हुए, इनको फांसी देते हुए चले आ रहे हैं। हम सोचते हैं कि लोगों में आतंक पैदा करके हम अपराध को समाप्त कर सकते हैं। यदि मानव हृदय की कठोरता को कोमल बनाने का कोई उपाय है, यदि बुराई और घृणा तथा उनसे सम्बन्धित खराबियों के हनन का कोई उपाय है, तो यह घृणा या निर्दयता द्वारा नहीं बल्कि दानशीलता, प्रेम और समझदारी से काम लेना है। ऐसा कोई दार्शनिक नहीं पैदा हुआ, ऐसा कोई धार्मिक नेंता नहीं हुआ और ऐसा कोई धर्म नहीं है जो इस बात को न सिखलाता हो ¨ मैं उस भविष्य के नाम पर आपसे अनुरोध करूंगा, जिस युग में मनुष्य तर्क, न्याय, समझदारी और विश्वास से काम लेगा और यह मानेगा कि हर एक का जीवन बचाने के योग्य है और मनुष्य का सबसे बड़ा गुण है 'दया'।"

अस्तु प्राणदण्ड के उन्मूलन के लिये सबसे बड़ा तर्क यही है कि प्राणदण्ड अमानवीय है। उसका उन्मूलन करके अपराधी को पश्चाताप करने और सुधरने का मौका दिया जाना चाहिये।

प्राणदण्ड के उन्मूलन में कठिनाइयाँ

परन्तु यहाँ पर प्राणदण्ड के उन्मूलन की कठिनाइयों पर भी गौर करना चाहिये। उदाहरण के लिये भारत जैसे देश में जहाँ प्रति दस लाख व्यक्ति के पीछे 26 हत्यायें होती हैं, प्राणदण्ड के उन्मूलन के पहले सोच-विचार करना जरूरी है। जैसा कि 25 अप्रैल, 1958 को राज्य सभा में भाषण देते हुए केन्द्रीय सरकार के तत्कालीन गृह मंत्री स्वर्गवासी पं० गोविन्द बल्लभ पन्त ने कहा था, "मेरे विचार

से हम सभी चाहते हैं कि देश में ऐसी परिस्थिति हो कि न तो कोई मारा जाय, न किसी की हत्या हो और न कोई फांसी पर लटकाया जाय..... किन्तु, हमको इस प्रश्न पर व्यावहारिक रूप से विचार करना चाहिये... हत्यायें होती हैं, कुछ तो बहुत पाशविक ढंग से होती हैं। यदि हम प्राणदण्ड बन्द कर दें तो क्या हत्याएँ बढ़ जायेंगी या उनकी संख्या कम हो जायेगी .... मैं समझता हूँ कि प्राणदण्ड समाप्त कर देने से आपका उद्देश्य पूरा न होगा।" अत: हरमन मैनहीम (Herman Mannheim) के साथ यह तो कहा जा सकता है कि, "चाहे कुछ भी हो यह स्मरण रखना चाहिये कि किसी भी दशा में प्राणदण्ड के दिन सीमित ही हैं।"[1] परन्तु प्राणदण्ड के उन्मूलन के पहले समाज में ऐसी परिस्थितियाँ उत्पन्न करने की जरूरत है जिनमें वे अपराध कम से कम हों जिन पर आजकल प्राणदण्ड दिया जाता है। अत: प्राणदण्ड का उन्मूलन करने से पहले उसके लिये तैयारी की जानी चाहिये तभी यह उन्मूलन सफल होगा। यह तैयारी है उन परिस्थितियों का उन्मूलन, जिनमें व्यक्ति जघन्य अपराध करता है। यह ठीक है कि हम कितनी भी कोशिश कर लें, सभी हत्यारों को हत्या करने से नहीं रोका जा सकता। जब तक मनुष्य में काम, क्रोध, लोभ, आदि तीव्र संवेग हैं, जब तक उसमें बदले की भावना है तब तक कुछ न कुछ हत्यायें तो होंगी ही। परन्तु फिर भी सुधार करने से उनकी संख्या बहुत कम की जा सकती है। आजकल जिन देशों में प्राणदण्ड समाप्त कर दिया गया है वहाँ औसत 10 लाख आबादी के पीछे केवल 4 हत्यायें होती हैं जबकि भारतवर्ष में हत्याओं की दर इससे सात सौ प्रतिशत अधिक है। स्पष्ट है कि चाहे भारत में हत्याओं को बिल्कुल खत्म न किया जा सकता हो फिर भी भारत में भी ऐसी स्थिति अवश्य लाई जा सकती है कि हत्याओं की दर न्यूनतम हो जाय। तभी प्राणदण्ड का उन्मूलन उचित होगा।

अभ्यास के लिये प्रश्न

1. संक्षिप्त टिप्पणी लिखिये—प्राण दण्ड।
2. क्या मृत्यु दण्ड समाप्त होना चाहिये? अपने तर्क दीजिये।
3. प्राणदण्ड के उन्मूलन के समर्थन और विरोध दोनों में ही तर्क उपस्थित कीजिये।
4. मृत्यु दण्ड के पक्ष और विपक्ष में अपनी दलीलें दीजिये।

---

1. "However that may be, it should be borne in mind that in any case, the days of capital punishment are limited". —Herman Mannheim

47

अपराधी कानून
(Criminal Law)

अपराधशास्त्र के अध्ययन के अन्तर्गत 'अपराधी कानून' (Criminal Law) का अध्ययन अत्यधिक आवश्यक है। अपराध एवं अपराधी व्यवहार को जानने तथा समझने के लिए सबसे पहले अपराधी कानून को जानना आवश्यक है। किसी भी कार्य अथवा घटना को अपराधी कार्य अथवा घटना सिद्ध करने के लिए अपराधी कानून की सहायता लेनी पड़ती है। वास्तव में अपने आप में कोई भी कार्य अपराध नहीं है। जिस कार्य अथवा घटना को कानून द्वारा अपराध स्वीकार कर लिया जाता है वह सामान्य रूप से अपराध माना जाने लगता है। इस प्रकार हम कह सकते हैं कि कुछ विशिष्ट कार्यों से सम्बन्धित कानूनों को अपराधी कानून कहते हैं तथा इन कानूनों को तोड़ना या भंग करना अपराध कहलाता है। इस प्रकार अपराध तथा अपराधी कानून आपस में घनिष्ठ रूप से सम्बन्धित हैं। अपराध को अपराध घोषित करना अपराधी कानून का कार्य है। बिना अपराधी कानून के कोई भी बुरे से बुरा घृणित से घृणित तथा जघन्य कार्य भी अपराध नहीं कहला सकता। ऐसी स्थिति में इन कार्यों को पाप, दुराचार अथवा अनैतिकता की संज्ञा दी जा सकती है, अपराध की नहीं। अब प्रश्न उठता है कि अपराधी कानून क्या है? वास्तव में अपराधी कानून सामाजिक निषेधों, जनमत आदि से भिन्न है। अपराधी कानून के वास्तविक रूप को समझने के लिये इसकी एक समुचित परिभाषा निर्धारित करनी आवश्यक है।

अपराधी कानून की परिभाषा

प्रसिद्ध अपराधशास्त्री श्री सदरलैंड (Sutherland) के अनुसार "अपराधी कानून मानव-व्यवहार-सम्बन्धी कानूनों का वह संगठन है जो राजनीतिक शक्ति द्वारा प्रस्तुत किया गया है और जो उन सभी वर्गों के सदस्यों पर समान रूप से लागू होता है जिनके लिये कि वे कानून बने हैं तथा जो राज्य द्वारा संचालित दण्ड के द्वारा लागू

होता है।"[1] सदरलैंड की इस परिभाषा से अपराधी कानून की प्रकृति स्पष्ट हो जाती है। इससे स्पष्ट होता है कि अपराधी कानून की कुछ अपनी विशेषतायें होती हैं। सबसे मुख्य बात यह है कि अपराधी कानून किसी राजनीतिक सत्ता द्वारा निर्धारित एवं लागू किया जाता है।

अपराधी कानून के आवश्यक तत्त्व

अपराधी कानून अन्य कानूनों एवं नियमों से भिन्न होते हैं। कुछ कानून एवं नियम समाज, जाति, परिवार अथवा सम्प्रदाय द्वारा निर्धारित किये जाते हैं। इन नियमों को वास्तव में कानून नहीं कहा जा सकता। अपराधी कानून वास्तव में कुछ विशिष्ट एवं निश्चित कानून होते हैं जिनका सम्बन्ध किसी विशिष्ट क्षेत्र के व्यक्तियों से हुआ करता है। इन कानूनों के दो पक्ष होते हैं। पहला पक्ष सैद्धान्तिक तथा दूसरा पक्ष व्यावहारिक है। सैद्धान्तिक पक्ष का सम्बन्ध राजनैतिक सत्ता की विधान सभाओं और लिखित विधानों से होता है। विधान सभाओं द्वारा अपराधी कानूनों का निर्माण, संशोधन तथा परिवर्तन एवं विघटन किया जाता है। व्यावहारिक पक्ष का सम्बन्ध पुलिस एवं न्यायालय से होता है। इनका कार्य अपराधी कानूनों को लागू करना तथा इनके अनुसार व्यवस्था बनाये रखना होता है। अपराधी कानूनों की सफलता के लिये इन दोंनों पक्षों में पारस्परिक पूरकता एवं सहयोग होना आवश्यक है। विधान सभाओं द्वारा केवल उन्हीं कानूनों का निर्माण होना चाहिए जो व्यवहार में लागू हो सकते हों। अपराधी कानून की पूर्ण सफलता के लिये कुछ मुख्य तत्त्वों का उपस्थित होना आवश्यक है। अपराधी कानून के कुछ मुख्य तत्त्व निम्नलिखित हैं—

1. राजनैतिकता
2. समरूपता तथा नियमितता
3. विशिष्टता
4. दबाव एवं दण्ड

अब इन मुख्य तत्त्वों का थोड़ा विस्तृत विवेचन करना भी आवश्यक है।

1. राजनैतिकता—राजनैतिकता अपराधी कानून का सबसे मुख्य एवं अनिवार्य तत्त्व है। बिना राजनैतिक सत्ता के कानून का अस्तित्व ही नहीं हो सकता। अपराधी कानूनों का निर्माण एवं व्यवहार दोनों ही राजनैतिक सत्ता द्वारा होते हैं। राजनैतिकता के महत्त्व को समझने के लिये कानून एवं नियम अथवा प्रवचन में अन्तर स्पष्ट करना आवश्यक है। धर्म, व्यापारी संघ, परिवार अथवा किसी सामाजिक संस्था द्वारा

---

1. "The criminal law is a body of specific rules regarding human conduct which have been promulgated by political authority, which apply uniformly to all members of the classes to which the rules refer, and which are enforced by punishment administered by the state." —Sutherland.

जीवन को निर्धारित करने वाले उपाय नियमों द्वारा निर्धारित होते हैं। इन नियमों को भंग करना अपराध नहीं होता। यह पाप अथवा टार्ट कहलाता है। इस प्रकार स्पष्ट है कि जो अन्तर पाप और अपराध में है वही अन्तर कानून एवं नियम में है। इसी के साथ यह भी स्पष्ट होता है जिस प्रकार धर्म के नियमों के निर्माण एवं व्यवहार के लिये धार्मिक संस्था का होनः आवश्यक है उसी प्रकार अपराधी कानून के लिये राजनैतिक संस्था अथवा सत्ता का होना आवश्यक है।

यहाँ यह स्पष्ट कर देना भी आवश्यक है कि कुछ समाजों में राजनैतिकता के विषय में अपवाद भी हैं। कुछ समाजों में पितृ सत्ता के प्रभुत्व अथवा जनप्रिय न्याय का अधिक बोलबाला होता है। वहाँ राजनैतिक सत्ता को कोई महत्त्व नहीं दिया जाता। उदाहरण के लिए जिप्सियों का समाज इसी प्रकार का है। इनके समाज में सामुदायिक न्याय एवं नियमों का पालन किया जाता है। वहाँ कोई सुसंगठित राजनैतिक सत्ता है ही नहीं।

(2) समरूपता एवं नियमितता—आदर्श कानून को समरूप एवं नियमित होना आवश्यक है। अपराधी कानून के क्षेत्र में पक्षपातों के लिये कोई स्थान नहीं है। सभी कानून सम्बन्धित क्षेत्र में निवास करने वाले सभी व्यक्तियों के लिये समान होने आवश्यक हैं। कानून की दृष्टि से रंग भेद, जाति, वर्ग तथा धन आदि के अन्तरों का कोई महत्त्व नहीं होना चाहिये। अपराधी कानून को निश्चित एवं अविचलित होना चाहिये।

अपराधी कानून में उपरोक्त वर्णित आवश्यक तत्त्व वास्तव में केवल आदर्श मात्र हैं। व्यवहार में प्रायः प्रत्येक क्षेत्र में कानूनों का कठोर पालन नहीं होता। कानून के इस तत्त्व के सिद्धान्त और व्यवहार में प्रायः अन्तर हुआ करता है।

(3) विशिष्टता—प्रत्येक अपराधी विशिष्ट एवं निश्चित होता है। अपराधी कानून का यह तत्त्व उसे अन्य जन कानूनों (Civil Laws) से अलग सिद्ध करता है। जनकानून सामान्य हुआ करते हैं। अपराधी कानून विशिष्ट होने के साथ ही साथ सुपरिभाषित एवं प्रायः लिखित हुआ करते हैं। आमतौर पर प्रत्येक अपराधी कार्य की परिस्थितियों, दशाओं आदि का बहुत ही स्पष्ट उल्लेख हुआ करता है। अधिकांश अपराधों के साथ उनके लिये निर्धारित दंड का भी विवरण हुआ करता है।

(4) दबाव एवं दण्ड—अपराधी कानून के अन्तर्गत दबाव एवं दण्ड का तत्त्व होना भी आवश्यक है। अपराधी कानून के व्यावहारिक पक्ष का सम्बन्ध दण्ड एवं दबाव से है। प्रत्येक अपराधी कानून के साथ उससे सम्बन्धित दण्ड का भी विवरण रहा करता है। यदि अपराधी कानून को भंग किया जाता है तो सम्बन्धित व्यक्ति को पूर्व निर्धारित दण्ड भोगना पड़ता है। यहाँ यह स्पष्ट कर देना आवश्यक है कि अपराधी कानून के अन्तर्गत उपस्थित दण्ड के तत्त्व का आशय प्रतिशोध से

नहीं है। कानून के अन्तर्गत दण्ड का प्रयोजन केवल सामाजिक व्यवस्था बनाये रखना है। यहाँ दण्ड एक प्रणाली का अंग है। इसमें व्यक्तिगत प्रतिशोध का कोई स्थान नहीं होता। व्यक्तिगत प्रतिशोध की भावना के अभाव में भी दण्ड एवं दबाव अपराधी कानून का अति अनिवार्य तत्त्व है। इसके महत्त्व को झेरिंग (Jhering) ने इस प्रकार स्पष्ट किया है, "एक वैधानिक कानून दण्ड के बिना एक ऐसी आग है जो जलाती नहीं एवं एक ऐसी रोशनी है जो चमकती नहीं।"[1] इस प्रकार स्पष्ट है कि कानून के लिये दण्ड का होना भी आवश्यक है।

उपरोक्त विवरण से अपराधी कानून के मुख्य आवश्यक तत्त्व स्पष्ट होते हैं। वास्तव में अपराध राज्य द्वारा निषिद्ध कार्यों को करना है। इन कार्यों को रोकने के लिये राज्य द्वारा कुछ विशिष्ट, समरूप एवं नियमित कानून बनाये जाते हैं। इन कानूनों को अपराधी कानून कहा जाता है, तथा इनको लागू करने के लिए दण्ड प्रणाली को साधन के रूप में इस्तेमाल किया जाता है।

अपराधी कानून की उत्पत्ति के सिद्धान्त

वर्तमान युग में अपराध सम्बन्धी कानून बहुत ही स्पष्ट एवं सुपरिभाषित हैं। प्राचीनकाल में इस प्रकार की स्थिति नहीं थी। इस दशा में प्रश्न उठता है कि अपराधी कानून की उत्पत्ति किस प्रकार हुई ? वास्तव में वर्तमान अपराधी कानूनों की उत्पत्ति किसी घटना विशेष के द्वारा नहीं हुई। ये कानून समय के साथ-साथ विकसित हुए हैं। इन कानूनों के विकास की प्रक्रिया के विषय में भिन्न-भिन्न विद्वानों के विचार भिन्न-भिन्न हैं। विचारों की इसी भिन्नता के फलस्वरूप भिन्न-भिन्न सिद्धान्त बने। ये सिद्धान्त अपराधी कानूनों की उत्पत्ति के सिद्धान्त कहलाते हैं। मुख्य सिद्धान्त और उनका संक्षिप्त परिचय निम्नलिखित है।

1. शास्त्रीय सिद्धान्त (Classical Theory)

अपराधी कानून की उत्पत्ति के सिद्धान्तों में शास्त्रीय सिद्धान्त का विशेष महत्त्व है। इस सिद्धान्त के अनुसार अपराध की अवधारणा का जन्म टार्ट (Tort) के प्रत्यय से हुआ है। टार्ट आधुनिक अपराध से भिन्न प्रत्यय है। टार्ट के अन्तर्गत एक व्यक्ति द्वारा अन्य व्यक्ति के वैयक्तिक अधिकारों का अपहरण होता है। टार्ट का क्षेत्र व्यक्तियों तक ही सीमित था। उस समय टार्ट के द्वारा क्षतिग्रस्त व्यक्ति स्वयं अपनी क्षतिपूर्ति के लिये प्रयास करता था और क्षतिदायक व्यक्ति उसकी पूर्ति करता था अर्थात् टार्ट का क्षेत्र सीमित था। इसके बाद सामाजिक एवं सामूहिक चेतना क्षेत्र के विकास के साथ-साथ टार्ट के विषय में सामूहिक एवं सामाजिक स्तर पर सोचना प्रारम्भ किया गया। इस स्थिति में कुछ कार्यों को सामाजिक रूप में अनुचित ठहराया

---

1. "A legal rule without coercion is a fire that does not burn, a light that does not shine."
—Jhering.

गया। ये कार्य अपराध कहलाये। अपराधों के अध्ययन एवं उन्हें रोकने के लिये कुछ नियम भी निर्धारित किये गये। ये नियम ही अपराधी कानून कहलाये। इस प्रकार स्पष्ट है कि जिस समय व्यक्ति का महत्त्व अधिक था उस समय जो क्रिया टार्ट कहलाती थी वही क्रिया समाज के विकास के साथ-साथ अपराध कहलाने लगी।

आलोचना—सामान्य बुद्धि के आधार पर तो शास्त्रीय सिद्धान्त कुछ अंशों में उचित मालूम होता है परन्तु कुछ दृष्टिकोणों से इसमें कुछ कमियाँ भी हैं। इस सिद्धान्त के अन्तर्गत यह स्पष्ट नहीं किया गया कि टार्ट का अपराध में परिवर्तन कैसे हुआ। इन दोनों के मध्य की स्थितियाँ स्पष्ट नहीं की गयीं। इस सिद्धान्त की सदरलैंड ने इस प्रकार आलोचना की है, "यह सिद्धान्त अपराधी कानून की एक सामान्य एवं सार्वभौमिक व्याख्या देने में असफल है।"[1] इस सिद्धान्त के अन्तर्गत व्यक्ति से समूह को अधिक महत्त्व दिया गया है। यह वास्तव में उचित नहीं है। प्राचीन काल में भी कुछ ऐसे कार्य थे जो कि समुदाय एवं समूह के प्रति अनुचित समझे जाते थे। उन कार्यों से सम्बन्धित नियमों को भंग करना समुदाय के प्रति अपराध या टार्ट माना जाता था, उदाहरण के लिये शिकार के सामान्य नियमों को भंग करना तथा अनुचित प्रकार से जादू करना।

2. रूढ़ि विकास सिद्धान्त (Crystallization of the mores)

इस सिद्धान्त के अनुसार अपराधी कानून का विकास रूढ़ियों द्वारा हुआ है। इस सिद्धान्त को सही प्रकार से समझने के लिये रूढ़ि का अर्थ समझना आवश्यक है। रूढ़ियाँ सामाजिक कार्य करने की वे स्वीकृत रीतियाँ हैं जिनके साथ सामाजिक कल्याण के तत्त्व जुड़े रहते हैं। इन रूढ़ियों का विकास क्रमश: होता है। प्रारम्भ में मनुष्यों की कुछ आदतें होती हैं। ये आदतें समय के साथ-साथ समाज अथवा समूह के अधिकांश व्यक्तियों की आदतें बन जाती हैं। इस स्थिति में इन आदतों को प्रथा (Custom) की संज्ञा दे दी जाती है। प्रथाओं के साथ जब सामाजिक कल्याण की भावना जुड़ जाती है तो उसे रूढ़ि कहा जाने लगता है। इस प्रकार विकसित रूढ़ियों का सम्बन्ध पूरे समाज से हो जाता है और इनके उल्लंघन के विषय में सामूहिक रूप से विचार किया जाता है। धीरे-धीरे इनके उल्लंघन का सामाजिक स्तर पर प्रतिरोध किया जाता है। सामाजिक प्रतिरोध के नियम ही अपराधी कानून का रूप ले लेते हैं। इन कानूनों में दण्ड भी सम्मिलित रहता है।

आलोचना—अपराधी कानून की उत्पत्ति सम्बन्धी यह सिद्धान्त काफी हद तक उचित मालूम पड़ता है। यह सिद्धान्त अधिकांश प्राचीन एंव कुछ आधुनिक अपराधी कानूनों की उत्पत्ति की प्रक्रिया की समुचित व्याख्या दे सकता है। परन्तु

---

1. "This theory is inadequate, however, as a general or universal explanation of the criminal law." —Sutherland.

आधुनिक युग के कुछ कानूनों की व्याख्या इस सिद्धान्त के आधार पर नहीं की जा सकती। उदाहरण के लिये आधुनिक उद्योगों से सम्बन्धित कानून तथा तरह-तरह के करों से सम्बन्धित कानूनों की समुचित व्याख्या उपरोक्त सिद्धान्त के आधार पर नहीं की जा सकती।

3. बौद्धिक सिद्धान्त (Rational Theory)

बौद्धिक सिद्धान्त के अनुसार अपराधी कानूनों की उत्पत्ति कुछ बौद्धिक विचारकों के विचारों द्वारा हुई है। प्रत्येक समाज में प्रत्येक काल में कुछ न कुछ बौद्धिक विचारक अथवा चिन्तक हुआ करते हैं। ये विचारक अपने समाज के सभी कार्यों का सूक्ष्म अवलोकन एवं निरीक्षण किया करते हैं। इसके बाद ये विद्वान अपने चिन्तन-मनन द्वारा सभी कार्यों को उचित-अनुचित की कसौटी पर कसते हैं तथा कुछ कार्यों को व्यक्ति के लिये अनुचित तथा समाज के लिये अहितकर घोषित करते हैं। इन विचारकों द्वारा अनुचित घोषित किये गये कार्यों को धीरे-धीरे समाज भी अनुचित स्वीकार कर लेता है। तब क्रमशः ये कार्य अपराध माने जाने लगते हैं और इनसे सम्बन्धित कानून विकसित हो जाते हैं। इन कानूनों को अपराधी कानून कहा जाता है। ये कानून भी बौद्धिक विचारकों द्वारा ही प्रतिपादित होते हैं और समय-समय पर इनमें संशोधन एवं परिवर्तन भी होते रहते हैं।

4. स्वार्थ-संघर्ष सिद्धान्त (Conflict of Interests Theory)

इस सिद्धान्त में यह माना गया है कि विभिन्न वर्गों के स्वार्थों के संघर्ष के फलस्वरूप अपराधी कानून बनते हैं। प्रत्येक समाज में अलग-अलग समूह अथवा वर्ग हुआ करते हैं। इन समूहों और वर्गों के अपने-अपने स्वार्थ होते हैं। यदि किसी वर्ग के स्वार्थों को कोई अन्य वर्ग नुक्सान पहुँचाता है या कोई ऐसा कार्य करता है जो कि उसके लिये अहितकर होता है तो प्रथम वर्ग दूसरे वर्ग के उस कार्य को अनुचित बताता है और अपराध की संज्ञा दे देता है। इस स्थिति में जो भी वर्ग अधिक सत्ता-सम्पन्न हो जाता है वह अन्य वर्गों के उन सब कार्यों को अपराध घोषित कर देता है जिनसे उसके अपने हितों को नुकसान पहुँचाता है। इसके साथ ही साथ इस प्रकार के तथाकथित अपराधों को रोक़ने के लिये कुछ नियम या कानून निर्धारित कर दिये जाते हैं। ये कानून ही अपराधी-कानून कहलाते हैं। सामान्य राजनैतिक जीवन में प्रभुत्व-सम्पन्न वर्ग उच्च वर्ग हुआ करता है। ये उच्च वर्ग अपने हितों को सुरक्षित रखने के लिये निम्न एवं मध्यम वर्ग के व्यक्तियों के बहुत से कार्यों को अपराध घोषित कर दिया करते हैं।

अभ्यास के लिये प्रश्न

1. अपराधी कानून से आप क्या समझते हैं? उसके मुख्य तत्त्वों का संक्षिप्त विवेचन कीजिये।

48

पुलिस तथा न्यायालय
(Police and Courts)

पुलिस का कार्य अपराधियों को और संदिग्ध व्यक्तियों को पकड़ना होता है। पुलिस द्वारा पकड़े गये अपराधियों के अपराधों की जाँच करना एवं सुनवाई करके दण्ड आदि देना न्यायालय का कार्य है। न्यायालय का कार्य न्याय करना है। यह न्याय पुलिस द्वारा एकत्रित किये गये तत्त्वों के आधार पर किया जाता है। इस प्रकार स्पष्ट है कि पुलिस और न्यायालय का घनिष्ठ सम्बन्ध है। भारतीय न्याय-व्यवस्था भी पुलिस संगठन की ही तरह ब्रिटिश न्याय-व्यवस्था के ही समान है।

भारतीय न्याय-व्यवस्था का स्तर

भारतीय न्याय-व्यवस्था के चार मुख्य स्तर हैं अर्थात् चार प्रकार के न्यायालय हैं। न्यायालय के चार प्रकार निम्नलिखित हैं–

1. स्थानीय न्यायालय (Local Court)
2. जिला न्यायालय (District Court)
3. उच्च न्यायालय (High Court)
4. सर्वोच्च न्यायालय (Supreme Court)

अब इन विभिन्न न्यायालयों का थोड़ा विस्तृत विवरण प्रस्तुत करना भी आवश्यक है।

1. स्थानीय न्यायालय–स्थानीय न्यायालयों के अन्तर्गत छोटे मजिस्ट्रेटों की अदालतें तथा ग्राम पंचायतें आती हैं। इन अदालतों में स्थानीय मुकदमों की सुनवाई होती है तथा न्यायालय का निर्णय सुनाया जाता है। इन अदालतों को एक निश्चित अवधि की कैद तथा कुछ नकद जुर्माना करने का अधिकार होता है। इन अदालतों के निर्णयों के विषय में बड़ी अदालत में अपील भी की जा सकती है।

2. जिला न्यायालय—जिला न्यायालय के अन्तर्गत पूरे जिले के मुकदमों की सुनवायी की जाती है। इस न्यायालय का सबसे बड़ा अधिकारी जिला न्यायाधीश होता है। इस अदालत में मुकदमों और अपीलों की सुनवाई भी होती है। छोटी स्थानीय अदालतों से निर्णय प्राप्त मुकदमों की अपील की भी सुनवायी होती है।

3. उच्च न्यायालय—प्राय: एक राज्य में एक उच्च-न्यायालय हुआ करता है। उच्च-न्यायालय में केवल मुकदमों की अपीलों की सुनवायी हुआ करती है। यदि जिला न्यायालय से निर्णय प्राप्त कोई मुकदमा उच्च न्यायालय में जाता है तब उच्च-न्यायालय द्वारा दिया गया निर्णय ही माना जाता है। वैसे उच्च न्यायालय द्वारा निर्णय दिये कुछ मुकदमों की सर्वोच्च न्यायालय में पुन: अपील हो सकती है।

4. सर्वोच्च न्यायालय—सर्वोच्च न्यायालय पूरे भारत में एक है। इस न्यायालय में केवल अपीलों की ही सुनवायी होती है। उच्च-न्यायालयों से निर्णय प्राप्त मुकदमों की अपील सर्वोच्च न्यायालय के सम्मुख प्रस्तुत की जाती है। यहाँ यह स्पष्ट कर देना आवश्यक है कि उच्च-न्यायालय से निर्णय प्राप्त सभी मुकदमों की अपील सर्वोच्च न्यायालय में नहीं हो सकती। इस प्रकार की अपील की अनुमति कुछ विशेष प्रकार के मुकदमों को ही प्राप्त होती है।

भारतीय न्याय-व्यवस्था के दोष

भारतीय न्याय-व्यवस्था भारत को ब्रिटिश शासन की देन है। ब्रिटिश शासकों की भारत में शासन करने की एक विशेष नीति थी। उन्होंने भारतीय न्याय-व्यवस्था को भी अपनी नीति के अनुकूल संगठित किया था। वर्तमान भारतीय न्याय-व्यवस्था उसी परम्परा के अनुसार चली आ रही है। अत: इस व्यवस्था में विभिन्न दोष हैं। भारतीय न्याय-व्यवस्था में कुछ मुख्य दोष निम्नलिखित हैं—

1. जटिल एवं पेचीदा कानून—न्याय कानून के अनुसार हुआ करता है। कानून को सरल एवं स्पष्ट होना चाहिए जिससे कि गलत-फहमी एवं संदेह के लिए कोई स्थान न हो। परन्तु भारतीय कानून बहुत अधिक जटिल एवं पेचीदा है। कानून के बहुत से पहलू स्पष्ट नहीं हैं। ऐसी स्थिति में न्याय करना एवं न्याय प्राप्त करना सरल नहीं होता। कानून की जटिलता एवं अस्पष्टता का वकील लोग पर्याप्त लाभ उठाते हैं और बड़े से बड़े अपराधी को कानून की पकड़ से मुक्त करा लिया करते हैं। इससे पूरी की पूरी न्याय-प्रणाली दोषयुक्त हो जाती है।

2. जटिल न्याय-प्रणाली—कानून की जटिलता के अतिरिक्त भारतीय न्याय-प्रणाली भी पर्याप्त जटिल है। किसी प्रकार के न्याय को प्राप्त करने के लिये बीसियों प्रकार के फार्म भरने पड़ते हैं। तरह-तरह के टिकट एवं कागज इस्तेमाल करने पड़ते हैं। सामान्य, कम पढ़े-लिखे व्यक्तियों के लिये ये सब औपचारिकताएँ बहुत ही परेशान करने वाली होती हैं। इन परेशानियों से डर कर बहुत बार तो अनेक लोग न्याय की माँग के लिये न्यायालय की शरण में जाते ही नहीं।

4. लम्बी अवधि—सामान्यतया भारतीय न्यायालयों में इस बात का ध्यान नहीं रखा जाता कि न्याय शीघ्र होना चाहिये। प्राय: मुकदमों की सुनवाई अगली तारीखों के लिये स्थगित कर दी जाती है। इस प्रकार अपराध होने और निर्णय सुनाये जाने के मध्य काफी समय गुजर जाता है। कभी-कभी तो इस बीच अपराध की अवधारणा भी बदल जाती है। कभी-कभी अपराधी की मृत्यु भी हो जाती है। इस प्रकार यह कहा जा सकता है कि न्याय की अवधि लम्बी नहीं होनी चाहिये।

4. अधिक खर्चीली न्याय-प्रणाली—भारतीय न्याय-प्रणाली आवश्यकता से अधिक खर्चीली है। यहाँ यह स्पष्ट कर देना आवश्यक है कि हम यहां अवैध खर्चों की नहीं, बल्कि वैधानिक खर्चों की चर्चा कर रहे हैं। न्याय प्राप्त करने के लिये तरह-तरह की कोर्ट-फीस देनी पड़ती है। इसके अतिरिक्त फैसला देर से तथा अनेक पेशियों के बाद सुनाया जाता है। इसलिये न्याय की माँग करने वालों को बार-बार अदालत में उपस्थित होना पड़ता है। इस उपस्थिति के लिये उन्हें कई बार अपना काम-धन्धा भी छोड़ना पड़ता है। इस प्रकार स्पष्ट है कि न्याय-व्यवस्था दोषपूर्ण है। न्याय व्यवस्था ऐसी होनी चाहिये जो सामान्य व्यक्तियों के लाभ एवं हित के लिये हो।

5. रिश्वत का बोल-बाला—भारतीय न्यायालयों में रिश्वत का इतना अधिक बोल-बाला है कि बिना रिश्वत के कोई रास्ता भी नहीं बतलाता। पग-पग पर रिश्वत देनी पड़ती है। साधारण चपरासी से लेकर उच्च अधिकारियों तक कहीं भी रिश्वत के बिना काम करवाना सरल नहीं है। रिश्वत के कारण आज की न्याय-व्यवस्था अन्याय-व्यवस्था में परिवर्तित हो रही है। अनेक बार न्याय पैसे के पक्ष में होता है, सत्य के पक्ष में नहीं।

6. वकीलों की जाल-साजी—भारतीय न्याय-प्रणाली में वकीलों का महत्त्वपूर्ण स्थान है। परन्तु अधिकतर वकीलों की मनोवृत्ति बहुत ही विकृत है। वे न्याय नहीं अन्याय के पोषक हुआ करते हैं। बहुत से वकील केवल पैसे के बल पर बड़े से बड़े अपराधी को भी मुक्त करा लिया करते हैं। भारतीय कानून व्यवस्था के अन्तर्गत बहुत से तथ्य अत्यधिक विवादास्पद एवं अस्पष्ट हैं। वकील लोग अपनी बुद्धि के चातुर्य से जैसा अवसर देखते हैं वैसा ही उसका अर्थ निकाल लेते हैं। इस प्रकार न्याय का अन्याय हो जाता है।

7. प्रमाण एवं गवाहों की समस्या—न्याय-व्यवस्था सम्बन्धित गवाहों एवं प्रमाणों पर भी निर्भर करती है। परन्तु यहाँ ये दोनों ही तथ्य कृत्रिम हुआ करते हैं। प्राय: पैसे देकर पेशेवर गवाहों को तैयार किया जाता है और उनसे जो मन में आये कहलवा लिया जाता है। ऐसे में सच्चे परन्तु गरीब व्यक्ति के लिये न्याय प्राप्त करना असम्भव हो जाता है। केस से सम्बन्धित प्रमाण भी झूठे तैयार कर लिये जाते हैं, जिनमें कभी-कभी पुलिस का भी हाथ होता है। कई बार यह देखने में आया है कि जान-बूझकर किसी व्यक्ति के ठिकाने पर अफीम, गाँजा आदि अवैध वस्तुयें

या हथियार रखकर उसे अपराधी प्रमाणित कर दिया जाता है। इस प्रकार स्पष्ट है कि वास्तविक प्रमाणों एवं गवाहों की समस्या भी न्याय प्राप्त करने में बाधा है।

8. शिकायत की पेटी की अनुपस्थिति—नियम के अनुसार प्रत्येक न्यायालय में एक ऐसी पेटी होनी आवश्यक है जिसमें सामान्य जनता अपनी शिकायतें एवं परेशानियाँ लिखकर डाल सके। परन्तु देखने में आया है कि ऐसी पेटियाँ प्राय: गुम होती हैं और यदि हो तो भी विकृत अवस्था में होती हैं। कहने का तात्पर्य यह है कि सामान्य जनता की शिकायतें उच्च-अधिकारियों तक नहीं पहुँच पातीं। सामान्य जनता एवं उच्च-अधिकारियों के मध्य कोई सीधा सम्बन्ध नहीं होता।

उपरोक्त विवेचन से स्पष्ट होता है कि भारतीय न्याय-व्यवस्था में दोषों एवं बुराइयों की भरमार है। अनेक बार न्याय के नाम पर अन्याय हुआ करता है और झूठ को सही सिद्ध किया जाता है।

न्याय-व्यवस्था को सुधारने के लिये सुझाव

यह सत्य है कि भारतीय न्याय-व्यवस्था में अनेक दोष हैं, परन्तु फिर भी उसे सुधारना असम्भव नहीं है। विभिन्न विद्वान एवं न्याय शास्त्री समय-समय पर उसे सुधारने के उपाय बतलाया करते हैं। इस विषय में कुछ व्यावहारिक सुझाव निम्नलिखित हैं—

(1) कुछ विद्वानों का मत है कि न्याय-व्यवस्था को दोष-मुक्त करने के लिये अलग से एक न्याय मन्त्रालय की स्थापना होनी चाहिये। इस के प्रयासों से इस दिशा में सुधार सम्भव है।

(2) न्याय-प्रणाली को सरल एवं कम खर्चीली बनाना चाहिए। इसके लिए न्याय सम्बन्धी निर्णय शीघ्र से शीघ्र ही सुनाये जाने चाहियें तथा अदालत की फीस आदि भी कम करनी चाहिए। फालतू खर्चों को समाप्त कर देना चाहिए।

(3) अधिकांश मुकदमों को पंचायती-अदालतों में ही समाप्त कर देना चाहिये। इससे एक तो न्याय शीघ्र हो जायेगा, दूसरे गाँव वालों को नित्य प्रति नगरों की खाक नहीं छाननी पड़ेंगी। इस प्रयोजन के लिये पंचायती अदालतों का विस्तार करना आवश्यक है।

(4) वर्तमान न्यायालयों के अतिरिक्त अन्य न्यायालयों की भी स्थापना करनी चाहिए। इन न्यायालयों में ऑनरेरी मजिस्ट्रेटों की नियुक्ति होनी चाहिए और सभी मामूली मुकदमें इन्हें सौंप देने चाहियें। इससे समय की बचत होगी।

(5) विभिन्न प्रकार की रिश्वत एवं भ्रष्टाचार पर सख्त प्रतिबन्ध लगाना चाहिए।

अपराध निरोध में पुलिस का स्थान

जहाँ एक ओर मनुष्य स्वभाव से ही सहयोग एवं शान्तिपूर्वक सामाजिक जीवन व्यतीत करना पसन्द करता है वहाँ दूसरी ओर कुछ मनुष्य असहयोग एवं असामाजिक ढंग से कार्य किया करते हैं। ये व्यक्ति सामान्य सामाजिक नियमों एवं आदर्शों को स्वीकार नहीं करते हैं। ये समाज विरोधी कार्य किया करते हैं। समाज विरोधी कार्यों को प्रायः अपराध कहा जाता है और इन कार्यों को करने वाले को अपराधी कहा जाता है। अपराध और अपराधी सदैव ही समाज के लिए अहितकर हुआ करते हैं तथा समाज इन्हें समाप्त करने का प्रयास किया करता है। समाज इन समाज विरोधी तत्त्वों को नियन्त्रित करने के साधन ढूँढता एवं लागू करता है। आधुनिक नगरीय समाजों में सामाजिक नियन्त्रण के लिए सबसे अधिक इस्तेमाल होने वाला साधन कानून एवं पुलिस है। पुलिस द्वारा अपराधों पर नियन्त्रण किया जाता है तथा सामाजिक नियमों को स्थापित किया जाता है।

पुलिस की परिभाषा एवं प्रकार

पुलिस की परिभाषा श्री सदरलैंड ने इन शब्दों में उपस्थित की है, "पुलिस शब्द प्राथमिक रूप से राज्य के उन एजेन्ट्स की ओर संकेत देता है जिनका कार्य कानून और व्यवस्था को बनाये रखना और विशेषकर नियमित अपराधी संहिता को लागू रखना है।"[1] श्री सदरलैंड की इस परिभाषा से स्पष्ट होता है कि पुलिस का सीधा सम्बन्ध राज्य एवं प्रशासन से है। वह राज्य की प्रतिनिधि संस्था है। पुलिस का कार्य राज्य द्वारा निर्धारित नियमों के उल्लंघन को रोकना एवं व्यवस्था बनाये रखना है। यहाँ यह स्पष्ट कर देना आवश्यक है कि पुलिस का उन अपराधों एवं अपराधियों से कोई सम्बन्ध नहीं है जो कानून के क्षेत्र से बाहर हैं। उदाहरण के लिए यदि राज्य द्वारा मदिरा पीना अपराध घोषित हो तब मदिरा पीने वालों पर पुलिस नियन्त्रण रखती है। परन्तु यदि राज्य द्वारा यह कानून परिवर्तित कर दिया जाये तब मदिरा पीने वाले को पुलिस कुछ भी नहीं कहेगी।

राज्य का कार्यक्षेत्र अति विस्तृत है। राज्य में विभिन्न प्रकार के नियम एवं कानून होते हैं। अतः भिन्न-भिन्न प्रयोजनों के लिए भिन्न-भिन्न प्रकार की पुलिस होती है। पुलिस के मुख्य प्रकार निम्नलिखित हैं–

1. सामान्य प्रशासन पुलिस
2. गुप्तचर पुलिस
3. ट्रैफिक पुलिस

---

1. "The term police refers Primarily to agents of the state whose function is the maintenance of law and order and especially the enforcement of the regular criminal code."
—Sutherland.

4. नारी पुलिस

5. मिलिट्री पुलिस

1. सामान्य प्रशासन पुलिस—इस प्रकार की पुलिस का कार्य सामान्य नियमों एवं कानूनों को बनाये रखना है। इस प्रकार की पुलिस के कर्मचारी अपनी निर्धारित वेष-भूषा में रहा करते हैं। इनके स्थान-स्थान पर छोटे-बड़े कार्यालय हुआ करते हैं। कोई भी व्यक्ति आवश्यकता पड़ने पर इन कार्यालयों में शिकायत एवं रिपोर्ट कर सकता है तथा सहायता प्राप्त कर सकता है। सामान्य व्यवस्था बनाये रखना इनका मुख्य कार्य है।

2. गुप्तचर पुलिस—पुलिस का यह विभाग सामान्य प्रशासन पुलिस से भिन्न होता है। इस विभाग के कर्मचारी सामान्य रूप से कोई निर्धारित वेश-भूषा नहीं धारण करते। ये सादे लिबास में रहते हैं। इनका मुख्य कार्य विभिन्न प्रकार के अपराधों का गुप्त रूप से पता लगाना होता है। भ्रष्टाचार, रिश्वत आदि अपराधों की जानकारी इसी विभाग द्वारा प्राप्त की जाती है।

3. ट्रैफिक पुलिस—बड़े-बड़े नगरों के विकास के साथ-साथ यातायात के साधनों का भी विकास हो रहा है। अब प्रत्येक नगर में तरह-तरह के अनेक छोटे-बड़े वाहन चलने लगे हैं। इनमें से अनेक अति तीव्र गति से चलने वाले हैं। ऐसी स्थिति में यातायात से सम्बन्धित कानूनों को निर्धारित करना अति आवश्यक है। ट्रैफिक पुलिस का मुख्य कार्य यातायात से सम्बन्धित कानूनों को बनाये रखना है। इस विभाग के कर्मचारी सड़कों पर तथा चौराहों पर तैनात रहते हैं। ये ही पुलिस वाले सड़क के नियमों का उल्लंघन करने वालों का चालान, जुर्माना आदि किया करते हैं। इनकी वेश-भूषा विशेष प्रकार की होती है।

4. नारी पुलिस—आधुनिक युग में केवल पुरुष ही अपराधी नहीं होते वरन् नारियाँ भी विभिन्न प्रकार के अपराध किया करती हैं। नारियों के अपराधों की जाँच एवं रोक-थाम के लिए अब नारी पुलिस की व्यवस्था की गयी है। यह नारी पुलिस निर्धारित वेश-भूषा धारण करती है तथा विभिन्न सार्वजनिक स्थानों पर तैनात रहती है। रेलवे-स्टेशनों, सिनेमाघरों तथा लड़कियों की शिक्षा-संस्थाओं में नारी-पुलिस का मुख्य कार्य हुआ करता है। नारी-अपराधिनों की तलाशी लेने का कार्य भी नारी पुलिस ही करती है।

5. मिलिट्री पुलिस—पुलिस का एक प्रकार मिलिट्री पुलिस है। इसका सामान्य पुलिस से कोई सीधा सम्बन्ध नहीं होता। मिलिट्री पुलिस मिलिट्री की छावनियों में ही हुआ करती है। इसका कार्य मिलिट्री के लोगों को अपराध करने एवं कानूनों को तोड़ने से रोकना होता है। वास्तव में मिलिट्री पुलिस सिविल पुलिस से पूर्ण रूप से स्वतन्त्र होती है और इसके अन्तर्गत ट्रैफिक पुलिस, सुरक्षा पुलिस तथा गुप्तचर पुलिस आदि अनेक विभाग होते हैं।

भारतीय पुलिस के विरुद्ध आक्षेप

वैसे तो भारतीय पुलिस अपराधों को रोकने एवं सामाजिक नियन्त्रण के भरसक प्रयत्न कर रही है परन्तु अनेकों कारणों से उसे इस दिशा में पर्याप्त सफलता प्राप्त नहीं हुयी है। पुलिस की इस असफलता को देखते हुए सामान्य जनता समय-समय पर पुलिस व्यवस्था पर भिन्न-भिन्न आक्षेप लगाया करती है। सामान्य जनता द्वारा पुलिस पर लगाये गये कुछ आक्षेप तो सार्थक हैं तथा अन्य निरर्थक हैं। कुछ सामान्य आक्षेप इस प्रकार हैं—

1. **अत्यधिक दमन प्रवृत्ति**—पुलिस का कार्य अपराधों को रोकना एवं सामान्य अनुशासन स्थापित करना होता है। इस उद्देश्य को पूरा करने के लिए विभिन्न पद्धतियाँ अपनायी जा सकती हैं। परन्तु भारतीय पुलिस दमन की नीति को अधिक महत्त्व देती है। पुलिस विभाग में यह परम्परा ब्रिटिश शासन काल से ही चली आ रही है। वास्तव में सामान्य पुलिस का जनता के प्रति व्यवहार अत्यधिक कठोर, रूखा, एवं कभी-कभी असभ्यतापूर्ण हुआ करता है। आमतौर पर सड़कों पर पुलिस द्वारा रिक्शे वालों को तथा अन्य लोगों को भद्दी गालियाँ देते देखा जाता है। पुलिस की इस दमन प्रवृत्ति से वास्तव में न तो अपराधों का उन्मूलन ही हो सकता है और न ही स्थायी अनुशासन स्थापित हो सकता है।

2. **नियमों का उल्लंघन**—पुलिस का कार्य नियमों एवं कानूनों की रक्षा करना है। अस्तु, पुलिस का यह कर्त्तव्य हो जाता है कि वह स्वयं सभी नियमों का आदर्श रूप से पालन करे। परन्तु व्यवहार में ऐसा प्रायः नहीं होता। पुलिस वाले स्वयं ही अपने नियमों का उल्लंघन करते हैं। उदाहरण के लिये पुलिस के लिए सख्त नियम है कि वह किसी भी गवाह को डराये या धमकाये नहीं परन्तु पुलिस वाले आमतौर पर गवाहों को डराया-धमकाया करते हैं और उनसे मनमर्जी एवं नीति के अनुसार गवाही दिलवाया करते हैं। अधिकांश गवाह झूठे एवं पुलिस के अपने विश्वासी व्यक्ति हुआ करते हैं।

3. **गलत सूचना**—भारतीय न्याय-व्यवस्था के अनुसार किसी भी अपराध के विषय में प्रारम्भिक सूचना एवं जानकारी पुलिस द्वारा प्राप्त की जाती है और पुलिस की सूचना के आधार पर न्यायालय में न्याय किया जाता है। आमतौर पर न्यायालय के न्यायाधीश अपराध के घटनास्थल पर स्वयं नहीं जाया करते। ऐसे में उन्हें पुलिस की ही सूचना पर निर्भर करना पड़ता है। परन्तु पुलिस विभाग द्वारा दी गई सूचना अनेक बार विश्वसनीय नहीं हुआ करती। पुलिस कर्मचारी अपने हितों को देखते हुए अपराधों की सूचनाएँ तोड़-मरोड़ कर प्रस्तुत करते हैं। इस प्रवृत्ति से न्याय की प्रणाली दूषित हो जाती है।

4. **खाना-पूरी की प्रवृत्ति**—अधिकांश पुलिस कर्मचारियों में खाना-पूरी की प्रवृत्ति अधिक पायी जाती है। ये लोग खाना-पूरी के उद्देश्य को विभिन्न प्रकार

से पालन करते हैं। कभी-कभी तो घटनास्थल पर गये बिना ही अपने कार्यालय में बैठे ही बैठे ये लोग पूरा केस तैयार कर लिया करते हैं। इसके विपरीत कभी-कभी वे अपनी सक्रियता के दिखाने के लिए शरीफ लोगों को मारपीट कर गिरफ्तार कर लिया करते हैं और अपने उच्च अधिकारियों को खुश करने के लिए बहाना ढूँढ लेते हैं। इस कार्य के पीछे इनकी पदोन्नति हुआ करती है। प्राय: पुलिस के विभिन्न थानों में इस प्रकार की होड़ रहा करती है कि कौन अधिक से अधिक केस दर्ज करता है। इस प्रवृत्ति से पुलिस विभाग की बहुत ही बदनामी होती है। इसी प्रवृत्ति के फलस्वरूप बहुत से शरीफ व्यक्ति भी प्रतिशोध की भावना के कारण अपराधी बन जाते हैं।

5. रिश्वत एवं भ्रष्टाचार—पुलिस विभाग सदैव से ही रिश्वत एवं भ्रष्टाचार के लिए कुख्यात रहा है। बहुत से व्यक्ति तो केवल रिश्वत आदि के प्रलोभन को ही देखते हुए पुलिस विभाग की नौकरी स्वीकार करते हैं। पुलिस विभाग के अनेक कर्मचारी छोटे से छोटे कार्य के लिये भी रिश्वत लिया करते हैं। रिश्वत की इस प्रवृत्ति के फलस्वरूप अधिकांश वास्तविक अपराधी कानून की पकड़ में नहीं आ पाते और इसके विपरीत भोले-भाले व्यक्ति गिरफ्तार हो जाते हैं।

रिश्वत के अतिरिक्त बहुत से पुलिस कर्मचारियों का सामान्य आचार-व्यवहार भी भ्रष्ट हुआ करता है। वे प्राय: जुआ खेला करते हैं तथा अन्य कुकृत्यों में भी शामिल रहा करते हैं। इस प्रकार के व्यवहार से पुलिस का अनुशासन कड़ा नहीं रह पाता और व्यवस्था बिगड़ जाती है।

6. अशिक्षित और अप्रशिक्षित—अधिकाँश सामान्य पुलिस कर्मचारी पर्याप्त शिक्षित एवं प्रशिक्षित नहीं हुआ करते। इस दशा में ये लोग कुशलता एवं निपुणता से अपने कार्यों को नहीं कर पाते। ये कर्मचारी अनुशासन एवं कानूनों की व्यवस्था करने में सफल नहीं हो पाते।

भारतीय पुलिस की असफलता के कारण

उपरोक्त विवरण से पुलिस पर लगाये जाने वाले आक्षेप स्पष्ट हो जाते हैं। पुलिस में कुछ कमियाँ हैं। इसी कारण उसे अपने क्षेत्र में सफलता नहीं मिल रही है। पुलिस की असफलता के कारणों में मुख्य निम्नलिखित हैं—

1. जनता के सहयोग का अभाव—पुलिस को अपना कार्य अच्छी तरह से करने के लिए सामान्य जनता के सहयोग की बहुत अधिक आवश्यकता होती है। वास्तविक अपराधियों को पकड़ने के लिए जनता का सहयोग आवश्यक है। जनता के पर्याप्त सहयोग के बिना लाख प्रयास करने पर भी अपराधियों को गिरफ्तार कर पाना सम्भव नहीं होता। परन्तु सामान्य भारतीय जनता का रवैया इस ओर अधिक सहयोगपूर्ण नहीं है। ऐसा दो कारणों से है। प्रथम तो सामान्य जनता किसी भी प्रकार की मुसीबत को अपने सिर लेना पसन्द नहीं करती। पुलिस को

सहयोग देने का अर्थ होता है तरह-तरह की सूचनाएं देना तथा गवाही आदि के लिंए अदालत में उपस्थित होना। सामान्य जनता इन कार्यों से बचना चाहती है। दूसरा कारण यह है कि अधिकांश अपराधी समाज के ही सदस्य होते हैं और वे किसी के भाई एवं किसी के भतीजे होते हैं। अत: समय पर अपराधियों की शिकायत या रिपोर्ट पुलिस तक नहीं पहुँच पाती। सामान्य जनता के इस असहयोगपूर्ण रवैये के कारण पुलिस को अपने कार्यों को सफलतापूर्वक करने में अनेक कठिनाइयों का सामना करना पड़ता है।

2. राजनैतिक नेताओं को अनुचित हस्तक्षेप—भारतीय शासन प्रणाली के अन्तर्गत राजनैतिक नेताओं का बोल--बाला है। ये राजंनैतिक नेता अपने महत्त्व का अनुचित लाभ उठाते हैं। यदि पुलिस विभाग किसी अपराधी को गिरफ्तार करता है और उस पर केस चलाता है तो उस अपराधी से सम्बन्धित राजनैतिक नेता अपने राजनैतिक प्रभाव के बल को प्रयोग करके पुलिस अधिकारियों को अपराधी को मुक्त करने को बाध्य करते हैं। ईमानदार पुलिस--अधिकारियों को भी समय-समय पर राजनैतिक नेताओं के इशारे पर अनुचित कार्य करना पड़ता है। कई बार ईमानदार पुलिस अधिकारियों के अनुचित तबादले हो जाते हैं तथा उनके पदों की उन्नति रुक जाती है।

3. विभिन्न अधिकारियों का आपसी असहयोग—पुलिस के विभिन्न अधिकारियों में भी पूर्ण सहयोग नहीं होता। यदि किसी केस में कोई थानेदार किसी अपराधी को गिरफ्तार करता और एक निश्चित नीति अपनाता है तब कोई अन्य बड़ा अधिकारी उसी केस के प्रति भिन्न प्रकार का रवैया अपना लेता है, जिससे थानेदार द्वारा तैयार किया गया केस कमजोर पड़ जाता है। इस प्रकार के आपसी मतभेद एवं असहयोग की प्रवृत्ति के कारण पुलिस विभाग को सफलता नहीं मिल पाती।

4. वेतन की अल्पता—पुलिस विभाग के सामान्य कर्मचारियों का वेतन अधिक नहीं है। सामान्य जीवन स्तर को बनाये रखने में उन्हें काफी परेशानी होती है। इस परेशानी के परिणाम अच्छे नहीं होते। आर्थिक परेशानी के कारण एक तो पुलिस वालों को रिश्वत आदि का सहारा लेना पड़ता है तथा दूसरे अपनी निजी परेशानियों के कारण वे अपना कार्य भी पूर्ण कुशलता एवं लगन के साथ नहीं कर पाते।

पुलिस के सुधार के लिये सुझाव

उपरोक्त विवरण से पुलिस की असफलता के मुख्य कारण स्पष्ट होते हैं परन्तु इसका अर्थ यह नहीं है कि इन कारणों को समाप्त ही नहीं किया जा सकता। पुलिस विभाग में व्याप्त भ्रष्टाचार अनैतिकता एवं कार्य के प्रति अरुचि आदि सभी दोषों को समाप्त किया जा सकता है और पुलिस विभाग को पूर्ण रूप से सुधारा जा सकता है। इसके लिये कुछ सुझाव निम्नलिखित हैं—

1. दमन नीति का त्याग—भारतीय पुलिस की नीति दमन की नीति है। यह नीति ब्रिटिश काल से ही परम्परागत रूप में चली आ रही है। अब भारत स्वतन्त्र है। हमें दमन नहीं, सुधार करना है। पुलिस का कार्य अपराध को समाप्त करना है अपराधी को नहीं। इस उद्देश्य को पूरा करने के लिए दमन की नीति को त्यागना पड़ेगा। दमन से अपराध समाप्त नहीं होता केवल दब जाता है।

2. जनता का विश्वास प्राप्त करना—पुलिस की सफलता के लिए उसे जनता का सहयोग एवं विश्वास प्राप्त करना चाहिए। इसलिए पुलिस-अधिकारियों को कुछ इस प्रकार के कार्य करने चाहियें जिससे वे जनता का विश्वास प्राप्त कर लें। जनता का विश्वास प्राप्त कर लेने पर अपराधियों की गिरफ्तारी एवं अनुशासन स्थापित करना अति सरल हो जाता है।

3. जनता से सभ्य व्यवहार—पुलिस का सीधा सम्बन्ध सामान्य जनता से है। आमतौर पर पुलिस कर्मचारियों का व्यवहार कुछ तीखा होता है। यह प्रवृत्ति अच्छी नहीं है। अब सामान्य जनता में भी पर्याप्त जागृति आ चुकी है। प्रत्येक व्यक्ति की अपनी इज्जत है। अतः पुलिस-कर्मचारियों को चाहिए कि सामान्य जनता से सभ्यतापूर्ण व्यवहार रखें।

4. वैधानिक विधियों का प्रयोग—अपने कार्यों में सफल होने के लिये पुलिस को अधिक से अधिक वैज्ञानिक विधियों को इस्तेमाल करना चाहिए। अपराधियों की खोज के लिए तथा विभिन्न षड्यन्त्रों के सुराग ढूँढने के लिए आधुनिक वैज्ञानिक पद्धतियों का इस्तेमाल लाभदायक है। इससे एक तो अपराधों के उन्मूलन में सफलता प्राप्त होगी दूसरे इससे जनता का विश्वास भी जीता जा सकता है।

5. कर्मचारियों की आर्थिक दशा में सुधार—पुलिस-विभाग को सफल बनाने के लिए पुलिस कर्मचारियों की आर्थिक स्थिति को भी सुधारना आवश्यक है। इससे रिश्वत आदि भ्रष्टाचार की प्रवृत्तियाँ कम होंगी तथा कर्मचारियों की लगन एवं कार्य कुशलता पर भी प्रभाव पड़ेगा।

6. सहयोग की प्रवृत्ति—पुलिस विभाग में अनेक उच्च एवं निम्न स्तर के अधिकारी एवं कर्मचारी होते हैं। इन सभी कर्मचारियों में पूर्ण आपसी सहयोग होना आवश्यक है। यदि पूरे विभाग में पूर्ण आपसी सहयोग हो तो कोई कारण नहीं कि कार्य में सफलता न मिले। सहयोग से बड़े-बड़े कार्य भी सरल हो जाते हैं।

अभ्यास के लिये प्रश्न

1. अपराधियों के सुधार में न्यायालय के कार्य की विवेचना कीजिये।
2. अपराध निरोध में पुलिस के स्थान को निर्धारित कीजिये।
3. संक्षिप्त टिप्पणी लिखिये—अपराध निरोध में पुलिस की भूमिका।
4. टिप्पणी लिखिये—कल्याणकारी राज्य में पुलिस का कार्य।

BIBLIOGRAPHY

Adwani, Nirmala, H., *Perspectives on Adult Crime and Correction,* Abhinav Publications, New Delhi, 1978.

Agnihotri, V., *Fallen Women : A Study with Special Reference to Kanpur.* Maharaja Printer's, Kanpur, 1964.

Ahuja, Ram, *Female Offenders.* Meenakshi Prakashan, Meerut, 1969.

Attar, A.D., *Juvenile Delinquency : A Comparative Study,* Popular Prakashan, Bombay, 1964.,

Barker, F.A., *The Modern Prison System of India,* Macmillan Co., London, 1944.

Becker, Howard, S., *Outsiders,* The Free Press, New York, 1963.

Bhargava, B.S., *The Criminal Tribe,* Universal Publishers, Lucknow, 1949.

Bhattacharya, B.K., *Prisons.* S.C. Sarkar & Sons, Calcutta, 1958.

Bureau of Police Research and Development, *Crime in India,* Ministry of Home Affairs, Govt. of India, New Delhi, 1975.

Chandra, Susil, *Sociology of Deviation in India,* Allied Publishers, New Delhi, 1967.

Chekki, D.A., Sociological Approach to Crime Causation, *Govt. Law Magazine,* Bombay, 1959.

Clifford, R. Shaw and Henry D. Mckay, *Juvenile Delinquency and Urban* Areas, Chicago Univ. Press, Chicago, 1942.

Clinard, Marshall, B. and Richard Quinney. *Criminal Behaviour Systems : A Typology,* Holt, Rinehart and Winston, New York, 1967.

Cohen, Abert, K., *Delinquent Boys : Culture of the Gang,* The Free Press, New York, 1955.

Cressey, Donald, R., *Other Peoples' Money,* Wadsworth Publishing Co., Belmount, California, 1953.

Dastur, R.N., *Prison as a Social System,* Popular Prakashan, Bombay, 1978.

Durkheim, Emile, *The Rules of Sociological Method,* The Free Press, New York, 1938.

Durkheim, Emile, *The Division of Labour in Society.* The Free Press, New York, 1964.

Durkheim, Emile. *Suicide,* Trans. by J.A. Spaulding & George Simpson, The Free Press, New York, 1952.

Erikson, Kait, *Wayward Puritans,* A Study in Sociology of Deviance, John Wiley & Sons, New York, 1966.

Elwin, Verrier, *Muria, Murder and Suicide,* Oxford University Press, Bombay, 1943.

Ferri, Enrico, *Criminal Sociology,* Trans. by Joseph Killey and John Lisle, Little Brown, Boston 1917.

Govt. of India, "Report of the Advisory Committee on Moral and Social Hygiene", Central Social Welfare Board, New Delhi, 1955.

Garg, R.P., *Dacoit Problem in Chambal Valley : A Sociological Study,* Institute of Gandhian Studies, Varanasi, 1965.

Gibbons, Don, C., *The Criminological Enterprise : Theories and Prospectives,* Prentice Hall Inc. New Jersey, 1979.

Haikerwall, B.S., *Economic and Social Aspects of Crime in India,* George Allen & Unwin Ltd., London, 1934.

Haikerwall, B.S., *A Comparative Study of Penology,* Ram Narain Lal, Allahabad, 1961.

Katare, S.S., *The Pattern of Dacoity in India,* S. Chand & Co., Delhi, 1972.

Kapur, Promilla, *The Life and World of Call-Girls in India,* Vikas Publishing House, Private Ltd., Bombay, 1978.

Kerawala, P.C., *A Study in Indian Crime,* Popular Prakashan, Bombay, 1959.

Lemert, Edwin, M., *Social Pathology,* McGraw Hill Inc., New York, 1951.

Mannheim, H., *Comparative Criminology,* Routledge and Kegan Paul, London, 1965.

Mathur, A.S. and Gupta, R., *Prostitutes and Prostitution,* Ram Prasad and Sons, Agra, 1965.

Matza, David, *Becoming Deviant,* Englewood Cliffs, N.J., Prentice Hall Inc. 1969.

Merton, R.K., *Social Theory and Social Structure,* The Free Press, New York, 1957.

Mukherjee, S.K., *Administration of Juvenile Correctional Institutions,* Sterling Publishers, New Delhi, 1974.

Nayar, Baldev Raj, *Violence and Crime in India,* Macmillan Co. of India, Delhi, 1975.

Ohlin, L.E. and Cloward Richard, A., *Delinquency and Opportunity,* The Free Press, New York, 1960.

Panigrahi, Lolita, *British Social Policy and Female Infanticide in India,* Munshi Ram Manohar Lal, Delhi, 1972.

Pathak, Sumitra, *Social Background of the Delinquent Child,* Institute of Social Sciences, University of Agra, Agra.

Pillay, Devadas, S. and Kapadia, K.M., "Young Run Always", Popular Prakashan, Bombay, 1971.

Punekar, S.D. and Rao, Kamla, "Study of Prostitutes in Bombay" Lawani, Bombay, 1955.

Rao, S. Venugopal, "Murder", 'A Pilot Study of Urban Patterns with Particular Reference to Delhi, C.B.I., New Delhi, 1967.

Saran, A.E., *Murder and Suicide Among the Munda and Oraon,* National, Delhi, 1974.

Shah, J.H., *Studies in Criminology : Probation Services in India,* N.M. Tripathi, Bombay, 1973.

Sehafer, Stephen and Knudten, Richard, D., *Criminological Theory,* Lexington Books, Massachusetss, 1977.

Sellin, Thorellen, *Culture Conflict and Crime,* Social Science Research Council, New York, 1938.

Seth, H., *Juvenile Delinquency in Indian Setting,* Popular Prakashan, Bombay, 1960.

Shukla, K.S., *Adolescent Thieves : A Study in Socio-Cultural Dynamics,* Leela Devi Publications, Delhi : 1979.

Simhadri, Y.C., *Ex-criminal Tribes of India,* National, New Delhi, 1979.

Srivastava, S.S., *Juvenile Vagrancy : A Socio-Ecological Study,* Asia Publishing House, Delhi, 1963.

Srivastava, S.P., *Indian Prison Community, Pustak Kendra,* Lucknow, 1977.

Sutherland, Edwin, H., *The Professional Thief,* Chicago University Press, Chicago, 1937.

Tannenbaum, Frank, *Crime and the Community,* Ginn and Co. BOSTON, 1938.

Thakur, Upendra, *An Introduction to Homicide in India, Ancient and Early Medieval Period,* Publications Dvn., New Delhi, 1978.

Thrasher, F.M., *The Gang.,* Chicago University Press, Chicago, 1927.

Verma, S.C., *The Young Delinquent : A Sociological Enquiry,* Pustak Kendra, Lucknow, 1969.

Vermes, Miklos, *The Fundamental Questions of Criminology,* Akademial Kiado, Budapest, 1978.

Vidya, Bhushan, *Prison Administration in India,* S. Chand and Co., Delhi, 1970.

Vold, George, B., *Theoretical Criminology,* Oxford University Press, London, 1958.

Volf Gang, M.E., *Patterns of Criminal Homicide,* University of Pennsylvania, Philadelphi, U.S.A., 1958.